U0547810

守 望 学 术 的 视 界

凡人琐事
我的回忆

章开沅　著

广西师范大学出版社
·桂林·

凡人琐事：我的回忆
FANREN SUOSHI: WO DE HUIYI

**图书在版编目（CIP）数据**

凡人琐事：我的回忆 / 章开沅著. -- 桂林：广西师范大学出版社，2024.10（2024.11重印）. -- ISBN 978-7-5598-7289-0

Ⅰ. K825.81

中国国家版本馆 CIP 数据核字第 202411BG63 号

广西师范大学出版社出版发行

（广西桂林市五里店路 9 号　邮政编码：541004）
（网址：http://www.bbtpress.com）
出版人：黄轩庄
全国新华书店经销
广西广大印务有限责任公司印刷
（桂林市临桂区秧塘工业园西城大道北侧广西师范大学出版社集团有限公司创意产业园内　邮政编码：541199）
开本：720 mm × 1 020 mm　1/16
印张：46.5　　　　字数：600 千
2024 年 10 月第 1 版　2024 年 11 月第 2 次印刷
印数：5 001~8 000 册　定价：158.00 元

如发现印装质量问题，影响阅读，请与出版社发行部门联系调换。

# 序

罗福惠

将近两年前,当章老师亲笔撰写的自传接近收尾之际,表示希望笔者协助他做点事情。一是对书中业已写到,而我可能略有所知的20世纪80年代以来若干人事细节,做些史实上的核对;二是对手稿和电子文本加以初步校对和润饰;三是如有感触,可试作一小序。当时我脑海里立即闪现出《史记》中孔子订《春秋》,"笔则笔,削则削,游夏之徒不能赞一辞"的旧典,心想前面两点自当尽力,但对作序却有些诚惶诚恐。

先生见我犹豫,略带感慨兼无奈地说:"我高龄九十多了,不用说自己的师长一辈,就是同学、同事也多已作古,早年的学生也所剩无多且都搁笔。而你自从跟我读研究生到留校工作,转眼近四十年,对我总算有些熟悉和了解。作序也不要有压力,随意谈谈读后心得也行。"先生这番话既引起我对书稿先睹为快的好奇,无形中也激发了身为弟子理当略尽竹帛之劳的责任感。至于无知妄序,祇望先生和读者把它当作学生的一篇碍难及格的课程作业来看。

首先要向读者汇报的是《凡人琐事》是一本怎样的书。先生当然是研究中国近现代史的大学者，从20世纪80年代以降，他的多部著述广泛流传，因此研究先生的学术成就、学术思想和治学方法的文章，一直层出不穷，先生自己也不吝金针，毫无保留地坦陈自己的为学之路和各种心得，让无数后学和读者得到多方面的收获。不过在这本《凡人琐事》中，先生更多是以平静客观的学术态度回顾自己的人生经历。换句话说，此书主要不是先生自述的治学史，而是更接近于生活史或者说生命史。

翻阅此书即可发现，处在新旧过渡中的大家庭的环境和条件，使得先生早早读书并富于"遐想"，中学时代就习惯记下自己的见闻，保存自己的习作。从事历史学习和教育工作之后，先生不仅有意保存信札和资料，还有类似日记和工作纪要随身携带。而20世纪90年代以来的"参访""寻根"和旧地重游，更有如现实和历史的往返互动。因此，不用说记述自己生活、耕耘了大半辈子的昙华林中和桂子山上的人事，以及在东瀛和北美的萍踪和所遇，即使是追忆七八十年前南京金陵大学的激情岁月，四川江津德感坝国立九中身体和精神的成长，甚至芜湖青弋江畔祖宅中的童年，由于先生的博闻强记和充足的资料积累，通过精心剪裁和娓娓道来的表述，使得先生丰富多彩的人生经历，如同逐步换景移情的历史长卷呈现出来，让作者有如"在地"讲述，读者同样"在场"感受。

所以，《凡人琐事》不是作为旁观者仅靠耳食和拾唾来谈所谓宏大叙事，也没有某些人物回忆录的自我矜伐或自我开脱。它甚至不是通常所说的以"今日之我"对"往日之我"的历史回望，而是一种排除后见之明，回到现场设身处地的生命穿越的体验，不仅以原生态的生命过程和情感变迁呈现自己，而且与人生路上曾经遇到的人物和事件再度相逢。惟其如此，书中记叙的一切才显得真实，可信可亲。

这本篇幅宏大的百年生命史，刚巧分为近百小节，完整地再现了先生从世家少年到流亡学生，从浪漫洪流中投奔革命的民主青年，到"斗争"高潮时期中的"修正主义苗子",从以知名学者出任大学校长而力行改革开放,再到主动辞去待遇和荣誉,回归布衣学人的本色,广泛地参与文明对话,和担任多处文化建设的策划和顾问的人生经历。这些被先生自己谦称的"凡人琐事",实则紧扣着百年历史的脉动,不仅必然地带上了国家与世界的宏大叙事的背景,而且在当时本来就是时代大合唱中的低声部,也是今天的历史回声中的心灵独白。

每个人的生命史都是由自己书写的,但怎样书写又都离不开主观和客观两个方面的条件。个体生命的亲身经历,最容易直观感受到生活中的悲欢善恶的并存和交织。比如,家乡的山水草木使人产生故园之思,家业的或盛或衰,家人的或聚或散,家庭生活中的亲情温暖或某些刻板的规矩和礼教残余,都是个人欲说还休的乡愁。当敌寇入侵造成家庭离散,自己浪迹异乡时时为失学失业所苦,甚至缺衣乏食时,就能体味什么叫国破家亡,就会痛恨侵略,盼望和平。而饥寒交迫时,一顿饭甚至几个红薯,一件旧衣或几文小钱的帮助,都充满了人性的温暖。在茅屋和破庙构成的学校里,校长和老师们一个关爱的眼神或动作,一句亲切鼓励的话语或批语,都会激发少年的上进;师长的传道授业和自己读书得到的知识和希望,更源源不断地哺育着后来人的生命力。

在通常情况下,重视人际关系和后辈教育的家庭的孩子比较淳朴规矩,读书知礼使得他们往往会在社会上的关系网络中得到帮助,反过来也乐于回馈和帮助别人。即使力有不逮,萌芽状态的仁爱之心也会使得他们同情老弱和比自己更加受苦受难的普通人。所以我们在书中多次看到作者对保姆和厨工的感激,对面粉厂工人的称赞,流落四川时对采煤矿工的同情,与同是天涯沦落人的同学的手足之情。尤其是书中对川江船工生活的描写,既生动感人,又显示了先生阅读社会这本大书的人生感悟。

川江行船,有时顺风顺水,舻舳首尾相衔,岩下钓翁的渔歌和滩边浣衣女子的嬉笑在峡谷中飘荡，但"如逢巨风骤雨，弄不好就是人坠船翻"。这时舵桥上的驾长和船头的桡工就必须依靠他们鹰隼般的锐眼，以及他们脑袋中那幅以经验与记忆绘制而成的航线图，船上的人配合默契，使出全力挣扎行进，领班的"号子便失去平常的韵味与谐和，发出的只是人们在与大自然威力生死搏斗中的悲怆吼叫，那呼天抢地、撕心裂肺的惨烈，非亲身经历者难以体味"。正是在这种"生死之间也只隔着一层纸"的情境中，养成了川江船工"珍惜生活的乐趣"，甚至"浑浑噩噩""有多少钱就花多少钱"的特殊性格，但他们在与激流礁石、风雨浪涛的生死搏斗中，一种生存意志的挺立和生命的顽强承担，足以惊天地而泣鬼神！

先生自言刚刚跨进青年门槛之际，适逢抗日战争而前途不明，自己失学失业，"几经挫折以后产生了悲观情绪""觉得社会上的丑恶与不公平太多""自己软弱无力，难以掌握命运"。之所以没有厌世，是因为"想到世间有如此众多好人对我的同情和关爱，我确不忍薄情离他们而去。我仍然热爱这个祖国，热爱现实生活，至少我还可以在阅读中徜徉于一个高尚而美好的精神世间""求知的本身就是一种愉悦"。

普林斯顿大学华裔历史学家刘子健，于先生而言是燕京大学毕业的学长，他鼓励先生撰写回忆录的理由，就是他们那一代人"历经战乱，屡遭忧患，理应给后人留下若干历史记录"。可以说，先生在青少年时代因遭逢战乱而流离失所的经历，塑造了先生浓烈的家国情怀；亲情、友情的温暖，和更多善良的普通人的援手，使得先生在困厄中感到慰藉；读书阅世而得的知识、能力和素养，更是先生安身立命的基石。从书中不难觉察到，先生在二十岁左右的时候，其人生观已经基本定型。所以几年之后在白色恐怖的南京，先生自然而然地参加了反饥饿、反内战、反迫害的抗争，直至义无反顾地投奔革命。工作之后，无论是因显著的成绩而得到信任和荣誉，还是历经长时间反复的自我检查、思想改造和劳动锻炼，甚至横遭攻讦和批判，先生都能坦然面对，不怨不悔，不怒不怍。

故在此后的岁月里先生表现出的某些性格和行事特征，其实早已可见端倪。比如说先生因诚恳乐群而能广交朋友，这些朋友有老有少，有中有外，既有学术上的同行、工作中的同事（其中也包括理念和方法相左者），还有邂逅的工农群众，彼此能够相互理解敬重，保持长期的友情。比如由于先生做任何一件事都能全力以赴，严于律己，刻苦耐劳，居然在每次下放劳动锻炼时成为吃苦带头的"主心骨"。由于先生的仁爱之心和宽以待人，真心关爱学生且循循善诱，故被尊为人师而从者如云。连在农场劳动的知青甚至"劳教"的"问题青年"都会感动于先生的真情实意和人格魅力。

当然更重要的是先生在以学习和研究历史为志业以后，以"究天人之际，通古今之变，成一家之言"自勉自律，其开阔的视野和深沉的思虑与历史意识融合，使历史成了"把过去、现在及将来连在一起的桥梁"，形成了自己尊重历史、参与历史、超越历史的学术与生命的同构及共情。

先生曾引用王国维的话来讨论历史的价值："事物无大小，无远近，苟思之得其真，纪之得其实，极其会归，皆有裨于人类之生存福祉。"先生进而认为"史学不仅是一种知识的传授"，"而且是一个非常丰富的智慧宝藏"，"历史就是民族的灵魂"（先生著作《走出中国近代史》，北京出版社2020年版，第132、171页）。"真实"是史学的生命和尊严之所系，史学家应以独立的学者人格，摒弃一切干扰和诱惑，花大功夫下大气力，追寻历史给人们的真知和智慧。从20世纪70年代后期开始，章先生就和林增平等先生一道，不顾环境的恶劣和生活物资上的短缺，尤其是顶住"立足于批"的思想束缚，广泛发掘和利用原始资料，历时数年终于写成享誉中外的三卷本《辛亥革命史》，解放思想的"辛亥赋新篇"成为"春天第一只燕子"。随后的《张謇传稿》不仅在方法上讨论了中国近代转型中社会群体角色的转换,而且"充分展示其心理变迁与精神世界",写出"一个有血有肉,有性格有灵魂的人",在历史人物研究方面成为克服"停留于社会学的类型区分"的典范。先生对孙中山、章太炎、秋瑾、容闳、贝德士等其他多个历史人物的研究,也都贯穿着这种与研究对象神交、对话的重视和理解。

这种以实事求是为方法和目标的尊重,也体现在生命历程中的待人接物,先生自言:"长期研究历史已经使我养成为他人'设身处地',给予理解的同情",故能真正知人论世。《凡人琐事》中出现的人物多达百位,包括家人、同学、战友、上级领导、同事、学生和社会大众,有些只是呈现为一晃而过的侧影,先生也写得郑重其事。而对鞠养抚育自己的长辈家人,给自己教诲、帮助和引导的师长前贤,学术生涯中相遇相知的中外学人,先生的温情笔墨和精当的知人论世,不仅体现了先生的眼光和胸襟,其丰富的内容更折射了百年来的世事风云和几代人的人生际遇。这些忠实客观的记载,值得后来人多方面地加以发掘运用。

"参与的史学与史学的参与"的提出,应该是来自先生"具有现代意义的历史使命感"(《走出中国近代史》,第23页),并受到20世纪欧洲年鉴学派的影响。其立足点仍在历史是把过去、现在及将来连在一起的桥梁,所以应该而且能够双向互通。章先生认为,"历史学家的最高天职就是研究人类的历史生活","参与历史,亦即走进历史,理解历史"(《走出中国近代史》,第31、34页)。如同法国历史学家保罗·利科(Paul Ricoeur)所说的对历史"加以重新体验和赋予生命",用自己的现实关怀乃至前瞻性,使因沉默而遭人们冷落的历史鲜活起来,这是历史学家"对史学的奉献"。另一方面,鲜活的历史百科全书又有助于人们"超物质利益的精神"生活,如人们求知欲望的满足,认同感和使命感的培育,历史经验和教训的汲取,以及作为人的良知和智慧的发现养成等等,来参与塑造当代。尤其在社会生活出现问题,甚至人类文明"生病"的时候,不妨像年鉴学派的创始人马克·布洛赫（Marc Bloch）一样反躬自问："社会曾否努力向历史学习？究竟我们学习得是否正确？"历史学家的研究如果能够"增进人类的利益"，也就是"对人类的奉献"（《走出中国近代史》，第29、30页）。

而且章先生所说的双向参与，更有一层知行关系上学以致用的实践品格。如同布洛赫作为一个拿笔的学者，也曾拿起枪站在反法西斯斗争的第一线，参加了"历史的创造"。章先生从20世纪80年代迄今，主张借鉴陶行知的"生活教育"，丰富了80年代中小学教育改革的内容。90年代，先生在通过深入发掘贝德士档案，研究南京大屠杀事件时，不仅参加了对日索赔会的活动，还到日本巡回演说，实际参与日本主张战争反省人士回击右翼势力的斗争。先生更多次在武汉、珠海、南通、湖州和芜湖等地，结合当地的历史事迹和人物言行，如围绕武昌首义、后期洋务新政、早期留洋学生和民族工商业等主题，为建立有关纪念馆和文化遗址设施，地方史志的编写，乃至城市建设发展规划的讨论和制订，提出许多高瞻远瞩的建议，引起当地的重视并得到采纳。2004年冬，先生在一次演讲中说："我现在没有把我的工作限制在书斋之内，而是把我的活动领域推广到整个社会。就是说史学家不仅要研究历史，还要创造历史，还要干预历史，还要跟其他有识之士一起促进历史往正确的方向发展。"（《走出中国近代史》，第172—173页）这样"把学问写在大地上"的思考和行动，显然也体现了历史参与和参与历史的精神。

先生所说的"超越历史"，除包含治史者须尽可能掌握必要的古今中外历史知识，还要注意科际整合，努力把社会、经济、政治、文化、宗教、人类、心理诸学的理论和方法，运用于史学研究。但更重要的，还要具有宏阔的视野和对全体人类命运的关怀，以此"超越"各自历史意识在时间维度上的阶段性和空间维度上的地缘性。先生在长期的治史生涯中，一贯强调"历史的延续性与复杂性"。在20世纪末社会掀起空泛的"世纪热"之际,先生围绕孙中山在《〈民报〉发刊词》中的"百年锐于千载"之说,提出"对辛亥革命的背景、起因、进程、后果、影响,需要进行长时段的纵横考察,才能谈得上是对其本身以及历史遗产的真正盘点",由此提出"三个一百年"(辛亥革命前一百年的历史背景,20世纪一百年本身,21世纪一百年的展望)的致思范围。其具体内容既包括对辛亥革命成败的科学总结,对孙中山三民主义学说得失的深沉思考,还有以"革命不是制造出来的"历史认识,作为对"告别革命"论的回应,以及与种种"毕其功于一役"式的乐观躁进相对的忧患意识。其丰富的内容和深刻的见解,集中体现在2011年7月16日在国家图书馆对部级干部的讲演之中。

先生多次强调,孙中山既高度重视民族主义,又自称"世界公民";最先提出"振兴中华",又怀着亚洲梦,晚年还提出"世界主义"的国家观和世界观,并就民族国家与世界主义的关系作过精辟论述,比如"一定要先讲民族主义",恢复民族的自由平等,并"从而发扬光大,然后再去谈世界主义,乃有实际"(《三民主义·民族主义》,载《孙中山全集》第9卷,第231页)。先生在世纪之交针对汹涌而来的"全球化"浪潮,提出史学家"有责任引导社会进行理性思考"。他认为"全球化使我们可以分享现代文明的福祉,全球化也使我们必须分担现代文明的灾难",包括环境污染、资源浪费、战争残杀、重利轻义、重物质轻精神的利益追求,都在危害甚至威胁整个人类的生存。在这种环境条件之下,"任何一个国家都难以独善其身,因此我们在考虑21世纪中国的命运时还必须同时考虑全人类的命运","未来的百年,需要扩大视野,把中国置于全球化及整个人类文明走向的大背景……勇于面对当今及今后中国乃至整个人类面临的新问题"(《走出中国近代史》,第60页)。先生坐言起行,自20世纪70年代末以来,风尘仆仆地走过世界五大洲数十国,他在90年代谦称自己的对外交流无非做了两件事,一是把中国的辛亥革命研究和近代文化精神介绍出去，一是把国外的相关研究成果和不同方法介绍进来。但从其后的实际情形而言，很容易发现先生的交流对象存在着从历史学者、学生到社会活动人士甚至广大市民的变化；交流内容也从辛亥革命史、近代中外关系史，扩展到战争责任反省、中外文化关系、全球化的利弊和人类命运等世界性的公共问题。所以，先生所致力的文化交流当然也是加强多方沟通，增进彼此理解，寻求国际合作，为公平合理的人类命运共同体的早日建成而努力。

20世纪30—40年代长成的一代知识分子，既承袭了中国传统仁人志士的基因，又受到从辛亥到"五四"的先辈们的直接教导，还经历过那场时间最长、斗争最残酷的抗日战争的淬厉渐被，从而成为独具特色的群体。在历史宿命和个人性格的双重作用之下，他们无论是金刚怒目，还是菩萨低眉，也无论是因文获咎，还是玉汝于成，都构成了一段不可复制的厚重历史。就先生个人而言，他认为把自己亲历亲见的种种真相告诉来者，是历史赋予的一种责任。然而无论是回顾必然的磨难，还是反思不该有的横逆，先生始终抱持自己特有的理性精神和冷静心态，不怨不尤地如实直书。而对待诸如全国劳动模范、国际著名学者、80年代最有影响力的大学校长（之一）、吴玉章人文社会科学终身成就奖获得者、感动荆楚年度人物等等众多的荣誉，书中多是一笔带过，甚至绝口不提。他把自己这本总结人生经历和心路历程的集成之作命名为"凡人琐事"，更显谦谦君子之风。

另一方面，先生一以贯之的家国情怀愈益深沉炽热。笔者偶尔随侍先生之侧，就多次聆听到他出自肺腑的感恩之言。所言感恩的对象当然是祖国和人民，包括生于斯长于斯的山河大地，包括这块热土上的历史文化，包括无数成功或失败的先贤和未来希望所在的青年。所以先生年届期颐仍然兢兢业业，笔耕不辍，对社会充满爱心，对未来满怀美好的憧憬。所谓智者不惑，勇者不惧，仁者爱人，先生兼而有之。

唐德刚先生曾用"历史三峡"来比喻宏观的中国近代社会转型的艰难曲折，的确发人深思。但笔者也由此感到任何社会中各个时代的个体生命，都可能遇到形形色色的"历史三峡"。在各种由"未济"到"既济"的困境中，多么需要命运共同体中的每一个成员都像先生一样，自强不息，上下求索，从而尽快穿越险阻，早臻"潮平两岸阔，风正一帆悬"的人间佳境。

庚子仲夏，于武昌桂子山

# 自 序

人生识字始忧患,梨枣构祸怨文章。
老来情性归恬淡,无憾岁月乃平凡。

——八十自题

由于年岁渐长,阅历略多,常有海内外友人建议我写回忆录。特别是1990年秋,与刘子健学长在普林斯顿重逢,风云变幻,仿佛隔世,他一见面就劝我写回忆录。理由是,我们都已年过六十,历经战乱,屡遭忧患,理应给后人留下若干历史记录。我当即深表赞同,并相约尽快动手撰写。

但是内心常觉歉疚,子健病故已有一年多,我却一字未写。我不知道子健写完没有,但我相信他必定早已开始撰写。他对人对事特别认真,信守然诺,何况又有那么多海内外的丰富阅历。我之所以迟迟没有动笔,并非由于生性疏懒,也不是害怕再次因文字得祸。主要是觉得自己一生平凡,学术既无大成,又没有什么重要事迹值得记述。信笔涂鸦,贻祸梨枣,且浪费读者时间,实非我之所愿。因而每每执笔踌躇,欲写又罢。

直到1997年暑假，刚把同游庐山的戴绍曾夫妇等英国友人送走，武汉又难得不算太热，回忆录之事突然涌上心头。时间一年一年过去，我应如何对待自己向亡友的承诺？记不清是哪位学者说过，世界上平凡人占绝大多数，如果平凡人自己都不写回忆文字，后人又怎样能够理解这过去人类的大多数呢？我觉得言之成理，回忆录并非专属大人物，小人物、凡夫俗子也有权利记述自己的所经、所见、所闻。因而便在当天清晨，独自躲在安静的办公室里，欣然命笔开篇。我突然非常担心，如果再不下决心动笔，蹉跎又是数年，精思的衰颓将使自己把往事忘得一干二净！

我出生于战争连绵不绝、社会动荡不安的年代。北伐开始之日，我正好初现人世，由于不是什么革命家庭，祖父又是当地最大的民营企业家，所以尚在襁褓之中的我，即已随家人"逃难"，躲进上海租界，真乃对国民革命的大不敬。及至我稍为懂事，每天随着小叔、小姑、哥哥、姐姐，走过青石板铺成的所谓芜湖十里长街，到城里襄垣小学（原为孔庙）读书，"九一八""七七"，直至"八一三"事变等等国难消息接踵而至。1937年小学毕业，华北危机空前严重，淞沪抗战一触即发，更使毕业典礼充满悲怆气息。我们噙着泪水，心在流血，齐声高唱《毕业歌》："同学们，大家起来，担负起天下的兴亡！"仿佛自己稚嫩的肩膀已经承担了国家安危的重担。进入萃文中学还不到两个月，便随着父母再次逃难，不过这次却不是就近躲进幽美雅静的法租界花园住宅，而是卷进仓皇逃避的难民潮，长途跋涉流落四川。

全面抗战时期，在重庆附近乡间，先后读过五年中学与不到一年的会计专科，其间还有将近两年失学、失业、打工、当兵的流浪生涯。好不容易熬到抗战胜利，复员后进入金陵大学读书，又爆发了解放战争。国统区也出现风起云涌的民主运动，我自觉地卷入这个潮流，并且以革命者的身份迎来震撼世界的中华人民共和国的诞生。

应该说，我也算是这些历史事件的亲历者之一，但我只是这些伟大时代与伟大事件当中极其平庸的一员。抗战末期当过兵，还来不及上前线日本就投降了。解放战争后期进入解放区，虽然穿着二野军服，却从未见过战场硝烟。进军大西南，解放海南岛，乃至抗美援朝，我一次又一次请缨杀敌，但却壮志未酬，只能服服帖帖留在后方教书，顶多只是为前方将士炒过几次米粉或写过慰问信。及至20世纪50年代以后政治运动连绵不绝，自己政治处境更是每况愈下。"民主青年"的光环消失殆尽，从"革命动力""依靠力量""培养对象"堕落成为"白专道路""严重个人主义""有政治历史问题"，一直演变成为"全国重点批判对象"与"牛鬼蛇神"……

严格说起来，我的学术生涯其实是在"文革"以后才真正开始，从辛亥革命到商会研究，到中国现代化，到教会大学史，到南京大屠杀，不断从一个领域转入另一个领域，在学术上仿佛仍然是个流浪者。虽然也曾出过几本稍有影响的书，培养过若干尚有真才实用的年轻人，但自己毕竟已经进入暮年，仿佛是已逾季节的迟开花朵，虽然也曾略显绚烂，终于迅归凋萎。这一天迟早会来的，那就是又一个凡夫俗子平淡人生的终结。

东坡词云："料峭春风吹酒醒，微冷，山头斜照却相迎。回首向来萧瑟处，归去，也无风雨也无晴。"这部回忆录无所谓喜，也无所谓悲，没有慷慨壮歌，也没有低吟浅唱，留下的无非是一些琐事的片段回忆而已。但愿读者不要对它期望过高，有空的时候当作闲书翻阅，敝人就很感满足了。

是为序。

章开沅

甲午之年于桂子山麓

# 目 录

1　第一章　家世与童年
　平凡人的诞生 / 3　青弋江边的家 / 7　祖父母 / 16　父亲 / 27　母亲 / 45　小学 / 58　逃难四川 / 69

83　第二章　国中忆往
　国立九中 / 85　校长邓季宣 / 89　老师 / 92　学友 / 101　学潮发端 / 115　校长遭黜 / 118　投毒疑案 / 123　勒令退学 / 126　转学王家坪 / 132　再次开除 / 142

147　第三章　投笔从戎
　川江运粮船 / 149　铜梁军营点滴 / 168　复员东归 / 185　回家 / 190

195　第四章　投身学运
　就读金陵大学 / 197　学运 / 203　走向革命 / 217　步入政治研究室 / 231

237　第五章　再到武汉
　随军南下 / 239　教育学院 / 242　初遇"路线斗争" / 248　与华中大学合并 / 254　参加土改 / 256

267　第六章　"青椒"的偶遇
　　　思想改造 / 269　向科学进军 / 274　沅湘良缘 / 278　庐山蜜月 / 285　下放草埠湖 / 289　全国青联 / 293　沮漳漫溢 / 298

307　第七章　学术起步
　　　回归华师 / 309　筹备盛会 / 311　京师访学 / 316　筹建史调会 / 323　无妄之灾 / 326　"铁窗烈火" / 331　重返白塔寺 / 335

339　第八章　参与《历史研究》
　　　"文革"初始 / 341　牵累家人 / 347　下放梁子湖 / 353　重返桂子山 / 357　参与《历史研究》复刊 / 362　校对风波 / 372　远离京城 / 374

389　第九章　编写《辛亥革命史》
　　　编写《辛亥革命史》/ 385　初访美利坚 / 392　访日之行 / 402　辛亥赋新篇 / 408　金秋盛会 / 413

427　第十章　出长华师
　　　谬膺校职 / 423　从馒头与垃圾抓起 / 427　频繁出访 / 430　校园新风 / 438　兼容并包与不拘一格 / 443　80年代后期的几件事 / 451　主动辞职与出国访学 / 458

471　第十一章　海外四年（上）
　　　起点普林斯顿 / 467　落叶归根与落地生根 / 473　IC，接待家庭与家庭教师 / 475　破冰访韩国 / 479　重返耶鲁 / 486　海外纪念辛亥革命80周年 / 492　从"太空人"到四海为家 / 504

515　第十二章　海外四年（下）

UCSD岁月追忆 / 511　奥古斯塔纳与荣誉学位 / 515　边城生活情趣 / 519　倦游思归 / 522　再到扶桑 / 524　美杉台乡居 / 528　初到台湾 / 533　从南港到香港 / 540

551　第十三章　老骥伏枥（上）

重操故业与我的"南巡" / 547　潜心基督教史研究 / 554　香港半年 / 557　"211工程"预审活动 / 563　1997，会师东京 / 565　重上庐山 / 576　陪张朋园回贵州老家 / 580

589　第十四章　老骥伏枥（下）

《张謇传稿》重见天日 / 585　东西文化交流基金创建始末 / 590　余传韬与《陈诚日记》/ 596　关西巡回演说 / 600　文明危机与世纪之思 / 615　与池田大作对话 / 618　追踪樱花之旅 / 626　漫游北海道 / 636　容闳研究与珠海情愫 / 639

657　第十五章　辛亥百年

辛亥革命100周年 / 653　神户、东京之行 / 657　2011：辛亥百年，全年无休 / 668　告别辛亥革命研究 / 679

685　尾声　把学问写在大地上
708　附录　章开沅教授学术活动年表

第一章

# 家世与童年

平凡人的诞生 \ 青弋江边的家 \ 祖父母 \
父亲 \ 母亲 \ 小学 \ 逃难四川

## 平凡人的诞生

我生于1926年7月8日（农历五月二十九日），这是农历丙寅年，所以属虎。出生地是芜湖还是上海，自己也弄不清楚，因为父母生前没有告诉我，也许告诉过又忘记了，至今后悔莫及。

我出生于一个企业家的大家庭，祖父兄弟三人没有分家，但在芜湖、上海、当涂都有产业，父母在这三个地方都曾住过，而且都把我带在身边。不过根据童年模糊记忆，二叔祖一家很早就定居上海，就近管理宝兴铁矿公司。祖父带领我们长房子孙留守芜湖益新面粉厂祖业。那时三叔祖还未成年，也与我们住在一起，和我大哥同吃同住同学，亲密俨若兄弟。不过每逢天灾人祸（如水灾、战争，还有一次火灾），则临时迁居上海法租界，多半是在霞飞路与金神父路。我出生之日正逢上北伐战争开始，江浙地区仍在军阀统治之下，由于害怕战祸殃及，全家（包括女仆与全部奶妈）避往上海，与二叔祖一家团聚。因为人口众多，原有房屋不够，父母临时在同福里租房居住。听老辈亲友说，我生下来很胖，有点逗人喜爱，所以被昵称为"同福里的小胖子"。这可能是我婴儿时期唯一亮点，其他乏善可陈。

中国人一重面子，二重名字，而名字与面子又往往联结在一起。我的兄弟姐妹都有意义深远的名字，有的甚至还记载着家族史上的某些辉煌。大哥是长房长孙，1919年出生时正逢曾祖父维藩公创办的宝兴铁矿公司与开滦煤矿公司筹议联合开采开平煤矿并就近建钢铁厂，所以便取名为开平，其后则有开明、开诚、开永、开运等，都寓有美德吉祥之意，这些名字全部是祖父亲自取的。由于父亲学海公是独子，祖父唯恐长房香烟断绝，所以特别重视男孩。但等到我出生时，他已经拥有好多孙儿，

第一章 家世与童年

图1　小章开沅，1927年春摄于上海

所以不再那么看重，加上又是兵荒马乱逃难在外，有点心不在焉，据说是翻开《康熙字典》随手一点，恰好就是"沅"字。沅本为湘西水名，《楚辞》云"湘有兰兮沅有芷"[1]，但老爷子似乎没有这份雅兴，是随便给我取的名字，无非是辨认众多孙儿的一个符号，正如农村人家喊孩子"阿牛""阿狗"一样。所以很长一段时间，我认为自己是"没有意义的人"。

据母亲说，虽然我生下来很胖，但自幼体弱多病，有次患伤寒，瘦得连肠子都看得出来。童年时期，我在兄弟中间身材最矮，连小我一岁多的弟弟开永都比我高半个头。

我的兄弟辈个个相貌堂堂，特别是大哥和三哥，称得上是帅哥，成为城里亲友争相说亲的热门对象。只有我身材瘦小，又有点瘪嘴（俗称地包天），确实有点其貌不扬。但母亲却最怜爱我，可能是由于体弱多病，

---

[1] 出自《楚辞·九歌·湘夫人》，原文为"沅有芷兮澧有兰，思公子兮未敢言"。——编者注

图2 曾祖父维藩公

理应多给一点关心。不过那时母亲自己也常在病中，主要是因为生育太频密（前后生过十个孩子），产后"血崩"引发严重贫血与心悸、失眠等毛病。祖母（父亲的继母，但自己未曾生育）为了减轻母亲的负担，主动照管三个孙儿（老三、老五、老六），其实主要还是靠奶妈照料。大哥是长房长孙，是预定的家族接班人，由祖父亲自带在身边教养。所以父母亲自照管的只有姐姐（老二）与我（老四）。姐姐是我们这一代唯一的女孩，长相酷似母亲，明眸皓齿，聪慧伶俐，堪称家中掌上明珠。我则由于体质太差，母亲不放心别人照管，唯恐过早丢失我这条小命。

我的童年是在几位女性的呵护下度过的。

首先是母亲，母亲与我接触最多，对我关爱最切，教诲最勤，影响最深。母亲伴我终身，尽管抗战期间隔绝八年，战后也是"别时容易见时难"，而1956年她又过早病逝，但我仍时时感受到母爱的温馨，感受到她的个性与为人处事的风范对我的深刻影响。

第一章　家世与童年

其次是奶妈,即我的直接哺育者。

据母亲说,为我哺乳的恩娘来自皖北贫困农村,大概是逃荒出来谋生,撇下亲生骨肉为我喂奶,一直照顾我到4岁断奶才离去。老式家庭缺乏科学常识,认为我身体虚弱必须多吃人奶弥补,这样便剥夺了另外一个农家儿童本应享有的亲生母亲的怜爱。我实在想不起奶妈的模样,但至今内心仍对她怀有感激之情。这位朴实、健壮、勤劳、慈祥的农村妇女也有自己的感情生活,在我断奶后便与我家一位黄包车夫私奔了,此后始终不知去向。我很羡慕哥哥、姐姐、弟弟,因为他们经常有自己的奶妈来看望,有时还把亲生的孩子带来玩耍。特别是大哥的奶妈,家人尊称为"老奶妈",几经战乱而联系不断,抗战胜利后和新中国成立初期还先后照料过大哥的三个孩子,直到年迈被送回其家乡养老院。

我的奶妈接任者(说来真不好意思,4岁以后还有奶妈)姓陈,平常喊陈妈。她是芜湖城里一家杂货店小老板的妻子,可能是由于夫妻失和,赌气来我家帮工。给我留下的印象是身材苗条,眉清目秀,穿着也比较讲究,不像其他女仆那样土里土气。父母对她很客气,从未粗声大气地要她做这做那。由于母亲病中需要静养,由她陪我睡在外边一间卧室。家庭纠纷使陈妈显得有点忧郁,经常寡言少语,但对我却是悉心照料。这时已无需喂奶,一日三餐自有厨工送来,我与大人们一起同桌吃饭。她的主要工作是照顾我日常起居与两间卧室的清洁卫生,家务活并不繁重。她与我母亲一样都有洁癖,房间收拾得一尘不染,窗明几净,衣物也收拾得整整齐齐。只是我有尿床毛病,晚上需要喊醒小便,但有时仍不免尿湿被褥,连她的内衣也未能幸免。但她从未厌烦或训斥,总是耐心地为我及时更换被褥与衣裤,第二天还要增添洗洗晒晒的活儿。她对儿童的体贴入微,以及于文静中略显矜持,都给童年的我留下极为深刻的印象与影响。

另外一位女性是我的姐姐,她的名字是开明,只比我大三岁,但懂事较早。由于我是她身边最亲近的弟弟,父母又经常要她照顾我,所以俨然成为我的守护者,有时宁可自己受委屈,也不让我受别人欺侮或父母呵斥。抗战期间我们同读国立九中,农村生活极其艰苦,又与父母失去联系。虽然男生女生分校,住处相距甚远,但她仍然扮演"姐妈"角色,如同家长一样关心我们三兄弟(老三、老四、老五)的生活与学习,有段时间连内衣与鞋子都是她和两位要好的女同学为我们缝制的。

童年时期得到几位女性无微不至的呵护与照料,这是我极大的幸福,但也造成我性格上的严重弱点。我不像一般男孩那样勇猛好斗、逞能要强,而是羞怯内向,甚至懦弱怕事。这些毛病直到远离家庭,在九中过集体生活,特别是经历流浪期间的严酷磨练,才慢慢有所改进。

## 青弋江边的家

解放前我没有固定的家。童年时期总是随着父母流转,时而上海,时而芜湖,时而苏州,时而凹山(今马鞍山),时而武汉,时而重庆。直到1938年秋天,父亲应好友贾伯涛邀请,前往赣南师管区(贾为司令)担任军需工作,母亲与他同行,我们姐弟四人(开明、开诚、开沅、开永)被送往江津乡下国立九中读书,遂成为无家可归的难民学生。但是对我这样家庭观念淡薄的无知少年来说,学校仿佛就是我的家,而且是一个人数众多的大家,管吃管住管学习,虽然相对艰苦,倒也衣食无愁。不过好景不长,1943年暑假被九中校方开除,我才真正产生无家可归的感觉。

抗战胜利以后,我终于回到芜湖老家,重新与祖父母、父母、兄弟以及其他众多家庭成员团聚。但我很快就到南京金陵大学读书,经常住在学校,无非寒暑假抽空回家看望长辈而已,因此家庭观念仍然比较淡薄。1948年冬天从南京进入中原解放区,加入了革命大家庭,从此再未回过芜湖那个老家。全国解放以后,由于无力继续经营,祖父兄弟三人把芜湖面粉厂连同祖屋全部卖给国营粮食公司。祖父携大姑一家迁往南京，二叔祖夫妇从上海搬到苏州，潜心休养，闭门谢客，年龄最轻的三叔祖也在南京自立门户。从此，芜湖老家永远消逝，我终身任教的华中师大俨然成为我的又一个大家，直到1957年与怀玉结婚，这才有了真正属于自己的小家。

然而，芜湖老家留给我的印象毕竟难以磨灭，因为从曾祖父开始，那里住过我家四代人，而我的童年在那里也生活得最久。

老家在芜湖东门（原名金马门）外青弋江边，当时应属郊区，基本上是个农村，只有一条长长的青石板路通往县城，本地人自豪地称之为"十里长街"。我家孩子们上小学，每天都要成群结队走过这条交通要道。我很喜欢这条路，因为铺路的青石板平整而又光滑，尽管那一条条独轮车碾压刻下的凹槽记录着百年以上的历史沧桑。离家不远处路的右侧有一家规模较大的杂货店，早上还卖豆浆和油条之类的点心。路的左侧是一个很大的水塘，种植莲藕并养鱼，夏季那满池红白相间的荷花赏心悦目，冬季又可以看到清塘后众多抓鱼的热闹场景。再往前走，路的两侧都是条条块块的水田与菜地，青石板路俨然成为大号田埂。途中最引人注目的还是几座密集的大石牌坊，记载着几个大户人家（包括李鸿章后代）的功名与节烈。历经岁月消磨，牌坊的浮雕与文字漫漶不清，但我每次放学回家经过，总不免要抚摸端详一番，当然这与考古和史学无涉，完全是出于童稚的好奇。

从牌坊群继续往城里走，还要经过一座高架铁路桥。我们最大的乐事便是观看长长的火车轰隆驶过。因为那些年城乡之间未通汽车，连黄包车与自行车都极少，与我们相伴而行的，除肩挑手提的菜贩以外，只有那运货或载人的吱吱呀呀的手推独轮车。对于我们这些乡间儿童来说，火车便是难得一见的新鲜事物，正如四川乡下人一样，直到抗战期间还把火车运行称为"洋房子搬家"。

走过这威风凛凛的铁桥，不久便到达我们长途跋涉的终点——襄垣小学。

我的老家实际上与面粉厂连成一体，不过工厂在最东头，住宅在最西头，中间隔着占地面积极大的百余号木质仓库与晒麦广场，所以家人感受不到粉尘污染，更听不见机器轰鸣。工厂连同住宅的外面有高大的青砖围墙环绕，东西南三面的外层建筑都是粮仓与公司办公楼，仿佛是城堡的外层，把我家与外面的世界隔开。

按照原来的设计，公司办公楼与住宅实际上也是一座连体建筑，都放在最东头，办公楼在外，住宅在内。进入公司大门便是大客厅与厅前的天井，周围都是大大小小的办公用房，其格局颇如北方的四合院。穿过客厅并以屏风遮掩，才是厂主私宅的大门，不过此门经常关闭。即使偶尔打开，也有另一座屏风遮隔，屏风上是父亲在红纸上书写的很大的福字，可能有福气不外泄的意思吧。住宅同样是四合院格局，主人住的是两层楼房，东西两侧都是平房，供仆人居住或是作储藏室。天井比公司办公楼更大，相当于一座篮球场。客人来我家，一般不走公司正门，而是从公司东西两个侧门绕道进来。因为住宅除直接面向办公楼的正门外，还有东西两个侧门。这并非出于什么礼仪考虑，而是因公司一进大门便是营业部，为顾客出入之所，员工也是来来往往，比较喧嚣嘈杂。听说特别尊贵的客人前来（如前两江总督周馥及府、县以上直接管辖的地方官员），公司便暂停营业部工作，让贵宾经由正门直接进入住宅客厅。不过，余生也晚，记忆中似乎从未见过如此盛况。

住宅也分东西两个单元，仿佛是连成一体的两座大四合院。祖父与姨太太及其子女住在东院，祖母与父母及我们兄弟姐妹住在西院。西院与公司大门及办公楼是原先的老式建筑，住宅全部是仓库改建的，地垄甚高，木质结构，高大然而阴暗。祖父虽然不在西院住，但楼上正厅供有历代祖先牌位与画像，显示出嫡系正房的身份。东院的地位虽然是侧室（不是住宅建筑群的主体），但却是一次火灾后重新修建的新式楼房，不仅采光甚好，而且装修更为讲究，宅前有宽大的草坪，两边有各色盆景与鱼池点缀，顶南头还有一座高大的花坛，四季都有鲜花盛开。祖父坐在办公桌边，透过大玻璃窗，满眼都是花草争妍，夏天青弋江涨水后还可以看见缓缓经过公司大门的帆船桅杆。

随同祖父住在东院的，还有庶出的小叔祖兆森（向荣）和他的养母（曾祖父的妾，蓄发在家修行，大家称之为"二老师太"），也许他们按传统礼俗以住侧室为宜。不过住东院与名分不大相称的，除作为一家之主的祖父外，还有他执意留在身边的我那大哥开平。他被安排与小叔祖向荣同住楼上一间卧室，由于年龄相近，和睦相处，往往被外人认为是兄弟，虽然两者之间相隔两辈。这样安排说明祖父还不是那么守旧刻板，但却引起我母亲的不满，因为剥夺了她亲自抚育长子的权利。

西院的主角当然是祖母，她独住坐北朝南的主卧室，隔壁房间则是三哥、五弟、六弟的集体宿舍。父母带着姐姐与我住在靠西边的两间卧室，中间与祖母相隔开的是一个大客厅，那是全家喜庆、祭祀、迎宾的中心地点，但平常则显得异常空旷冷清。大厅平时也是祖母、父母与我们兄弟姐妹的餐厅，中间摆一张很大的圆餐桌，可以容纳二十人同时进餐，但平时进餐者不超过十人，显得过分宽松。逢年过节祖父往往独自带着大哥过来与我们共进午餐或晚餐，这时就显露出明显的嫡庶之分。

西院的楼上没有住人，二楼正厅供奉众多祖宗牌位，他们的彩色画像平时收藏在壁柜里，只有每年春节前后才被"请"下楼正式供奉。所谓"请"祖宗，照例由父亲以长房长子身份，从楼上一摞一摞抱下来，然后按世代顺序，一张一张展开，再按既定的位置逐一挂在墙上。由于祖宗人数很多，墙壁几乎都挂满了。每逢"请"祖宗的时候，我们的任务就是帮助父亲展开祖宗的画轴。父亲紧握画轴站立不动，我们则是轮流上阵，手执画轴末端缓缓后退，直至画卷全部展开。但这种活只有男性亲属干,女性则严禁触摸,这是重男轻女的表征之一。祖宗画像几乎人人都是神气活现的官员,冠带袍服,正襟危坐,近似现今大官们的标准照。其实除十二世节文公及其子孙三代有五六人担任过知县、知州乃至道台等官职外,其余大多为没有任何功名的白丁,只是后世荣显循例申请朝廷赏以相应封典,所以连同糟糠之妻都变成官太太了,正所谓光宗耀祖是也。对于这些翎顶辉煌的画像,我们很感兴趣,往往看了又看,但无非是如同看京戏与连环画那样的好奇,并没有任何血脉上的归属感。

楼上左侧的两间房,是祖母念经拜佛之所,供有如来、观音之类菩萨,还有邪门歪道的"大仙"牌位。"大仙"与香港的"黄大仙"同出一源,其实就是狐狸、黄鼠狼之类的"妖异",谁也没有真正见过,但总认为不能得罪,唯恐它降祸酿灾,至少是鸡犬不宁。楼上西边两间房,主要是供藏书与保存珍贵衣物之用。图书是清一色的樟木箱收藏,排列得整整齐齐,但自从曾祖父维藩公过世以后,似乎没有什么人上楼认真阅读。衣服则是用清一色的大牛皮箱分别收藏,也排列得整整齐齐,其中主要是皮毛冬衣。每逢春秋两季晴好天气,祖母必定督率仆妇取出挂在天井里晾晒,那形形色色的皮毛也增添了我们兄弟观赏的乐趣。在我稍为记事的时候,西院楼上似乎从来无人居住。大概是由于几位姑奶奶(祖父的妹妹或堂妹)出嫁外地,而二叔祖则全家迁居上海,所以这些卧室便空出来了,为我们童年嬉戏增添了若干空间。

楼下客厅正面靠墙摆着一张长长的供桌,上面置有玉如意、拂尘、香炉、烛台和铜磬等礼器。墙上挂着松鹤延年之类大幅国画,对联是晚清陆润庠写的,但不知为什么下联却有"书赠学海"字样。我父亲是戊戌以后出生的年轻一代,当然不可能与这位资深状元公有什么交谊,大概是哪位长辈代为索求的。客厅东西两侧墙上挂满了三舅公(祖母之兄)亲笔书写的《朱柏庐治家格言》,可能是作为祖父祖母新婚礼品送来的。他是前清举人,在南京财政部任秘书,所以书法是明显的馆阁体,方方正正，笔笔不苟，一如格言作者的精神风貌。当时我还很难理解格言深意，也从未有哪位长辈为我讲解过这么长篇大论的家训。只不过每到吃饭时间必定可以看到它，其中有些通俗话语逐渐留下印象，如"黎明即起，洒扫庭除""一粥一饭，当思来之不易"等等，此后都成为我身体力行的座右铭。只是朱老夫子说"三姑六婆，淫盗之媒"，祖母却视若无睹，经常与附近寺庙道观的尼姑、道姑来往，而且关起卧室房门亲密叙谈。我们也许是受朱老夫子影响，总觉得他们的行踪有些诡秘，因而就躲避得远远的。

西院正房楼下四间卧室，陈设都是大同小异。南面临窗摆一张红木方桌和四把椅子，两侧分别是梳妆台、书桌与书橱。里面靠墙是一张宁式雕花木床，床头置有五斗柜，对面则是一排大衣柜，床后有江南人家必备的红漆描金马桶，仿佛现今卧室的卫生间，同时又放若干杂物，兼具储藏室功能。我的卧室原来大概是父母结婚的新房，家具都是维藩公在城内创建的专业工厂制作，完全是宁波式样，衣柜一色黑漆雕花，而且都有很大的穿衣镜。我睡上床一眼便可看见这排穿衣镜，里面正好映现与其相对的五斗柜镜子，而五斗柜的镜内又映现穿衣镜……如此循环往复，常能引发我的童稚遐思，谈不上什么光学与哲学的原理，却逐渐形成模糊的"无限"概念。我小时候体弱多病，但不乏想象与思索，常常对着镜子发呆，久久注视着那镜中重重叠叠的"无限"。由于孩子太多，没有任何人发现我的痴迷，除非正好碰上吃饭时间，才有女仆喊我出去。

吃饭的时候祖母居中就座，父母和儿女围成一圈，如众星拱月。背后照例站着几位女仆，我们真是"饭来张口，茶来伸手"。但饭菜却单调之至，早餐照例一碟豆腐干，一碟豆腐乳，外加两碟腌菜，主食长年只有稀饭而无面点。这样的早餐对于正在发育成长的儿童显然不宜，特别是我消化能力较强，每到中餐前往往饿得大口吐清水。可能还是由于孩子太多，我又爱独自躲在偏僻角落玩耍，所以没有任何大人发现我的悲惨状况。中晚饭菜也是大同小异，都是从东院小厨房（公司另有大厨房）做好送来，照例是六菜一汤，数量虽然不少，但可口食品实在不多。荤菜几乎一年到头都是黄豆芽烧肉（肉只是点缀而已），能够吃点鱼就算是美食。所以我们这些男孩特别口馋，连荤菜的红色汤汁都当作美味争相用来拌饭。进餐时气氛非常沉闷，祖母正襟危坐，目不斜视，孩子们埋头吃饭不敢有任何嬉笑。其实祖母患胃病，进餐无非虚应故事，她的床头一排大衣柜上，整整齐齐放着七八个青花瓷坛，里面装着各种零食供她"少吃多餐"。她最爱嗑瓜子，没事时一颗接一颗不断地嗑，神闲气定，优哉游哉，仿佛生活在另一个世界。她从不分给我们一点零食，我们也从未有过向她索取的念头。母亲评论说："没有生过孩子的女人，大抵都是这样。"但当时我还不懂这话的含义。

由于是半个世纪以上的老房子，所以西院一切都显得比较陈旧，加上墙壁与天花板都漆成深褐色，雕花玻璃的采光很差，更显得有些阴暗。住宅周围都是人口稀少的田野，老鼠与黄鼠狼经常潜入乃至繁殖。楼上房间常年没有住人，晚间便成为这些小动物肆意游走的乐园，并且成群结队在楼板上跑出阵阵响声。祖母虽然养了好几只猫，然而由于过分娇养，太懒太胖，未能起任何震慑作用。祖母迷信而又胆小，竟把黄鼠狼当作狐仙，在楼上佛堂内供上不伦不类的"大仙"牌位，每逢初一、十五必定以水果糕点供奉。我们偶尔上楼游戏并偷食供品，她还感到非常欣慰，称赞"大仙真灵呀！"但我们也感到这楼上阴气太重，神秘而又阴森，只有白天才敢结伴上楼，晚上连黑洞洞的楼梯口都不敢进入。父母也严禁我们晚间上楼，唯恐孩子受惊生病。

但是西院的宽阔天井却是我们童年欢乐的泉源。天井主体地面用平整的青石板铺成，笔直的纵横交错的石缝正好可供玩"跳房子"游戏，同时也是踢毽子、玩皮球、滚铁环的最佳场地。幸好天井特大，所以阴暗的老宅还拥有一大片明亮的天空。对于我们这些经常被关闭在阴暗老屋中的孩子来说，天空太可爱了，白昼可以看见蓝天白云，夜晚可以看见繁密星星。特别是在秋高气爽的季节，蓝天下有许多似烟似纱似絮的云朵不断游动，夜晚有灿烂的长长的银河横亘。夏季暴风雨前的天空，乌云翻滚，变幻莫测，展现多种多样的形状与色彩。及至倾盆大雨泼在青石板上溅起簇簇白雾，雨水顺着屋檐涌流而下，又仿佛许多小小的瀑布千姿百态。如果是严寒的冬天，融化的雪水又会在屋檐下结成一串串冰溜，在雪后放晴的阳光下辉映出绚丽的色彩。

天井东西两侧各有一块空地未铺石板，由于年深日久，泥土上已经长满青苔，却给这阴冷萧瑟的西院增添若干生命的鲜活。对于老宅中的孩子们来说，这两大片泥地简直是富饶的宝藏，捕捉蝴蝶、蜻蜓、金龟子，挖蚯蚓，都是百玩不厌的乐事。我最爱看蚂蚁搬家，一个个蚂蚁衔着食物，不疾不徐走成长长的行列，这进退有序的运输队伍连绵亘续，似乎永远没有尽头。偶尔还可以看蚁战，不同颜色与不同体型的蚁群相互咬斗，勇猛异常，往往可以吸引我蹲视大半天。

春天来了，母亲总爱为我们孵一大窝小鸡，母鸡带着小鸡到处啄啄扒扒，觅食中洋溢的亲情与生活气息，多少减退了这老屋的阴冷。天井南端左侧屋檐下，有木板制成的一大片鸽棚，栖息着上百只青灰与白色的鸽子。虽然夜晚那咕咕的鸣叫声扰人清梦，但白天看它们在屋顶上嬉戏、觅食，更多是在蓝天白云下盘旋翱翔，我们童稚的心灵仿佛也随之飞越这大院的樊篱。还有客厅天花板上靠近大吊灯底座的燕子窝，每年春天都有成双成对的燕子前来安居，不久便有啾啾鸣叫的雏燕出生，张开乳黄色的小嘴急不可待地争食老燕从远处叼来的虫蝇。此外还有那叽叽喳喳的麻雀，也常在屋顶瓦缝里筑巢繁衍，它们是不受怜惜的常客，也是唯一容许我们用弹弓射击的小动物。

但无论如何，对我们吸引力更大的毕竟还是高大厚实围墙外面的世界。除早晨上学、下午放学以外，祖父严禁我们私自出外，唯恐我们受到不良影响或被坏人伤害。但越是这样严控，我们就越想走出这阴暗刻板的老屋，有时便偷偷从西院侧门溜出去。门外河边是一大片晒场，每逢晴好天气，工人们便铺满篾席，从仓库搬出小麦翻晒，遍地金色灿烂，蔚为壮观。晒场前面是青弋江堤岸，江以水色清亮得名，乃长江一条支流。岸边有一行柳树，树干有粗大至难以合抱者，大概是维藩公那一代创业者种植。柳枝拂曳在水面上，引得游鱼群集，吮吸柳叶唧唧发声。我常爱坐在岸边树下，聆听游鱼细语，或看捕鱼人撒网扳罾。对岸（芜湖城里人称为河南）是一望无际的农田，每到春天，最耀眼的是菜花的遍地金黄。所以我在小学学画水彩，最爱用的就是嫩绿（柳叶）与金黄（菜花）二色。公司大门前有颇具气势的石砌码头，两侧有欧洲中世纪风格的路灯（不过已不用煤气，改为电灯），那是专为公司运送小麦、面粉的大木船设置的。

祖父三令五申不准我们下河玩水，母亲也唯恐孩子有所闪失，但那清亮的河水与美丽的南岸的吸引力实在太大。小叔祖与大哥等大孩子曾偷偷划小船到南岸（包括租界旧址）观光一次，引起全家巨大惊恐。我们这些小不点自然无此胆量，只有一个夏天，三哥约我偷偷溜到河边戏水，把内裤弄湿了。三哥住在祖母隔壁，老太太每天专心念经拜佛嗑瓜子，对孙辈不闻不问，所以从从容容回到了自己卧室更衣。我因为住在母亲隔壁，时刻处于监控之中，唯恐她用指甲在我腿上划出白痕（这是过去父母检查孩子是否偷偷游泳的简易方法），只好躲在一棵大柳树背后，把内裤晒干后才悄悄回家。

晒场西边是一大片简陋茅屋，那是部分面粉厂外来工人的住宅，也有少数邻近农民或手工业者杂居其间。这是贫困劳动者的生活社区，与面粉厂的多层高楼及厂内的深宅大院形成鲜明反差。不过大院围墙内的孩子们是寂寞的，茅屋区的儿童则可以成群结队尽情玩耍。一道无形的墙把我们彻底分隔开来，即使偶然相遇，彼此也互不理睬。我从未进入任何一座土坯茅屋，很难想象其中贫困情景。只有在天寒岁暮，年号（一种类似唢呐的乐器）声在北风中摇曳，时时又听见茅屋中人为患病儿童"叫魂"的呼唤，我才模模糊糊感受到茅屋区的若干悲凉，而逃难到四川进入乡下中学以后，这种感受又逐渐转化成为比较清晰的社会学意义。

## 祖父母

祖父名兆奎，字朗熙，是维藩公的长子，理所当然的接班人。1921年维藩公病故，他便成为这个大家族的家长，并且直接管理益新面粉公司这份家业。

从我记事起，家中只有他一人被尊称为老爷。父亲虽然早已超过而立之年，仍被称为少爷，而且是唯一的少爷，因为他是祖父的独子。我们等而下之，由于尚未具备任何"爷"的资质，所以以不伦不类地被称为先生。大哥开平是大先生，姐姐开明是二先生，三哥开诚是三先生，我排行第四因而是四先生，如此等等。由于我们这些不入流的先生为数太多，所以在众人心目中毫无斤两。除开平因为其特殊身份稍受尊重外，我们这些所谓先生无非是一群顽童而已。面粉厂的年轻工人不愧为先进阶级的成员，他们居然可以当面调侃我们。例如老五开永不爱清洁，他们就编顺口溜给予规劝："五先生，起五更，挖鼻屎，当点心。"由于是善意的说笑，而且还教育儿童注意卫生，所以父母并不介意，任其流传。倒是个别调皮工人讥笑我"矮子矮，一肚子歹"，有点牵强附会。其实我从小就呆头呆脑，顶多只是有点"杠头（倔犟）"，哪有一肚子坏主意。这多少增添了父母对我健康的担心，但幸好这些流言没有传到祖父那里，否则他一定会大发雷霆。

祖父并非家族的创业者，只能说是一个勉为其难的守成者。真正的创业者是他的父亲维藩公，这才是家族内外都十分尊敬的英雄人物。他出生于山西太原，随着父亲怡棠公在左宗棠西征军营中长大，19岁正式从军，在哈密专门从事军需转运，常年奔走于沙漠戈壁中，极为艰苦，功勋卓著。西征结束后父子随左公南返，以军功分发安徽，历任无为州知州，怀宁、宣城县令。甲午前后，厌倦仕途，借口侍养老母辞职，转而从事实业。他选定芜湖金马门外青弋江边这块宝地，创建益新面粉公司。厂名取自《大学》章句，即以"苟日新，日日新，又日新"为厂训。民国以后又在当涂凹山（今马鞍山）以新法开采铁矿，创建宝兴铁矿公司。欧战结束，他曾雄心勃勃，与开滦公司筹议合作开采开平煤矿并就近在秦皇岛设立炼铁厂，但不幸事尚未成即于1921年猝然病逝，可谓"出师未捷身先死，长使英雄泪满襟"。

我不知道祖父是如何接班的，但根据维藩公《铁髯诗草》中《示奎儿》两首，可知他此前已经学习管理过面粉厂。诗云："闻儿抱恙备添愁，握管丁宁语未休。危局支持原不易，常怀得失亦徒忧。事终有济惟迟早，人到危难莫怨尤。涤虑洗心兼养气，自然诸疾立时瘳。"又云："炎凉事态静中看，荣辱无惊随遇安。岂有榛芜能碍路，且将藜藿勉加餐。艰辛历遍心逾壮，横逆来时量亦宽。白发天涯劳怅望，迅驰尺简当承欢。"这两首诗大概写于面粉厂严重火灾几致一蹶不振之时，而当时维藩公又正出差滞留于京津，因此父子都相互牵挂焦虑。维藩公久经军旅、仕途、商场多种磨练，因此遇险不惊，沉着应对，并将为人处事的人生感悟传授给子女。而祖父年纪轻轻即参与管理新式工厂，曾经遭遇过前进路上的榛芜，也曾经勉强支撑过危局，显然并非完全沉溺于声色犬马的纨绔子弟，可算是较有管理经验的年轻企业家。

至于他的水平与业绩，无论在他生前或身后，家族内外都有许多不同评价。但反正从我记事起，我家企业就逐渐走下坡路。听说宝兴铁矿公司主要由二叔祖在上海经管，益新面粉厂则是委托父亲生母李氏的哥哥管理日常事务，父亲也协助料理若干行政事务与秘书工作。李舅爷与父亲都很忙，每天从早到晚在厂里办公。但我记忆中的祖父倒显得略有几分悠闲。常见他坐在卧室书桌边，面对南窗沉吟无语。窗前东西两边各置一大水缸，一种莲花，一养金鱼。向前靠近南墙，有一座高大的花坛，布置着假山与各色时令花草。当时青弋江下游已成悬河，汛期水位猛升，祖父透过窗户可见来往帆船的桅杆。我不知道他经常思考什么问题，多年以后听大哥说他喜欢写诗，书法已有自己的风格，也许我记忆中正好是看见他吟诗或练字吧。

他很少发脾气，也很少大声训斥别人。《铁髯诗草》另有《自题娱亲课子弄孙图》一首，诗云："两儿鲁钝实堪嗔，诗礼时劳训诫频。幸喜一般天性好，也是温情学双亲。"知子莫如其父，兆奎、兆彬兄弟读书肯定并非颖悟，但"温情"二字确实符合他们的性格特征。不过祖父的相貌可能过于威严，我们这群孙儿都有点怕他，除大哥与他朝夕相处祖孙情深意浓而外，我们对祖父都是敬而远之，从不主动进入他的房间。父亲对他尤其毕恭毕敬，只要远远传来他响亮的一声"海儿"（父亲名学海），即便是正坐在马桶上出恭，也要马上系好裤子，一路小跑穿过客厅与两间大房，赶过去接受严父的耳提面训。在童年记忆中也曾经有过祖父温情的印象，每逢上学遇上寒风或大雾，临行前他必定把我们叫去，每人喝几口掺有少量白酒的温开水，说是可以解除寒气与湿气。三哥与我读小学六年级时，又让我们下午放学后到他卧室看报，有时还打开当时整个芜湖都很稀罕的高大收音机让我们听重要新闻。特别是西安事变后，看报与听播放新闻几乎成为每天的例行公事。有时他还把父亲找去，两人共同分析时局发展及其对粮食市场的可能影响。但即便是这样近距离的接触，他也很少与我们直接交谈，多半是仍然坐在窗前沉思或写点什么。他平时都在东院与姨太太及其子女进餐，大哥与小叔祖（兆森）一般也陪同在一起吃饭。听说东院菜肴比较讲究，母亲常为此发点牢骚，认为是嫡系子女反而受了委屈，不过我们自己倒是知足常乐，已经习惯于这种"二等公民"的待遇。但是每逢亲友或"坟亲"（家族守墓人，可利用坟墓周围土地生产）送来节令新鲜食品，祖父也会独自来到西院与我们共同尝新，如毛蚶、莲藕、菱角、春笋等等。这本应是三世同堂的乐趣，但祖父一来我们反而不大自在，都默默地有节制地吃下分给自己的食品，从来没有多少欢声笑语，无非是例行公事，用母亲的评论来说就是"虚伪"。

祖父最宠爱而感情也最深的确实是大哥开平，这个长房长孙被安排住在东院由他亲自教养。开平有艺术天分，从小爱画国画，祖父派人买来上好的宣纸、湖笔、徽墨，并把大孙子的代表作裱成画轴。大哥读中学时又爱好武术，他又立刻指定师傅教练，并且要厂内锻工打造开平常用的武器。我记得大哥最喜欢那个镀镍双锏，舞动起来银光闪闪不见人影。于是大哥简直成为全家的明星，我们都是他的热情粉丝。抗战期间，全家四分五散，蛰居在上海法租界金神父路的祖父，仍然坚持定期给在四川读大学的大哥写信。大哥非常珍惜这些信，因为不仅情深意挚，文采与书法亦属上乘。后来大哥曾请工匠精心裱糊，装订成册，并且制作典雅的木质封面。当年我借住在大哥宿舍时曾经反复看过，记得其中有"乱世人不如太平犬"之类话语，使我很受感动。

其实祖父对我们这些小一些的孙儿女，也不是完全不想念。前两年大哥突然在电话中以沉重的语气对我说："我已经九十多岁了，有一件事不能不告诉你。抗战期间，爷爷曾汇一大笔钱给三舅爷转交，让我们滞留四川的五个兄弟姐妹一起回上海，不料三舅爷家大口阔，工资收入非常困窘，很快就把我们的路费花光了。因为牵涉到三舅爷的声誉，我一直都不愿说出来，现在再不讲你们就永不会知道这件事了。"其实我们当时都有强烈的民族气节观念，从未想过回到沦陷后的上海苟延性命，祖父的无奈与失望可想而知。碍于祖母的情面，祖父自己更不便向我们说明事实真相。抗战胜利后，分散流徙的家族成员很快都先后回到芜湖老宅，只有我因为已经参加青年远征军进入战斗序列,迟至1946年8月才复员回家,成为最后一个安全归来的孙辈。据说那天祖父兴致很高,很早便来到西院与家人叙谈,中饭后还破例坐在祖母卧室的躺椅上假寐,焦急地等待我这个业已流浪成性的孙儿归来。记得我一进公司大门便有守望着的工人拖长声音高呼:"四先生回来了。"接着穿过公司天井,进入东院大门,然后又进入西院侧门,每经过一处都有工人高呼:"四先生回来了。"这是生平历次回家中待遇最为隆重的一次,内心五味杂陈,简直说不清是什么感觉。我一进祖母卧室,他就叫我坐在身边,这也是此前从来没有过的亲昵。他问长问短,看了又看,不断抚摸我已发育健壮的肩膀,眯缝的双眼洋溢着幸福的神情,喃喃地说:"这才真正是全家团圆!"这是我有生以来第一次直接感受到祖父的炽热亲情,但似乎也只有这一次。旧礼教与不正常的家庭关系,仿佛是一座难以推倒的墙,始终阻隔着祖孙之间天然的亲情交流。去南京读大学后我很少回家,也很少写信,逢年过节也无非是礼貌性地向祖父祝贺问安而已,彼此不再有任何单独交流。

祖父晚年的心境想必不大愉快。宝兴铁矿由于沦陷期间被日军强占并继续开采,抗战胜利后又被国民党官员当作"敌产"接收,并由于向我家勒索大量金条未遂,虽经多方交涉也未能发还。益新面粉公司虽然继续经营,但因战乱频仍,市场滞销,负债累累,濒于破产。芜湖解放后,只得由粮食公司折价收购并改为国营。"支持危局原不易,常怀得失亦徒然。"祖父苦撑三十年的偌大家业终于荡然无存。《铁髯诗草》的诗句,竟成业已验证的预言。他自觉无颜继续留在芜湖,又厌倦上海的繁嚣,便与姨太太及其大女儿(学溶)一家迁居南京。此后,他与我父亲、大哥仍常有书信往来,在上海就业的大哥还就近利用节假日前往探视。他听说我已正式在师范学院任教,感到非常欣慰,并来信要我把自己编印的讲义寄给他看。我托父亲带去一本,作为他八十大寿的贺礼,并附上20元以示回报。那时我刚由供给制改为工薪制,但由于低薪制限制每月只有68元，其中一部分还要贴补父母生活费用。因此他对我这点微薄礼金看得较重，经常夸奖我好学懂事。不过20世纪50年代我们太革命化了，内心难免把他视为资产阶级化身，因此从未去南京看望过他，想必老人内心多少有点失落。

听说与他同住的大女儿在玄武湖公园卖门票，女婿仍在税务部门当小职员。有一天他偶然走进一条小巷，巷外一辆马车急驰撞倒墙壁，恰好把他压倒在地。祖父出生于大西北，身躯比较高大健壮，虽被压伤昏迷，但很快就被抢救过来，而且一切活动如常，除血压照常偏高外别无其他毛病。不过他的心情更趋压抑，给父亲信末常自署"恨再苏老人"。他与这个新社会始终格格不入，不像曾祖父在民国肇建时还能吟出趋新乐观的诗句："曙色苍茫里，轻车出帝京。冻云涵大野，快雪喜初晴。改朔颁新历，谋生愧远行。遥知儿女辈，日日数归程。"(《铁鬋诗草·新历元旦出都口占》)

曾祖父晚年乡情愈浓，曾有诗云："我家昔住圣湖东，烽火频惊草阁空。愿构孤山三架屋，四时常作主人翁。"(《铁鬋诗草·北固山人寄赠西湖图帐檐赋此以谢》)此外，他还刻有"苕溪渔隐""苕溪章维藩"等闲章。但他毕竟未能实现回归故里之愿，只能安葬于杭州马家坞章家园，聊慰思乡未了之情。祖父1956年病逝于南京，却未能归葬于章家园，因为那座山早已改归国有，并由当地农民集体使用了(改为茶园)。祖父讣告寄来以后，只有父亲亲往南京奔丧，我们这些孙辈没有随同前往。并非因为工作太忙，而是我们都自以为是"资产阶级掘墓人"，自然不会为一个资产阶级老人的自然消亡公开悼念。呜呼哀哉！

我有两位祖母。一位是父亲的生母，姓李，早已过世多年。我能见到的是父亲的继母，与我们并无任何血缘关系。

继祖母姓陈，出生于南京一个书香门第，据说祖上曾任过翰林。她的兄弟很多，我们只见过她的三哥，称三舅爷，前清末年曾中过举，民国以后一直在南京政府财政部担任秘书，但无非是忙于一些日常文字工作，没有任何实权。祖母自幼生活在这样的家庭，自然是知书达礼，文静贤淑。

在江南地区，丧妻的男人再娶，叫作续弦或填房，就是填充空着的卧室的意思。较有身份人家的小姐，一般不大愿意充当这种角色。但陈氏由于家道中落，生齿日繁，迟迟未能出嫁，所以接受了这桩姻缘。我不知道祖父与祖母结婚初期的情况，想必也是相敬如宾但缺少应有的爱情。她来我家时，父亲只有四五岁，曾祖父非常怜爱这个从小失去亲娘的长房长孙，舍不得交给继母抚养，所以留在身边另请奶妈哺育。父亲自幼跟随曾祖父走南闯北，经常来往于上海、北京，享尽人间荣华，但与祖父母的关系反而疏远了。

不知是哪一年，可能由于继祖母迟迟未能生育，而祖父又唯恐一线单传，便娶了扬州一位姓张的女子为妾，仆工尊称为姨太太，而家人多叫她"钱姑娘"，也许钱是她原先的艺名吧。她来我家以后，一连串生了三个女儿与一个儿子，所以很得祖父宠幸。祖父与她及其子女住在东院，平常又很少到以祖母为中心的西院来，仿佛是另一家人。从名分上来说，继祖母是明媒正娶的续配夫人，但事实上却未能继续拥有丈夫的爱情。加上她自己又未生儿女，与我们也只是名义上的祖孙，其内心的寂寞痛楚可想而知。但章、陈两方都是有头有脸的大户人家，那些年月妇女受旧礼教毒害仍深，祖母可能从来都没有想过离婚。她需要这个流于形式的名分，不仅是维护自己的颜面，而且也是维护陈家的颜面。她只有独自默默地咽下这个不幸的包办婚姻的苦果，并且继续恪守大家庭主妇的职责，按照传统礼仪无止无休地扮演这种悲剧角色。她那白净的脸上很少露出笑容，平时也是喜怒不形于色，把内心活动隐藏得极深。她待人接物都很得体，细声细语，文质彬彬，但所有这些礼貌与谦恭却缺少真实的感情内涵。用母亲的快人快语来评论，就是"太假"。

她有洁癖，卧室收拾得窗明几净，一尘不染，也容不得周围环境的半点污秽。据说南京陈家的女孩在室内必须脱掉鞋子，终日坐在床上穿针引线或闭目养神，很少下地劳作与走动，她们金莲之纤巧也是南京城内有名的。我不知道祖母对自己的小脚是引以为荣还是引以为恨，像她那样的旧式大家闺秀，似乎仍然认为当年被缠小脚乃是天经地义。我们这些顽童自然不会关心祖母的小脚，但有天下午我找弟弟玩，走过祖母的卧室正好碰上她洗脚，我本能地掉头想跑，却被她喊住。祖母此时的心情似乎十分愉悦，柔声说："四宝别走，看奶奶洗脚。"我不敢违抗，只好傻头傻脑站在旁边，这是我平生第一次也是唯一一次看到女性原生态的小脚。她洗脚不用自己动手，坐在靠椅上任由贴身女仆张妈代劳。张妈是个身材高挑的中年妇女，反应敏捷，手脚麻利，堪称祖母的心腹。张妈首先为她脱下布袜，然后缓缓解开一层又一层裹得严严实实的长布条，终于露出那双小得出奇的畸形双脚。脚趾与脚掌似乎已经合为一体，很像细皮白肉的粽子。张妈小心翼翼地把这双小脚轻轻放进红漆高脚木盆中，慢条斯理地揉搓擦洗，祖母显得非常舒适，半闭着眼睛与张妈闲聊琐事。我却突然产生一种恐惧的感觉，又好像有些恶心，乘她们不注意时溜出卧室。此事我从未告诉别人，唯恐父母骂我有失礼仪，但却在幼小的心灵留下若干近似尴尬的回忆。

可能正是由于脚小难以承重，祖母平时很少离开卧室，更谈不上走出户外，只有一日三餐必须到客厅来与我们一起吃饭。她日常的生活单调而又略显繁琐。早上起床由张妈伺候她漱洗化妆，发髻梳得油光水滑一丝不乱。上午的必修功课是反复诵读《般若波罗蜜多心经》，左手捻动一串佛珠，右手偶尔翻动经页，声音轻柔得似断似续，但神情凝重，若有所思，仿佛已进入另一个世界。诵经拜佛之余，我不知道她如何打发时光，但经常可以看到她悠闲地嗑瓜子或吃点什么零食。除张妈外，她很少与家人谈话，好像我们都不存在。

祖母也有可以显示其全家主妇身份的时机。一是每月分发各房例费（相当于生活补贴或零花钱），尽管金额由祖父确定，然而必经祖母之手交由张妈分送各房。二是有时督率全家成年妇女缝制面粉袋。祖父可能是想保持传统的耕读家风，每逢面粉畅销而面袋紧缺之时，便命男仆从公司领回若干匹细白棉布，由祖母分发各房妇女合力缝制。祖母也有自己的任务定额，但主要是由张妈代为完成，她自己无非是吩咐一下，或偶尔起身看看窗外缝制场景。在那些时日，屋檐下摆出一大排缝纫机，家族成年妇女与女仆一律上阵，随着机声轧轧，一条条面粉袋迅速堆积成山，再由男仆运交公司。这是有偿劳动，而且是计件付酬，所以参与者积极性很高，主仆关系也特别融洽，欢声笑语暂时驱散了两个大院的冷清寂静。三是每月初一、十五或已故先辈生辰、忌日，督率西院女眷、女仆折叠祭奠用的锡箔元宝，通常是金银两色并用。这项工作祖母必定亲自参加，她心灵手巧，折得又快又好，赢得赞声不绝。但不公平的是，她们制作这么多精美的冥币，却不能经由她们亲手焚化。祭奠时间多半是在午餐之前，祖父和父亲必定穿长袍马褂，还要戴瓜皮帽，率领我们这群男孩子，整整齐齐排成两行，在香烟缭绕中南向揖拜，行礼如仪。锡箔元宝置于天井中心一个大铁罐中，由一二男仆专司焚化。我们平时看神怪小说太多，在不断升腾缥缈的烟雾中似乎看到若干幻影，仿佛是祖先们正在笑纳子孙的孝敬。我虽然能够参与祭祀，但却丝毫没有大男子主义的优越感，反而为祖母、母亲、奶妈、姐姐抱屈。因为那已是20世纪30年代中期，何况还是在一个现代企业主家庭。

祖母显得更为神采焕发的时候，多半是在为旧历春节作准备的那些日日夜夜，她亲自督率男工女仆制作各种节令食品与祭祀供品。每年年底，大天井中摆着许多大缸，男女仆人在祖母指点下腌制大块猪肉与各种咸菜。当然，孩子们最欢喜参与的还是做年糕。男仆挑来大筐大筐热气腾腾的糯米粉团，祖母带领我们围着客厅那个大圆桌坐得整整齐齐，用形状、大小各不相同的若干模具压制出形形色色的年糕，那情景很像北方人家过年集体包饺子。在兄弟姐妹当中我的手艺最差，所以只能承担最简单的活儿，即用毛笔在已制成的年糕上点红，或用刻有各种图案的木板为年糕增添喜庆色彩。我们还可以随意品尝多余的年糕残料，又热又香又甜，比做成的年糕还要可口。这些时刻祖母显得特别宽容，不仅不呵责我们，有时还命厨房送来准备做"利市"（"送灶"前商家例行的节庆活动）之用刚出锅的油炸豆腐给我们尝新。那豆腐黄澄澄的，外焦内嫩，又烫又香，又酸又甜，好吃极了。这个时刻，也只有这个时刻，祖母忽然变了，在我们心目中她变成一个慈祥、温和、可亲的奶奶。只是可惜一年也只有这几天啊！

抗战期间，她随祖父蛰居上海金神父路旧宅，不知道她怎样度过如此漫长、艰难而更寂寞的岁月。我们毕竟是每天都追随她周围的"嫡系部队"，离开我们她就成了真正的孤家寡人。抗战胜利后，她随祖父回到芜湖，回到她以前曾住过二十多年的卧室。我从重庆复员回家，就是在这间房与祖父亲切晤谈。令我不胜惊讶的是，这间卧室依然保持着抗战以前的旧貌，而将近九年的岁月沧桑似乎也没有给祖母增多印痕。头发依然是那么乌黑，脸上未见有明显的皱纹，而神情仍旧是那么淡漠，仿佛永远戴着一副面具，显示不出任何表情的变化。我不知道她对我这个最后归来的孙儿是高兴还是不悦，很难窥测其喜怒哀乐。

复员回家以后，我的住房有了变化。原先的卧室已成大哥夫妇的新房，我只好与五弟合住在祖母的隔壁（三哥已在南京国立药专住读）。祖母的生活流程一如往昔，从诵经礼佛到闲嗑瓜子，刻板而又单一，时光的流转似乎在她的卧室中已经停驻。只有贴身女仆张妈已换成新的朱妈，年纪稍大，没有当年张妈那么干练麻利，但是带来一个十六七岁的女儿小珠子，帮助做些杂事，也包括为我们兄弟两人洗衣。因此，父母和兄嫂的生活就基本自理，不再另请女仆。但一日三餐仍由东院厨房送来，祖母端坐正中，大家围坐一圈埋头吃与抗战前一模一样的饭菜。

祖母就这样继续孤寂而又刻板地生活在空空荡荡的西院。不久，大哥为了上班方便，搬到城里有了自己的小家，姐姐早已嫁到外地，我与三哥在南京住读，只有老五开永一人留在芜湖读中学。家中人口更加减少，加上经济状况更加困窘，面粉厂已经靠出租经营勉强维持，祖母的心境可能更加凄凉。但她脸上仍未流露出任何异常表情，就像某些中国画中的传统妇女一样，身材娇小，眉清目秀，然而总使人感到呆板与木然。母亲十年以前的评语依然适用："太假！"

1948年春节期间，祖母可能由于吃了什么油炸糯米糕点，引发胃溃疡急性发作，连续大口喷血。虽经多位中西名医来家会诊抢救，但还是很快逝世。她病故那天，我还未去南京，因此得以随侍在侧。那白净的脸上没有任何表情，似乎没有痛苦也没有悲伤，倒增添了几分罕见的安详。她曾经几十年如一日寂寞地活着，终于以死亡结束了这种寂寞而默默离去，这未尝不是一种彻底的解脱。前来吊唁的亲友满口称羡："老太太福气好，儿孙满堂，病故既快又无痛苦。"死者无言，她紧闭双眼，听由他人各种由衷的或礼貌性的评说。其间，最令人感动的还是祖父在盖棺前赶过来，含泪轻轻抚摸祖母那颇为安详的脸，盖棺后又扑在棺上嚎啕大哭，哭声中也许包含许多内疚与追悔，这大概就是所谓抚棺大恸吧。但祖父很快便回到东院自己的卧室闭门谢客，据说写了好几首情文并茂的悼亡诗。只留下我们这些虽属嫡亲但却毫无血缘关系的孙儿肃立在棺木两旁，协助父亲接待陆续前来吊唁的亲朋好友与厂内职工。

祖母死时正逢时局不宁，人心惶惶，所以南京娘家只有三舅爷前来行礼如仪。临别前，他神情肃穆地对祖父说："现在有件事不能不向你们讲清楚，当年舍妹嫁过来实际年龄比你大两岁，所以卒年应是74岁而非72岁，神主与墓碑上的生辰八字都应改正过来，否则怕对府上后世子孙不利。"祖父毫无思想准备，所以为之愕然，颇觉尴尬但又无可奈何。不过当时他最焦急的还是如何因应时局的急转直下，维持濒于破产的工厂以及筹措全家老小的生计，其他家人对于此事也不大关心。三舅爷似乎是传统礼教的化身，当年隐瞒妹妹真实年龄与现在的据实相告，乃至抗战中期挪用祖父寄给我们回上海的巨额旅费，大概在经书上都可以找到依据吧！只有母亲叹息说："你们的奶奶一辈子都是太假。"但这"假"是孰令致之，孰以为之？她没有说，可能也没有为此认真思索过。

祖母比祖父幸运，因为她没有看到整个祖业折价出售，并且全家离开芜湖的情状。她死前没有经受多少疾病的痛苦，而且死后还得以风风光光出殡，把棺木隆重运回杭州，安葬于章家园曾祖父坟墓的附近。安葬前祖父曾请著名风水师选择方位，并带回地下水样品。我亲眼看见此水异常清澈，置于碗中水平面可以突起而不外溢，但这对于保护棺木与遗骸有何好处，似乎也讲不出多少科学道理。安葬时我正在上课，未能参加正式葬礼，稍后才利用春假前往祖母墓前祭拜。章家园凭山临湖，风景绝佳，而且与保俶塔下的家庵"上善庵"相距不远，便于家人祭扫。所以在老辈人看来，这都是祖母的福气。

但祖母的婚姻毕竟是不幸的，生前数十年连与丈夫"同床异梦"的格局都未能保持，死后又未能与祖父合葬。不过相对于淮海战役、渡江战役、全国解放、新中国成立这些惊天动地的革命伟业，一对商人老年夫妻不幸婚姻的结束毕竟太渺小了，当时的中国谁都未曾注意。只有像我这样平庸的历史学者，才有可能在晚年记忆中发掘出这个业已模糊不清的故事。

## 父亲

父亲名学海，字伯苏，生于1899年，卒于1963年。

这是一位安分守己、普普通通的父亲，但是也有两件怪事与他有关。

一是因为祖父长寿,而且始终是名副其实的大家长,所以父亲在芜湖老家一辈子都被称为"少爷"而非"老爷"。另一件更为古怪的事是,我们这些亲生子女从未喊过他"爸爸",都是几十年如一日喊"伯伯"。连母亲都讲惯了"你们的伯伯",而不是"你们的爸爸"。

母亲很早就向我解释过,她于1919年生下大哥开平以后,两三年内连续生过两个男孩,但这两个哥哥不幸都先后夭折了。祖父有点迷信,唯恐保不住开平这个长房长孙,便把他在名义上过继给二叔祖的长子学濂。因此开平便改口喊父亲为"伯伯",我们这些弟妹也跟着都喊他为伯伯。此事虽然有点荒唐,但祖父可能还自鸣得意,因为不仅开平健康成长,平安无事,此后出生的开明、开诚、开沅、开永、开运都无一夭折,说明"过继"确已生效。不过包括大哥在内,我们一直把母亲称为"妈妈",从没有喊过"伯母"。其原因我至今都说不清楚。

父亲是在面粉厂创建之第三年出生的,家庭经济正处于上升时期。父亲是长房长孙,当时其他堂叔尚未出生,他便成为全家喜爱的独苗苗。《铁箅诗草》有《自题娱亲课子弄孙图》,诗云:"平生那有仓山福,况与文章少凤缘。一事应教袁老羡,抱孙甫届四旬年。"维藩公40岁抱孙,终得袁枚之福报。维藩公以归养侍亲为由辞官,其时老母(怡棠公之妻)尚健在,可谓四世同堂,因此更加意气发舒。

父亲的生母姓李,宗谱有简略记载:"(丹徒)安徽宁国府知府云门成鳌女。光绪戊寅十二月十七日生,光绪癸卯十月二十六日卒。"高邮(丹徒)李家亦是官宦世家,云门公在安徽官场上可能与维藩公有同僚之雅,因此才成就这门儿女婚事。祖父与李氏祖母感情甚笃,就是在其身后也把妻兄当作最可信托的共事伙伴。但她似乎体弱多病,据说是患肺病早逝,临终时家人为怕传染不让父亲去看她,其内心的凄苦可想而知。父亲也一直怀念生母,在卧室门楣上悬挂着她的大幅遗像。她确实显露出江南水乡的灵秀,与家中来自大西北的老辈女性差别甚大,但可能是由于常年疾病缠绕，是林黛玉那种多愁善感的美。照片中的她，双眉微蹙，明目凝视，仿佛仍然在关心我们这些幼小骨肉之亲。舅爷爷（她的哥哥）每年去老家探亲，回来必定带来许多著名的高邮湖双黄蛋，而祖父也郑重其事地把大部分送到西院，仿佛是让我们分享亲生祖母的遗爱。

父亲从小是在维藩公身边长大的。清末民初，曾祖父为了企业发展，了解市场与原料的实际情况，经常奔走南北各地，而去得最多的地方是上海、北京和天津。但不管多么繁忙，总要把年幼的父亲带在身边。所以父亲自幼就见过世面，什么六国饭店、利顺德饭店他都住过，也听过谭鑫培、余叔岩、梅兰芳、程砚秋的京戏，不像我们这群孩子，常年关在院墙之内，成为孤陋寡闻的乡巴佬。

父亲的面貌酷似生母，眉清目秀，身材也较矮小，不像祖父继承维藩公那样的高大身躯、浓眉大眼，一派关陇汉子的粗犷风貌。我的卧室（即原先父母的新房）一进门就可以看见一幅大型彩色戏服照片，维藩公身披盔甲，面如重枣，长髯拂胸，俨然云长再世。少年时代的父亲也身披小盔甲，手执大刀，侍立在旁，仿佛是尚未长大的关平。父亲很欢喜这幅照片，经常讲述在京、沪大戏园听名角演唱的故事。有时候情不自禁模仿某个流派唱上几句，倒也有板有眼，颇具韵味。

父亲其实很聪明，除懂得京戏以外，还会说上海、宁波、苏州等地方言，普通话也马马虎虎。家中几代人口音各异，曾祖父以上各代讲山西话，祖父兄弟是在安庆长大的，加上受乳母影响又带桐城口音。二房堂叔婶迁沪以后，又习惯于上海话。所以聚在一起只能讲南腔北调的普通话，倒是直系亲属无人会讲芜湖话。父亲书法也还可以，循家庭惯例从小学赵孟頫，长大后间或也习颜、欧，所以逢年过节家中张贴大字（如福、禄、寿、喜等），都是父亲书写，而祖父只习惯于小字楷书。父亲的文字也较清顺，祖父的普通应酬函件与许多公司的正式文件，均出自父亲手笔。但维藩公的溺爱对父亲却产生了明显的负面影响。他既未受过严格系统的传统教育，更未受过新式学堂的正规培养，反而不如四位堂弟（二叔祖之子，即学濂、学涛、学浦、学澄），他们都读过大学并各有专长。

父亲在结婚以前，仍是全家的宠儿。大家庭姑表亲眷中女孩子居多数，他尽管辈分较低，也曾在裙钗脂粉环绕中优哉游哉，完全没有学习与工作的压力，倒有几分近似大观园中的贾宝玉。但曾几何时，姑奶奶们多已长大成人，远嫁进入若干北洋系统的显赫门第。父亲既是独子，又无姐妹，自然感到失落与冷清。但他毕竟不是纨绔子弟，其实内心很想出外读书，然过早结婚并且连续生儿育女，使他不堪家室之累。加之母亲因为生育频密，产后失血过多，引发贫血、虚弱、心悸、失眠等一系列疾病，他不得不把为妻子治病疗养放在极为重要的地位。结婚以后，特别是维藩公病故以后，祖父对他的要求渐趋严格，安排他在公司协助舅爷（经理）处理日常工作，每天与普通职工一样，很早就要上班，扎扎实实工作八九个小时，连中午也不能回家吃饭休息。这当然是为了企业接班而加强训练，但或多或少影响了他个人的家庭生活，包括对妻子的关照与对子女的教育。据母亲以后回忆，在她未生病以前，每天清晨要专门为父亲准备一大碗蛋炒饭，父亲匆匆吃完就进入公司办公室，直到天黑才精疲力竭回来，连与母亲叙谈的时间都不多，还有多少精力来过问我们这一大群孩子的学习？

但父亲多少还是受到五四新文化运动的影响。母亲是读过女子师范学堂的，对父亲的思想转变，起了较大促进作用。他俩卧室靠窗处有一书橱，里面放的多半是近代文艺作品，从林纾译述的西方文学名著，到"五四"以来鲁迅、茅盾、叶圣陶、冰心、丰子恺等人的畅销著作，以及《新青年》等流行刊物的零星收藏。其他则有为孩子们订阅的《小朋友》《中学生》等杂志。我至今还保存着几张父亲在凹山铁矿主持工作时的照片，其中一张是站在运矿石的轧车上照的，背面有他自己的题字："劳工神圣。"这显然是受了蔡元培等思想家的影响，他与母亲都认为不应该靠

图3 父亲在凹山铁矿手扶矿车

祖先留下的产业吃饭,渴望走出这个大家庭,自食其力并且享有真正属于自己的独立生活。母亲在抗战前常对我们说,她与父亲商量好了,很想远远离开这陈规陋矩束缚甚多的老屋,在外地找个较为稳定的职业,用自己的收入把我们兄弟姐妹抚养成人,然后便找个偏僻幽静的山林,盖几间茅屋安度晚年。这当然算不得什么雄心大志,然而却是一对相亲相爱的中年夫妻渴望冲破传统大家庭旧礼教的束缚,比较务实而又稍有浪漫色彩的人生追求。父亲30岁以后,似乎已经看透了大家庭内部的复杂关系与矫情虚伪,常对母亲说想写一部类似《红楼梦》那样的长篇小说,记录这个大家族盛衰荣辱的百年沧桑。可是为了恪尽人子与人父两方面的沉重义务,他仍然不得不每天按时到公司上班,做他不愿做而又不能不做的枯燥工作。

父亲究竟为了自立门户做过多少次努力?我因为出生较迟,只能从自己略为懂事时说起,而且多半还是来源于母亲不经意的闲聊。

首次创业的试验是办养鸡场。离公司大门西侧不远、靠近青弋江边，有一座林木环绕的小巧院落，其格局类似北方的四合院。那是曾祖父为顶头上司、曾任两江总督的周馥修建的别墅，当年称为周公馆或小公馆。所谓小，非指面积，而是指区别于"正室"的"侧室"，居住的女主人多半是年轻的姨太太。周老太爷于1907年告老还乡，这里就算是他在芜湖休闲的别业。据说面粉厂火灾损失惨重，周馥为帮助益新恢复生产曾在筹措资金方面鼎力支援，这座小院就算是维藩公对老上级的回报吧。又听人说，周馥在这里住的时候并不多，但因为总有个别小妾留住，所以还派兵守护。离此处不远有一所农业专科学校，当地人习惯称之为"大学堂"，学生也比一般中学生年龄稍大，少数学生有好奇者前来窥视佳丽，常被护兵以很长的马鞭驱赶。周氏家大业大，而且主要住在天津，老太爷一死，小妾们风流云散，这座院落便闲置下来，成为益新公司偶尔接待远道来访的重要亲友的居所。有一年，父亲就利用这空空荡荡的小院养鸡，作为办养鸡场的试验。起初小鸡长得健壮可爱，但突然传染鸡瘟，小鸡很快都死光了。父亲创业受挫，祖父倒没说什么，因为并未动用面粉厂公款，但是大家庭人多口杂，有些闲言碎语讲得比较尖刻，父亲遂放弃了这种小打小闹的创业试验。

当我进小学读书时，父亲已变得相当务实，只想通过自学谋求一技之长，以便自己出外就业养家糊口。他瞒着母亲以外的所有家人，悄悄向潘序伦在上海创办的立信会计函授学校报名入学，通过这种方式认真学习新式簿记与会计专业。我至今还记得，他每晚督促我复习功课，同时也埋头做自己的函授作业。父子两人面对面坐着，各自阅读不同的教材。有时我打瞌睡，他便轻轻喊醒，让我回卧室睡觉，自己却继续埋头做簿记练习。五十多年以后，父亲已经病故好久，我从顾准的日记和文集中知道，年轻的顾准那时正好在立信当辅导老师，说不定他还批改过芜湖这个大龄函授生的作业呢。

父亲取得毕业证书后，便正式要求到外地谋求职业。1931年正好碰上长江严重水灾，面粉厂在粮食产地与市场销路两方面都蒙受很大挫折，所以祖父也同意父亲出外就业以减轻家中负担。可能是由于二叔祖与上海金融界关系比较密切，所以当徐继庄奉命筹建"豫鄂皖赣四省农民银行"时，他就把父亲作为四名骨干人员之一一同带往汉口。这个农民银行就是作为"四行"之一的中国农民银行的前身，但草创时期规模较小，所以亦称为"四省农村金融管理处"。这所银行显然是为配合华中地区"剿共"军事行动成立的，所以与蒋介石的武汉行辕也有若干联系。筹建阶段工作比较顺手，父亲既受过新式会计专业训练，又有好多年面粉厂与宝兴铁矿的企业管理经验，特别是在文稿处理方面有自己的优长，加上他一贯谨慎务实，敬业乐群，所以颇得徐继庄的信任。母亲听别人说，徐继庄用人不大放手，他老是把父亲留在身边处理日常事务，如果放到汉口以外的地方，就有可能是分行行长，因为他在凹山铁矿主持工作时总揽全局，已经具有独当一面的能力。

大约是在1932年至1933年之间，父亲在银行工作比较稳定以后，便把母亲、大哥、姐姐和我接到汉口，在现今汉口南京路一个里弄租了几间房。这是一位退休洋行买办的私人楼房，比较宽大明亮，生活也很方便。房主人非常和蔼热情，他的二儿子每天早上骑摩托车买菜，顺便就把姐姐带去买菜，母亲几乎从未去过菜场。房东的儿女很多，大儿子和两个较大的女儿都已结婚，并且分居在外；仍然与他住在一起的，除尚未结婚的二儿子外，还有三个女儿，即五五、六六、七七。五五是个老姑娘，母亲死后由她全面料理家务，六六读高中，七七最小，还在读初中，但大城市的孩子已很懂事。主客两家人相处非常融洽，由于没有自己的母亲，几个女孩对我们的母亲特别亲。五五与我们母亲共用厨房，无事不谈；七七倚小卖小，成天往我们家跑。六六天生丽质，虽然只是高中生，已有许多追求者，而且似乎已与一位张姓民航驾驶员谈恋爱。

那准女婿也把我们视若家人，颇有点爱屋及乌。他有一部小放映机，有时休假带来新片放映，必定把我们全家请去，大家在客厅一起观赏。

父母现在总算有自己的家，有独立的空间，一切可以自行安排。我们一日三餐不必再吃西院厨房那些单调乏味的饭菜，母亲无论做什么菜肴，我们都觉得味美可口。那时，徐继庄从上海带来的四位骨干，只有父亲一人携带家眷，其他都是独身来汉，有位吴先生似乎还是未婚的"王老五"。他们四人都讲上海话，而且在武汉又是人生地不熟，所以每逢周末便相约就近在我家聚会，打打麻将，喝酒聊天。他们每次必带一个十八九岁的练习生（类似学徒），大家都喊他"小苏州"，真实姓名反而忘记了。"小苏州"聪明伶俐，说一口吴侬软语，做事又勤快敏捷，所以大家都喜欢他。他经常被派往附近的五芳斋买下酒卤菜，而每次必定专门为我带回一块熏鱼头，那滋味真是鲜美之极。但是给我印象更深的却是那位吴先生，已逾而立之年尚未成家。他一表人才，戴金丝眼镜，西装革履，风度翩翩。母亲和我们小孩特别欢喜他，因为他很随和，而且肚子里似乎有讲不完的趣闻轶事，连房东的几个女儿对他都有好感。有个星期天，吴先生正在我家做客，恰好逢上六六与驾驶员男友激烈争执，后者负气走了，六六大哭大闹，全家束手无策。只有吴先生自告奋勇，认为凭自己的三寸不烂之舌，一定可以平息这场风波。他径直前往六六闺房，不知道讲了多少慰藉话语，六六依然哭闹不已，最后忽然大喊："我只要张，我不要吴。"吴先生无功而返，露出满脸的尴尬与无奈。农行同事都笑他"自作多情，自讨没趣"，他为此伤感了好久好久。母亲倒是给予同情，并且说大家不应该取笑吴先生。母亲一生都是这样直言不讳，热心快肠，不像父亲那样"树叶掉下来都怕打破头"。

在武汉从事银行工作的日子，可以视为父亲一生心情最为舒畅的岁月。他开始走上自食其力的道路。银行的待遇比较丰厚，一家五口过着中等以上的生活，还可以资助八舅（母亲的小弟）徐叙贤上大学。父亲在这里才真正成为一家之主，不必像在芜湖老宅，事事都必须听命于祖父。家里有张照片，是从上海同来的四位好友的合影，大家坐成一排，都是西装革履，笑容满面，颇有点春风得意的样子。但同事来往密切，情意深浓，却难免影响儿女的学习。我们住在汉口闹市，本来就是一个吃喝玩乐的中心，离民众乐园（当时好像叫作"新市场"）与五芳斋、四季美、老通城都很近，因而这一带的中小学风气都不好。这倒是父亲首先察觉的严重问题，八舅也为此深感忧虑。特别是大哥已经十四五岁，还只在家塾中学习过，没有上过正规中学。家中三位大人商定尽快迁居武昌，因为汉口是商业中心，武昌才是真正的文化教育中心。父亲为了儿女受到良好教育，宁愿自己每天来往渡江奔波。

八舅当时为了追随余家菊教授，已经考入武汉大学教育系，但因武大教学大楼与学生宿舍还未竣工，暂时在城内中华大学借读，并且在一家姓喻的民宅租房居住。当时粮道街有很多深宅大院都把多余的房屋出租给学生或有学生的家庭，因为昙华林这一带从小学到大学学风都比较淳朴，学生不像汉口那些学校高中就谈恋爱，特别是教会女子中学下午放学时，门口都挤满男友或准男友迎候（当时被笑称为"站班"）。八舅在粮道街为我们也租了几间房，自己也搬过来合住，一方面是为节省开支，一方面是为便于他辅导大哥补习算学课程。大哥就读于一所教会中学（好像是文华中学），我和姐姐读胭脂山小学，她读二年级，我读一年级。八舅自幼俭朴自律，勤奋好学，虽然家贫，然而却严于律己，从不向两个姐姐的富裕家庭要求接济。他一直在安庆长大，一同来武昌的还有两位中学好友，都是学教育而且仰慕余家菊，堪称志同道合。父亲与母亲都很关心而又尊重这位大学生，从不轻言接济以免损害他的自尊心，合住一屋也无非为他节省一点食宿开支而已，其他学杂费都靠他卖文自筹。父亲每天忙于公务，早出晚归，只有周末假日，郎舅俩必定把酒畅叙，有时还合唱《苏三起解》《四郎探母》一类京戏，多半是由八舅唱须生而父亲反串青衣。尽管他们唱得有板有眼，回肠荡气，我们却毫无兴趣。

由于当时渡江只有小木船，汉口、武昌之间来往甚为不便，农行同事就很少来我们家了，汉口房东家只有五五带着七七礼貌性来访一次，从此再未见过面。但是，又有一批新客人常来我家，他们都是湖北省女子高中的学生。原来八舅租房的那家房东只有孤儿寡母两人，女儿喻耕葆就在省女高读书。耕葆品学兼优，篮球又打得很好，是华中地区运动会湖北女篮的主力队员之一。她此前已看中八舅的人品与学问，所以八舅虽然已经迁出，她仍旧时常前来探访，而且还把她的同窗好友成批带来玩耍。母亲很像外婆，都是典型的安庆人性格，热情爽朗，殷勤好客，所以这些女学生很快混熟了，有事没事都会自行来访，无须耕葆带领。当时我年龄很小，不懂恋爱婚姻为何物，但父母心里是明白的，因为关系到八舅未来成家问题，所以从来不厌其烦，满腔热情接待这些不速之客。好在她们自己的课业很重，不会影响我们家孩子的学习。

但是我们不久又搬家了，因为武大学生宿舍已经竣工，八舅与他那两位同乡好友都搬到学校合住在一间房，每天就不必长途跋涉了。我们之所以搬家，是因为粮道街的老宅太阴暗，不利于儿童视力，加上房东的独女患有肺病，唯恐传染。我们搬到涵三宫双柏庙，那是一家新式两层楼房，分内外两个院落，房东全家住内院，我们租的是外院一楼两大间卧室，楼上两间由一税务局局长与其姨太太租用。房东的母亲独住在楼下一间侧室，而且是自己开伙。老太太对我们多所关照，使我们颇有宾至如归的感觉。她的住房后门通向后院简易的花园，因为比较宽敞，便成为夏天房东家几位女仆露宿之处，这当然比睡在大街旁边好得多。晚间凉风习习，劳碌了一整天的女仆们难得如此消闲，她们为我讲一些世代流传的古老传说与民间故事。这些有意或无意的教诲，也成为滋育我成长的无字读物。楼上那家与我家都是外来户，而且行业又不搭界，所以始终没有任何交往。只有他家那位厨师有时来向我母亲请教江淮厨艺，母亲夸奖他手艺好，炒的菜好吃。他却信口胡说："好吃？因为我是用洗澡水给他们做菜。"他对自己的东家似乎非常不满，说他当税务局局长捞很多钱，现在伴随他的太太是花钱从评剧班子买来的。这样就更使我们对楼上的芳邻敬而远之。

因为八舅远住珞珈山，当时公交非常不便，因此很少回来，淮舅母和她的省女高同学也很少来了，所以家里清净多了，我们的学习也更专心了。这学期期末，我的成绩名列全班第一，姐姐也被评为全校卫生模范，我们这才尝到了孟母三迁的甜头。

但是，天有不测风云，人有旦夕祸福，一个破坏我们家庭幸福生活的灾难正在逼近。大约是1934年春天，父亲突然被诬告，出差到老河口返回汉口，一下飞机就被宪兵抓走。因为当时我年龄太小，弄不清出事的原因，即使多年以后父亲也不愿意多讲。现在我的看法是，农行的筹建本来就有特殊的政治背景，虽属中央政府体制，但毕竟是初来乍到的外来户，与当地各派势力集团之间难免有利益纠葛。父亲长期在自家的私人企业做具体行政事务工作，与外界的直接交往较少，自然很难理解与因应农行这样复杂的人事关系。我始终不相信父亲当真会犯什么罪，因为他一贯是那么忠厚老实，谨小慎微。但这场横祸来临时，父亲与外界完全隔绝，最焦急最痛苦的还是母亲。本来夫妇两人决心走出老家在外面自行创业，却不料刚刚开始就遭受如此沉重挫折，而且还只能依靠祖父亲自出面排难解忧。

祖父闻讯立即到上海与二叔祖商议对策，很快就偕公司法律顾问来汉，住在花楼街萃仁旅馆益新面粉厂常年包租的一套房间。在这样紧急关头，我才发现一个与在家中完全不同的祖父。毕竟是历经世变的企业家，处变不惊，坦然自若，而且对我们显得更多几分温厚。与家人见面时，他没有指责父亲，只是对母亲有所慰藉，嘱咐我们照常上学，一切由他委托律师按法律程序处理。这场官司怎样打的？法庭如何审理？我们都不清楚。因为年龄毕竟太小，即使大人说过我们也听不明白。情况显然是已经明朗且逐渐好转，因为祖父没几天就回到芜湖，似乎已无必要留在汉口亲自操劳。又隔了些时日，母亲获准带我们到监狱（或拘留所，因为一直未判过刑）探望父亲。父亲被关在政治犯牢房，生活条件较好，也没有吃过什么苦头，所谓劳动惩罚无非是为监狱刻刻钢板油印文件，因为他在这里书法堪称上乘，颇得好评。他的容貌神情一如往常，似乎心中已经有底。与他同住一室的另一嫌疑犯是贾伯涛，黄埔早期毕业，已有少将军阶，不知为何也遭此牢狱之灾。他参加过东征北伐，虽然是职业军人，但言谈举止儒雅，毫无官场习气。可能因为出身于以民风强悍著称的大冶（湖北黄石附近）世家，有些恃才傲物，又不善于奔走钻营，所以金色领章上一直只有一颗星。不知道为什么他也被关进来，倒是与父亲年相若也，并且一见如故，两人竟在狱中结成金兰之好，是名副其实的难兄难弟。所以此后父亲一直改以"伯苏"之号为名，与"伯涛"显示异姓兄弟情谊。贾伯涛有自己的人脉资源，所以对入狱看得很寻常，似乎已了解其背景与结局。果然，他与父亲几乎是同时被宣布无罪释放了。

父亲出狱后，把母亲与大哥、姐姐及我送回芜湖，自己仍留在武汉。不过农行的职务早已被他人取代，自己也无意重回是非之地，转而与贾伯涛联手下海，打算开采大冶一带的石棉矿。石棉属军用物资，据说需要量很大。伯涛负责筹集资金，组建公司；伯苏有新式开采铁矿经验，所以负责勘察地质并经管此后的生产流程。记得是在1936年深秋，父亲风尘仆仆回到芜湖，随身带来一批勘察工具与矿石样品，堆满西院客厅。他大概经常亲自督率技术人员跋涉于荒山野岭，皮肤晒得漆黑，但精神倒是很好，并未因那场官司而消磨意气。但是此次大规模创业计划也是生不逢辰，因为不久就发生西安事变，时局动荡不安，投资者举棋不定。

第二年全家逃难西迁，开采石棉的壮志宏图又复成为泡影。

1937年深秋，沪宁地区战事吃紧，芜湖城乡人心惶惶。祖父命我父母带领姐姐、三哥以及我和五弟、六弟，还有已是古稀之年的外婆，长途跋涉，逃亡重庆。因为姨父萧柏年（母亲的妹夫，我们称为五姨爹，母亲在大家族中排行第四，妹妹徐呈五排行第五，弟弟徐叙贤排行第八）前此一年已奉命入川，并在重庆委员长行辕挂名参议闲职，不仅为我们事先租好住宅，还介绍父亲到一个补充团当军需，所以我们的逃难比那些流离失所、举目无亲的难民要幸运得多。补充团的任务是征集壮丁，经过短期训练及时送往前线补充部队缺额。军需虽系文职，但因人员交接涉及财务核算，所以也必须随部队往返于前线与后方之间。一般军需工资很低，又无法照顾家庭，所以父亲非常苦恼。恰巧贾伯涛有心报国，重返军旅，出任赣南师管区司令，并及时来信邀约父亲前往效力。父亲非常高兴，把身边几个儿女统统送到江津国立九中就读，然后与母亲轻装前往赣南师管区就职，虽仍然是军需工作，但级别有所提升，收入也略有增加。再加上四个孩子读国立中学，主要靠政府"贷金"维持，父亲身上的担子减轻大半。

两位盟兄弟能在一起工作，自然非常融洽。但是，赣南师管区不同于野战军，属于后方预备役工作，未能进入战斗序列。贾伯涛感到不受重视，也不符合自己上战场杀敌的愿望，再加上他的同窗好友酆悌因"长沙大火"事件被处死刑，他认为是替人受过，实系政治牺牲品，因此牢骚满腹，又萌生脱离军伍念头。父亲并非现役军人，来赣南无非是感激盟兄盛情，而现在却不能不为自己谋求新的去路。但说来也真是巧遇，原来曾在凹山铁矿担任过工程师的程义法，正好也在赣南，并且担任资源委员会钨矿管理处处长要职。他听说父亲正在谋求新职，立刻将父亲调去担任秘书，因为他深知父亲略有矿山管理经验，尤擅于文字起草工作。时过境迁，原来的宾主关系，现在变为上下级关系。但程义法正派忠厚，父亲深得信任，工作又相对稳定，因而心情比较舒畅。母亲热情好客如故，据说那些年轻单身工程师节假日经常来"蹭饭"，欢聚叙谈，家庭气氛非常温馨，多少消解若干对远方子女的思念之情。所以每逢假日，母亲都会主动邀请这些年轻同事（以技术人员居多），并且以大庾（今江西大余县）话、安庆话、普通话相混杂，高声说一句"杭巴郎一齐都来"，三个词都是一个意思，而且发音颇有风趣，因此好客之名不胫而广泛流传。

但是这样平顺美好的生活也未能维持多久。因为钨矿是国际市场珍贵而又稀缺的战略物资，也是重庆政府岁收的大宗之一，抗战末期日军疯狂挣扎，突然占领大庾。父母只好带着正在家中休学养病的姐姐，随着大批难民仓皇逃走。由于路途遥远且交通断绝，已无可能重回四川，只好与同乡难友结伴，翻山越岭，循小路历经艰险，终于回到芜湖老家。其时日本业已投降，祖父与众多家人陆续归来。益新面粉厂收回后，堂叔学澄等家族成员与众多工人骨干齐心协力，把全部机器重新检修调整，并且迅速恢复生产，父亲回来后也参与工厂复工事宜。对于父母这些年工作与生活的具体情况，我知道甚少，因为相距太远，而且又很少通信。

直到1946年秋复员回家，我才重新见到父亲。他已经没有过去那么胖，但面貌并无多大改变，改变最大的是他的心境。年龄虽然还不到50岁，但已经略显衰暮颓唐，多少有些像鲁迅《在酒楼上》所描绘的失意回乡者，仿佛一只苍蝇飞了几圈终于又回到原来的地方，而背影则更像朱自清笔下的那个父亲，略有发福且已微驼。益新面粉厂表面上非常繁忙，生机再萌，但因内战业已爆发，整个环境日趋恶劣，家族内部的纷争也有增无减。对面粉厂复工贡献最大的是亲自回来担任工程师的学澄，他是我父母最喜爱的最小一个堂弟，比开平只大两岁，可以说两人是一起长大。他在抗战中期毕业于金陵大学农艺系（副修电机），曾在从上海迁往西北地区的较大面粉厂任职，后来又担任汉口荣家福新面粉厂高级工程师。他不仅学识丰厚，经验丰富，而且吃苦耐劳，为益新老旧机器的检修、调整、更新作出极大贡献，使产品在数量与质量两方面都比过去大有改进。学澄虽然深受全厂职工爱戴，但厂里行政与经营大权却交给与学澄年纪相若的三叔祖向荣，这是祖父与二叔祖共同做出的决定。据说向荣与学澄之间颇多摩擦，有些是生产部门与经营部门之间的意见分歧，有些则可能是由于互不服气，因为都是血气方刚的年轻人。祖父由于年迈已不再过问具体事务，父亲虽然同情学澄的艰难处境，但由于生性比较懦弱，从来不敢顶撞任何尊长，哪怕是比他年轻得多的长辈。他在公司扮演的仍然是秘书兼总务之类打杂的助手，无权也不想参与公司的最高决策。他每天依然按时上班，勤勤恳恳，任劳任怨，从来不发什么牢骚，也从未与他人有所争吵。但工厂经营日益走下坡路，他当然也有自己应该承担的责任。大家族内部关系错综复杂，他应该最了解，然而却无力改变，作为长房长子，在强势的长辈健在之时，他只能处处忍让，有委屈也只能自己化解。

据大哥最近回忆，抗战胜利后，由于程义法的关照，资源委员会曾经同意父亲复职，并且安排了比较优厚的专员职务。那时从大后方回到沦陷区的许多政府官员自认为抗战有功，可以趁机大捞一把。父亲曾经到资源委员会相关部门报到上班，但不久就感到难以顺应潮流，连我们家自己的祖传企业凹山铁矿也变成"敌伪产业"，必须缴纳高达数十根金条的巨额贿赂才可以收回。父亲虽然是从大后方回来的公职人员，却无法索回自家应有的权益，又因在良心上还有道德底线，更无豪气公然去"劫收"他人的财产。他借口体弱多病（确实哮喘比较严重），还是回到芜湖家内帮助祖父应付杂七杂八的事务。但是像父亲这样的老实人，往往被他人瞧不起，认为是无用且没有出息。

及至1947年，市场日趋萧条，面粉厂实在无法继续支撑，只好出租给其他投资者经营。开始是财力比较雄厚、双方有世交情谊的上海荣家

第一章 家世与童年

福新公司派人来继续开工，但不久也因财力支绌离开芜湖。后来听说张治中的长子张一真也曾前来租赁经营，似乎还未开工，就因淮海战役国民党大势已去而一走了之。

1949年5月芜湖解放，人民政府鉴于益新公司已是产不抵债，如长期停产将会影响数百工人及其亲属的生计，在征得资方同意后经由中粮公司折价收购，改为国营企业，抓紧恢复生产以满足广大人民生活需要。直到这个时候，这个大家族终于正式解体，祖父三兄弟各自分得一份财产，相继离开已经聚居四代人的祖屋。父亲由于已无公职，在祖父处领取一笔为数不多的生活补贴（也可以看作遣散费，因为他抗战胜利后一直在公司承担繁重工作）。其他已有职业的堂叔和我们这一代堂兄弟，都没有在这最后的分家中获得任何钱财，因为大家都想变成无产阶级，自然必须得与资产阶级家庭划清界限。父母在20世纪50年代初，又复前往重庆住在姐姐家里。开明已经结婚，并陆续有了三个子女。他们夫妻都在二野，姐夫在部队基层工作，曾经参与若干战役，姐姐则在西南军区总部任图书管理员，住在风景如画的北碚。因此父母倒也过了几年舒坦的日子，含饴弄孙，其乐融融。直到1954年以后，他们想念上海的三个孙儿女，又焦急已近三十岁的我尚未成家，因此或住大哥家，或住我们学校临时租赁的街道民房。在那个铁饭碗大锅饭的年头，生活虽然不算优裕，但毕竟衣食不愁，可算安度晚年。

但父亲晚年也确实遭遇许多不幸，有些还可能是他的终生遗憾。

首先是1949年芜湖解放之际，由于战后一切尚未恢复正常，加之青弋江又复决堤泛滥，交通阻隔，医药短缺，肺病复发的五弟竟活生生地在家中吐血病逝。开永与我关系最为密切，受我影响也最深，因此满心欢迎共产党的到来与新中国的成立。这年他高中即将毕业，本来也可以像其他热血青年一样参军参干（姐夫与三哥都是此时随二野进军大西南），但他却只能困居被大水包围的阴暗老宅，每天遭受病痛的折磨。当时他是留在父母身边唯一的儿子，但由于连电话都打不通，父亲只能眼睁睁地看着自己的爱子无助地走向死亡。据说开永倒是相当平静地等待生命的结束，他说："朝闻道，夕死可矣。"临终时还要求起床解溲，然后躺下缓缓对父母说："现在我可以走了。"随即言终气绝，果然是无声无息地悄悄走了。他留下一本日记，父亲随身珍藏且曾让我看过，日记如实地记载着这个沉默寡言的中学生内心的丰富隐秘，并且模仿普希金事先为自己草拟了墓志铭，第一句就是："这里埋葬着一个无用的人章开永。"父母强忍着悲痛把他埋葬于楮山，并且尊重其遗愿将墓志铭刻在石碑背面。我曾经为此写过一篇悼念文章，但报纸编辑却未能发表，甚至连信都未回（后来我才知道他竟是我熟识的一位著名作家）。这当然可以理解，在热火朝天、欢欣鼓舞的激情岁月，官方媒体怎么可能为一个微不足道的中学生的死亡发表悼念文章，他毕竟不是烈士，更不是英雄。

时隔未久，三哥开诚也病故于严重的胃溃疡。他是药师，随野战军工作，经常处于流动状态，与我们很少联络，因此临死都来不及与家人相见一面，至今也不知埋葬于何处。开诚与我一样，抗战末期也曾投笔从戎，但未能与日寇决战于疆场。解放战争时期他倒是随二野进军大西南，令我羡慕不已。他路经武汉时曾与我匆匆晤谈，显得朝气蓬勃，盼望有所作为，未想到结果还是亡故于后方的病床之上。我家曾经是个多子女家庭，母亲先后生下十个孩子，可是经过抗日战争，也只剩下五个子女，而新中国成立不过两三年，又死去五分之二，只剩下三个孩子了。父母内心有怎样的失落？怎样的隐痛？他们一直都未曾向我们述说，可能都是在努力顺应革命乐观主义的主旋律吧。

1956年，正当全国热烈欢迎"双百"方针的发布并努力"向科学进军"之时，我家直系亲属又有两人辞世。夏季是祖父病故，父亲与大哥代表我们长房长孙前往奔丧。由于祖父已年逾八十，应属高寿，平顺死亡，所以这位"恨再苏老人"的离去未曾引发多少情感波澜。但是正逢中秋佳节，母亲猝发脑出血逝世，还不到60岁，却使父亲与我们子女为之悲痛不已。当然，最悲痛的莫过于父亲，这是他精神上蒙受的最沉重的打击。他俩虽然是指腹为婚，但结婚之后相亲之笃与相爱之深，无法用文字表达。早年是母亲多病，父亲看医书，求良方，照顾得无微不至。晚岁是父亲苦于高血压加哮喘，母亲全心全意伺候，多少年如一日。其间还经历了八年抗战颠沛流离和解放后大家族的最终离散。他们的一生，既有美好的回忆，也有许多的危难与挫折；年轻时也曾有若干美好理想，但始终未能实现，譬如母亲经常挂在嘴边并且期望成真的美梦"结庐归隐于山林"，就成为终生最大的遗憾。父亲是个内敛而寡言的人，他只有把这些隐痛深藏于心底，以免在这个伟大的革命年代与公众情绪相抵触。由于我的影响，他在解放前夕也曾经向往并期待这个革命，革命也确实决定性地促使他走出芜湖的老家，而且是一去再不回头，但革命又使他这样的旧职员成为社会主流之外的闲散者。他始终未能了解这个狂飙突起的大革命，更难以理解那些纷至沓来、变幻无穷的政治运动。他爱看书读报听新闻，未尝不想为新社会做点力所能及的工作，但由于年龄限制与社会关系的复杂，除身体状况尚佳时做点公益工作外，始终未能获得正式的工作岗位。

现在想起来，也许他还是不离开芜湖为好。实际上当时的人民政府未尝不想利用这个大家族的影响，并且发挥其个人的聪明才智，已经公选他为工商界的市人大代表。但他终究还是与祖父兄弟保持一致，彻底离开了芜湖，因而失去这唯一的就业机遇。我想其所以如此抉择，可能有两个原因：一是不愿充当剥削阶级代表，二是害怕共产党政策有变。因为我们最亲密的亲戚五姨妈和她的丈夫萧柏年，抗战胜利以后全部辞去军政公职，回到湖北均县老家。经过芜湖时，父母曾劝他们留在南京或芜湖，因为萧家是当地财势最大的家族，与其他家族难免有历史上的恩怨，树大招风，容易成为地方势力的攻击对象。但五姨爹留恋丰厚祖业，夫妇两人还是带着小女儿回均县了，只把小儿子泰生留在芜湖读中学，正好与开永作伴。新中国成立后，由于五姨爹萧柏年未随蒋介石逃亡台湾，均县人民政府还把他作为统战对象，作为国民党高级军政人员的开明人士选为人大代表。但1951年开展土地改革，群众斗争进入高潮，加之中南局又坚决纠正所谓"和平土改"，萧柏年遂成为"杀一儆百"的土豪劣绅，妻子亦被划为地主成分。这是我父母讳莫如深的一件惨痛变故，给他们的打击很大。他们只能偶尔寄点钱去略微贴补姨妈母女家用。

父亲性格温和，留给我们子女的印象是"严母慈父"。他总是那么关切、体贴、帮助我们及我们的子女，默默奉献而从不要求任何回报，所以他永远是我们的好父亲。

## 母亲

母亲姓徐，原名玉卿，结婚后父亲感到较俗，遂改名毓青。家谱上有关母亲只有二十一个字："配徐氏，怀宁襄甫辅臣女，光绪辛丑三月二十七日生。"

襄甫是我的外祖父，安庆人，长期在赵尔巽兄弟下属任职。赵任四川总督时，他是比较受倚重的道员之一，曾奉委在打箭炉（今康定）经管造币厂多年。母亲的童年是在成都度过的，所以特别喜欢四川，能够说一口纯正的成都话。当年成都家中养过鹦鹉，每逢来客会拖腔带调地喊："客来了，丫鬟倒茶。"除此以外，母亲还讲过一些成都岁月的有趣往事，如有名的小吃龙抄手、赖汤圆之类，但我都记不清了。只记得外祖父有次审案，判决一囚犯死刑，但内心却感到不忍，连续几天都寝食不安。在我童年的心目中，外公大概是个清廉而又亲民的好官。

保路运动爆发时，外公正任四川江安巡防营统领。他带兵移驻泸州时，与时任泸州知府的刘朝望相遇。刘朝望是刘铭传之孙，与外公是安徽同乡。他们合计，与部下举旗反正，成立川南军政府，宣告泸州独立。然因局面复杂，他们无法驾驭，遂回安徽。由于长期从事过造币工作，又拥护共和，所以他先后在江南造币厂和安庆制造局任职，负责铸币等重要事务，其后不幸英年早逝。虽然多年从事造币工作，但始终两袖清风，身后萧条，连后事都是同事好友筹款办理的。因外公终身清廉，老家又无多少田产，外婆经常去当铺寄售首饰和字画，补助度日。但外婆很有头脑，能顺应时代潮流。一是较早为两个女儿放脚，当时把缠过的脚放开称为"解放脚"，女孩脚放得早就不至于变形，所以母亲和姨妈一辈子都感恩不尽。二是儿女平等对待，把两个女儿也送到安庆女子师范学校读书，因此姐妹俩都受过良好中学教育，并多多少少接受着五四新文化思潮的影响。女师有请日本女教师讲授家政之类课程，母亲非常喜爱，所以也懂得插花之道，这是她人生中唯一的艺术享受，也使我们在成长过程中受到若干美育的熏陶。

　　但是母亲未毕业就出嫁了，有可能是家贫难以继续维持她的学费。父母的婚姻完全是旧式包办婚姻，而且还是指腹为婚。决定这个婚姻的主事者女方当然是外公，而男方则是我的曾祖父，故事的源头必须追溯到他们两人的师生关系。曾祖父与外公素不相识，章、徐两家亦素无渊源。直到维藩公西征归来，以军功分发安徽任地方官，而且曾擢升为怀宁知县，这才出现两人结识的机缘。维藩公当时是少年得志，春风得意，而外公则是家庭贫穷，苦读并奋战于科举试场。有一年幸而考取秀才，维藩公则是主考官，外公循例递门生帖子，并且受到这位年轻地方官员的极度赏识与优渥接待，此后成为交往密切的亦师亦友知己。随后外公时来运转，青云直上，而维藩公则离开仕途，成为一般的商民。但两人亦师亦友的情谊依然如故，不知是哪一年，两人欣然相约，如果维藩公喜得孙儿，外公必以女儿嫁给章家为媳，反之也是如此。庚子年以后，维藩公喜得长孙（我父），而外公随后便有了长女（我母），因而正式决定

图4 母亲

共结良缘。

但外公远去四川以后,两家来往渐疏,加上外公英年猝死,家境趋于贫寒。外婆虽然是家庭妇女,但却颇有识见和风骨。她唯恐章家已经商暴富,或有门户悬隔之想,已在安庆暗中为长女物色出嫁对象。维藩公抱孙心切,又不忘往日与外公之情谊与约定,赶紧通知外婆履行外公遗愿。外婆深为维藩公的诚信感动,立即重申允诺这桩婚事。1918年,父亲与母亲正式结婚。

婚礼之隆重,我无从躬逢其盛,但仍可从老宅楼上收藏的凤冠霞帔以及若干老照片中追寻当年这良辰美景的踪迹。据母亲的追述,包办婚姻免不了有一个艰难磨合的过程,特别是她从一个自由自在的中学生突然转变为禁锢在深宅大院中的旧式媳妇,必然会承受更多的痛苦煎熬。这是一个完全陌生的环境,周围的三代祖孙都是素不相识,包括自己的新婚丈夫也是一个陌生人。她出嫁以前似乎已有若干思想准备,所以随身带有几十条手帕,主要并非用以擦泪,而是烦闷与急躁时撕裂以发泄情绪。不知这个办法是他人传授,还是她自己想出来的。母亲性格外向而略显刚烈,她不像有些新妇那样忧郁哭泣,而是以这种简易动作表示对于包办婚姻的沉默抗议,因为她的亲人都远在安庆,身边又没有任何可以倾诉衷曲的闺蜜。幸亏这个大家族上上下下对她都很喜爱,因为她是全家都极为重视的长房长孙的妻子,而且还是芜湖乡间难得一见的洋学堂女学生。

这种磨合过程似乎并非很久,因为父亲性格比较温顺而又体贴,他的真诚逐渐化解了母亲的抵触情绪,逐渐相互了解而自然产生爱情,并且随着岁月的长久而日益醇厚。加之老公公(维藩)特别怜爱,生下大哥开平后,公公(朗熙)兄弟及其他家人都额手称庆,母亲在家中的地位也随之有所提升,而开平则成为全家的宠儿。

当我开始记事时,父母早已成为恩爱夫妻。由于当时不懂节制生育,母亲连续生育太多,仅存活者已有五男一女。及至妹妹七宝诞生,母亲突然血崩,长期严重贫血,心悸失眠,深度晕眩,处于健康全面崩溃的边缘。父亲怀着深沉的内疚,对母亲照顾得无微不至,除请中西名医精心治疗外,自己也认真钻研中医书籍,积极配合治疗。下班后不仅亲自熬药煨汤,而且陪同母亲打坐入定(练习气功)。母亲病情有所好转,他便向公司请了长假,陪同母亲到苏州、南翔等地,借用亲友园林寓所静养。为免母亲思念子女,还把姐姐与我带在身边。在父亲这种无言身教下,我们从小就极为尊重并关心母亲,我又住在母亲隔壁卧室,从来不敢如同其他孩子一样大声嬉笑,连走路都是蹑手蹑脚,唯恐使母亲受到任何惊扰而加重病情。

母亲虽然体弱多病,但从未以弱者自居,反而在思想上有强势的影响,在一定程度上规范了父亲以后的人生道路。现在回想起来,她实际上是五四新文化不自觉的传播者,因而经常向旧礼教笼罩下的大家庭挑

图5　1930年代，章开沅姐弟与父母在苏州亲友私宅

战，或许可以说这就是某种程度的潜在家庭革命，尽管她始终未能像娜拉那样出走。

首先是强调夫妻相互尊重与保持爱情专一。经常听到母亲说："你们章家门风不好。"尽管感动于曾祖父的怜爱，曾向我回忆最初怀孕时，曾祖父每次出差回来，都要为她带酸味好吃的食品，但她仍然认为老爷子不该连续娶三个姨太太，在家里带了个坏头。她对祖父兄弟俩在民国成立以后还要娶妾，更不以为然。她俨然成为这个年深日久的深院大宅内的女权主义者，从根本上反对这种陋习。她并非孤立无援，而确确实实有一个志同道合者，那就是二叔祖的原配夫人，我们称之为二奶。她们两人都略具现代观念，而性格又倾向于直率敢言，所以一见如故，虽辈分有别，但情投意合，推心置腹。两人都属牛，相隔十二岁，人称"老牛""小牛"，都有点牛脾气，连祖父兄弟对她俩都有所顾忌。不过"老牛"当年的战斗却是孤军作战,所以尽管言辞激烈,仍以失败告终。二叔祖很快就效法乃兄,娶了一个王姓姑娘为妾,不过没有住进上海主宅,是名副其实的侧室。二奶风闻我母亲婚后不久就敢批评"章家门风不好",仿佛找到了知音,立刻结成"反纳妾联盟",挽狂澜于既倒。她没能在上海家中有效阻止歪风,便转而不断向我父亲发布警示:"海儿,你将来如果娶妾,我就打断你的狗腿。"母亲经常引用这句豪言壮语,幸好父亲与母亲感情日笃,白头偕老,无需叔祖母举杖惩罚。在我的印象里,二奶虽然是厉声警告,但却是把"海儿"视若己出,而父亲则在婶婶那里获得真正的母爱。父亲毕竟是幸福的,他有两位牛一样倔犟的妇女经常关心与规劝,不仅获得家庭的幸福,而且至少在个人生活方面走的是光明大道。

其次是强调自食其力,自力更生。母亲虽然生于官宦之家,但是也经历过一段清贫岁月。她毕竟接受过新式教育,而且理解"劳动神圣"的含义。她鄙视那些养尊处优、游手好闲的纨绔子弟,认为应该靠自己的本事挣钱养家并享受独立自主的生活。她虽然支持父亲在公司起早贪黑上班,但反对长期依赖前辈余荫过活。她渴望与父亲一起走出芜湖老宅,在外面更为宽阔的天地里建立自己的新家。父亲自修函授课程与到武汉自谋职业,当然都是自己的明智抉择,但母亲的不断规劝与鼓励想必也起了促进作用。母亲又是一个极端务实与豁达的新式女性,她不像有些旧式妇女那样,总是指望丈夫很快就能做大官发大财。也有可能是由于历经沧桑安于清贫的外婆的影响,她颇能容忍父亲创业的失败,并且愿意共同承受多次严重挫折的痛苦,包括抗战期间那些艰难岁月的煎熬。

父亲首次创业(养鸡)全军覆没,几乎耗尽她多年积攒的私房钱,其中也包括我们兄弟姐妹的压岁钱。但她没有任何怨言,反而安慰父亲说:"风吹鸭蛋壳,财去人安乐。"这是安庆民间谚语,拖长当地腔调讲"壳"

与"乐"两字尾音,才更能显示其豁达韵味。类似的民谚还有:"好个柏烈武,笑破不笑补。"说的是辛亥革命以后柏烈武(文蔚)当安徽都督,提倡节俭朴素,虽然是补过的衣服,只要整齐清洁也应受到尊重。只要是谋求独立自主的生活,她都给予父亲鼓励和支持。她这种淡泊俭朴而又豁达乐观的秉性,由于言谈身教浸润日久,可说是影响了我的一生。

最后是较能顺应时代前进潮流。北伐战争时期,我正处于襁褓之中,对大人们的事情一无所知。后来听母亲零星叙谈,才知道她的妹夫和妹妹都参加过国民革命军北伐,他俩似乎就是在军旅中结识并相爱结婚的。北伐军进入皖北,姨父萧柏年曾担任亳县县长,并且动员父亲前往担任公安局局长。很难想象性格如此温顺的人怎样当公安局局长,也不知道他又是怎样离职回家的。只听母亲说过,国民革命军内部发生分裂,先是暗争,后是明斗,公开"清党"反共。姨爹姨妈都跑到我家躲起来,父亲想必是同他们一起逃跑的。芜湖老宅在乡下,又是深宅大院,与外界完全隔绝,而且职工来往人数又多,真是逃亡者绝佳隐蔽处所。其实姨爹姨妈并非共产党,可能也不算多么坚定鲜明的国民党左派,所以国民政府在南京成立后,他们很快就离开芜湖,萧柏年还在南京政府谋得一个较高职位。这是由于一个年纪比他大的堂侄萧萱是国民党元老,曾把他带到日本留学并参加同盟会。母亲不大了解这段历史,但对国民革命军北伐还是同情的,曾多次对我们说:"五姨妈回来时,一身军服还穿马靴,大家都感到很稀奇",眼中流露出羡慕的神情。她对父亲这次贸然卷进革命大潮也是支持的,家里珍藏着几件亳县之行的纪念品,一件黑色披风,一双带马刺的皮靴,还有一把精巧的小手枪。手枪就放在卧室窗边一张造型类似钢琴的书桌抽屉里,父亲高兴时曾拿出来给我玩过,也许还作为保家护院之用。

二十多年以后,我瞒着家人跑到解放区,她知道后也能理解与宽容,只是极为担心我的安全。我平时不爱写信,到解放区后更无法通信,直

图6 父亲与母亲，1936年前后于芜湖老宅

到芜湖解放以后好长一段时间，她都不知道我的下落与处境。据姐姐事后告诉我，每逢《白毛女》演出，看到大春穿着军装回家时，母亲总是泪流满面，连声问："我们家的大春何时才能回家呢？"

母亲的一生，是一个家庭主妇普普通通的一生。她不满于大宅院内优裕安定的生活，鼓励父亲到外面的世界去闯荡。20世纪30年代，父亲在汉口农民银行工作，她曾经过了一段舒心日子。但不幸父亲被捕入狱，又曾经度过一段担惊受怕、经济窘困的艰难日子。记得父亲入狱进入司法诉讼程序时，案子迟迟未结，而工资已被冻结。三个孩子上学，还有房租水电，使原有积蓄很快就所剩无几。她很坚强，不愿再向芜湖老家要钱，宁可典当自己的首饰与皮衣。她有好几次悄悄带着我走进当铺，我当时还体会不了她内心的苦楚，很好奇那阴森森的大厅和特别高的柜台，以及那些朝奉（职员）拖腔拉调的吆喝声。但母亲外表仍然镇静如常，并且常常安慰我们:"天无绝人之路。"当然,这也可能是她的自我安慰,因为我们太小,不知道应该如何安慰她。后来父亲平安出狱,她也没有任何埋怨和责难,还是平平淡淡一句话:"我说过的,天无绝人之路吧!"

抗战期间,母亲仍然以这样的豁达对待颠沛流离、缺衣少食、生离死别等等更为深重的苦难。抗战胜利后,又扶持已患哮喘、身体衰弱的父亲长途跋涉,回到芜湖老家。母亲虽然只读过中等师范,没有多深的学问,也没有干过大事,但却具有开阔的胸襟、乐观的性格与较强的承受能力,特别是性格刚烈,同情弱者,勇于伸张正义。这大概是多数中国母亲共有的美德吧。正是这些数以亿万计的母亲,既承受了民族的苦难,又维系了民族的繁衍,哺育教养出一代又一代中华儿女,共同谱写了民族血脉赓续绵延的伟大史诗。

抗战胜利以后,父母亲一直住在芜湖老宅,父亲忙于协助祖父支撑面粉厂危局,家中已是一片破败景象。母亲依然豁达如故,因为她已经把希望寄托在我们兄弟四人身上。开平已经先后在芜湖、上海谋得药剂师的很好职业,大嫂亦参加工作并生了长孙泽民,三哥与我在南京读大学,五弟开永亦在芜湖补读高中。母亲对自己的小家似乎信心满满,1946年秋季开学时,她还为开诚与我两个大学生各做一套较为有型的哔叽中山服,并且笑着说,这是用你们好些年积累的压岁钱做的。1947年暑假以后,我逐渐热衷于进步学运,并且希望得到父母的理解与包容,从此很少回家。我特意从南京带回高尔基的《母亲》,一本是英译袖珍版,我随身带着阅读以便掌握英语;一本是中译版,留给开永看,并且请父母也当闲书阅读,临走时我还特意向他们介绍了主人公伯威尔母亲苦难而又英勇的一生。母亲似乎有所触动,但并无任何表态话语,当然在当时那样严酷的政治环境中有些话也确实不宜明讲。但暑假我与开永乘木船到青弋江对岸,密访一位中共地下党组织烈士(就是开永同学兼挚友的父亲)的故居及其遗属,借回若干"禁书"回来阅读,母亲也是亲眼看见的，并没有对我们进行任何警示或劝诫。

1948年秋，我回南京金大不久便毅然北上进入中原解放区，临行前不敢给家里写信或打电话，只托在南京药专读书的三哥开诚寒假回家带个告别的口信。后来听姐姐说，她对我的不告而别不仅没有丝毫怨言，反而以实际行动表现出对我的理解与支持。芜湖解放前夕，她把我留在家中的进步书籍，借给正在安徽学院读书的内侄芮某阅读。此事直到1955年我才知道。北京某中央机关（似为"经委"）为肃反审干派人来汉调查芮某的历史情况，其时他已担任中央经济委员会领导干部机要秘书，所以审查特别细致严密。前来调查者共三人，均为经验比较丰富的中年人事干部。他们登门拜会我的父母，问了一些芮某在芜湖的相关情况，随后又邀我到宾馆单独谈话。其实芮某虽然是我表弟，但素未谋面，一无所知，他却在交代历史时强调解放前接受过我的进步影响。我如实回答说不清楚，因为母亲从来没有向我说过芮某这个亲戚。调查组问："你是否留有什么进步书籍？芮某已上交给相关组织，上面有你的签名。"我回答说对此亦记不住了。调查组要我当面亲笔签名以供验证，我随即按老习惯签下自己的名字。他们仔细传阅并认真讨论后笑着对我说："果然是如此签名，他的交代基本属实。"我这才知道母亲有此善举，所以他们对我父母非常客气。因为怀疑面很宽，我自己的社会关系原本已很复杂，所以唯恐这位从未见过面的表弟有什么严重政治问题会连累我，却不料竟然如此圆满地结束调查。北京来人可能就是芮某的同事，所以他们请我吃饭，并且闲谈许久才兴辞回京。

此外，我还听姐姐说过，解放大军渡江前夕，面粉厂早已停工，成为国民党江防某部的临时驻地。有一天，一个国民党士兵匆匆忙忙从侧门溜进我家西院，索取一身便服换下军衣逃跑。母亲爽快答应了，把我留在家中的一身衣服给他替换，随即让他从另一比较僻静的通道逃跑。渡江战役打响以后，父母都密切关心战局发展，并且为解放军顺利渡江并解放芜湖而欢欣鼓舞。很难说母亲对共产党与革命有什么深切认识，她与众多普通老百姓一样，对腐朽透顶的国民党统治已经深恶痛绝，热切期望共产党能够带来和平、安定与繁荣。当然，由于自己最宠爱的儿子已经参加了革命队伍，可能更加增进了她对共产党的亲近感。

20世纪50年代初，她终于离开那个早已想离开而又离不开的芜湖老宅，那个充满陈腐气息的大家庭。这座老屋本来就不属于她，而她从来也不愿属于这所老屋。从这个意义来说，新中国的成立对于她自己来说，确实也是一种解放，即从此告别这座老宅乃至它的阴影。当时，姐姐由于在西南军区图书馆工作，正好住在景色如画的重庆北温泉附近。作为光荣军属的父母，也理所当然地分享了革命胜利的喜悦。随后又到上海大哥家住了一段时间，与三个可爱的孙儿女团聚，加上远在四川的三个外孙儿女，他们已经拥有六个第三代了。他们理应心满意足，但又未能完全心满意足，因为在幸存的三个儿女中间，还有我仍然未能成家。他们怕我单身寂寞，又从上海来到武昌。由于学校迅速扩大，还来不及建筑足够的家属宿舍，我们这些单身教工都住在学生宿舍，所以我只好为父母在街道上租民宅居住。地点就在他们过去非常熟悉的涵三宫，离华中师院很近。母亲和父亲是1954年春天来的，从此我也有了一个家，每天中晚两餐回家吃母亲做的可口饭菜，共享亲子重聚的家庭温馨。但这样惬意的家庭生活也只过了一年。1955年暑假以后，我随历史系搬到南湖新校区，仍然是住学生宿舍，过集体生活。新校区与粮道街相距甚远，公共交通非常短缺，加上学校工作极为繁忙，我只有周末才能进城探视父母。有时一连数周都不能回家，与父母的关系逐渐疏远起来。即使回去也像招待客人，隆重然而显得有些隔膜。这当然主要是由于我过分热衷于教学科研，对父母缺少应有的关照。同时，也因为我仍然没有成婚，成为父母想说又不好挑明的一块心病。

这些年我发现父母的心情不完全一样。父亲过去是工作忙惯了的人，现在由于离开芜湖已久,遂成为无所事事的赋闲居民,因而有较多的失落感。母亲本来就是家庭妇女,现在仍然是老本行,而由于已经完全摆脱旧式大家庭阴影,简直是兴高采烈地融入新的社会生活。对她来说,社会就是她居住的这条街道与邻人。她一直善于处理邻里关系,急公好义,乐于助人,所以很快就赢得众多好评。她有中等以上的文化程度,又没有任何繁重家务,因此被一致推选为卫生委员。这是她年过半百以后第一次担任"公职",尽管没有什么干部身份,却颇有受宠若惊之感。她尽心尽力与邻里一起维护街道的清洁卫生,首先是要求全家做出表率。过去几十年,由于有父亲可以依赖,她几乎没有写什么字,可现在她却特地买了小学生用的格子本,一笔一画地练起字来,说是为学习文件或开会做记录,以便向大家传达。她热爱这个社会和这种生活,这个没有娼妓,没有流氓,没有花天酒地的应酬,而且是路不拾遗、夜不闭户的新社会。她满心期待将有更为美好的未来,而离群索居、高山结庐的夙愿似乎早已忘在一边了。

但是这个纯真的美好的梦却不幸过早地破灭了。她病故于1956年中秋节的下午,死于猝然脑出血,享年仅56岁。

那些年月,万象更新,欣欣向荣,几乎人人都是工作狂,加上政治学习与各种运动又多,即使是星期天我也很少回家。因为如果回家过多,就会被讥评为"家庭观念太重"。偶尔忙里偷闲,周末悄悄回家吃晚饭,父母总是特别高兴,晚上在仅有的一间卧室的方桌上架个木板留给我过夜。我睡得特别香甜,仿佛又回到依偎在父母身边的童年时代。他们平时省吃俭用,星期天必定到菜场买上好鱼虾,精心烹调,即便是普通蔬菜,也制作得精致可口,慰劳我一周工作的辛苦。为了弥补过去长期别离的缺憾,只要星期天有空,我必定会陪二老到汉口看场电影,逛逛商店或到公园散步。每逢这种难得的时光,母亲总是谈笑风生,叙说街道上各种有趣见闻。

1956年中秋节前一天,母亲很早就到胭脂路大菜场买好菜,煨一罐很浓的鸡汤,并且把卧室与公用的客厅打扫得干干净净。可能是过于疲劳,晚间一上床就睡得很熟,而且还打呼噜。次日凌晨,父亲察觉鼾声有异,开灯察看母亲已是昏迷不醒,赶紧与邻居一起把她送到附近的湖北医院,然而多方抢救也未能苏醒。父亲慌张打电话通知,我立即乘车赶往医院,只见母亲紧闭双眼躺在床上,满脸异常潮红,头上压着冰袋,呼噜之声依然不断。我连连大声呼唤,她都毫无反应,连眼皮都未动一下。我与父亲恳求医生用一切方法抢救,医院也确实尽了最大努力,但毕竟回天乏术,母亲就这样出乎意料地猝然离开人世。

中秋之夜,月光洒满卧室,我与父亲睡在母亲刚睡过的床上,久久相对无言。父亲从此失去近四十年相依相伴的爱妻,我则失去了整整三十年来时时刻刻都在关心呵护我的慈母。就在这家家户户都在团聚欢度中秋之夜,我们父子两人无声无泪沉浸在无边无际的悲痛之中。但父母都是有科学知识的通达之人,很早就赞成火化,反对铺张浪费的葬礼,所以第二天我们未惊动任何他人,将母亲的遗体送往宝通禅寺。母亲是信佛的,所以便按照佛教仪式,让她盘腿坐在木柴堆上,在僧众虔诚诵经声中,伴着袅袅青烟随风而逝。

我不知道母亲临终前是否还有知觉,但母亲的遗容是那样的慈善安详,似乎没有任何痛苦并且带着幸福的感觉进入彼岸。她最大的遗憾可能仍然是未能亲眼看见我结婚成家,必定是怀着对父亲和子孙无尽的眷恋离开人间的。1956年是新中国成立以来最为美好的一年,国泰民安,政通人和,家家户户都过着并不富裕却也不算缺衣少食的平顺生活。她是在这样比较和谐的气氛中,有最亲爱的丈夫与儿子随侍在侧,带着对新社会的美好憧憬离去的。

从此以后,我最害怕听的歌就是:"小白菜呀,满地黄呀,两岁三岁,死了娘呀!"每逢听见这童稚而又凄婉的歌声,我就不禁泪如泉涌,久久难以平静。我最害怕过的节日是中秋，每逢各家团聚赏月时，我却只有仰望明月思念母亲，独自咀嚼那无边无际的悲痛。只有明月永恒地挂在天上，仿佛母亲慈祥而又美丽的脸庞，她与世界上其他亿万母亲一样，把慈爱与银色的月光一并洒满人间！

  1993年春，我在加州大学圣地亚哥分校讲授古典中文课程，有天正好讲到《韩诗外传》中的名句："树欲静而风不止，子欲养而亲不待也"，我不禁哽咽失声。在那高山上教学楼第9层的教室讲坛上，透过宽大的落地玻璃窗，眺望着蓝色的浩淼无垠的太平洋，突然感到这不就是伟大母爱的海洋吗？……听课的美国学生迷惑不解，默默地望着我，他们能够窥测到我的内心世界吗？

  永远安息吧，亲爱的妈妈。愿天下为人子者都能珍惜母爱，善待母亲！

## 小学

  现今人们把上小学以前所受教育统称为学前教育。说来惭愧，我从未上过幼儿园，也未正式接受过传统的私塾教育。但芜湖老家确实有过中西合璧的家塾，就设在曾祖父在世时接待外宾的那座小洋楼客厅的一侧，几位堂叔与大哥都曾在此就读。老师姓王，清末曾中举，因此颇有旧学根底，西学只能由他人任教。我四五岁时，父母让大哥带我去学认字，其时王老先生已经因病回家疗养，由他儿子代课，我们喊小王先生。小王先生学问如何，幼稚愚鲁如当时的我，自然不够资格评论，但他至少能够教我识字描红。但大孩子们都不喜欢他，说他比老王先生差得太远，实际上他们早已不甘就读于这种陈旧的家塾，渴望走出家门进新式学堂。很可能是由于某个大孩子的策划，我居然斗胆写了一张大逆不道的"反标"："小王先生是乌龟。""乌龟"两个字笔画多，我不会写，只好用类似原始象形文字涂鸦。小王先生发现后大发雷霆。不过毕竟已经是民国二十年（1931），虽是私塾也比过去文明得多，加上我的年龄太小，他不便使用戒尺敲打，便罚我跪在大厅正中"天地君亲师"的牌位前，直到父亲闻讯亲自前来反复道歉，才结束这场风波，幸好没有惊动祖父。这大概就是我出生后第一次参与"学潮"，在守旧老辈看来则是与生俱来的顽劣。

其实父亲早已不满这种落后的教育方式，因为他自己曾经深受其害，不愿弟弟们与长子继续耽误正常学业。二叔祖夫妇头脑较新，对此也担心已久，只是碍于传统伦理观念，不便直接批评乃兄而已。正好王老先生病危，小王先生急于回家照顾，父亲送他一笔丰厚礼金，然后征得祖父同意，写信把他辞退了。客观上家塾也难以为继，因为叔叔们先后都随自己父母迁往上海，而大哥和我也随父母前往武汉，从此已走的与未走的孩子都进入新式中小学。这就是芜湖章家来得太迟的"教育转型"。

我就读的第一所学校是武昌胭脂山小学。胭脂山是蛇山北麓的小山，以山岩呈丹霞色彩得名，离昙华林及阅马场不远，离我家更近，循青石板路走刻把钟就到了。姐姐读二年级，我读一年级，两人结伴而行。但因不在一个课室，进校后她就难以照顾我了。这个学校留给我的印象不大好，一是仍然盛行体罚，二是有些同学欺侮外地人。

与我同桌的是一个姓王的女生，她虽然娇小，但却非常刁蛮，总是不断扩张自己在课桌上的版图，侵占我应有的半边领地。如果稍有违抗，必定倒竖柳眉，圆瞪杏眼，继而便用尖利的指甲抓我的手背。因此我上课时只得紧缩躯体，以免惹她生气。本地男同学更厉害，一个个勇猛善斗，颇有三楚雄风。我是在旧式大家庭被管束得服服帖帖的孩子，加上发育不良，矮小瘦弱，哪里是他们的对手？曾经在山坡上被猛推滚下来，好半天喘不出气，连右臂都扭伤了，很难穿套头毛衣。回家还不敢声张，因为母亲性情刚强，会骂我没有出息。

因为上课时总是惴惴不安，期中考试成绩欠佳，所以得不到老师的关爱。特别是教语文的女老师（姓凤），爱用教鞭敲击，且出手颇重。有次在课堂上写毛笔字，同桌女生故意用臂膀撞我，以致墨汁溅上大字本，有些字又写出格，显得非常难看。凤老师收作业时发现，不问青红皂白，抓起我的手就用教鞭敲打，只两鞭手心就红肿起来。我痛极也不敢出声，否则还得多挨几鞭。此后每逢天寒手冻，我便学习其他同学经验，上课前把手心在课桌边角上摩擦得热乎乎的，以免冷手挨重鞭更吃不消。不过，看见这位中年女老师特大的黑眼眶，还有那蜡黄而瘦削的脸，我内心只有同情而无怨恨，常常为作业差错甚多而愧疚。

第二学期时已逐渐适应这个陌生的学习环境，学习成绩有所提高，期末居然名列全年级第一。学校发给我奖状，姐姐也得到一张卫生模范奖状。姐弟高高兴兴结伴回家，不料竟引发少数同学的忌妒，一出校门他们就呼朋引类围着刁难我，幸好姐姐大我三岁，个头又较高大，赶紧护着我一路小跑回家。可能正是因为这些不愉快的遭遇，我对武汉颇有偏见，甚至有希望永不再来武汉的心结，但老天爷真会开玩笑，居然安排我在武汉工作一辈子。

1934年回到芜湖，随着姑姑、姐姐、三哥，还有五弟和六弟读城里襄垣小学，一共有七八个孩子，每天清晨出门，结伴成队，沿着青石板路徐徐行进。沿途田野广阔，有几个很大的池塘，岸边野草丛生，水蓼开着一簇簇白色或紫红色小花。据说溺水者多半是被这些野草藤蔓绞绊住手脚，因此花蕊里藏着死者的魂灵。我对生死一无所知，因此没有什么惧怕，路过时常摘几朵花放在书包里，希望这些无依的精灵能够与我结交作伴。路上还可看见许多趁早进城的行人，有的挑担，有的提篮，还有的推着吱吱呀呀的独轮车。离家走出一里多，要穿过几座巍峨的石头大牌坊，还有许多手工业者聚集的砻坊（磨米面）、榨坊（榨油）、染坊、踹坊（布匹染色后，以元宝形大石头压平），等等。偶尔也有一两家供应行人早点的乡村小店,刚出锅的油条喷出香气,但我们是不准在外面买零食吃的,身上又没有零用钱,只能咽着口水投以羡慕的眼光。不过我们还是把上学视为赏心乐事,因为可以走出老宅的围墙,进入一个新鲜的比较开阔的世界。上学的路虽然很长,但说说笑笑,东张西望,一点也不觉得疲累,虽冒风霜雨雪却其乐陶陶。

襄垣小学建在孔庙旁边,据说早先是贡院且有考棚。小学的校园与孔庙相联结,我们经常举行纪念周的大礼堂,就是孔庙的明伦堂,而且这个匾额一直挂着,因为每年祭孔时还得利用它作为主会场。襄垣是芜湖的古地名,小学师资力量较强,在当地颇有名气,所以祖父"择校"把我们都送去。小学不仅环境好,学风好,而且文艺活动非常出色。校长张学诗是艺专毕业的画家,大礼堂讲台上的超大孙中山画像就是他的作品。教导主任姓程,是科班出身的音乐老师,除用心开展群众歌咏活动外,还尝试把京戏改编为现代歌剧。他创作的《三国演义》折子戏,如《打黄盖》《蒋干盗书》《草船借箭》等,曾在明伦堂公开演出,引起极大轰动,其中周瑜与蒋干两个主要角色都由我们班上同学扮演。这个学校还比较注意改进教学方法,比如语文课讲到西门豹治邺,为破除迷信陋习把装神弄鬼的巫婆投入河中,就安排学生在课间作为小品演出。我理所当然地演巫婆,并非因为演技好,而是因为最瘦小抛起来很省力气。这些所谓小品,非常幼稚粗糙,但或多或少还能引起学习兴趣并加深印象。所以这篇课文我至今记忆犹新。

章家这群孩子,上课时分散在各个年级,各有自己相好的学友在课余嬉戏。中午经校方同意,集中在一个教室进餐并休息。因为离家太远,来回需两三个小时,午饭是由工人张师傅挑来,一头是菜和汤,一头是米饭。我们家上上下下老老少少都喜欢这位中年师傅,他身强体壮,行走如飞,虽然隔着好多里的路程,饭菜送来时竟然热气腾腾。我们吃得很香,当然菜比我们西院的平常午餐略好一些,这多少也体现了祖父对上学孩子的关怀。我们吃饭的时候，师傅坐在一边，叼着烟袋笑眯眯地看着我们。据父母说，他在曾祖父生前就来我们家工作，有一个文雅的名字——张南轩，可能就是维藩公为他取的，因为老爷子好像有为人取名的习惯。他是芜湖人，家在工厂附近农村。我们全家老小都直呼其名，他丝毫也不见怪，总是乐呵呵地埋头干活，偶尔也哼几句芜湖民间小曲——南音。

他应是属于马拉松类型的长跑选手，据说轻轻松松便能日行一百多里，颇似《水浒》神行太保戴宗。但戴宗需要乞灵于神符，他却全凭苦练出来两条神腿。他曾让我们观看并抚摸这双腿，肌肉坚实，青筋凸露，确实非同凡品；加上浓眉大眼，漆黑络腮胡，又很像《三国演义》里的张飞。他在我家身兼数职，除买菜、做饭、送饭外，还要用手工轧面机制作挂面，有时又为祖父到较远的地方递送急信，仿佛现今的特快专递，迅速而且可靠。他除了患腿部静脉曲张以外，别无其他疾病，加之性格温和开朗，所以新中国成立初期成为改组后面粉厂留用的最老工人，并很快被提拔为干部，与在北京从事面粉工艺研究的学澄叔仍然保持密切联系，据说还经常挂念已分散到各地的章家孩子。

由于学校环境良性变化，我已不再把上学视为畏途，但也只平平顺顺读了一年，学校内部便发生一场风波。原因是张校长惜才，颇为重用四位刚从大学毕业的新教师。他们很想有所作为，思想也比较激进，因此引起若干原有资深教师的妒忌。后者人数不多，但都是教学骨干，且个别人与县政府或党部官员声息相通，给张校长带来较大压力乃至冲击。我们这些小学生当然不会也不想了解这场风波的内幕，但父亲却非常尊重并关心张校长。也可能是因为校长名张学诗，自己名章学海吧？一向小心谨慎的父亲，居然说服了明哲保身的祖父，把正在风口浪尖的张校长请来任专职家教。想当年小学校长在县城里是有头有脸的人，但张校长正好可以借此辞去学校职务，摆脱各种无聊纷争，退居乡野韬光养晦，所以立即接受了父亲的盛情邀请。

教室仍然在小洋楼二楼正厅，右侧的西式大餐桌正好坐得下老师与七八个学生，便于进行不同程度的复式教学，宽阔的大厅及走廊有足够的空间让学生轮流听课、作业与游戏。客厅的左侧是一个很大的套间，外间是办公室，里间是卧室。张校长教学非常认真，除星期天回城里的家休息以外，每天从早到晚都为我们讲课并批改作业。一日三餐由厨房做好送来，无非是四菜一汤，两荤两素，天冷则把汤改成火锅。父亲唯恐老师独自吃饭感到寂寞，特命三哥与我陪同共进午餐。午餐送来往往较迟，早上的稀饭就咸菜毫不顶事，我经常饿得大口直吐清水；加上张校长沉默寡言，不苟言笑，我更把共进午餐的美差当作苦难。

张校长可能不了解我的苦衷，他好些年来最喜欢开诚这个好学生，据父亲说他之所以屈就家教，主要是想把自己的女儿许配给开诚。尽管当时已不兴包办婚姻，三哥又不到谈婚事的年龄，但校长还是向父亲表露了真诚的心愿。我不知道大我两岁的三哥是否已懂情爱，只知道他以后确曾与张校长有书信往来，长期保持亲密的师生情谊。但由于全面抗战爆发，颠沛流离，彼此相距甚远，终究未能成为校长的乘龙快婿。

张校长虽然是学艺术出身，但却不像许多艺术家那样浪漫而不拘形迹，平常总是衣冠整洁，穿一身合体西服，上课必系领带，颇有彬彬儒雅的绅士风度。讲课也是柔声细语，从不责骂学生，顶多只作委婉的规劝，但这种真挚的规劝往往比打骂更能深入人心。有次三哥写作文时把"光阴似箭，岁月如梭"之类套语改成"时间比欧文思跑得还要快"，备受校长称赞。欧文思是当时美国黑人短跑健将，多次打破世界纪录，因而成为我们这些小学生的偶像。我特别羡慕三哥的神来之笔，每逢作文写到时间都照搬兄长名言。张校长深不以为然，皱着眉头规劝："西方人有句话，第一个把漂亮女人比作月亮的是天才，第二个则是白痴。"至今我仍然找不到此语出处，但当时就感觉这句话分量很重，仿佛禅宗的当头棒喝，因此印象很深，终生难忘。我记不清张校长为我讲过哪些课，但至少明白了一个道理，即必须努力发明创造，模仿抄袭是没有出息的。

张校长在我家只教了一个学期，据三哥说是应聘到桂林一所艺术专科学校教书去了，从此我们再未能相遇。

在小洋楼读书期间，还有一位老人给我印象很深。他不是一般工人，而是相当于这栋楼房的管家，我们都尊敬地称"杨老爷"。他原来是曾祖父当地方官时的部属，曾带过一艘小兵船（炮艇之类）。曾祖父辞官下海，他因仕途无望，也跟着来到芜湖，从一开始就负责管理这幢小楼，照料重要客人的饮食起居，相当于现时的小型"外招"。曾祖父死后他不忍离去，反正自己儿女均已成家立业，没有任何牵挂。他仍然管理这座小楼，尽管其功能已经多次变更。早先手下还有几个工人分头任事，及至改为家塾以后，由于接待任务很少，只剩下他一人照管。附近有座小花园，另有公司员工管理，无需他操心。尽管职权范围缩小，但依然极端认真，窗明几净，陈设井然有序，一如曾祖父生前。他比祖父年龄略长，所以大家喊他杨老爷，他也坦然应之，并不感觉是什么抬举。他是桐城人，由于长期在江上工作，皮肤呈古铜色，躯干魁梧，长方脸，八字胡，颇有几分武官气概。但又毫无架子，事必躬亲，勤勤恳恳，整座楼房打扫得干干净净，连地毯都是历久如新。他也有生活情趣，忙里偷闲，养了一只花猫与几只黄雀，是他朝夕的伴侣，也是我们喜爱的宠物。他的生活非常俭朴，一日三餐粗茶淡饭，连豆腐乳都省着吃。他的筷子是特制的，筷头削得极尖，很像日本人家常用的筷子，以免吃豆腐乳时夹得太多。我最欢喜坐在旁边看他吃饭，他也不以为忤，仍然吃得很香，偶尔对我点头示意而已。他的待遇比较丰厚，听说钱都节省下来寄回家买地盖屋去了。

二楼有间很大的储藏室，收藏很多过时报刊，以及其他来往信札、照相底片等，可能都是曾祖父在世时交他保管的。因为是老上级的遗物，他看得非常珍贵。十几年的各种报纸都按月装订成册，并且依照年代顺序置放，很便于查找。我曾经征得他的同意进去参观，记得数量最多的是《申报》，因为曾祖父死后，祖父仍然继续订阅，每天阅毕仍交他保管。我最感兴趣的是好多木箱装的玻璃照相底片和若干亲友来往信函，其中有些是五爷爷出国考察寄回的明信片，上面有许多国家的风景，文字后来记不得了，只记得那时把"纽约"写成"牛约"。现在想起来，这一屋子都是很有价值的历史文物，可惜卖厂之后，家人搬得过于匆促，后来我到处打听都没找到这批文物的下落。

我是杨老爷比较宠爱的孩子，只要有空我就会溜进去看那些富有吸引力的东西，兴趣盎然，流连忘返。老人家对我非常宽容，好像为我还能看祖上的遗物而感到欣慰。但他管理非常严格，绝不容许乱翻乱放，更不能容忍有任何污损。回想起来，是杨老爷最先培养我良好的阅读习惯，所以我一辈子进中外图书馆或档案馆时，都是恪守规则，严于律己，小心翼翼，唯恐对馆藏书刊文献有所污损。

小洋楼东侧有座小花园，把它与厂区隔开。本来是供寄宿宾客休息之用，但已安排有专职花匠经管，无需老人家亲自操劳。我们在小洋楼读书时，花园大体上仍保持原有格局，有稀疏的树木和大片草坪，花圃种有不同季节开放的花儿。我最感兴趣的是那长长的紫藤架，每逢春天就吊满一串串紫色的和白色的花朵。我们喜欢坐在那粗壮的藤蔓上，当作秋千摇摇晃晃，顺便还可以带回几串刚开不久的紫藤花，央求母亲用鸡蛋、面粉调拌，蒸着或油炸着吃，那清香可口的滋味至今仍使我留恋。

杨老爷独居小楼，很少出外与人交往，但也有两位偶尔前来叙旧的挚友，系曾祖父以前的部属，不过都是幕僚之类的文士。他俩一人姓金，一人姓钱，都是随着曾祖父到芜湖的，曾经在面粉厂做过文员。曾祖父死后，他们已经到了退休年龄，但没有回家养老，也许本来就无家可回，便结伴仍然留在芜湖。他们住在我家后面石板路边一座小屋里，好像公司定期给予若干生活补贴。他们为消磨时间，也可能是想多挣点钱，常在房前摆着桌椅，为过往行人代写书信、契约乃至讼状，附带也干些算命看相之类带有迷信色彩的活儿。芜湖当年没有可通汽车的马路，这连贯城乡的漫长石板路便号称"十里长街"，人来人往，络绎不绝，而附近不识字的农民又居多数，所以他们的生意不错，更加决心终老于此地。他们晚上得空时偶尔会来探望杨老爷，这三人有长期同僚之雅，许多往事可以共同回忆，所以友情老而弥笃。不过文人与武人在性格上有所差异，每逢旧历大年初一，金、钱两位必定抢在众人前面来我家拜年，以姓氏显示吉利的寓意，使我们全家老小为之高兴不已。由于他们是曾祖父用过的老人，所以祖父必定赶来西院亲自迎接，并且赠给厚重的红包，父亲也随侍在侧。我们小孩只能躲在房门边观礼，因为如果出去就要向他们磕头拜年，两老还得破费给我们压岁钱。相较之下杨老爷较少客套，平时很少来内宅，拜年也是选在末尾，匆匆赶来与祖父相互作揖而已。有些亲友认为他太呆板，不够殷勤热情，但祖父和父亲对他倒是更为尊敬。

直到抗战爆发，杨老爷始终留在我家。及至1946年我复员回家，已经看不见这位可敬可亲的老人，听父母说是在芜湖沦陷前被子女接回桐城老家，以后就再未回过芜湖。

张校长离去以后，我又回襄垣小学，但却莫名其妙地跳了一级，与姑姑、姐姐、三哥一起读五年级。其实我的成绩并不好，除语文还差强人意外，数学几乎跟不上班。不过班主任冉老师对我颇为关怀，无非是因我在班上年龄最小。班上最大的同学20岁，比我大整整十岁，且已结婚生子，是一家商店老板的儿子，芜湖人称为"小开"，我们也都喊他"小开"。"小开"像大哥哥一样，对我们非常宽容，从不生气打斗，而且学习非常认真。冉老师是北京师范大学中文系学生，好像还没有毕业就随着华北学生救亡团体南下请愿并宣传抗日，于是留在芜湖教书。他家在河北农村，读的又是师范学校，不像有些南方年轻教师那样讲究穿着，一年到头都是那件旧蓝布长衫。不过课讲得确实很好，教学方法颇多创新，特别是充满爱国激情，作文题目经常跟抗日救亡有关，如《国家兴亡，匹夫有责》《向华北抗战前线战士致敬信》之类。正是由于这些年轻老师注入新的活力，校园才充满爱国救亡气氛。记得有一次在明伦堂讲坛上演出一个街道剧，其中有社会各界人士到医院慰问抗战伤兵的场面。这次我算是正式登上舞台，不过是演一个护士，没有任何台词，无非跟着大家高喊抗日口号而已。我们这些群众演员都很兴奋，仿佛当真在为抗战出力。但冉老师并非只热衷于做抗日宣传，他对我们的学业基础与品德修养也非常重视。他经常夸奖我的作文，记得有次我模仿某个作家写了一篇《马的故事》，冉老师竟推荐到《皖江日报》上发表。这或许可以算是我第一次公开发表文章，尽管是那么幼稚而又简短，但家里人都很高兴。唯独父亲不以为然，认为这无非是照葫芦画瓢，与张校长批评我滥用"时间比欧文思跑得还快"一样，因此我在家中没有得到任何犒赏。

我的另外一篇作文虽属独自创作，并且再次得到冉老师的好评，却几乎引起一场家庭风波。作文题目是《我的爷爷》，大意说我们这个大家庭原本非常和睦美满，自从祖父娶了姨太太以后，人际关系变得很复杂，亲情反而变得疏远了。冉老师又推荐给《皖江日报》，母亲大为高兴，认为我是她的代言人，但父亲惶惶不可终日，唯恐被祖父看见大发雷霆，立即跑到报纸编辑部把这篇作文要回来了。热心推动社会进步的冉老师当然有些失望，但也能理解父亲的难处，他鼓励我继续学习鲁迅，关心现实，批评邪恶，伸张正义。

由于子女过多而又忙于公司事务，父亲一般对我们的学习未作具体干预，至少是在客观上容许我们自由发展，特别是大哥，简直随心所欲。他爱画国画，就买上好宣纸和毛笔；他爱练武，就请师父并锻造武器；

后来想考空军,也未遭任何阻挠。他对我们这些小萝卜头,表面似乎有点马虎,但绝非漠不关心。父母为我们订阅《小朋友》杂志,还买了很多开明书局出版的儿童读物,如冰心的许多作品,乃至《鲁滨逊漂流记》《伊索寓言》《爱的教育》的中译本,让我们幼小的心灵得到爱、善、美的滋育。我由于住在父母隔壁,近水楼台先得月,把他们卧室书橱上的休闲书籍全部都翻阅一遍。最感兴趣的是林纾译述的外国小说,如《三剑客》《茶花女》等等,虽然不能全懂,但许多情节都使我入迷。鲁迅的《故事新编》《呐喊》《彷徨》,我看过好多遍,对我此后的性格、文风都有些影响。当然,坦率地说,我最入迷的还是小爷爷与大哥的私下藏书,他们两人住在东院楼上,享有更大的空间。爷爷从不上楼,父亲也懒得去,所以他们可以买许多武侠、神话书籍,如《彭公案》《施公案》《儿女英雄传》《七剑十三侠》《火烧红莲寺》《封神榜》《西游记》等等,这些我都曾借来独自阅读,尽管也是似懂非懂。有段时间我经常沉溺于幻想之中,羡慕土行孙的土遁,更羡慕剑侠们的剑遁,一道白光就可以来去自如,上天入地,到任何自己乐意去的地方而不被家人发觉。当然最好是拥有孙悟空那样的筋斗云,一个跟头可以飞十万八千里。我也曾暗中"修炼",干过一些荒诞不经的傻事,如磨碎铅笔成粉吞服"炼丹",以为炼成以后可以口吐红光随风飘游;也曾把橄榄核含在口中睡觉,幻想能练成什么克敌制胜的神秘武器。幸好这些傻事没有酿成任何恶果,否则真会使父母遗憾终身。

相较之下,母亲尽管体弱多病,但对我学习的关心比父亲多一些,因为她与我在一起的时间多些。只要她的精神较好,就会教我练习写字或诵读一些浅显的诗词,如"一去二三里,烟村四五家。亭台六七座,八九十枝花"之类。到我年岁渐长,她就指导我背诵一些深一点的诗词,如杜甫、李白的诗,苏东坡、辛弃疾的词。我练字的字帖名《星录小楷》,全部是赵体,这是章氏家人的故乡情结,上面写的都是流传甚广的词,如李后主、李清照比较深沉委婉的作品，经过反复接触，也就自然而然地浸润于心灵。母亲有便秘的毛病，每逢坐马桶太久觉得无聊，就把我喊去背诵古典诗词，所以我暗中取笑为"马桶边的文化休闲"。但有些诗词就是这样逐渐融化成为我早年的文化积淀，尽管是那么浅薄。

小学时期，我是个非常内向的儿童，并且在文体活动方面显得十分低能。荡秋千我有惧高症，荡到半截就慌忙下来；毽子顶多只能踢十几个，不像哥哥姐姐那样偷、跳、环、剪，灵活自如，变化多端。其他如赛跑、跳高等，都比同龄人相差甚远，所以便逐渐失去应有的自信，产生比较严重的自卑感，而这种失落却在许多美梦中得到虚幻的弥补。这种病态的心理围绕我很久，直到成年以后还有若干潜在的影响。

三哥开诚虽然只比我大一岁多，却显得比较自信也懂事得多，并且还有一定的交际才能。我们同上六年级时，他居然与十来个同学自发地组织一个读书会，每隔两三周必在我家聚会，交流读书心得，地点仍是那座小洋楼的大餐间。他们慷慨地让我忝陪末座，但我总是耽溺在自己荒诞的幻想之中，已记不清他们究竟讨论什么问题。只记得最后一次聚会时，作为主席的老大哥程懋勤——那位扮演周瑜出尽风头的小帅哥，黯然神伤地说："毕业以后，你们马上就要读中学，我却只能到商店当学徒。"原因很简单，家庭贫寒，难以供应孩子继续升学。他是多么优秀，德智体全面发展，是襄垣小学的骄傲，也是我心目中的偶像，竟没有升读中学的机会。大家都为之惋惜，会场顿时陷于沉寂。我由此隐隐约约感到贫富差别，以及世道的不公平。

## 逃难四川

"七七"事变以后，我与开诚顺利进入私立萃文中学。这是一所知名的教会中学，建立在风景如画的凤凰山上。由于离家较远，祖父又不让住读，便雇了一辆包月黄包车每天送接，过去那种上学边走边玩的乐趣一去不返。我非常羡慕小爷爷与大哥一人一辆自行车来去自如，但又拗不过祖父之命，只有规规矩矩与三哥并排坐在人力车上，被路人看得很不自在。后来淞沪战事迅速逆转，我们中途辍学，才从黄包车上解放出来，不必每天在大街上被过路人指指点点。

1937年秋冬之间，离开芜湖以前，父亲一定曾与祖父多次磋商，并且征求过上海二叔祖的意见。我记得全家做最后决定的那天下午，祖父端端正正坐在祖母卧室的床上，祖母也神情肃穆地坐在他身边。父母带领我们兄弟姐妹整整齐齐站成一排，恳求祖父母与我们一起迁往四川。但祖父执意留在芜湖，凛然而又略显悲凉地说："国难当头，守住祖业是我们老一辈的责任。你们年轻，来日方长，应该为章家保留根苗。"父亲惶急之下，扑通跪在床前，我们不约而同一起跪下，再三恳求祖父母同行。但祖父早已拿定主意，断然宣布最后决定：全家分为三批，小爷爷与大哥都已成年，由凹山铁矿的文矿师带往贵阳（他的老家），继续求学或就业；父母带领高龄外婆及我们其他兄弟姐妹，前往四川重庆避难；祖父母、姨太太及其两个女儿暂时留在芜湖，如形势实在危急，再设法迁居上海法租界，由二叔祖事先代租住宅。

平时冷冷清清索然寡味的祖母卧室，突然显得温馨起来，增添了怜爱的亲情，也增添了恳挚的依恋，而这正是老宅过去所缺乏的思想与情感的坦率交流。国破家亡，生离死别，仿佛永远定格在这间房里。

章家两个成年壮丁最先离开这座老宅。文矿师曾留学日本，在凹山铁矿工作多年，与父亲已有深厚交谊，加之为人忠厚老实，所以长辈们对他都很放心。到达贵州以后，两人都继续读书，小爷爷后来就读于西南联大，大哥按自己的兴趣进了国立艺专。

接着是我们一家八口大队伍出发，先乘公司大木船，循青弋江直接驶往长江边的太古码头。逃难的人已经与日俱增，我们动手太迟，所以买不到正式舱位，只好通过轮船公司买办设法安排在头等舱的大餐厅，因为我们人数较多，携带的行李杂物更多，只能这样权宜处理。

到达码头后，只见人山人海，我们行李太多，几乎无法上船。幸好送行的技工郑怀德（绰号小侉子）武功高强，敏捷灵活，一手携物，一手攀援，不断从木船上把大小十几件行李全部送上轮船顶层的大餐间，然后又帮助我们全家老小从拥挤不堪的人群中挣扎出来，安全登上轮船。如果没有这样得力的送行者，我们肯定挤不上轮船。

"小侉子"其实不小，他与我父亲恰好同龄，原本是被父母遗弃的婴儿，也可能与父母在逃荒或战乱中离散，被我曾祖父在山东出差途中发现并收养。维藩公见他孤苦无依，饥寒交迫，即使在贫困中仍然显出几分聪慧，便带回来与当时也在童年的父亲做伴。父亲是独生子，两人相处得非常融洽。大家都喊他"小侉子"，其实他姓郑，曾祖父为他取名怀德。长大后到上海机械厂做学徒，学习认真，接受能力很强，简直是学一行会一行，回芜湖后成为面粉厂的顶尖技工，拿得下许多工种，已经达到技术员水平。他在业余还练就一身武功，能同时对付三五个人的攻击。大哥对他仰慕之至，执意向他学武。虽然没有正式师徒名分，他却尽心尽力传授，除几套拳法外，还教铁砂掌以及轻功等等，使大哥终身受益无穷。"小侉子"这身过硬武功，在送我们上船之际正好发挥作用。临别时父亲感激不已，两人执手叙谈，怀德满口答应代为侍奉"老爷"（指祖父），保证家人健康与安全，随即匆匆告别上岸，因为他也要照顾自己的小家。

客轮起碇后，缓缓行驶在宽阔的江上。由于已是深秋，江水由昏黄变为清亮，倒映着蓝天白云，江鸥时时成群掠过，依然是一片太平景象。众多旅客拥挤在栏杆旁边，恋恋不舍眺望着逐渐变得模糊的芜湖码头。大人们感慨万千，不知何时才能返回故乡，而前途则是异常渺茫。小孩倒是无忧无虑，尽情在甲板上追逐游戏。我素来不爱热闹，又不大合群，独自凭栏远眺，沉浸在各种稀奇古怪的幻想之中。紧挨着我的是一对青年男女，好像是情侣，也可能就是新婚夫妇，伏在栏杆上悄悄絮语。他们是从上海上船，衣着入时，谈吐文雅。那女士的长发随风轻拂着我的脸，我好像又回到母亲与奶妈爱抚的童稚时期。我丝毫没有注意他们在谈些什么，他们也似乎没有感觉到我的存在。但不知为什么，那女的一句话却久久留在我的模糊记忆中。她轻轻叹息说："我们总算经过人生大事了，就算死了也没有什么。"我不懂这句话的真实含义，因为当时还不具备理解成人感悟的认知能力。但我以后常常想，难道这就是这对时髦青年的人生观或爱情观吗？在那烽火漫天硝烟遍地的岁月，他们当然没有想到身边这个傻乎乎的孩子竟为他们的一句话而苦苦思索。

从上海出发的大客轮到达汉口就停泊了，因为长江上游水浅，不能继续前行。我们寄住在祖父原先住过的萃仁旅馆，仍然是益新公司常年包租的那个大套间，正好可以容纳八口人。环境倒也闹中有静，早餐由茶房从外面买回，中晚餐则是附近餐馆送来的"合饭"，即必须预订的四菜一汤套餐。由于是多年老客户，饭菜味美可口，比老家那种多年如一的单调伙食强得多。我们小孩依然嬉戏如常，但父母却因为买不到去川船票而日益焦急。平素极为温和的父亲竟变得暴躁起来，害得笨嘴拙舌的五弟只因为讲错一句话，就莫名其妙地挨了一巴掌，这是我们家极为罕见的事例。当然也可以理解，一家八口每天食宿开销甚大，如果老是滞留武汉，坐吃山空不知如何了局。母亲经常劝慰父亲，口头禅仍然是那句话："天无绝人之路。"

可能上天受到感动，母亲的话果真验证了。父亲有天在街上竟然与贾伯涛不期而遇，难兄难弟久别重逢，分外高兴。贾伯涛以抗战为重，又复归军旅，虽然不算是春风得意，但仍不失儒将风度。听说我们买不到去川船票，立即答应设法代购，并且请我们全家在萃仁旅馆附近的璇宫饭店吃大餐（西餐）。这是我第一次吃西餐，不知如何摆弄刀叉，只好用汤匙舀着或干脆用手抓着吃。贾伯涛与父亲有谈不完的话,他现在还没有什么正经差使,所以有足够的时间与好友畅聊。但他确实有点门路,不久便派人送来8张船票,是民生公司"民贵轮"三等舱的一间包房。我们真是喜出望外,尽管这间房只有6张床,小孩只能挤着睡。

  不知道父亲是怎样把那十几件大小行李送上船的,也可能是贾伯涛派士兵事先搬上去的,反正我们都是空着手上船,而且不像芜湖出发时那么拥挤,因为毕竟是小船,乘客少得多。开船以后一路平安无事,没有碰上日本飞机轰炸,也没有发生触礁搁浅之类事故。只是船小人多非常拥挤,连甲板上都睡满人。我们只好整天枯坐在房间里,连看看三峡风景也难,只能听听外婆与母亲讲些过去旅川故事。轮船曾在万县停泊一晚,母亲执意要上岸逛逛,可能这也是她童年到过的地方吧。除外婆留下看守行李,父母带领我们匆匆上岸,就近在临江大街上闲逛。没想到上岸乘客甚多,加上又有大量难民滞留万县,所以夜市非常热闹,来往游客把大街挤得水泄不通。父亲唯恐儿女有所闪失,不时叮嘱我们互相牵手紧随。大家玩得非常高兴,不料母亲却走散了,直到要回船时才发觉。父亲连声直呼"毓青",我们也齐声大叫妈妈,但找来找去始终未见母亲踪影。直至催客回船的汽笛响了几遍,我们才凄凄惶惶踏上趸船与轮船之间的跳板。不料一推房门,母亲正坐着与外婆谈笑风生呢!我们还以为是做梦,一起向她扑去。母亲与外婆看到我们进房那种狼狈样子,不禁都大笑起来。原来我们在街上寻找她的时候,她也正在寻找我们,只是由于游人太多,声音嘈杂,彼此都错过了相遇的机会。母亲当时已怀孕临产,唯恐被行人或车辆撞倒,好在还会说四川话,便叫来一个滑竿,径直返回轮船舱房,没想到却比我们先回来了。母亲嗔怪父亲说:"我说过天无绝人之路吧,这一带我很熟悉,要你急什么?"

  但就在这天深夜,母亲生产了,我们在睡梦中一点都不知道。因为船长非常热心,临时让出一间船员卧室作为产房,还物色一位医护人员照顾母亲分娩。分娩出乎意料地顺利,生出的是个模样可爱的男孩,按排行应该是八宝(七宝已在抗战前夭折)。船长笑着说:"就以船名作为名字吧!以后再坐我们的船,永远可以免票。"大家一致同意,喜笑颜开,只有父亲依然皱着眉头,不知道到重庆后如何安排这九口之家的生计。

  船到重庆朝天门码头时,五姨爹已带人在码头迎接。他与姨妈在抗战前一年奉命来到重庆,在委员长行辕挂了一个少将参议的军衔,但他无需天天上班,也从来不穿军服,主要还是靠行医(中医)维持比较优裕的生活。姨妈也在妇女委员会挂个委员名号,不过每月只能领一点车马费,主要工作还是主持家务并照管两个小表弟的生活与学习。他们事先已为我们在城里租好住宅,有两间卧室与一个堂屋(客厅),这就比那些在四川无亲无故的逃难者强得多。姨父母自己租住的是一栋两层楼房,相当宽敞而且还有天井,但外婆嫌他们每天客来客往,无谓应酬太多,执意与我们挤在一起,结果她只能住在临近大门的堂屋里,因为里面两间卧室实在太狭窄。不过老人家毕竟习惯了清苦生活,像这样能够有自己的空间,并且离两个女儿住处很近,经常可以相互走动,还有八个孙儿女可以绕膝承欢,是战乱期间难得的平顺晚景。她得闲偶尔喝点小酒,无需另备酒菜,也不要他人作陪,无非是独自小酌消闲而已。这是她在外公逝世后养成的生活习惯,已经有三十多年了。

  重庆是一个风景雄奇秀美的山城,又是长江上游最大的商埠,但我们却一直没有机会出去逛逛,只能在住宅院内玩耍。为了维持全家生计,五姨爹为父亲在师管区补充团谋了一个上尉军需差使,薪津微薄,工作却相当繁重,经常要随同输送稍经训练的新兵前往前线部队。当时重庆求职难民极多,能够有这份工作,全家已经够满足了。但没过多久,一系列灾难就突然袭来。首先是我与六弟开运同时病倒,为了节省医药费,五姨爹亲自前来诊治,断定为副伤寒,立即精心开方配制中药。我连吃几副以后迅速好转,但六弟却没有起色,加上又缺少必要营养,瘦成皮包骨，没几天便凄然逝去，死时还不满八岁。开运从小就很可爱，他属龙且有异禀，从不食荤腥，即所谓胎里素，但却长得天庭饱满，地角方圆，浓眉大眼，所以稍知星相的亲友，都说这孩子将来可能成大富贵。但我俩同时生病他却先死了，姐姐不知听谁说过，他属龙，我属虎，龙虎相克，我的命强，所以侥幸活下来了。虽然母亲斥之为胡说八道，但却从此在我的心中留下阴影，弟弟的死常使我暗中愧疚——他那么善良可爱竟然夭折，我这样其貌不扬而又性格乖僻，却偏偏存活下来。

把六弟用薄木棺埋葬以后，没有多久外婆又猝然病逝。原来就在我与开运同时病倒期间，外婆也因为心血管毛病中风瘫痪。虽然还能说话，但已日见昏聩，并且只能整日卧床。五姨爹虽然潜心治疗，但始终没有起色。家中一老二小三个病人，产后不久的母亲之操劳辛苦可想而知，幸好姐姐、三哥比较懂事，能够帮点小忙。外婆死后，父亲从外地赶回，与五姨爹共同操办丧事。国难期间，一切从简，所以并未惊动在渝任何亲友。五姨爹颇有军人的豪爽，父亲写灵牌时，因记不清外婆的封典是从一品还是二品，五姨爹竟拿过笔来，疾书"前清一品夫人"，当然不会有任何人注意这一细节。整个丧事也很草草，无非请两位僧人诵经祈求冥福。外婆年逾八十，已属高寿兼全福，所以大家并非十分悲痛。但是外婆那慈祥而又随和的形象，却深深留在我们心中。

记得外婆是1936年迁居芜湖的，此前一直在南京，住在五姨妈家，两个表弟都是她一手带大。那年姨爹奉命，全家进川，外婆因年事已高便来我家奉养。祖父对这位年长的亲家母非常敬重，把她安排在"小公馆"独自颐养，并派得力女仆照料日常生活。其实外婆身体相当健壮，生活能够自理，有时还送些可口菜肴给我们解馋。据说安庆人善于卤菜，女儿出嫁都以用过多年的卤锅作为随身陪嫁。外婆的卤艺堪称一绝，无论什么鸡杂鸭杂乃至翅爪，经她一卤都特别香烂鲜美。她每天都免不了自斟自酌，所以经常要卤点下酒小菜。我们为她补充卤菜原料，时时掏出鸽蛋送去。有次大哥居然乘黑夜爬上鸽棚，抓了几只鸽子送给外婆。外婆是个豁达大度的人，从来不问这些"猎品"是从哪里得来。倒是母亲害怕祖父生气，又怕有损娘家面子，坚决制止我们的不良行为，另托厨工代购卤菜原料送去。

外婆身材高大，面貌端庄而又略显清奇，高鼻梁，凹眼眶，皮肤白中透红，有点像西方人。她虽然也裹过脚，但不算很小，所以来去自如，行动敏捷，不需别人搀扶。她性格爽朗，快人快语，直来直去，成天乐呵呵的，我们家上上下下都夸奖亲家老太有人缘。其实她亦曾多遇不幸，丈夫过早去世，又未留下多少遗产，孤儿寡母，省吃俭用，好不容易把四个小儿女带大。不料本应成为家庭顶梁柱的长子突然疯了，媳妇携二子返回苏州娘家，幸好两个女儿出嫁后经济状况较佳。大舅由我祖父慨然承诺收养。八舅（次子）品学兼优，全靠自己挣点稿费在大学深造。外婆自己常年住在南京五姨妈家，共享天伦之乐。虽然经济上无从自立，但她始终保持大家风范，不卑不亢，慈祥谦和，绝不巴结他人，毫无寄人篱下之感。她原本很器重五姨爹，因为他年轻时曾经参与国民革命，颇思有所进取。但自从国民党定都南京之后，高官厚禄使他逐渐蜕变，沾染许多官场恶习，从而丈母娘与女婿之间感情逐渐疏隔，所以她宁愿与我们同甘共苦，安于贫寒。虽然外婆未能与我们一同度过抗战的艰难岁月，但她的慈爱与风范却随时随地滋润着我们这些浪迹天涯的赤子之心。

刚把外婆的丧事料理完毕，我突然患了俗称"走马牙疳"的恶疾。所谓"走马"就是形容其来势凶猛，足以致人于死，其实就是医学书籍上的急性牙周炎或牙窦炎。由于未能及时治疗，所以突然恶性发作，脸的左边肿胀得像熟透的柿子，红透发亮，热烫疼痛，连左眼都无法睁开。幸好父亲尚未出差，赶紧送我到朝天门一家私人牙科诊所医治，并且就在附近小旅馆租间房，让姐姐陪我就近治疗。随后，他就把全家搬到重庆乡下去了，因为城内房租太贵，生活费用高昂，只有住在乡下才能勉强维持全家生计。

为我治牙的小诊所，也是逃难的下江人开的。院长姓陈，是上海人。给我治牙的医生姓孙，是南京人，亦即院长的至亲妻弟。孙医生温文尔雅，不仅治疗的手法轻柔，温言慰解，还主动借给我几本公案小说，让我闲阅解闷，耐心就医。但未隔多久，他就猝然病故，听说是半夜心肌梗死，可能是工作过于繁重所致。于是院长只好亲自为我治疗。他是个水平很高的资深大夫，身躯高大壮实，手术时几乎是压在我的身上操作，使我憋得几乎出不了气。我的牙病由于就医过迟，牙龈内部乃至左腮边角都已灌脓，所以必须开刀，从外而内彻底清除已经腐烂的牙根残株。手术相当复杂而又耗费时间，虽已注射麻醉剂，但仍疼痛难熬。我自幼习惯于忍耐，咬紧牙关，默不出声。院长劝我叫嚷，至少也要哼唧几声，因为我的脸已经涨成猪肝色，显得异常可怕。其实他自己也精疲力竭，每次做完手术都是大汗淋漓，瘫坐在靠椅上，可见其用力之多且不敢有任何闪失。院长太忙了，里里外外，大事小事，都得亲自照料，不像孙医生那样从容不迫，和蔼可亲，但仍然可以感受到"同是天涯沦落人"的关怀。病友们都盛赞他的医术高明，这当然是我的运气好，否则"走马牙疳"早就把我这条小命了结了。当时的医疗设备和药物的缺乏，是现今人们所难以想象的。

寄宿旅舍是我首次独自接触社会。姐姐本来想一直陪护，但却为一件小事舍我而去。当时旅馆来往客人确实很复杂，多数是逃难寄居的，也有经商、求职的，乃至赌博、嫖妓的，三教九流无所不有。有天我看病回来经过大厅，突然被一个年轻军官叫住。他自称是某补充团的连长，送新兵上前线回来，临时在这里休整两天。因为觉得我天真可爱，所以找来聊聊。我不知道他想谈什么，只好随意应对，不料他很快就塞给我一包糖，并将一张叠成方胜状的信纸托我交给姐姐。我高高兴兴回房把信交给姐姐，她打开看了一下气得满脸通红，大声斥责我："就是嘴馋，随便接受别人的东西。"并且把信纸撕得粉碎，又夺过那包糖摔到窗外。这是她第一次向我发那么大的脾气，平时对我一句重话也未说过。我知道自己犯了大错，不该接过那封信与那包糖，但究竟错在哪里还是不明白。姐姐已经有十四五岁，她知道如何护卫自己的人身安全，但又不愿对我明说，因为说了我也不懂，所以为我稍作安排就回家去了。此后，我只好每天独自去诊所看病换药，回来就关起门来看孙医生借给我的那几本公案小说，再也不敢出去闲逛，更不敢与陌生人交谈，唯恐又惹来什么预料不到的灾难。不过手术很成功，伤口脓血逐渐减少，疼痛也减退很多，所以我内心还是很平静的。

当时旅馆长住客人习惯"包伙"，因为比较省钱又省事。但进餐没有固定座位，凑足八个人便可开始吃饭。最初我是随意加入一桌，反正吃饱了事。没想到已有好心人士暗中注意到我这孤零零的病孩。不久，有一位三十多岁的女性旅客主动找我攀谈，因为听我说话有芜湖口音，而她也是从芜湖逃难来的。看到她那善良而又略带凄楚的神情，而且还带着比我略小的一对儿女，我立刻把姐姐临走的训示忘在一边，很自然地与她交谈起来。她问我是哪家的孩子，听说我父亲叫章学海，她竟惊叫起来："我们还有亲戚关系呢！"原来我们章家同族有房亲戚住在芜湖城里，名字叫作章增辉（字子明），他的父亲（乃振）是维藩公在新疆平叛时解救出来的被俘幼童，后来随同我家来到芜湖，成年后在城内安家立业。增辉辈分比我父亲高，但年相若也，从小就在一起长大，以后虽然自立门户，但仍往来频繁，情同一家。增辉的夫人叫谢瑶芝，是芜湖本地人，就是眼前这位热心女士的表姐。她自报姓名为李玉屏，原来在芜湖教中学，丈夫死得早，所以独自带两个孩子逃难来渝，暂时在这个旅馆寄宿。举目无亲的她，意外地遇见我非常高兴，从此一日三餐必与我同坐一桌，我也因为有一个同乡长辈的就近关照而欢喜。两个孩子年龄又与我相近，只是男孩似乎不大乐意与我同桌吃饭，也不与我搭讪，可能是因为我脸上贴了一大块纱布，模样有点古怪，也可能不愿与我分享他的母爱。但小妹对我毫无嫌弃，吃饭总要挨着我坐，并且常邀请我到她们房间玩，这样便化解了我独居旅舍的孤寂，甚至或多或少还感受到若干家庭的温馨。

晚餐后无处可去，因为地处朝天门码头，情况复杂，治安很差，我们往往只有围坐叙谈芜湖往事。我在老家礼教规矩很严，每逢她们母女洗脚，必定立即告辞。李老师视我如家人，笑着说："小孩无需避讳。"有时还夸奖我："到底是大户人家的孩子，自幼知书达礼。"我不禁心中暗笑，因为叔祖母与母亲老是批评章家门风不好。当时我还不懂礼仪与门风并不是一回事。

没过几天，李老师喜滋滋地告诉我一个大好消息。教育部决定在离重庆很近的江津建立国立第九中学，主要是招收安徽沦陷区的难民学生。她已经应聘担任第九中学教务处注册组职员，即将参与正式招生工作，并且要我尽快告诉父母，让兄弟姐妹都来报考九中，她可以负责代为办理一切手续。由于家中经济困窘，到重庆以后，我们一直处于失学状态，连升学的愿望都很淡薄。现在遇此良机，自然不会错过，我连忙答应一定到九中读书。李老师随即带着儿女前往江津，走上新的工作岗位。

她们一家走后，我更感觉冷清，幸好伤口已基本愈合，无需天天到诊所治疗。姨妈闻讯，立即把我接到她家，既节省旅馆费用，又可以亲切照顾。加上还有两个表弟做伴，我心情更加愉快。到诊所换过几次纱布以后，伤口迅速愈合，再无任何脓血渗出，姨妈这才放心让我回家。由于有二十多里路程，还为我雇了一匹川马，请马夫送我前往。这是我平生第一次骑马远行，好在川马矮壮温驯，特别善于行走山路，骑在马背上非常平稳安全。那天风和日丽，缓缓行在群山丛林溪流之间，又有能说会道的马夫逗笑，真是其乐融融，不知不觉就到了我家所在的曾家花园。这是一家大绅粮[1]的府第，主人早已迁入重庆市内，师管区补充团租来作为家属宿舍，住户多是下江逃难来川者。

母亲看见我病愈平安归来，自然非常高兴，但又不禁苦笑说："伯伯（指父亲）这个月的薪水被你一个人花光了。"我仿佛挨了当头一棒，不知如何回应，内心感到异常歉疚。幸好小弟弟非常可爱，我常爱抱着他东走西逛，邻居们也喜欢他，一逗他就甜甜地笑。他的存在为全家的贫寒生活带来幸福与希望，并且以童真的笑颜装点着这荒野破败的整个大院。但不幸的是，我回来才几天，这个幼小的生命便匆匆结束了。

那是一个初秋的傍晚，母亲因为产后一直劳累并且缺乏营养，躺在床上稍作休息。姐姐与开诚、开永忙于拾柴火做饭，让我抱小弟随意走走。由于我刚回来，对大院环境不熟，偶然走进房东供祖宗牌位的后厅。庭院里林木茂盛，室内又极为阴暗，小弟惊恐大哭起来。我急忙抱他回家，母亲抚慰甚久才让婴儿睡着。但晚饭后母亲发现他的小脸烧得通红，喂了点阿司匹林仍未见退烧。有些邻居说，可能后院无人住，阴气太重，让婴儿受了惊吓，应该赶快"叫魂"。我们虽知这是迷信，但也无可奈何地大声叫喊："民贵回来呀！""民贵回来了！"但民贵的病情愈来愈糟，呼吸困难，双眼紧闭，嘴唇发紫，口角不断溢出白沫。后来，我们孩子们都困极睡着了，只有母亲抱着小弟坐在床上，默默承受着全部焦急与凄苦。

次日凌晨，我们被母亲哭声惊醒，原来小弟已经咽气了。这荒郊野外哪里找得到医生；父亲出差在外，即使有电话也无从联系，母亲只能眼睁睁地看着这幼小者最终死亡。母亲强忍哭泣，用一件尚未穿过的绸棉袄把小弟包得严严实实。我们都围着她坐下，大家都没有哭也没有流泪，这就是我们为小弟的最后送别。

---

[1] "大绅粮"指的是川康两省中具有一定社会地位和财富的乡绅或地主。——编者注

天亮了，母亲托邻居买来简易单薄木匣，把小弟草草埋葬在附近山坡上。我的内心充满自责，如果我没有回家，没有把小弟抱到后院无人大厅，也许他不会这样夭折。但我始终缄口无言，因为全家都沉浸在深沉悲痛之中，谁也不愿意讲话。母亲找来一块平滑的木板，在上面贴了张白纸，用颤抖的手写下"亡人章民贵之位"七个字，放在后院大厅曾氏亡灵牌位之间。我们轮流上香并鞠躬，抒发无尽的哀思。民贵啊，民贵，那"民贵"号轮船还等待着你上船哪！

家中已近乎山穷水尽。没过几天，父亲匆匆赶回，也只能叹息摇头而已。他肯定比我更加自责，因为是一家之长，全家九口（船上增加一口，即民贵）不过半年即先后死去三口，如今只剩六人（大哥在贵州，不算在内），怎能不悲痛万分。不过当我转告国立九中招生消息时，父亲的眼睛突然一亮，紧锁的眉头也略显舒展。他在芜湖宗亲章子明家见过李玉屏，认为她为人正派，厚道可靠。九中招生对我们来说，再一次证实妈妈的口头禅："天无绝人之路"，夸大一点说真是如同绝处逢生。把孩子们全部送到江津读书，几乎无需再作任何考量，因为这是我们全家的唯一出路。

没过几天，母亲为我们收拾好全部行李，父亲亲自送我们乘小轮到江津，然后又换乘木船过江到德感坝九中校部，把我们交托给李玉屏。千叮万嘱之后便匆匆回重庆去了，因为又要送新兵上前线。

这是我们独自在外地读书与生活的开始，从此不仅离别了老家，而且离别了关系最为亲密的父母。就我个人而言，从此整整八年未能再与父母见面。因为父亲回重庆不久接到时任赣南师管区司令贾伯涛发来的电报，邀请他前往担任军需主任，此后父母很快就离开四川前往江西了。

第二章

# 国中忆往

国立九中＼校长邓季宣＼老师＼学友＼学潮发端＼校长遭黜＼
投毒疑案＼勒令退学＼转学王家坪＼再次开除

## 国立九中

全面抗战爆发后，由于已经估计到战争的长期性与艰苦性，国民政府教育部在学校布局上也有相应安排。对大学采取整体西迁方针，对中等学校则是在后方安全区建立三十余所国立中学，收容沦陷区大批流亡学生，并全部实行"贷金"资助，使之不致长期辍学。当时，主要收容安徽沦陷区流亡学生的有两所，一是设于湖南的国立八中，一是设于四川的国立九中。唐德刚常说我是他的老同学，其实他在八中，我在九中，应属国立中学安徽学生的泛指。他读高中时我还在读初中，所以我尊称他为"大学长"。

据九中校友李洪山《西渡漫记》忆述："（1938年）9月26日，陈访先就任国立安徽二中（后改名"九中"）校长，勘定江津县德感坝为校址。全校分设高中、初中、师范、女中四部，共42个班，计有学生一千六百余人。复设校本部统筹学校行政事宜。此外，设附属小学一所，以为师范生实习之用。"其实，陈访先只是挂名校长，因为他是国民党中央委员，主要工作地点在重庆。真正主持全盘校务的是校本部教务主任兼高中分部主任邓季宣，他在第二年就正式接任校长。

我与二姐开明、三哥开诚就属于这一千六百余第一批九中学生。五弟开永先读附小，然后才升入初中部。不过由于入学测试编班，姐姐与三哥分在初一上班，我分在初一下班，此后只能分别独立上学了。当时，像我们这样兄弟姐妹成批进入九中的很多，仅与我同年级的就有杨怀谦、杨怀让，潘祖舜、潘祖禹（长兄潘祖尧读高中），周承超、周承铮，汪积奋、汪积威等。据说兄弟姐妹同时进入九中为数最多的，是安庆老字号胡玉美酱园的庆字辈学生。其中给我印象最深的是胡庆燕，他以反串《雷雨》女主角繁漪而出名，其余兄弟以后亦多为演艺界名人。

德感坝在江津县城对面（北岸），隔着一段水流湍急的长江（当地称川江），靠小木船摆渡来往。川东多山，山间平地称坝。德感坝是面积较大的一块平地，而德感场则是此坝的中心集镇。它与二沱渡船码头相对，在汛期亦成季节性渡口。《西渡漫记》云："德感场主街呈丁字状，横长的是德感街，直短的是斗套街。人们下船后跋涉一段沙滩，通过沿江的牌坊街拐进斗套街。由斗套街穿过东头的石牌坊走到西头，即与德感街垂直交接。按照国立九中1945年秋季机构调整后的布局，从这个丁字口向南数过去，依次是附小、校本部、女中分校、高二分校、初中分校（偏向西南），向北只有高一分校。"作者入学很迟，据我自己回忆，九中从建校开始，总体布局大体就是如此。不过当时初中分校一分为三，分别设在不同地点的三个祠堂，我最初进的是初二分校，设在云庄祠。三哥开诚原来与我同一分校，后来升高中后我直接搬进高一分校，开诚却进入黄荆街三分校，而开明则始终住在条件最好的女子分部。校本部与女子分校都在德感场镇上，离人口比较密集的德感街最近，借用的是当地士绅兴建已久的至善图书馆。该馆原来是一座颇具规模的道观，为了纪念道观的创始者贾至善（绵阳人，法号太玄），图书馆遂以"至善"命名，当然也可以理解为与地名"德感"相呼应。此馆占地五百平方米，四面均有围墙环绕，建筑格局合理，园林景观清幽，是比较理想的办学地点。当年本地士绅能够集资购书，利用道观建立大型公共图书馆，现今又能以大局为重，慷慨大度地将此馆借给国立九中无偿使用，可见当地精英人士的见识非凡，亦可见江津文风之盛。离德感坝不远，就是当年著名诗人吴芳吉的故居，早已建成纪念馆，尤可说明当地民众对文化知识与优秀人才的尊重。九中能择地于此，实在是我们这些学生的福气。

关于初二分校的校址，《西渡漫记》亦有所描述："云庄祠高高耸立在官山坡上，进祠堂要爬上一段陡石阶，它的内外两道大门都是朝南。祠

图7　1938—1940年间曾学习与住宿的云庄祠

堂作为办公室与宿舍用。祠堂西有面积不算小的操场，比周围建筑群低一至三米，是同学们使用原始工具一锄一锄挖出来的。通过操场拐北拾级而上，有马蹄形呈梯状排列的一组茅草棚屋。马蹄的中部是教室，教室尽西头有小号兵住房，西部是理化实验室。教室之东有几间也是草棚的厨房和食堂。"把慎终怀远供奉列祖列宗的祠堂提供给外省沦陷区流亡学生办学，这是四川人的宽厚仁慈，对我们这些小难民来说则是大恩大德。九中其他几处分校，除女生分部外，情况大多也是如此，这要涉及当地多少宗族成员，特别是其上层人物的理解与承诺，所以我至今仍把四川视为第二故乡，对四川广大父老乡亲怀有特别深厚的感情。

　　我在云庄祠生活两年半，从初一读到初中毕业，都是住在祠堂里面。对于《西渡漫记》所说的"旧屋窳败，时虞倾圮，透雨漏风"等"窘境"，我却了无印象。可能是作者1945年以后才转学到九中，老宅难免有所损坏。作为这些祠堂的第一批住读生,我的感觉倒是这些祠堂建筑相当宏伟坚固。两年半中我的卧室曾有多次搬迁,楼上楼下、门边后进都曾住过,从未发现"透风漏雨"。当然我并不欢喜这种居住环境,因为很容易想起老家那大而无当的阴暗老屋。但比起那些到处漂泊风餐露宿的流浪者,已经是太幸福了。作为教室的茅棚,诚然简陋,但毕竟是新盖的整洁竹篱茅舍,不仅散发出谷草与泥土的清香,而且明亮通风,课桌板凳也是崭新的。在那烽火连天的苦难岁月,简直如同世外桃源,使我乐而不思离蜀。

不过睡在祠堂的房屋里,晚上确实有阴森森的感觉。关于云庄祠所在的官山坡,《西渡漫记》也有一段《聊斋》体的文字记述:"官山坡本是无主的乱葬岗,伤兵医院在祠堂的附近,有官兵死亡便抬来埋在坡上。夜间阴风阵阵,磷火点点。胆小的同学因怕鬼而憋尿,翌日翻晒被褥而遭人嘲弄,不算是新闻。""官山"原名可能就是"棺山",祠堂周围,特别是大门对面的山坡,到处是体量不等的荒坟。就我回忆所及,1940年以前,也就是我离开云庄祠以前,还看不到牺牲士兵的坟。也许到抗战后期,日军不断进逼,战线离重庆越来越近,国民党军队伤亡日众,这才出现伤兵死亡就地安葬的情况。

我们虽然与荒坟为邻,却丝毫没有人鬼杂处之感。我们常在课余或假日躺在野草丛生的坟堆上晒太阳,抓虫斗草或聊天。特别是在冬天,温暖的阳光照射在身上,新鲜的空气里散发着缕缕草叶芳香,那种舒适的感觉可能胜过现今冬天到夏威夷或三亚晒太阳。不过夕阳西下我们必定匆匆回到卧室,因为户外过于荒凉,寒气犹如阴气,确实令人皮肤紧缩。至于《西渡漫记》说有同学因怕鬼憋尿而弄湿被褥,以致被同学嘲弄,那恐怕也是1945年以后的情况。其实读初一下时,我也曾多次尿湿被褥并被同学发现,但那并非怕鬼,而是本来就有尿床毛病。同学发现后,不仅没有嘲笑,反而帮助我翻晒,并且告诉开明,让她用土方(猪尿泡塞糯米煨汤）为我治疗。说也奇怪，不久我的尿床毛病就断根了。同是天涯沦落人，同学对我更多的是关切与帮助，危难艰困之际往往更显示出人性的温暖。最近，我在云庄祠的同窗好友汪耕（即汪积威）院士来信说我俩"情胜手足"，当时情况确实如此。因为他与哥哥积奋，我与哥哥开诚，亲密程度都赶不上我们这种异姓兄弟，朝夕相处，相依为命。

从深宅大院到竹篱茅舍，从父母呵护到孤身流离，真是早年人生的巨变！但由于年龄尚小而可塑性比较大，所以这一巨变并未引发我多少情感波涛，也没有造成任何心灵创伤。谢天谢地，我就是在这样一个偏僻、贫困、闭塞但却充满人性温暖的环境中度过了自己的少年时代。

## 校长邓季宣

九中众多校友无人能够忘却邓校长，他是学校的创办人并且全力推动学校健康发展，俨然成为全校教职员工的精神支柱。

邓季宣校长是安徽怀宁人，1892年出身于书香门第，为清代著名书法篆刻家邓石如的五世孙。1919年赴法国勤工俭学，先后就读于里昂大学与巴黎大学。在巴黎期间与陈延年、陈乔年常有交往，因为是同乡世交且志趣相投，曾相约转学去苏联。为学习俄语并筹措旅费，邓季宣去巴黎第五区Mica工厂打工，但所得工资付俄语教授学费后所剩无几，每日仅食面包一餐，终因旅费没有着落而未能成行。1925年曾在巴黎参加中国留学生抗议五卅惨案的爱国活动，次年又作为东方文化协会代表出席在巴黎举行的世界民主青年同盟大会。学成归国，历任上海复旦、光华两校文史教授和安徽大学哲学教授，其间还曾出任安庆高级工业职业学校与宣城师范学校校长。（据邓念陶《我的父亲》）

邓校长来九中以前已有丰富办学经验，并且形成自己的办学理念与独立风格。据曾在宣师就读的前辈校友回忆："抗战前邓公季宣先生任安徽省立宣城师范（前身为安徽有名的"四师"）校长。他治理学校严格，教育与教学讲究实际，反对浮躁，树立师范学校的优良校风、学风。邓公学识渊博，办学独立自主，不与世俗苟同，与上层权势也格格不入，可说是冰炭不容。不与社会形形色色的官僚来往，嫉恶如仇。在那个时代，邓公'我行我素'，'我办我校'，真是具有一个教育家的超然风度与气概。邓公青年时勤工俭学，接触西方文化，而我们看到他对中华民族传统优秀文化却更有研究。他性情耿直，大公无私，刚正不阿。他崇高的师德，人格的力量，深受师生爱戴。"（王育璜《缅怀邓公　一代宗师》）

因为男生分校距校部甚远，我很少见到邓校长，只能间接感受其影响，或从道听途说中略知其人品。在我的记忆中，他身材魁梧，黑发浓密微卷，双目炯炯有神，显出一种自然的威严。常年穿一套咖啡色西装，虽旧然而非常整洁，皮鞋也擦得乌亮，颇有西方绅士风度，而言谈举止又显出传统文化的深厚底蕴。他的书法应属上乘，每年春节整个德感场家家户户都会贴上他书写的对联（红纸石印），虽属喜庆套语却不流于俗，成为这偏僻农村一道引人注目的风景线。

他全家迁居江津，妻子汪纫茝在女生部教美术，长女念陶及其弟妹都在九中读书，晚辈中还包括侄儿稼先，即现今举世闻名的"两弹元勋"。邓校长的二哥仲纯在几江镇黄荆街开设延年医院，并兼任国立九中校医，得空也常为羁旅江津的陈独秀看病送药。因此，邓校长真正是以校为家，倾注全部心血主持校务，九中以后成为模范国立中学绝非偶然。但邓校长在九中的处境并非一帆风顺，特别是1941年国内政局恶化以后，可以说是内外交困，荆棘丛生。1942年8月，他的爱女念慈不幸在江边黑龙潭覆舟身亡，而正当他强忍悲痛为九中进一步发展殚精竭虑之际，却为小人构陷，成为一场政治性与地域性权力争夺的牺牲品。邓校长被迫辞职，从而离开这个让他魂牵梦绕的农村校园。

邓校长在校内外被广为传颂的，不仅是卓越的办学业绩，还有他与陈独秀的真挚友谊。

全面抗战爆发后,陈独秀在南京获释出狱,经由武汉西迁重庆。由于他既不向共产党承认错误,又不接受国民党的资助拉拢,经济状况极为困窘,政治上更不胜纷扰。由于邓陈两家本系世交,季宣与延年兄弟又有海外留学期间的密切交往,所以陈独秀便欣然接受邓氏昆仲恳挚邀请,于1938年8月携眷来到江津。最初三家人同住一宅,稍后在白沙邓氏望族蟾秋、燮康叔侄帮助下迁居江津城外鹤山坪。邓校长不仅在生活上继续关照陈独秀,还把他的第三个儿子松年安排在九中当庶务员,协助总务处长潘赞化管理蔬菜生产及学生食堂等事务,更便于他就近照顾父母。我曾在校本部多次见过松年老师,穿着极其俭朴,一副忠厚老实的模样。他经管的校部大门前那一大片菜地成绩斐然。原来种的是产量虽高但很不好吃、农民主要是用以喂猪的牛皮菜,后来设法种花椰菜成功,偶尔便可以调剂各个分校食堂的伙食。并非出于政治的原因,我们九中师生很多都同情陈独秀的晚年遭遇。九中总务处长潘赞化(老同盟会员,曾任芜湖海关监督,著名旅法画家潘玉良的丈夫)也是陈独秀的多年挚友,他经常鼓励师生去陈宅求赐书法作品,借以慰藉老人孤寂,并以润笔名义赠送一些当时已很难得的面粉、鸡蛋、猪油、白糖。现今世人只知北大校友会曾派代表何之渝前去探望陈独秀,并赠送5000元捐款,却不晓得九中师生对陈独秀多年如一日提供如此之多的关切与帮助。甚至连何之渝也被邓校长安排在女中部教历史课程,协同松年随时陪护老父。

1942年春夏之交,陈独秀患急性胃炎并发脑出血,经邓仲纯等多方抢救无效,于5月27日在家中凄然逝世,终年64岁。患病临终之际,松年与之渝均护侍在侧。季宣不仅在安徽同乡中筹募殡葬经费,还在黄荆街高三分校礼堂举办追悼会,把这位几乎已被世人遗忘的革命先驱安葬在江津大西门外鼎山北麓之前坡。前坡墓地亦为蟾秋叔侄无偿提供,二人堪称古道热肠，生死不渝。邓家敬苏、敬兰姐妹亦曾就读于九中，敬苏以后在金陵女子文理学院，并参加我们爝火社组织的读书会，新中国成立后长期从事文艺工作并定居成都，前几年我们在电话中还用江津方言共话九中与陈独秀的往事。我这才知道，邓季宣校长辞职后能够迅速就任白沙女中校长，也是由于蟾秋叔侄仗义相助，于患难之际伸救援之手。

至今我仍然感恩九中，而九中能够拥有这样一位道德文章堪称上乘的好校长，是我们众多学生获益终身的福气。

## 老师

九中不仅有一个好校长，而且有一大批好老师。

九中的前身是1906年创立于安庆的安徽师范学堂，1927年改名为"省立第一中学"，以后因省会易地改名为"省立第二中学"。抗战爆发后，省二中北迁桐城，并与桐城及邻县几所中学合并，共同组成安徽省临时第二中学。1938年辗转西迁，并根据教育部统一部署，在江津建立国立安徽第二中学，随即又改名为"国立第九中学"。九中集聚了安徽中等教育的精英，其中还有好多位曾在高校任教多年。在烽火连天颠沛流离的战争岁月，这些老师安于清贫，敬业乐教，以校为家，为我们这些难民学生的健康成长付出大量心血。

师恩难忘，但我已经难以一一介绍他们的姓名与业绩，只能寻拾若干零星而又粗略的印象。

在我的记忆中，高一分校的师资水平、图书资料与实验设备应属全校之冠，战争期间，地处乡村，能够维持这样完善的教学环境诚属不易。就读九中五年，有两位语文教师对我影响较深，他们都属高一分部。

一位是姚述隐先生，好像是河北人，教学深入浅出，声容并茂，讲

图8 国立九中校徽

元曲尤为精彩。他那抑扬顿挫的朗诵,顿时把我们引入"枯藤老树昏鸦""断肠人在天涯"之类意境,真是一种美的享受。我对中国文学史稍具常识,多半得益于述隐诸先生的循循善诱与引导有方。他对学生每篇作文都批改得非常认真,遇有佳句必用朱笔浓密圈点,挥洒飘逸,颇具豪气,学生亦以多得红圈为荣为乐。记得有次命学生以古文写李白小传,我的作文结尾是:"或曰白酒醉投江捞月而死,岂诗人之死亦须求一富于诗意之境欤?"姚师阅后大悦,密点频圈之余,批语曰:"出手不凡,天才横溢。"着实让我暗中乐滋滋好几天。有段时间我非常痴迷于李后主、李清照的词,也与老师朗诵的感染功力密切相关。我与姚老师没有私人接触,但每堂课我都能够从他那里汲取精神营养,从而增强了对文学的浓厚兴趣。

另一位老师是朱金声(笔名朱彤),南京人,从复旦大学毕业未久,但在重庆地区已小有名气。他把《红楼梦》改编为话剧《郁雷》,并由中国青年话剧团在重庆公演，一时颇为轰动。邓校长非常注重师资队伍建设，一方面放手发挥资深骨干老师的作用，一方面又亲自抓年轻英才的引进，为学校带来新的活力。他亲自到江津码头迎接朱彤的到来。同时聘请的还有阮朴，他是武昌艺专的高材生，以后成为著名美术评论家，解放后曾与我一度成为同事与邻居（住在昙华林华师博育室原址）。这些年轻老师大多风度翩翩，朝气蓬勃，并且带来许多新的文化信息。朱彤的父亲在复旦大学任教甚久，邓季宣亦曾一度在该校任职，所以对朱了解最深，期望最殷。邓校长被迫辞职后转任白沙女中校长，朱彤也随同前往，可见两人关系之密切。

朱彤虽然成名很早，但待人非常谦和，特别是对学生满腔热情。他不仅认真教学，还注意课堂以外的假日有益活动，曾带领我们参观吴芳吉故居等历史遗址。但使我印象最为深刻的还是步行到远处参观一个私营的小煤窑。看到那些瘦骨嶙峋的工人在黑暗且积水的窑洞中匍匐着挖煤运煤，尤其有一位工人两目已经失明却仍然弯腰背煤，才知道这校外的世界还有如此众多比我们更为困苦的人群，他们每日每时都挣扎在人间地狱。朱老师不仅把我们的文学兴趣从古代引向现代，而且促使我们这些昧于世事的青少年日益同情社会底层的劳苦大众。他本身就同情弱者，看到我身材瘦小发育不良，常常悄悄叫我去他宿舍加食，一般都是非常便宜的煮熟红苕，偶尔撒几颗桂花，更加香甜可口。当然，悄悄为我加食的还有一位胖乎乎的姚老师（可惜忘了名字），她为了奖励我化学考试得到97分，课后把我带到卧室品尝她亲手做的红烧牛肉。由于单身宿舍没有炉灶，只好用酒精灯、玻璃烧杯等实验器材耐心烹煮。在蒸汽缭绕中，老师似乎已经化身为慈母，斗室中充满温馨的亲子之情，我们似乎相互在对方身上寻求各自思念的远方亲人。

我们还有一位非常优秀的英语教师赵宝初（赵朴初的堂兄弟），毕业于南开大学外语系，具有相当丰富的教学经验。他不像朱彤那样激情奔放，课余与我们也没有任何交往（可能是因为住在校外），但课堂教学都是经过认真准备，精益求精。他的中西文学底蕴深厚，知识面较宽，讲课常能纵横比较，引人入胜。他的讲课仿佛缓缓流动的溪水，没有波澜，更没有潮汐，然而却能时时以知识清泉滋润着我们求知若渴的幼小心灵。正是由于他的循循善诱，我热衷于阅读英、法近代文学作品，增添了对于西方文学史的了解。课本中有许多名家的原著（有些是片段），如莎士比亚《李尔王》中主人公在高山上暴风雨中的愤世嫉俗自白等等，都曾使我们痴迷。英语不再仅仅是语言工具，已经逐渐变成美的追求，从意境直到结构、语句、节奏、韵律，处处都有无穷无尽的美值得探索。同时，他还经常教我们做语法图解练习，特别是着重解析比较复杂的句型，这几乎成为我课余不可缺少的消遣，使我以后虽在失学失业的流浪困境中仍然乐此不疲。这种练习不仅对于掌握英语很有好处，对于中文写作的句型改进也有所裨益。据说赵老师在南开求学时，曾是篮球校队"五虎将"之一，但在九中教书时已患胃病，身体渐形瘦弱，讲课与讲话都是低声细语。课余偶尔也哼几句京戏青衣，却是字正腔圆，曲折摇曳，后来才知道他的弟弟正是享誉已久的程派传人赵荣琛，兄弟两人都是由戏迷而成票友。不过弟弟因为痴迷难以自拔，遂干脆投身梨园，哥哥却只有向我们演示法语连绵音之美时才略显其歌喉音色。

在全校范围内，对学生关心最多，影响也最为广泛的，应数音乐老师瞿安华。他也是安庆人，瘦削然而精干，可能由于经常指挥养成习惯，头总是稍为左偏作倾听状。他不仅把抗日歌咏开展得如火如荼，还物色一批有音乐天分的男女学生组成合唱团。经过长时间强化训练，正式以四声部演唱赵元任的《海韵》，使我们听得如痴如醉，在江津城内也引起很大轰动。他最擅长的乐器是二胡，常在课余辅导我们练习，并指导我们自己动手制作简易二胡。好在满山都是竹林，琴筒、琴杆、琴弓的材料，取之不尽，用之不竭。琴筒外端需用蛇皮封闭，我们就捕蛇剥皮，蛇肉还可以加餐。弓弦需用马尾，我们就在附近歇息的运煤马屁股上摘取。摘时又要仔细选择上好的马尾，又唯恐马儿惊觉踼一后蹄，那真是够刺激的，而且多半会挨马夫一顿臭骂。从我读初二开始，校园内几乎是人手一琴，真正说得上是弦歌不绝，琴声盈耳。我对二胡也迷恋之至，刘天华的名曲，如《良宵》《病中吟》《光明行》《空山鸟语》，乐谱已背得滚瓜烂熟，基本上可以上台演出，只是弓法尚有明显瑕疵，但积习难改，自娱自乐而已。

抗战时期的偏僻农村，连温饱都难以保证，怎能奢望广播、电影，只有群众性的自演自唱，为清贫而又单调的生活增添许多情趣与色彩。前些年已故的校友李德永（武大哲学系教授）曾为九中60周年校庆赋诗："每到黄昏日已斜，琴声处处刘天华。《空山鸟语》今犹是，不见伊人叹落花。"堪称当年情景最佳写照。

离开九中后，我与瞿老师再无联络，但他那火一般的热情与对音乐及音乐教育的无限执着，都使我终身难忘。"文革"后，我曾在报上看到上海音乐学院招收研究生的广告，二胡演奏专业的导师就是瞿安华教授。我想这是他理所当然的归宿，好人终究平安。九中同学中也有若干音乐家产生，如中央广播民族乐团作曲兼指挥彭修文，已成为大师级的民族音乐家。此外还有中国电影乐团一级指挥金正平，总政歌舞团一级歌唱演员方应暄等。在他们的艺术成长过程中，应该都曾受过瞿老师的精心培养。

美术老师孙澍兰教学效果很好，对我们影响亦大。他的书画俱佳，但用的是左手，据说是因幼时在农村被扇谷风车击伤右手致残，但当时我们都以为是小儿麻痹症的恶果。由于经济方面的考虑，他着重教我们铅笔素描，课余则教我们利用旧砚台练习雕刻。由于他因地制宜，循循善诱，我们全班大多数人都曾热衷于绘画或雕刻。我就曾为自己画了一幅漫画像，并且刻在旧砚台盖上，标题是："章太公在此，百无禁忌。"没有想到以后在金陵大学时期竟因此童稚拙劣的作品引出祸殃。当时班上画得最好的是段开源，由于名字相近（谐音），我俩关系颇为亲密。孙老师经常夸奖他的习作，他也向九中附近的武昌艺专大学生学习，把头发留得长长的，经常披着宽大的外套，颇有画家派头。前些年听说他在暨南大学教书，但遍查美术等系教工名录都没有发现他的大名。最后竟然是从附属医院（后改为暨大医学院）找到他本人。当年我们一直认为他会成为大画家，却未想到他因婚姻与家庭关系转而习医。他的妻子是北伐名将张发奎的女儿。张发奎病故后，夫人滞留香港，小两口儿一直随侍在侧，并成为两岸争相欢迎老夫人定居养老的游说对象。孙老师如果生前知道这个消息，一定为之嗟叹不已。两个开源（开沅）半个多世纪以后重逢，畅述九中往昔，竟至忘记老之已至耄耋，真像是白头宫女共话天宝遗事。

还有一位教过我们语文的沈大荒老师也是书法名家。他在课余曾单独邀我到家里小坐，那是租住的一座江边独立小院，虽然也是竹篱茅舍，但由于主人的巧于布置，颇有陶渊明采菊东篱的情趣。他除以茶点招待外，还出示一本装帧精美的篆刻作品结集。我自然不够资格给予评论，但给我印象最深的是卷首陈立夫的题词："有雨漏迹，无斧凿痕。"作品与题词确实琳琅满目，唯独能牢记至今的只有这八个字，因为我对文学艺术也是崇尚自然，厌恶虚华。沈老师曾在教育部任职，居住条件与生活水平略优于其他老师，不知是否利用业余时间刻图章稍获补贴。但临别时，他却换个话题大谈武侠小说，并说曾经亲眼看到有一位武功高手，在轮船已离岸两三丈时猛然一跳便上了船。对此我当然颇感兴趣，但不知是否略有夸张。沈老师只教过我们一个学期，但他却使我增添了对于艺术的爱好。

除此以外，还有几位老师也给我留下较深印象。

我到九中首先进初二分校，班主任兼语文老师是吴惕生。他经常穿一件半旧绸衫，讲话慢条斯理，对人和蔼可亲。他课堂上不大说笑，但偶尔也幽默几句引发哄堂大笑，如说有人把"洞房花烛夜，金榜题名时"上句加上"和尚"，下句加上"状元"等改诗的故事。课余也是这样，有次带领全班在山坡上种蚕豆，休息时我直起腰来，背着双手慢慢迈开僵直的双腿，仿佛是老派人物踱方步。吴老师笑眯眯地瞧着我说："章开沅，你还真有点像个学者哇！"引起同学一片大笑，我却羞得满脸通红。我当时还不知道"学者"是何含义，是夸奖还是批评，这句话却牢牢记在心中。至少使我每逢体力劳动时自我警惕，千万别"像个学者"。升入高一分校后，我再未见过吴老师，只是听说邓校长被迫辞职就是由于他的陷害。还有人说九中教师分为安庆、合肥两派，吴老师是合肥派的头头，他很想当九中校长云云。但是这些大人们之间的是非恩怨，我们当时还不理解，也并不十分在意。我当然同情邓校长的不幸遭遇，但我也难忘启蒙老师两年半的抚育恩情。我12岁就离家住读，独立生活能力很差，能够经常受到这些师长的呵护与培育，确实是极大的幸福。

  启蒙老师中还有数学老师吕能兴，他在初二分校也曾经担任过我的班主任。他与吴惕生老师个性差别很大，吴老师虽然爱护学生，但见面时很少交谈，面上表情也很少有变化，正如其名含义，使人有城府较深之感。吕老师则快人快语，一见学生就拉住问长问短，但又有点流于唠叨。我生性孤僻内向，最怕被他拉住交谈。他一开口总是"我是一匹老马呀，你们都是小马"，接着就恨不得把他的人生感悟全部灌输给我们。因此，我们偷偷给他取了一个绰号"老马"。他大约已经知道这个秘密，有个别同学在课堂上提问，竟把他喊作"马老师"，他也不以为忤，一笑置之。《西渡漫记》作者1945年才进入九中，他也回忆起吕老师这段故事，可见流传之广。及至我年岁渐长，为人师已久，"老马"一词的谐谑意味愈益淡化，崇敬的成分愈益增显。晚年的我也常爱向青年学生喋喋不休，苦口婆心，口干舌燥，大谈什么治学之道与为人处事，年轻人大多礼貌微笑听着，他们是否也有点厌烦我的啰嗦呢？"老马"的基因似乎已经遗传给我了。

有些老师虽然已经形象模糊，但个别特别精彩的课堂瞬间仍然永远定格在我心中。如教地理的张耀祖老师，长身玉立，江浙乡音，板书与绘图挥洒自如，大气磅礴。有次讲到华北某个地区，因为已经沦陷，他突然提高声调吟诵陆游的《示儿》："死去元知万事空，但悲不见九州同。王师北定中原日，家祭无忘告乃翁。"边吟诵边板书，吟毕书竟，龙飞凤舞，一气呵成！我的身材矮小，坐在最前排正中间，所以对于这一精彩瞬间全景摄入。课堂肃然无声，只见张老师略为间歇，端起按老习惯随身携带的大茶壶，咕咚咕咚喝了几大口，目光如炬，脸赤如火。这样的课堂教学，只有在那样的时代，那样的环境，才有可能出现。现今纪念抗日战争胜利75周年，寻觅抗战老兵给以奖励并妥善安置，固属应有之举。但也不能忘记在那国破家亡的岁月，一个普通中学教师在偏僻山村竹篱茅舍教室中，倾尽心血以如此激情感染学生。中国不可侮！中国不会亡！张老师的讲课仿佛岳母刺字一样，把"抗日救亡"四个大字刻在我们的心中，也成为我以后决心投笔从戎光复神州的前奏。

九中还有一位我虽无缘一见但却敬仰已久的老师，这就是颇有传奇色彩的国立九中总务处主任潘赞化，电视剧《画魂》传主潘玉良的丈夫。潘老师出生于官宦世家，安徽桐城人，1901年东渡日本学习军事，在东京期间参加同盟会。回国后在陆军小学教授日语，秘密从事革命活动。1907年徐锡麟在安庆起义失败被杀，潘亦逃亡日本，入早稻田大学学习兽医。辛亥革命爆发后赶回安庆，在皖督柏文蔚部新军任教官，1912年出任芜湖海关监督。随后曾相继参与"二次革命"与讨袁战争，北伐期间任柏文蔚部副师长。国民政府在南京成立后转任实业部专员。抗战爆发后避难入川，弃政从教，毅然以收容培育沦陷区流亡学生为己任。由此可见，他不仅是革命元老，而且志趣高洁，淡泊名利，是老朋友邓季宣主持九中校务最亲密的助手。

潘老师在芜湖海关任职期间，结识并迎娶名妓潘玉良，随即又送玉良先后到上海美术专科学校与法国习画。玉良有绘画天赋且勤奋学习，很快便成为国际知名画家，而夫妻之间始终保持真挚爱情。这早已成为上海、芜湖等地广为流传的佳话，但我此前却一无所知。潘老师全心全意做好全校师生员工的后勤工作，但也曾在初一分校兼点语文课，可惜与我们初二分校相距甚远，未能亲见他的风采并聆听他的教诲。他对陈独秀父子的照顾也是有口皆碑，与邓氏兄弟共同关照这位落魄政治家，直至最后安葬并开追悼会，在当时那样复杂严酷的政治环境中，这种摒弃势利的古道热肠难能可贵，对广大学生更有示范影响。

新中国成立以后，潘赞化与邓季宣均曾任安徽省文史馆馆员，但邓季宣在1957年被错划右派。潘赞化目睹老友蒙难而无从相助，其心情之恶劣可想而知，1959年因病逝世。

此前，潘玉良由于抗战爆发滞留法国，赞化辗转入川且僻居农村，两人长期音信隔绝，直至1951年才经由上海美专老校长刘海粟帮助恢复联系。赞化鼓励玉良回国服务，玉良也积极作回国准备。但由于20世纪50年代历经各种政治运动与政治审查，所谓"海外关系"亦属极大忌讳，像赞化这样历史复杂的长者，处境更为困难，遂逐渐减少给玉良写信。而玉良也因为很难知悉丈夫真实情况而犹豫不决，迟迟未能成行。直到1964年中法正式建交，玉良向中国驻法使馆陈情求助，这才知道自己多年朝思暮想的夫君早已去世。

潘张[1]之间的悲欢离合，已经成为流传海内外的又一"啼笑因缘"，但绝大多数人可能还不知道这个凄美的故事与国立九中有所关联。

---

[1] 潘玉良原名杨秀清，又名张玉良，故此处说"潘张"。——编者注

## 学友

我在九中整整五年,由于入学较早,年龄较小,还有汪积威比我更小,所以我俩在班上处于弱势地位,成天形影相随,俨然异姓兄弟。幸好周围同学大多善良仗义,我俩不仅没有受过欺侮,反而得到许多好友的呵护与帮助。

初中期间对我帮助最大的是方英伦。起初三哥开诚与他结识并成为亲密朋友。后来三哥转入另一分校,临走时千叮万嘱,希望他继续关照我这个幼弟。正巧他又与我安排在同一寝室,因而在独立生活能力乃至文体活动方面都对我有多方面指点与督促。他不仅生活能够完全自理,还有若干特别擅长的手艺,如缝补衣服,洗涤被褥,利用廉价原料制作凉粉,等等。从初二上学期开始,他就教我把一块四方形的旧布,对折叠成三角形,稍缝几针便成为当时暑假流行的"三角裤",类似现今的摩登泳装。还有锯两块大小长短相等的木板,稍加修削光滑,钉上皮带或布带,便成为简易耐磨的木屐(当时称为踏板)。每逢暑假或周末,不用衣着整齐进教室,我们就穿自制"三角裤",脚踩木屐,成群结队跑到江边沙滩上泡一整天。方英伦与家庭尚有联系,多少有点零花钱,所以多半是他买点炒蚕豆(当地称胡豆,以升、合为单位出售,价格极为低廉),分给大家中午充饥。

沙滩上才好玩呢!蓝天白云,细沙如银,江风吹拂,空气清新,那就是我们的避暑胜地与特大游乐场。方英伦在班上年龄最大,孔武有力,因此便自然地成为我们的男一号。

男孩最爱摔跤,仿佛小公鸡相见必定猛斗一场。云庄祠门前那一大片荒坟是我们课余的角斗场,但远不如沙滩如此辽阔且无人干扰。柔软洁白的细沙,仿佛天然的海绵垫,摔得再重一点也不觉得痛,因而我们更加乐此不疲。方英伦学习不怎么样，但却颇有组织能力，虽然不是班长，但凭着热情仗义与豁达大度，颇能吸引若干较小的同学环绕在他周围，俨然成为一个主流以外的头头。

我们课外常在一起玩的有十人左右，虽是松散群体，却有排行顺序，不过并非按年龄为序，而是依照摔跤成绩。方英伦排在首位，因为谁也不是他的对手。老二姓高，由于幼时曾被金属锐端刺伤脸部，所以左腮严重凹陷，连带左眼也异样倾斜，加上面色白中带青，相貌显得有些邪恶（绰号"青面兽"）。其实他性格和善，非常合群，学习成绩也很好。他虽然没有方英伦那么壮实，但力气却特别大，我们都怕与他握手，只要他轻轻一捏就会使你非常疼痛，那显然是自幼磨练出来的劳动者双手。老三叫马肇新。他家虽然世世代代都住在安庆，但身躯瘦长，凹目隆鼻（即所谓鹰钩鼻），似乎有点西北少数民族血统。其父亲是安徽大学教授，因而他多少有点家学渊源，聪明伶俐，能言善辩，学习成绩优秀，属于高材生。有次分校举行演讲比赛，他的讲题是《吃蚕豆不要吐蚕豆皮》，虽然是一口安庆话，但吐字清楚，抑扬顿挫，说理清晰，一气呵成，最终荣获第二名，其实他得到的掌声比第一名还多。他平常斯文一脉，从来不爱打闹，但由于身躯高大且会用点巧力，除方、高两位外，我们都败在他手下。老四叫张国军，年龄与我相近，身高也相差无几，但他身体壮实，短小精干，貌似文静，却勇猛强悍，把我们剩余六人一个个摔倒在地，因此我们都甘拜下风。老五、老六、老七的名字与模样都记不清了，可能由于在一起玩的时候并不太多。老八姓程，是九中校本部程勉老师的儿子，其父抗战前曾任安徽某个中学的校长。他之所以沦为老八，并非由于身材矮小，而是因为过于善良。他比我高大有力，轻轻松松就能把我摔倒，还唯恐使我受伤。我就这样排名老九，为我垫底的名叫吴哲夫，很像学者的名字，而且确实勤奋好学。他患有小儿麻痹症，本来不想参加比赛，但被几位强人拉来凑成十人整数，这样才使我免于倒数第一。从这一点来说，我从来不敢把他视为手下败将，反而充满感激之情。

我们追逐嬉闹之余，便睡在沙滩上晒太阳；如果阳光太强，就互相帮助以沙掩盖身体，只把脸部露在外面。当时只知道享受日光浴，却不知道这也是沙浴。表面的沙晒得滚烫，背下的沙因为潮湿却是冰凉。因为那是上游高山冰雪融化流下的水。我们没有产生任何诗情画意，更不懂得附庸风雅，只是尽情享受这大家共有的大自然的光、热、蓝天白云与新鲜空气。睡醒了就成群结队跑到江边冲洗，由于有沙滩，江边的坡度不大，我们可以缓缓由浅入深，逐渐熟悉水性。过去由于家长管得太严，我一直不会游泳，只能在浅水处练习若干憋气、换气、划水、潜水等准备动作。看着大孩子们斩波劈浪在江中遨游，心中羡慕极了；但江流过于湍急，到处都是险恶的漩涡，而且江水深处又冰凉刺骨，我们确实不敢孟浪出游。

方英伦好像过去曾教过别人学习游泳，懂得一点循序渐进的道理。他先不要我们正式练习游泳，只鼓励我们在浅水处尽情玩耍。等到我们对水性已渐熟悉，并且产生迫切学游泳心愿时，才安排两个会游泳的大孩子，相隔大约两丈，分别站在两头，然后逐个把我们抛入深水处。开始当然会逐渐下沉，免不了挣扎一番，还要呛几口水。但一般会浮上水面，两臂双腿拼命挥舞拍打，顺着水势向下游漂流，等到无力挣扎又复下沉时，站在下游近处的大孩子就急忙把初学者抱起来，然后踩水拖着后者回到浅水处。最初确实有点害怕，胆小的孩子甚至吓得大喊大叫，但经过反复练习就逐渐适应了，时间一久遂无师自通。虽然是双脚扑通扑通打水的"狗扒式"，但毕竟可以顺着水势把头抬起来游较久时间，也许这就是原始人学游泳的初级阶段。只要经过一个暑假锻炼，人人都可以在江上悠游自在，不必大孩子在一旁监护。及至初中毕业，我们好多人都成为"浪里白条"，不仅学会蛙泳、仰泳与自由泳，而且还练就一身踩水技巧，依两脚蹬力可以把胸部露出水面，本事大的则可以露出肚脐。川江漩涡甚多，有时回流急漩会把你吸入涡底，只有会踩水的人，才能顺着水势由涡底浮上水面，然后再奋力摆脱漩涡。真可以说是艺高人胆大，而胆大又须艺高。

在九中的重要收获之一，就是学会游泳，并且痴迷于游泳，从此才能在各处江河湖海碧波中充分享受遨游之乐。游泳也带来自救与救人能力，特别是在水灾严重关头发挥极大功效，但游泳亦曾给我带来终生难以弥补的遗憾，不过这都是多年以后的事了。

江边长大的孩子固然以戏水为乐，但山林也不乏许多可供我们寻欢作乐的处所。德感坝周围虽无大山，但却有多处丘陵绵延。游泳只能限于暑假，而游山则四季皆宜。因此，从总体上来看，山林给我的童年乐趣更多。

语文课本有《桃花源记》，引发我们许多奇妙幻想。我们常利用假日结伴漫游，循山间溪流逆向攀登，希望也能发现一座类似陶公神笔描述的另一个隐蔽洞穴。这种追寻自然是徒劳无功，但却可以充分领略初冬山间美景。色彩绚丽的落叶铺满林中小径，走在上面松软而又沙沙作响。小径曲折起伏蜿蜒，溪水清澈见底，时时有小小游鱼成群往来。我们脱掉鞋袜，卷起裤脚，在溪水中缓行。虽然已是初冬，但阳光普照而溪水又很浅，所以并无冰冷感觉。我们走走停停，时而捉蟹，时而摸虾，不知不觉已走到小溪尽头，但仍未见任何洞穴入口。桃花源依然是虚无缥缈的梦境，但现实的收获却是一袋米虾与小小的石蟹，此外还有一袋"地皮"（即地衣，类似木耳但较单薄）与野葱，回校以后稍加烹煮便成为难得一尝的美味。

四川农村民风淳厚，每年春季有"偷青"习俗，容许外人摘取自己地上的少许新鲜蔬菜，如包菜、豆苗之类。每逢深秋柑橘成熟，又规定几天开园时间，允许来客观赏并尝新。因此，我们这些贫穷而又嘴馋的孩子，自然不会放过这些良机。包菜产量最高且极为便宜，农家多用以养猪，我们可以一脚踢出一颗，带回煮熟充饥。鲜嫩的豌豆苗清香可口，生长极快，我们可以在田边"方便"时，随意摘取当零食吃。慷慨大度的菜地主人，一半出于同情，一半也是无奈，从未出来干预或责骂。好在"偷青"也只有这几天，对菜农生计并无大碍，甚至还图个人气与吉利，所以双方一直相安无事。

但开园旧俗，很快就被我们这些幼稚无知的"入侵者"破坏了。因为橘子比包菜好吃多了，而且可以随摘随剥随吃，可谓爽便之至。江津是著名橘乡，成熟的果实又大又红又甜，挂在青枝绿叶中特别诱人。开园之日园门大开，我们呼朋引类蜂拥而至，贪婪地吮吸着鲜橘甜美的汁液。但胃的容量毕竟有限，橘子吃过量就会呕酸水，甚至流鼻血。眼看摘下的大红橘吃不完又不允许带走，于是便出现了设法悄悄带走的盗窃行为。园主起初因为损失不大，而且又是幼童所为，并未当作严重问题。但后来学生愈来愈多，年长学生采摘量甚大，遂引起园主重视，并雇请邻近的荣军医院伤兵（已痊愈者）前来护园。这些伤兵实际上早已康复，因为作战负伤居功自傲，难免有个别不良分子为非作歹鱼肉乡里。有一伤兵就因为深夜奸淫农妇，被受害者亲属乱刀砍死，我们都曾亲眼看到他被抛弃在田边的破烂尸体。园主原本想利用丘八（旧时对兵痞的贬称）来吓退丘九（旧时对学生的谑称），不料却更增添了丘九的对抗情绪。偷橘子遂成为极富刺激性的惊险游戏，而策划与组织者则是九中的大龄学长。

有天我们利用午休时间出动，按照既定分工，入园后年幼者上树放哨，年长者负责采摘与运输，把摘下的橘子装进扎紧裤脚的裤子里送走。我与另一小同学在树上放哨，一边四面瞭望，一边品尝鲜橘，好不逍遥自在。由于橘园很大，游园者甚多，少数伤兵显然顾此失彼，所以我们的计划得以顺利进行。可是当最后一袋橘子即将运走时，我却发现有一伤兵持拐杖飞奔而来，连忙大声报警，大孩子们一哄而散，只剩下我们两个"哨兵"。刚下树，伤兵已经跑到近处，挥舞拐杖并破口大骂。我们四顾无援，只好拔腿就跑，又不敢往学校跑，而是朝另一个方向逃避。跑得精疲力竭，正想找个荫凉地方歇口气，回头一看，只见伤兵仍然穷追不舍，我们只好继续狂奔。不料前面横隔一条大沟，我的跳远成绩素差，但危急之时居然迸发神勇，纵身一跳，越过宽阔深沟。伤兵腿脚不便，只好绕道而行。我们稍得宽闲，便装作从容闲适的模样，回归云庄祠校区。正将走完一段田间小路临近校门时，背后突然传来一片喧哗并且夹杂着鼓掌的笑声，原来那伤兵骂骂咧咧一路紧追不舍。这正是下午即将上课的时间，田间小路上行人络绎不绝，伤兵为了擒获我们，推推搡搡时与过路学生发生冲突。学生人多势众，本来就对这些园主雇来的打手有气，于是故意把他挤倒跌入水田，陷在泥淖之中。伤兵在泥水中挣扎，继续挥舞拐杖怒骂，但失败已成定局，只能爬上小路灰溜溜地走了。

　　我们顺利回到教室，但对老师讲课一点也听不进去，唯恐那伤兵邀集同伙前来报复。第一堂课总算平安无事，第二堂正讲授时，突然有他班同学在窗外喊叫，说是另一橘园有四个同学被抓并绑在树上。我们满心想赶去救援，却被老师厉声喝止，这才避免一场更大的冲突。事后听说那四个被抓同学已由校方交涉索回，并且保证加强道德与纪律教育。事故虽然迅速化解，但开园的美风良俗难以为继，德感场的老人在茶馆里大发感慨："人心不古啊！"

　　我们在初二分校还遇到一次更大的风波，不过那完全是由高一分部个别学长引发的，我们这些幼小者亦成被殃及的池鱼。

　　起因是高一分校少数同学过江时与渡船工人发生争执，互不相让竟至出现肢体冲突。学生多为身高体壮的运动高手，个别船工自然不是对手，而且还受了若干轻伤。但川江船工大多与袍哥（帮会）有密切联系，因此邀集数百人游行示威，并且打算包围学校。我没有看到现场，听说这些人带有棍棒武器，并且敲锣高呼："我们上游民族（指四川人）团结起来，把下游民族（指外地难民）赶出去。"喊口号用的是浓重江津乡音，"上"字和"下"字拖得很长，而"游"字和"族"字则略显急促，意在严格区分"上游"和"下游"。声音有点滑稽，我们不禁暗暗发笑。但形势确实非常危急，幸好邓校长等领导人与当地有头有脸的绅粮平素私交甚笃，加之九中已经开始招收本地学生，他们也有子女在九中就读，彼此都不愿一次偶发争执演变成流血惨剧，所以及时出面进行必要的疏通与调解，并且向受伤船工赔礼道歉，给予少许医药补偿。这场带有地域情结，甚至反映地方与中央矛盾的爆炸性冲突总算和平了结。

事发当天，云庄祠由于离德感场最近，可以说是首当其冲。初二分部学生全部集中于祠堂里面，大门紧闭，警卫森严。班主任吕老师整天守护我们，叫我们不要害怕。其实我们根本不了解问题的严重性，更不明白为什么要害怕，甚至觉得示威的人好像在演戏，很想出去看看。风波平息以后，吕老师仍然跟着我们，絮絮叨叨，讲的还是那几句老话。尽管老马言之谆谆，小马们却一哄而散。

一切都复归平静，德感场作为古老的经济文化中心，对我们来说仍然具有极大吸引力，每逢赶场之日，我们只要得空必定会去逛逛。

其实德感场可逛之处，也只有一条沿江的大街——德感街；其他少数分岔的大街小巷，没有多少有趣的事物。这条大街由于离码头较近，茶馆饭店较多，还有大大小小的店铺与少数有声望的住宅，每逢赶场之日，各处人群蜂拥而至，或挑担，或背篓，或推车，或牵马，熙熙攘攘，把整个街道都填满了，连茶馆、店铺也是拥挤不堪。我们只能在人群中挤来挤去，闲逛几乎类似挣扎，但我们游兴丝毫未减，因为这一天饮食业生意特别兴隆。尽管店铺规模很小，至多也只有几张桌子，一般都近似摊点，顾客只能就着柜台吃或边走边吃，但品种倒很繁多，如豆花饭、担担面、红油抄手等等。最引人注目的是粉蒸牛肉、排骨、杂碎之类，一律都用小型蒸笼，一层一层摆得很高，热气蒸腾，香味扑鼻。迷你蒸笼对一般赶集者亦属可望而不可即的美味佳肴，只有较为富有的阶层才能尽情品尝，我们这些难民学生只能是大饱眼福、鼻福，而不是口福。

我们的享受，无非是三五好友结伴，买几个铜板的炒胡豆，到茶馆里买碗"玻璃"（开水，不加茶叶），穷聊看街或打扑克。出售炒胡豆的小摊贩随处可见，胡豆炒得又香又脆又耐嚼，两三个铜板就可以买一大把，是价廉物美的最佳消闲食品，同时也可以充饥。四川乡镇茶馆一般都比较宽敞透气，里面摆着一排排方桌与条凳，靠墙处则有简易的竹制桌椅与茶几，但绝大多数草鞋客宁可围着方桌亲密聚谈。我最喜欢听那些"幺师"（下江人称茶房或茶博士）拖长腔调吆喝："沱茶四碗，菊花两碗，外带两碗'玻璃'。"特别是"玻璃"二字喊得昂扬飘逸，仿佛川剧中的高腔。这戏剧性的传唤似乎有些调侃"玻璃"客的吝啬，但四川茶馆毕竟宽宏大度，奢俭由人，平等看待，一碗"玻璃"（只要付一个铜板）可以尽情享受滚烫的开水而不受任何时间限制。客人中途出去办事，只要把茶碗盖翻过来置于碗上，即可代为保留座位，哪怕是一整天，直到打烊，随时都可以续接水（茶）缘。我真佩服四川乡亲的这份厚道。

就是在茶馆这样慷慨提供的有限空间，我们在独立人生旅途的初始，接触到许多社会底层千姿百态的众生相。

最初的赏心乐事，是欣赏"幺师"们娴熟而又略带诡异的服务技巧。他们续水不是站在客人身边，而是隔着几张桌子伸过来极长的铜壶嘴，自上而下向客人杯中挹注。那水的流动，讲究的是高度，是涓涓细流，是点滴入碗，不得稍有溅洒。现今有些大酒店也有这种大茶壶表演，尽管服装与器具美轮美奂，但演技比当年四川乡间"幺师"差多了，至少就缺少那种情趣与乡土韵味。还有那"幺师"递烟的烟杆也特别长，往往有意隔很远把烟嘴送到客人面前，烟锅里已经装满黄澄澄的烟丝，只要把"纸媒"吹着就可以美美地吸上几口。"纸媒"的火焰，袅袅的烟雾，还有更多的"幺师"与茶客之间的谐趣互动，都显示出若干闲适情调，尽管整个茶馆是那样拥挤与喧哗。

进茶馆的次数多了，慢慢就可以从邻近茶桌上了解茶馆的多种功能。多数人进茶馆是为了休息与消闲，然而在品茗与叙谈中也不乏思想与情感的交流。新派谈情说爱者大有人在，比较隆重的是梳妆打扮衣冠整齐的旧式相亲，男女双方都显得拘谨而略带羞涩，倒是陪伴的家长与媒人谈笑风生，喧宾夺主。茶馆也是商场交易之所，四川乡间买卖双方进入正式讨价还价阶段，反而转变为沉默无语，彼此在对方的衣襟下或袖管中以手语成交。不过茶馆中的商业行为主要还是靠口语沟通，或轻言细语，或大声呼叫，仿佛街边叫卖，茶馆因而成为市场的延续。

茶馆中比较严肃而又略显斯文的，多半是涉及民间诉讼之类的沟通或调解，其结果有不欢而散者，亦有达成协议以一方补偿或赔礼而和平了结者。此类现象涉及曲折情节与复杂原因，而且还或多或少夹杂若干法律话语，自然不属吾侪顽童关心与理解的范围。我们较感兴趣的是那些江湖人士，以茶碗摆成阵势，以暗号隐语接头或交流信息。我们只敢远远偷窥，唯恐引起他们猜疑，招惹杀身之祸。不过，抗战期间四川袍哥的神秘性已经逐渐消退。在茶馆门前书摊上，还有卖《三字经》《圣谕广训》之类石印旧书的小贩，都出售竹纸石印的《江湖海底》之类江湖秘笈经典，其中包括许多帮会内部的组织结构、等级称号，乃至规矩、纪律、暗语、手势等等。与这些民间秘密结社内部资料相映成趣的则是《圣谕广训》之类帝王时代官话连篇的教化书籍，仿佛与现实的时代潮流相隔太远。时间在这个古老乡镇似乎停滞了，甚至是倒退了。人们随时可以听见由远而近的威权宣示性吆喝"鸣锣通知，××有令……"云云，那也是拖长了的川腔川调，于张扬处尽显地方势力的威权。

德感场的茶馆自然不如成都望江楼那样风雅，既无说唱助兴，更没有文士雅集。也不像唐德刚回忆的沙坪坝茶馆，那主要是为大学生服务的,所以略有指点江山激扬文字的豪情。我们所熟悉的德感场茶馆纯属农村范畴,农民乃是茶客的主体,只有在这里才可以展示农民的风情画卷,并且感受泥土与草根的气息。

泡完茶馆到街上闲逛也自有其市井情趣。正街入口处有一家专门修理马具的小店铺,店主是一位孔武有力的中年男子,不过外表倒显得比较沉稳。我最喜欢看他钉马掌,任何高头大马经他抚摸几下都会变得服服帖帖,很快就把蹄铁钉得非常熨帖。他很喜欢我们这些小观众,仿佛现今歌星之笼络粉丝,偶尔情绪特好时还会顺手拔几根上好马尾悄悄塞在我们手中,供更新二胡弓弦之用。他在镇上堪称一位头面人物,不过并未听说有任何霸道行为。有一段时间他突然停业了,左臂用绷带吊着,露出白皙而健壮的肩膀,据说是被弟弟用刀砍伤了。兄弟二人都还未曾结婚,爱上同一位妇女,因争风吃醋而自相殴斗,以屠宰为业的弟弟盛怒之下用屠刀砍伤哥哥肘部,好在尚无大碍。弟弟害怕报复逃到外地,哥哥却显得特别宽容,托人带信要弟弟回来重操旧业。听说兄弟二人此后仍然和睦相处,并且维持着类似"共妻"的古怪关系,但镇上人并无任何道德方面的评说,我也仍然把他看作好像《水浒》中的豪杰之士。

我们那时自然很难理解农村此类情爱故事,但赶集时仍然时时观赏他的钉掌绝活,不过此后我们的兴趣又转向另一种削甘蔗皮的游戏。首先将一根甘蔗竖立,然后挥刀自上而下削皮。削皮的时候不能用另一只手扶直甘蔗,因此有一定难度。最后按削皮的长度分得相应的甘蔗,多少有点比赛的味道。当然事先要给摊主付几个铜板才能削一次,如一次不能削到底,则须另付一两个铜板才能续削一次,直至削到尽头为止。这是商业心理学的初级利用,即引发儿童的贪玩与好胜来兜售甘蔗,与现今麦当劳利用玩具奖品吸引儿童光顾是一个道理。方英伦是削蔗能手,常能一刀削净到底,以最低廉的价格赚来一根很长的甘蔗。我们技术水平太低,加上又无零用钱,只能充当热心看客,并且分享学长的胜利果实。

读初中时还有若干比较特殊的级友给我印象较深。一位是北大名教授许德珩的侄儿，年纪比我们大一截，相貌更显得苍老，所以大家喊他"老鬼"，把真实名字反而忘记了。他勤奋好学，知识面较宽，待我们如兄弟，深得大家喜欢。但他见多识广，已有某些成年气质，所以很难与我们玩到一起，多少显得有些寂寞与失落。他的堂姐许鹿希在九中女生分部，以后成为邓稼先（邓校长的侄儿）夫人。

同年级的还有几位从重庆保育院转来的学生。他们由于院方的关爱，衣服与被褥都是崭新的，而言谈举止又显得较有教养。但是我们不大欢喜他们，也许是出于对他们获得优厚待遇的嫉妒，但更多的是看不惯他们不经意间显示出的对"党国"的感恩与驯服。我们倚小卖小，有时故意怪腔怪调地唱什么"我们的爸爸蒋委员长，我们的妈妈宋美龄"。不过他们并未恼怒，反而感到有几分得意。其中有一位想与我拉近乎，强拉着我去摸他的枕头与棉被，都洁白而厚实，并且还有点香水气味，与我们那破旧而又单薄的被褥相差很大。我与他们很难深交，总觉得他们有些娘娘腔。

1941年春初中毕业，经甄别考试升入高一分校。高一分校是九中的"北极"，位于德感场北口外的海螺村，在山坡上由三座坐北朝南的大祠堂组成。山顶为四术祠，是本部之所在；山腰为三共祠，山脚为竹贤祠，都是学生宿舍。随着年级的递升，这三座祠堂我都住过，但印象最深的却是竹贤祠，因为与我有关的若干偶发事件都发生在这里。

升入高中以后，朋友圈有所变化。对我如兄长一样的方英伦分往别的分校，从此极少来往。原来经常在一起的初中同窗好友，好像只有马肇新、汪积威等少数几个人一起搬进竹贤祠。在高一分校期间，与我私交最笃至今尚记得姓名的有周承超、马肇新、汪积威等，其次是夏国彦与潘祖禹、潘祖舜兄弟等，无法一一列举了。

对我来说，此时周承超完全取代了方英伦的地位。他也是一个具有领袖魅力的学生，能够迅速在自己周围聚拢若干知心朋友。但两人有所不同，后者的优势在于喜爱户外运动与野性豪爽，而承超的特点则是勤奋苦学与志趣高远。

周承超是合肥人，中等身材，脸色红润，剑眉隆鼻，英气显露。他是随叔父彦龙（亦作砚农）来到四川的，叔父是蒙藏委员会主任委员吴忠信的机要秘书，以后曾任《新疆日报》社社长，可算是学者型官员。蒙藏委员会表面上是中央重要部门，实际上是个比较闲散的清水衙门，并无多大实权，边疆自有当地军政要员掌控。这就正好为彦龙读书养性并教育子弟提供较多余暇。他命承超与其子承铮书法习颜体，行书则学谭延闿。我、承超、汪积威常年同一卧室，所以他也鼓励我们一起练习写字。那时我们哪里买得起白纸，只能到处搜集旧报纸及其他可以利用的废纸，而且是反复利用书写。由于热衷于练字，初中阶段的绘画、刻字等爱好就丢在一边，但字却始终未能练好，这是我的终生遗憾。

可能是由于叔父家风影响，承超也讲究若干风雅，用颜体楷书写"爰居"二字贴在宿舍门楣上。"爰居"为古代某种海鸟，不知他为什么要用这个名称。我们当时只是感觉已经分享风雅，从未深究其微言大义。后来才知道，其依据是《国语·鲁语》的一则故事："海鸟曰爰居，止于鲁东门之外三日，臧文仲使国人祭之。"结果引起展禽（柳下惠）的批评，认为爰居系逃避海上灾难而来，并非代表什么神异，"今无故而加典，非政之宜也"。不过我们当时丝毫无意议论时政，可能仅仅是以爰居自寓，像避难的鸟儿一样暂时栖止于江津乡村吧！再则'爰居'一词又避开什么庐呀、斋呀、楼呀之类俗套，多少有点标新立异的追求。

"爰居"的文化氛围带有复古守旧色彩，因为承超兄弟从家中带来《四书》，而高中语文课本又加重了古文分量。我们不仅似懂非懂地认真阅读《论语》《孟子》《大学》《中庸》等经典，而且还着重体验格物致知、慎独内省等儒学精义。我想这些影响的源头，主要还是在国民政府任职的周大叔，而更深一层的背景则是蒋介石、陈立夫等将儒学意识形态化，借以遏制进步社会思潮。其实国立九中在邓季宣校长任内从未提倡过读经复古，他历来都是在学校提倡三种精神——民族精神、科学精神、法治精神，而且又是以"我行我素，我办我学"自豪，或多或少具有五四新文化的优良传统。不过由于学校僻处乡野，虽不能说是与世隔绝，但外界的政治纷扰与财色诱惑在一段时间内对学校干扰甚少，的确是客观事实，这就给我们在"爱居"之内潜心自行儒学启蒙提供了比较宁静的环境。

但我的年龄与个性，毕竟难以坚持每日三省吾身的修炼，过不多久就转而沉溺于古典旧诗词。起初是受姚述隐、张耀祖等老师诱导与抗战现实的影响，比较喜爱陆游与辛弃疾的诗词，但很快又为陈后主、李清照所吸引。尽管我仍然是"少年不识愁滋味"的年龄，但已经能够感受"问君能有几多愁，恰似一江春水向东流"的苍凉意境。后来姐姐在家信中把这个情况告诉父母，父亲千里之外迅速写信对我进行规劝，说是对于这些凄婉诗词可以学习鉴赏，但千万不能痴迷沉溺，否则将会消磨意志乃至影响性格健康发展。父亲很少批评我们，所以我十分尊重他的警示，从此便自觉减退了对旧诗词的热爱。

"爱居"在楼上，房间很小，记得好像只住三四个人，除周承超与我以外，还有同班年龄最小的汪积威。积威与我从初一下到高三上都在一起，前后整整五年。由于我们在班上都属于"小不点"范畴，所以形影相随，关系相当亲密。加上他的哥哥积畚和我的哥哥开诚以后都转入其他分校，我们更加互助友爱，正如他在我们七十多年离别重逢之后所说"亲如手足"。我们的性格都比较内向，课余爱好均为读书，志趣比较相投。不过他的兴趣侧重数理，我则更爱好文史，在这方面我们还有不同的师友圈。再就是我离开芜湖老家以后，仿佛小鸟从笼中逃逸一般，充分享受自由飞翔，所以课余我更爱亲近大自然，在山林、江上、河滩游玩，而积威相较之下更为潜心攻读，成为班上成绩最为优异者之一。

除了"爱居"密友以外，由于一个同样爱好文学的姓潘的同学介绍，我与上一年级的若干同学也有所交往。这个年级比我们班更加活跃，体育、文娱、课外社团活动，在全校都很有名气。潘同学是无锡人，在这个年级有几个同乡，而且都爱演话剧（特别是擅长反串女角），所以熟人很多。我不敢演戏，只是为他们办的大型墙报写过几篇科普性的短文，还画有几幅漫画。但是我最崇拜的还是年长同学中的体育尖子，在篮球、体操、田径上都有不俗表现，现在记得清楚的只有"老乡亲"篮球队（曾获全校冠军）。还有陆子豪，北京人，个头虽不甚高，但结实匀称，特别是三角肌与腹肌轮廓鲜明，其专长为吊环与单双杠，颇有正规运动员的风范。正是在他的影响下，我除热爱游泳以外，还经常练习单双杠与吊环。吊环悬挂在一棵大黄桷树上，学长们可以做很多高难度动作，我因身矮体弱，只能意思意思而已，三角肌与腹肌始终未能突出。

学长中还有一位从东北进关的流亡学生，名字叫刘忠诚，人如其名，名如其人，忠厚老实极了。他年纪较大，入学前曾工作过一段时间，所以有点零用钱。也许是出于对我们这些学弟的同情，每逢天气寒冷时必定匆匆跑进我们卧室，每人发几颗廉价糖果，还不断叮嘱："吃颗糖，热乎热乎。"他不善于言辞，但那淳朴的东北乡音却温暖着我们的心。此后我在极端困窘之际，也曾多次得到他的及时援助。

朱金声老师对这个年级也特别重视，不仅评价甚高而且课余联系亦多。正是在这些师生共同影响下，我从古典文学沉迷中逐渐解脱出来，转而热爱近现代文学与外国文学，同时又相应地更为关心现实与批判邪恶，并因此而付出沉重代价，整个地改变了人生道路。

## 学潮发端

1941年，对中国，对九中，都是一个并非吉祥的年头。打从一开年，"皖南事变"就为第二次国共合作留下一道创痛巨深的裂痕，从此大大小小的摩擦甚多，大后方的政治形势迅速逆转，反共暗流也直接或间接地袭入相对封闭而平静的德感坝。至今回忆起来，1941年以前的九中仿佛是田园牧歌，而1941年以后却连续不断出现许多怪异事端。

从社会评价来说，高一分校是九中的骄傲，但在某些保守分子看来，则是九中的"乱源"。客观地来说，应是青少年发育期富有活力且多浮躁心理，而知识渐多理想愈高，更易与现实环境发生冲突。

邓校长主持工作期间，由于办学经验丰富而且作风稳健，全面引导我们好学向上，并未认真贯彻国民党政府钳制学生思想的高压方针。在那些年，九中给我的印象是比较宽松自在，至少是党治色彩比较淡薄，虽然也有国父纪念周等例行大型集会，但很少借此宣讲三民主义与总裁言论，大多是在学言学，教育学生如何读书做人，乃至严格教学、生活管理制度之类。邓校长本身就有"五四"进步传统，同时兼受西方学术自由影响，他往往以总理纪念周名义，邀请若干文化名人前来演讲。这些主讲者多半是纯正学者，或是具有正义感的爱国人士，间或亦有左翼作家如魏猛克，以后干脆留在九中教书。魏老师当时还在中华全国文艺界抗敌协会做宣传教育工作，他的报告热情奔放，纵论战局，抨击时政，深受众多学生欢迎。但邓校长自己和校内老师，顶多只是全心全意的"教育救国"论者，课堂内外极少谈论党派斗争，特别小心翼翼，缄口不谈极为敏感的国共关系。当然他们自己对国内政局也有相当认识，无非是保持若干知识分子的清高与超脱，但其结果却是造成许多学生在政治上的无知与幼稚。特别是我们这些年龄较小且昧于世事的学生，几乎完全不知道国民党与共产党有哪些区别与冲突，只是抽象地追求光明与摒弃黑暗。

因此，高一分校的学潮一般都是自发的，而且主要是对于生活与教育缺陷的不满乃至过激抗议，很少有什么政治色彩。最早一次学潮发生在1939年，距九中创校还不到一年。高一分校学生会主席潘祖尧（潘氏三兄弟的大哥），带头抗议伙食质量下降，怀疑庶务人员贪污，要求清查账目，引发一场风波，听说在校本部总务处工作的陈独秀儿子（松年）还挨了打。我当时在初二分校，未能看到现场情况，事后听同班的祖舜、祖禹说，祖尧与另外两位学生会职员都因此受到开除处分。

1940年女生宿舍发生失窃事件，一位女同学因被怀疑深感羞辱，愤而疾奔投江自杀。高一分校部分同学闻讯反应激烈，又一次集合前往校本部，抗议校方任意侵犯人权。此次风波由邓校长亲自出面应对，坦然承担一切责任，并与迅速赶来的高一分校老师耐心疏解，终于把示威学生劝回分校。

但是1942年5月一次风波的结局却非常不幸，当时我已经进入高一分校，所以自始至终都目睹了现场情景。起因是一位新来的年轻数学老师因为缺乏经验，教学效果极差，令该班学生非常不满意，除要求更换教师外，还以漫画讽刺这位老师。新来老师年轻气盛，愤而投诉至分校校长刘剑如，要求严厉处分肇事学生。刘剑如本来是一位优秀的富有经验的英语教师，我们对他都很崇敬，但他却缺乏必要的行政管理经验与应变能力。他听信一面之词，未经充分调查便责令班长交出漫画作者。班长思想不通，始终保持沉默，刘老师便动员全班同学揭发，结果没有一人起来揭发。他在盛怒之下当场宣布："全班同学各记大过一次。"这就使全班学生更为激愤，立即结队前往校本部要求讨回公道。适逢邓校长外出办事，大家只有失望而归。刘老师本应冷静下来，乘机设法沟通缓解矛盾，但却一错再错，迅速以"不假外出"为由，再次给全班同学各记大过一次。这就把该班全体同学逼到死角，无路可退，同时更引起全分校众多同学的公愤，纷纷赶来支援。当晚，抗议学生派出代表与分校当局谈判，刘老师的态度仍然极为冷漠，使围观的学生怒火中烧。混乱中不知是谁有意把油灯弄熄，一大群学生冲进办公室，个别同学乘乱打了刘老师几拳，使事态更趋激化。幸好高一分校老师平时大多与学生关系比较融洽，姚述隐、翟光炽等好几位威信甚高的老师出面调解，两位军训教官也耐心温语开导学生，刘剑如老师才得以安全离开。但事态仍然继续蔓延，高一分校学生全体罢课，教育部派专人前来驻校督查，江津师管区亦派兵前来弹压。邓校长本来想和平了结，曾派深受学生爱戴的资深老师劝说学生复课，并且公开保证绝不会开除学生。但事与愿违，在外力干预下竟有16位同学被开除或停学，其中也有与我同班的潘家老二祖禹。他平时沉静好学，从不多嘴惹事，此次却出于激愤仗义执言，以致成为学潮的牺牲品。

我是此次学潮的目击者，并且参加罢课以示支援，但事发当晚心情却比较复杂。我对高一分校领导逐步转向压制管理也是不满已久，特别是对刘剑如老师不顾学生健康盲目增加课业负担更为反感，所以曾经在墙报上以漫画给以讽刺。但我内心始终尊敬刘老师，因为他确实非常关心学生的学业进步，而且英语教学效果有目共睹。看到他被打后，在体育老师扶持下勉强走出办公室，眼镜已经跌落，满脸惊惶且有泪痕。想到刘老师家贫且子女较多，落到如此境况，回家后与师母抱头痛哭，我的内心竟然涌现若干痛楚，说不清是怜悯还是同情，因为他毕竟是与我父亲同一辈的人啊！我能够理解他回家后的羞愧、委屈与悲愤。同时那位军训主任教官（姓李）也曾给我们留下很深的印象。这是一位年龄偏大的职业军人，虽有少校军衔，但因没有任何党政背景，似无晋升之望。他身材瘦长，脸色蜡黄，听说曾患肺病并咯血。可能正是因为病弱已不适应军旅生活，所以才安于利用学校这个闲散差使在乡间疗养。我已记不清他对我们曾经进行过哪些军事训练，甚至从来也没有听过他的什么训话。倒是常常记得他总是傍晚伫立在山坡大树下，默默地向远方眺望，好像是在等待什么人，又似乎是在寻找什么人，或者什么都不是，只是陷于深沉的忧郁与茫然。夕阳逐渐落山，他的身躯慢慢形成灰暗的影像，仍然孤零零地伫立在山坡上。但是在学生围攻刘老师的那天晚上，他倒是显示出职业军人的忠于职守，及时出现在办公室，但没有任何愤怒的训斥，只是低声细语耐心劝说，在我看起来简直就是乞求。直到刘老师安全走出办公室，他才独自喘着粗气蹒跚回家。

混乱之际，个别激进分子还把刘老师的蚊帐、被褥丢进祠堂附近的粪坑，听说还有人乘机把点名册与试卷都撕毁了。对于这些行为，我都难以附和，甚至怀疑这些人是否学习成绩太差，借此消灭不良记录。但我毕竟是个幼稚的学生，而且属于一个不起眼的弱势群体，不敢公开而鲜明地表白自己的观点；也可能那时根本就没有什么明确观点，无非是随波逐流而已。因为思想有所保留，行动比较节制，所以这次风潮以后我倒没有受到任何处分。

## 校长遭黜

学潮的直接牺牲品，似乎仅只是被处分的学生，实际上稍有正义感的老师也往往间接受害。他们一方面迫于威势重压，不得不违心压制并严厉处置学生，其中甚至有他们多年寄予厚望的优秀学生；一方面还得承受各种政治权谋的倾轧与诬陷，终致悲惨地离开自己用心血浇灌的九中。

邓季宣在学潮之前处境就很艰难，1941年政治形势的变化已决定了他的命运。尽管九中已小有名气，成为某些人心目中的香饽饽，但也正因如此，他的性格与作风就更加不适于继续担任九中校长。九中离陪都重庆最近，随时都受到教育部的关注，邓季宣的前任校长与后任校长，都是与CC系[1]关系紧密的国民党中央委员。而他既不属CC系系统，又不会巴结钻营，缺乏强势政治背景，却强调"我行我素，我办我校"，还大力标榜所谓"廉、正、勤"。他有可能成为一个好的哲学家，却缺乏清醒的政治头脑，特别是缺乏圆熟的政治手腕与处事因应之道，因而也就更容易被奸邪小人所陷害。

1942年那场风波之后的一个假日，邓校长为了表示对青年才俊的器重，专程过江到轮船码头迎接朱彤老师的到来。见面略作叙谈之后，朱彤立即自行过江到高一分校报到，邓校长与同行两位老师顺路到一位本地朋友家餐叙并打麻将消遣。那些年江津城乡麻将之盛行，一如现今之成都，大街上、茶馆里到处都有打麻将的设施（相当于日本的"麻雀"小店），从未受到任何干预。至于在家中打打小牌，更是朋友之间休闲常事，谁也不会当作什么法纪与道德问题。邓校长此前过江到陈独秀或其他当地好友家中，也曾间或搓搓麻将，并且从来没有因此遭受任何非议。但偏偏这次却出现意外结局。正在牌局进行之际，九中高三分校（在江津城内）的训育主任李竞华突然带领宪兵前来"抓赌"，经简短讯问以后，将其他三人当场释放，唯独把邓季宣拘留入狱。令人惊讶的是，教育部随即接到紧急呈报，并且未经深入查证就以"聚赌"罪名撤销邓季宣校长职务，而接任校长的就是CC系要角邵华。

关于这一冤案，邓季宣在新中国成立后曾在《略历》中有所陈述："我生平所接近青年几达万人，对受迫害之前进学生，自问尚能竭尽掩护之责。凡遇'职业学生'（指特务之类）混入学校，必设法以清除之。抗战期间，重庆国民政府教育部部长陈立夫，曾派可疑之学生九人至国立第

---

[1] 全称"中央俱乐部"（The Central Club），是一个政治派系。其势力主要分布在国民党中央党务部门，尤其是组织部、中统、地方各级党部和教育系统（特别是大学）。——编者注

九中学，始终拒而不纳，因而大大开罪。"他所说的"可疑之学生九人"，其中一人就曾借住在我们的卧室——"爱居"。此人年龄较大，身躯也比较高大，不像是中学生，自称在国立八中读书被开除，经教育部同意转来九中借读。这些当然都是谎话，那时我们却信以为真并且给予同情。他借口合肥同乡，与周承超拉上关系，并且住进我们卧室。他很少进教室听课，整天在外面活动。由于他本来就不是正式学生，所以大家并未产生怀疑。暑假期间，承超兄弟与汪积威都回重庆家中，偌大一间寝室只有他和我两人居住。他仍然整天在校外活动，我却专心练习文学创作，或写散文或写新诗，往往忙到深夜，每逢文思枯涩又不免拉拉二胡自娱，他倒并不见怪，所以彼此相安无事。我白天常常结伴到江中畅游，直至黄昏始归，两人没有什么叙谈机会。只记得他经常来回踱方步，并唱京剧消遣，不过老是那么一句："过了一天又一天，心中好比滚油煎。"我丝毫没有"滚油煎"的感觉，所以不知道究应是同情还是厌烦，反正我只埋头伏案，忙于自己的文字训练。只有一次听他说："邵华曾经路过江津，我和其他几个八中同学结伴看过他。"既然是被邵华开除，为什么还要前去看望他。我实在难以索解，但从来没有问过他。邓校长可能始终都不知道，尽管他拒收这九个可疑学生，但他们并未离开九中，仍然在校内外暗中活动。

  CC系急于加强对国立中学的控制，固然是邓校长去职的主要原因，而校内的派系纷争亦为CC系的突然袭击提供了可乘之机。邓季宣以后在《九中概述》中对此也有所记述："九中教职员的籍贯，是以合肥人占第一位多数，以致形成合肥派。其中发生作用的人物，首推吴惕生和吴硕民……据当时校内大家传说，吴惕生、吴硕民等人认为九中校长的地位确是个人的晋身之阶，正如陈访先以中央监察委员任九中校长，并且已做过河南教育厅厅长。如果取得九中校长的名位，将来抗战结束，前途发展很有可能混到安徽教育厅厅长。因而吴惕生、吴硕民等团结整个合肥派，一致吹捧吴惕生的哥哥吴亮生（当时是白沙一个'中山班'的主任），要弄各种花招，要把我搞垮。例如，吴惕生为了配合吴硕民、李竞华陷害我的阴谋，偷用我的姓名，促进了我向教育部要求辞职的电报。"（转引自《西渡漫记》，"中山班"是教育部为归侨学生办的中学，澳大利亚著名华裔历史学家骆惠敏曾就读于白沙"中山班"，后被开除，无奈只有投靠九中侨生，在大食堂"蹭饭"，这是惠敏亲口对我说的趣闻，不过那时我们还未曾相识。）吴惕生其实已担任九中校本部教导主任，吴硕民也接任高一分部校长，都具有举足轻重的地位。正是他们二人陪同邓校长迎接朱彤，随后又一起到当地友人家中打牌，结果被李竞华带领宪兵抓走。据说，抓捕时李竞华还假装不认识这三个打牌者，而两位吴先生则自称是做夏布生意的商人。宪兵队简单讯问后立即释放二吴，唯独拘留邓校长，这自然要引起外界猜疑。吴惕生曾担任过我的班主任，态度和蔼，课也教得很好，不料却牵扯到这场政治闹剧之中。不过这都是大人们之间的复杂纷争，当时我们确实很难理解。

此外，据曾任初二分校校长的杨度元老师回忆，邓校长之所以遭此横祸，还有一个原因，即得罪当地权势人物。杨度元虽然是合肥人，却不能被列为合肥帮，因他为人公平正直，重教爱生，急公好义。每年夏天常有学生溺水惨祸发生，学校得讯后都是他率先跳入江中抢救打捞。他不仅水性好，篮球也打得精彩，肌肉健美，身材匀称，仿佛是两个三角形倒立重叠，因此成为我们这些小男生崇拜并信任的良师。杨对上述事件的经过知之甚详："邓季宣先生办学认真，清正廉洁，个性上有清高主观的优缺点，且坚持原则毫不通融，因此得罪住在江津的若干有权势人物，如蒋介石的同班同学李运启，卫立煌的大哥卫朗如，特别是江津卫戍司令刘晓武等。李、卫等人认为，虽有禁止赌博命令，一般从不认真执行；但一旦被抓获且公开，自当按禁令执行。刘晓武调任江津卫戍司令时，有两个孩子要进九中，由于学校已经开学，转学未获同意。后由我找了邓季宣的秘书和教务处的教务员等人，才将两个孩子安排进初一、初二分校读书。刘晓武在我面前表示对邓季宣极为不满。邵华任校长后，九中声誉稍有下降。1943年冬，李运启、卫朗如以及大部分九中老师对邓季宣去职深感可惜。有一次我同刘晓武谈话，刘说拘留邓季宣前，有人向他请示，他没有制止。现在校风日下，他深觉对不起家乡父老子弟。"刘晓武与杨度元乃通家之好，这些私下谈话应属坦诚可信。

胡克荣校友也有类似回忆。他于1942年报考九中，当时全校招生三百名，而报名应试者竟超过三千人。他在校本部看榜时，发现在录取名单之后张贴着若干官绅名流给邓季宣"关说人情"的信件，其中有一封就是卫立煌为其侄入学的说情函。看榜者对此无不拍手称快，在社会上亦引起极大震动。（以上叙事均根据《西渡漫记》及《国立九中建校六十周年纪念册》）

邓季宣被免职后，妻子亦被解聘，家中生计顿时困窘。据其长女念陶回忆："我们一家五口生活陷于绝境，母亲在德感集镇摆旧衣摊。当时江津父老们为父亲筹划'邓季宣书法展览会'，以使我们全家渡过难关。这时陈立夫又派人来引诱父亲去教育部任督学，他严词断然拒绝。父亲这种不畏权势、宁折不弯的性格，正是邓石如家风'胸有丹心，身无媚骨'的具体表现。"（《我的父亲邓季宣》）稍后，邓季宣又应当地父老之请，就任白沙女中校长，朱彤亦随同前往任教，但也很难施展他们的才能与抱负。1949年全国解放，邓季宣已经57岁，岁月蹉跎使他过早衰老，先后在江苏国学图书馆、江苏文史馆任馆员、研究员之类闲散职务。但他依然耿直敢言，风骨依旧，所以1957年又以言获罪被划右派，而且还是在1958年补划，再一次蒙冤受屈。但他爱国之心仍然可昭日月，1962年曾与其兄共同将家中世代相传的邓石如金石书法一百七十余箱无偿捐献给文化部，这些作品至今仍然珍藏在安徽省博物馆。1972年郁郁病故，七年以后获复查平反，呜呼哀哉！

现今人们可能早已忘记邓季宣这个名字，甚至在谈及"两弹元勋"邓稼先时，也不知道邓季宣是他的叔父与中学校长。但他的光辉业绩与音容笑貌永远铭刻在他曾教育过的近万名学生心中。对我来说，邓校长是自己终身学习的榜样，恩重于山。

## 投毒疑案

邓校长离职后，原国立八中校长邵华随即接任。邵与邓大不相同，他有长期党政工作背景，历任重要职务，直至成为国民党中央委员。他带来一批亲信，并且对九中校本部及各分校领导层进行大换班，又特别对广大学生加强党化教育与思想钳制。我曾在校本部大礼堂碰到他，明明是上班时间，却戴着睡帽，披着大衣，趿着鞋，周围簇拥着一大帮随从，与邓校长的严谨质朴学者风度形成鲜明对比。我们私下称他为MP，因为他的行书签名很像"MP"两个字母，而"MP"又是宪兵的英文简写。

九中从此多事，首先就是1943年元旦早晨发生的稀饭投毒事件。

杨度元老师对此亦曾有比较清晰的回忆："邵华带夏赓英等到九中视事时，高一分校发生一百多人吃早饭中毒事件。邵华动用军警逮捕了四个学生，罪名是'有共产党嫌疑'。在牢房中病死一人，其他三人无罪释放。"（见《西渡漫记》）死者名窦茂松，时任伙委会主任，原已患有肺病。但先后抓捕者不止四人，包括校外秘密拘留者将近十人之多，其中就有已经毕业回来访友的陆子豪。

我是此事亲历者之一，当时已是高中二年级下学期学生，所以至今记忆犹新。

我进入高中后阅读兴趣甚浓，经常手执一卷，但对山林遨游的热爱仍未稍减。1943年元旦前一日，由于下午不上课，我与三五好友结伴再次寻访桃花源。这是一座较大的山，我们循着小溪攀登，不知不觉就迷了路，直到天黑才摸回宿舍，大多数同学都已经睡熟了。我们误了晚餐，又未拜托别人留饭，因此饿得心里发慌。因为已是高年级的老油条，胆子比过去大得多，遂悄悄翻窗进入厨房，到处搜索一遍，只找到几块余剩的锅巴，别无其他可以吃的东西。我们只好将锅巴与几块废弃猪皮放在一起煮，又倒出几滴菜油，把从山溪带回的小鱼小虾及野葱胡乱炒熟，吃了一餐聊胜于无的年饭。由于厨工早已回家过年，所以没有任何人发觉我们的秘密行动。

由于极度疲倦又睡得太晚，所以第二天起床又误了早餐。有些同学从食堂回来，乐呵呵地相告："今天早上吃糖粥"，并且为我们错失良机感到惋惜。我们也觉得有点可惜，但不久就有许多吃了糖粥的同学惊呼肚痛，还有头晕呕吐等症状。由于发病者人数众多，学校赶紧把患者送进伤兵医院抢救，并派健康学生前往协助护理。汪积威也没有吃毒粥，我们同去医院探视生病同学。最近他回忆说，他曾护理我一天一夜，这显然是记错了，他陪护的是别人，因为我也未食毒粥。我们平时对伤兵医院颇存反感，因为有少数伤兵居功自傲，横行霸道，成为地方一害。但现在从院长到医护人员在抢救过程中表现的满腔热忱和敬业精神，使我们深受教育与感动。我们这些幸免于难者，丝毫没有为自己未食毒粥而暗自庆幸，倒是唯恐中毒同学过早丧失年轻生命。几年同窗已经结成患难与共的亲密友情，这可能是和平年代的少年难以体味的。

经过检验，确认罪犯投放的是砒霜，即《水浒》《金瓶梅》等小说中经常可以看到的谋杀毒品。幸好投放量不算很多，所以经过几天医疗，患者陆续平安回校，没有一人死亡或留下严重后遗症。据说伤兵医院内科药品奇缺，而就医人数又太多，后来只能为患者灌注溶化了的猪油，借以延缓肠胃吸收毒液的速度并促进排泄。以这样原始而简易的方法抢救，而无一人死亡或致残，堪称一大奇迹！

但是，砒霜从何处取得？投放量何以如此适度？这显然是出于经过训练的作案老手。当时许多老师与年长同学都曾有过如此怀疑，只有浑浑噩噩像我这样的幼稚学生才没有动这个脑筋。我仍痴迷文学，练习写作如故，稍得空闲依旧回归大自然，尽情享受取之不尽用之不竭的清新空气与山林美景。不过校内空气很快就紧张起来，许多神情怪异的陌生人进入高一分校，并对许多学生寝室进行突击搜查，其中也包括我们的"爱居"。搜查约四五人一队，进房后命令我们照旧做自己的事情，但不得擅自外出。他们似乎毫无收获，神情冷漠地走出房门。我的床下放着一个石锁，他们似有警觉，又回来搬动石锁，并问我这是何物，有何用处。当时只有我一人，其他同学都聚集在里屋议论纷纷，因此我确实有点紧张，不仅感到问题严重，而且想起稀饭投毒前一天晚上我们确实曾经进过厨房，难免会受到重点怀疑，很难辩解清楚。但我毕竟未做亏心事，所以坦然回答："石锁是我们锻炼身体用的。"那伙人居然奋力举起几下，好像是在显示威势，然后又用蔑视的眼光瞧着我瘦小身躯，但终于没有再问什么便掉头走出去了。

搜查完全由外来陌生人执行，我们私下骂他们是特务，其实并不真正了解他们的身份。搜查过程中看不到有任何高一分校老师陪同，说明他们有些人也在嫌疑之中，至少是得不到搜索者的信任。所以有段时间人人自危，各种各样的传闻不胫而走。但侦查终于告一段落，以军警先后拘捕将近十个同学而结束。据说他们被关在重庆一个阴暗潮湿的防空洞中，终至病死一人，但审讯过程中这些同学始终否认参与投毒，半年后幸存者均被释放。说到底，这是一个不了了之的无头公案，但听说把所有罪名都强加在那个死者身上，真是天大的冤枉！

不过人心自有公道，全校绝大多数师生都同情死者与被捕者，并且都怀疑是MP为了加强党化教育，给了我们高一分校一个下马威。高一分校是历次学潮的出头鸟，首先挨枪固属必然，而MP这一手确实产生效果。因为邓校长蒙难去职，全校绝大多数师生都极为气愤，这种郁积的怒火随时都可能爆发。毒药案仿佛当头一棒，把我们学生打蒙了，同时也转移了大家对邓校长去职的关注。此后，邵华一伙以继续追查名义，加强教官配置与军事训练，随即又集中力量开除一批所谓"可疑分子"。我怎么也没有想到，自己竟也成为他们重点打击的对象。

## 勒令退学

我一向安分守己勤奋好学，从来不爱出头露面，更缺乏聚众闹事的勇气与本领。虽然已感到校园氛围发生变化，但仍然我行我素按照自己的习惯学习与生活。1943年元旦的风波平息以后，我更加沉溺于阅读课外书籍。图书馆有一整套商务印书馆出版的《万有文库》，在学生中间我可能借阅得最多，从亚里士多德的哲学直到爱因斯坦的相对论，天文、地理、历史、文学，漫无边际，任意选阅。尽管是生吞活剥，似懂非懂，有些甚至是一窍不通，我也乐此不疲。课余最大的爱好仍然是爬山和游泳，但成群结队嬉闹乱跑已大为减少，倒是更爱独行侠似的漫游，躺在林间或仰卧江面胡思乱想，在虚幻世界尽情享受超越世俗的乐趣。我自以为与世无争，自得其乐，但在书籍中接受的某些美好理念，却难免与现实环境相冲突。我没有把这些冲突表现于语言，却往往不知不觉地形诸文字。其实文字比语言更容易被权势者抓住把柄，乃至作为罗织成罪的"真凭实据"。这是自古以来早已产生的约定俗成，可惜我当时对这样浅显的道理一无所知。

邓校长在职期间，提倡学生组织社团开展课外活动并出墙报，而且是自行结合，并非限于同一班级。我由于爱写点小文章，便被高年级同学拉去为他们的墙报写稿并画点漫画，即使在邓校长去职与毒药案发生以后，这个墙报仍然定期刊布，而我继续充当他们的自由撰稿人。其实这个墙报一共也只出了不到十期，而我的投稿更是寥寥无几。我的文字稿属科普性质，由于是亲身观察检测，再加上文字简洁清新，尚能引起若干同学兴味，也未触犯任何校方禁忌。倒是两幅漫画引发了邵华一伙的恼怒：一幅是许多学生围着一个高大的木桶抢稀饭，有一位竟然头朝下脚朝上掉进木桶内；另一幅是一位威风凛凛的老师，把一摞摞书抛在一个瘦骨伶仃的学生身上，表达我们对学业负担过重的不满。墙报贴在大食堂旁边的墙上，正对着分校办公室的门。同学们饭后围观者甚多，特别是那幅抢稀饭漫画更有吸引力。

其实漫画并无任何政治动机，更谈不上什么深刻的寓意，我只不过是模仿从小就喜欢的缘缘堂主人（丰子恺），以质朴的笔墨于平凡事态中表现若干生活情趣。但我却没有想到，学业问题已经在高一分校引发过一次学潮，而伙食克扣问题业已成为当时较为敏感的学潮导火线之一，特别是紧接着毒药案而刊出此类漫画，简直是自己引火上身。

平心而论，1940年以前，九中的伙食还过得去，至少是一日三餐还吃得饱，尽管每天的菜谱都是炒胡豆、牛皮菜之类，但每隔三五天总还可以吃到杂菌烩豆腐。杂菌非常便宜，几角钱就可以买一大堆（干菌），与豆腐烧在一起，十分鲜美可口。早先每月初一、十五还可以打一次牙祭，多半是中餐每桌加一大碗红烧肉。有次打牙祭正好轮着我帮厨（实际上是伙委会派出的监厨），主动帮助做点择菜洗碗之类杂事。厨师看我比较勤快，给我单独盛了一碗红烧肉作为奖励，使同学们都羡慕不已。但这样幸福的时光很快就一去不复返。1940年以后抗战进入更为艰苦的阶段，大后方粮食紧缺，物价飞涨，政府官员贪污中饱，教育经费层层克扣，学生伙食水平迅速下降。原来每天两干一稀改为一干两稀，早晚两餐都吃粥。米的质量更为下降，除霉变外，还夹杂沙粒、碎石、稗子、糠壳、米虫乃至老鼠屎等等，当时称之为"八宝饭"。米饭本来是食堂摆几个大桶敞开供应，最初尚能保证定量，没有争抢之事，其后粮食定量日渐减少，学生唯恐吃不饱，往往是第一碗略微少盛，几口吞完后再满满添一大碗。这种策略一经普及便出现争抢,有些动作迟缓或身体瘦小的同学便难免吃亏。于是伙委会改为每桌发一桶饭,八人自行平均分配。但这只限于午餐的干饭,早晚的稀饭仍然以大木桶装盛,所以许多人围着粥桶争刮剩粥的尴尬场面依然如故。蔬菜也愈来愈少,大家主要是靠有限的炒胡豆下饭。四川乡间炒胡豆的方法颇有特点,即先把干胡豆炒香,随即加水泡胀,然后捞起加少许油盐炒得烂熟。这种方法既节省油盐,蚕豆也显得松软量多,如加点辣椒面与葱花,更加喷香可口。可惜数量甚少,各桌只能节省分享,大家一般每次只夹一颗,更不会用汤匙舀取。据说亦有每人分若干粒者,我则从未见过。新鲜蔬菜倒是有一大碗,多半是淡而无味的牛皮菜或很老的藤藤菜(竹叶菜),都是农家用以喂猪的饲料,我们主要还是靠盐巴与辣椒粉加上米汤咽饭。因此,许多同学因营养不良而体弱多病,比较常见的疾病,冬有疥疮、气管炎,夏有痢疾、打摆子(疟疾)。这些病我都被传染过,此外还患过更为凶险的丹毒(据说腿上的红线上升越过肚脐即死,而且当时盘尼西林贵过黄金,几乎无药可治),所以发育很差,身材与年龄极不相称。幸好酷爱游泳、双杠之类运动,又常徜徉于山林田野,大自然慷慨赐予的充足阳光与新鲜空气弥补了营养不足,否则真会如有些长辈所担心的"活不到二十岁",至少是很难越过丹毒那一关。当时只有黑药膏,无任何特效药,后来主要是靠农村土法,用水田烂泥涂抹挺过难关,听说烂泥里面有盘尼西林,真是天佑我也!

我的漫画无非是这种日常生活的真实写照,顶多是用稍许夸张的笔墨宣泄若干内心蕴积的苦闷。如果说是蓄意借此煽动学生闹事,当时的我确实既无此心更无此胆。但以后的事实表明,已有极少数人正是这样认定我的作画动机,而且已经记录在案,并为我准备了陷阱。回想起来,我是自己往陷阱里跳,因而成为一只并未出头而横遭枪打的无辜小鸟。

据《西渡漫记》作者回忆:"(毒药案)事件发生后,校方对高一分校学生实施严格的军事训练，加强思想控制，深入追查案情。军事教官由原来的两人突然增加到一二十人，平均每个班派驻两三人，教官大部分临时抽调自军校或部队。"但我却从来没有这个印象，可能作者讲的是我离开九中以后的情况，因为他是1945年才转学到九中。1944年底我参加青年军，所在连队的连长正好是九中教官，但我在校时并未见过他，想必就是1943年暑假以后增派的。

对我来说，真正的思想压制并非来自军训教官，因为我在高一分校几乎没有经受过什么军训，只是听说有年暑假在校本部集中进行过军训，仿佛现今的夏令营，但并未要我们参加。对我公开严厉施压的，是高一分校新来的训育主任魏老师。他是山东人，身躯高大，经常穿黄色中山装，颇有军人风度。他教世界史，特别崇拜俾斯麦，经常在课堂上赞颂这位铁血宰相的文治武功。由于山东口音极为浓重，他把俾斯麦的原名读成 Biesmarkai，所以我们背后称之为"俾斯马凯"。他出任高一分校训育主任之后，大有治乱世必用重典的气概，而我就成为他首次重拳出击的倒霉对象。

我读高二以后，对文学的兴趣转移到近现代，最喜爱的作家多半属于左翼文学队伍，如鲁迅、茅盾等。由于我的作文比较关心社会现实而且笔调常显冷峭，所以有些年长同学常以"小鲁迅"相称。我自己虽无非分之想，但舞文弄墨的兴趣却因此而愈浓。我常在规定必做的周记中写点半调侃半讽刺的杂文，有的好心老师如朱彤，早就以批语警示："小小年纪，牢骚太盛，将来不知伊于胡底。"我不知"伊于胡底"深意，依然我行我素，结果还未及等到将来就以文字获罪。

1943年春夏之交，有天上世界史课，魏老师面容凝重，挺胸收腹摆出一副威严架势。他先不讲正课，而是用山东口音拖长声调宣读一篇我刚写的周记。周记实际上是语文课外作业，一般无题，可长可短，便于班主任与学生交流思想。我的短文大意是：一群白鸽在蓝天飞翔，悠扬的鸽铃声惊扰了酣睡者的清梦，这时绅士们手舞竹竿并怒吼追赶，但鸽群依然在蓝天飞翔，鸽铃也悠然如故。我已记不清为什么要写这个题材，可能主要是模仿鲁迅某篇杂文，而鸽子又是我自幼就欢喜的鸟类。当时自己确实没有讥讽时政的用意，何况在长期连报纸都看不到的穷乡僻壤，连什么是国共之争都弄不清楚。但魏老师却如同堂吉诃德手执长矛向风车出击，厉声呵斥："你要自由吗？什么地方自由？到莫斯科去！"当时我还不满17岁，根本不了解政治斗争的残酷，对"到莫斯科去"一语的险恶含义毫未察觉，只是以后才想起他为什么不说"到延安去"。我感到很委屈，因为实在没有起过这样勇敢的念头，但又气愤郁结不知应该如何回应，干脆就保持沉默，低头站着。魏老师号召全班同学揭发批判，满心指望能够出现"鸣鼓而攻之"的热烈场面。可是却迟迟无人应声而起。过了一会儿，只有班长起来揭发，编造若干莫须有的情节以坐实我对党国心怀不满已久。班长姓王，以前当过兵，原来在校本部吹号，稍后转来插入我班读书，因为已是二十多岁的成年人，所以被魏老师指定为班长。记得好几年以前，全校举行总理纪念周，邓校长请著名音乐教育家马丝白讲演声乐原理，老王也持号站立随侍。马丝白讲到某个音阶时，必定大声喊道："号兵吹个哒！"借以示范定音。所以我们平时与他开玩笑，常说"号兵吹个哒"。他倒也犯而不较，显示出少有的宽容大度。平时我总是把他当成老大哥。不料正是这个貌似忠厚老实的老大哥，现在却落井下石，公然编造一些虚构的证词，使我更加气愤。我自幼外表虽然柔弱，但实际上比较倔强，母亲称之为"牛脾气"，大哥往往用上海话骂我"杠头"。此时此刻，我那与生俱来的脾气又大发作，率性歪脖扬头，满脸涨得通红就是不开腔。课堂一片寂静，顿时形成僵局。魏老师似觉有点尴尬，但又无可奈何，只得大手一挥命我坐下，继续开讲正课。

　　课后我逐渐冷静下来，恍然大悟祸正来自班长。因为周记一般都是由班长收交班主任，而兼语文课代表的班长平常总是夸奖我的周记，不知为什么这次却径直交给训育处，引发魏主任肝火，使我雪上加霜。我想班长大概是新发展的国民党员或三青团员，或者什么也不是，就是按照魏老师的意旨办事。但我仍然没有认识到问题的严重性，因为课后"俾斯马凯"或是班主任都没有找我单独谈话，也没有要我写任何检讨。我以为已经风平浪静，依然按照原来样式学习与生活。

很快就放暑假，多数同学都回家或到外地探亲访友，只有我与少数不大熟悉的同学留在空空荡荡的宿舍，整天阅读各种书籍，或独自到江边游泳，倒也自由自在，丝毫没有觉察已厄运当头。有一天，校本部突然派人来通知我："你已经被勒令退学。"简直如五雷轰顶，我的头脑顿时一片空白。记得当时接过正式通知书，具体内容已记不清，大意是思想不纯，行为越轨，勒令退学云云。说来极为可笑，当时我害怕的并非政治迫害，而是马上没有饭吃。因为只有在读生才能保证一日三餐供应，而退学则意味着饿肚与流落街头。我已经找不到身边可以求助的老师与好友，只得硬着头皮到镇上校本部向姐姐告急，再由姐姐带着去见唯一的亲戚李玉屏。她已经知道这个情况，但她在教务处，与训育处是两个系统，再则又是一般职员，人微言轻，无能为力。她认为已经无可挽回，应该及早离校另谋出路，以免出现更为难堪的后果。她为我买了船票，与姐姐一起帮助我整理好简易行李，并送我到江津码头上船，千叮万嘱要我一路注意安全，到重庆后立即找开平大哥设法安置。她们没有任何责怪，只有关心与体贴，这种深挚的亲情温暖了我已被严重伤害的心，并且使我增添了在茫茫人海中挣扎前进的勇气。

毕竟是只有17岁的少年，轮船起碇后我便暂时忘记了一切不幸。望着渐渐远离的德感坝，还有那连绵不绝的远山与湍急翻滚的长江，我突然触发了写作的冲动。有一首小诗就是在船上暗自吟诵写成的："青山望不断，江水与天连。烟霭苍茫处，应是旧家园。"整整五年，浑浑噩噩，从未认真想过家，仿佛九中就是我的家。然而就是一场春梦，如此迅速就失去了这个家，于是就想起另外一个可望而不可即的家，那个远在千里以外被战争烽火隔绝的父母所在的家。诗作谈不上多么深沉的乡愁，更多的倒是对古代文士的效仿。17岁的少年，特别是愚钝如我，没有那么多成熟的感情，有的只是无穷无尽的好奇心、求知欲与冒险犯难的冲动。江津在重庆上游，此行是顺风顺水，我拼命扼制跳进江中与船同行的古怪念头，在甲板上到处闲逛远眺，早已忘记身在何处，今后又将何往。

我就这样离开了苦读五年的九中，田园牧歌式的童年到此结束，从此迈上更为迂回曲折的人生旅途。

## 转学王家坪

说来令人好笑，到重庆乘坐的轮船竟是我下乡以后再一次接触的现代文明。那些年，德感坝既不通火车，又没有公路，水上交通主要靠木船，陆路主要靠骡马、滑竿与鸡公车（即传说中诸葛亮发明的木牛流马，实际上就是手推独轮车），而更多的是靠人们两条腿跋山涉水。轮船到达重庆后，背着行李攀登朝天门码头长而且陡的石阶，一级一级爬上江岸，终于又看到重庆这座雄伟山城，对我来说，就是从落后的乡野回到现代文明。那绕山盘旋的马路，来往奔驰的汽车，令人目眩的霓虹灯，使我感觉仿佛闯进另外一个世界。

求生的紧迫，使我无暇从容欣赏这个城市，便匆匆挤上公交汽车前往歌乐山，大哥就读的国立药学专科学校就在此山深处。大哥原来随文矿师到贵州，曾在遵义一所美术专科学校习画，由于父亲考虑到家庭经济困难，无法继续提供学费与昂贵的绘画材料开支，再则将来就业也不容易，只好劝他及早改学一门谋职较易的专业。大哥从小就痴迷绘画，而且还很有天分，但深知长子应该承担的家庭责任，遂毅然考进药专制药专业。这是一所国立大学，沦陷区学生可以享受"贷金"待遇，而且高级药剂师又是比较稀缺的人才。这是大哥为我们这些弟妹所作的牺牲，从艺术专业转入理工专业需要克服何等困难！但我当时完全没有想到这些，唯一担心的是如何向大哥交代被开除的原因，因为大哥比我年长七岁，我从小就对他存有敬畏之心。不过见面后这种疑虑立刻就消失了，我与大哥分别六年，他已长成身材高大、风度翩翩的男子汉，虽然已改学制药三年，但仍然保持着艺术家气质。大哥见我平安到达，感到非常高兴，不仅没有任何责难，反而温言开导。最奇怪的是，他一直没有问我被开除的原因，可能李老师与姐姐已经在信上做过说明，知道我的被迫辍学并非由于道德与学业方面的缺失，至少还不算辱及家门，因此便对这个顽劣幼弟免予追究吧。

但我的到来毕竟给大哥带来极大负担，因为他还差一年才能毕业，目前没有任何收入，而远在江西的父母也难以为我提供全部生活费用。幸好是暑假，大哥的同室级友徐国钧担任周太玄教授的助手，主动住进他的实验室，为我让出一张床。一日三餐在大食堂混食（现在叫作蹭饭）。药专的伙食比九中好得多，而且管理也不甚严，大哥的同学都很同情我，即使大哥出外，他们也会热心邀我一道用餐。当然也有尴尬之日。有个星期天食堂因修理炉灶停火一天，大家都各自设法分别到各种小餐馆进餐。大哥正好身上无钱，临时又找不到熟人可以借钱，只好带我捡梧桐树籽，用小电炉炒熟后聊以充饥。但捡到的桐籽不多，硬壳内的果仁很小，根本解决不了问题，下午幸好有本地回家的同学闻讯赶来，请我们各吃一碗热腾腾的汤面，这才混过艰难的一天。

在药专住了一个多月，对我来说简直是天堂一样的生活。因为是新建的院校，宿舍教室宽敞明亮，电灯自来水一应俱全，进城还可以坐公共汽车。但我很少外出，因为前途茫茫，根本没有闲逛的兴致。大哥要我认真准备报考大学，但我有自己的难处：一是连高三上肄业证书都没有拿到，是个没有学籍的另类学生；二是没有高中课本可供复习，因为九中所用课本都是由学校提供借阅，学期结束时一律交回，而我自己又无钱购买课本。我自幼性格内向，虽然爱写点小文章，但却拙于语言，有难处也闷在心里，很少向别人求援。大哥由于准备毕业论文，整天都在实验室工作。此外，他还是学校话剧团的导演、演员与美工设计，连节日也难有余闲，所以也顾不上督促我认真备考。因此我每天待在空空荡荡的宿舍，不知如何复习，也干脆没有复习。幸好大哥有一架美术书刊可供消磨时光，其中有一套《中国绘画史》，印刷精美，插图丰富，引人入胜。我从头到尾认真阅读一遍，从吴道子、顾恺之，到扬州八怪、岭南画派，都似懂非懂琢磨一番。宿舍后面是一大片菜地，每逢黄昏时分夕阳西下，我便去搜寻已经被厨工摘剩的小番茄，借以填充经常处于饥荒状态的肠胃。那些青色或黄色的没有成熟的果实，又酸又涩，吃多了就会反胃，有时甚至呕吐大滩黄水。以后很长时间我非常怕吃番茄，其根源就在于此。

我在九中读的是春节始业班，所以我在1943年暑假只读完高中三年级上学期，即便不开除也拿不到毕业证书。我的同班级有好些人为了尽早就业，都办了肄业证书到重庆报考大学。他们没有忘记我，常有人远道赶来歌乐山看望我，有时也邀我到他们家中吃饭，这样就稍微消解若干寂寞与无聊。夏国彦同学还为我多办了一张他自己的肄业证书，换上我的照片，以便我冒名顶替报考。但我始终没有使用，因为如果这样做，我的姓名、籍贯永远都改换了。我受旧小说的影响太深，认为大丈夫必须坐不改姓立不改名，但对他这种深情厚谊，我至今仍然十分感激。

我的高考是无学业证明以同等学力报考的，加上没有任何准备，考试成绩很差，所以几所报考的大学发榜时都名落孙山。大哥也无可奈何，但他没有任何埋怨与斥责。后来不知道他找到哪位稍有地位的亲友长辈，为我办理一张沦陷区流亡学生的证明，报考直属教育部沦陷区学校救济委员会主办的"计政人员专修班",两年学制,相当于职业专科。此类学校以救济与就业为主,分数线较低,我居然被录取了。大哥非常高兴,因为这不仅解决了我的食宿问题,而且将来还可以谋求一个银行或邮局之类待遇优厚而稳定的职业。考试的日子,他亲自送我进考场,唯恐我出什么差错,但我去计政班报到入学却是独自前往,因为路太远,车费较贵。

报到那天,我一上公共汽车就出了差错,因为人太挤,我又站在车门边,车门一关就夹住我的行李,车太旧,门又关不拢,行李就掉下去了。我急得大声呼唤,同车的大人也帮着叫停。好心的司机发觉后立即停车,让我下车把行李取回。行李虽然取回,但我已跑得满身大汗,幸好车上的热心长者为我让出一个座位,因为这是长途车,我要到青木关终点站。

坐定以后,车已走过了几站,车上的乘客也减少甚多,大家都有座位。我的心神略为松弛,便开始观察同车乘客。乘客男女老少都有,高矮胖瘦与贫富差别很大,我不知道他们从何处来,往何处去,可能是由于得到他们的同情与帮助,觉得人人都是慈眉善目,使我感到非常温暖,甚至产生一个奇怪的想法:"如果汽车永远不停,让我长期生活在这个群体之中该有多好。"我竟然产生幸福感,并沉浸于这个幻觉之中,这就是当年我的虚幻世界——昼梦。

但车终于停在终点站青木关,站牌这三个大字赫然入目,直到人都下完了,我才提着行李慢慢离开我曾经暂时栖息的"和谐号"公交车。王家坪与青木关相距三十里。这是我第一次孤身步行这么远的山路。沿途风景秀美,但我哪有心思观赏风景,一路急行终于到达我的另一个栖息地——计政班。

王家坪是高山上的一块平坝,早晨甚至整个上午都有朵朵白云缭绕,行走在林间小路仿佛是仙境漫游。山脚有一条较大的溪河,清澈见底的溪水围绕着大山缓缓流淌。溪上还有一座古老的石桥，从山顶石寨下去，走过石桥，便是一家小小的所谓餐馆，实际就是一间破旧的茅棚，里面摆着少许桌椅，卖点胡豆、白酒与汤面之类的食品，此乃本地唯一的商业中心，也是唯一可供消费的休闲场所。原来可能只有偶尔路过的人进来歇息，现在却不时有计政班的师生光顾，喝点小酒或吃碗清汤寡水的阳春面。

计政班是当地最高学府，就设在古老的山寨里，一色的竹篱茅舍，倒显出几分古朴幽雅。该校名义上分为会计、统计两个专业，但由于师资与图书设备不足，实际上只有一个课堂"一锅煮"。在不到一年的时间，我读过的课程有会计学、货币学、簿计、统计与世界经济史，也许第二年还要学若干专业会计、统计，并出外实习。住校的专任老师极少，除几个青年助教（兼图书室工作）以外，只有一位杨荣国教授。不过当时他不教哲学，而是教世界经济史，也没有解放后那么出名。他教学非常认真，课余也很关心学生与学校事务，因此很受尊敬。其余的兼任老师上完课就回去了，课余很难见到。杨老师的家也在重庆市区，但他经常住在学校简陋的宿舍里，并且在学生食堂买饭回去吃。每逢周末，步行三十里到青木关乘公共汽车回家，星期一清晨又循同样的路线回校。他的教学任务不算很重，课余与学生接触也不多，可能主要为潜心治学与写作。他随身还带有一个四五岁的儿子，可爱而又顽皮，好像是靠那几位年轻女助教代为照料。小孩还经常爬到我的床上（双人床上层）淘气，死乞白赖不肯回去。由于交通不便，杨老师并非每周都带他进城，就把孩子留在校园，好在大家都很喜欢他。

班主任是教育部一位官员兼任，河南口音，典型的国民党公务员派头，常常穿一套蓝布中山服，前额头发打理得干干净净。他似乎不常来校，偶尔来校也不与学生交谈，显得神秘兮兮。学生管理主要靠两位军训教官，一姓党，山西人；一姓杨，江苏人。党教官年龄较大，军衔也较高，人如其姓，满脸严肃，寡言少语，城府甚深。杨教官刚从军校毕业，由于年轻，比较热情活泼，欢喜与学生聊天，具有较多亲和力。我不知道这两位教官如何分工，反正杨教官出头露面时多，早晨起床号一响，他必定快步巡视各个寝室，大声催促学生起床集合做早操。上课时他也经常进课堂巡视，督促学生认真听讲。晚上9时再次巡视寝室，催促学生熄灯就寝。至于党教官整天干些什么，大家不清楚，也没人想打听。

学生成分复杂，有不少是颇有社会经验的成年人，大多为混口饭谋个职而来。真正从中学转来而又有志于升学的并不多，而我又是其中年龄最小的。可能由于班主任是河南人，所以豫籍学生人数最多而且很自然地抱成一团，仿佛有点优越感，成为学校中的主流派。有少数北方省籍（如天津、山东）学生，也与河南学生气味相投，结成一帮。其他南方省籍的学生，分别来自江、浙、皖、赣、鄂等省，人数都很少，很难形成像豫籍学生那样的地域群体。不过由于河南学生的强势专横，他们也很自然地增强了彼此联系，声息相通，互相关切，隐约形成南北对峙局面，因而很容易产生大大小小的摩擦与冲突。也许班主任正需要这样的局面，以便于他的党化教育与思想统治。不过当时我们根本没有考虑过此类政治问题。

由于省籍的原因，我自然归属于南派，在该校期间，很少与河南同学交谈，当然他们也从未主动找我聊天。他们大部分都住在一起，与我同寝室的则是河南以外省籍的人。南派人数不多，但其中藏龙卧虎，虽不如北方人身材高大孔武有力，却也不乏智勇兼备不畏强敌的豪杰。记得有位名叫罗翔的湖北人，原本是航校学员，且已进入单飞阶段，却由于毕业前想在女友面前露一手而毁了"翔程"。在一次飞行训练中，事先约定女友乘某班轮船渡江，观看他驾驶飞机从轮船侧面低飞掠过，满心指望女友可以近距离观赏其翱翔的英姿，却不料因角度有误，连人带机一头栽进江中。幸好他比较灵活，迅速爬出机舱，得以保全性命，但最终还是遭到开除军籍的严重处分。罗翔英姿飒爽，热心快肠，所以无形中成为南派头面人物。南派中可以与罗翔相提并论的还有两位，一位是罗翔的老乡，两人亲如手足。名字我早忘了，只记得他身材修长，仪态潇洒，社会阅历比较丰富，常常高谈阔论，显示见多识广。虽然不如罗翔那样沉稳大气，但常能以妙趣横生的胡侃吸引众多听众。其最大特点是放言无忌，因为已先后进过几次所谓"培训班"（即变相集中营，以"感化"思想偏激青年为主的拘留所），而且又确实查不出任何"异党"背景，随抓随放，反而破罐子破摔。另一位是上海人，只记得姓裔，因为这个姓少见，反而记住了。他原先是银行职员，着装整洁，浓眉大眼，一表人才。下巴总是刮得青青的，颇有西方绅士风度。因为口音相近，他常常爱找我闲聊，主要是谈京剧唱腔。我自幼受父亲影响，稍微能够听懂，因此成为裔兄的知音。他不仅是戏迷，而且还曾花钱拜师成为票友，最常吟唱的是《还珠吟》中那句："还君明珠双泪垂，恨不相逢未嫁时。"程派唱腔摇曳婉转，特别富有感染力。

但与我关系更为密切的却是另外三个人，一是闻刚，南京人；一是秦邦文，四川人，冒籍沦陷区；另一个姓孙，江西人，名字忘了，年龄似乎已近三十。

闻刚与秦邦文结识在前，很快与我成为密友，可能因为年龄相近，又都来自中学，思想都比较单纯因而投缘吧。我们不仅上课时坐在一起，课余也常结伴休闲。闻刚个头比较高，是个英俊少年，由于父亲是国民党高官的司机，家庭经济情况稍佳，多少还有点零花钱，着装也比较整洁。我们经常在山林里夜游，一边散步，一边聊天，海阔天空，自得其乐。有时月光皎好，我们就坐在赭红色的石头寨墙上，由我演奏二胡，为秦邦文唱歌伴奏，而闻刚便成为唯一的听众。山林在银色的月光下特别幽静，没有犬吠，没有虫鸣，仿佛整个王家坪都沉睡了，只有远处偶尔传来几声杜鹃凄楚的啼鸣。那漫山遍野的白色蔷薇与红色杜鹃花，在月光照耀下如同锦绣。我们充分享受这山林秀丽的夜色，很晚才回寝室。

山寨边缘有一座破旧古庙，由于位置偏僻而附近又没有什么人家，香火早已极为冷落。庙里只有两位年事已高的僧人，一人右腿已残，走路时总是先迈左腿，站稳后再抬起右脚，悬空环绕一圈后才能落地。每次看到他我就想起阿基米德，仿佛他正在画几何图形，这个荒唐的想法，总也挥之不去，一直残留至今。两位老僧由于无力下山寻求布施，所以除早晚诵经拜佛外，还摆个小摊，卖点炒胡豆、米花糖之类廉价小吃，附带也为行人提供点茶水，借此维持生计。所谓茶水，其实就是四川乡镇常见的"老鹰茶"（谐音），用的并非真正的茶叶，而是以某种树叶晒制的代用品，一枚铜圆可以买一大碗，还可以续添开水。我们三人常来庙里小坐，一边嚼胡豆，一边漫无边际地胡聊，两位僧人一般都不应答，仿佛入定似的闭目养神，但双手照样捻动着佛珠。我们不知他们来自何处，更难想象他们未来的归宿，只看见他们已经在为自己准备棺木，白天偶尔还可以听见他们挥斧伐木的声音。但僧人圆寂应是无需棺木，他们为什么要在生命的终点回归世俗呢？

也许正是从老僧那里获得若干人生感悟，我开始思考生命的原始、归宿与人生的意义，而在此以前根本没有想过这些问题。我曾亲眼看见死亡，外婆还有两个弟弟都是在我面前缓缓死去，总觉得他们无非是到一个很远很远的地方，也许某一天又会回来，有时甚至做过与他们重新聚会的甜美的梦。在九中读书期间，每年暑假都会有同学在江中游泳不幸溺水而死，有一年一次溺死四人，尸体置于高一分校路边，我们游泳归来正好目睹惨景，但从未想过死亡也有可能降临到自己身上。直到最后一个暑假，离开九中之前曾经独自到江中游泳，仰卧顺水漂流时，忽然听见岸上有啼哭声，原来是一对夫妻为溺水的儿子烧纸悼亡。我的心猛地一震，这才想起如果我也不幸淹死，爸妈将如何悲伤，因而奋力划过险恶的湍流，慌忙登岸回校。这是我第一次想到自己也会死亡，想到战争给多少人带来死亡，乃至人们生老病死的痛苦与悲伤，终于追问自己为什么要活着。但这样深奥的问题绝非一个幼稚少年所能给出解释，也许这些想法与当时的年龄原本就太不相称，不想这些问题可能活得更加轻松。正因为如此，在被开除以后虽然依旧得到家人和同学的关切与照顾，但自己内心仍然潜藏着孤寂与苦闷。只有书籍可以解忧，阅读使我的求知欲得到某些满足，使我忘记现实生活的种种不幸与困惑，把我引进一个虚幻但毕竟存在的精神世界中，让我充分享受思想自由飞翔的愉悦。

计政班的图书不多，大都是配合课程的教材与相关专著，但中外文学名著却为数不少，听说是由于杨荣国老师的建议，因为山间缺乏应有的文娱活动，休闲只能依靠阅读。但学生借阅图书者为数甚少，他们大多缺乏阅读习惯，得空宁可打扑克、闲聊、喝酒，甚至躲到偏僻的地方打麻将。所以我得以随意借阅自己喜欢的书籍，而且没有任何时间限制。我看得较多的是俄罗斯19世纪的文学名著，如《战争与和平》《死魂灵》《猎人日记》《被侮辱与被损害的人》，乃至高尔基的自传体三部曲等。我之所以能够从容阅读长篇小说，是因为课程负担不重而教学管理甚松，老师上完课就走，而学生很多只是混张就业的文凭。计政班虽然在乡下，但毕竟属于重庆郊区，晚上有电灯照明，这就比在九中时优越多了。直到晚年我都常对自己的学生说："我们这代人是俄罗斯19世纪古典文学乳汁哺育长大的"，指的就是这大半年颇能使我感到满足与幸福的乡居时光。

与我有相同阅读兴趣的是那位姓孙的同学。我一直无法弄清他的实际年龄，由于面容比较苍老，看起来至少有二十七八岁。他似乎历经沧桑，早已不复幼稚与浮浅。他很少与别人交往，总是埋头读书或处理生活杂务。但不知为什么他唯独主动与我交好，可能由于我年龄在班上最小，他出于兄长情结而自然流露出关切，也可能因为我俩同样是班上仅有的虽隆冬仍穿草鞋的最贫寒的学生。他教我缝补衣服鞋袜，一个人如何独立洗涤、晒干直至上好棉被等生活技能。只要是温度不算太低的月夜，他必定邀我，而且也只邀我一人，前往山脚小溪游泳。他游泳技术很好，蛙泳很少溅出水花，有节奏地舒展手足徐徐前行。我虽然在江津江中游过好几年，自认为经历过许多风浪艰险，但姿势、速度、耐力都不及他。我特别欣赏他那悠然自得的神态，仿佛已与两岸山林及潺潺溪流融为一体。他从不停下来等我，也从不催促我紧跟，但自有一种说不出的神秘力量，促使我始终不敢懈怠，坚持尾随他作漫长的遨游。我们往往游一两个小时，这是我们一天最快乐的时间，仿佛这星空，这明月，这山林，这溪流，乃至这宁静的夜晚，全都属于我们自己。我们很少讲话，只有他偶尔低声吟唱江西民间小调，几乎每句都以"哎呀来"开头。他的声音略带嘶哑，但曲调幽美且流露若干深沉的柔情。相知渐深以后，我才知道他来自赣南苏区，但却丝毫没有流露出任何政治倾向。当时我对政治也没有任何感悟与兴趣，虽曾听他偶尔讲过若干苏区社会生活情况，但也如同东风过马耳，并未对我产生任何影响。

我几乎同时保持与他以及闻刚、秦邦文的亲密友谊，但他与闻、秦却无任何交往，相遇如同陌生路人。闻、秦与南派许多同学关系比较亲密，而我与孙大哥都是若即若离的边缘人物。也幸好是这样，我俩才没有卷入南北两派之间的一场大型武斗。

那是在1944年年初寒假期间的一个晚上，不知为什么两派由口角而动起武来，开头只有少数人参与，继而双方都有十余人介入，而且打斗相当激烈。幸好尚未使用器械，只限于拳打脚踢，总算未酿成流血事件。北方同学虽然孔武有力，但南方颇多久经战阵的打斗老手，罗翔更有一身过硬的擒拿武术，一人可以对付好几个人。闻刚由于身材高大，自然成为主力，就连平常斯文一脉的裔同学，由于学习京剧练过武功，也大显一番身手。总的来说，双方旗鼓相当，都没有吃好多亏，也没有占什么便宜。战场在食堂，离宿舍较远，所以躺在床上沉迷于看长篇小说的孙大哥与我当时一无所知。直到第二天吃早餐时，才听见闻刚与秦邦文谈论此事。这些斗士也真拿得起放得下，颇有江湖好汉风度。第二天居然风平浪静，仿佛什么事情也没有发生。但两派之间的嫌隙也没有从此消失。

## 再次开除

学校没有对此次武斗作任何处理，仿佛是装聋作哑，而最终受到严厉处分的，竟然又是我这个循规蹈矩，从来不爱惹是生非的弱者。此事我至今仍然难以索解。

故事可能要从我与杨教官之间的关系说起。他是江苏人，出于地域情结，曾对我这个来自江南的幼稚学生给予关切，平时主动找我说说笑笑。有次上世界经济史课，刚下课他就跑进来拿起我的笔记本，当着杨荣国老师的面，表扬我听课最为认真，笔记详尽而且工整，号召全班向我学习。我最害怕被表扬，因为从来不愿成为众人目光关注的焦点。我低头保持沉默，唯恐他逐页翻阅我的笔记本。因为我听课并非十分专心，有时爱在课堂上画点漫画，其中就有杨老师的肖像，寥寥几笔，特征俱显，颇为传神。幸好教官随手就将笔记本交还，并且又着实夸奖一番，真使我受宠若惊，内心有愧。

但情况很快就急转直下，因为他每天早晨催我们起床，总是从女生宿舍开始，一边吹哨子，一边掀被子。有好事者通过几位女同学了解到，他最爱掀的就是一个江浙籍女生的被子，而且还有若干不雅言行。女生都讨厌他，但又不敢公开揭露。男生中间很快就传播开来，大家对他原来的好感顿时消失，认为他既是军人又是老师，品行却如此低劣。此事本来与我无关，因为自己情商发育较迟，尚不知恋爱究竟为何事，当然也不愿得罪直接管理学生的杨教官。但不知什么原因，也可能获知我在国立九中曾有前科，他对我的态度陡然转变，经常挑剔我的"毛病"。有次上早操，他巡视我们立正姿势，认为我双腿不够挺直，猛地从背后踹我一脚，用力很大，我毫无防备，几乎被踢倒在地。我极为愤怒，大骂他粗野蛮横，他又挥拳想打我，但被好些同学厉声喝止。我在气急之下公开指责他行为不端，根本不够教官资格。闻刚等好友也为我助威。双方愈吵愈烈，校方行政人员只能出面缓和紧张形势，草草结束早操。

此后一切正常，没有任何校方找我谈话，大家都以为此次事件已经不了了之，我仍然充分享受课余阅读、遨游之乐。但在五月中旬的某一天上午，大家都去上课，党、杨二位教官却把我留在寝室。等到只剩下我们三人时，党教官很严肃地向我宣布："学校领导已经正式决定，开除你的学籍并且马上离开学校。"我问为什么要开除，他与杨教官同声回答："我们也不知道，因为我们是外面派来的军事教官，只负责执行上级决定。"现在回想起来非常可笑，我当时担心的并非开除学籍，而是离开学校马上就没有饭吃，真是无颜再见总是被我拖累的大哥。我试探性地问党教官："听说王家坪有一个训练班，由叶青负责，是否可以把我转学到那里去？"我的回答出乎他们意料，原来他们最怕的是我赖着不走，等到下课同学们回来又会引发愤怒抗争，却未想到我竟这样爽快地答应离校，因此紧张的空气顿时松弛下来。党教官冷笑说："你知道那是什么班吗？叶青是什么人？那就是集中营，不是你想去就可以去的。"杨教官还卖好说："你不知道天高地厚，真把你送进去就出不来了。"并且催促我抓紧收拾几件换洗衣服，趁太阳没有落山回重庆投靠亲友，其他被褥、冬衣以后会派同学送来。我环顾四周，无其他人在场，知道两个教官是有备而来，反抗已无任何可能，只有装作满不在乎的样子大步下山。

从青木关到重庆的途中，我在车上就打好主意，不能再回歌乐山麻烦大哥，只有去找九中要好同学帮忙。下车后我按照以前保留的几个地址，首先找到刘忠诚。他在九中毕业后，在重庆一个税务局担任基层工作，由于机关没有宿舍，暂时住在一家小旅馆里，住的是双人间，正好有一张空床。他问明我的来意后，非常高兴，大声说："你的困难就是我的困难，咱兄弟俩正好团聚些日子，我有吃的你就有吃的。"暂时有了落脚地方，我心里就踏实一些，这些同学都是情同手足啊！过了几天，闻刚与秦邦文又专程送来我的被褥与衣物，同时还交给我十几块钱，说是同学们都很同情我的遭遇，自发为我捐献点生活费。这笔钱很多都是一角、两角钞票。同学们自己也很穷困啊！我从心底感到一股暖流正在汹涌。

虽然吃住稍有着落，但毕竟前途茫茫，忠诚独自从东北流亡入关，没有任何亲友可以求助，我实在不忍心老拖累他。大约过了一个星期，大哥突然闻讯找来了，他对我没有任何责备，只是为我今后的前途发愁。经过与忠诚短暂商议后，决定暂时仍住在这里，因为药专已经没有空床可以睡了，食堂管理更加严格，蹭饭也难以实现。大哥要我继续报考升学，并且留下两元钞票供我零用。其实，我既无中学教材可以复习，又没有任何学历证明，以同等学力报考等于是白费力气。但由于实在没有其他出路，也只有硬着头皮再试一次。正好闻刚与秦邦文也不愿在计政班继续学习，他们找到在三青团中央干校工作的同乡，邀我一起报考该校经济系。但因我不是三青团员，又无正式学历证书，未能报考。闻刚与秦邦文是用计政班肄业证书报的，那个熟人还给他们办了一个临时三青团员证明，其实他们从来没有参加过三青团的任何活动。发榜结果，只有秦邦文被录取，闻刚只有回计政班读到毕业。几个最亲密的朋友就这样各奔前程，但我们的友谊是终生的，虽然曾经相互隔绝将近半个世纪，但是终于在晚年亲密交往如故。

正是在盲目报考的过程中，我又出现一次很大的差错。记得是在一个酷热的夏日，我独自参加重庆一个高校的招生考试。考场拥挤不堪，又无任何饮水供应，我又干又渴，简直不知道自己是怎么完成考试程序的。下午出了考场，人也轻松半截。正好那学校有个很大的游泳池，水非常干净，又是免费开放，大家争先恐后地跳下泳池，我干脆独自到深水区尽情享受游泳的愉悦。自从离开计政班以后，一直没有游泳的机会，也没有寻找游泳场所的心情。这时我一下水就忘记了其他，游泳就是我的一切。不知不觉太阳就落山了，游泳池也只剩下两三个人，我这才想起外衣还留在更衣室，赶紧上岸去更衣室。这才发现更衣室已经是空空荡荡，我的唯一短裤也被人拿走了，荷包里还有大哥留给我的两元钱。我顿时感到天昏地黑，不知如何是好。回到旅舍，忠诚仍然一如既往，劝我想开一些，不要急坏身体，或者又出什么新的意外差错。晚上睡了一觉之后，我逐渐冷静下来，对忠诚说："这旅舍我不能再住了，我怕大哥又来找我，因为他正在赶写毕业论文，我应该自己寻找出路。"随后，我就告别忠诚，去找我在九中最亲密的好友周承超。承超在1943年暑假与我同时被开除，但由于冯玉祥到国立九中讲演为前方将士募捐，并且顺便对校方说了几句为承超求情的好话（这可能是受承超叔父之托），学校随即取消了开除的决定。但承超去意已决，他在九中拿到了高三肄业证书，而且就在这年暑假考取了中央大学中文系。承超一直关心我，有空就来看我，知道我再次被开除以后，多次邀我到他家寄住。他的叔父周彦龙是蒙藏委员会委员长吴忠信的机要秘书，必须随时协助首长处理紧要公务，因此便经常住在机关里，妻子也陪同照料他的日常生活。他租住的一幢楼房只有承超与堂弟承铮同住，叔父还留下一袋米、一袋面和一笔菜钱，让他们暑假闭门读书，一日三餐也由他们自理。

我很快就找到周宅，弟兄俩一见我便非常高兴，因为他们早已知道我的处境狼狈不堪。他们满口承诺让我与他们一起食宿，我也坦然接受他们的慷慨援助。于是我们又像当年在"爱居"那样，每天读书、练字、交流学习心得。承超在中文系得到章黄学派大师们的教诲，自然可谈许多学问之道，但我却难以消除前途茫然之感。时间一天又一天过去，那一袋米、一袋面眼看就要吃完了,而那一笔菜钱由于临时增加一个人也所剩无几。更为现实的问题是,暑假即将结束,周氏兄弟必须分别前往沙坪坝与江津上学,我自己将何去何从?

又是"天无绝人之路",母亲的话似乎永远与我相伴。正在我愁眉不展之际,九中另一要好同学马肇新突然来访,听说我正在为生计谋划,慨然允诺设法找朋友帮忙。肇新缺少承超那样的接待条件,但却同样真诚助人,热心快肠,而且口才与交际能力比承超有过之无不及。他从九中毕业以后,在社会上确实结交不少朋友,其中也不乏乐于为他人排难解忧的侠义之士。没过几天,他就带我到朝天门码头会见一位粮船押运员,此人正要率领两条大木船把粮食运往泸州仓库,便让我在船上打杂并协助看管粮食。押运员是湖北人,身高体壮,性格豪爽。同是天涯沦落人,他不仅及时收容我,还给予温言慰解,劝我想开一些,安心在船上干活,慢慢等待升学或正式就业的机会。

我就这样上了粮船,这是我此生进入社会并自谋生计的发端。

# 第三章

## 投笔从戎

川江运粮船 \ 铜梁军营点滴 \ 复员东归 \ 回家

## 川江运粮船

这年我刚满18岁。前此六年,尽管远离父母,但始终是在校园之内;计政班的情况尽管比九中复杂,但毕竟还是未出教育圈子。现在我真正是穷困潦倒,孤身进入社会,面对一个完全陌生而又略带神秘色彩的新环境,内心自然有些惶惶不安。

押运员由粮食部重庆仓库派遣,负责运送两船大米前往上游的泸州仓库。当时国民政府为保证战时粮食供应,实行所谓的"田赋征实"政策,即农业税征收实物,把大批粮食集中由政府统一调配。因此,江上运粮任务繁忙,川江上来来往往的都是大木船,令人想起清朝兴盛多时的漕运。

木船很大,桅杆甚高,前有桡,设桡工;后有舵,设驾长(舵手)。一般用船工二十人左右,顺水划桨,逆水拉纤;其中有一个专门领喊号子的,实际等于是领班。驾长掌握前行的方向与航线,辨风雨,识水文,因关系到航期长短与全船安危,所以工资最高,为一般船工的四倍。前桡比一般船桨更为长大,必须身强力壮者任之,如拉纤逆水上行,全靠桡舵前后密切配合,而过险滩窄峡,桡工间或还得换用竹篙左右撑拨,劳作更为艰苦,所以工资为一般船工的三倍。喊号子的实为划桨与拉纤的劳动组织者,以音乐感或节奏感极强的号子,协调众人的动作并不断鼓舞情绪,其地位也比较重要,故工资为一般船工的两倍,水平特高者甚至是三倍。据说有位高手,其号子上下可达二十里,船主争相以高薪罗致,因为号子也直接影响船速与航期。

在重庆仓库所属船队,押运员相当于科员级别,每人率木船一至三条不等。我所在的船队,除船工外还雇了两位助手,一人司会计,主管粮食财务收支账目；另一人是押运员真正的副手，协助管理全程押运安全事务。后者姓王，身材粗壮，肤色黝黑，已至中年。据说年轻时曾当过土匪，所以多少仍带点匪气，之所以请他帮忙，主要是利用其袍哥背景。因为在川江上行船，几乎没有人未曾与帮会打过交道，就连一般的船工很多也参加袍哥组织，当然级别很低，即所谓老幺之类。老王倒很憨厚，并不讳言曾经落草山寨那段辉煌岁月。他一见面就握住我的手臂端详一番，笑着说："哎呀，简直瘦得像根芦柴，随便一拧就会折断。"起初我确曾对他有几分畏惧，但相处久了倒觉得他很仗义，很同情我这样落魄的读书人。他与押运员同在一船，此船始终航行在前，乃是船队的指挥中心。我与会计一条船，紧紧跟在后面。川江航道狭窄，水流大多湍急而且河床地形复杂，两条船难以并排前行，只有晚间泊岸才停靠在一起，所以我日常交往的无非是会计与同船水手。

会计也像个文弱书生，谦虚谨慎，寡言少语，与老王正好形成鲜明对照。他并非会计科班出身，连新式簿记都不会，只是记个账而已，但忠于职守，工作勤奋，待人也比较平和，从不大声呵责。由于我仓促上船，未带任何行李，所以头天晚上睡觉就成问题。一班船工都赤身露体挤着睡在铺着草席的船板上，一件破烂不堪的外衣便充当被子。我当然很难适应这样的睡眠环境，但又不好明说。会计看到我在犯难，主动邀我睡在船上唯一的竹床上，并且共用他的简单被褥。我们两人都比较瘦小，所以有足够的空间抵足而眠。川江行船有许多古老而又严格的习惯与忌讳，如吃饭时筷子只能横放，象征顺风顺水；"吃饱了"只能说"吃老了"，以免联想到溺水把肚皮撑大；此外，最忌讳说沉、翻、死等不吉利的话语，如有违反都会引起极大反感，甚至挨揍。会计很细心，一一为我道来，像兄长一样引导与呵护我，使我比较顺利地适应这个完全陌生的群体。

我们船的驾长是个五十岁左右的老舵手，身材魁梧，相貌堂堂，古铜色的方脸蓄有八字胡，自然流露出庄严与威风。川江上的大木船，舵手是站在船尾舵桥上驾驭，因为必须登高才能望远，拥有较宽阔的视线。他必须随时看清前面的水纹变化，借以辨明河床地形并决定前行的航道。那时川江上的航标设施非常落后而且不完备，航道的判断完全靠驾长一双鹰隼般的锐眼，以及他脑袋中那幅以经验与记忆绘制而成的航线图。船舵既大又重，舵柄又很长，没有百把斤的臂力休想运作自如，如逢巨风骤雨，弄不好就是人坠船翻。老驾长知道自己的责任，更相信自己的能耐，手握舵柄巍然屹立于舵桥，目光炯炯专注于前方，真是威风凛凛，气度非凡。我在此次远航以后，才真正明白舵手二字的分量。

  我有幸很快成为驾长的忘年交。木船行驶时他很少讲话，因为必须高度集中心志，目不转睛注视前方江面。他与船头的桡工都是老把式，配合非常默契，一个手势甚至一个眼神即可传递重要信息，因此也很少话语交流。只有在晚间停泊以后，酒醉饭饱，沐浴已毕，老驾长悠然自得地吸一袋烟，这才招呼我过去陪他摆龙门阵，共度这川江上的月夜良宵。他已看出我不习惯与会计挤在一床，干脆建议会计匀出一条旧线毯，让我睡在后舱甲板上与他作伴。我上船时非常仓促，忘记带几本书，也没带纸笔之类文具，这对于一个读书作文成癖的少年来说，真是莫大的痛苦。船上除会计的账本外，几乎没有任何其他文字载体，我唯一能阅读的是两张不知是谁遗弃的旧报。这就是我整个航程中仅有的休闲读物，从正面看到反面，从新闻看到广告，反反复复不知看过多少遍，终于再也不想看它，这才交给伙夫作为引火之用。因此，与老驾长的舵桥夜话，不仅使我解除了寂寞，而且增长了许多社会生活知识，老驾长遂成为供我阅读的一本极为厚重的大书。晚间船工或者上岸寻求各自的乐趣，或者聚集在舱内抽烟、喝酒、打纸牌，只有我们一老一少坐在或者躺在船尾甲板上海阔天空地交谈。

  其实也很难说是什么交谈，因为绝大部分时间都是他说我听。驾长见多识广，拥有讲不完的各地风光、人情世故和趣闻轶事，间或也不经意地为我传授如何闯荡江湖的经验。他知道我两度被学校开除，便劝我以后千万要小心谨慎，尽量避免出头露面充好汉，那样容易引火烧身，甚至被小人利用或暗算。他告诫我，川江上怪事多，必须见怪不怪，才能避祸消灾。比如看见江上飘来一张床板，上面有人被捆在板上，甚至两手两脚伸开并被钉牢，千万不能前往救援。因为这人多半是严重触犯堂规，如出卖堂兄弟或与同伙的妻子通奸等，所以受到严刑处罚。如果有谁多管闲事给予救援，连自己都会遭受血光之灾。我通过读书从小就懂得应该伸张并维护正义，却不知道社会并非时时、事事、人人都容许你伸张正义。我不完全同意驾长的诚恳规劝，却为他所描述的社会深层的阴暗与险恶感到极端震惊。

　　逐渐相知以后，驾长也主动讲自己的故事。他是一个普通农家的孩子，由于缺田少地而又家大口阔，很小就到川江上当船工。因身强力壮，聪明伶俐，很快便成为船主们争相雇用的船工，以后又从划桨、拉纤的一般船工，晋升为颇具身份的运舵高手。川江险恶，事故频发，船沉人亡之祸经常威胁着终年生活在江上的船工。船与江之间只隔着一层薄板，生死之间也只隔着一层纸，这就形成水手特殊的性格与心态。他们越是生活得艰辛，就越是珍惜生活的乐趣：白天划桨背纤，晚上酗酒赌博，乃至吸毒买春，有多少钱就花多少钱。许多船工到死只拥有一件破长袍，乃是补丁加补丁名副其实的百衲衣。因为他们经常赤身露体劳动，原本不需要缝制新衣。青年时代的驾长，过的也是这种浑浑噩噩的生活，直到幸运地遇到一位女船老板。这个女人的丈夫不幸早年病故，她就成为船主，独立支撑家业。她慕名高薪雇用了驾长，通过暗中观察，逐渐了解这位年轻驾长的才能与品质。两人在长期共事中滋生了爱情，并且隆重举办了婚礼。婚后的生活充满欢乐，虽然妻子比他大七八岁，但常年浪荡江湖的单身汉渴望一个家，需要年长的妻子如同母亲或姐姐那样贴心地疼爱。故事好像已有美好的结局，仿佛有些章回小说描述的那样，这对夫妻恩恩爱爱终将白头偕老。不料有天江上突然狂风暴雨，由于逆风逆水又正值驶入险滩，连纤绳都崩断了，船随急流撞沉在岩石边。夫妻两人都掉入江中并被湍流卷走。驾长凭着好水性从漩涡中心踩水挣扎出来，但妻子已被江水冲得很远很远。驾长眼睁睁地看着她挣扎，看着她无助地沉没在江底，连尸体都未能打捞出来。一个美丽而又浪漫的川江爱情故事，就这样以悲剧的结局告终。老驾长叹息一声便陷入了沉默。毕竟是多年以前的往事，讲述者略带感伤却无强烈的悲痛，川江上这样的悲惨往事太多太多。这是一个天高云淡的秋夜，满天星斗浓密处乃是银河，依稀可以辨认出牛郎织女的星座，但哪里是鹊桥呢，这辽阔而又神秘的天上人间！已是深秋季节，江风渐有凉意，这一晚我睡得不怎么踏实。

但是在我那个年龄，感伤并不是主旋律，老驾长的故事顶多只是引发了我对于"人生聚散无常"一语的共鸣。作为一个刚刚离开学校的孟浪少年，我对粮船上的一切都充满好奇。我已经食宿无虞，暂无饿殍之忧，闲暇又无书可读，只有睁大眼睛观赏周围的形形色色。

起碇之前，首先是粮食装舱。这无需船工出力，自有码头工人挑着一担一担的大米，灵巧地踏着狭窄的跳板陆续运上船来。但装舱大有学问，必须由富有经验的运粮老手亲临指挥，先从中舱码起，然后再均匀有序地往前后两头铺满堆高。据说，如码得不好，受到强大水力或风力的压迫，木船就容易倾翻乃至断裂。后来我在重庆仓库帮忙抄公文，常常看到"打炮"这样的字眼，指的就是沉船事故，而装舱不当常为海损事故的主要缘由。

粮船出发前，必定以香烛敬神并放鞭炮，祈求一路平安。"同船共渡皆是缘"，船上的人们患难与共，生死相依，一般都能和睦相处，虽偶尔也有争吵乃至斗殴，但终究不会伤和气。船工的性格比较直率爽朗，很少小心眼或生闷气。因为船工劳动强度特大，而粮船利润又很丰厚，所以老板显得比较大方，船上的伙食比国立九中好得多，一日三餐都是敞开管饱，菜的油水也较充分。过险滩或因故必须加速航行时，每天增为五次进餐，并且有大笼粉蒸肉供应，称之为"牙祭"。这样的伙食，对于我这样穷困潦倒的流浪者来说，真像在天堂一般幸福。我一上船就赶上开船大吉，虽然只有三餐饭，但午餐就供应了粉蒸肉，大碗添饭，大块吃肉，把我撑得胃满腹胀，连续几天都有点怕闻蒸饭气味。晚餐有酒供应，由于背纤常常跋涉于冰冷的江水之中，因此必须以酒水驱逐寒气并舒展筋骨。饮酒不用杯碗，而是在酒缸封口处插入几根芦管，大家轮流吮吸，那豪气真不亚于梁山好汉。不过酒精度并不甚高，浅量如我也能略饮几口，勉强凑凑热闹。

川江水流湍急，上水船主要靠拉纤逆水前行。纤绳不同于下江通用的棕绳，而是用粗篾绞成的竹缆，极为坚韧耐磨。纤工各自把厚实的背带系在缆上，相互之间保持均匀的距离。他们多半是在岸上行走，身躯前倾，两脚后蹬以便发力。有时江边无路，只能在崎岖的岩壁上匍匐前进，而有时又必须在齐腰的江水中奋力挣扎。川江夏季汛期从上流下来的水，大多来自高山上的融化冰雪，因此特别寒冷刺骨。拉纤的人们往往冻得嘴唇发乌，腿脚抽筋，这时能够抚慰受苦人心灵并且稍许可以缓释其劳累的，唯有那跌宕起伏的号子。喊号子的领班不仅要有清亮的嗓音，劳动的节奏感，还要有较多说唱艺术的天赋。一般情况是领班先唱一句，纤工们集体"杭哟"一声应和，然后大家一齐猛地往前迈进一步。领班唱的或是传统的戏曲小调，或是调节步伐、力度乃至队形的号令，或是触景生情的即兴咏叹。第三类号子最能体现领唱者的才艺水平。每当遇见岸边有两三位女性洗衣净菜而江流又比较平缓时，领唱者更加才思横溢，挑逗性的诙谐唱词脱口而出。这时纤工们的集体应和不再是"杭哟"，而代之以轻佻的"连锁儿"。这"连锁儿"一词我至今仍未弄清其真实含义，或许就是男女之间"心肝""宝贝"之类挑逗性称呼吧！只有四川话的铿锵有力腔调——"连"字拖得较长，"锁儿"两字急促，才能充分体现调侃者的欢乐。四川话表情之丰富与语调之幽默堪称各省乡音之冠。"干人儿"（穷光蛋）无论处境多么困顿，都不会失去语言的滋润。

但是，川江的航行，特别是重庆到泸州这一段，大部分时间并非如此平顺欢悦。特别是过险滩遇风暴时，怪石突兀，江涛怒号，那号子便失去平常的韵味与谐和，发出的只是人们在与大自然威力生死搏斗时的悲怆吼叫，那呼天抢地、撕心裂肺的惨烈，非亲身经历者难以体味。我们的粮船刚航行过半路程时就曾发生一次极大险情。那是一个晴好的下午，虽然逆水，却是顺风，船上升起满帆，纤工们省了许多力气，号子声舒缓而愉悦。不料风云突变，驾长还来不及发出紧急号令，风向即已逆转。留在船上的人赶紧合力降帆，然而为时已晚，帆还未降一半，狂风猛卷，帆布竟把桅杆折断。更加危险的是纤绳由于绷得太紧也突然断裂，纤工们全部跌倒在地，断缆犹如巨蟒一样扭曲蜿蜒，滑入江中，船体迅急打横并随着江水向下游流淌。驾长与桡工合力好不容易才矫正了船体，暂时避免倾覆沉没之祸，却又面临更为艰难的"寡妇槽"闯关之险。那"寡妇槽"是一座横亘江中的巨大岩石，为便于来往船只循航道通行，不知何年何月已在岩石中部凿开一个缺口，因而呈凹字形，很像一个槽沟，是此次航行船工们最害怕的一处险滩。由于缺口狭窄而江流特急，稍一不慎就会船毁人亡。因为此处多有船工伤亡，所以民间称之为"寡妇槽"，寓意为死者已矣，留下寡妇孤儿依闾伫望。此时此刻，老驾长自然不敢掉以轻心，直挺挺地站立在舵桥上，紧握舵柄，调正船头，顺流而下直闯"寡妇槽"。由于槽口狭窄，船头大桡施展不开，桡工只有换用粗大并包有铁头的撑篙，或左或右奋力撑持，以免船身被坚硬而锋利的岩壁撞裂。船上的人几乎是屏止呼吸，直到船尾驶过槽口才喘过气来。驾长铁青的脸逐渐恢复血色，终于从紧闭已久的嘴唇中迸出铿锵有

图9 逆流而上的川江邮船在汹涌的波涛里出没

力的一句话:"格老子,险哇!"

我们的船终于平安到达泸州。停靠码头后稍事休息,便开始向仓库交卸粮食。交接方法相当落后,竟然是一斗一斗地验收,因此仓库派来的斗工便成为最显赫的贵宾,除了好烟好酒款待,还悄悄塞给红包。其中有位斗工声望甚高,据说只要他手下留情,倒进斗内的米粒都可以站立起来,以少充多;如果有所得罪,他只要轻轻一摇,斗里的米便全部睡倒,必须再增添一两升米才能满斗。这一立一倒便是交接中做手脚的大文章,因为量器用的是斛,每斛是两斗五升,进出之间差距就可多可少,有较大的伸缩空间。我曾慕名看他验收,只见他眼手腰腿动作协调,堪称运斛如飞,但米粒是站立抑或睡倒,却始终看不明白。此人修长精瘦,面黄微髭,两目炯炯有神,使我想起梁山好汉病关索杨雄。

没想到我也成为泸州仓库热情款待的人物,因为他们正在做季度账目上报,而我这个计政班出身的准会计正好派上用场。其实这些报表对于稍具会计簿记常识的人,简直是小菜一碟,但泸州仓库却连这样的职员都找不到,才让我意外风光一阵。仓库主任姓张,也是江浙一带迁川人士，所以对我特别亲热，亲自陪我吃午饭。泸州大曲虽然闻名遐迩，可惜我毫无酒量，只有那鱼香肉丝与油炸花生非常可口，比船上的大锅菜精致多了。但是他没有给我任何劳务费，我也没有这样的念头，因为摆明是作为押运员白送的人情。至于作为船老板的押运员获取何种回报，账目报表上那些数字是否准确可靠，我都一无可知，也没有任何追根究底的好奇。这是我被计政班开除以后，第一次也是仅有的一次会计业务实践，而且还受到仓库主任的称赞，已经心满意足。

圆满完成运粮任务，我们高高兴兴地走向归程。由于是顺流而下，虽逆风亦可借助划桨增速，顶多是遇有回流才下船拉纤，这样便大大减轻一般船工的劳动强度，船上的气氛也转为轻松活泼。喊号子揶揄岸边洗衣妇女的歌声明显增多，其中还夹杂若干船工的粗犷呼啸，似乎他们已经不屑于仅用"连锁儿"应和，早已不满于领班嗓音的轻柔绵软。晚间酒缸露底更快，上岸寻求乐趣者更多。因为粮食进仓完毕以后，押运员已经向船工发放一半工资，所以增添了他们寻欢作乐的豪兴。我不属正式船工，原先已说好只管吃住，所以依旧身无分文。上水航行时，我每晚都随驾长志愿守船，所以对沿途船工上岸的夜生活一无所知，但返程中却偶然得到一次参观机会。那恰好是路过江津的一个夜晚。

虽然在江津生活五年，但我对江津的历史与地理却知之甚少。过去我所熟悉的川江，实际上只是九中高一分校附近的那一小段，我此前常常回忆的"游到对岸"，无非是被称为"中坝"的一个面积较大的江心洲，与江津县城仍然有一水之隔。校友李德永的遗诗云："不怕山高水流急，纵身好作少年游。顺流而下沙滩卧，日久天长晒黑头。"讲的就是同一个沙滩，沙滩的另一边还是川江，而江津县城的所在地才是我们德感坝真正的对岸。此时船过江津，应属旧地重游，文人雅士照例会感慨万千，且有即兴诗作。但当时我已被船工生活吸引，而前途依旧茫茫，所以对母校故地几乎毫无感觉，好像这一切已经与自己无关。

江津古称几江，以河道曲折如"几"字得名。《西渡漫记》有很形象的描述："长江自江津县龙门镇脚下奔腾向东，咆哮着一路翻滚到五峰沱。抵此后水势陡然折而朝北，它浩浩荡荡地流过德感场到二沱，又滔滔不绝地旋转至东面，并从隔江对峙的县城和中渡街（似即中坝）之间一泻而过。然而，它又拐上一个直角大弯，以排山倒海之势冲往正南。到了贾坝沱，这才掉过头来，沉雄地东逝而去。长江这一段昼夜不停、几经曲折的旅程，恰似一个'几'，故而称之为'几江'，受几江三面包围的县城，被称为'几江镇'。"船工群体似乎不耐烦作如此繁琐的解析，他们简单明了地称之为"三抛河"，意即从左到右，再从右到左，必须大角度地拐三个弯，才能重新恢复"大江东去"的千古常态。据我当时的实际观察，这样或左或右的航行大拐弯，主要是由于川江走势使然，但也还有河床地形复杂而形成较大回流的影响。旧式木船不像机动轮船，对回流只能积极顺应而难以正面对抗，这就极大地增加了航行难度。所以对船工来说，这一段江流的景色雄奇，反而意味着更为艰苦的冒险犯难，千百年来蕴含着多少悲惨与辛酸！

好不容易渡过"三抛河"，已是日落西山，夜色陡袭。当时川江船只一般不敢夜行，只能就近在一个偏僻的乡镇码头停泊，同时停泊的还有五六条船，排列成一字形。江边异常冷清，但船工们游兴仍浓，成群结队上岸玩耍，并热情邀请我同游，只留下驾长与老王守船。夜色甚浓，大家没有手电筒，也没有灯笼，都是就地取材，每人手执一段干枯竹缆，作为简易火把照明。这种火把不仅无需花钱，而且很好使用，即使全被风吹灭，摇晃几下又会冒出火焰。我们鱼贯而行，上岸后只见一座废圮已久的庙宇，门前正好有草台班唱戏。演员大多脸带烟色，嗓音嘶哑，戏服也破旧不堪，连锣鼓也打得有气无力。尽管有一盏煤气灯照明，仍然显得比较昏暗，台下的观众为数寥寥，仿佛兴趣索然。我稍为伫立观看，实在"惨不忍睹"，便随着同伴进入庙内，大殿空空荡荡，不见任何僧尼，更没有什么香火供奉，只有几座破烂菩萨在昏暗中孤零零地站立着。在浓密的夜色中，烟民横七竖八躺在草席上吞云吐雾。孤灯如豆，瘦躯横陈，真不知人间何世！我实在不愿在这里逗留，但又不敢独自摸黑回船，幸好邀我同行的船工已看出我的无奈，也说不该带我到这么倒霉的地方，于是两人结伴摸黑回船。

上船后，老王神色凝重地告诫我们："晚上只管瞌睡，不管船外有任何响动，都不要吭声。"夜间我睡得很香甜，所以未听见任何响动。次日清晨走上码头，只见其他的船都划走了，只剩下我们这两条船并排停泊。我正疑惑不解，驾长轻声说："昨晚出事了，那几条船都遭土匪抢劫，所以早早离岸回去了。我们的船由于有老王坐镇，而且事先已与码头上的袍哥有所联络，所以才平安无事。"原来此处码头虽小，但由于三抛河航行耗费时间甚多，许多船只只有在这里停泊过夜。盗匪熟悉航船规律，潜伏附近乘夜抢劫，因当地没有任何治安人员，不法之徒可为所欲为，直到此时我才真正了解老王的价值。

我们终于平安回到朝天门码头，船工们有几天休假，纷纷上岸探亲访友。我也随他们下船，刚走下跳板却被三哥开诚喊住。我从未想到竟然与他在这种尴尬状况下重逢。原来他已从九中毕业并考进药专，是大哥特地派他来寻找我的。我当时年轻混沌，从未想过自己悄然出走会使家人多么揪心，又会给在渝亲友带来多少麻烦。想必是大哥先找到刘忠诚，再去找周承超，最后才找到马肇新，从而获知我已去泸州并且落实了这条粮船回到朝天门码头的确切时间。我与三哥关系最为亲密，但两人已有多年未见，因为我在高一分校，他在高三分校，两个校区相隔甚远，平常就难得一遇，而我离开九中时也未曾向他告别。现在他已经是一个风度翩翩的大学生，而我却是一个头发脏乱、衣衫褴褛的流浪儿。我已记不清自己当时的落魄形象，因为从来也没有照过镜子，也没有镜子可照。季节已入深秋，我却依然穿着破烂汗衫，一条短裤连膝盖都遮不住。三哥见到我又高兴又难过，劝我先随他到药专，以后的事情听从大哥的安排。虽说是出门靠朋友，但终究还是兄弟亲，我顺从地随着三哥再次爬上那既高又陡的朝天门码头。当时我不通人情世故，下船时竟未想到需要向押运员道谢告辞，倒是他发现后气喘吁吁地追赶过来，并且塞给我几张崭新的一元钞票。他很诚恳地对我们说："一路上照顾不周，出差费尚未向仓库报销，身上现钱不多，只能送点小意思。"我心中倒是千恩万谢，因为如果没有他的仗义相助，自己早已流落街头，而且上船前又说好不拿工资，但这些话我却说不出口。

药专在歌乐山高处，公共汽车不能直达，必须爬既陡又长的山路。途中遭逢大雨，我们又无雨伞，浑身湿透，冷得发抖。到药专后未见到大哥，因为他已经在城内找到一份临时工作，每天都要上班。三哥赶紧安排我洗澡、换衣、理发，晚上就睡在大哥的床上。自从上船以后，我从未睡过正式的床，盖过正式的被，这一夜睡眠的香甜，真是难以言说。

第二天上午，太阳已照进寝室，三哥才把我叫醒，要我立刻下山前往朝天门码头重庆仓库，说是大哥与小爷爷（祖父同父异母兄弟）在那里等我。于是我们又匆匆忙忙回朝天门，并且很快就找到粮食部的重庆仓库，因为当年主要利用长江航运，仓库总是与码头相邻。

我忐忑不安地与小爷爷、大哥见面。小爷爷与我已分别有六七年了。他比大哥只年长两岁，原来曾就读于西南联大，今年因病辍学，在重庆一个汽车站工作并治疗。章家逃难到西南地区的四个男性成员，就是在这样奇特的情况下重新团聚，而祖父、父母等多数家人仍然分散在上海、大庚、芜湖等地，大家真有点悲喜交集。小爷爷与大哥曾经为我失踪而非常焦急，但会面时却没有任何斥责，只是反复劝我要改变火暴脾气，学会谦和忍耐，千万不要到处惹事；如果有什么难处，一定要及时告知他俩，千万不要独自在外面闯荡。好多年都未曾听见亲人这样诚挚的关切话语，我感动得几乎落下泪来。小爷爷在汽车站收入比较丰厚，所以

图10 1944年兄弟团聚后合影。前排左起为三哥开诚和小叔祖父，后排左起为大哥开平和章开沅

请我们到重庆市区比较有名的大三元餐厅吃饭，共庆首次团圆。为了让祖父母与父母安心，又到照相馆合影留念。我与开诚穿的是小爷爷的旧西服，所以显得相当宽大；因为没有像样的衬衣，便用他的羊毛围巾遮掩。那天特别暖和，只有我一人戴围巾，显得非常不合时宜。这张照片小爷爷非常珍惜，在他逝世前一年特地加洗一张寄给我，成为难得的抗战岁月记忆。

他们已为我谋得一份工作，无非是顶替大哥的位置，在粮食部重庆仓库当临时雇员（编外），从事公文抄写工作。小爷爷年岁稍大，辈分也比我们高，所以他来重庆后能够联络一些原在芜湖比较熟的亲友。大哥的假期打工，就是靠一位叫谢永存的长辈帮忙。此人毕业于中央政治学校，原任国民党青岛市党部主任，青岛沦陷后逃来重庆，被安排为政校校友会干事长闲职，但却可以支配一栋类似招待所的楼房，小爷爷就免费借住此处，吃住都很方便。大哥到重庆仓库，就是他托一位姓寿的政府要员介绍的，所以仓库主任对大哥与我都特别关切，每月都有一石米折算工资，这在当时来说已很难得。

大哥随即带我进入重庆仓库的大办公室，那是一个面积相当于足球场的特大房间，实即粮食仓库的底层，里面摆着一列列长方形办公桌，大约有一百余张，显得相当拥挤。大哥把我带到他原来的座位，桌上已经摆着好大一摞公文稿，指导我如何抄写。周围的职员好像都已知道大哥的工作将由我接手，而我又还是个小孩，所以只点头或微笑示意，没有任何人前来寒暄。也许仓库主任的大办公桌正好面对整个办公室，并且与我们这排办公桌同靠一面墙，使他随时可以观察每个职工的勤惰，所以大家不便在上班时间交谈吧。

从流浪川江到抄写公文，自然是一个很大的变化，但我却比较容易适应，因为抄写公文本身并不复杂，无非要求毛笔楷书，端正整齐，不得涂改。至于公文程式，原稿业已严格遵循，必须率由旧章，不必别出心裁。大哥从小就在祖父亲自督教下练习书法，他那笔赵（孟頫）体字用来抄公文真是有点大材小用。幸亏我在"爱居"随周承超练过几个月毛笔字，否则就会因为书法落差太大被炒鱿鱼。与川江运粮相比，仓库抄写真如一步登天，既无繁重体力劳动，又无船沉人亡的危险。但临时雇员也有自己的苦楚，因为这是地位很低的非正式职员，实际上是介乎职员与工友之间，所以仓库中任何正式职员都可以随时使唤你，而当时又没有任何劳动法与合同可以维护自身权益。大哥因为是临近毕业的大学生，而且仪表与才华均属上乘，所以同事不敢轻易欺侮。可是我却毫无社会经验，外貌与举止仍像一个少不更事的中学生，自然容易受到周围个别刁滑之徒的愚弄，而此人就坐在我的邻桌，每天都由他向我布置具体抄写任务，俨然成为我的顶头上司。

我所从属的是秘书室，最高负责人为主任秘书，相当于仓库主任的秘书长。其下属有科长、副科长和几位科员。每天给我下达任务的就是其中一位科员，大约三十岁，白净面孔，斯文一脉，对人也比较温和。起初，他可能低估了我的抄写能力，每天布置的任务我都能从容完成，稍后他不断增加抄写数量，使我从上班到下班必须不断地抄写，晚上还经常需要加班。我逐渐有点纳闷，因为其他科员们也有抄写任务，为什么偏偏拿这么多公文稿交给我抄？由于初来乍到，又不是正式职员，我不敢突然提出疑问，只是暗中观察而已。没过几天就发现一个秘密，原来他们下班时桌上总会留一摞未抄完的文件稿，我这才明白大哥临走时为什么也留下一摞未抄完的文件。仓库的考勤只计时不计量，只要我桌面上没有待抄的文稿，他们就会迅速"移交任务"，把未经别人抄写的文件搬到我的桌上。正因如此，我从早到黑不能停歇，有时连方便一下的时间都不可得，而他们却可以优哉游哉地喝茶、抽烟，或随意翻阅若干文件。有个装束入时的女职员，经常慢条斯理地修指甲，或左顾右盼卖弄风情。这大概就是所谓花瓶，可以装点门面，调剂气氛，故而能够得到更多的宽容。此后我也学得聪明一些，逐渐放慢抄写速度，除非特急件或急件，抄不完就压在办公桌上，决不晚上加班抄写。这样，我上班时也可以偶尔歇口气，喝杯茶，乃至舒展一下筋骨。

不过，这位"顶头上司"给我留下的恶劣印象并非布置任务的不公平，而是存心蒙骗我的工资。当我第一次领取工资时，满心欢喜打算买点换洗内衣与鞋袜。可是他却愁容满面地对我说，家里老人得了重病，要借点钱求医买药。我在困难时经常得到他人接济，因此认为人际互助乃是天经地义，所以爽快地答应了。他也毫不客气，只给我留点零花钱，便把我的大部分工资拿走了。他原说过了一个月便还，但到期并无归还之意。我面皮太薄，不好意思催问，他却若无其事只字不提，这才使我感到受了欺骗。

因此，我很害怕与这些年长同事来往，觉得不如与那些贫苦船工相处更加舒坦。反正上班时就埋头抄写，等于是练习书法，下班后回到宿舍看书作文，倒也自由自在。现在回想起来，到仓库工作以后，个人生活确实大有改善，每月工资以一石大米折算，当时粮价飞涨，粮食部门

图11 1944年冬在粮食部重庆仓库当临时雇员时的栖身之所——江边吊脚楼

的薪津得天独厚。因为无家可归，我一日三餐吃包伙，由于像我这样的单身职工极少，往往只有一两桌人进餐，中晚两餐均有四菜一汤，不仅有鱼有肉，而且米饭洁白喷香，更胜粮船一筹。虽说远离亲人，但却拥有一个真正属于自己的空间，那就是仓库为我免费提供的简易宿舍。宿舍是竹木结构，类似湘鄂西土家族民居的吊脚楼，悬空建立在江边崖壁上。楼上有四间大卧室，但是只有我一人独住。我的卧室窗户正好临江，可以看见对岸的山峦与来往的船只，还可以听到熟悉的号子声。卧室内有两张竹床和一张简易桌子。由于另一张床空着，正好放置衣物、书报及其他生活用品。吊脚楼简陋至极，黄土糊的墙壁难以遮蔽风雨，江风略大时整个竹楼都摇摇晃晃，仿佛仍然睡在船上。但最大的优点是有电灯和自来水，正好让我静心读书写作。

我的业余兴趣仍然偏好文学，觉得自己的少年时代有点像高尔基，因此写一些川江流浪的见闻与感触。我有一个日记本，所记除根据记忆重写的几篇高中时期的得意作文（如《春的礼赞》）外，大多是离开学校以后的经历，并且取了一个略显苍老的名字——《昼梦录》。因为几经挫折以后产生了悲观情绪——一是觉得社会上的丑恶与不公平太多，与书上写的、与我所想象的美好世界相距甚远；二是觉得抗战前途不明，胜利遥遥无期；三是觉得自己软弱无力，难以掌握命运——我越来越觉得自己很像屠格涅夫笔下的罗亭，而且还远远不及罗亭。罗亭诚然是语言的巨人，行动的矮子，而我却连话都说不好，更没有他那样崇高的理想与非凡的个人魅力。罗亭最后终于参加巴黎公社起义，手执红旗战死在弹雨丛集的街垒，而我却从来不敢公开向反动权势挑战。我开始怀疑自己生存的意义，甚至自认为是一个毫无价值的人。此外，我自幼体弱多病，性格乖僻，亲友长辈多有不祥预感，有些人甚至断言我活不到二十岁。市人言虎，众口铄金，久而久之便成为一种挥之不去的心理压力，自己也预感必将夭折。我在九中时曾写过一首长诗，自喻为一颗无名的小流星，愿以生命的陨落划破天空的黑暗。

但我从来没想过自杀，并非由于怕死，而是因为亲情难舍。想到父母远在赣南，必定经常依闾期望游子归来，想到世间有众多好人对我的同情与关爱，我确实不忍薄情离他们而去。我仍然热爱这个祖国，热爱现实生活，至少我还可以在阅读中徜徉于一个高尚而美好的精神世界，那个世界的真善美如同春天的雨露一样不断滋润着我的枯萎心灵。离仓库不远有一座新开的大书店，我常利用晚间和整个星期天前往看书，当时并没有任何预订目标与计划，无非是随兴所之的闲阅，在阅读中享受几分闲适与若干情趣。由于工资自给有余，我也曾买几本新书回去从容品尝，如纪德的《伪币制造者》、斯坦贝克的《愤怒的葡萄》等等。除文学书籍外，我在计政班又养成阅读社会科学书籍的习惯，在书店也曾站着翻阅过若干考茨基、普列汉诺夫、河上肇等人的著作，尽管是似懂非懂，但也觉兴味盎然。年轻人的求知欲总是无止无尽，而兴趣也是多方面的，也许求知本身就是一种愉悦。独居吊楼，夜深人静，江月入窗，一卷在手，细品慢咽，快何如之！

社会本身就是一本大书，一本无字然而更为丰富且纷繁的大书。粮船是个小世界，仓库是个稍大一点的世界，两者都是当时中国粮食运转流程中的小小环节。最先引发我思考的问题是：为什么我在粮船和仓库吃的都是上好白米，而先前在九中吃的却是霉变的"八宝饭"？在粮船上，我亲眼看见最初入舱的确实是纯净的白米，而在运输途中也未曾发现有任何人往米中掺杂砂石稻壳之类。但令我惊讶的是负责运输者见雨则喜，并且不大注意防雨防潮。到达泸州后，交粮时发现受潮米体积有所增大，经过斗工巧妙操作，粒粒都可"站立"起来，仅此一项就可以让押运员获得很多好处。当然押运员都是这个行当的老手，深知米的湿度应保持一定限度，否则就会在舱内发热乃至霉变，明显影响大米成色。所以在运输途中，遇有晴好天气还得翻晒通风。在泸州交接过程中，双方可能有一定默契。当时检验大米质量全靠经手者的感觉，包括眼观、鼻嗅、牙咬、舌舔、手摸等等，舞弊的空间虽大，但至少尚需顾全双方的颜面。及至泸州仓库再出售给粮商，中间环节更多，几经周转不可避免要发生霉变，掺和砂石杂物亦属司空见惯。

历史也真是这样巧合，半个世纪以后，在南京参加一个民国史的国际研讨会，有位学者专门研究国民政府抗战期间的"田赋征实"政策，引用大量官方档案，溢美之词甚多，我则不以为然，指出不应完全以政府文件为依据。试问，在当时社会风气极坏而官方又极腐败的情势下，先把各地粮食逐级收上来集中管理，然后又逐级分送下去，然后再进入粮食市场，中间环节太多，手续又层次繁杂，严重影响粮食流通效率，又怎么可能避免弊窦丛生？回想粮食部重庆仓库偌大办公室那黑压压一大片职员，也使人叹为观止。因为仓库主任之下分设各处、室，各处、室有处长或主任，其下又有许多科长、科员，当然要满满当当坐一大屋子。每办一件公文，或上呈或下达，都需要逐级循序流传，旧式公文中"等因奉此"一词每多反复出现，有多至七八处乃至十多处者，正反映出这种官僚机构的层次繁杂与重叠。作为一个小小的临时雇员，我有幸参与并见证了这种周而复始的公文旅行流程。在计政班时，我只能从报纸与他人议论中得知政府的腐败无能，到重庆仓库以后才从亲身经历中得到验证。

然而这种平顺而舒适的日子也没有延续多久。有天黄昏，一个瘦瘦长长的男孩突然出现在我的面前，起初我以为是乞丐，因为他衣衫褴褛，连那双布鞋都露出脚趾。但他突然喊"四哥"，我定睛一看，原来是五弟开永，依然瘦长的脸，小眼睛，黝黑的皮肤。我们进九中时，他因为年纪小，未能与我们一起入学。后来父母去大庾，怕耽误他读书，便送来德感坝读九中女子分部的附小。我离开九中时，他已进入初中，但不久姐姐因为患哮喘，远去大庾疗养，三哥开诚又来重庆读药专，只有他孤零零地留在德感坝，真正举目无亲。他个头长得快，棉衣紧绷得无法再穿，连鞋袜都破烂不堪。好心的李玉屏老师也感到爱莫能助，因为她的工资微薄，还要供给两个儿女读书，只有买了一张船票要他到重庆朝天门码头找我。他比我更拙于言辞，兄弟久别重逢，悲喜交集而又默默相对。我们都是无家可归的难童啊！我赶紧照顾他洗澡、换衣、吃饭，并向仓库借了一条棉被，正好睡我卧室那张空床。夜间看着他那瘦削而又疲乏的脸，在月光映照下垂覆的黑长的睫毛，我眼泪只能向肚内流，因为我已经开始明确兄长应尽的责任，正如大哥两次对我的及时援助。

弟弟与我一起吃仓库的包伙，比九中的饭菜自然改进甚多，不久脸色就逐渐增添了红润，心情也明显开朗一些。我还为他添置了内衣和鞋袜，但实在无钱购买冬衣。天气一天一天转冷，由于雾气潮湿，重庆的冬天也特别难熬。宿舍里的棉被非常单薄，又没有任何取暖设备，江边寒风凛冽，弟弟常常冷得瑟瑟发抖，我们夜间往往冻得难以入睡。我不知道怎样才能度过这个寒冬，因为这点工资确实难以维持两个人的生活，其时连我自己的棉袍也小得不能再穿了。

## 铜梁军营点滴

当时太平洋战争已经进入后期，日军为了扭转整个战局的颓势，在中国战场发动疯狂反扑，其前锋很快就打到贵州独山、都匀，重庆局势顿时紧张起来。抗日战争正面战场节节败退，兵源日益不足，光靠抓壮丁征兵难以为继。因此，重庆政府赶紧颁布《全国知识青年志愿从军征集办法》，发动有一定文化程度的青年志愿应征，以便尽快掌握美国紧急援华的先进武器，与气焰嚣张的日军进行决战。《西渡漫记》对此亦有记述："蒋经国、蒋纬国兄弟率先报名入伍，许多军政官员也把子弟送往军营。新闻媒体连篇累牍大肆宣扬。许多青年热血沸腾，义薄云天，矢志舍身报国，挽救民族危亡，也纷纷投笔从戎，请缨杀敌。九中学生积极响应，校本部围墙上贴满了漫画和壁报，以及'将来如何回答孩子：在国家民族危亡关头，你干些什么？'之类大标语。"

重庆仓库是个业务机构，自然没有学校那样热气腾腾，但同事间议论此事还是有的。就在朝天门码头，矗立着两幅大型宣传画。一幅画是一位年轻英俊的军人，用手直指观众，旁边有几个大字："你为祖国做了什么？"这显然是模仿苏联斯大林格勒保卫战的宣传手法。另一幅以文字为主，就是蒋介石的号召："一寸山河一寸血，十万青年十万军！"我虽然尚未热血沸腾，更够不上义薄云天，但每次走过这两幅画前，也未尝没有触动，有时难免反省："抗战已经七年，我为祖国做了什么？"但我们兄弟确实是为生活所迫，未经认真思考，就"义无反顾"地走向征兵报名处。

报名处就在宣传画附近，手续非常简单，健康检查后随即发给入伍通知。我把入伍通知交给仓库主任，他对我慰勉有加，虽然没有举办隆重欢送活动，但明确给我两项许诺：（1）转为正式编制，改回章开沅原名，从军期间工资照发；（2）退伍后，如果愿回仓库工作，保证优先安排。这大概都是以上述《征集办法》为依据，并非主任对我的特殊关照。仓库职工绝大部分都有老婆孩子，好像并无其他人报名应征，我们兄弟两人应征入伍，正好可供仓库向上级交代，他何乐而不为？

几天以后，我们如期向征兵处正式报到，穿上厚实暖和的棉军服，还有新的鞋袜，高高兴兴回到仓库办理离职手续，并提前领取下月工资。正巧那个企图赖账的科员奉命押运粮船，得意洋洋地捧着一大包出差费从财务室走出来，我与开永立即分工把守前后两个出口，气鼓鼓地将他拦住。他看见我们已经穿上军装，开永个头又显得高大，只有一言不发抽出一沓钞票还债。我们也没有说话，让他保持体面从容离去。这是我有生以来首次荷包装着这么多现钞，遂与开永到附近餐馆美美吃了一餐饭，为自己"投笔从戎"壮行。饭后我还买了一把二胡与几本小说，作为军中休闲之用。

我的人生又迎来一次大的变化，正式身份是青年远征军201师603团2营3排二等列兵。开永一入伍就是一等兵，因为个头比我高大。

603团的驻地在四川铜梁，这是一座离重庆很近的小县城。201师的师长是戴之奇中将，蒋介石对他期望甚殷，但他后来在解放战争中战败自杀。师部与601团、602团都驻扎在璧山，唯独将603团孤零零地丢在铜梁。

603团的团长姓马，广东人，少将军衔，太太随军同住，显得有点特殊。603团下属有三个营，二营集中住在县城城墙边一所中心小学，校园相当宽敞，房屋建筑也中规中矩，应该说是当时条件较好的营房。营长姓谢，中校军衔，湖南人，行伍出身，矮壮身材加上络腮胡须，很像现代京剧《沙家浜》中的胡司令。连长姓张，瘦长身材，安徽人，是张治中的侄子。见面交谈后才知道他曾在九中担任过军训教官，因此对我们兄弟特别亲切。但他的上唇有个缺口（兔唇），说话不太方便，可能正因如此才难以迅速提升。青年军的军事指挥员比一般部队同级的军衔要高，如师长是中将，团长是少将，营长是中校，连长是少校等等，显然是蒋氏父子蓄意将它提升为御林军或近卫军，因此给予特别重视。

入伍后，我与开永虽然同在一连，但却分别编入两个排。开永由于个头高，分在一连一排，担任迫击炮手。一排排长姓张，山东大汉，脸色红润，行伍出身，中尉军衔，是在战场上摸爬滚打拼命提升上来的。因为开永不满17岁，年龄最小，而且又瘦又高，所以张排长对他特别怜爱。我分在三排，排长姓杨，湖南人，刚从军校毕业，是个名副其实的新手，所以只有少尉军衔。他年轻热情，很有朝气，最初对我也很关切，经常表扬鼓励，但后来营中发生一起严重"闹营"事件，我与他正面冲突，导致我受到严厉军纪处分。命运还真是作弄人，我先后两次在不同单位遇见的两位上级军官都姓杨，而且都使我遭遇厄运。

603团的志愿兵来自四面八方，但多数是在重庆就地参军。就我们连来说，其中有些士兵就很引人注目。例如一排有个班，全部来自军事委员会委员长侍从室，可以说是蒋介石身边工作人员。其中有两位年龄较大，地位较高，一姓龚，浙江人；一姓赵，湖南人。他们对蒋介石极为崇敬且感情较深，经常说："抗战以来，看着看着委座的头发就变白了。"他们是直接响应"委座"的亲自号召参军的，因此事事处处都力求起表率作用。一排还有一位相貌堂堂的工程师，上海人，姓浦，入伍后担任一排一班班长。因为身材健壮高大，也是迫击炮手，行军时他扛炮筒，开永扛炮架，跟随张排长走在全连前头。三个人高度相当，不过张排长结实，浦班长匀称，只有开永又瘦又高像根豆芽。我经常为开永担心，怕他经不住操练劳累，但他却成天笑眯眯的，仿佛一切都很满意，而且张排长、浦班长都把他看作亲密的小弟弟。

图12　1960年与董务民重晤，摄于武汉长江大桥

　　我们二排集中住在一间教室改建的大宿舍里，沿墙一长排木质双层通铺，靠窗一边也有很长的木架，放置面盆等日用杂物，靠门一边的过道上照例是集中放置枪支。由于朝夕相处，全排的人很快便相互熟悉了。与我关系特别亲密的有两位：一是董务民，江津人；一是陈翘邦，香港人。他们都是培正中学的应届毕业生，培正由港迁穗，随后又迁来重庆，他们就地志愿应征，所以也编入201师。我们三人都有明确的退伍后读大学的目标，所以很自然地结成一伙。我在军中仍然续订《英语学习》等教辅性刊物，他们也带来一些教材与参考书，正好可以互相交换阅读与切磋。陈翘邦讲广东官话，董务民是江津口音，但因舌头偏大发音不清晰，别人听来也很像广东话。务民最为注意锻炼体魄，虽寒冬也每天清晨提前起床以冷水沐浴，其勇敢与坚毅令人钦佩。有志退伍后升学的，还有一个上海人吴天牧，入伍前已在邮局当小职员。他与我一见如故，私下叙谈最多，因为都爱好文学，共同的话题甚多。他似有洁癖，每天

必定擦澡，用的是热水，但自认为全身净洁，因此很少换洗内衣和袜子，大家都认为他有点古怪。他特别喜欢托尔斯泰的《战争与和平》，自己也信奉和平主义，但是却义无反顾投身抗日战场。这也是一种无奈。我们两个人虽讲不清楚，但并不妨碍我们认真学习作战的本领。

我的好朋友中还必须提到两个南京人：一位是王正炳，年龄较大，原来是印刷厂排字工人；一位姓倪，名字忘了，年龄稍小，原来是公共汽车售票员。老王高大而小倪矮胖，两人形影相随，颇有风趣。此外，同班与我交谈较多的还有一位老兵，他是新建青年军从别的部队调来作为骨干的，文化不高却久经战场磨练，对人非常热情诚恳，对我尤其关切。另一位同班友人原来是个和尚，法名及原来姓名都忘记了，他年龄不大而江湖习气却较深，吃喝嫖赌都曾沾边，又常吹嘘这些"业绩"，但真真假假难以辨明。休息时大家欢喜听他海阔天空摆龙门阵，有时还嘲笑和尚不守清规，好在他从不计较，所以能够友好相处。

"我们都是来自五湖四海"，这句话用于士兵群体最为适合。

到铜梁正式入伍受训不久便是1945年元旦，各营除加餐、联欢以外，还分别出了墙报。我们营的墙报由侍从室几位笔杆子负责编辑，主编老龚要我写稿，我便把现成的那篇《春的礼赞》交给他。这是我在九中写的一篇作文，模仿茅盾的《白杨礼赞》，把景色描绘与心理刻画融为一体，朱彤老师曾经给予"辞藻华丽，情文并茂"的批语。老龚阅后也称为佳作，不仅墙报全文刊登，还推荐给603团铅印元旦特刊头版发表。这事使我这个瘦弱的二等兵增添了分量，杨排长尤其高兴，认为我替他带的这个排争了面子。此人太好胜要强，后来我之所以在"闹营"事件中与他激烈冲突，与他这种性格多少有关。

青年远征军与已经进入战斗序列在缅甸作战的200师等远征军同等待遇，服装、伙食乃至武器装备，都比一般部队强得多，所以大家都兴高采烈，在元旦痛痛快快玩了一整天。但是从1月2日开始，便进入严格的军事训练。早上起床号吹响后,必须在五分钟之内穿衣整装打好绑腿,一路小跑到操场集合。因此晚间就寝时,必须把衣服、军帽、皮带、绑腿有秩序地放在枕边,否则早操集合时必然会丢三忘四延误时间,有时甚至绑腿还没打好就得集合挨训斥。我由于在农村生活六年,而且在九中与计政班受过两次军事训练,所以比较容易适应这样紧张的集体生活。但是初始阶段的队列训练,机械呆板反反复复地立正、稍息、向前看、齐步走、正步走、左转弯、右转弯,却使我感到枯燥乏味,度日如年。因为每天都在排长目光炯炯的盯视下,不断矫正自己的行动姿势,而我从小就不喜欢整天被人管束,哪怕是慈祥的父母。

好不容易发了枪,却又不发子弹,光练动作不实弹射击,仅仅擦拭枪膛与拆卸组装就训练了一个星期。每天晚上看着那些没有枪弹的枪支架在一起,心里真不是滋味。直到有一天终于发给子弹,正式开始射击训练,我才真正有了士兵的感觉。

靶场是士兵的乐园,特别是在春天的阳光下,卧在软绵绵的草地上,尽情享受略带酸甜的新绿小草的气息,然后缓缓举起枪,透过照门准星瞄准靶心,调整到"三点一线"最佳状态,随即扣压扳机射出子弹。无论射击成绩如何,这连贯而和谐的动作过程,本身就足以成为年轻人的赏心乐事。我的右臂由于幼年受过伤,所以蹲式与立式射击成绩欠佳,只有卧式三发子弹常可保持二十七八环的相对稳定的成绩,所以不至于丢杨排长的面子。有次团部派人下来检查训练成效,考官问我步枪各个部件结构,我居然对答如流,卸装流畅,被当场发给一个笔记本,以示奖励。杨排长更是笑逐颜开,仿佛眼看就将培养出一个优秀战士。

顾名思义,步兵就是步行的兵,除队列、射击、筑城、翻越障碍等例行训练外,更为着重抓的是行军课目。行军首先要学会如何打背包,如何携带枪支、子弹、水壶,乃至如何打绑腿与调整鞋袜等一系列要领。如果不掌握这些要领,长途行军就会出现许多麻烦,如脚打泡、腰酸背痛、背包或绑腿松散，等等。教官有时还传授一些必要的求生经验，如夜间在森林迷路如何根据星斗或树木苔藓辨别方向，带生鸡蛋可以解渴充饥，乃至哪些果实、树叶、野菜可以食用，等等。晚间长途行军必须保持安静，防止枪支、刺刀、子弹带、水壶与其他随身携带物品碰撞，特别是严禁吸烟、打电筒或谈话，即使是口令交换，也只能由前向后逐个低声传递。黑夜在沟渠纵横的水田小路上行军，靠的就是敏锐视觉的迅捷辨认。应该肯定，这些训练大大增进了我们适应各种恶劣环境的求生技能，不仅直接提高了战斗素质，就是退伍后也受益无穷。

但是我却缺乏顺应军营环境的自我心理调适能力。服从是军人的天职，而我却不免有时与长官顶撞乃至发生正面冲突。

大约是在1945年春夏之交，入伍还不到半年。有天晚上已经熄灯就寝，突然听见临近我排的四连宿舍大声吵闹，很多人都被惊醒。事态似乎正在逐渐扩大为群体骚动，老兵们称之为"炸营"，这是军营管理最忌讳的突发事件。有些事件确实是由于个别士兵梦魇或者其他偶然事故引发的集体惊扰，但这次四连"炸营"则是官兵之间的冲突失控。

起因是熄灯后值班军官查房，发现有个别士兵悄悄谈话，于是冲进房内大声训斥，言语之间引发冲突，军官怒急之下竟把士兵拖下床来揍了几拳。挨打士兵不服，同室士兵纷纷起来高声抗议，并且陆续聚集在操场愤怒呼号。我是五连最早赶到操场的士兵，了解情况后也感到气愤并附和抗议，根本没有想到这已经构成严重违反军纪的行为。杨排长闻讯跑来，劝我回到卧室，我却毫不理会。

谢营长闻讯勃然大怒，立即命令营值日官通知各连紧急集合。三个连很快排成凹字形队列，我们五连居中，正好面对营长。他一眼就看见怒气冲冲的我，因此在严厉训斥肇事士兵之后，大声怒吼："章开沅，你小学生也敢闹事，给我站出来。"张连长恰好在我身边，低声叮嘱："别多嘴！"可是我气愤已极，仿佛血往上涌，情急之下竟然大声反驳："我不是小学生!"这种反驳完全多余,因为是否小学生并非要害所在,应该正面陈说官长不应辱打士兵。但是还没有等到我继续讲话,营长又是一声怒吼:"来两个哨兵把他押送团部。"哨兵事先已有准备,立即持枪把我押送到团部。此后"炸营"事件如何收场,我一无所知。

团部重禁闭室有枪兵把守,他们事先肯定已得电话通知,所以未经任何询问手续便把我关闭进去。禁闭室是团部门口一个高大而宽敞的房间,好像原来是储藏室或仓库,四周没有窗户,只有屋顶正中安装两片玻璃亮瓦。室内空空荡荡,没有任何桌椅床柜,只在靠里墙边铺有一堆稻草与简单卧具。我是空着手被押送来的,所以只有和衣睡在稻草上。幸好天气暖和,我又极为疲倦,一夜睡到天大亮,连梦也没有做。

本来以为必然受军事审判,没想到一连几天竟无人过问,只有一个卫兵站在门外,不让我随便出外,大小便都紧跟着我。所谓重禁闭就是不准吃菜。第一天早餐是一钵稀饭,中餐是一钵干饭,量倒很足,米也很好,就是没有菜。反正比饿肚皮好,两餐我把饭都吃完了。直到黄昏,老王与小倪匆匆赶来看我。他们奉连长之命送来被褥与面巾、牙刷、漱口缸,此外还把行军水壶也带来了。卫兵不让他们与我谈话,王正炳临走时,有意对水壶看了两眼并且点点头。乘卫兵不注意,我掂了一掂水壶,觉得特别沉重,偷偷打开一看,原来里面装满了香油炒熟的辣椒豆豉,内心真是感激不尽!

可能是重禁闭有严格限制,此后就没有同连伙伴来探视了。没有书报看,没有二胡拉,也没有钟表可以计时。我只有观看从亮瓦透射进来的一丝半缕阳光,从东边慢慢转移到西边,这样才大致判断出是上午还是下午,是清晨还是黄昏。古人多用"白驹过隙"形容人生的短促,我反倒觉得这白驹如同蜗牛,爬得太慢太慢。禁闭室如同牢狱,晚上不准关灯,电灯正吊在头上,光线直射眼睛,好在我的瞌睡沉稳,很快也就习以为常。"文革"期间我又一次被禁闭在"牛棚",晚上也是不准关灯,其他难友都难以入睡,只有我照样一觉睡到天亮。许多人都认为我想得开,其实是因为早就经过锻炼。

后来我才知道,我受的处分的确是重禁闭。不过我并非"炸营"策划者,又无任何暴烈行动,时间一久,卫兵也就逐渐放松对我的各种限制。首先是厕所可以独自前往,随后又偶尔让我在室外附近"放风",即晒晒太阳或短途散步,只是叮嘱我千万不可被长官察觉。卫兵也是志愿从军,大家毕竟互相同情。

就这样每天痴痴呆呆看着阳光从房间的东面转移到西面,不记得有多少天,也没有任何人过问,或是要写什么检讨,似乎我已经被忘在一边。终于有天下午,王、倪两人又联袂来访,喜笑颜开地说:"今天晚上端午节打牙祭,连长要你回去聚餐。"我过惯集体生活,一个人离群独处太寂寞了,也没有问清缘由便随他俩回营了。晚餐相当丰盛,而且把课桌排列在操场上,大家围坐着喝酒吃饭。我与王、倪等好友同桌,大家边吃边谈,非常高兴。杨排长今晚似乎兴致甚高,主动到每一桌举杯敬酒,很快就来到我们这个桌子,并且和同桌士兵逐个碰杯。但是当他伸手向我碰杯时,我既未起立又不举杯,使他颇为尴尬,同桌的人也大为扫兴。古人有"举座为之不欢"的说法,我的内心也有点后悔,自觉不该如此不通人情。但没有等到同桌士兵商量好补救之策,杨排长突然号啕大哭。可能因为他喝酒太多,本想表现出宽容大度,却不料竟然碰一鼻子灰。同桌的好心人赶紧劝慰,并送他回卧室休息。我也自觉无趣,径自回到团部禁闭室。

我以为会因此加重处分,但一连几天都无任何动静。不久便接到通知,要我回连继续接受训练,这就等于是正式解除禁闭处分。但回营以后,也没有任何官长找我谈话,好像曾经没有任何事情发生。只有王正炳悄悄告知,经过全连士兵为我说情,连长本来想在端午那天就让我解除禁闭,不料我却闹成不欢而散。我这才懂得杨排长主动碰杯乃是给我一个台阶，可是我这个杠头不仅没有顺势道歉下这个台阶，反而愣头愣脑使杨排长当众丢了面子。不过杨排长似乎真是一条血性汉子，"大人不记小人过"。平心而论，他此后确实对我一如既往，期望甚殷，无任何歧视，与计政班那位杨教官形成鲜明对照。不过同班的老兵都私下告诫："你还得小心提防着，军官对士兵的报复，往往是在前线作战时从背后打你一枪，然后把尸体调个方向，说你是临阵脱逃，罪有应得。"我很感谢他们的关切，但却很难相信杨排长会存心干这种缺德事，至少我相信他的正派。

但是我对营长多少有些耿耿于怀，认为他不该当众羞辱我，骂我是"小学生"。1946年元旦时，抗战已经胜利，大家欢天喜地。全营举办联欢晚会，会场里征集了许多谜语，挂了几条绳子让大家随意猜，猜中还可得点小奖品。我也自告奋勇贴上一条谜语，写的是"营长训话，打一字"。谜底是"谢"字，因为"拆字格"分开就是"寸身言"，讽刺营长个头矮。结果没有一个猜中，只有我暗自得意。其实，这也是一个幼稚而又错误的小动作，万一谢营长看到并琢磨出来，或是当场就被人猜出来，岂不是再一次引火上身。幸好会场比猜谜更有趣的游戏很多，似乎没有任何人为这条不起眼的谜语动脑筋，我在二营的最后时光总算平安无事。

元旦之后不久，二营人员有很大变动。侍从室的人早就调回，随"委座"回南京了。吴天牧因为英语好，被抽调到驻缅远征军当翻译，浦工程师也因为工作需要提前复员了。我与董务民、陈翘邦，还有余大江、程雁秋等文化程度较高者，调入603团一营一连，接受为期将近半年的预备军官教育。在二营整整一年，离开时多少有些依依不舍，特别是与王正炳与小倪等好友更有点惜别，因为他们仍然留在五连，此后就较难见面了。

在二营时不觉得二营好，离开二营才察觉既往官兵关系堪称融洽，特别是五连的军官显得更为宽厚仁慈。记得入伍不到半年，开永由于年幼瘦弱，又害过肺病，对于军事强化训练本来就很难适应，加上每次出操都得扛着沉重的迫击炮盘，所以健康迅速恶化。有天他突然在出操途中大口吐血，张排长亲自把他及时背到团医务室急救，才得以停止吐血，但体质依然十分虚弱。我们没有亲人可以就近商量，所以深感无可奈何。幸好连长和张排长对年龄最小的开永平时就比较关切，他们主动找我恳谈，认为开永这样的病躯难以承受此后更为强化的操练，应该赶紧送到重庆休养并抓紧治疗，以免影响他一辈子。张排长说，已经应征的士兵很难立即退役，只有让开永自行悄悄离营。他与连长一起向营长陈述实际情况，征得同意后，又立即命我设法把开永送走。他们还为开永准备了一套便服，以免沿途遇到麻烦，因为开小差被抓住，有可能被枪毙。在他们的授意下，我利用一个星期天上午，悄悄送开永到铜梁城外，找了一个偏僻冷清的角落，让他脱下全部军衣，换上老百姓的日常便服，随即由山中小路前往重庆投靠小爷爷。望着他那瘦削的背影逐渐远去，我的内心涌现极大的悲痛，因为我只能让他独自一人翻山越岭步行三十多里，生死祸福难以预测。但眼前我必须摒除一切杂念，赶紧把开永的军服打成一包，装作若无其事的样子回到营房，悄悄把这包军服交给张排长代为处理。我不知道此事如何结束，也不敢设法打听，反正开永已有信来，平安到达重庆，小爷爷为他的治疗和休养做了妥善安排。那时我不通人情世故，对长官连一句感谢的话都未曾说，但我始终感念他们的恩德。这件事也包括谢营长的暗中支持，因为毕竟他是主要责任的承担者。

　　那时青年军虽有一套政工系统，但主要是附设于团部，营以下很难看到政工人员的踪影。就我记忆所及，我所在的603团，无论是二营或是一营都是军事训练压倒一切，军事指挥员主导一切，用我们现在的话语来说，就是单纯军事路线。青年远征军虽然号称是新式军队，但仍然保留了许多旧军队的积习，如贪污中饱、吃空饷之类。我们曾亲眼看见团部派军需官来营检验人员编制，逐个点名时突然发现队列中增加了几十个新面孔。事后有老兵为我解释，这就是冒名顶替吃空饷，那几十个临时应卯的士兵，轮流到各营临时应到充数，上下都心照不宣。不过青年军的装备与待遇确实高于其他一般部队，所以士兵与军官大多相安无事，但对政工人员则颇多挑剔与非议，因为同属投笔从戎，我们成天在荒郊野外摸爬滚打，晚上还要站岗放哨，他们却穿着军官制服过悠闲的机关生活。各种各样的负面传闻在营中流传，有些话说得很露骨，如"男干事，女干事，男女干事"等等。政工干事至少有少尉待遇，高的有上尉待遇；再往上就是师、团政治部主任，最高可获上校待遇。这些人大多是蒋经国的亲信，有些人追随他很久，但与我们基层士兵很少接触。在青年军服役一年半，从来没有任何一个政工人员找我谈过话，即使是在重禁闭期间，也未见他们有人露面。不过这种松散的政治氛围，倒很适合我的一贯脾性。

早也盼，晚也盼，1945年8月15日，抗战胜利终于到来。那时没有广播电视，也看不到当天报纸，只是听说重庆整个山城都沸腾了，到处都是挥舞红色号外的报童叫卖，到处都是欢欣欲狂的民众自发聚集，晚上此起彼伏的五色焰火与探照灯的光柱流动交织，真正说得上是今夜无眠。

对于众多逃难来川的年长下江人来说，这一夜肯定是思虑万千，辗转反侧；对我们这些军营孟浪少年来说，无非是有了难得的宽闲，可以猛吃、猛睡、猛玩，抗战胜利并没有激起内心极大波澜。可以概括为一句话：依然是浑浑噩噩，不知明天路在何方。但回想起来，军营中的气氛已有悄然变化。入伍八个月来，由于即将进入战斗序列，军官们挂在口头的话语就是"平时多流汗，战时少流血"，大家起早摸黑抓紧严格操练，为的就是与日本侵略军决胜于疆场，用子弹与刺刀把日寇赶出去，

第三章 投笔从戎　179

让沦陷区的亿万老百姓重见天日。但是，现在日军投降了，没有敌人就失去了战斗对象，同时也失去了必要的外在压力。战争的结束对我们来说，就像紧绷的弹簧失去弹性一样，突然松弛下来，连过去最喜爱的射击课目也失去了吸引力。我们仍然整日照旧训练，步枪练过卧、跪、立式，轻武器练过手枪、冲锋枪，接着又练轻、重机关枪与多种手榴弹，然后又是迫击炮的实弹射击，最后结束单兵训练，转入排、连、营的逐级实战演练，直至全团规模的全面实战练习。但是这一切对我来说，似乎都照章行事，走走过场，因为心目中缺少一个足以激发复仇火焰的真实敌人影像。

军营管理也比过去明显放松。原来几乎是天天一级战备，星期天只能就地休息，连上街购物都需请假。可是现在常有士兵利用周末请假到重庆探亲访友，星期天傍晚赶回，只要不误晚点名就行。实际上晚点名也推迟了，因为有些连的排长同样享受重庆的周末，借以调剂一下军营生活的单调与枯燥。

我也曾利用周末到重庆探亲，特别是看望正在养病的五弟。夏季月夜轻装行走在山间小路上，习习的凉风驱散了白昼的暑热，一个人自由自在走走歇歇，唱唱看看，说不出的轻松愉快。我按照约定的时间、地点与小爷爷见面，不过大哥、三哥、五弟都在那里等待。原来大哥毕业后应征入伍，担任少校军医，三哥也辍学参加青年军。我们都穿着同样的军服，不过两位兄长上衣都是四个口袋，我却只有两个口袋，是个货真价实的小兵。开永经过疗养，脸色与精神都比离营时强得多，小爷爷似乎也很喜欢有他作伴。小爷爷仍在汽车站任职，星期天请我们到冠生园吃粤式早茶，他与大哥自然懂得广东品茶的规矩，开诚、开永与我却从来没有吃过如此美味。冠生园结账的方式很特别，不问点心品种，只计算点心的容器数量，因为各类点心各有其特定的碗碟。小爷爷结账时一共有四五十个碗碟，可见我们是多么贪馋，这是我有生以来第一次享用如此丰盛的早餐。小爷爷虽然花费不少，但仍然极为高兴，因为这是我们老章家男子汉人数最多的一次团聚，何况他与大哥也有很久未见了。

随后，我们兄弟四人又过江到南岸看望五姨妈一家。他们由于害怕日机轰炸并为节省开支，早就搬到重庆南岸乡下，虽是竹篱茅舍，但有独立的宽阔庭院，在当时也算比较高级的住所了。姨父姨母看见我们都长大成人而且都很壮实，非常高兴。特别是我与他们多年未见，加之处境又最为艰难，姨妈看到当年那个体弱多病、又瘦又矮的孩子，现在却成为有模有样的军人，连连叹息说："如果你妈妈看见，不知道该多么高兴。她最担心四宝，总以为你已经死了，是我们瞒着她呢。"我悄悄注视了一下大衣柜上的镜子，里面果然有个年轻士兵，红黑脸膛，两肩宽阔，夏季军服露出的胳膊与腿，肌肉都相当发达。这就是我吗？因为多年以来我几乎从未照过镜子，连自己都不敢相信这就是现在的我。我从小被嘲弄为矮子，而且也确实其貌不扬，所以在体格与容貌方面常有自卑心理，直到19岁，经姨妈提醒认真照了镜子，才对自身有所肯定，说起来也太可笑了。

姨妈一贯豪爽好客，虽已雇请女仆，但仍喜自己下厨，按四川人的习俗，用几层大蒸笼制作粉蒸肉请我们"吃胙"。所谓"胙"，就是用苋菜、南瓜或红苕垫底，上面铺满用胙粉揉过的大块五花三层猪肉，肉蒸得酥烂，而油都被垫菜吸收，堪称油而不腻，肉味喷香。这是我多年以来渴望已久的家常便饭，饭菜的可口与亲情的浓郁，滋润着我过早枯涩的心灵。

从姨妈与大哥的叙谈中，我才知道大庾沦陷后，父母与姐姐历尽千辛万苦，业已平安回到芜湖老家，爷爷也带着一大帮老小家人从上海返回祖屋，而且长辈们的身体都很健康。开永辍学经年，小爷爷怕耽误他的学业，正在设法购买船票，让他先回芜湖继续上学。八年离散，全家团圆指日可待。回营的山路上，我的脚步特别轻捷，心情也特别欢畅。

抗战结束以后，国府回都南京，大批公教人员，还有为数更多的长江中下游入川避难的民众，纷纷争相走上东归之路。古时的"蜀道难"已变为由西而东，由上而下，"一票难求"成为出现频率最高的媒体与民间流行话语。但军营中的训练并未停止，学科相关课程照上不误，"归心似箭"似乎难以形容我们当时的实际状况，因为服从上级命令几乎已经成为我们的本能，所以我们最关心的还是何时退伍。从请缨杀敌到期待退伍，军心涣散已成无可遏制的趋向，而多起恶性事件的发生就是其表征。这几起事件都发生在我们603团，不过与我倒是没有任何关联。

一起是士兵携枪外逃。就二营来说，四连士兵成分比五连、六连复杂，因为确实有几个兵油子，其中一人还是班长。四连军官的旧习气丝毫没有改变，因此"炸营"以后官兵关系依然紧张，小的口舌之争不断。终于有一天，这几个兵油子携带枪支与少量子弹潜逃。营部派人搜寻多日，未能获悉其下落，只有把那个班长的女友（附近乡村女教师）抓来讯问，希望能够发现若干线索。其人衣着朴素，端庄文静，显得较有教养，不知为什么与一个兵油子交往。她被关在营部门口值班室隔壁一间小房，日夜都有士兵轮流守卫，我也曾值过两个小时夜班。与团部禁闭室一样，透过玻璃窗可以监视被拘留者的动静，不过马桶置于床后，有蚊帐可以遮蔽。我值班的时间是晚上8时到10时，她尚未就寝，安静地坐着看书，偶尔也来回走几步，神情茫然，但并未流露出任何焦急与恐惧。我不知道这种拘留是否合乎法律程序，但由于当时尚属战争期间，603团在铜梁全权负责治安任务，包括日夜巡逻、维持社会秩序等等，对这女子的讯问另有专人，手段似乎比较温和，未听说有什么严刑逼供。以前我曾亲眼看见杨排长审讯一个小偷，利用手摇电话机为他"通电"，把他麻得哇哇直叫，终于认罪并交出赃物。但这次对女教师确实未用刑具，也没有大吼大骂，因而也就一无所获，没过几天就把她放走了。这次士兵携枪外逃竟然成为无头公案，不了了之，也未听说四连军官因此受到什么处分。

另一起事件复杂离奇，是一个士兵在营房开枪自杀。自杀者在603团是个神秘人物，身高体壮，方面大耳，相貌堂堂，上唇还留有一撮小胡须。据说已经大学毕业，入伍前是个记者，原来不在二营，好像是在团部协助若干宣传事务。因此，他平时很少参加操练，假日更是活跃异常。偶尔见到他路过二营，在路边与三朋四友高谈阔论，眉飞色舞，旁若无人。但不知为什么，就在抗战胜利后不久，他从团部被押送到我们营部关押，禁闭室正是原来拘留乡村女教师的那间房。他可不像女教师那样显得无助且茫然，而是神色不改，桀骜如故。经常可以看到他与卫兵闲聊，有时也坐在床上写点什么，偶尔抬头向外看望，目光依然是那么平静而又充满自信。但不知为什么，在一个深夜，他用冲锋枪对准心脏自杀了。冲锋枪是如何弄到的？为什么匆匆走上这条路？他到底是好人还是坏人？官方始终保持沉默，我们也没有认真追究，因为毕竟与己无关。我倒是觉得有点可惜，也许因为他本来带有英雄色彩。

军营内外的形势在悄悄发生变化。就在"兵王"（自杀者的绰号）死去不久，陆续听到一些传闻，如驻防璧山的601和602团已有一些士兵公开要求提前退伍，因为抗战业已胜利结束，大家想与家人团聚，或就业或复学，过正常的和平生活。这些小道消息在603团也有所呼应，就连我这样随遇而安只求温饱的庸碌之辈，内心也难免滋生回家继续升学的渴望。我们不知道师部、军部是否真正理解士兵的心情，更不知道军事委员会决策人物如何确定我们这批志愿从军者今后的去向，所以军心已经不大稳定。但是1946年元旦以后团部很快就下达命令，暂时不允许退伍，并且抽调一部分高中以上文化程度者，集中编入一营一连，接受预备军官教育。于是我与董务民、陈翘邦等立即离开二营，离开曾经亲密相处的张连长、张排长和杨排长。军中无戏言，军中也无温语，没有话别，更没有饯行，我们以军人式的敏捷洒脱，当天就到一营一连报到。

一连连长也是军校毕业，少校军衔，斯斯文文，比张连长更加显得英俊潇洒。他似乎是个比较开明的军官，但也可能是由于已经终止了备战态势，所以对士兵的管理比五连更加宽松。其实预备军官教育与一般士兵教育本来就有所差异。士兵教育术科重于学科，虽然也讲若干筑城、射击等要领，但主要是靠连长和排长言传身教。进入预备军官教育以后，学科明显加强，分别由各兵种专业教员讲授射击、兵器、筑城、化学战争等学科，均涉及物理、化学、数学乃至生物学等基础理论，所以必须要有高中以上文化程度才容易接受。术科早已结束单兵训练，转而以班、排、连、营、团进行各级实战训练与演习，因为预备役军官至少要能指挥一个排战斗。给我印象最深的是结业前团一级战斗演习。我们一连属于防御序列，经过全副武装30公里夜间急行军，迅速占领一个小山头，并且摸黑筑好简易掩体。没有多久，"敌军"乘虚潜入山脚，随即发动佯攻。这种地形有利于防御而不利于进攻，我们迅速进入掩体，居高临下猛烈反击。由于是教学演习，按规定只能用木质弹头，射出后很快便成为碎片，不至于造成严重伤害。此种弹头射击时虽有光，但为时短暂，响声也较沉闷。双方火力都比较凶猛，颇显厮杀气氛，只是缺少金属弹头在空中掠过的刺耳嘶鸣。没过多久，我们突然察觉对方的枪声杂有清脆的嘶鸣，显然"敌军"有人违规偷偷用了真实子弹，直接威胁着我们的肢体乃至生命。我们愤怒至极，破口大骂，随即插上刺刀跳出掩体，伴随着激昂的冲锋号，高声喊杀，冲下山去。"敌军"可能自知理亏，略走过场便撤退了。我们这些新兵，凭视觉与听觉已能判断对方弹头的真伪，而且防御到位，冲锋果决，受到团部的表扬。收兵回城时，团长骑着大马，带领一群军官亲临视察军容。我们怀着胜利的喜悦，改用正步前行并且持枪致敬，赢得沿途观众的阵阵掌声。

我们就这样结束了军旅生活，勤学苦练一年有半，请缨而未能杀敌，对于抗战军人来说，乃是终生的遗憾。正因为如此，我从来不敢自称是抗战老兵。

## 复员东归

抗战胜利后,"复员"成为重庆地区一个频繁出现的话语,而我们也经历了复员的完整过程。

"我们"已不限于我与董务民、陈翘邦,在一营又增加了程雁秋与余大江,都是有志于继续升学的爱好文学的年轻人。程雁秋是四川本地人,高中毕业生,人如其名,非常秀气,对文学相当痴迷,以后进入了重庆大学。余大江是个怪人,与我关系非常亲密,分别以后也常通信,但我至今都没有弄清他是哪里人,入伍前是个学生还是职员。他本来在603团团部当卫生员,不知什么原因又下连当兵。他以诗人自命,却从来都没有以诗作示我。他颇有风流儒雅气质,自作多情,却未见交上什么女友,与那么多女卫生员相伴却没有收获爱情。不过平心而论,他倒是略有文学功底,而且对人谦和友善,所以我们常常在一起闲聊。政工人员有些绯闻,就是他传播过来的。退伍后远去东北大学就读,解放后还给我来过几封信。

1946年6月正式退伍,进入复员序列。虽然没有任何战绩,但毕竟有报国之志与服役之劳,所以理所当然享受保送升学的优待。为了弥补我们服役期间的学业荒疏,教育部特地办了青年军大学进修班,我与董、陈、余、程等于7月初就近进入第一大学进修班。

进修班设于重庆复兴关原国民党中央训练团旧址。由于国民政府已迁回南京,重庆失去战时首都的地位,空空荡荡的中训团正好为我们提供优越的学习环境。这里不仅有雄伟的大礼堂,光线充足的大教室,还有许多先进的运动场与游泳池。虽然没有长江那么宽阔可以搏击风浪,但是池水清澈,并有许多可供练习跳水的正规跳板。我最喜欢游泳池,这一个月几乎每天中午都去游泳,特别是练习跳水,因为有体育老师指导。从镰刀式到飞燕式我都有明显进步，结果是从头到脚都晒得漆黑。有天中午我游得太累，回到宿舍便熟睡了，不仅误了下午上课与晚餐，而且第二天醒来已是下午，连早餐与午餐都耽误了。这是我有生以来睡得最为香甜的一个长觉。当时是百余人集中住的大寝室，前后左右上下铺的同学都互不相识，所以也没有任何人察觉我睡得太久。

这也说明当时我们并没有认真进修和补习中学主要课程。一年半的军营生活太紧张、太机械、太单调，所以一旦退伍摆脱严格的纪律约束，便如同出笼的鸟儿一样充分享受自由自在的飞翔。其实，进修班班主任张含英倒是一位朴实忠厚的学者，他为我们邀请了许多著名教授来讲大课，例如地理就是请蒋介石颇为推崇的张其昀讲的。但是这些教授讲得太高深，而且与我们需要补习的中学课程相距甚远。多数讲学声势甚隆，但我们受益不大，反而不如有些名演员的演唱给我们留下深刻印象。例如当时颇负盛名的厉家班尚未回天津，每晚都借用我们的大礼堂演出，进修班学员可以免票观看，我几乎没有漏过任何一场。厉家班是小鬼当家，清一色年轻演员，厉慧良（武生）、厉慧敏（青衣）、厉慧兰（须生）等挑大梁，既有著名科班的深厚底蕴，又充满青春鲜活的生命气息，使我们久久为之沉迷，几乎忘记自己仍然客居异乡。

作为青年军总政治部主任的蒋经国，也曾经来大礼堂做过报告。我们对他传奇般的旅苏生涯一无所知，对其激昂慷慨的谠言宏论也毫无兴趣。我们比较欣赏的，倒是这个矮矮胖胖的中年汉子丝毫没有达官贵人的傲慢，倒显出平易近人和几分憨厚。在我们热烈鼓掌的敦促下，他在台上放声歌唱"两只老虎，两只老虎，跑得快，跑得快，一只没有耳朵，一只没有尾巴，真奇怪，真奇怪"。边唱边跳，还不断用双手拍拍耳朵与屁股，模拟那一对缺耳断尾的可怜山中大王。他表演得非常投入，模样又非常滑稽，引起哄堂大笑。这倒是很难忘记的奇妙瞬间。

不知不觉为期一月的"进修"就这样结束了，领到一张有名无实的结业证书，并分配预定就读的大学。大家都各如所愿，自然是心满意足。但剩下来的时光很不好消磨，因为急需从重庆复员的滞留人数仍然太多，一时还轮不到我们踏上回乡之路。进修班的临时管理机构已经撤销，改由国防部复员军人管理处负责我们的遣送事宜。我们仍然住在中训团旧址，一日三餐照常供应，只是不再安排任何学习或休闲活动，每天都是自由活动。五姨妈一家早就回到南京，大哥、三哥、小爷爷也先后回到芜湖，我在重庆已是无亲可探，无事可做。最初我还随众进城逛过大街，用复员费到拍卖行买了一个旧皮箱，一块旧手表，还有一把比较贵重的蟒皮二胡，但很快便失去逛街兴趣，成天为不能成行而焦急。"过了一天又一天，心中好比滚油煎。"这句不伦不类的京剧唱腔，几乎成为流行歌曲。我早已无心阅读与写作，每天都泡在茶馆打桥牌或下围棋。棋艺毫无长进，倒是桥牌的水平略有提高，因为陈翘邦是老手，经常有所指点。但这只不过是无可奈何地消磨时光，说不上是痴迷与钻研。之所以总是玩这两种游戏，主要是因为它们耗费的时间较多，光是桥牌每局的得分记录就积攒了一大摞。好在四川的茶馆厚道，买一杯茶可以自由自在享受一天。

好不容易等到8月初，终于踏上了东归的漫长旅程。由于水路仍然是一票难求，我们只有改乘大卡车，从重庆出发经过綦江、桐梓、娄山关、遵义、凯里、玉屏、芷江到衡阳，然后改乘火车到汉口，再转乘轮船到南京。玉屏之前的行程，因为有军车运送，山路虽然迂回艰险，总算比较顺利；玉屏以后则主要靠自己想方设法搭乘"黄鱼车"（相当于现今顺风车之意）。由于沿途等车者较多，每当路过汽车一停，大家往往是蜂拥而上，所以整天都是挤着站在车上行进。西南公路大多是绕山盘旋，崎岖曲折且多悬崖陡壁，其危险堪称国内公路之最。旅客挤成一团，暑热使人汗下如雨，加上尘土飞扬，一天下来就俨然成为泥人。直至进入湖南以后，公路状况较为改善，搭"黄鱼车"者又逐渐减少，有时车上几乎全部是退伍士兵，这样的长途旅行就愉快多了。

山路长途奔波虽然非常辛苦，但是当过兵的人承受力很强，大多不会叫苦埋怨，而且苦中有乐，也有若干美好的记忆。记得有天黄昏，汽车停在贵州玉屏车站。大家一路风餐露宿，灰头土脸，非常疲惫。听说当地以箫笛生产著名，年轻人生性好动，将行李寄存山村后，就成群结队前往附近集镇吃晚饭，并且争相购买箫笛。我也随俗买了一支。这箫与我在重庆买的那把楠木蟒皮二胡，遂成为我随身携带的两件宝物。山村夜晚特别寂静，沐浴更衣上床后，月光似水洒进床边，只听得微风吹拂竹林簌簌作响，偶尔还传来略带乡愁的游子吹奏的箫笛之音，如同天籁一般沁人心肺。这是一个不眠之夜，箫声撩动多少浪迹天涯游子的心弦。八年离乱，故园胡在？家人安否？我永远难忘这月夜箫声。

到达衡阳后结束了汽车长途旅行，奉命集中休整一天一夜，以便清点人数，根据前往学校地点，重新编队并安排车船。由于衡阳城内发生瘟疫，我们严禁进城，只能住在湘江对岸旅社，就地休息。季节已近秋凉，湘江的水特别清静平缓，与川江夏季的浑浊狂暴大不相同。我们纷纷跳入江中洗涤一路风尘。游过湍急川江的人，对于这样温驯的江面当然是等闲视之，尽情享受游泳之乐，旅途的疲劳顿时消除殆尽。但我却萌发跳水的冲动，爬上一艘大船，纵身以飞燕式俯冲入水，不料冲力过大，入水太深，竟然被江底铁锚刺伤。幸好仅限于膝部皮肉，没有伤及筋骨，但已感觉疼痛。自觉情况不好，赶紧浮上水面，上岸一看，果然右膝已被划破，伤口已逾寸许，鲜血不断溢出。我匆忙上岸，就近找到一家小诊所，及时洗涤消毒，敷药包扎。幸好伤口不深，血也迅速止住。离开诊所时回头一看，不禁大吃一惊，玻璃窗上以红色大字标明："专治各类性病。"我的心凉了半截，游泳之乐消失殆尽，唯恐感染无妄之灾。但多年以后事实证明，这个诊所虽小，但医生尽心尽力，医疗恪守规范，没有给我带来任何麻烦，此乃不幸中之万幸。

第二天改乘火车前往汉口，寄宿在江边基督教男青年会的免费接待站，此站除接待复员军人以外，还接待其他社会团体的复员滞留人士。务民到汉口后随即乘火车到北京清华大学报到，只有我与翘邦留下等待船票。招待所寄宿者不多，只有五六个文艺界人士，好像是什么剧团的演员，他们自己抱成一团，似乎不屑与我们士兵交谈。他们滞留汉口已经很久，但一直未能弄到火车票，连吃饭都有点拮据，有时只能买些烤红薯充饥。他们归心似箭，一边吃烤薯一边抱怨武汉的红苕不及北平的大白薯香甜。我们心中倒是很笃定，因为车船票都由国防部复员军人管理处预先办妥，可以按计划及时出发。同时，一日三餐都是定点免费供应，不必动用自己所剩无几的复员费。

但我们也无心上街游玩，多半是结伴在轮船码头附近散步或交流信息。我们也并非毫无归心似箭的焦急，因为与家人离散已近九年，有时看着悠悠东流的江水与装满旅客的下驶轮船，恨不得插翅飞上客轮，及早回到芜湖。有天下午，正好碰上为数众多的日本士兵排队陆续上船，估计是早已缴械投降，并奉命结集到上海遣返回国。他们和我们一样，都穿着已经没有任何标记的夏季军便服，本来应是沙场对决的仇敌，现在却都是手无寸铁的军人。根据国际惯例，他们首先向我们举手敬礼，我们冷漠视之，不屑于举手回敬，仅仅微笑示意而已。但我们也没有多少胜利者的喜悦，因为自己毕竟没有亲身直接参与战争，内心唯一的感觉，就是战争终于结束，无论是战胜国还是战败国，活下来的士兵理应尽早回乡与家人团聚。

没过几天，我们也登上驶往下游的轮船，由于务民此前已赴清华，只剩下我与翘邦结伴前往金陵大学报到，"军中三剑客"自此南北分离。到南京后，住在复员军人管理处临时安排的简陋住所，大家都东倒西歪睡在随便放置的草垫上，吃住条件都比汉口差得多。幸好报到手续迅速办妥，我们拿到正式入学通知书后，便各自回到家乡与亲人团聚。

## 回家

　　我从南京乘长途汽车回到芜湖。离开故乡九年，重新踏上故土，理应感慨万千，但我却始终回忆不出当时自己有哪些内心活动。可能像我这样年龄的男孩，头脑本来就太简单吧！我虽然自幼住在芜湖，但家在乡下又很少进城，所以对芜湖的一切我都仍然陌生，并无多少"少小离家老大回"的感觉，反而不如重庆、江津、铜梁的一草一木能引发许多回忆。我对芜湖路途不熟，而且又携带一个笨重的皮箱，所以只能叫一辆黄包车。当我把皮箱放在车上时，自己不禁哑然失笑，因为箱子虽大，却空空荡荡，只有一把二胡一支箫，再加上几件军服内衣，这就是我的"衣锦还乡"。直到那黄包车行走在抗战前每天走过的青石板上，才真正感觉到确实是在回家。但内心反而有点紧张，不知家中有哪些变化，我应该向他们说些什么话。黄包车夫依然是那么健步如飞，很快便到达益新面粉公司的大门。青弋江汛期已过，江水由浊变清，依旧缓缓从家门口流过，岸边那一长排高大柳树，迎风摇曳，绿意盎然如故，码头的巨大石阶与欧洲古典式的灯柱都丝毫无损。战争似乎在这块土地上没有留下多少痕迹，八年离乱岁月并未给这座古老厂房增添多少沧桑之感。

　　但公司的职工似乎变动较大，我走进大门穿过第一道天井，没有任何人搭理这个陌生的来客，他们都在忙于自己手头的工作。直到走进住宅东院大门，才被那位战前为我们上学送饭的老仆张南轩发现，他大声惊呼："四先生回来啦！"接着又有好几处呼应："四先生回来啦！"还没有等我反应过来，老张已经接过我的皮箱，带领我走进祖母的卧室，原来祖父早已在这里等候多时。祖父除了略增白发，容貌与身躯并无多大改变。他靠在躺椅上，招手示意我坐在他身边。老人透过眼镜端详这个最后归来的孙儿，紧紧握住我健壮的肩膀，连声说："四宝长大了，长大了。"

在我的记忆中，这似乎是他第一次向我表达如此真切的祖孙之情，也许是因为孙儿女太多，抗战前他从来没有与我单独谈过话。久别重逢，我们没有拥抱，也没有流泪，亲情依然受到传统礼仪的压抑，这里毕竟依然是那个风雨飘摇的陈年老宅。

向祖父磕头请安以后，我才松一口气，回到父母的卧室与兄弟、姐姐、嫂嫂团聚，喜气洋洋，其乐融融，一切都在不言中，我终于又有了一个家。然而回家的喜悦未能维系多久，因为尽管战争业已结束，但这个古老的家族已经面临极为严酷的困境。

"盼中央，望中央，中央来了更遭殃。"这首民谣生动地宣泄出沦陷区亿万民众的悲愤心声。国民政府还都南京以后，决定废止原来的中储券，统一使用法币，但兑换价格极低。从大后方蜂拥而来的形形色色的接收大员，以胜利者的姿态肆无忌惮地强取豪夺，贪污中饱，这对于沦陷区中小民营企业更是一场创巨痛深的野蛮浩劫。我们家族的男性成员虽然很多也是从大后方回来的，但是却无一人具备接收资格，因此两处没有西迁的企业——芜湖的益新面粉厂与当涂的凹山铁矿，都成为接收大员们敲诈勒索的对象。当时他们对钱财的索取，已经不再是现钞或支票，动辄就是开价多少多少金条（简称"条子"）。媒体讽刺国民党接收大员们的所谓"五子登科"，即"房子、车子、票子、条子、婊子（二奶）"，我的家人都是目睹者。虽然祖父与父亲都不愿意重提这一年多所经历的折磨屈辱与惨重损失，但我多少从母亲与兄姐的闲谈中知道家族被迫咽下的苦果。凹山铁矿由于交不起巨额金条，竟以日军曾经占领并继续开采为由，作为"敌产"没收，曾经辉煌多年的宝兴铁矿公司遂成为历史名词。芜湖面粉厂的收回，破费钱财也甚多，所以能够用于继续经营的资金也所剩无几。

这一年时间，曾祖父艰难创业，祖父兄弟二人惨淡经营的产业，粗略算起来已经损失大半。全家几十口人的生计，完全寄托于益新面粉厂恢复生产。祖父兄弟二人由于年迈已经有心无力，新一代的年轻长辈扮演着接班人的角色。小爷爷（兆森）由于辈分最高，代表两位兄长统筹经营管理，父亲依然是尽心尽力地辅佐，而贡献最大的却是最小的一位堂叔学澄。学澄与兆森虽然辈分不同，但却年相若也，是地地道道的同龄人。他很早便随二叔祖迁居上海，因此受过良好完备的现代教育。他随金陵大学迁川，先后读过农艺与电机两个学位，毕业后曾应征担任美军翻译，后来也曾在西北一家内迁面粉厂担任工程师。他从小就崇敬祖父维藩公，长大后又热爱面粉加工这个专业，是兼习小麦种植与制粉工艺两方面的通才。

抗战胜利后，他辞去原有工作，赶回芜湖参与益新面粉厂恢复生产的繁重任务，义不容辞地承担全部工程职责。由于战时停工已久，机器锈损缺失很多。他与小侉子（郑怀德）等技术骨干夜以继日检修更新，把全部机器重新组装试车一遍，才如期正式开工。由于整天与机器、面粉、灰尘接触，他得了过敏性鼻炎，经常喷嚏不断，可算是留下永远的益新复工纪念。

面粉厂的主要困难并非内部经营管理，而是由于内战造成的原料与市场两方面的严重危机，不仅产量很受限制，而且库存面粉积压甚多，迟迟难以实现销售。资金周转不灵，银行贷款利息又高，我回家不久便发现有好几个大型仓库已被贴上封条，其原因就是未能如期归还贷款，这是抗战以前益新公司从未出现过的极大尴尬。各级地方政府苛捐杂税又多，仅我们兄弟三人加上澄叔共有四个"壮丁费"。祖父已近衰暮，日益胆小怕事，连保甲长都不敢得罪，所以便成为地方恶势力敲诈勒索的主要对象。

家庭本身开销仍然很大，因为需要供养的老少人口仍然有好几十个，战前长期养尊处优的生活方式并未因为战争而有丝毫改变。虽然父母和我们兄弟已经主动拒绝雇用女仆，但祖父母、姨太太那一大拨，仍然是各个房间雇用一人，祖父还另有一人专门料理其日常生活。一日三餐倒是依旧俭朴家风，谈不上什么锦衣玉食，但开饭时仍然有仆妇环伺，送茶添饭的旧习又复重现。我从未过问家中的财务状况，父母也不愿让我们为此操心，没有向我们诉说这方面的困窘。但我确实察觉他们已不时悄悄典当或变卖家中贵重首饰衣物，以贴补我们长子长孙这一房的日常生活费用。好在大哥、大嫂已经就业，姐姐出嫁在外，我与三哥读书都是公费，所以问题也不算那么严重，只不过这个百年大家族破败的征兆已经明显呈现。

1947年夏季，也就是我回家的第二年，青弋江夏季汛期决堤成灾，洪水淹没天井，连工厂都不得不暂时停工。有天我突然看到一条大蛇悬挂在西院屋檐，正好是供祖宗牌位的那层楼。按照农村星相家的说法，这金黄的大蛇就是"家蛇"，它的出现乃是不祥之兆，因此众人议论纷纷。预言似乎果然应验，就在春节，祖母因为吃糯米点心稍多，引发胃溃疡大出血，虽经中西医日夜抢救，终于不治身亡。巨大而又阴暗的老屋因此显得更加黯然。

八年离乱，远在千里之外的四川时，故乡常在梦魂萦绕之中，但一旦归来，故乡已失去想象中的魅力。满目疮痍，重振无望，地区如此，家族亦复如此。曾经辉煌近半个世纪的芜湖老家，其凝聚力业已消失殆尽。作为长房长孙的大哥完全投身于药剂师职业，并且偕妻携子迁居芜湖市内，另立自己的小家，稍后又长期就业定居于上海。作为代表两位长兄管理家业的小爷爷，因为已经没有什么产业可供经营，也在芜湖城里娶妻生子，并且把自己的养母二老师太也接去同住，实际上也是另立门户。由于我从小就想走出这座阴暗的老屋，家族观念本来就最淡薄，所以在心理上对这个名存实亡的老家的逐渐消逝，并未产生多少惋惜与眷恋。

第四章

# 投身学运

就读金陵大学 \ 学运 \ 走向革命 \ 步入政治研究室

## 就读金陵大学

1946年秋季，回家没过多久，我又前往南京，正式就读于金陵大学，生活从此揭开新的一页。

我之所以选定金大，有两个原因：一是金大农经系颇负盛名，我早就有志从事农村经济研究，并投身农业改良工作。二是离家较近，看望父母比较方便，两个堂叔父（学濂、学澄）也都曾就读于金大，因而对这所大学更有亲近感。因此，我与陈翘邦第一志愿都报的是农经系，第二志愿是农艺系或园艺系。但入学经过简易测试后，翘邦如愿进入农经系，我却被莫名其妙地招进历史系。经过连续两次失学失业之痛，我已经养成随遇而安的习性，只要是有饭可吃，有书可读，便心满意足。因此，我没有要求转系，高高兴兴到历史系报到，从此与历史学科结下不解之缘。

金陵大学虽然位于南京市区，但地处鼓楼、玄武湖、紫金山之间，山光水色，环境相当幽美。一进校门就是大片绿油油的草坪，迎面就是矗立于高坡上的北大楼，其下两排是一色中西合璧的高大教学楼房，布局疏密有致，园林之美亦属上乘。对于我这个多年在四川穷乡僻壤竹篱茅舍中苦读的土包子来说，简直是一个光彩夺目的新世界。但是第一学期我却未能定下心来认真读书，一是由于适应正规大学学习本来就需要一个过程；二是过去患难中结交的好友邀请聚会太多，占了大部分课余时间。

开学不久，王正炳与小倪结伴来访，依然是一高一矮，一瘦一胖，相映成趣。他们辞别军营，重操故业，老王回原来的印刷厂整天排字，小倪仍在公共汽车上卖票。他们那浓重的南京口音充满友情，很快就驱

图13　1947年秋金陵大学历史系部分师生合影于贝德士住宅前。一排左二：王绳祖；二排左二：陈恭禄，左三：贝德士，右一，章开沅

散了我对这座城市的陌生感。对我来说，他们就是南京人，而南京人就是他们，朴实厚重，安居乐业，和善可亲。当然，现实中的南京人并非一个模子铸造出来的。他们非常珍惜铜梁那一段患难之交，经常利用休假引导我游览这六朝古都的各处名胜。

与我交往更为密切的，还是闻刚与秦邦文。董务民远去北京，与我只能保持书信联系；陈翘邦与我虽然住同一宿舍，但因不在一个院系，已经各有各的密友圈，老友彼此反而疏远了。闻刚从计政班毕业后，已在新疆省政府驻京办事处任职，秦邦文则在海军一个下属仓库当会计。他们都没有成家，甚至连正式的恋爱对象也未见踪影，所以常在周末邀我去看电影或到夫子庙吃茶听戏。他们虽然工资不高，但都单身一人无需养家，倒也吃喝不愁。从四川偏僻小城镇突然进入纸醉金迷的大都会，年轻人难免需要享受一下。夫子庙是普通市民吃喝玩乐的首选，这里的茶馆与四川小城镇的大不相同，陈设和茶具都较高雅，除品茶外还有许多可口小吃可选，我们最喜爱的是鲜汤干丝和萝卜丝饼。大一点的茶楼都有演艺助兴，主要是相声、评弹、大鼓与京剧清唱。演员中不乏俊秀人才，唱腔虽然未能绕梁三日，但亦有回肠荡气的片段，使人流连忘返。夜深人静，乘马车披着月色回校，马路上行人已稀，只有马蹄声声，催人入眠。这是当年南京大学生夜间休闲之一种，当然前提是闻、秦两位好友囊中尚有余钱。

吴天牧已回复旦大学中文系继续就读，每月也有一两个周末邀我作长夜谈，除文学、人生外，也常议论时局国事，当时大学生多数是满腹牢骚。他来南京借住在表妹家，房间比较宽大而又邻近金大，表妹的父母都在较远外地工作，所以只留下读高中的表妹一人独居。表妹似乎害过小儿麻痹症，行走稍有不便，但温顺勤快，热情待人，每次去都是由她沏茶做饭。1948年时局更为紧张，表妹又面临毕业、高考，天牧大概是忙于课余打工维持学业，无法每月回来探视表妹，所以便委托我就地关照，适当指点她补习功课。我受好友重托，自然不会敷衍了事，曾利用好几个星期天辅导她复习。但后来由于学运活动频繁，连星期天也难以休息，逐渐就疏远了，有负好友重托。但我相信，表妹的亲生父母绝不会弃病弱幼女于不顾。

其实我在南京还真有一个家，周末并非只与三朋四友在外面游荡。这个家离金大不远，就在成贤街中央大学校门附近。这是另一个堂叔父学溥租住的一栋两层楼房。楼下作为诊所，楼上是家用住房，倒也非常宽敞幽静。溥叔原来学医，抗战爆发后随校迁往贵州，毕业后一直在贵阳卫生院工作，随后升任院长。而溥婶就是他共事较久的护士长，现在则为"章学溥大医师诊所"的护士兼挂号与司药。与他们同住的还有叔祖母与婶子（学濂之妻），婶子是助产士，所以屋顶上也有"×××助产士"的招牌，与溥叔的招牌并列。叔祖母原住上海法租界，生活优哉游哉,现在则靠自食其力的儿女供养,很多家务必须自己料理,亦可见我那个家族逐渐名存实亡。溥叔夫妇主要是为邻近的中央大学师生及其亲属提供医疗服务,由于医术较精且态度和蔼,前来就医者颇多,收入尚属丰厚。濂婶作为受过正规教育且已注册的助产士,很得这一带居民的信任,接生业务也很兴隆。所以他们一家老小十余口人,尚能维持中等以上生活水平。叔祖母(我们按老辈排行称二奶)原来住芜湖时,因同情我父亲自幼丧母,故视若亲生子女。她对我母亲感情更深,比对自己的儿媳还更为怜惜。她知道我在金大读书,便经常命我回家吃午饭,有时还购买大闸蟹等时令佳肴为我加餐。我不会吃螃蟹,她就帮我一点一点把蟹肉剔出来,加上醋与姜丝,让我从容品尝,最后还把已拆散的蟹壳拼拢,让年幼的堂弟妹观赏。因为溥叔夫妇工作较忙,星期天照常营业,而二奶又有午睡的习惯,所以午饭以后濂婶就邀我到她房间小坐,与年幼堂弟(开胜)、堂妹(开智、开鸣)做伴,她自己边织毛衣边轻声吟唱。这时,我才真正感受到家人团聚的温馨,与芜湖老家那种陈旧礼仪束缚下的冷漠与疏远,形成鲜明的对照。

当然,这和和美美的家庭生活中也并非没有缺陷。长期在交通部驻香港机构工作的濂叔,由于已有外遇很少回家,即使回南京也住在旅馆。濂婶是叔祖母娘家的侄女,由于父母不幸被上海黑道人物杀害,自幼寄居在我们大家庭,与濂叔青梅竹马终成感情甚笃的夫妇。未想到中年以后却产生如此变故。每次与堂弟妹相伴玩耍,偶尔看见濂婶幽怨的眼神,我总不免产生若干伤感。战争使人们妻离子散,但有些人散而复聚,有些人则既散而难以弥合。尽管抗战早已结束,但战争衍生的灾害仍然笼罩着我们。

我就是这样松松垮垮地读完了金大的第一学期,然后回到芜湖扎扎实实过了一个农历年,这也是我1938年以来在家中过的第一个春节。

大年初一,祖父依然像抗战前一样,站在堂屋中间,背后挂满祖宗画像，接受全家跪拜贺年，随后又率领全体成年男性成员，在堂屋厅前站成一排，接待家中仆役、公司员工与外来拜年的亲友。东西两院依然是张灯结彩，爆竹声声盈耳，但热闹中已经隐含若干凄凉。除家族庞大产业已经掏空外，还有好多亲人逝去，包括外婆、疯子舅舅（母亲的大哥）、六弟开运、出生不久的民贵，还有留在芜湖看守老宅的五奶（祖父堂弟夫人），连过去每年抢在前面贺节的金、钱两位老者也仙逝多年了。不过，从四川回到芜湖以后，也只过了这么一个像模像样的春节。第二年的春节，由于祖母突然病逝，家中发丧致哀，也就谈不上什么过年了。

这一年祖父的情绪比较平稳，对我们这些外地归来的孙儿似乎还增添了几分关切。寒假结束，他亲自派人为我们买好车票，送我与三哥到南京上学。八年离散似乎已是消失的梦境，全家人都在强颜欢度春节中减轻了颠沛流离与相互思念之苦。

整个寒假我都在芜湖的乡下度过，对外界情况一无所知，也不大急于有所知，完全沉浸在全家团圆的欢悦之中。到校以后，才知道寒假留校同学已经为"沈崇事件"举行过抗议美军暴行的示威游行，随即又爆发了"反美抗日"游行示威。复员后校园的暂时平静已经不复存在，更大规模的政治风暴正在酝酿之中。

按照我的个性与既往经历，我应该是很快投入进步学运，但我回校以后却未能及时表明政治态度。原因是多方面的，如入学不久，对周围情况不大了解，也没有进步同学主动与我联络，寒假又完全与外界隔绝等等。但最主要的原因，还是"青年军联谊会"这个组织对我有所约束。寒假期间，预备军官管理局曾经给所有青年军复员学生发出通知，要求立即成立各高校"青年军联谊会"的分会，但并未告知成立办法与会务领导候选人。回校以后，我发现分会已经成立，并选出王昆山等五人组成干事会，王被一致推选为干事长。王昆山是皖北人，退伍前是宪兵，不属于青年军系统，所以大家对他很不熟悉。说老实话，在旧军队，多数士兵与基层军官都很讨厌宪兵,仿佛司机之仇视警察。但是,大家为什么偏偏选这个宪兵来当头头呢?据知情同学说,此人好像原来就与预备军官管理局有过联系,是管理局指定由他召集开会成立分会的。他较有社会经验,能说会道,办事麻利,所以大家就一致选他担任干事长。我们复员青年军来自全国各地,很多都互不相识,向预备军官管理局报到并领取补贴(学费已经免除),由于都是由个人自行办理,因此很不方便。金大联谊会成立以后,首先就把这些事务统一办理,由联谊会领取后一并交学校伙食团。当然,这正是预备军官管理局对青年军复员学生加强约束的重要措施,而王昆山便成为他们的重要依靠。

第一学期,由于金大刚从成都迁回不久,部分宿舍尚未修复,我们这些青年军新生大致有五六十人,都挤住在一栋宿舍顶层两间面对面的大房间里,清一色双层铺,除每人有一个床头柜放杂物外,别无其他任何桌椅。我与王昆山恰好同屋,不过我住在近门处双层床的下铺,出入比较方便;他却住在最里面,并且睡在上层。他似乎有意选的这个床位,可以居高临下俯瞰全室,我们的一举一动便都在他的视线注视之中。我与他从未交谈过,说不上对他有什么成见或不敬之处,但有件小事却引起他对我的不满。我原先在九中时曾用旧砚台背面雕刻过一幅自画像,自认为是一幅比较满意的标准像。那砚台早就遗失了,但我进入金大后却未能忘情旧作,根据记忆用铅笔重新画了一幅自画像,并且贴上硬纸加固,放在床头。这本来是私人生活小事,但我却自谑式地写了一句跋语:"章太公在此,百无禁忌。"也无非是聊以自求多福之意。我之所以这样写,是因为家谱上说章姜同源,姜太公有个儿子封邑于鄣,遂以章为姓。我小时候爱看《封神榜》,特别崇拜姜子牙这个神通广大的老祖宗,题词意在祈求吉祥,避祸免灾。不料言者无意,听者有心,竟然引发这位职业宪兵的猜疑。有天晚上,我刚回宿舍,他就躺在床上,仿佛是对全室大声宣告:"你们知道武则天叫什么?她自称武曌,曌就是目空一切。"当时大家不以为意，我也没有任何联想，但有位也是来自皖北的好心室友告诉我："王昆山那些话是针对你说的，他看过你的自画像，认为你太狂妄了。"我付之一笑，认为没有必要为此事做任何说明，只当没有任何觉察算了。但我内心也觉得王昆山过多猜疑，不好相处。幸好第二学期宿舍会有所调整，我与翘邦搬到楼下四人一间且有桌椅的正规寝室，远离退伍军人聚集之地，减少了不少无谓争执。

## 学运

1947年春，学运迅速进入高潮，南京终于爆发了"五二〇"大规模游行示威，中央大学与金陵大学学生自治会成为先锋与主导。

当天早晨，我与园艺系的周湘泉（亦为青年军复员学生），随同许多师生在校门外观看游行队伍出发。金大游行领队的是历史系学长宁培涛，他是学生自治会会长，在进步同学中享有极高威信。据说，在我到达以前，以王昆山为首的部分青年军学生曾与游行队伍争夺校旗。这些青年军大多来自青海、甘肃等西北农牧地区。他们公然反对游行队伍高呼的口号"反饥饿，反迫害，反内战"，大声叫嚷："你们这些少爷小姐反什么饥饿，只有我们够资格反饥饿！"并且认为游行者不能代表金大全校学生，因此蛮横抢夺校旗，以至有个别学运骨干受轻伤。我走出校门时现场已恢复平静，游行队伍业已站好并准备出发，但是前往珠江路的巷口已被大队军警封锁。游行队伍按原计划奋勇前行，有少数军警开始抓领头者，但旁观群众中有好几位年长教授挺身而出愤怒抗议。给我印象最深的是讲社会学通选课的马长寿教授，他身材高大，穿一件宽大长衫，伸开长长的双臂，左遮右拦阻挠军警抓捕学生，那景象真如老母鸡在老鹰袭击下奋身保护小鸡。没有多久，军警抓捕无效，游行队伍浩浩荡荡冲上大街，随即又重新整队向更为繁华的珠江路进发。此时金大学生已非孤军作战，他们与中央大学等其他高校学生汇合，组成声势浩大的示威洪流，不断高呼"反饥饿，反迫害，反内战"，经过国民党青年部时曾短暂停留，在青年部三字门牌上用黑漆加了三个"犭"字偏旁，随后径直向南京市中心新街口进发。

当时金大的青年军学生中，似乎只有我与周湘泉两人始终伴随着游行队伍前行。周湘泉是天津人，与我虽非同系但有共同的爱好，如游泳、单双杠、长跑等，偶尔也结伴到学校附近的"励志社"（相当于军人俱乐部）练习骑马。当然，所有这些运动他的水平都比我高，几近专业运动员，时常对我有所指点。他的每一块肌肉都够得上健美标准，加上又是个"卫嘴子"，即天津话的油嘴滑舌，言谈风趣而又平易随和，所以成为常与我结伴消闲的玩伴。"五二〇"前夕，王昆山根据其上级布置，必然会集合部分"忠诚分子"有所计议与具体安排。但我素来厌恶国民党与三青团，对他们的秘密谋划一无所知，只是出于对现状的不满，成为游行示威的热心观众。周湘泉与我也并非事先约定，只是在旁观时偶然相遇并一路随同游行队伍走上大街。途中游行队伍曾几次高呼口号，争取我们这些热心观众加入抗议洪流，而且也确实有些人积极响应。但我很惭愧，始终未能迈开这关键一步。主要的思想障碍是个人利益，说穿了就是为了读书与吃饭，唯恐再次失学失业。我与周湘泉当时与事后都没有深谈过自己的内心活动，想必他同样怀有若干顾虑。

在珠江路停留一段时间，突然前面的队伍大乱，有人跑过来大喊"军警抓人了"，原来军警已经鸣枪抓人，并与游行学生打斗起来。我们随着后面的队伍继续前进，果然看到仍有几十个学生手执旗杆、标语牌、糨糊桶等武器，继续奋勇与军警搏斗。我们不敢久留是非之地，便悄悄回校了。

我没有正式参加1947年春天的"五二〇"游行，但是亲眼看见的这些情景却始终历历在目，终生难以磨灭，包括自己内心因私利舍弃公义的那份愧疚。

客观地说，我当时只是个略具正义感的中间分子，继续升学乃是我内心的人生底线。但客观形势已经不容许我继续逃避政治，摇摆于左右两派之间。董务民比我觉悟更早，尽管他之前只是一个单纯的中学生，社会阅历还远远不如我丰富。北京高校学生的"反饥饿，反迫害，反内战"示威游行，包括他在内的进步青年军复员学生公然整队参加，而且有意穿一色军装。他寄给我一大包现场拍摄的照片，给我以很大刺激。多年以后我才知道，他到清华早已参加共产党领导的地下工作，游行后被派赴江津老家执行任务，曾经一度被捕入狱。当时国民党腐败透顶，经济崩溃，民怨沸腾，"五二〇"对学生的残酷镇压，更驱使一批又一批青年学生加入共产党领导的民主运动，并带动社会各界进步力量组成国统区的第二战场。

"五二〇"那天，王昆山策划抢夺校旗暴行，还有个青年军学生用小刀刺伤进步同学夏佛生的手掌，充分暴露其反动政治身份，在校园中引起众多师生公愤。追随王昆山的那些来自西北地区的青年军学生，在军营中已经毫无保留地接受了忠于党国领袖的法西斯教育，退伍以后依然顽固地抱持着内心这种愚昧的忠诚。他们虽然多数出身于贫困家庭，却感恩于国民党给予读大学的优惠，忘记了正是国民党政府及其所代表的统治阶级的腐败与贪婪，使广大人民群众更加陷于水深火热。等级观念已沁入他们的肺腑，容不得亵渎领袖与犯上作乱。他们对城市学生有本能的憎恶，讥笑后者白天反饥饿而晚上就西装革履，出入歌场舞榭，好像即使革命也只有他们这些人才够资格。他们很容易接受官府的愚弄，而最大的弱点则在于考试失败。据学生们说，金大学籍管理甚严，历来淘汰率极高，即令是正式考试录取的学生，能读到四年毕业的也不过四分之一。时任金大校长陈裕光领导下的教务部门严守制度，执法如山，丝毫不受政治或其他因素的干扰，遂将以王昆山为首的二十几个青年学生军开除，因为他们已经连续两学期有两门必修课不及格。这一处理真是大快人心，而且也毫无瑕疵可以指责，因为这些规则并非专门为青年军学生而订，任何学生都必须严格遵循。不过预备军官管理局却不轻易放弃这些"忠诚分子"，经由教育部把他们统统转入CC系把持的英士大学。只有王昆山一人被转到更为遥远的东北大学政治系，可能因为留在京沪附近过于显眼。金陵大学青年军学生这一下就减少大半，少数留校的反动骨干士气消沉，嚣张气焰消失殆尽。

但这不等于预备军官管理局从此就放松对于在校青年军学生的控制。他们于1947年暑假在嘉兴举办夏令营，刻意为在校青年军学生鼓舞士气，勉励他们继续捍卫党国，对抗进步学运。我没有参加夏令营集训，借故早早回到芜湖老家，与离别已久的弟弟开永结伴，共同享受夏日乡居的多种乐趣，如游泳、划船、钓鱼、斗蟋蟀（蛐蛐），乃至读进步书刊并讨论时事等等，完全避开外界社会的繁嚣。

进步同学也在暑假举办了自己的夏令营，并且多次向我发出热情邀请。其所以如此，似乎并非注意到我对"五二〇"示威游行的全程关注，而是已经了解我的固有叛逆性格与两次被学校开除的"光荣经历"。在这里，我必须追述我与朱彤老师同时离开九中以后的书信联系。

原来1943年暑假我被开除后，朱彤老师有感于政治环境的恶化，也主动辞职前往白沙女中任教。白沙女中新到任的校长，正是我们共同敬仰的九中老校长邓季宣。邓校长不仅蒙冤免职，而且新任校长邵华还解聘了邓校长的夫人（美术老师），这自然要引起校内外的公愤。江津地区的正派士绅非常敬重邓校长，特别是邓蟾秋、邓燮康叔侄热心公益并且兴办教育，与邓校长兄弟长期通力合作，已经结成情同手足的深厚情谊。因此他们为自己创办的白沙女中聘请邓季宣为校长，而邓校长又及时敦请颇负盛名的朱彤协同办学。白沙女中是私立名校，教育部门较少干预，所以邓校长能把九中优良学风带进该校，朱彤也得以志气发抒，授业解惑，培养出许多优秀学生。当然，他也没忘记我这个浪迹江湖的落魄学生，无论是在计政班还是在青年军，他都不断给我写信，教我如何读书做人，唯恐我消极沉沦。1946年暑假，白沙女中有几位同学毕业，并且考入金陵大学与金陵女子文理学院。她们都接受朱老师的进步影响，先后参加学生运动。其中最为突出的是萧端清，她早已与著名民主人士邓初民建立密切联系。朱老师大概没少向她们介绍我这个古怪学生，所以萧端清入校不久便持朱彤老师的信来找我。我们虽然不在一个系，但因为她读的是社会学系，有很多必修课乃至选修课都与我同堂，所以有较多时间可以交流对时局的看法，当然最初我还不知道她已经与金大共产党和进步社团有密切联系。正是萧端清写信到芜湖来，希望我回南京参加他们举办的夏令营。可是我却婉言谢绝了她的邀请，因为那时我仍然相当内向，不善交际，特别是不善于与女生交往。加上我当兵已久，非常厌倦集体活动的约束。我与开永长期生活在农村，习惯了自由自在生活于大自然之中，以蓝天白云、田野河流、花鸟鱼虫为伴。

暑假的田园生活很快就过去了，返校后又复朝夕感受到那虽无炮火硝烟却也同样有生死搏斗的第二战场的存在。时间已不允许我继续观望，我必须做出自己的政治抉择。

金大历史系学生人数很少，全系好像只有三十多人，但其中却藏龙卧虎。比如学长宋诚（化名），平素沉默寡言，大智若愚，自称耳聋，不知是真是假，是个不大引起注意的老好人，可他却是当时资格最老的中共地下党员。1949年武汉解放后，他很快就在市政府担任要职。再如一位天真烂漫的清纯少女，大家都把她当作小师妹看待，她却曾担任金大地下党支部书记。至于高我两个年级的学长宁培涛，曾通过激烈竞选击败右派候选人，出任全校学生自治会主席，解放后便调往北京担任最早一批外交部工作人员。1947年秋季开学，又增加了几位生力军，如曾国藩的嫡系子孙曾宪洛，是著名科学家、民主人士曾昭抡的侄子，热爱文学，有诗人风度，乃是与地下党关系极为密切的学运骨干，南京解放后随曾山进城，担任市府秘书。还有另一著名人士（实为共产党员）周新民的儿子周醒吾，也是早已投身学运的积极分子。另外还有几位历史系女同学，如唐梦莲、稽才华，还有金女大的邓敬苏、索峰光等，也都热心于进步读书会活动，无形中更增添了进步阵营的活力。

或许正是由于萧端清等白沙女中活跃人物进入金大，私下对我既往情况有所辗转介绍，1947年秋季开学以后，历史系的进步同学与我一见如故，曾、周等人成为与我无所不谈的同窗好友，顿时扩大了我在金大的交游圈。他们很快便吸收我进入"爝火"团契，并且参与读书会活动。团契本来是基督教友联谊组织，以共同查阅《圣经》等活动为纽带，而20世纪40年代中国教会大学真正的团契已越来越少。我们也参加若干宗教性节日活动，却从来没有做过礼拜，"爝火"团契的主要活动是阅读进步书刊并交流学习心得，此外还办了不定期出版的大型墙报。大约是在1948年春季开学后，曾宪洛等用一个较大的破旧皮箱，装满进步书籍，如《国家与革命》《列宁主义问题》《联共党史》以及毛泽东的《论联合政府》《目前的形势和我们的任务》《新民主主义论》等等。马列著作中译本都是莫斯科出版的精装本，而毛泽东的著作则是用粗糙土纸印刷，甚至是油印的单薄小册子。随即决定这箱书放在我的床底下，因为随着积累学分的增多，我已经争取到丙字楼一间三人宿舍。同住的是历史系川籍学长王元圣，他在成都期间即已参加进步学运，所以绝不会出卖我。本来同住的还有一位年龄偏大的鄂籍学长，是个虔诚的基督徒，据说是神职人员，有公开拥蒋的政治立场，他与我们既不同系也语不投机，不久便自行搬走，所以只剩下我与王元圣两人，可以自由自在谈话或接待密友。当然，更重要的是我暂时还拥有青年军的身份，可以掩护这批违禁书籍。没有任何硬性督促，读书会成员根据自己的兴趣借阅这些书籍，只有一本共用的笔记本，鼓励大家写点阅读心得乃至杂感片段，哪怕三言两语都可以。在此基础上也不定期地举行座谈会，事先确定主题，必须有所准备。我能够记得的有两次。

第一次是开学不久座谈人生的意义，实际上就是讨论人生观。讨论时没有中心发言，随心所欲，爱怎么讲就怎么讲。那时我还谈不上什么主义，只能如实地介绍自己这些年的困惑、思索与超脱尝试。我自称是唯情主义者，因为人生痛苦，我又屡陷困境，贫困交加，因此极为悲观，之所以未忍自杀，主要是为情所牵，包括亲情、友情、师生情等等，最后汇合成为对整个民族、人类的感情，决心为情而生，为情而死。这是我第一次向众多友人倾诉自己内心衷曲，丝毫没有想到什么国家利益、阶级立场乃至意识形态。幸好当时我们接受的仅仅是民主、自由的追求，大家虽然有若干模糊的政治理想，但更多的却是青春的浪漫情怀。所以没有任何人批判我的唯心主义倾向，反而满口称赞我讲得真诚动人。这次座谈会的内容没有形诸文字，所以也没有在墙报上公开。

第二次讨论会的主题更针对现实，即评价金圆券发行的利弊。主题是曾宪洛拟定的，并且指定我作中心发言，因为我原来是计政班的学生，读过经济学、货币学、经济史之类课程。我发言后，大家讨论非常热烈，也相当深入。会后曾宪洛要我执笔撰写《漫话金圆券》一文，尽快以墙报形式刊出，他还为我拟了一个笔名——文封湘（即文章、开封、湘沅之联想暗喻）。金圆券的发行不仅直接关系到国民党的命运安危，而且更严重地损害了广大民众的切身利益。这是我第一次撰写这样严肃的长篇政论，既要有相当深入的学理分析，更要有足够的数据作为论断的基础，还要注意深入浅出，明畅易晓，我确实为此费了点心血。稿成后，宪洛请书法较好的学友用毛笔抄好几大张，然后我们几个人在深夜用浓厚的糨糊贴在墙报栏，颇为壮观醒目。果然，第二天早餐后上课前，我们《天南星》墙报前挤满观众，既有学生也有若干老师，有些还是经济系老师。文章的结论是金圆券由于其先天决策的失误以及实施漏洞甚多，必将迅速崩溃，促成更大的社会震荡。不少人认真读后点头称是，有些热心读者还到处打听"文封湘"到底是谁。

天南星是一种植物的名称，与此巧合的倒是林则徐临终时连喊数声"天南星"。至于为什么以此为墙报名称，曾宪洛未加任何说明，大家也不以为怪。倒是《漫话金圆券》的刊出，大大增强了《天南星》的影响力，所以读书会的工作重点转向办好墙报，读书交流心得反而放松了。只有我一人近水楼台好得月，夜深人静时正是认真阅读禁书的大好时光。此后，我又为《天南星》写了长诗《火车抛锚》与评论《陶行知与武训》。长诗是模仿《古怪歌》等政治讽刺诗，而又借用了印第安民谣《大白翅》的格局与韵律，所以气息清新且朗朗上口。宪洛还加按语溢美，说是已超过当时颇负盛名的马凡陀（袁水拍）的作品。《陶行知与武训》则是批评金大电化教育中心热心制作影片《武训》，反而遗忘了金大著名校友、为民主自由奔走呼号积劳成疾逝世未久的陶行知。宪洛事后对我说，《火车抛锚》口碑甚好，打算找音乐学院学生谱曲，使之广泛流行，但他的设想还未实行就被捕入狱。

1948年5月，南京进步学生为纪念"五二〇"一周年，举办了"红五月"系列活动，其中"红五月史料展"由金大与中大历史系同学协同筹办，我也积极参加。由于金大中国文化研究所收藏的报刊较多，而所长李小缘教授又热心支持，我们被允许进入书库放手挑选，所以很快就得以公开展出。当时，进步学运在各高校已占压倒优势，并且在5月22日举行规模更为浩大的全市大游行，我们团契全体参加，连青年军学生罗卓荦、严国超等也公然加入游行队伍，这在去年是很难想象的。国民党政府内心虽然极为仇愤，但接受"五二〇"的教训，没有公开以武装军警镇压，而是暗中密切窥伺，事后大举逮捕学运骨干。因此，金大游行队伍在青年部门前愤怒声讨后，浩浩荡荡一直游行到中山陵，才由总领队宣布胜利结束。大家一片欢腾，士气更加高涨，有些同学甚至扭起陕北秧歌舞，并高唱革命歌曲《解放区的天是明朗的天》等。晚上各校又分别举办文艺表演，其中最受欢迎的就是金大同学演出的《典型犹在》，由农学院靳亮扮演袁世凯称帝及迅速覆亡，暗喻蒋介石登上总统宝座，专制独裁也没有好下场。金大同学还在大操场举办诗歌朗诵晚会，由曾宪洛充当主持人。当时我有朋友来访必须接待，所以没有随同前往，之后听说一开始就由宪洛带领全场朗诵艾青的诗《火把》，随着朗诵的激越节奏，一个接着一个火把被点燃，照亮了整个黑暗的大操场。此时群情昂奋，很多人激动得落下泪来。这又是一个无眠之夜。

但是第二天就不断有进步同学被捕的消息传来，其中有些是我们比较熟悉而又关系比较密切者。不过，进步学运与民主潮流已经无可阻遏，被捕同学毫不畏惧，慷慨陈词。萧端清甚至从狱中带出口信，要同学送口红去，以示对反动派的轻蔑。在校学生依然秘密活动，坚持反抗斗争，我们团契除积极参与各种援救与抗议相关活动外，还根据进步学联的安排，负责筹办一次大型时事辩论会。1948年夏季以后，国内战场已经发生很大变化，解放军转入全面反攻，国民党军队节节败退，决战性的三大战役正在进行或即将展开。有些亲美拥蒋的御用学者眼看大势不妙，转向采取中立伪装，提出所谓"第三条道路"，企图以和谈阻遏解放军的猛烈攻势，延缓风雨飘摇的国民党政府的全面崩溃。在这些政治掮客之中，调门最高也最活跃的是刘不同教授。曾宪洛根据上级组织的授意，决定把辩论会的主题确定为"中国往何处去"，并邀请刘不同担任主要嘉宾，实际上就是要通过辩论，肃清其欺骗影响。

大约是这年秋季开学不久，天高气爽。会场本来安排在北大楼大教室，可是校内外闻风而来的人越来越多，只有干脆利用北大楼前的大草坪作为天然会场。刘不同是立法委员，口若悬河，能言善辩，一开始就高谈阔论，发挥其政治学家优势，几乎控制了整个会场听众的情绪。我们虽有几位同学发言应对，但是都难以遏制其嚣张气焰。宪洛、醒吾等原先寄希望于我这个半吊子理论人才挺身而出,迎头痛击。但是我见生人都脸红,从来不敢在大庭广众之前演讲,所以迟迟未能开口。不过情势已很紧迫,经不住同伴的敦促,我只有站在身材高大同学的背后,第一次在公众面前大声发表自己的政治见解。我结合中国历史与现状,指出如果不彻底推翻帝国主义、封建主义、官僚资本主义的统治,就根本难以走上独立、民主、富强的康庄大道。而现实已经表明,反动统治势力垂死挣扎,绝不会自动退出舞台,依靠人民群众实现自下而上的革命乃是势所必然,理直气壮。在两大阵营生死决战之际,所谓"第三条道路"周旋于两者之间,妄图以改良取代革命,以和谈阻止解放战争的前进步伐,这不啻是痴人说梦,或者是别有用心。我嗓门虽大,然而却是平静说理,条分缕析,并非光喊政治口号,所以有不少听众鼓掌表示赞同。刘不同对我的言论表示仍难苟同,但又说不出更多新的见解,气焰显然已经低落。这时,突然有个人阴阳怪气地向我提问:"那你认为中国应该走什么道路,是不是共产党领导的共产主义道路?"我一看这人就是那个从丙字楼搬走的神秘室友,心中顿时就明白了他的真实身份。可能听众中有人早就知道他的真实身份并嗤之以鼻,当即有进步同学指责他用心险恶,公然进行政治诬陷。那人倒也知趣,装聋作哑,未作回应,但仍然留在会场。我乘机继续说明,现在的革命并非社会主义革命,要实现这个革命,就必须反帝反封建,与腐败的现政府彻底决裂。其实,我讲的也无非是《新民主主义论》已经讲过的那些道理,很像"文革"期间时髦语言"急用先学""学用结合",但在当时确实还能使许多中立同学感到耳目一新。

辩论会虽然不能说是非常精彩,但至少还可算是圆满结束。会后,读书会同仁对我多所鼓励,说我讲话清楚,有理有力,特别是急中生智,躲在别人背后讲话,掩盖脸红怕羞。其实,正是因为我以高大同学为遮蔽,更加引起反动分子的怀疑,以为我是异党地下人员的老手。没有多久，有的比较保守的青年军学生见了我便嘲讽说："嘿，你也红起来了。"

到10月底风声更紧，不久就有国民党政府将大批逮捕学运骨干的消息传来。我自觉既不是共产党，也没有参与学运核心机密，加上过去经过两次开除，还在军队中坐过重禁闭，所以不大紧张，仍然我行我素，读书撰文。但有天晚上宪洛约我到校园一个角落，神情凝重地对我说："上面已经研究决定，我们俩必须立即离校，先到上海，然后设法进入四明山区革命根据地。"我原本没有出走想法，因为自己够不上什么学运骨干，无非跟着呐喊助威而已。听说这是"上面"的决定，真有点受宠若惊，仿佛自己多少还有点价值。我不好问他是否还有别人同行，他就匆匆离开了，我只有每天耐心等待他回来。但等了一个多星期也未见他的人影，我又不便到处打听，更不知道应该找谁商量。共产党地下工作保密性极强，人与人之间一般都是单线联系，以免万一出事连累多人。

可是不知是何原因，居然已有要好的学友问我何时出走，我敏感地想象宪洛可能已出意外，但我又无从自行经由上海进入四明山，因为我没有任何相关人士可以作为引导。又是母亲那句话灵验了，"天无绝人之路"，平素认为相当保守的罗卓莘，居然真正洗心革面，决心背叛国民党、三青团，投奔共产党的解放区。他连夜主动告诉我，已经通过湖北同乡在汉口找到共产党地下工作人员，并且已经得到保证，我们可以安全前往河南中原解放区。他已约定严国超同往，并问我是否愿意一起走。他的态度非常诚恳，通过将近一年的观察，我认为他确实经过激烈思想斗争，已经有相当的政治醒悟。严国超也是朴实憨厚可以信赖的好人，所以明确表示愿意同去，一切听从他的安排。当然，我不能泄漏此前我与曾宪洛已经有所约定，何况我又无法找到他面商一切，只有自己当机立断做出决定。回宿舍后，我与王元圣开诚布公认真讨论，他认为罗卓莘转变属实，完全可以信赖。王元圣虽然即将毕业，但已无心再读下去，愿意与我们同去中原解放区，并且还推荐他在国民党中央政治学校学习的一个好友黄贲，共同投奔革命阵营。第二天，我把王元圣想同行的意愿转告罗卓荦，罗满口答应，因为我们一致认为王元圣早就比我们进步得多。但关于黄贲，他说要与汉口相关人士商议后，才能决定是否可以同行，免得节外生枝。罗卓荦办事相当敏捷，也可能是由于解放区需要有大批京沪大学生参加革命工作，所以没过几天便喜滋滋地告诉我，汉口地下党同意我们四人一起去中原解放区。

1948年11月下旬，我们一行五人悄悄离开金陵大学，于是又开始了我的人生崭新旅行。

回想起来，在金大两年多，尽管自己心猿意马，未能专心致志攻读史学，但总还算是接受了初步的史学训练，并且扩大了社会科学的视野，为此后的史学研究多少还打下一点基础。

## 附录
### 发扬金陵之光——纪念金陵大学120周年华诞

大江滔滔东入海，我居江东。
石城虎踞山蟠龙，我当其中。
三院嵯峨，艺术之宫，文理与林农。
思如潮，气如虹，永为南国雄。

耄耋之年，欣与盛典，思如潮涌，感慨万千。我首先想起的就是这首令人难忘的校歌，其次便是陈老校长20年前百年校庆时所赠照片上的题字："发扬金陵之光。"

其实，我在金大校园生活时间不长，1946年9月入学，1948年11月离校去中原解放区，前后不到两年半。但是金大对我影响甚大，是我参加革命与研究史学的两大人生起点。饮水思源，我不能忘记母校哺育之恩。特别是从1985年以后，我转而研究中国教会大学史，不仅在耶鲁神学院图书馆发现了贝德士（M. S. Bates）、史德蔚（A. N. Steward）等师长的丰富私档，而且还参阅了13所教会大学档案全宗，其中包括金陵大学原来保存在UBCHEA（United Board for Christian Higher Education in Asia，即亚洲基督教高等教育联合董事会，中文简称亚联董）的档案全宗。后来，UBCHEA又委托耶鲁制作缩微胶卷，并且无偿赠送一套给我创建的中国教会大学史研究中心。正是在二十多年的研究过程中，我逐步加深了对母校的了解，也更为增添了对母校的亲情。

对于母校的历史贡献，金陵大学校史与陈校长传记已有详尽论述。我现在只想引用两位金大故人的评语。一是当年东南大学校长邹秉文给中华教育协进社的信，认为"从全国范围来评论，有些教会大学已处于中国最好与最有效率的大学之列。而且，由于他们兴办得较早，所以它们就有更大的影响与更多的优势。"他所说的"有些教会大学"，就包括他关系最为密切也了解最深的金陵大学。还有一位是曾在金大任教多年，以后又担任过UBCHEA主席的芳威廉，他满怀深情地说："在20世纪上半叶画下句号时，中国教会大学可以充满骄傲地回顾既往。""结局是悲剧性的，但中国教会大学这个名字，将被视为大西洋两岸基督徒对太平洋东岸伟大人民的辉煌贡献而永远铭记。"当然，为金大作出辉煌贡献还有众多中国的非基督徒。

金大的辉煌贡献，首先当推农林学科。在贝德士档案中保存着一份美国学者对于中国教会大学的评估，内称："据报告，1947年北京大学农学院的教师有一半以上毕业于金大农学院。而金大校友还主控着许多农业机构与学校。"1949年以后，由于院系调整，金大培养出来的众多农学精英及其影响遍及整个大陆，而在台湾地区对社会经济的发展贡献之巨大更为卓越显著。可以说，在神州大地上，凡有农业科学与农业改良之处，都可以看到金大校友的踪迹，或至少可见其劳绩的影响。即以湖北地区为例，所有盛产柑桔之地，包括许多高山深谷、穷乡僻野，都可以看到章文才及其几代弟子的身影，而甜美的脐橙则是他留在人间最大的遗爱。

当然，金大的成就不仅限于农学，在文理两院也各有其许多领先全国的亮点，如中英文，如社会学，如历史学，如教育学，如化学，如电化教育等等，都是成果累累，英才迭出，无需我在这里赘述。一个规模甚小而资源有限的私立大学，能够办成如此水平、如此贡献的中国名校，堪称高等教育史上的辉煌篇章。金大与中大一样，都为今日南大、南农、南师的蓬勃发展提供了良好的基础。

金大是中外文化交流的产物，是中国最先引入西方近代教育理念与模式的少数高校之一，她从一开始就与国际接轨，因而对国内高教发展起过一定示范作用。而金大的传统办学理念，如把大学定位为沟通中西文化的桥梁，教、育并重，把陶冶学生品格放在极其重要的地位，倡导教育为社会服务，实行教学、研究、推广的"三一制"（即"三结合"），以及在学校管理方面一贯坚持的"共和精神"等，至今都是一笔极为宝贵的遗产，其中有许多可供今日教育改革借鉴的经验教训。

作为南京大屠杀研究者之一的我，还想借校庆之机强调一下金大的另一历史贡献。金大教工实际上是南京安全区国际委员会的主要策划者与善始善终坚持到底的骨干力量。史迈士是总揽全局、实际运作的秘书长，贝德士是倡导于先，全力奉献，坚持到底的最后一任主席。这一点，杭立武的回忆录，国民政府的表彰令，特别是安全区国际委员会的大量档案文献已经表述得非常清楚。金大中等外籍教师职员在腥风血雨的金陵，为二十余万难民所奉献的生死救援，使金大校园成为数万难民栖息庇护之所，其英勇、其坚韧、其爱心，也堪称金陵之光，可昭日月。

我怀着一颗感恩的心归来，感金陵培育之恩，也感南大等校数十年亲情之恩。青出于蓝而胜于蓝，金陵之光已融入南大、南农、南师之光，金陵血脉因已融入南大、南农、南师血脉而永远流传。我们缅怀金大的昨天，我们珍爱南大、南农、南师的今天，我们殷切期待南大、南农、南师更为辉煌壮丽的明天！

## 走向革命

1948年11月下旬，我与罗卓荦、严国超、王元圣、黄贲一行五人，悄悄离校乘轮船前往汉口。

此行的主导者实际上是思想一贯比较保守的罗卓荦，但他的思想经过转变之后，行动却十分果断决绝。加上年龄最大，社会经验比我们丰富，所以俨然成为此次秘密出走的领队。他有两个特别要好的同乡同学在汉口圣约瑟小学教书，早已参加当地共产党领导的地下工作，罗卓荦思想的迅速转变，很可能更多是受到这两位知心朋友的影响。他俩已经把我们的情况向上级汇报，并且做了相当周密的安排。

我们被安排住在双洞门铁路桥梁附近的一家小木匠作坊的阁楼上，与圣约瑟小学正好是斜对面，彼此联络非常方便，也不容易引起别人注意。锯屑和刨花散发出清新气息，工匠们整天埋头工作，与我们没有任何交流，但至今我仍然记得他们勤劳憨厚的模样（仿佛都是从农村来的），似乎又闻到那些木料浓郁的清香。双洞门至今仍然存在，但火车铁桥早已废弃，小学与木匠作坊都不见了。

与地下党的联络，主要是靠这两位小学老师。没过几天，罗卓荦轻声告知我们，需要到指定地点见一个人，但彼此都不能直接交谈。我们按时前往，站在指定的马路人行道上，果然有位三十岁左右的男子，穿灰色中山装并戴黑色太阳镜，只稍微瞥我一眼，没有任何表情，便匆匆离去。事后罗卓荦才介绍说，那就是中共武汉地下党负责与我们联络的干部，化名小张。如果到解放区不幸途中失散，只要说是汉口小张介绍来的，即可受到接待，因此这句话千万不能忘记。但如果被国民党特务抓捕，则千万不能透露任何真实信息。我们并不紧张，只是感觉有些神秘感。这是我们第一次在不合法的状况下，与一位真实的中共地下党员见面，尽管未说一句话，也看不清他的真面目。

我想，他也无非是亲自观察我们这一行五人的相貌举止，以便做最后的决定。果然，很快就得到通知，要求我们尽快乘火车到驻马店，然后设法通过国民党军队封锁线，进入解放区向中共许昌市委报到。我们都非常高兴，因为这是能否进入解放区最关键的第一步。但态度一向坚决的严国超却敲了退堂鼓，不过他并非胆小临阵脱逃，而是由于舍不得正相热恋的表妹。表妹思想也很进步，但由于正在读高三上，只差一个学期就可毕业，他俩约定明年暑假就近投奔江汉军分区，所以表示不能与我们同行。我们都表示能够理解，并且为此佳偶祝福，便匆匆分手了。严国超信守诺言，果然在1949年初夏偕同表妹潜入江汉军分区，并且是妇唱夫随，双双经过短期培训，从事部队医护工作。

我们在1948年11月一个寒冷的冬天出发，乘坐的是运煤的无棚货车，四个人蜷缩在车厢的角落里，只带有极为简单的行李。一路上毛毛细雨连绵不绝，头发与外衣都淋湿了，但内心热情似火，没有感觉到寒冷。不过深夜到达驻马店后，却面临一大难题，因为我们虽然扮作商人模样，但除学生证以外别无其他可用证件。当时平汉线已经中断，驻马店属于国民党军最前沿的封锁线，所以对车站附近旅客检查特别严密。我们不敢公然住旅舍，只有在一个偏僻院落的屋檐下铺上被褥，四人挤在一起和衣而卧。幸好雨停已久，地面还比较干燥，加上一路疲劳困顿，很快便进入香甜梦乡。不过第二天凌晨就被冻醒，棉衣上结满了霜，冷得瑟瑟发抖，果真是冷到心窝。幸好赶早行路的商贩较多，车站附近几家点心铺已经灯火通明，我们赶忙收拾行李，每人喝一大碗滚烫喷香的豆浆，才驱除全身寒气，感到若干暖意。

尽管国民党军封锁甚严，但国统区与解放区之间的商贸来往并未断绝。许昌是豫南比较富裕的地区，盛产烟叶，价廉物美，历来热销湖北及南方其他各省，所以仍有不少商贩来往于许昌与驻马店之间，许多货车也来往两地，乘机谋取优厚报酬，尽管也要承受较多风险。

我们人生地不熟，无从做任何选择，只有硬着头皮随着一群人挤上一辆车。司机逐个收取车费，好像是每人10块银圆。我们未带这么多光洋，全部合在一起也只有25元。司机倒也豪爽宽容，看出我们一副贫寒学生模样，笑了一笑，随手拿去20元，留下5元供我们路上零花，我们当然感恩不尽，但彼此都没有说话，大概都不愿因此惹出任何事端。

开车前，司机还做简单提示：路上可能有单身劫匪强行搭车，你们不要害怕，也不要对抗，司机会应付他们；过封锁线时更要言行谨慎，千万不可带违禁物品；遇有国民党军人上车检查，一切听从其命令，但也不能显示任何惊慌，司机自会打发他们。我们心里明白，司机纯粹是开车谋生，阴阳界两面都不敢得罪，唯有在谋求平安无事方面，他与车上乘客是捆绑在一起的患难朋友，尽管是萍水相逢，素不相识，我们也只有完全仰仗他的指导与庇护。

沿路果然相当荒凉，难见其他行人踪迹。过封锁线时，货车自行停在路边等待检查。其实形势也不那么紧张，孤零零的检查站只有两个士兵上车检查，服装枪械倒也整齐，不过神情显得有点懒散。我们奉命把行李顶在头上，他们随手摸摸捏捏。还未检查到乘客的一半，司机便请他们下车抽烟休息。他们倒也非常随和，下车后与司机走到距车稍远处，悄悄交谈几句，只见司机递给他们一个沉重布袋，显然就是"买路钱"，两个士兵便心满意足地走进检查站交差去了。司机与多数乘客似乎已经司空见惯，大家都心照不宣，放下行李包裹，重新开车急行。

一路颇为顺畅，虽然道路坑坑洼洼，而且满目疮痍。途中果然有一黑衣汉子招手停车，并且很麻利地纵身上车。我们心头一颤，心想必定就是单身劫匪，但他始终不言不语，没有任何异常举动。车行一段路程后他又要求停车，然后纵身跳下车，也没有与司机打个招呼，便大步流星地自行走了。我们也顾不上思索这些路上偶遇，只是为如此顺利进入解放区感到无比兴奋与欢悦。

许昌与驻马店相距不远，所以当天下午便到达终点。中共许昌市委事先已得到武汉地下党通知，所以热情而又周到地接待了我们。由于许昌解放不久，市委、市府刚刚组建，工作人员甚少。主持工作的曹市长正好出差在外，只剩下一位黄秘书与陈干事留守并接待我们。安排好我们食宿以后，黄秘书与我们简单交谈，嘱咐我们每人写份履历，便自行料理繁重公务去了。

陈干事与我们是同龄人，倒是一见如故，叙谈甚久，非常投缘。他原来在中央大学读书，参加革命工作不久，又因同样是来自南京，所以分外亲切。他介绍说，黄秘书是来自延安的老革命，曾经留学日本，文化程度甚高。曹市长也是学生出身，所以对知识分子都比较尊重与理解。此外，他还为我们介绍一些市府相关情况，以及应该注意的事项。晚上，我们洗尽一路风尘，总算安安稳稳睡上一个好觉。

次日，曹市长亲自探望，他身材高大，披一件军大衣，两眼炯炯有神，与我想象中的八路军指挥员正好相似。他言语简洁，热情诚朴，中午宴请无非是临时加一盘卤牛肉。我初次吃高粱窝头，还以为是巧克力蛋糕，幸好没有说出来。

紧接着，又有一批年轻干部赶来座谈，因为他们接管城市工作不久，一切都很生疏。听说我们是京沪地区来的进步学生，所以赶紧了解国统区的最新情况，同时也就新解放区经济、文化等城市管理工作有所咨询。我们也就力所能及作简略回答。罗卓荦是农业经济系学生，我曾肄业会计专修班，也曾写过有关金圆券的时评，可能在这方面谈论较多。没过几天黄秘书找我们谈话，想把我们留在许昌参与银行接管工作，亦可考虑前往军分区任编辑或记者。

我们本无任何主见，认为做什么工作都是革命。陈干事作为先来者，诚恳地劝我们不要急于直接参加工作，最好先进范文澜任校长的中原大学短期学习，做必要的政治思想准备并具体了解中共与解放区，然后再参加工作，可能效果更好。他把解放区革命大学描绘得很好，加上我与王元圣原来对范文澜就很推崇，所以便向黄秘书正式表示想进中原大学学习。黄秘书倒也随和，立刻为我们开了许昌市委的介绍信，并且每人发两块光洋，作为去开封途中零花。

当时开封已经第二次解放，中原大学全体从宝丰迁入开封，我们随即匆匆步行前往开封。中原大学招生办公室设在城内，报名手续非常简单，持相关单位介绍信，稍经交谈便算录取，并且立即安排在市内临时招待所食宿。这是由于中原大学刚刚迁入河南大学原址，一切工作尚未就绪，特别是学员宿舍爆满，我们只能在校外稍作等待。

正是在这短暂等待时间，我自己碰到一件不愉快的事情。因为整天闲着无事，又没有心情逛街，我每天早餐后必定到附近一家小书店看书。那书店老板是本地人，起初倒还谦和有礼。但连续几天我都只看不买，他明显有点厌恶，我却因为先后在四川与南京都习惯于到书店蹭书看，往往可以站着看四五个小时，所以并未察觉老板情绪的变化，也不会说点感谢或抱歉的话。终于有天进书店不久，来了一个警察，要我跟着他走，说是需要有所查询。我初到开封，人生地不熟，认为新解放城市对陌生人进行盘问是应有之举，所以便保持沉默跟着警察走。没想到他并没有把我带到派出所办公室，而是引进附近一座带有院落的土坯房屋，那里已有十几个流浪汉模样的人拥挤站立在院子里。我顿时意识到此处可能是临时拘留所，便质问警察为什么带我到这里来。警察板着脸回答：书店老板说你偷了许多篮球（书店兼卖文体用品）。还未等到我申辩，他就一溜烟跑了。我愤怒而又无奈，因为离开招待所时未曾对同室者有任何留言，而此刻又无法与罗卓荦等联络。那些关在这里的流浪汉，看来多半是盗窃犯罪嫌疑，衣冠整齐者似乎就只有我一人。正因为我一副知识分子的模样，所以他们都用异样眼光盯视。我内心产生某些不安全的预感，唯恐他们对我可能采取某些粗暴行为。幸好他们的表情还比较平静，我也尽量装作镇定自若，因为毕竟当过兵，多少有些自卫能力。

就这样百无聊赖地站在此地大约个把小时，突然院外人声喧哗，其中好像有人呼喊我的名字。我明白一定是招待所有人来寻找，连忙大声回应。很快就进来另外一个警察，把我带出这座院落，果然是招待所所长带领二三十个中大新学员到处寻找，其中也有罗卓荦、王元圣、黄贲。派出所负责人解释说，那个把我骗进临时拘留所的警察是个留用人员，此事并未经过领导批准，他可能是私下接受书店老板嘱托，对我有所"警示"，免得我每天泡在那里影响营业。站立看书本来就是一种良好习惯，不料在新解放区却受到书店老板与旧警察的联手羞辱。不过我们一回招待所就集中搬进中原大学学员宿舍，随即正式上课受训，也就顾不上找书店老板计较了。

我们一行四人编入中原大学第一分部（相当于政治学院）第20队，并且还是同一个小组。我被指定为组长，罗卓荦是管生活的副组长，说明队主任对我们比较重视。河南大学校园幽美，教学大楼与学生宿舍堪称上乘，但由于我们进校迟缓，只能住在校园一个角落利用马棚改建的简易宿舍。这马棚原先是清代遗留下来的考棚，颇具历史建筑资格，但内战期间却被国民党军队用作马棚。经过中原大学校方改建，改为一列一行长条形大宿舍。室内没有木床与桌椅，只有土砖砌成的通铺型大炕。这炕也是有名无实，因为是实心的，根本无法烧火取暖。一个小组二十多人挤住一室（女生另有宿舍，集中居住），个人生活空间极为狭小。入学后每人发一条两斤半重的薄棉被，冬天很难御寒。房间没有任何取暖设备，白天生一煤炉，烧开水兼升温；晚上只有和衣而卧，挤在一起取暖。开封地下水碱性特重，淡水供应奇缺，早晨每人发一瓦钵水，漱口洗脸综合利用。大家只能像猫那样，用手捧水洗脸，然后用毛巾擦干。从南方（特别是大城市）来的学员对此确实难以适应。

由于卫生条件太差，所以虱子很容易滋生蔓延，繁殖极为迅速，身体凡有毛发丛生之处，以及衣服（特别是毛衣）缝隙，都藏有蠕动的虱子。因此每遇闲暇，难免如同鲁迅小说中的阿Q、王胡一样，边晒太阳边抓虱子。如遇难得休假，必定由生活组长带领，在校园偏僻水坑边，架锅烧开水烫虱子，顺便用坑中积水擦身洗衣。由于水的碱性很重，无需用肥皂而自行去垢，但浴后没有清水冲洗，皮肤滑腻腻的，总像没洗干净。

说起洗衣服，其实也没有几件衣服可洗，因为中大与军队一样，每人一套棉军服外衣，两套内衣裤。我们的后勤供给一直靠二野，即第二野战军（或称华中野战军），而二野是四大野战军中最穷的一支部队。就在这半年时间，我们眼看着三野、四野由于打胜仗缴获甚多，穿戴光鲜，枪械精良，相继经过河南向东南地区进发，而我们仍然穿用树皮染色的土布军服，真有点自惭形秽。

伙食更为粗劣。由于不愿加重新解放区人民负担，部队与公职人员一律吃老区用小车不远千里推来的积存支前军粮，中原大学师生自然不能例外。这批军粮长途运输，历经风霜雨雪而又无从翻晒，大多已经发霉变质。我们一日三餐的主食就是用霉变高粱面做成的窝头，粗糙而又酸涩。刚出笼时还比较松软，冷却以后坚硬无比。大家都戏称为"铁塔"，因为河南大学背面正好有处名为铁塔的古迹。那铁塔其实并非铁铸，是用上过釉的陶砖砌成，由于颜色黑中带红，类似生铁铸成，因此得名，并与附近的潘、杨二湖一并成为历史胜迹。至于我们吃的"铁塔"，不仅非常难吃而且不易消化，可以说是吃啥屙啥，露天茅坑中往往堆满干巴巴的排泄物，连狗都不愿搭理。

不过炊事员很多都是忠诚敬业的老战士，他们千方百计改善伙食，有时用少量细粮掺和或干脆做成花卷，味道果然好些。细粮无非是未霉变的小米面或绿豆面，但供应量很少，至于大米白面则基本上吃不到。偶尔吃上一餐连同蔬菜煮的绿豆丸子汤，就算是"打牙祭"。记得有个礼拜天好多金大迟来的校友造访，他们刚刚入校，已编入22队和24队，其中包括以后成为著名指挥家的郑小瑛等文艺活跃分子。我们用自己节省下来的一桶绿豆丸子热情款待，看到他们勉强吃完的怪异表情，我们却产生某种"久经锻炼"的优越感。当然，他们很快也都适应了这种艰苦生活。

按照公职人员供给制待遇，我们的衣食住行与医疗全由公家包干，但每月零用钱很少，只能买点肥皂、牙膏之类零碎日用品，不过另外还发50支一大包的许昌本地产的纸烟与半斤炒花生。烟民们当然不够抽，所以往往用花生换取我们的纸烟。当时开封解放不久，战争疮痍未消，市面非常萧条，我们实在没有什么可买，也从不想买什么。因为"一部"的主要任务是通过政治学习改造自己思想，每期只有四个月，课程排得满满的，主要是中共党史、新民主主义论、社会发展史等，课余还要参加许多社会活动。每次前方取得大捷，我们都要开祝捷大会，并向民众宣传政治军事大好形势。现在回忆起来，除学校附近的潘、杨二湖与龙亭、铁塔以外，我们对开封市区毫无印象。

入学初期，我们多少有些失望，因为范文澜不过是挂名校长，本人仍然留在华北大学，学习的课程对我们又太浅显，因为早已都学过，还认真读过若干相关经典。加上伙食、取暖条件太差，我们双脚冻肿穿不进鞋，确实苦不堪言。王元圣曾提议干脆申请退学，回到许昌就地参加工作，至少可以享受正式干部待遇，生活情况肯定会有所改善。大家都有同感，但又感到入学不过几个星期就知难而退，实在不好意思见曹市长与黄秘书。春暖花开之后，取暖问题又自然消失，我们终于下定决心留在中原大学，坚持完成学习任务。

队部只有四位干部。队主任牟政，28岁，山东人，一口胶东话，抗战中期入伍，20岁就当区长，是个干练而又沉稳的年轻干部。虽然只读过高中，但由于工作中勤学不辍，已有较高文化素养，加上又有丰富的革命阅历，很快便赢得众多学员的爱戴。队主任之下设三位辅导员。资格最老年纪最大的是老李，典型的工农干部，老实憨厚，拙于言辞，但却诚朴感人，有较多亲和力。另一位是女性，名汤颖，学生出身，曾在新四军文工团工作，活泼开朗，很容易与学员打成一片。由于都是占籍江浙，她与我多一份同乡情谊，所以非常关心我在政治上的进步，以后还成为我的入团介绍人。第三位辅导员名白照，河南大学学生，开封第一次解放时他就随同解放军撤退到宝丰，进入中原大学经短期学习后留校工作。他的经历与我们相近，所以有更多共同语言，我们更多的是把他当作朋友，而没有视为管理干部。白照也不善于言辞，与那些能说会道指手画脚的政工干部大异其趣。我想，正是由于队里有这几位可亲可敬的干部，不断热情关怀与循循善诱，才使我们很快决心留下来坚持学习。

入学不久便选举学生会，因为彼此都不熟，所以候选人由队部推荐。选举时开全队大会，除本队干部参加外，校部还派来原河南大学的稽文甫、王毅斋等几位进步教授列席，他们也认真听取候选人发言，并且观察民主程序进程状况。我与王元圣都在候选人之列，并且都即席发表竞选演说。王元圣在成都金大时期，即已参与民主运动，演讲颇有鼓动性与感染力。我是头一次出头露面公开介绍自己并发表政见，显得有些拘谨与怯场，但事后听说稽、王二位教授对我的评价最高，认为颇多深刻自我反省，真挚感人。开票结果与老教授的期望相反，王元圣过线而我落选，但得票最多的却是一位李姓同学，他是河南大学学生，原来就已经参加进步学运，加上20队学员百分之九十以上都属河南省籍，所以老李当选并被推举为学生会主席实为理所当然。学生会成立以后，王元圣分工担任民运股长，实际上无事可做，倒是我被宣传股聘为墙报编辑，总算编辑出了几期墙报，我想这大概也是由于王元圣的推荐。

对我来说，编辑墙报已是家常便饭，不料却由于一期墙报引起学校

图14　墙报工作总结

领导的高度重视，而起因则是由于黄贲的"失言"。黄贲虽然是中央政治学校的学生，却缺乏政治经验。他来解放区确实是出于对国民党的不满，但对共产党与马列主义却缺乏最起码的了解。在学习《社会发展史》课堂讨论时，他公然说所谓原始社会、奴隶社会、封建社会、资本主义社会、社会主义社会，是马列主义"公式化""图谱化"的表现。这也并非他自己的思考，而是在政校学习时的耳食之言。当即在课堂上引发若干马列主义捍卫者的愤怒反击，除当面猛烈抨击外，还要我办一期墙报专刊，以肃清恶劣影响。

我过去与黄贲素不相识，但通过这一段聚会，确信他是一个胸无城府，甚至有点幼稚的忠厚人士；毛病是有些过分偏执，不善言辞却又喜爱与别人"抬杠"。我承认黄贲有观点错误，但不主张把问题泛政治化，与党派斗争混为一谈。我主动向牟政建议，20队本来就是通过学习改造思想，墙报最好采用暴露思想、自由讨论的方式，让学员各抒己见，然后积极引导，这样才能真正提高认识，并且避免对个别人的伤害。牟政

图15 《改造》第一卷第九期刊头

对此类青年学生的思想表现已是司空见惯，很善于做循循善诱的思想工作，因此鼓励我放手自行编辑墙报，不作任何限制。我有意避开20世纪30年代社会发展史争论的党派背景，着重从学理上探讨如何辨析"公式化""图谱化"的是非曲直。其实这一组稿件多数是我自己化名写的学习心得，简洁明快，通俗易懂，在编排与图饰方面也做了精心设计。可能是由于牟政已向学校主要领导汇报，所以好几位领导干部赶来认真看了墙报，随即又组织其他各队干部与学员代表前来观摩。事后牟政又要我以20队学生会的名义写一篇工作总结，刊登于校部出版的机关刊物《改造》第二期。此后，黄贲直到毕业与分配工作，都没有受到任何不公正的指摘与歧视，这也是我终生都尊敬爱戴牟政的原因之一。

这四个月的政治学习，主要收获并非课程本身。对于我们这些已经参加过地下读书会，并且阅读过若干马列经典的京沪大学生来说，课本与讲授的内容都太小儿科了。倒是那一套教育方法与学习、生活方式，对我们的影响更为深远。而干部们言传身教所体现的延安精神与革命本色，更使我们终身受用无穷。一部主任刘介愚以后曾把这种教育模式总结为"五步教育法"，其精神实质就是把学员当作教育主体，以充分发挥其追求进步与自我完善的主观能动性为轴心。应该承认，中原大学虽然存在不久，但其影响却已深入学员心灵。或许可以说，中原大学最重要的贡献是教我们如何做人，做一个为人民服务的真诚而高尚的人。

课程学习告一段落之后，便进入暴露思想与自我教育阶段。何时进入这一阶段，校部没有硬性统一规定，主要靠队干部自行掌握火候，关键是阶级感情的转变与对组织信任的程度。由于学期已经过半，队部早已物色并培养典型，即所谓典型开路。这是四个月学习的总结阶段，总体收获大小，取决于典型选择与培养是否恰当，而这恰好是对队级干部水平的考验。此外，队干部还要通过大量单独谈话，甚至自己现身说法，营造一种与旧社会乃至旧我决裂的浓厚气氛，其主旋律便是白毛女所唱的"旧社会把人变成鬼，新社会把鬼变成人"。

典型主要是两类：一类是贫苦家庭出生，深受压迫剥削，对旧社会，特别是对国民党政府深恶痛绝者，以其血泪控诉，教育众多学员；一类是参加反动党团乃至军警特务，曾经忠诚追随国民党且有若干罪行者。当时内战正处于高潮，中原大学大批招生根本无法进行严格政治审查，只能运用思想教育感化，让这些潜伏或准潜伏者自行坦白反省，与旧社会及其统治阶级彻底决裂。

20队学员文化水平比较整齐，绝大多数是大专与高中学生，所以第一类典型很难物色，倒是第二类找到一个化名李平的湖北大学生。他外貌确实是一表人才，过去在校期间曾经正式参加特务组织。其特点是比较隐蔽，只在暗中监视、密报、迫害进步同学，却未露任何痕迹。进入20队以后，他并未向组织交代这些罪行，大家也没有察觉他有任何异样。他甚至向汤颖辅导员公开表示爱慕之情，使她感到厌烦。因为她在新四军文工团期间已有相知甚深的男友，只是由于男方进入解放区以前曾经被捕入狱，尚有若干历史疑点未能消除，所以一直没有正式结婚。不过汤颖从工作出发，仍然对李平耐心进行思想教育，满腔热情帮助李平提高政治觉悟。皇天不负苦心人，她的真诚与政策威力终于使李平有所悔悟，加上全队已形成与旧我彻底决裂的浓郁氛围，这个潜伏已久的特务鼓足勇气在全队大会上全盘交代自己的真实身份与各项罪行，并且深挖自己的错误思想根源，讲到沉重之处不禁痛哭流涕，众多学员都深为感动。

当然，李平的改变并非全靠外力促进，他进入解放区似乎也不属于特务组织派遣，而是比较清醒地看到国民党大势已去，只有弃暗投明，痛改全非，才能脱胎换骨求得新生。

20队首战告捷，深得学校好评，我认为与几位队干部的优良作风有密切关系。他们坚持和风细雨，从不以"老革命"自傲，总是平等待人，循循善诱。李平初期不仅全部隐瞒了罪恶历史，而且对汤颖已经形成公开骚扰，有次甚至死不要脸躺在汤颖床上不肯起来。即便表现如此恶劣，我们也没有看到牟政等领导厉声呵斥或采取任何粗暴行动。他们对李平也同样尊重其人格尊严，没有鼓动群众贴标语、喊口号，追求任何轰轰烈烈的"高潮"形式，而仍然是坚持单独谈话，晓以大义并耐心等待他自己真正悔悟。

政治学习结束以后，李平大概已被校方认定为改造成功的典型，所以被分配到公安系统从事秘密反特务工作。武汉解放初期，我们好些20队同学都看到他穿便衣站在六渡桥路边，密切注意行人可能会出现的任何可疑举止。但我们彼此只能微笑示意，遵守保密纪律，以免干扰他的重要工作。

回想起来，典型开路确实成效很大。李平的痛切忏悔，把20队的思想改造迅速推上快车道，许多学员争相走上讲台，暴露自己过去错误的思想与行为，真诚地清算旧我并批判旧社会的腐败黑暗。出乎我们意料的是，一位女学员，平时都被认为是一个清纯天真的高中生，竟坦然自我暴露是一个国民党高官的外室。她愤怒控诉国民党高官贪污腐化、霸占民女的罪行，同时也批判自己的软弱与虚荣心。一个不满二十岁的弱女子就这样勇敢地站出来，公开向旧社会及其统治者挑战，这样就更加激发20队众多青年的革命斗志，而革命首先就是从自身开始，我们不知不觉就实现了人生的重大抉择。

20队思想改造圆满结束，通过真诚的批判与自我批评，大家都放下各种思想包袱，仿佛轻松一大截，人际关系也更融洽了。有一个词不约而同萌生于众多队员脑际，这就是"同志爱"，而把我们从五湖四海联结起来的就是"革命"。我们这些年轻浪漫的革命者最喜欢引用的一句豪言壮语，就是列宁说过的："世界上有国际歌声的地方，就有自己的同志。"20队仅仅存在四个月，但它却成为大家走向革命的真正起点，我们已不再是一个个人奋斗的莽撞少年，而是初步具有共产主义信仰的革命群体中的一员。

1949年4月，20队按时结业，这正是解放大军渡过长江向国民党军队发动全面攻击的前夜。大约在此前两个月，已有四个队宣布提前结业，以配合渡江战役的紧急需要。记得主持校务的副校长潘梓年在广场上作政治动员，并欢送这五百位学员参与支前工作。潘老振臂高呼："打过长江去，解放全中国！"北风呼啸，彤云密布，一阵高过一阵的口号吼声激荡整个校园，一颗颗年轻的心早已飞向前方。

我们满心以为结业以后，必定也要奔赴硝烟弥漫的战场。一部副主任梁维直为我们几个即将结业的队做政治报告，我正好坐在一排正中间。梁维直心直口快，一上讲台就大声问："你们现在最想做什么？"我不禁脱口而出："打过长江，活捉蒋介石。"梁维直看我一眼，开玩笑说："你一个人过江，恐怕蒋介石正好抓你。"引起全场一片笑声。然后他严肃地说："现在全国胜利在望，我们不能只想打仗，还要多想如何建设新中国，从事新中国成立后的各项建设。因此，中大毕业生不会全部分配到部队，也要为经济、文教战线输送干部。"又强调说："中原大学应该为新中国高等教育做出更大贡献，将来必定会建设成为一个新型的人民的正规大学。"这显然不是他个人的意见，一定体现着中原局乃至中共中央总体部署的意向，中原大学师生理应为此感到欢欣鼓舞与责任重大。但毕竟仍然是战争岁月，大家都以参军作战为最大的光荣与幸福。梁维直的坦诚话语与恳挚期望如同给大家泼了一盆冷水，特别是我本来就有充当战地记者的梦想，立刻涌现出壮志难酬的预感。

果然，结业典礼之后，一部分同学（包括罗卓荦、黄贲等）分配到部队，但多属文化教员之类文职。一部分分到后方各级各类机关担任行政工作。还有一部分作为即将解放地区的储备干部，并且被安排相应的集训。出乎意料的是，20队只有我与王元圣留校工作，分配到政治研究室当研究生，即准教员，边工作，边学习。但是，我们还继续在20队留住了好几天，因为队部必须尽快办理离校同学的手续，特别是那些支前人员。最后只剩下六个人进餐，即队干部与我及王元圣。伙食确实不错，因为许多人离队时间参差不齐，临时出现若干"伙食尾子"（结余），按校部规定，可以不必上交，用以改善留队干部、学员生活。牟政爱护下属人员，特别让炊事员做了好些白面肉馅饺子，以此为我们饯别，这可是过年才吃得到的美味佳肴啊！但这就是20队"最后的晚餐"，因为20队立刻就要撤销，成为一个历史名词。牟政及其副手马上就要接收一批新到学员，以新番号开始又一轮培训。

## 步入政治研究室

我们随即搬进一座独立而幽静的四合院，这就是"政治研究室"，全校政治课教学人员都集中在这里。这个政研室，包括学习中共党史、社会发展史、新民主主义论、科学社会主义（即联共党史）等四门课程。政研室直属校部领导，承担全校政治课程教学任务。主任是李光灿，全面抗战初期从上海来到延安，曾在马列学院学习，对国民党与三民主义颇有研究，被正在该院讲课的王明赏识，但在中原大学则专门研究学员的政治思想特点及相应教育对策。1949年新中国诞生，王明出任政法委员会副主任，将李光灿调往北京任该委员会专职委员，实际上就是王明的学术助手，因此与我们相处的时间不久。但他对中大的同事与学生感情颇深，甚至"文革"以后还夸奖我与另一位社会科学学者（邢贲思）是他最欢喜的两个学生。

与我们相处较久的是副主任林山，年纪虽然很轻，但在教员当中资格却最老，是在全面抗战初期从武汉前往延安的，并且长期从事政治理论研究工作。他很早就参加革命，可能是受姐姐陈梅影的影响，她原来是长江局系统的地下工作者。1952年我在武汉青山参加土改，正好碰上一批武汉市委干部也来青山，并且与华师人员共同成立一个土改大队，其中就有陈梅影大姐。她与林山一样，也是朴实无华的谦谦君子，一点官架子都没有。

研究室原有教员不多，现在记得姓名的只有陶军、方衡、张旭、王圆方、谢芳春、田家农、吴莘生、陈铁、何汉、高原等。多数来自华北大学与华北联大，少数来自新四军下属文教部门。研究生人数也不多，除自学外，还要为主讲教员担任辅导。我与王元圣都被分配在中共党史组，组长为方衡。方衡与陶军都是燕京大学学生，太平洋战争爆发后进入晋察冀解放区，曾在邓拓领导的《解放日报》工作，后来转入华北联大任教。中共党史组原来已有三位研究生，即岳军、刘其发、张家骥，岳军是学习组长，他们都是在中原大学短期学习后留校工作的。

渡江战役打响以后，国民党军队望风而逃，中原大学时刻都在准备随大军南下，所以对于研究室这段工作与学习状况后来记不清了，倒是有几件与中共党史课程毫无关系的事至今记忆犹新。

一是首次过团的组织生活。结业前，经由汤颖介绍，经过全队大会讨论通过，我已经被批准入团，但是并未举行入团宣誓等仪式，因为在新解放区党、团员身份都是保密的。进入研究室不久，我接到通知，有天晚上到一个小会议室过组织生活。团员人数不多，而且主要是来自延安鲁迅艺术学院的年轻"老革命"，其中有一人似支部书记，至少是会议召集人。组织生活倒也轻松活泼，无非是同一支部者各做自我介绍，并没有学习什么文件，安排什么工作。但由于不能公开暴露团员身份，多少有点神秘气氛。

另一件是试写电影剧本。中原大学随军南下之前，我突然接到通知，到"四部"开个小会。所谓"四部"，即文艺分部，包括一个文工团，为以后中南文艺学院前身。部主任是著名进步导演崔嵬。我们团支部那几位鲁艺都是他的老部下。在我们之后进入中原大学的两位金女大同学郑小瑛与程式如，从一开始就分配到"四部"，郑小瑛以后成为著名音乐指挥大师，程式如则从事剧本创作。"四部"找我，是崔嵬打算创作一部电影。在此之前，大约是长春电影制片厂制作了一部《民主青年进行曲》故事片，反映北京学生运动的蓬勃发展，放映后颇得各地观众好评，特别是激励更多的民主青年投身革命。因此，崔嵬很想拍《民主青年进行曲》的续篇，因为前者主要是描述平津地区的学运，续篇则拟着重描述京沪地区学运的风起云涌；前篇主角是北方某著名大学的一个青年军复员士兵，着重刻画他政治思想转变的心路历程，而我的经历比他更为丰富也更为典型。崔嵬邀我去与几位参与创作者座谈，后来又邀请24队刚来解放区不久的京沪地区学员（大多为金陵校友）共同讨论。结果大家一致认为，应该让我自己先写文学剧本的初稿，再让"四部"几位编剧改编成为电影剧本。我从未写过电影剧本，无非曾在南京《新民晚报》上发表过一两篇影评，但又觉得是很好的学习写作的机会，便勉为其难地答应了。不过真到正式写作，才感到自己不是这个材料，花费很大力气也写不出像样的初稿。"四部"似乎对我过于看好,曾向校方申请将我调来,但"一部"坚决不放,而我的兴趣已经转移到政治理论,所以失去投身崔嵬门下的良机。

正当我为难以交剧本稿发愁的时候,幸好上级正式决定中原大学随军南下,迁入中南局驻地武汉,继续招生办学,以适应新区补充干部的迫切需要。"四部"除本身教学任务外,还有繁重的社会宣传与文艺演出任务,而且全国又迅速解放,民主青年又无需千里迢迢"进行",随时随地都可以投身革命。《民主青年进行曲》已成明日黄花,我们的创作计划也被大家忘在一边,可能只有我保存在自己的记忆中。但是,可能正是有这点渊源,1959年秋冬之交,上海海燕电影制片厂著名导演郑君里才萌生约我合作编写《太平天国》电影剧本的建议。

再一件是研究室的老大哥岳军对我进行诚恳规劝。以前在20队过的完全是军营集体生活,我当过兵,很习惯于这种严格约束的生活方式。可是到研究室以后,除了一日三餐必须集体行动,其他时间都是自行安排。我仿佛又回到金陵大学那种自由活泼的环境,竟然忘记这里是一个新的社会环境,我已经不再是一个自由自在的旧式大学生,而是一个正式入伍的马列主义宣传员,何况又是一个共产主义青年团的成员。这段时间我的杂事(并非私事,如为"四部"写剧本)比较多,经常离开研究室单独活动,也没有及时向相关领导请示汇报。资料室的图书很少,我们又不可能利用河南大学原有的图书馆,因此我很难像其他研究生那样,整天老老实实坐在床边小桌旁,埋头看书并作笔记。我喜欢音乐,有时免不了拉拉二胡或唱唱歌,甚至把《小夜曲》《蓝色多瑙河》《魂断蓝桥》等外国歌曲哼出声来。这就对周围的人有所影响。可能已经有人向组织上反映,所以岳军作为中共党史研究生组组长郑重其事地找我谈话,归纳起来有两点:一是大家认为我这个团员未起先锋模范作用;二是已经进革命大学,应该多唱红色歌曲,为什么还唱英文歌曲?是显示自己的外语好？还是存在崇洋思想呢？岳军参加革命较早，而且已经入党，奉公守法，勤勤恳恳，平素对我们非常关切，正是由于如此，他的直率规劝对我影响很大。回想起来，我进中大后，颇受重视，一直是表扬多，批评少，真有点忘乎所以，因而又回到教会大学原点上去了。我承认自己已经背离与旧我决裂的初衷，但又隐隐约约感到有几个人老是盯着我，注意我的一举一动。有点外在压力未尝不是好事，但多少总有芒刺在背的感觉。从此以后，我有意识地自我克制，不唱英文歌曲，不看英文书刊，免得又引起某些不必要的猜疑。其实，我长期坚持自学英语，特别是欢喜做句型语法图解，以厘清复杂字句为乐趣，可是以后我就失去此种闲情逸趣，以求适应环境并改善群众关系。

不过从总体上来说，政治研究室的人际关系比较和谐，至少在离开开封前这两个月确实如此。研究室没有正式备课室与自习室，正式教员每人有一间房，研究生几个人合用一间房，吃住、学习、备课都在自己的小天地里。大家都很自觉而又合群，上班时间保持安静，尽量不干扰他人，只有文体活动时间与晚饭后一段时间，才可以串串门、聊聊天或唱唱歌。研究室的伙食比20队好得多，可能干部比学员（研究生已属干部待遇）标准稍高一些，但最重要的还是因为有一位资深炊事员，他是背着大铁锅走过长征路的老红军，只是由于学不进文化至今还是干老行当，对他唯一的优待乃是发一件县级干部才能穿的厚实棉大衣。他真心实意地热爱炊事工作，把自己的觉悟与党性都溶化于敬业之中。他不会讲什么大道理，整天都在厨房默默工作，但一日三餐总体现出为人民服务的崇高精神。尽管经费支绌，资源贫乏，但他总会想出各种各样办法，尽可能使饭菜可口，有时还会带来意想不到的惊喜。因此，他是研究室最受喜爱的人，特别是我们这些刚刚进入革命队伍的人，简直把他当成自己尊崇的偶像。他对我们这种无声的教育与无形的感染，甚至超过某些高水平的教员。

第五章

# 再到武汉

随军南下 \ 教育学院 \ 初遇"路线斗争" \
与华中大学合并 \ 参加土改

## 随军南下

我原来并不满足于到中原解放区,渴望继续北上到华北,到东北,最好到佳木斯,因为那里离苏联最近。对于民主青年来说,苏联简直是人间天堂,做梦都会幻想到莫斯科。回想起来,九中那位"俾斯马凯"先生倒是一个预言家:"你不是要自由吗?到莫斯科去!"可是国内革命形势如此大好,北上之想已无实现可能,只有遵循上级命令,随军重新南下,回到我们革命之旅的出发点——武汉。

已经记不清自己在1949年6月到底有哪些想法:高兴?失望?或是犹豫不决?也许根本就没有什么自己的想法。我已习惯于随遇而安,抗战末期当兵,早已懂得军人以服从命令为天职。在开封经过思想改造,更懂得为人民服务的宗旨,与一切服从组织的严格纪律。反正时间急促,已不允许胡思乱想,我打好背包就跟着大队伍出发了。由于平汉铁路尚未恢复,我们只有乘汽车取道大别山向武汉进发。一路经过的老解放区城镇,都有大群民众手执红旗热烈欢迎,许多大娘、大嫂不断爬上车来,把水果、鸡蛋、包子分发给我们。这等于是给我们上了一堂极为生动的"鱼水关系"课,而我们也分享了革命战争势如破竹的喜悦。

记不清是哪一天到达武汉,只记得到武汉不久就集体学习"七一社论"。据说是毛泽东写的,至少是经过他亲自定稿。此文一开始便大讲历史唯物主义,指出阶级、政党、国家将来终归是要消亡的,文如其人,天马行空,气壮山河,使我更加确认自己政治选择的明智,同时也对新中国的未来充满信心。

我们初到武汉时,没有固定的住处,流动性很大,好像经常搬家。我们主要从事协助招生工作,所以基本上都借住在临时作为招生点的学

图16 初到武汉时与叔父学澄一家摄于汉口福新面粉厂

校里。记得有次借住善导女中学生宿舍,还得等待别人紧急腾出房间。这是一所天主教会办的女校,外国修女尚未撤退,高中部女生似乎对新政权仍有疑虑,显示出若干冷漠与矜持。我们由于长途行军,加上武汉又值酷热,所以灰头土脸,满身汗湿。女同学可能认为我们是随军夫役,从铁床到洗脸盆、热水瓶都要我们代为搬运。我们牢记三大纪律八项注意,心甘情愿为这些新区老百姓效劳。但没过几天,这些自命不凡的女生与我们在招生办公室又复见面,这才发现我们居然是深受人们尊重的南下干部,那愕然之中略带尴尬的表情颇为有趣。不过,与善导校园的相对冷清成为对照,武汉三镇报名进入中原大学学习的青年早已势如潮涌。招生工作异常繁忙,但我却因蚊咬引起疟疾复发,而且病情还比较严重,被送进武昌同济医学院附属医院治疗。这是我平生第一次住进如此舒适的医院,幽美的校园,雪白的卧具,柔声细语的医护,与我过去的居住环境相差太大。我吃饭睡觉都受到无微不至的照料,而自己又不是作战负伤的战士,因此内心深感歉疚。幸好不久孟夫唐副校长率领中原大学最后一批员工到达武汉,他亲自来看望我们这些住院病人,并宣布马上就要开学上课。我自觉健康已经恢复，随即回校上班，正好赶上正式上课，免得继续过"资产阶级式"的生活。

这时中原大学校本部已经迁入蛇山脚下烈士祠对面一座大型汽车修配厂内。学校仍然维持原有建制，校务已由孟夫唐主持，因为潘梓年调任中南军政委员会教育局局长；一部主任刘介愚则被留在开封，担任已迁回原址的河南大学教务长。中原大学迁汉后，由于学员猛增，一部下设四个大队分别管理，而学员编队序列已增加到60以上。形势的急速发展，已不允许我们这些政研室的研究生像过去那样集中学习，而是分散到各队担任助教，独自辅导相关课程。

说来也巧，我被分配到57队，队主任正好是牟政，很可能是他点名要我去的。他是队主任中年纪最轻的，我是助教中最年轻的，所以被有的老同志取笑为"小将配小将"。其实我已有23岁了，而所谓老同志也不过是30岁刚出头。学员仍然是以大学、中学学生为多，但也有一些是形形色色的社会青年，当时已经掀起参军参干热潮，所以许多学生难以安心在正规学校继续学业。武汉的新学员与开封时期不大一样，因为开封学员是冒着风险自行投奔解放区，而武汉学员则多半是解放后被革命大潮卷进来的。因此武汉新学员暴露的思想问题更多，有些问题甚至稀奇古怪，当然也可以理解为武汉的青年学生思想更为活跃。比如社会发展史课堂讨论时，有位学员公然表示不同意历史唯物主义，并说阶级斗争不是历史动力，"偷懒"才是真正的历史动力，因为人们"偷懒"才有科技发明，才有生产方法的改进与社会的整体进步。如此等等，似是而非。我们把这些问题归纳起来，通过讨论与辅导，耐心细致地帮助他们提高认识。其实我们自己的认识水平又有多高呢？到中原解放区不过半年，就俨然成为到处受到尊敬的南下干部，这岂不都是沾解放军与毛主席的光？因此，我经常提醒自己："人贵有自知之明。"

57队工作告一段落后，我们又回到政治研究室照老样集体学习。不过10月1日中华人民共和国宣告成立后，中原大学的总体布局发生了很大变化。以短期思想改造为主的干部培训交由湖北革大等地方干校继续办理，而中原大学则奉命向正规大学过渡。根据中南军政委员会教育局指示，中原大学以一部为基础，分别设立政法学院与教育学院，四部则单独改建文艺学院，并附设文工团，谢芳大概就是该院的早期学员。林山、王自申、崔蒐分别担任这三个学院的院长，其下属干部都相应改变了自己的职务。我们政治研究室的人员一分为二，分别成为新成立的政法、教育两院的教学骨干。

## 教育学院

教育学院最初设于中原大学校本部千家街校园一隅，即以后中南工农中学（华师一附中前身）的老校园。院行政楼面对千家街校门，王自申院长与政治系主任陶军、教育系主任常春元、历史系主任方衡还有副院长郭抵都住在楼上，卧室也就是办公室，楼下则是各行政科室的办公室。其他主讲教员与我们研究生住在行政楼西侧一座两层小楼，原来似乎是学校的一所教室。

王自申年轻时是徐老（特立）比较喜欢的学生，一直追随老师参加革命活动。1929年正式加入共产党，正值革命处于低潮，白色恐怖极其严重的时期，可见其信仰的真诚与献身的坚决。抗战期间，曾经在潘梓年领导的重庆新华日报社担任办公室主任。解放战争时期，转入华北大学协助王学文从事政治经济学研究与教学工作。他从华北调来中南，可能与潘梓年有关，但对一个湘潭人来说，离家乡倒是更近了，好几位亲友的子女都闻风前来投奔革命，所以我们在教育学院经常可以听到乡音极为浓厚的湘潭话。王院长德高望重，又是毛主席的家乡人，大家特别敬重，通常称之为王老，虽然实际年龄也只是刚过半百，但他也坦然受之。

王老对青年教师培养极为重视，因此亲自担任研究室主任，但他是教院党政一把手，总揽全局，非常繁忙，日常管理工作只能交给研究室秘书办理。早期秘书大多曾任原中原大学队主任以上职务，具有较深革命资历，当时已有县团级别。说来也巧，第一任秘书竟然是牟政，我担任研究生会主席与团总支宣传委员大概都由于他的推荐。但当时全国革命形势发展很快，这批久经锻炼能文能武的老干部已成共产党的宝贵财富，各个战线都争抢要人，牟政很快就奉调担任新中国第一所拖拉机学校校长。牟政临别前曾与我谈话，说原在中原大学20队任辅导员的老李头，在湘西剿匪时由于语言不通，孤立无援，被土匪袭击负伤牺牲。汤颖因照顾夫妻关系，已经调至外地。他自己也在外调名单上，来教育学院只是临时挂职，希望我努力工作，争取更大进步。平心而论，20队这三位分别来自不同抗日根据地的革命干部，对我的启蒙教育让我终身受益。其实他们对我也没有讲过多少大道理，只是用他们的模范行为与战友情谊，如同春风细雨般经常吹拂滋润，让革命思想的种子在我们这些新来者心中生根发芽。

牟政离开武汉以后，政研室秘书由另一位原队主任于树作接手，他也是胶东人，乡音特别悦耳。听说他的队主任工作颇有独特风格，多数队主任往往忙得昏天黑地，他却显得好整以暇，讲话总是不慌不忙，低声细语，闲来还拉二胡。由于有共同的业余爱好，工作上又有较多联系，我与他比较投缘。不知是牟政对他有所嘱托，还是教工党支部原来有所安排，有天他突然比较严肃地与我谈申请入党问题。他问我为什么迟迟没有申请入党，我说由于自己总觉得毛病太多，条件不够，加上自己思想上也确实没有想清楚，所以一直没有递交入党申请书。他倒是满腔热情鼓励我申请入党，并说申请本身就是一种政治觉悟。不过在旧社会有什么不好的事，都应该向组织交代清楚。我说有关自己的社会关系与政治历史上的若干问题，早已向各级领导交代得清清楚楚，没有什么可以补充。他说，即令是非政治性的一些不良行为，比如赌博、嫖娼、吸鸦片之类，也需要如实交代。我笑着说，此类问题我一概没有。他说没有最好，要实事求是，没有就没有，不能胡编，胡编也是欺骗组织。他那诚恳坦率的态度使我深受感动，我随即正式递交了入党申请书，并且检讨了迟迟没有申请入党的思想根源，如自觉家庭成分不好，社会关系复杂，本人还有若干政治历史问题等。

现在回想起来，王老对我确实非常关心，每次见面都有苦口婆心的谆谆劝勉。他经常讲的就是"延安精神"与"热爱教育"，以自身经历与体验向我们进行革命传统教育，倡导为师范教育献身的无限忠诚。他的言行一致令我深为信服，只是感到他有点像九中那位老马班主任，每逢见面如有余闲，他便海阔天空地抓紧灌输革命道理，也不管我是否有其他任务在身。有时集体包场看电影，眼看别人三五结伴而行，全院人都快走光了，他还继续絮絮叨叨，使我感到非常无奈。不过我确实钦佩这位艰苦朴素的老革命，深受他的真诚与诲人不倦的感染，这也可以说是我们绝大多数年轻教师的共识。

当时政治系的教师力量较强，除陶军外还有高原、陈铁、何汉等资深教师。但教育系与历史系都缺少有经验的主讲教师，历史系除方衡外，只有田家农曾留学日本，其他党史教学骨干都留给了政法学院或外调。当时古堡担任历史系辅导员，相当于行政秘书，主要抓学生管理；我担任助教，协助主任抓教学工作。由于师资缺乏，有些专业课开不出来，所以请武汉大学唐长孺、吴于廑分别担任中国通史与世界通史的兼职教授，送往迎来归我负责，也给我更多向他们请教的机会。

教育学院三个系的学员，来自中原大学原有各队留校继续深造者，实际上也只有一年培训时间，说不上是正规本科教育。与此同时，我们还奉命举办了中学在职专业教师思想改造的短训班，学员来自中南五省，多半是有丰富教学经验的骨干教师，乃至中学校长或教导主任。但也有一些年轻党、团员，大概是作为新生骨干培养，因此同班学员年龄差距极大，有些年过半百，有些20岁刚出头。以当时的政治话语来说，就是要把旧教育改造成为共产党领导下的新型人民教育，特别是要树立马列主义、毛泽东思想在学校中的指导地位。

我们的研究生身份早已名存实亡，因为已有一批成员送到北京中国人民大学相关研究班学习，只有少数留校分配到各系，从事教学与行政工作。我与古堡成为方衡的助手，杨宏禹任政治系助教，朱辕任教育系助教，我们除了为主讲教师担任辅导工作以外，还要分别担任部分课程教学，所以也仿照人民大学先例，一律提升为实习教员，介乎助教与讲师之间。

我的业务底子很薄，在金陵大学历史系只读了两年多一点时间，很多必修课未读，更谈不上什么必须选读的通识课程。在中原大学政治研究室，实际上是无书可读，也无课可听，除参加一般政治学习外，多半是打杂或是参加社会活动。到武汉后更是以实际工作为主，谈不上什么专业进修与研究。以我这样的年轻幼稚，实际上达不到合格大学教师的资质，但革命形势的迅速发展与学校工作的紧迫需要，竟把我匆匆忙忙稀里糊涂推上大学讲台。就像未经多少训练就上了战场的新兵，短兵相接已经容不得半点犹疑与延误，只有不顾一切奋勇向前。幸好在金大读书时，周承超已经在一所私立中学担任教导主任，聘请我教高中部世界近现代史，尽管当时是现学现卖，多少还积累了一点教学经验。

相对而言，历史教师短训班更难教。其中有好几位与我父亲年纪相似，比如张立民，湖北孝感人，原来是北大学生，北伐期间曾回家乡参加过共产党领导的农民运动。国共分裂以后在白色恐怖下与党失去联系，转而从事国学研究，长期师从马一浮，曾任重庆复性书院讲师。抗战胜利后回武汉在中学教历史，堪称同行中的佼佼者。还有几位来自外省的资深教师，与张立民同样具有较高学术素养与丰富社会阅历。有一位身份最为特殊,是来自湘西一所重点中学的校长,她是当地土司的女儿,从北大毕业后回家乡长期从事教育工作。在课堂上面对这些"老学生",我简直不敢抬头,总是低着头念讲稿。幸好班上同学绝大多数都是诚心诚意寻求自我改造,并未因为我的年轻幼稚而放松学习。

当然,我也非常尊重并关心他们,不断改进教学内容与教学方法,力求帮助他们掌握历史唯物主义的基本原理,树立新的史学观点并且与旧思想决裂。此外,我特别注意激发他们自身的主观能动性,组织他们参加保卫世界和平的大型签名运动,让大家理解作为一个中华人民共和国公民的光荣与职责。结合党史教学的内容,组织课外座谈,请若干当年革命运动的亲身经历者作重点发言,他们的生动忆述,增添了大家的学习兴趣。同时,我还带领他们到附近的实验中学交流,着重观摩几位著名教师的课堂教学,如冯永轩(冯天瑜之父)先生原来是清华国学研究院的高材生,曾宪庚是湖南国师雷海宗教授的得意门生,他们分别讲授的中国历史与世界历史课,都凸显出深入浅出、提纲挈领、生动活泼的大家风范。这些观摩不仅使那些来自偏僻地区的学员大开眼界,我自己也从中深获教益。冯先生父子二人以后还成为我的良师益友。

无论是历史系,还是历史班,我与学生的关系都比较融洽。因为我尚有自知之明,从不把"南下干部""马列主义宣传员"挂在嘴上自炫,总是以平等的姿态与学员共同学习,教学相长。所以有些年长而又好心的学员,反过来长期关心我的成长与进步,甚至在离校以后把他们的得意门生乃至子女送来华师学习。张立民与我一见如故,相知最深,他很想回归党组织并留校工作,我为此专门向王老、方衡做过详尽汇报,他们都表示热烈欢迎。此后数十年,他成为我的亲密同事,两家人也成为最亲密的邻居。

1950年初,根据中南局指示,中大教育学院全体师生前往中南五省数市县进行基础教育调查。王老在食堂作紧急动员,大家群情激奋,争相投入这次意义重大的社会实践。全院师生按前往各省区分为五个大队（即两湖、两广与江西），大队长由几位系主任或其他领导干部担任。我属于河南大队，大队长是我比较熟悉的于树作，他仍然是一贯的作风，无为而治，放手让我们下基层经风雨见世面，临出发时连一句勉励的话也没有说，但仍能从目光中看出他对我们这些年轻干部的关切与期盼。我被指定担任调查信阳与淮阳两个专区的分队长，队员是政治、历史两系学员，大约有二十人。政治系学员杨汉青担任副队长，协助做学生工作，还有一位年近三十的学生负责生活事务。我们在一个月之内调查了两个专区的11个县市，由于交通不便，经常是长途步行，有时一天要走百里以上。当时与部队行军一样，每天清晨都是打好背包就出发，没有多久好些学员的脚都起泡了。当然，多数人都以艰苦奋斗为荣，但也有少数学员平素在家娇生惯养，从来没有吃过这样的苦，因而偷偷伤心流泪。我们这才发觉，武汉学员毕竟是生活在大城市很久，没有开封学员那样吃苦耐劳。我们本来应该安排得稍微宽松一点，而且对这些自感委屈的学员，特别是女学员，耐心安慰并正确引导。当然，女学员也有好样的，有一位原来就是育才学校孩子剧团的成员，她倒是生龙活虎成天乐呵呵的，为全队增添了许多欢乐色彩。

  我们每到一个市、县，首先是拜访当地的教育局局长，由他介绍基本概况，特别是现状与急需解决的问题。这些领导同志把我们看成中南局派来的调查人员，所以接待非常认真，特别希望我们能帮助反映新解放地区的学校迫切需要解决的难题。由于我也算南下干部，所以这些头头脑脑与我谈得特别坦率，有一位老干部还着重向我传授工作经验："在基层工作最重要的是要会'嚷嚷'，上级领导工作繁忙，千头万绪，你不嚷他怎么会理解民间疾苦呢？所以对上级一定要'嚷嚷'，大声地'嚷'，这样才有可能引起他们的重视。"他讲得很贴心，我也觉得很有道理，我的最大毛病就是不会在上级面前大声地"嚷嚷"，很多困难都是自己闷着头克服了，得不到上级的重视与及时帮助，连自己的下属人员都跟着吃亏。

听取教育局领导概况介绍并检阅相关文件后，我们就分头前往城乡若干中心学校进行深入调查，大体上都是根据上级调查计划，参照当地实际情况有选择地布点。由于大家认真负责，吃苦耐劳，工作细致，我们收集了大量解放初期各地基础教育的相关信息与存在的问题，及时提交中南地区教育部门领导作为参考，所以得到充分肯定与鼓励。我们作为师范学校的年轻师生，比较深入地亲自了解基层教育的实际情况，并且全面经历了可贵的独立工作锻炼，从而为华中师院的早期建校奠定了重要的思想基础，也初步培养出一批此后的教学与行政骨干。

## 初遇"路线斗争"

从河南返校以后，教育学院恢复正常教学。我作为研究生代表，被安排为全院学习委员会委员。学委会主要管干部政治学习，王老亲自担任主任。各系主任是当然成员，其中恰好常春元、高原、章开沅三人名字都带"元"音，当时曾有"教院三元"的说法，这是对我们理论水平的拔高与溢美，我从来都不敢如此高攀。我也不认为学委会成员是什么官职，无非是作为年轻教师代表忝陪末座而已。其实，教育学院干部政治学习抓得紧且有明显效果，主要靠王老的极端重视与以身作则，可以说已成为他日常工作的重中之重。当时全院的作息时间是：早晨六时起床，六时半至七时半政治理论学习。进早餐后准八时上班。王老与我们一样遵守作息时间，认真攻读马列经典。学习主要是自学，阅读并写笔记，每周至少有一次小组交流。学期中旬有几次大型理论与实际相结合的讲演，多半是由省以上主要领导亲自出马，如刘建勋讲土改等重大问题，全校师生都会听讲。学期结束有考试，多半是开卷写学习心得，自己任意选题。试卷由学委会指定相关专业教师评阅，但似乎不必打分，主要是鼓励那些下了功夫的佳作。尽管没有什么奖惩制度，与职务提升也无直接关系，但大家那种如饥似渴的学习自觉性，至今想起来都感到难能可贵，至少是充分利用这段黄金时间扎扎实实啃了几本名著。

1950年春季开学不久，王老经由院党总支（当时武汉各高校共有一个党委）倡议举办一次有关教育转型的总结性民主大会，全院干部、教师都必须认真参加。教育学院职工人数虽然不多，但照例成立主席团主持会议，我又有幸滥竽充数。开会时与院系主要领导并排坐在台上，我的内心很不自在，因为从小到大一贯害怕出头露面，可以说是一个久经风雨而仍然怕见世面的怯场懦夫。

但是，我却身不由己很快被卷入一场所谓路线斗争的政治性漩涡。

会议首先由王老亲自做前段工作的总结报告，接着是几位系主任与行政部门领导发言，他们高度肯定教院成立以来的辉煌成绩，并且一致赞扬王老与总支正确而坚强的领导。然后照例是自由发言，但却出现较长时间的鸦雀无声，可能是彼此都在观望，谁都不愿开头炮。执行主席只有悄悄劝说我尽快发言，打破这尴尬的沉闷。

我感到义不容辞，颇有几分救场心情，立刻站起来即席发言。首先也充分肯定教院过往成绩，但我不愿过多重复大家说过的话，便把话题一转，着重分析转型的困难与当前仍然存在的问题。我的发言其实积蓄已久，大多是三个系在一线工作的助教与辅导员平时的议论，而且陶军、方衡等系主任对我们的议论也有同感，认为我院转型改革步履缓慢，主要是领导思想跟不上时代的步伐。我确实没有任何顾虑，也没有任何恶意，只是把这些平常积压的意见归纳成几点，鼓起勇气向我最尊敬的王老进言。

我的发言大体是围绕"中原大学如何转型"这一主题展开论析，因为中央教育部已经明确要求人民大学、中原大学等校，从革命干部院校向新型人民正规大学转型。我认为中原大学正在转型过程之中，但仍有若干不足之处。主要是办学理念仍未超越党校意识，重政治，轻专业；重政治思想，轻教学质量；教学计划经常被临时性的政治社会活动打乱；图书设备严重不足，以及干部作风仍带游击习气，工作仍沿袭手工业方式，缺少必要的规章制度等等。我虽然鼓起勇气起立发言，但自知位卑识浅，所以用的都是平和而谦抑的语调。由于仍不习惯在大庭广众面前讲话，我只顾自己讲，不敢环视四周观察听众的反应。

讲完之后又是一片鸦雀无声，会场显得更为寂静。幸好已到晚餐时间，执行主席乘机及时宣布散会。这一夜我睡得特别香甜，自认为是知无不言，言无不尽，对组织一片忠诚，对学校满腔热忱。但是这一夜并非平静，尽管没有任何人来打扰我的清梦。

第二天继续开全院大会，主席团成员已不再坐在台上，只有一位执行主席坐在台上宣布开会。大会只有陶军一人作长篇发言，他手执好几页讲稿，显然事先已有充分准备，而发言的题目竟然是"为捍卫党的教育方针路线而斗争"。发言字斟句酌，语气沉重，不像他平时讲演那样热情奔放，风趣幽默。他一开始就点了我的名，并且针对我昨天发言的要点，逐一加以剖析驳斥，并且上纲上线总结成为标题所说的"路线斗争"。陶军的发言显然经过反复讨论推敲，逻辑井然，丝丝入扣，于平实处显示出战斗威力。我从一开始就被打懵了，血往头部直涌，形成短暂昏眩。

这是我正式参加革命队伍以后，第一次受到如此严厉的大会批判，而且面对的是朝夕相处的全院教工。我的心情非常复杂：惊愕、气愤、委屈、后悔……真是五味杂陈。我的思想陷于混乱，头脑一片空白，所以连会议如何结束我都毫无知觉。但会前总支除陶军发言外，也没有做好周密准备，除个别主要领导有所应和外，多数人都感到过于突然，所以会场显得异常冷清，缺乏必要的激昂战斗情绪。会议主持人没有要我表态，其实我也根本无态可表，会议就这样草草结束。

回宿舍以后，我逐渐冷静下来，反而没有认错的自省。我讲的意见，都是同事之间的坦率议论，也包括许多学员反映的意见，其中有相当一部分陶军、方衡曾给予认同。因此，陶军的总结性发言引起许多一起工作的年轻教工的反感。古堡与我主动求见方衡，询问陶军为什么突然要作这样高调的批判，但方衡支支吾吾，始终回避正面回答，只是劝我们要保持冷静，正确对待批评，必须没有保留地认真贯彻党的指导意见（即陶军的发言）。

我的脑海充满问号，究竟应该听从哪个党组织的意见？中央教育部有关革命大学转型已有明确的文字表述，我们已经反复认真阅读、讨论、贯彻，无非是在向"新型""正规"转变的过程中，结合自己的体验以及学院的反应，正式向院领导提出若干可能还不够成熟的建议，目的正是为了更好地过渡与转变，何至于竟被总支认定为"向党的正确教育方针路线挑战"？我并非固执，更非傲慢，实在是想不清楚，自己错在哪里。

会后没有任何领导主动找我谈话，给予必要的指点与帮助。方衡仿佛是个旁观者，认为这场风波与他无关。陶军似乎处境有点尴尬，有意避免与我直接交谈。他与我虽然分属不同专业，但到武汉后，特别是成立教育学院以后，他与我关系比较亲密，可能因为都是破落世家子弟，又先后受过教会大学教育，因此多少有些情调相投。再则因方衡原来虽然也是燕大学生，但性格有些古怪，喜怒无常，反而不如陶军随和，彼此更容易相知与交流。陶军的演讲口才堪称上乘，所以武汉三镇许多单位都争相请他做形势报告。他有时无法应付，就请我代为前往。由于相处已久，他对我也很放心，临时把他潦草书写的英文提纲交给我，一切就让我自由发挥了。当时中原大学研究生英语水平较差，这也是他找我帮忙较多的原因之一。对于他的奉命批判，而且调门又如此强硬，我实在难以理解，但并无任何怨恨，因为这显然是组织上的决定。不过我也从未想过找他当面申诉，免得他更加为难。

我照样上班工作,但却没有任何组织内的人找我谈话,似乎有意把我冷在一边。但我问心无愧,该做的工作未受任何影响。我也没有写什么检讨悔过,因为我自觉无过可悔,当然这可能是天生的牛脾气又犯了。但过了大约一个星期,学院教工党支部委员杨健终于来找我谈话了。她是高原的妻子,在院办担任行政工作,从开封到武汉都像大姐一样关照我们。在我的心目中,她的待人接物很像原20队辅导员汤颖,参加革命较早,但从不以老资格自居。她显然也是奉命前来,但态度仍如平常一样谦和。她似乎有意避开眼前已经呈现的意见分歧,没有要我写什么检讨认错,只是劝我正确对待,不要背思想包袱。她更关心的是我的历史问题,开门见山就问:"你在南京时与国防部二厅有没有什么联系?"我为之愕然,因为从来没有任何人问过我这个问题。我作为退役预备军官(少尉衔),原来属国防部预备军官管理局管辖。至于该局与二厅有什么关系,我们从来不明底细。我如实答复,并且强调自己从未与二厅人员有过任何接触。她未做任何明确表态,只是委婉地说:"你最好再仔细回忆一下,如果有什么问题,应及时向组织说清楚。"

我对杨健一直非常信赖,因为她作风正派,不像办公室有些女干部那样巴结领导。我与高原也很谈得来,因为都曾参加进步学运,而他因为从伪满洲国进关,流亡期间也有若干历史问题迟迟找不到有力证明,以致影响入党与结婚。但是,我很快就查清所谓二厅属情报系统,几乎与军统等特务组织是同义语。我觉得此事过于荒唐,因为在南京读书期间根本不知二厅为何物。不过,我倒是意识到问题的严重性,可能已经从路线斗争发展成为追查历史。执政党理应讲究法治,但我对于这类政治历史追查厌恶已极。我相信杨健夫妇绝不会迎合这种荒谬政治逻辑,但居然正式向我当面提出问题,想必幕后另有其人,而且是富有内部斗争政治经验的权势人物,才会节外生枝提出这种深具威胁性的问题,杨健无非是奉命转达且有好心关怀。我认为应该坦然面对,且不屑作任何具体回答。以后的事实已经表明，我根本无需作任何回答，因为此后数十年历次政治活动或常规政治审查，都没有人再提出这个问题。只有"文革"中有个别人旧事重提，甚至公开书写"打倒国民党狗特务章开沉"，并且用红笔在姓名上打三个叉，但也没有引起任何轰动，连最激进的红卫兵小将也不认为我会如此堕落。

政治研究室的成员，政治上的要求比较严格，内部经常开展批评与自我批评。武汉解放不久，我们政研室就有几次规模较大的全室批判会。首先被推到风口浪尖的是一位刚从武大毕业分配前来的女生。由于不了解共产党既有的政治规矩，私自到南京另行联络工作，目的是不愿与已分配到南京的男友分居两地。大会小会批评与自我批评延续了整整一个星期。由于她似乎还有点政治背景，结果仍然是一走了之。但我们这些安心在武汉工作者，都受到极为深刻的教育，从此以后都把服从组织分配视为天职，正如我当兵时所接受的军人以服从命令为天职一样。在当时的历史条件下，组织分配就是自己的志愿，只有无条件服从组织。反正私事为小，革命为大，没有什么想不开的。那些年代的青年，经过多次政治教育以后，大都变得这样单纯。以后又有几次兴师动众的批判，多半是个人生活作风问题，如未能正确处理恋爱问题闹得满城风雨等，似乎与政治并无直接关系，但也照样大会小会批判，深入分析家庭社会背景。这些会我都曾参加，而且不允许沉默无语，尽管与被批判者私交甚笃，也爱莫能助。

现在轮到我受大会批判了，而且规模之大、级别之高、性质之严重，都属前所未有。我有接受连续批判甚至严重处分的思想准备，但奇怪的是会后并无连续批判的运作，连一纸检讨也没有要我写，所以工作、生活一切如常，周围的同事也没有因此而对我有所疏远。我百思不得其解，反倒是更加相信自己未犯什么大错。后来重新回想，可能是研究室的年轻人大部分都到京、沪、东北进修去了，只剩下我们五六个人坚持一线教学工作，任务非常繁重，而且他们大多赞同我在大会发表的意见，所以客观上也不具备继续开会的必要条件。不过我总算比较幸运，那时进城不久，还顾不上开展什么大型群众运动，否则我也难逃此劫。因为就在此后不过一年多时间，"三反五反"暴风骤雨一来，连王老本人都被群众"火烧"，自行下楼都受阻拦，遑论我这样微不足道而又有前科的小人物。

但是，我在教育学院党总支的政治评价显然大为下落，首先是令王老对我极为失望。他已经另外找了一位未来之星取代我的位置，这就是此前默默无闻的李中行。中行与陈铁同志在新民主主义论研究组（后来改为政治经济学教研室），他埋头苦干，沉默寡言，人如其名，中规中矩，显得老成干练，所以很快就被任命为王老的贴身秘书，随即又被提升为党委宣传部的副部长。王老从此对我比较疏远，我也没有向王老做任何解释与检查，因为自己问心无愧，何必多费唇舌。但我内心始终尊敬王老，珍惜他对我真挚的关爱与教诲，他毕竟是我首先接触最多、受教最深的高龄革命前辈。

## 与华中大学合并

1951年初，中原大学与华中大学合并的风声已经传出，华大本来是外国教会创办的私立学校，但解放后很快便改制为公立大学，纳入中央教育部的院系调整范围。当时还有另一种说法，就是由教育学院去"接管"华大，不过我始终未见过这样的文件。

中南教育局与教育学院领导肯定已有周密的规划，抗美援朝掀起全国风起云涌的反帝爱国运动，而被定性为帝国主义文化侵略堡垒的教会大学便首当其冲。尽管华中大学原校长韦卓民在解放前夕既未迁校也未随国民党政府去台湾，对共产党与新中国怀抱若干善良愿望，但也避免不了或迟或早地受到严重冲击。当时，华中大学的局势表面是被"新教协"与学生会控制，由他们出面请教育学院派人做政治形势报告，实际上都是由中南教育局与市高校党委全盘策划，而陶军便成为众望所归的最佳名嘴。他的每一场报告都引起强烈反响，有些精彩的话语，如"让我们在思想战线筑起新的长城"等等，在整个武汉市都广为流传。

教育学院距离华中大学不远，但作为起点与终点的千家街与昙华林都比较偏僻，特别后者因有众多教堂及外国教会创办的医疗、教育机构更被视为帝国主义侵略的窝点，而国民党上层反动人物很多也聚居于此。20世纪50年代初，人们的政治警惕性特别高。由于陶军每次演讲都在晚间，组织上更加关心他的安全。当时教育学院没有汽车，街上也没有出租车，所以王老只有把全院仅有的一辆马车作为陶军的出行专车。马车夫姓殷，原来是武汉市消防大队的救火车司机，可以说是大材小用。据说昙华林夜间灯光昏暗，行人稀少，气氛有点恐怖。因为确有国民党潜伏特务打黑枪，因此车行特别急速，幸好也未出现过什么意外事故。

果然，1951年暑假，我们与华中大学合并，仍然保持华中大学校名。校务最高领导机构是改制委员会，由中南教育部潘梓年部长亲自担任主任委员，韦卓民、王自申是副主任委员。过问华大校务的还有徐懋庸，此时是中南局委派接收武汉大学的首席军代表，兼任中共武汉市高校党委书记，是教育界权倾一时的大红人，可能也是潘梓年比较信任的沪上故旧。教育学院与中原大学的分离，以及与华中大学的整合，肯定是一个极为复杂而又艰难的过程，但我们这些年轻教师所知甚少。我们已习惯于一切听从组织安排，所以也懒得到处打听。只记得我们最初是迁入崇福山华大闲置校舍，并未直接进入昙华林主体校园，教育学院的行政机构与各个系、科仍然保持原有建制。新学年开始后，我们虽然全部迁入昙华林，但中原大学的干部与教师仍然相对自成体系，集中于颜母室、思殷堂、博育室等老旧楼房。在相当一段时间，我们政治研究室大体上仍保持原状，没有完全融入各相关院系。我们居住工作最久的一栋三层楼房叫颜母室，是颜惠庆为纪念其母捐建的，原来是华中大学的女生宿舍，建筑与环境比较优美，服务设施也很完备，可见学校领导对我们的重视。

两所政治文化背景乃至性质完全不同的学校合并，初始可以说是貌合而神离。我们这个群体仍然自认为是"中原人"，而原有的华大师生也把我们称为"中原来的"，仿佛是一个永远的他者。在我们的内心也确实有客人的感觉，我们对华中大学没有归属感，也只认以王老为首的原教育学院的那批老革命为领导。事实上，王老等党委核心仍然把我们当作最可依靠的骨干队伍，所以才保留政治研究室的独立建制，经常开会要求我们继续发扬中原大学的光荣革命传统，警惕资产阶级思想的腐蚀。由于我们这些年轻教师已参与全校政治课教学，必然会与学生普遍接触，加上年龄又很相近，所以很容易友好往来。有时，我们与一些女同学课余交往稍多，有的好心领导就会私下提醒："提高警惕啊！别被资产阶级同化。"我们一方面因为得到组织信任而产生若干光荣感，甚至是有些政治优越感，但另一方面又感到疑惑，对自己的无产阶级化缺乏信心。因为大多有自知之明：我们这些京、沪地区出来的小资，经过革命熔炉的陶冶，也不过就是两三年时间，怎么可能一下子就变成无产阶级呢？两校合并，我们理应与原华大师生打成一片，共谋新型人民正规大学的营建与发展，但王老等老领导似乎唯恐我们这支嫡系部队被"和平演变"，乃至被资产阶级旧大学所同化。

## 参加土改

大学师生参加土地改革是一项既定方针，1950年7月政务院文化教育委员会给中南文化教育委员会的指示明确规定："土改期间，对各学校教职员，为了加强其对土改认识及扩大宣传，应进行土改教育并吸收他们参加土改。"所以教育学院并入公立大学以后，第一件大事就是把全校师生成建制地分派到各地参加土地改革。

1951年11月，除少数年迈体弱者留校以外，其余七百余人（教职工约二百人，学生五百余人），分别前往武昌青山、新洲、黄冈等地参加土改。我们历史、教育、物理、数学等系师生被分配到武昌县（县政府设在纸坊）青山区土改大队，大队部设于离青山镇不远的火官乡一家大地主宅院。大队长由区委李书记担任，常春元、方衡任副大队长，土改工作由区委统一领导，大队内部管理由自己的党支部负责。大队外来人员以华大为主，武汉市也派有十余人参加，多为市府本身的干部。青山区乡村干部与我们在基层密切配合，但一般不属大队管理，偶尔来参加会议，也像客人一样。大队部人员尚属精简，只设三个秘书处理日常办公室事务，即教育系的朱辕、一位市府原来的秘书老喻和我。朱辕也是中原大学政研室骨干，教育系助教，原来在河南大学读书时曾参加地下党，后来不知是何客观原因与组织失去联系。但他已在党内经过严格考验，且有地下工作历练，相当沉稳而又敏锐。由于常春元是青山土改大队华师委派的主要负责人，所以朱辕分工负责总务，相当于办公室主任。老喻来自华北抗日根据地，当过兵，打过仗，还有较高文化水平，在市府又有丰富的秘书经验，所以由他担任行政秘书最为恰当。只有我最缺乏行政工作经验，但可能是由于常春元非常重视思想教育与宣传工作，所以由我负责文字宣传工作，主要是编辑大队土改快报。为了办好快报并及时出版，我有一间较大的办公室，有两位跑基层的记者，一是物理系年轻教师何益芳，一是教育系学生贺曼华。另外还抽调一位来自广东的物理系本科生小何，他年龄不大，但却是东江纵队的老队员，在部队就是编辑刻印出版小型快报的好手。工作程序大体上是由两位记者到各乡采访，自写或组织相关工作队成员撰写报道，然后再由我与小何选稿编排并画小样，送常春元审阅，经他最后修改定稿，最后再由小何刻印出版。小何不愧是专业好手，刻蜡纸不仅整洁美观，版面及装饰性图案也恰到好处，而且基本上没有错别字。所以每出一期都受队员喜爱，分发郊区工委后，又常引起媒体关注，《大刚报》（以后并入《长江日报》）甚至派资深女记者前来驻队采访。我们三个秘书及大队部其他工作人员相处都比较融洽。朱辕与我一起南下，在教育学院同时担任助教工作，朝夕相处，情同手足。老喻虽然是初次共事，但却俨然像位忠厚热忱的老大哥，时时关心我们的成长。比如我们刚一进驻火官乡，他就带领我们在大队部里里外外仔仔细细巡视一周。他笑称这叫作看地形，是部队安营扎寨必先走好的第一步，以便随时可以从容应对突发事变。有这样的作战老手随时指点，无论火官乡"敌情"多么复杂，我的内心总比较笃定。市政府还下放了一位人事干部于成，他是东北来的干部，年龄虽轻但也比较老练，并且还随身佩有自卫手枪。他知道我也当过兵，与我交谈最多，只要公务需要，他都慷慨借枪给我防身。但他的职务是联络员，由大队长直接领导，经常跑各分队了解情况，沟通信息，所以与土改快报关系密切，却不属于办公室人员。春节后不久他提前调回原任职岗位，从此再无联系。

　　土改工作队进村，首先就是访贫问苦扎根串联，这本身就是宣传教育工作，目的在于由点到面逐步发动以贫下中农为骨干的广大农民群众。我们大队部工作人员未能直接参与基层工作，因为我们是一个萝卜一个坑，没有办法离开自己的岗位。但我作为宣传组负责人，却必须独自承担地主学习班工作，就是不定期召集地主"训话"。没有任何人告诉我应该如何"训话"，我又不习惯拍桌子、打板凳、骂粗口。只记得开始时主要是组织他们学习相关土改文件，领会政策精神（即所谓政策攻心）。由于他们多有一定文化水平，所以便采取一人读，大家听，共同讨论的方法。如有疑难问题，由我尽量解答，比较复杂的问题，只有请示上级后才能回答。可能这种学习班模式不适合于专政对象，难以对他们起震慑作用，我在本地领导干部点拨下，也学会了大声吼叫，把"老实从宽，抗拒从严"挂在嘴上讲。学习班的会场在另外一所地主宅院，离大队部不远，房主是一个年逾六十的老地主。由于他的儿子参加革命较早，远在东北工作，本人解放后遵纪守法，一贯拥护人民政府，已有可能被定为开明地主。学习班开会时，他往往主动读文件或报纸，并且积极带头发言。会后他还热心地邀我在书房稍息，一排书橱中除大量线装书外，还有若干进步书刊，他说这是儿子做地下工作阅读后留在家里给他学习的。老人身材瘦长，戴金丝眼镜，蓄五绺长须，谈吐风雅，文质彬彬，解放前显然是一个颇受尊重的乡绅。但我是土改队员，他毕竟属于敌对阶级，所以彼此都刻意保持应有的距离。

然而学习班未能办多久，就突然出现一桩较大事故，形势急转直下，终至名存实亡。

有天夜晚，学习班开会的那座大院突然起火，火焰熊熊，直冒浓烟。我们大队部人员连忙赶往现场，只见老地主独自泼水救火，无法遏制火势蔓延，情况非常危急。幸好发觉较早，在邻近居民协助下，总算避免一场大规模火灾。起火的原因，据老人自己交代，是铺床就寝时不慎碰翻油灯，首先是把蚊帐、床单烧着，扑打无效而水缸又无足够存水，所以只有大喊"救命"。幸好火灾造成损失甚微，但县公安部门闻讯赶来，立即将老地主捆绑抓走，怀疑他是出于阶级仇恨，蓄意烧毁房屋财产，抗拒土地改革。而我与几位赶到火灾现场的同事却心存疑问，因为老人是一人独居，如果是蓄意自焚，完全有足够时间，他又何必一边浇水，一边大喊救命？

当时中央正在纠正新区土改过程中的"和平土改"右倾错误，连中南局的资深领导邓子恢都受到严厉批评。我们的消息比较闭塞，对此一无所知，但我们至少已走到土改基层第一线，也或多或少感觉工作中形式主义较多,群众似乎没有真正发动起来,尽管我们都很忙,而且实实在在生活在群众中间,但大学师生与农民群众并没有成为一家人。我们并没有真心诚意融入农村,而是或多或少把学校那一套方法与作风强加于农民群众。当然我所一手包办的地主学习班就堪称典型,幸好还有点自知之明,没有利用土改快报加以宣传和推广。

当时曾流行一种说法——洋包子俘虏了土包子,换句话说就是教条主义者俘虏了经验主义者。我们在实际工作中感觉到,在一段时间内青山区土改领导权并没有掌握在青山区委手中,而是掌握在华中大学带队的几位领导同志手中,其中最为强势的是教育系主任常春元(实际上就是华师青山土改队的总领队)。华大到青山参加土改的人数最多,浩浩荡荡的队伍,自命不凡的洋教授与洋学生,把当地农民与乡村干部都惊呆了。当然,更为重要的倒不是这些小资产阶级知识分子,而是其中发号施令的几位党员"高干"。我记得教育学院成立不久,党政干部曾经调整过一次级别,少数人提升为地区专员一级,一般的主讲教员明确为县级,我们这些实习教员相当于区级。当时的青山还是武昌县下的一个区,区委李书记虽然参加革命较早并且担任土改大队长,但由于级别较低地位悬殊,不得不屈从于这些市府与大学来的领导干部的意向。而恰恰又是这些城市来的领导干部,把机关、学校那一套知识分子习气带到了农村。我记得有些村里开个小会,都要用红纸毛笔把会议程序端端正正写好贴在墙上,然后主席行礼如仪,每项程序都必须落实到位。这些程序最早似乎源于孙中山的《民权初步》,用意本是正确而又善良的,但用于文盲占大多数并有待鼓动掀起一场革命大风暴的农村,确实有点像是"急惊风遇见慢郎中"。

我不知道青山区是否成为"和平土改"典型,只记得中共武汉市郊区工委书记李尔重确曾亲自前来纠偏。

那是一个岁末严寒的傍晚,田间已无人迹,一片萧瑟景象。大队部的人员似乎集体到另一个乡开现场会去了,只剩下我与一个炊事员留守。突然青山区委电话通知,说尔重同志要来我们大队调研。我那时确实不知道应该怎样迎接这位德高望重的大领导,打电话又联系不上常春元等大队负责人,只有站立在大队门口眺望,唯恐尔重书记走错,因为大队部周围阡陌纵横,没有几条正经路。果然不久便看见一个人推着自行车从田埂上缓缓走来。我连忙小跑迎上去,只见他穿一件旧风衣,头戴鸭舌帽,风尘仆仆然而风度犹存,一看就知道必定是李尔重。我对他了解甚少,只知道抗战时他是长江局的老干部,具有较高的文化素养。据说他到武汉大学做学习毛泽东《实践论》的报告,连那些著名教授都非常赞赏,认为不是一般政治大报告,而颇有学术深度。我把他引进大队部,安排住一间比较清静的客房。问他是否需要晚餐,他摇摇头,显然是已在青山镇上自行解决。又问他是否需要通知大队部领导立即赶回,仍然是摇摇头。我是第一次遇见这么惜语如金的人,但很快发现他实在是过于疲乏,因为那时武汉交通很不方便,他又是骑自行车,要坐一次轮渡过江,从武昌到青山又是好长一条路。他既不愿讲话,我又想不出什么可以引发交谈的话题,只有请炊事员送来热水,让他漱洗早点就寝。按照他的叮嘱,我仍回自己的办公室编辑新一期快报,并且协助业已归来的"小东纵"抓紧刻印。我上床前好奇地看了一眼客房窗户,看见尔重书记尚未熄灯,隐约可见他在来回踱步深思。

　　第二天上午,大队部召开全体干部大会,听取尔重同志的亲临指示。他很平静地以北方口音说了几句礼貌性的开场白,随即直截了当地指出青山地区土改存在问题。他说工作队进村已经有好长一段时间了,但基本群众仍然没有发动起来,贫下中农心存畏惧,地富反坏气焰甚高,事故不断,人心惶惶。如果现在不抓紧发动群众,认真清算、斗争,在春节前把地富的田地、浮财分配给广大贫苦农民,他们怎能过好这个旧历年,又怎能安排好明年的春耕?他列举了若干形式主义事例,然后放大嗓门说:"你们这不是群众运动,而是运动群众,是牵着群众的鼻子演戏。"这几句话不仅当时振聋发聩,而且让我记住一辈子。他的语言简练而又深刻,不像有些高官那样漫无边际的空话连篇。最后他特别嘱咐大学师生,一定要充分尊重本地工农干部的作用,对前段疏忽了的清匪反霸斗争补火,狠狠打击阶级敌人的嚣张气焰,进一步发动群众,把土地改革进行到底。

他可能感觉到自己的批判或许过于严厉,会场气氛过于紧张,终于笑着说:"并不是说你们一无是处,成绩还是很多。"他拿着早晨我刚送去的新一期土改快报,放声说:"这份小报便编得很好嘛!"会场气氛顿时缓和,大家都会心地相视而笑,因为小报所反映的主要内容就是我们进村后各项工作进展呀!我想常春元一定特别高兴,因为土改快报就是他直接抓的,几乎每期都有他写的评论与编者按语。反正此次挨批,并没有任何人受到任何处分,市委仍然对我们寄予很大的信任与期望。

我此生与尔重同志接触稍久的也就这么一次,此后岁月蹉跎,世事多变,"文革"后他又调往外省工作多年,所以我们一直未能重晤。直到1999年底,我校为纪念《黄河大合唱》问世60周年,举办六千多人参加的大型演唱会,气势磅礴,盛况空前,一些在汉离休老干部,如刘西尧、李尔重等都亲临观赏。学校领导有意安排我这个过去的年轻部属陪同接待。演出前闲谈时,我忍不住重提青山这段往事,他怅然若有所思,然后笑着说:"是有那么一点印象,我当时有些话可能过于尖刻吧?其实那次'反右纠偏'又有些过头,甚至乱抓、乱斗等,这同样是违背正确路线。"

事实也正如他所说的那样。那次青山土改大队全体会议之后,重新发挥本地干部的主导作用,他们在抗日战争与解放战争期间,就是在农村发动群众的老手,加之对当地(特别是火官乡)的情况又比较熟悉,所以就在扎根串联的基础上,很快转入"清匪反霸"补火。湖北中东部与湖南西部地区不大一样，此前没有经过大规模比较彻底的剿匪，因此确实有些匪霸、黑道分子仍然混迹于农村居民中间，青山区政府已经掌握大批资料，立即抓捕一批罪大恶极者，召开批斗大会，许多受害者纷纷登台愤怒控诉，很快就把阶级斗争情绪推向火热。随即又经过公开审判，杀一批，关一批，交群众管制一批，果然使广大贫苦农民斗志昂扬，而旧社会权势群体顿时陷于土崩瓦解状态。

严格说起来，我在土改中所受锻炼很不全面。因为一直在大队部从事繁琐行政事务工作，未能与贫下中农真正"三同"，更谈不上深入细致的扎根串联。可能正是由于这个原因，我与当地农民群众没有多少直接联系，思想感情也没有出现明显变化。如果说，我还比较同情下层贫苦劳动人民，那也主要是由于在旧社会有一段贫苦流浪生涯，并非直接得益于眼前这场轰轰烈烈的土改大风潮。

当然，走出学校，在土改大队部当秘书，这本身就是一种锻炼，也有思想与工作两方面的进步，特别是在社会阅历方面受益颇多。既然是大队部秘书，就必须与本地及外来各方人士打交道，除贫下中农外，连地、富、反、坏也多有接触。甚至连长期定居武昌城区，杂货店老字号"伍亿丰"的老板，也指定由我接待。他的阶级成分已经确定为工商企业家，属于民族资产阶级范畴，但在青山尚有若干田产，由佃户与长工耕作，因此仍有封建剥削。为了发动群众，这些外迁地主也要召集回来，参加批斗大会，虽然他们不是重点对象，但同样要接受群众教育，正确对待土地改革，特别是把自家田产全部交出分配给当地贫下中农。所以，他有两重身份，作为地主是批斗对象，但在接待过程中要体现出差异。

记得"伍亿丰"老板来大队部报到，我以礼相待，安排他先在客厅休息，并交代相关政策。要他主动批判自己过去的剥削压迫罪行，向广大贫下中农认罪并道歉。同时，也劝他不必担心受到身体伤害，我们会提供必要保护。其实，伍老板在工商联早已学习过相关政策，所以迅即表示一切服从组织安排，诚恳接受群众批判教育，尽量配合土改大队工作。果然，他上台后虽然与地主站在一排，但神态相当安详，言行中规中矩，没有出现任何意外失误。会后他依然回到大队部小坐并致谢，随即悄然独自返回武昌。

此次批斗大会以后，群情沸腾，土改也严格按照政策循序推进，终于在农历年底完成。广大贫下中农分得土地与浮财，家家欢欢喜喜，打糍粑、摊豆皮、炸"翻散"，多半在户外搭灶作业。每逢我们路过，到处都是热情邀约，并将这些刚出锅的年货，随手取来供我们尝新。我们为他们的翻身做主感到高兴，心里也为土改取得成果颇觉欣慰，但仍然不愿扰民，土改干部集中开伙，一律婉辞到农民家里吃请。当时土改干部是按片集中欢度春节，我们大队部人数甚少（领导多已回武昌），往往被各片工作组留守人员拉去吃请。我们本来就来自五湖四海，各显神通，美食纷陈，吃春酒，打扑克，侃大山，好不热闹。

春节过后不久，大队主要领导与各片工作组长到武汉市郊工委集中学习，最后总结工作。我一人留在大队部"看家"，只有一个炊事员作伴。留守期间，基本上是无为而治，因为土改已经结束，新的农村工作部署尚未下达。我除召集一次各片留守人员开会，汇报各乡情况并交流留守经验以外，还抽空前往若干偏远地区亲自调查研究。比如在天兴洲就发现异常情况，汇报时认为是阶级斗争新动向。天兴洲是长江中间一片沙滩，以盛产优质西瓜（称"洲瓜"）闻名，不过当地住民甚少，因每个汛期都要被洪水淹没，而平时来往船只停泊倒是很多。春节期间，停泊船只已经极少，但不久前却发现晚上有大片火光映照，且每晚火光出现地点不断转移。当时电话联络非常不便，我只有自作主张，带着向于成借来的手枪，随同天兴洲乡干部前往，当晚就率几个民兵到火光出现处实地勘察。我们远远看见一个偏僻港汊有微弱火光闪烁，走近才发现是外地养鸭人把鸭卖完，没有及时回家，就在荒野的江心洲上喝酒打牌，乐得享受几天清闲。这样，留守期间总算整个青山区都平安无事，我们土改工作从此画了句号。

土改期间，还有若干插曲，其中一件较大事件就是"三反五反"。我们土改大队任务紧急，自然无法参加，但中原大学留校人员却无从置身事外。有天下午，中原大学教育学院一位留校同事突然来大队部找我，动员我参与揭发批判王自申院长的"三反五反"严重错误。我大吃一惊，因为王老仍是我心中最为敬仰的革命老前辈。来人是教育学院办公室的骨干，也是从河南与我们一起来到武汉的。过去由于工作关系，他整天围着王老转，从未说过王老有什么错误，现在却义愤填膺，专程前来启发我的觉悟，与他一起贴王老的大字报。我感到很好笑，我正在农村发动群众，却未想到自己成为"三反五反"积极分子们的扎根串联重点对象了。他们可能认为我过去曾被王老严厉批判，一定对王老心怀不满，必然会跳出来参加对王老的批判斗争。但是我对"三反五反"确实缺乏应有的理解，更没有报复王老之心，所以只有婉言谢绝。他开导我："你不知道城内情况，校园内贴满大字报，重点批斗对象都关起来了。王老回院参加运动，被群众层层围困，连楼都下不来。你与他接触那么多，难道没有任何问题可以揭发吗？"当时，我满脑袋都是土改，哪里顾得上"三反五反"，思索一阵仍然不得要领，只有苦笑回答："王老与我单独谈话，都是用延安精神教育我，实在想不起有什么可以揭发的。"他见我工作确实很忙，随即失望地回城去了。

没过两天，中原大学文艺学院郑小瑛也来找我谈话，她现在已经成为骨干并崭露头角，但此行却不是访友叙旧，而是为了"三反五反"查证落实揭发材料。被揭发的对象是音乐系主任张星原，因为建院期间，他经手购买大批昂贵乐器，因此被怀疑有贪污行为。张星原也是延安鲁迅艺术学院毕业，专长是小提琴，每次在延安演出都博得广泛好评，是崔嵬老师的亲密助手。我们中原大学众多师生都是他的粉丝，每逢开大会都热烈要求他演奏。小瑛是他的得意门生,虽然被委派前来调查落实专案材料,但内心想必仍然同情老师。我不知道她为什么舍近求远,步行到青山来找我落实。我虽然与文艺学院联系较多,但多半是为了崔嵬指派的写作任务,而且与张星原没有任何私下交往。我只有如实回答"毫无所知",但主观上认为这位痴迷于小提琴的音乐家不可能有贪污行为。小瑛似乎也有同感,话题很快转入叙旧,互通金陵友人的近况信息。她未吃晚饭,当天就赶回城里,当时我还想不到她以后会成为国内外知名的大指挥家,因为她并非音乐专业科班出身。

第六章

## "青椒"的偶遇

思想改造 \ 向科学进军 \ 沅湘良缘 \ 庐山蜜月 \
下放草埠湖 \ 全国青联 \ 沮漳漫溢

## 思想改造

土地改革一直延续到1952年才完全结束。反贪污、反浪费、反官僚主义的"三反运动"则先此已近结束，转入全国一盘棋的大规模院系调整。华中大学正式定位为高等师范教育，校名也从"华中高等师范学校"（简称"华中高师"）改为"华中师范学院"（简称"华中师院""华师"）。从1952年并入华中大学、湖北教育学院等单位后，更名为"华中高等师范学校"；1953年10月更名为"华中师范学院"；1985年8月5日起，华中师范学院更名为"华中师范大学"，简称"华中师大""华师大"，有时也仍沿用"华师"作简称。主要由原华中大学、中原大学、湖北教育学院、广西大学生物系等单位合并建成。学校规模迅速扩大，学生人数从八百余人增加到五千余人（包括附校）。人气极旺，但用房紧张，据说有部分学生只能打地铺。

我们回校时，"三反"已近尾声。王老无非是运动初期被反官僚主义"火烧"一下而已，运动的关注点还是反贪污，总务科长首当其冲，但不知为何有若干教授也成为"老虎"，比如教育系的袁伯樵老师，以前曾先后担任过芜湖萃文中学校长、金陵大学训导长，就关在我们宿舍对面一排木板房内。不过已无任何批斗行为，他好像也淡然处之，每天早晨我都看到袁老师悠然自得地刮胡子，好像决心把它们刮得一根也不剩。我们土改大队的师生已经抱团，虽然各回原单位，仍然你来我往，多半聊青山故事，很少打听"三反"情况，也不知道那些首先向王老发难的勇敢者处境如何。

王老依然激情如火，但主要精力似乎用于院系调整后的人事安排与关系协调，已无余力过问这些青年教师的事情。1952年6月土改人员回校以后，名义上说是恢复正常教学，实际上是转入一个自我革命的思想改造运动。根据华中大学的原有特点，主要是打击帝国主义思想（如亲美、崇美、恐美），批判资产阶级思想，划清敌我界限，进一步树立为人民教育事业服务的思想。思想改造主要是针对高校知识分子，依靠众多学生与青年教师帮助所谓旧知识分子改造思想。记得当时我们这些年轻教师与学生党、团员每晚都要轮流值班，分区保卫治安，这更增加了政治紧张气氛，而思想教育本来应该是和风细雨。韦卓民已经成为重点批判对象，上纲上线为"帝国主义文化侵略的代理人"，不仅小范围批判，而且全校大会揭发声讨，校报也出专刊报道。韦卓民诚然与外国教会关系密切，而且是虔诚的基督徒，但他与金陵陈裕光等华人校长一样，对于教会大学的本土化与学术化卓有贡献，并且热爱祖国，顺应潮流，同情民主运动，还坚定拒绝迁台，热情迎接解放，期待在新中国有更大作为。他自己从未想到，劝说他留在武汉的好心学生更难以想到，不久后一个学者型的大学校长会被当作敌人来批判斗争，尽管是文斗而非武斗，但那会场上的同仇敌忾、怒火中烧已很有几分近似战场。

经过批判斗争，韦卓民身份一落千丈，免去校级行政领导职务，只保留教授职务。当然，能够继续集中精力潜心研究康德，对韦卓民这一辈学者来说未尝不是幸事。三四年后，在1956年这个所谓"科学的春天"里，党中央又提倡"百花齐放，百家争鸣"的学术方针。在一次大型科学研讨会上，我亲眼看见韦卓民依然风度翩翩，意气发舒，与历史系张舜徽先生就孔孟思想展开激烈争辩。双方都是引经据典，记诵如流，引得广泛赞扬。但是这个春天非常短暂，第二年虽然还提"双百方针""大鸣大放"，但是已明显转向阶级斗争，一场更激烈的政治风暴正在等待这位善良的老教育家。

思想改造运动中，像韦卓民这样具有高度定力的学者似乎不多。我们历史系的喻存粹教授并非重点批判对象，但是由于青年学生发言过于偏激，竟至颓然躺倒。喻先生是北大历史系毕业，与著名进步历史学者汪篯是同窗好友，解放前已靠拢进步学运，满腔热情迎接新中国的诞生。20世纪50年代初，他除了认真教学外，还参加一切爱国运动，如购买公债，把独生子送往边疆支边，等等。但是在他汇报自己思想改造收获时，却有人把这些进步行为一律贬为投机，只顾讲得痛快，不顾对方是否受到伤害。喻先生仍有士人古风，加上考据训练有素，一语一字都力求有根有据，丝毫不会圆滑世故，虚伪应对。我们同在一系，彼此已有相当理解，他本来是书生本色，热心快肠，整天乐呵呵的，但此后却背上沉重包袱，闭门谢客，沉默寡言，直至1957年被划右派，发配边疆。

　　思想改造期间我与历史系教工不在一组，喻先生的故事只是听说，并非亲见，不知当时现场究竟何等尴尬。不知何故，我一个人被分到一个"杂牌"组，有文华图专（文华图书馆专科学校）的一位教授与文华中学的几位老师，地理系的洋教授被迫回国了，只剩下两位青年讲师和一位研究生。其他还有哪些单位的教工，我已经记不清楚了。我们这个组十来个人倒是和平相处，特别是地理系的李景锟与徐宝棻，与我一见如故，会上会下交往密切。李景锟与我年相若也，又成了家，妻为沈崇侄女，常邀我至家中品尝闽菜，相知渐深。徐宝棻是张群侄媳，夫妻留学美国，新中国成立后立即回归，颇有爱国热情，且思想进步。她本科是金女大毕业，可算是我学姐，多一层亲近关系。加之都不是华中大学旧人，共同语言更多。文华图专校长沈祖荣年事已高，只参加过一两次小组会，主要是在家中自学并写思想总结，与历史系钱基博教授同等待遇。文华中学校长李辉祖校务较忙，来的次数不多，倒是中国童子军的创始人严家麟每会必到，而且学习非常认真。我小学时曾参加童子军，能够与"中国童子军之父"交流思想，也算是人生巧遇。严先生谦和朴实，平易近人，丝毫没有什么架子，因此更加赢得大家尊敬。我被指定为组长，可能是因为我已经过严格思想改造训练，可以给组员经常提供若干切身体验吧。其实我年龄最小,对于这些长辈组员,内心颇为敬重,加之没有什么预先设定的重点"帮助"对象,又没有组织学生参加,所以始终和风细雨,没有出现任何惊涛骇浪。1993年我在台北任教,偶然见到沈祖荣的儿子沈宝寰教授,他1949年去台湾后,始终未能与父亲见上一面。我如实向他讲述沈老解放后始终比较平顺,从武大退休后一直在庐山私宅颐养天年。宝寰也是旧华大校友,热心参加台湾华中大学校友会活动,他们不仅尊重韦卓民老校长,为他建立了韦卓民纪念馆,同时也爱屋及乌,把华中师大视为母校,并且对我这个后辈校长非常亲切。

现在想起来,我们这个组可能是运动中的一个异数。因为文华图专与文华中学都是即将与华师剥离的客体(文华图专并入武汉大学,文华中学成为武汉市立三十三中),而地理系(当时与历史系合称史地组)又没有什么学生,所以大家显得一团和气。我们这个组的成员在思想改造期间没有受到什么群众攻击,在运动以后大多也没有受到校领导的重视。比如徐宝荣1953年就参与了地理系的筹建,充分发挥了她在专业方面的优长。她刚从美国回来,还不习惯穿灰布列宁服,仍然是长旗袍与高跟鞋,颇有风度,但与周围环境不大协调,如果在有学生或偏激年轻教师的小组,必定会受到歧视,风言风语,甚至上纲上线,在思想感情上遭遇严重损害。但在我们这个组大家都习以为常,对她颇为理解与宽容。

思想改造运动为时不长,而且教学工作仍然维持运转,我们的教学任务也很繁重,所以对这次运动的记忆有点模糊。但有两件事印象较深。

一件事是,运动开始不久,中央教育部副部长柳湜带领北京知名大学的四位教授,到全国各地大学为师生做典型报告。其中侯仁之先生专程来华中高师演讲,听讲的人很多,把昙华林原来校园的体育馆都挤满了。他主要是结合与司徒雷登的关系,说明自己如何肃清亲美、崇美、恐美思想。司徒雷登对他特别赏识,他对司徒雷登也是非常感激,特别是太平洋战争期间两人还同时被日军拘捕入狱。但经过思想改造,经过自我反省，终于认清司徒雷登真实面目。当时，毛主席已发表过"五评白皮书"，其中很重要的一篇就是《别了，司徒雷登》。这样的演讲当然更加具有吸引力。侯先生在燕京大学学习与工作多年，演讲生动而又感人，语速较慢，语气沉重，使我多少有点听牧师布道的感觉。不过作为燕京大学教授，专程前来同为教会大学的华大暨华林校园，向以老华大教职工为主体的听众汇报思想改造过程及其丰硕成果，这一安排确实非常贴切，对我们学校思想改造运动起了明显促进作用。但20世纪80年代以后，我成为仁之前辈的忘年之交，他已对当年奉命所作演讲有所反思。以后，通过他代表北大前往哈佛向洪业先生（司徒雷登的得力助手，哈佛燕京学社创始人）祝寿，也说明1952年演讲中有某些话语显然是违心之言。

另一件事是，思想改造运动期间，徐懋庸作为接管武大的军代表、武汉地区高校党委书记，亲自来华中高师做大报告。他批评学校运动进展迟缓，畏首畏尾，火力不足。他说这可能是投鼠忌器，如果抓不到老鼠，就干脆把瓶子（器）打碎。这显然是暗示必须加强对韦卓民及其忠实追随者的批判。他用力挥动右臂并且横眉作摔碎姿态，显示出坚定的决心。然后就大谈其接管后武汉大学的巨大变化，说许多教授经过思想改造，热情向组织靠拢，教学积极性高涨，最典型的例子是武大中文系毕奂午教授，为了认真备课，每晚都是和衣而卧。

当然，徐懋庸在解放区从事高等教育（实为干部培训），经验颇为丰富，管理亦属干练。他在武大依靠刚从海外归来的留美学者为骨干的年轻教师队伍，以及广大热情洋溢的青年学生，确实做了大量颇见成效的工作。但是，在一些年长的知名教授心中，却难免产生简单粗暴、盛气凌人之感。我因为工作关系，与唐长孺、吴于廑等接触机会较多，当时他们大多住武大宿舍新二区，因为离教学大楼较近，生活也比较方便。思想改造期间，这些老先生与本系学生和青年教师难免有些隔阂，但对我这样出身世家、读教会学校的外来小字辈，却有某些物以类聚、人以群分的感觉，私下倒是可以畅所欲言。比如和我交往较多的植物学家钟心煊教授，就曾说杨端六（经济学家）原来住在他的隔壁，晚上常听见杨先生以拳猛击墙壁的响声。钟先生一向与政治无涉，又被评为二级教授（当时二级也甚少，连吴于廑都只评为四级），所以还敢说点真话。但他习惯于寡言少语，我也只能从他只言片语中领悟一二大义。

徐懋庸个人思想作风的缺点，影响到武汉地区高校思想改造的健康发展，武大、华中高师党支部内外都有人向中南局投诉。郭抵（后任华师党委书记）也曾亲自向中南局反映王自申院长的独断作风与简单粗暴等缺点。1953年3月中南局根据中央指示，由其宣传部副部长李凡夫任武大工作检查组组长，对徐懋庸的领导工作进行全面深入调查。9月，中南局召开高校负责人会议，传达中央正式决定，撤销徐懋庸武大副校长职务，调往中南局党校工作。王老依然勤恳工作，对党无限忠诚，全校教职员工对他爱戴如故。但他积劳成疾，于1954年2月不幸病故。学校为王老举办了盛大的追悼会，深切怀念这位鞠躬尽瘁的老布尔什维克。华师就这样结束了自己的草创阶段。

## 向科学进军

1954年2月15日，中南教育局正式任命刘介愚担任华中师范学院副院长，王自申另行分配工作。刘介愚三天以后就来校接手工作，随即代理分党委书记。此时王老已经病重，于2月25日不幸去世。4月初，经中央高等教育部批准，由原广西大学校长杨东莼出任华师院长，刘介愚仍兼任副院长。由于杨东莼此前脱党后尚未恢复党籍，所以刘介愚实际上是党政一把手。王自申与刘介愚先后曾长期在潘梓年领导下从事文教工作，都是他忠诚勤恳的得力助手，不过王较主观急躁，刘则更为宽厚包容，具有较大亲和力。刘介愚尊重杨东莼，因为他是中国第一代马克思主义者与中共早期党员，又是多年执教高校的著名教授。李达与他联袂调来武汉分别担任武大、华师校长，说明中央对高校转型工作的重视，决心更多地发挥进步老教育家的作用。刘介愚亦曾就读于北大，杨东莼正好是他的前辈校友，两人作风都很谦虚谨慎，所以紧密合作，相得益彰。

杨东莼的到来，仿佛带来春风化雨的暖意，特别是在"三反五反""思想改造"乃至"批判二胡"（胡适与胡风）等一系列的政治运动之后。他到校后第一次与全校师生见面，就自嘲说："我的名字没取好，叫杨东蓴，蓴字容易被读成专。"[1]引发数千人的大会场一片欢笑，顿时拉近了校长与众多师生的距离。他在会上着重讲建设社会主义必须要有真才实学，毫不避讳业务挂帅之嫌，实际上是向那些"政治挂帅""又红又专"的时髦话语公开挑战。他选择历史系作为亲自联系的基层单位，与系内每个老师都单独交谈，而交谈之前都看过相关档案资料，所以有的放矢，亲切如拉家常，赢得普遍好评。

因为抗战时期杨东莼在武汉大学等校教过中国近代史，所以对我特别关心，更对这个势单力薄的新生学科着力扶植。当时，我们教研室只有三个人，孙玉华是从东北师大分配过来的硕士研究生，陈辉是从系办公室秘书转为教学编制的老师，而他原本只经过政治系一年短期培训（中原大学），只有我一人在两年后被正式评为讲师。杨东莼就任院长以后，与我们政治研究室原南下骨干年轻教师接触较多，业余时间经常了解我们的教学与其他工作情况，并随时提出必要建议。当时，与国外学术交流只限于苏联、东欧等社会主义国家，遇有外国学者慕名来访，东老必定命我随同接待，有时还命我介绍中国近代史的国内学术动态。我最初有关中国近代史分期问题的习作文章，就是在这样交流中逐渐酝酿产生的。

---

[1] "蓴"为"莼"之异体字，与"专"的繁体字"專"形近。——编者注

但东老治学态度谨严，从不自以为是或随心所欲讲些空话。他对我们日常生活与行为举止也很关心，如果外衣风纪扣未扣好，他会亲自帮你扣好。最使我感动的一件事发生在1956年春季，当时"百花齐放，百家争鸣"的"双百方针"初次提出，"向科学进军"的响亮口号激动全国人心。历史系三年级学生请我做动员报告，讲到慷慨激昂之际，突然喉头觉痒，轻轻咳出的痰有血腥味。我有不祥预感，唯恐吐血引起学生恐慌，便临时借故独自去了厕所，发现果然痰中带血，并且还猛地吐出几口鲜血，幸好没有出血不止。我赶紧洗尽血迹，故作从容返回教室继续报告，但也只能匆匆讲了几句鼓舞人心的结束语。回宿舍稍微休息之后，便去医务室求急诊，幸好碰上有经验的资深医生，经过常规检查后，安慰我说："你不要紧张，这不是肺病，也不是肺部损伤血管破裂，可能是运动过于激烈或讲话过于激动用力，引起毛细血管损伤渗血。我给你注射几针仙鹤草素即可痊愈。"我将信将疑，但遵从医嘱，连续几天打针，并停止过去晨练坚持甚久的单双杠等激烈动作，果然很快痊愈。此事我未向任何人透露，唯恐别人怀疑我患肺结核，引起不必要的惊恐。但有天早上正好遇见东老，问我："听说你最近'失红'？""失红"是吐血的文雅说法，我点头称是。他温语规劝："以后要注意劳逸结合，年轻人努力工作千万不可霸蛮。"那"霸蛮"两字是用浓重的湘音说的，因此给我印象极深。

那些年，党中央虽然没有提出"大跃进"，但"多快好省，力争上游"的口号已经响遍神州。我们这些年轻教师，教学任务既重，政治活动又忙，几乎人人都成为工作狂，起早贪黑，连星期日都顾不上休息。东老作为教育家，对我带病工作并未给予鼓励或宣扬，简洁的话语中流露出家人般的真情关切，因为"拼命三郎"式的不惜损害健康以求眼前功利的工作方法，毕竟是不应该提倡的。这就是他与某些只顾自身政绩而不顾下属健康的高级官员迥然不同之处。

不过1956年确实是我学术生涯的一个新起点。我在武汉大学举办的

图17 科研刚刚起步的章开沅

学术讨论会上,报告了有关太平天国土地制度的论文。随后又应邀去开封,在河南大学举办的学术讨论会上报告了有关中国近代史分期的论文。以后这些论文有的全文发表于《华中师院学报》,有的摘要刊载于《历史研究》杂志。在河南大学的报告,赢得了众多年长学者的好评,回汉途中同车的赵纪彬(即纪玄冰,时任新乡师范学院院长)也与我热情叙谈并给予鼓励。这些都增强了我不断自学成才的信心。

我不仅勤奋自学,同时还利用课余时间,组织学生科研小组,指导他们查阅资料与进行社会调查,作科学研究的初步训练。1957年的整风运动从"大鸣大放"转向为反右斗争,我也随同由"又红又专"变成"白专道路",并且下放农场劳动一年多,整天面朝黄土背朝天,几乎与书本完全绝缘。

## 沅湘良缘

　　回想起来，我在1956年最大的收获还是与一位沅陵姑娘结识，从师生、同事进而成为爱侣。当时虽未明文禁止，但多少有些忌讳师生恋爱，因此在她就读历史系本科时，我虽有爱慕之心，但从未明显表示。怀玉是1952年秋季从沅陵到武汉进入华中师院的，二年级以前从未与我有过接触，因为1954年以前我主要是在历史专修科与外系讲课。直到1954年秋季，我才为她们这个年级上中国近代史课。这是我第一次为历史系本科生上课，加之课时甚多又没有正式教材，只读过两年多大学的我确实是勉为其难。但是这个年级人数不多，只有三十余人，因此比在外系大课堂师生关系就密切得多。我除上课、辅导以外，还多次参加他们的班会、团日活动，几乎对每个学生都很熟悉。怀玉学习非常勤奋，热心班上公共事务，但属于埋头苦干类型，不爱出头露面，保持着许多湘西诚朴浑厚的本色。她是喻存粹教授经常夸奖的两个学生之一（另一位是崔曙庭），由于上大学前曾在沅陵一所小学当过代课老师，多少有些教学经验，所以在武昌二十五女中教育实习期间赢得普遍好评，曾经讲过一次大型公开课供众多师生观摩。我虽然在汉口另一所中学指导教育实习，也听说过当时的盛况。不过她给我印象最深的，倒是在一次班会上讲故事，讲的是《庄子·齐物论》："狙公赋芧，曰：'朝三而暮四'，众狙皆怒。曰：'然则朝四而暮三'，众狙皆悦。"这本来是一个家喻户晓的成语故事，但是经她娓娓言说，居然妙趣横生，赢得全场热烈的掌声。后来我才知道，她在入学之前曾教过小学，已经有若干教学历练，这样的学生进师范学院，自然具有明显优势。此外，我还听说她热心公益，助人为乐，特别是在本科四年，始终如一地关心两位同学，一是年龄最大、子女较多、经济困窘的黄宗宪，一是年龄最小、缺乏独立生活经验的谢寿珉。她除课余给予二人必要的辅导，还暗中多次给前者家里寄钱（因为她带有工资上学）。

当时师生恋比较容易受到非议，加上我们彼此都很忙（我是个不合格的大学老师，而且一周有三个课堂总共13课时的繁重任务，课外还要为众多学生辅导），所以也顾不上考虑正式谈婚论嫁。我们俩角色的转换，确实是在1956年暑假她毕业留校之后。

当时华师招生人数逐年增加，规模发展很快，教师非常短缺，所以毕业生留校任教者较多。在中南五省当中，湖南中学教育基础最好，所以在留校毕业生中所占比重较大，而沅陵来的保送学生尤显优势。以历史系1956年本科为例，毕业生总共不过二十多人，一次留下八人，此外还有不少被分配到武汉乃至外省高校。当时留校的几位女生都与我们单身教工住在新落成的学生宿舍2栋，我与系主任田家农住在一楼西端，每人一间房，卧室兼书房。田家农曾到日本留学，参加革命也比我早。在开封中原大学时期，在政治研究室我们已经相识，不过他在科学社会主义组，我在中共党史组，相互接触不多。及至中原大学与华中大学合并，我们遂成为邻居，加之都是单身，关系顿时密切起来。搬到2栋学生宿舍，虽说是暂时利用的单身教工宿舍，但真正的单身汉（当时称"王老五"）历史系教员只有我们两人，即现今所谓大龄剩男。我们已习惯于单身生活，加上工作紧张，连礼拜天都成为"星期七"，很少有真正的休假时间，所以大家同样过集体生活，也没觉得有任何成家压力。倒是组织上特别是那些好心的已成家的前辈替我们着急。从历史系来说，需要帮助成家的对象，首先就是田家农，他确实是在党组织居间撮合下，很快与资料室的耿亮结婚。

说起来也很好笑，这帮"王老五"已习惯于过自由自在的单身生活，结婚以后反而大不适应常态的家庭生活。田家农结婚以后虽然已在昙华林老校区分得家属宿舍，但仍然喜欢与我们这些"老战友"混在一起，

图18　1957年在华师校园

甚至连礼拜天也与我们共同享乐，抽烟、喝酒、打桥牌。由于我已买有一个小铁炭炉，可以利用我从河南带来的简易军用金属脸盆烹煮我最喜爱的红烧肉，所以我的小房间便成为临时俱乐部。我们嘻嘻哈哈玩得高兴，老田回家免不了挨批。不过他逐渐便领略到家庭生活的更多情趣，终于从我们这个群体疏离出去了。但他仍然关心我这个资深"王老五"，热切希望我早点摘帽成家。

怀玉毕业以后，由于中学有英语基础（读教会学校），大学俄语成绩优秀，所以被分在世界史教研室，平时与我仍较少接触。不过同住一层楼，每天从早到晚见面机会倒是很多，有时也参加若干历史系组织的共同活动，时日稍久，多少流露出稍许两情相悦，只是不好意思主动明确表达。老田是过来人，对我的木讷个性了解更深，多次劝我抓紧追求。我不知道他是否向怀玉透露我的意向，因为他们同属世界史学科，平时接触较多。有一天，他看见怀玉一个人在宿舍看书，便建议我主动出击，见我仍然犹疑不决，便大声呵责："你不去找人家，难道还要等人家来找你？"并且模仿作战口令："冲上去！"这一招果然起了作用，我横下一条心，鼓足勇气走向怀玉房间，正式向她表达爱慕之情。怀玉似乎已有思想准备，首次交谈落落大方，从此便进入热恋阶段。

我们的恋爱日渐公开化，相互交谈日益频繁，两人曾相约到汉口访问辛亥老人李春萱，并顺路观看梅兰芳的精彩演出，散场后又到照相馆摄影留念，按当时的风气，这就是以后的结婚照片。这是我们第一次悄悄约会，因而是难忘的欢悦的一天。花前月下，美好的回忆甚多，但印象最深的还是相伴到珞珈山参加武汉大学历史系举办的学术研讨会。那也是一个风和日丽的春日，我们历史系教师成群结队前往珞珈山。由于1956年风气渐开，女性服装与发式已有明显变化，旗袍逐渐代替列宁服加连衣裙。怀玉穿上新做的白底浅绿碎花旗袍，依然是双辫子垂肩，绰约而又大方。不过我们一到珞珈山就分别活动。她参加世界史分组会，随后又前往施之瑜老师家做客；我参加中国近代史分组会，并且就太平天国土地问题作重点发言。会间休息与中餐时间，我们才有机会见面。记得中南财经学院的赵德馨与夫人周秀鸾也来武大，我和怀玉与他俩一见如故，热烈叙谈。由于怀玉与德馨是湖南人，我与秀鸾是浙江人，多少增添了若干同乡情结，从此成为终生挚友。

珞珈山之行更加促进我与怀玉终身相伴的决心，但科学的春天真像早春天气，政治局势很快就风云突变。

1957年4月底，中央发布《关于整风运动的指示》，华师校园随即进入"大鸣大放"热潮，广大师生响应党的号召，通过各种座谈与大字报、小字报方式，为党内整风提出相当尖锐的批评意见，这是新中国成立以来首次出现的自发盛况。整个五月"鸣放"热潮有增无已，但是党的高层领导已经高度警觉。6月8日党中央正式发布《关于组织力量准备反击右派分子进攻的指示》，形势急转直下，很快就结束了帮助党整风的"大鸣大放",进入党组织推行的反右斗争。

说来惭愧,一贯关心政治、敢于直言的我,在如火如荼的"大鸣大放"高潮中竟然缄默无语。陷于热恋诚然是原因之一,但运动初始一个偶发事件似乎对我影响更大。

由于我在科学的春天已稍露头角,引起外界的瞩目,难免要承担若干社会兼职,如湖北省青联副主席、湖北省对外友协理事之类。除社会活动日渐增加外,还经常参与一些外事活动。由于工作需要,经济也尚宽裕,我做了一套哔叽中山服,还买了一块东风手表,多少改进一点自己的形象。我自己觉得还不算奢侈浪费,但在一次全系教师座谈会上,有位我平素比较尊敬的民主党派的年长教师登台慷慨陈词,就党群关系提出许多尖锐批评。恰巧我坐在讲台邻近处,他看了我一眼随手指着我说:"你们看,现在穿毛料套服,吃香喝辣,戴名牌手表的,都是些什么人?"全场都为之诧异,帮助党整风为什么向一个尚被拒于党门外的青年教师放横炮?由于发言者思想比较进步,解放前曾经参与民主运动,解放后又担任民盟负责工作,所以我并未与他计较。心里想,他虽然是民主党派头面人物,但家大口阔,1956年定级又未评上副教授,日子自然没有我这样的单身汉好过,无非是发点牢骚罢了。当时"鸣放"刚刚开始,很少有什么辩驳,所以整个会场波澜不惊,我自己也没有当作多大的事。

会后,田家农倒是很关心,怕我受不了这种当面羞辱。他开门见山就问:"大章,刚才你有什么感受?"大概是担心我的火暴脾气何时发作。我的心情倒是非常平静,所以回答:"没有什么感觉。"老田大惑不解:"人家当面那样骂你,你还无动于衷?"他没有想到,我正迷醉于爱情的甜蜜,对眼前这些区区小事确实满不在乎,何况我还真是问心无愧!老田仍然安慰我:"大章,你这是为党受过呀!'鸣放'还要继续,各种意见都会出现,你要坐得住,听得进。"

"为党受过"?南下以后,我经常被视为桀骜不驯的异类,老田居然把我当作自己人，真使我受宠若惊。但是，也有些南下的老战友，其中也包括若干党员，对我的表现非常失望。他们希望我发扬既往敢说敢做的作风，带头"大鸣大放"，发表若干较有分量的批评文章。众望所归，压力很大，我只好在一次全校性的座谈会上作长篇发言，总算以积极姿态参加了"鸣放"。

其实，我也无非是即兴发言，借用当时中共湖北省委书记王任重带头"鸣放"的话题"拆墙"与"填沟"，结合我自己有关党群关系的观感，比较系统地发挥一番，没有想到校报编辑早有准备，派专人记录并整理全文发表，整整占二分之一版面。这样，总算不再有人怂恿我"大鸣大放"了。

过了一段时间，主流媒体已经显示微妙变化，但我却毫未发觉其中透露的重大政治信息。田家农大概已经发觉我的心不在焉，于是又邀我聊天。他总是那么坦率，开门见山就问："现在政治情况有些复杂，我不知道你怎么看当前局势。"我对他极为信任，从来都是实话实说，所以自我坦白："没有什么特别感觉。"后来才知道，中央已经准备全力反右，主流媒体暗中已经摩拳擦掌，紧锣密鼓，急待大戏登场，而我却浑然不觉。虽经老田好心提醒，也无多大长进，说穿了就是心有旁骛。

回想起来，这年5月与6月，正是我与怀玉的恋爱进入热度最高的时期，因而才对政治表现出漠不关心。当时又未停课，我的教学任务很重，报刊稿约又多。稍有空余时间，我俩总想在一起多待一会儿，仿佛有说不完的私房话。及至7月24日，我们前往民政局正式领取结婚证。

在那些年，学校教师多半是举办集体婚礼，很少有个人大操大办婚事。由于反右斗争已经展开，虽然不能说是人人自危，但至少大家内心都比较紧张，我的恋爱与结婚似乎有些不合时宜，因而便显得更加低调与俭朴。我们没有另外申请家属宿舍，仍然住在我那间单身宿舍，家具也是原来公家配给的那几件。但是作为新房也出现了明显的变化。首先是棉被，我从开封带来的那条"两斤半"终于完成历史使命，从盖被降格成垫褥。怀玉另外做了一床厚实而又宽大的新棉被，被面是从沅陵带来的传统湘绣，金黄色绸缎上面缀着龙凤图案，床单也是崭新的，因而房间顿时显得喜气洋洋。只是我那记录了革命者青春岁月的军用棉被每况愈下，由于破烂不堪，很快又被置换，裁剪成婴儿小床垫被，最终成为外孙女的尿片。那些年月计划供应的布票非常稀缺，所以这些破烂衣服被褥都得为家人服役终生，这也是比较普遍的习惯，说不上是什么节俭美德。

脸盆的变化更大，我到武汉已有七八个年头，用的仍然是南下行军随身携带的铝制小盆。它在开封时早已发挥多功能，到武汉后仍然是多功能。刚合并到华中大学时，由于房屋紧张与家具奇缺，吃饭连餐桌都没有。每逢牙祭之日，必须按一桌八人分菜，我的宝贝脸盆就成为主菜盛具。其实武汉小贩早就有以旧换新的服务，只要加点钱，就可以换个新盆。好些南下老战友都把铝盆换成搪瓷盆，只有我生性懒惰，继续使用铝盆。由于大家都爱惜漂亮的搪瓷盆，牙祭之日我的铝盆遂义不容辞，为大家美餐服役。因此，我对铝盆颇有感情，它的消失使我为之怅然。但是换来的新盆确实漂亮，洁白光滑，盆底有一对相互嬉戏的红色金鱼，这是怀玉精心挑选的，意味着我俩人生道路有了新的开始，我的"王老五"生活随着那个铝盆一去不复返。

结婚之际，整风已转入反右阶段，校园内紧急动员对"右派猖狂进攻展开反击"。我们这些来自中原大学的教学骨干还单独开过动员会，老领导刘介愚院长苦口婆心，鼓励大家积极投入斗争。他说，京剧有个传统剧目叫《四进士》，四个好友同科考中进士，一时传为佳话。但时过境迁，仕途遭遇各异，三人贪赃枉法，只有一人刚正不阿，给枉法者以严正裁决。他说现在正是演出"四进士"的时候，意思就是不得徇情包庇，必须大义灭亲。

这些动员我都认真听了，也不是完全没有震动，但是总觉得问题没有那么严重。何况"鸣放"中很多意见我都赞同，怎么能够随便把自己的老战友当作敌人呢？对我来说，当务之急还是结婚，加上父亲又刚从重庆探亲回来，并且把姐姐的儿子民胜带来武汉上学，我又不得不做紧急安排。幸好历史系领导非常关怀，就在我住房的对面打开一间空房，作为祖孙两人的临时宿舍。我与怀玉把这间房稍为布置，并且摆了几碟喜糖，接待前来祝贺的客人。但其时已放暑假，加之政治形势极为紧张，人心惶惶，许多人唯恐右派帽子落在自己头上，又有多少心思来关注我的婚事呢！

## 庐山蜜月

我与怀玉原本就想到外地欢度蜜月，偏偏就有这样的巧事，学校竟然安排我们陪同两对日本夫妇前往庐山避暑。

这两家的男人，一姓渡边，一姓小野，都是抗战期间经八路军策反投诚的日本军人，以后不仅参加共产党（日共野坂参三系统），而且还在抗日根据地先后参加军政工作。解放战争期间，渡边先生奉命前往旅顺筹建工会，所以可以算是抗日根据地老干部。1956年根据中央统一安排，把他们列为优先遣返日侨，并暂时在华师教育系担任教员作为过渡。华师早先已在庐山租赁两幢别墅，作为本校教工避暑休养之所。1957年暑假政治风云突变，很难分批组织教工前往休养。只有这两家日本人因为即将回国，优先安排前往庐山游览。早先学校本来是要田家农亲自陪同，因为他是名副其实的日本通，连行为举止与生活习惯都很像日本人。但他不仅是历史系主任，而且还是校党委委员，身负领导反右斗争重任，所以临时便派我与怀玉陪同。因为我是湖北省对外友好协会理事，已经积累较多外事接待经验，湖北省外事办公室对我颇有好评，所以欣然同意。

我们大约是在8月初到达庐山,渡边家三口人(儿子小健七岁左右),小野家人多,因为有三个年龄更小的孩子。同行者除我与怀玉之外,还有工会干部刘有信与一位厨师老张,他们是校工会专门派来照顾避暑教工饮食起居的。华师租的别墅位置很好,属于牯岭正街比较清静的地段,离花径、仙人洞很近,正好可以俯瞰山谷美景,傍晚又可就近登含鄱口远眺湖边落日。我们与这两家日本人同住同吃同玩,加之他们都会说中国话,朝夕相处,亲如一家。渡边当过兵,性格豪爽,每逢吃饺子,必定大喊:"拿啤酒来!"小野颇为斯文,仍然保持老八路艰苦朴素作风,由于带的衣服不多,三个小孩挤睡一张床,山上夜间降温,便将两床蚊帐取下当作被子为幼儿驱寒。

我们游遍庐山景点,稍远之处都有专车接送。唯独观音桥不仅路远,而且没有环山公路,这一年因游客稀少,又找不到滑竿(山区的简易轿子),必须步行。渡边夫人比较年轻时髦,匆忙中竟忘记换下高跟鞋。下山时倒也比较顺利,沿路风景特别优美,奇花异草,珍稀动物,美不胜收。但回程必须爬山,道路非常陡峭,穿高跟鞋很难着力。其时已近黄昏,据说林间还有老虎出没,大家都非常焦急。渡边毕竟当过兵,赶紧在附近找来两根废弃竹竿,与我两人各执一端前行,夫人一手紧握一竿,既拖又拉,总算赶在天黑前回到牯岭。中日两国军人,能够如此融洽相处,堪称一段佳话。

但我与怀玉毕竟是新婚燕尔,一般没有远游安排的日子,总爱就近在花径散步,花前月下,畅诉衷曲。我们至今还保留有一张在仙人洞的合影,风华正茂,神采飞扬,正如神仙伴侣。2014年我俩旧地重游,时隔57年,当年"纵览云飞"崖边石刻背后的迎客松,已经长得有几人高了,时过境迁,不胜感慨。我为庐山图书馆留下当年的照片,并且题词:"仲夏夜梦牯岭月,不了庐山千古情。"

图19　1957年暑假在庐山度蜜月的小两口

　　庐山蜜月似乎超凡脱俗，但它毕竟没有摆脱现实政治的羁绊。在我们之后又来了几位华师避暑游客，分别属于俄语、教育、美术等系，但总共也只有六七位，多数为资历较深的教授。没过多久，我便收到老田的来信，语气虽然婉转，但显然是希望我们早点回去。我们理解他的难处，反右斗争已经紧锣密鼓，怎能容许两个年轻教师在庐山消闲自在，何况学校马上就要开学，日本友人回国前还要做许多准备。因此我们与两家日本人决定立即返校。但正因为快要开学，出游回校的旅客太多，船票非常紧张，卧铺票无法保证每人一张。小野夫妇年龄较长，而孩子幼小，我们给这家人两张卧铺票挤着睡，剩下两张卧铺票我与渡边各取一张，自行轮流就寝。下山的时候，渡边在车上不断对小健说："庐山真美啊！再多看几眼。"

　　我们坐的是夜班船，晚上8时开船，要第二天凌晨才能到达武汉。小野一家上船之后就挤着入睡了。剩下我们两家只有夫妻轮流休息，因为双人床实在太狭窄，挤不下两个成人。由于船上人员复杂，治安比较可虑，我们采取轮流的办法是分为两班，我与渡边夫人上半夜先休息，怀玉与渡边下半夜休息。长夜漫漫，浮云遮月，昏暗中看不到什么江边夜景，所以只能以闲聊消磨时间。渡边夫人非常健谈，从闲谈中我才具体了解她的身世。她本姓小山，出生于九州福冈商业世家，当地大商人多为煤矿老板或从事航运，所以"九一八"事变以后她就随父亲到旅顺，并且一直在当地读书，因此汉语特别流利，只是带有东北口音。日本投降以后，她父亲由于在旅顺继续经商，暂时没有回国。当时旅顺还驻扎着苏联红军，经常举行舞会，渡边夫人虽然仍是年轻学生，但由于生性活泼，已经在社交圈有些影响。正好渡边从部队转业，奉命到旅顺筹建工会，两人一见倾心，遂成终身伴侣。前些年父母已经回到日本，她仍随渡边留在中国。以后她即使回到日本，也不会回福冈老家，而是与渡边共同自行谋生，实际上就是赞成渡边的政治选择，为人民群众的利益奉献一生。这两家日本人回国以后，与老田一直保持联系。多年以后，老田出任新华社驻东京首席记者，曾在东京与渡边欢晤，其时他正担任东京某个区的日共党组织负责人。小野则是靠经营一个小店铺谋生。白云苍狗，世事变幻莫测，但愿这两家人福泰安康！

回校以后，虽然还是初秋，但校园已显肃杀气象。到处贴满大字报，千篇一律都是讨伐右派，"反党反社会主义"乃至"反毛主席"的大帽子随便乱扣。教师与学生中已有为数甚多的无辜者被划为右派乃至极右分子。其中有个学生，由于家庭划为地主成分，尽管在"大鸣大放"中一言未发，也被人检举为"心怀不满的反党分子"，随后又把他的日记抄出，断章取义，牵强附会地把他定为极右。正因为层层定有内部掌握的反右指标，尽管运动表面轰轰烈烈，但实际上许多在"大鸣大放"时发言较多者都有点人人自危。在我们之后上庐山旅游的那些教授，有几位一回校就被猛烈抨击，大会小会反复批斗，最终被定为右派分子。我虽然没有多少前科，但毕竟对这场斗争表现消极，幸好院、系两级主要领导与多数同事尚能理解我大龄求偶、成家心切，对我没有任何责备。

回校已是反右尾声，对右派的揭发批判高潮已经过去，我也只能通过他人介绍才略知结果。我们中国近代史教研室的王元圣与许绵永都被定为右派，其主要定罪根据我真是闻所未闻。我回校后只赶上收尾工作，主要是思想总结，自我教育，但也免不了相互批评。按当时政治标准划分，"左"派右派我都够不上，只能列为中间动摇分子。似乎也未定为中右，因此基本上没有对我进行严厉批判。但我对运动表现冷漠却是明显的事实，作为教学骨干更是影响不良，所以多数批评意见集中于我的资产阶级世界观，而且提升为"白专道路"严词劝诫。正好学校已决定把一大批教工下放外地劳动锻炼，我自然是必然之选，而且也只能无条件服从分配，尽管其时怀玉已经怀孕两个多月。

## 下放草埠湖

我们下放的地点是草埠湖国营农场，这儿原来是农业部于1954年2月在湖北省创建的第二个国营机械化农场，50年代末下放给当阳领导，位于宜昌、荆州两市交界处，乃是江汉平原的北端。华师下放人员两百余人，包括教职员和部分已划为右派的师生，分别进入第一、第二两个分场，由陈铁担任总领队。我们历史系有十余人集中于一分场一个生产队，与农场工人同吃同住同劳动。生产队长姓罗，是建场之初就参加工作的老职工，我担任副队长，主要是管理下放师生，兼管政治思想工作，另外还有一位姓刘的年轻农工，担任副队长兼团支部书记。与我情况类似的还有杨宏禹、韩之梓等，都是中原大学的南下干部，分别担任其他生产队的副队长。

农场原来是沮漳河边一个荒湖，面积很大。20世纪，农业以粮为纲，

图20　1957年秋冬之交，下放前表明向工农学习、改造思想的决心

湖北农垦系统到处筑堤建坝，把湖泊变成良田。草埠湖农场兴建不久，基础设施建设颇费时日，大部分土地还属于生荒或半生荒，所以开垦任务非常艰巨。冬季农田工作暂停，主要是从事水利建设。所谓水利建设就是挖掘水渠，以便排水与灌溉，这是农业的命脉。所以，我一到农场就随当地农工，用铁镐、铁铲，挖掘齐人深的干渠。湖底多碎石礓土，天寒地冻，坚硬如铁，一镐挖下去，往往只能留下浅浅的白痕，即使虎口震裂，手掌磨泡，也无济于事。由于任务繁重而又紧急，罗队长果断重组劳力，让精壮青工掘土，我们初来乍到而体力又稍弱者，配合女工装筐运土。此后好多天，常见小刘等青年农工挥镐舞铲，掘出大块冻土，堆积如山。还有华师后勤部门下放的在农村长大的青工小帅等，分配管理粮仓，百斤以上的谷袋，一次可以扛两袋健步如飞。相形之下，我们这些文弱书生只能甘拜下风。

春暖以后，整地播种，又是一番景象。一分场主要是种植棉花，在老罗等内行指导下,我们参与育种、做营养钵、种植、施肥、除草、喷农药等植棉全过程。劳动强度虽然没有挖渠那么大,但每天劳动耗时更久,从早到晚,不得休息。因为棉田甚大,每人分管两垅,从这头到那头距离极长。特别是锄草任务繁重,前后需要锄七遍,夏季雨量充沛,野草疯长,乡间有随锄随长的说法,虽然不免夸张,但早上锄过的棉田,晚间又显草苗的现象常有。盛夏阳光强烈,打农药必须穿长裤与长袖外衣,也极辛苦。背负沉重的喷药器,手执喷头不断喷射,连手套与口罩等防护用具都未配备,往往汗液与药液交融,遍体透湿,疲惫不堪。这才真正理解芜湖老家餐厅挂的朱柏庐治家格言条幅:"一粥一饭,当思来之不易;半丝半缕,恒念物力维艰。"朱老夫子肯定比较熟悉农业生产。

农场不像学校有那么多学习与会议,几乎每天都在田间劳动度过。但我还负有管理右派责任,历史、教育两系有十几名右派师生循例定期向我汇报。由于劳动太忙太累,我建议他们以书面汇报形式为主,我看后转交带队的陈铁。但也有利用工间休息或吃饭时间找我谈话者,实在难以拒绝,因为他们确有许多委屈与困难需要对别人倾诉。其实我的处境非常尴尬,因为我不是党员,而这些右派或极右不仅是多年党员,有的还是老党员或系总支书记。他们或则由于"大鸣大放"期间坦陈直言讲了一些所谓"过头话",有些甚至是忠诚奉献,竟被同事以私怨报复陷害,连家庭都因此破裂。我最大的困惑是不知如何正确对待这些右派,按照理论与政策,他们本来仍然属于人民内部矛盾,但在现实生活中,特别是在文化程度较低的农村,他们确确实实被列为"地富反坏右"敌对营垒。可能反右最激烈那段时间,我恰好陶醉于新婚与仙境,几乎与世隔绝,所以对眼前这些"老右"确实恨不起来。我仍然把他们看作同事、学生与劳动伙伴,特别是那位曾经担任系总支书记的老党员,我对她怀有更多的尊重与同情。她与怀玉是沅陵同乡,由于住处相近,可以说是看着怀玉长大。但她并未利用这些关系来拉拢我,而是按照一个真正的共产党员标准要求自己，公私分明，理性坦然地对待眼前的艰难处境。

往事不堪回首，当年我联系的这些受难者多数都幸存到正式平反，安度晚年，但那些灾难岁月的奇耻大辱可能仍然是难以磨灭的痛苦回忆。平常，这些"老右"从事最累最苦最脏的劳动，大家总算相安无事，但一旦组织政治学习或批斗大会，他们便被揪出来，与"地富反坏"一起站在台上，接受群众批判斗争。最可笑的是少数自命的革命家，在农田里步履蹒跚，肩不能挑，手不会提，而在各种批斗会上却成为慷慨陈词、威风凛凛的英雄。

春夏之交又来了一大批上海与宜昌的下乡知青，多数为中学生，但也有一部分社会闲散人员，当时大中城市正在紧缩人口，所以把他们下放到农村参加生产劳动。我们生产队也吸纳了十人左右，多数为学生，但也有一位上海小姑娘是越剧草台班的龙套演员，一位宜昌女青年是下岗工人。上海来的青年据说曾听过胡耀邦的动员报告，所以其中几位团员充满走向广阔天地的浪漫激情。我也负有照料他们的责任，只不过比与右派打交道麻烦得多。例如，经常有其他生产队的上海男青年来挑逗那位唱越剧的小姑娘，我们不得不婉言把这些不速之客劝走。都是远离父母的青少年，生产队理应保障他们的人身安全，但我们自己又要带头参与并组织生产劳动，哪有余力来应付这么多闲事。所以，必须依靠他们自己团结友爱并互相关心。幸好上海几位团员武瑾、李之华、小罗（名字忘了）都很优秀，他们能够像姐姐一样照顾那些顽皮的小弟妹。因为我是老师，所以与这些下乡知青相处颇为融洽，甚至我离开草埠湖以后，他们每逢回上海经过武汉，都会来华师看我，谈谈农场与家中的近况。当然，这几十年间，来得最多的还是罗队长，这位忠厚憨直的农民，非常珍惜我们一年多的共事关系，每次重晤都有谈不完的话。直到晚年老年痴呆，被送进养老院，他的来汉探访才终止。

## 全国青联

1958年5月初,由于我在农场表现较好,有些论文又在学术刊物上连续发表,因此被选拔为优秀青年社会科学工作者,出席在北京召开的中华全国青年联合会(简称"全国青联")代表大会。全国青联包括工、农、兵、学、商以及各个民族、各种宗教、海外华侨各界代表,我能够参加这样大规模的全国性盛会自然深感荣幸,但更高兴的是能够顺路回家探视。我下放走得非常匆促,草草收拾衣物和被褥就集合出发,因此来不及与怀玉从容叙别。那时我们还缺少生活经验,不知生儿育女的实际艰难,只把下放劳动锻炼当作应有之义,却未充分考虑已经怀孕的怀玉即将承受的家务负担是如何沉重。我到农场初期,由于初来乍到,必须适应陌生环境,熟悉周围人群,加上冬季修渠劳动又非常辛苦,无暇顾及家庭,但过了一段时间,就不免思念新婚惜别的妻子。因此,我满

图21 1958年参加中华全国青年联合会代表大会,与湖北农民代表在天安门前合影

怀喜悦踏上归程。

草埠湖虽说是机械农场,但实际上机械化程度很低。特别是在建场两三年以后,急于追求扩大开垦面积,又把许多农业机械调去开辟新的分场,我们这些老的分场几乎纯粹是靠人力劳动。所以我去武汉连搭货车或拖拉机的顺风车都没有可能,必须步行三十里到华容镇(在当阳县境,非湖南华容县),然后才能乘长途汽车回武汉。但归心如箭,已对这些困难毫不在意。

回家之后,小别如新婚,而我与怀玉的"小别"已有四五个月。但在这个举国若狂的"大跃进"年头,似乎已难以再现庐山期间的柔情蜜意。因为政治氛围太浓,"超英赶美"的口号响彻云天。教育革命刚刚结束,全体师生又前往东西湖日夜奋战,一如草埠湖农场的初始情景。农业以粮为纲,丰收"卫星"频放。工业则"以钢为纲",到处都是土高炉大炼钢铁,家家户户凡是可以炼铁的物件几乎罗掘一空,连我那珍爱多年的小铁炭炉也被投入熊熊火焰。回到华师已经很难看到熟人,因为绝大多数师生都到校外参加"大跃进"去了。怀玉由于将近临产,已搬回昙华林华中村家属宿舍,这样生活上虽然比较方便,但历史系同事由于交通不便,就很难随时关照。不过父亲似乎已振奋起来,因为居委会也动员家属参加"大跃进",连若干赋闲多年只做家务的教授夫人都走出家门,尽可能多参加一些社会活动与公益工作。父亲虽然年已六十,也被动员出来参与筹建华中村家属食堂,因为到处都是"跃进""大办",很难自家做饭。由于父亲过去学过会计,多少有些管理经验,在烹调方面也能做几道拿手菜肴,所以被指定担任管理员,起早贪黑,非常忙碌。但这对于多年被闲置的父亲,真是莫大的福音,因为毕竟意外得到直接为新社会效劳的机会,其内心的欢悦想必超过担任居委会卫生员的母亲。在全民如此振奋的岁月,我怎能沉溺于个人情愫,在家只停留一天就匆匆乘38次列车前往北京。

北京是红旗如海，热潮澎湃。全国青联代表大会也是喜报频传，豪气冲天。各行各业、各个地区、各个民族的青年代表，都在会上报告自己的重要业绩与感人事迹。我因为自惭形秽，既无骄人成就又无英雄壮举，所以只能如实汇报将近半年在草埠湖农场劳动锻炼的心路历程。可能我的发言比较实在而又真诚，所以也受到好评，并被推选为全国委员会的委员，从此与全国青联结下不解之缘。

次年，1959年5月4日是五四运动40周年纪念日，根据中央指示，全国青联在北京召开全国委员会，并举行纪念大会。由于我资历较深，并且是省青联副主席，所以担任名义上的团长，但实际上都由共青团湖北省委与武汉市委委派统战部部长担任秘书长张罗一切，那才是真正的当家人。湖北团的成员中社会科学界只有我一人，所以往往对外成为主要代言人。这一年由于中印边界已有小型冲突，需要各界代表人士合力批判已走上南亚霸权主义道路的印度政府，全国青联会议临时举行少数学者座谈。我作为历史学者，即席作题为《边界纷争与尼赫鲁的哲学》的发言，以史实为依据，着重分析尼赫鲁虽然为印度赢得民族独立，但他在南亚却继承了英印政府的历史遗产，已经走上了扩张与侵略的霸权主义道路。《人民日报》在头版新闻以醒目标题扼要介绍了我的发言内容。正好全国委员会换届，我被推选为常务委员，因此与全国青联的关系更为密切，我对全国青联的会议与活动，自始至终都满腔热情参加，并且留下许多难忘的美好回忆。

青联较多地体现青年的特点，而且相对拥有较多的平等与宽松。这可能与胡耀邦个人的性格与品格有关，因为全国青联等于是共青团的"外围组织"，全国青联主席与副主席真正管事的都是共青团中央书记处成员，他们长期在胡耀邦身边工作，多少都能受到他的熏陶。由于我已是全国青联常委，因此能够近距离对他们进行观察。在共青团中央机关，不问职位高低、年龄长幼，一般都以名字相称，很少听到"某长""某处"之类的敬语。全国青联委员会换届后，胡耀邦亲自邀集全体常委座谈。会前他因公务较忙，来得较迟。会议室离图书室较近，主持座谈的全国青联副主席（亦为共青团中央书记）张超，临时动议让我们参观总书记（指胡耀邦）的临时卧室。所谓卧室，就是图书室书架空隙处架个行军床，床上枕边堆满了书，显得颇为杂乱。据说只要有空闲时间，无论昼夜，他都很爱独自躲在这里阅读。

这次座谈会主要是相互交流，因为成员大多是比较年轻的新人。胡耀邦讲话内容已记不清了，只记得他说过"现在不能再热了，要冷下来"。他多少有点自我批评，在难忘的1958年全民狂热中，他到处演讲，也曾说过许多"鼓舞人心"的话语。

全国青联扩大了我的社交圈，也仿佛是一本极为厚重的无字大书，帮助我结识全国各地各族各界年轻精英，并且通过与他们交往，增进对中国社会的整体了解。从职业界别来说，与我交往较多的是高校教师，如侯仁之早就是全国青联常委，对我介绍经验，甚至在会后多年也关心帮助我的成长。由于家庭背景的原因，我与工商界代表也有许多共同语言，可以了解许多"敲锣打鼓欢迎社会主义改造"表象下的隐曲。我喜爱文艺，特别爱听京剧，所以与杜近芳、白淑湘、才旦卓玛等演员也有接触。杜近芳出生于江浙地区，每次见面总要叙叙家常，以后白淑湘横遭批判折辱的情况，就是她告诉我的。当然，与我交往更多的是同属湖北代表的谢芳与王玉珍，即使不是在北京开会，我们在武汉也有许多共同社会活动。其他如科技、体育、宗教、少数民族等各界代表，我也广泛接触，借以满足我的求知欲与好奇心。这些见闻都有助于我此后把中国历史作为一个整体来研究。

全国青联委员们之所以容易相互交往，与年龄较轻、城府未深有关系，但更重要的还是会议气氛比较轻松活泼，所以大家不必谨小慎微，乃至相互提防。以我个人在1961年青联全国委员会开会的亲身经历为例，就可以说明这个特点。那时正是国民经济严重困难、物资极端匮乏的年代,人们的思想也异常混乱。团中央特地邀请周恩来为我们做报告,并且在会前鼓励我们提出需要解答的问题。我未经思索就提出一个问题:"毛主席说'东风压倒西风',但至今中国在国际上仍然朋友甚少,尤其缺少大国和强国的朋友。我们的朋友大多是第三世界的小国、穷国。请问应该如何看待?"当时全国正在进行所谓"暴露思想"的运动,鼓励大家以发言或大字报方式,公开表露自己的错误思想。许多人响应号召,鼓足勇气暴露真实思想,事后大都遭遇"秋后算账",但我相信以胡耀邦为首的团中央领导不会背信弃义。果然,周恩来讲话时,一开头就回答我的问题,并且笑着说:"这大概是一位从事理论研究的同志提出的。"然后,他以自己的人生经验,以红军万里长征蛰居西北偏僻地区为例,说明无论多么艰难困苦,革命陷入低潮,但只要目标与道路正确,终究会走出谷底,由小到大,由弱变强。全国青联领导不仅没有给我扣上右倾机会主义的帽子,反而为我勇于提出敏感问题感到高兴。

会议结束时照例要由毛主席与其他中央领导人接见,但具体时间绝对保密。我们等了几天没有任何动静,很多人都认为可能没戏,但又不敢外出。我因为急于为妻子与一岁多的小女儿买点北京土特产,便在一天利用午休时间偷偷溜到王府井百货大楼,买了两盒高级点心。正当我高高兴兴提着点心走出大楼时,突然被一辆小轿车拦住,有一位正是会务人员,大声说:"赶紧参与毛主席接见。"车上已坐着另一位全国青联委员,是当时扮演文成公主的著名话剧演员郑珮瑶,也是偷偷溜来王府井买土特产的。我是历史学者,她演历史人物,本来有许多共同话题,可是我们只有相视苦笑,没有讲一句话,仿佛闯祸的儿童被家人抓个正着。汽车一路急驶,进入中南海在怀仁堂门前停下。会务人员说,中央领导已经等了好久,赶快进去吧!我们忐忑不安地低头走过会议室,只见领导人坐成一排喝茶聊天。我不敢正面看望,一溜烟跑到后院照相地点,队伍早已排列得整整齐齐，我急忙找到湖北代表团为我预留的位置，只见大家都是满脸焦虑。只有身边的王玉珍低声说："阿弥陀佛，您老总算是赶来了，我们等得好苦啊！"我只有暗自责备自己的疏忽。照相之后大家高兴聚谈，听说有一位偏远农村代表由于有事外出，未能赶上与中央领导人合影，不禁大声痛哭，我听后更觉愧疚。但全国青联的领导与工作人员却从未对我们有任何责备。后来在我成为全国批判对象，特别是在"文革"期间，也没有任何全国青联工作人员揭露我对领袖如此"不敬"。正是这些琐事使我每次参与全国青联活动，都有"回家"的感觉，而周恩来对全国青联非常关心，曾多次为我们做报告，并为文娱晚会亲自安排精彩节目。湖北代表团的谢芳患病体弱仍然坚持演出，周总理及时命秘书通知武汉歌舞剧院，让她认真治疗休养，使我们感觉他就是这个大家庭的家长。

## 沮漳漫溢

1958年全国青联代表大会闭幕后，我不敢在武汉停留，从武昌火车站直接乘长途车到华容，然后步行回到农场总部汇报并作广播讲话，介绍会议盛况以及自己的感受，第二天就与生产队农工一起投入紧张的棉田管理工作中。季节已进入初夏，野草疯长，虫害频生，锄草与打药急如星火，但大家满怀豪情，丝毫不以为苦。眼看着绿油油的棉株快速成长有半人高（岱字棉的特点），随即开花结果，有些早熟的果实已经炸开，露出洁白的绒絮，这是我一生中第一次为自己耕种的农田收获满怀热望。但是初来乍到的我们这些华师教工，却不知道丰产不等于丰收，一场特大水灾正在悄悄到来。

6月16日，怀玉顺利生产，长女明明平安出世。喜讯传来，我充满初为人父的喜悦，全生产队也为我们高兴，年轻人吵着要加菜并吃红蛋祝贺。我自然乐于承诺。加菜比较容易，因为我们食堂办得不错，一对因城市压缩人口从宜昌下放来的中年夫妇（五十岁左右，上海人）负责经办食堂，尽心尽力，价廉物美，与我私交也甚笃。但鸡蛋则比较缺乏，因为人民公社成立，劳动力集中日夜奋战，顾不上养鸡与自留地了。我与同在一队的李雪松、刘望龄、王永等，只能利用一个难得的休假日前往附近乡镇赶场，向当地农民寻购鸡蛋。鸡蛋总算勉强凑齐，并委托食堂加工成传统的红蛋庆贺明明的诞生，但赶场归途却遇上了洪水漫溢的开端。也许这条路地势比我们农场更低，我们走着走着洪水就蔓延到路面，而且越涨越高，开始是及膝，很快就超过腰部，路人只能在水中艰难向前挣扎。李雪松与王永都不会游泳，连挽扶着都迈不开腿。幸好道旁农田漂来一块门板。刘望龄眼明手快赶紧取来，大家利用门板的浮力，协同奋进，总算连人带蛋平安回场。

回场不久就紧急动员防汛，我与刘望龄、王永等奉命立即前往沮漳河边抢险护堤。一到险要地段，首先是把堤身崩坍处培土加固，然后就地轮流休息，打算与洪水作持久抗争。傍晚，水的涨势稍缓，堤上人员稀少，鸟雀归林，一轮明月缓缓升起，在雾气中显得比平常更大而略微昏黄。我们由于过度疲倦，不知不觉都睡着了。次日清晨，醒来发现涨势已停，水面平稳，心中大喜。不久河水开始下降，我们更加高兴，当地老农却警告说，这是上游或下游已有严重破堤的征兆。他的话还未说完，我们邻近上游堤段已经有人仓皇跑来，叫我们赶紧往高处奔跑。我们由于未接到上级通知，多少有点犹豫不决，还在整理防汛器材，不觉为时已迟，远处已看见一丈多高的洪水浪头已经铺天盖地涌来。我们只好放弃防汛器材，匆忙在堤上向高处奔跑，但洪水漫溢速度更快，只见堤内已经一片汪洋，到处都是山洪冲来的茅草屋顶，门板家具，还夹着家畜、野兽与大蛇，真是触目惊心。我们不敢作片刻停留，但来自东北的王永不会游泳，身高力大的他居然双腿突然绵软不能行走，我与刘望龄只能扶着他高一脚低一脚地艰难前进。老天保佑，我们总算摆脱洪水的奔袭，爬上离我们住处最近的一个台子（高地）。同队农工与历史系师生正在眼巴巴地看着我们奔跑与平安归来，大家高声欢呼并紧紧握手，真像是一场激战后的战友重逢。原来他们在昨天夜里已经奉命紧急撤退到这个台子，但由于没有电话联系与洪水阻隔，无法通知我们，只能干着急。

　　作为生产队的副队长，我迅速恢复角色。本地农工多半回到自己或亲友的家暂时居住，只有我们这些下放的华师师生与上海、宜昌知青必须安排好食宿起居。幸好很快就找到一座没人居住的农家空房，居然是砖瓦结构而且比较宽敞，有两间卧室与一间堂屋。但我们人数较多，又没有床铺，只有挤着睡在地上。吃的问题仍然由原来的食堂人员负责供应，他们在另外一个台子，要分送好几个生产队。住的问题比较复杂，因为男多女少，无法单独为女生留一间卧室。经过协商，大家共同克服困难，只有男女合住一室，但分居左右两边，这样总算安顿下来。

　　首要问题是打捞行李。由于深夜紧急撤离，大家只能带换洗衣服与零星用品行走，被褥与箱子只能用绳子系在屋梁上，睡觉自然很不方便。我与望龄及孙抱今、沈保还等几个水性较好的下放人员，主动担任打捞任务。我们借用一条小船划到原来住宿地点，发现水位已略有下退，露出原住宿舍茅草屋顶。于是跳上屋顶，用镰刀挖开一个可容一人进出的缺口。我与另一个水性娴熟的同伴身系麻绳，一端由留守屋顶者握紧，我俩则先后潜入房间，摸清室内行李、箱包分布情况，然后回到屋顶共商打捞方案。先是一人进入单独操作，后来增多若干洞口，两人可以同时操作。为保证安全，又把系绳改为插入竹竿，依托竹竿拿取行李、箱包及其他日用物品。这样就可以避免所系绳索被水底重物缠绕，减少淹死危险。打捞原则是先人后己，先取急需物品，然后再尽量捞取不耐浸泡的杂物。

　　由于屋梁和屋顶之间尚有空隙，掘出洞口后又可通气，所以操作甚为便捷顺利，很快就装满一船。其时已近中午，劳累之余非常饥饿，我们又用同样办法潜入厨房，捞取若干瓜果充饥。由于疲倦，大家就躺在屋顶上睡着了。不久，又被轰隆轰隆的巨响震醒，原来是救灾飞机在我们头顶低飞盘旋。大家连忙站起来挥舞双手，飞机边飞边丢下救灾物资。我们满心希望能够丢点食品，不料一个接一个包裹打开都是简单的救生气囊，橡皮袋，长方形，人工充气即可使用。我们有些失望，但仍然全数接收，因为至少可以充当枕头。首战告捷，我们头一天就满载而归，带回十几位同事的被褥、蚊帐、箱包，还有十几个"高级枕头"。

第二天，我们劲头更大，把剩下的，包括我们自己的行李与生活用品悉数捞出运回，这样就基本上解决了生活问题。

睡觉问题也包括男女合住一室的妥善安排。我模仿太平天国男营女营的原则，男女分睡两边。但难处是空间太小，无法留出男女之间的距隔，只有由我这个老男人与两个小男孩组成隔离层，睡在成年男女之间。两个小男孩都来自上海，一个叫罗伯庚，讲话有点结巴，大家称之为"萝卜根"，共青团员，热情正直；一个叫徐小秋，只有十五六岁，调皮而又可爱。我让他们睡在我的左右两侧，因为队长的名声也需要保证清白。每天为照顾女生沐浴与换衣的方便，我们男职工一律退出卧室，让她们有从容洗漱的安全空间。这样，男女之间相安无事，从未发生任何争执与猜疑，尽管是灾荒期间，过得也还平顺。

但是由于洪水退得很慢，食堂的粮食所剩无几，终于有天只能吃两餐稀饭了。晚餐稀饭更少，每人只能分得一碗，最后从饭桶底刮出大半碗，分给谁都舍不得吃。其实农场本部存有足够大米，只是水位太高，汽车无法送来。我们不能坐以待毙，第二天就组织四位水性好而且身强力壮的学生一同前往农场取米。这时刘望龄已被抽调到省手球队，准备参加运动会，随我运米的队伍便成为清一色的"老右"，现在记得姓名的有孙抱今、沈保还、姜朝彻等。我们推一辆大板车，去的时候比较顺，因为是空车，在水中还略有浮力。回程就大不一样，因为满载米包，在水中推行非常吃力，有些地段水太深，必须四人合力抬起来才能前行。我们都饥饿已极，四肢疲软，但仍然咬紧牙关，终于平安回到住地。途中我忽发奇想，右派本是内部矛盾，现今当作敌人对待。如果他们真变成敌人，岂不会把我这个中共干部在水中闷死？但也只一闪念，我相信他们，他们也相信我，我们在内心仍然保持师生情谊，何况他们还这样年轻，单纯善良。

大米运回，一日三餐都可吃饱，但迟迟不能恢复生产，大家闲得发慌。年轻人缺乏自我控制能力，我们生产队终于发生一件很不愉快的事情。有两位宜昌来的知青，原来就是情侣，经常两人单独活动，大家也不以为怪。但有天下午突然被当地几个农民扭送到我们住处，说是这两人大白天在野外"搞皮绊"。当时我到另一生产队办事，回来时问题已经解决，因为几位年长的教工毕竟通情达理，主动向当地农民道歉沟通，也对这两个小青年婉言规劝。我以为他们处理恰当，所以不再追究。但吃晚饭时不见那女孩回来，派人出去寻找，竟发现她独自坐在水边痛哭并想自杀。我连忙赶去，与她单独交谈。开头她只是哭，但后来总算开了口，说感到太丢人现眼，不想活下去。我说人生路上挫折可能很多，你有权利拥有自己的爱情，但现在是水灾期间，处于不恰当的地点，以致产生不良影响，为这件事轻生太不值得，你们来日方长，前途无量。她见我没有严辞责备，情绪稍微平缓。问她何以处理善后，她说两人相约请几天假，回宜昌向各自家长说明真相并自我检讨，等情绪恢复正常后再来农场上班。我当场就同意了，带她回宿舍吃饭休息。第二天凌晨小两口儿就匆忙上路回宜昌去了。我之所以敢于准假，是因为实际上已无事可做，本地职工都窝在自己家里，等待水退后生产自救。当然，我也考虑到这一件事闹得沸沸扬扬，两个年轻人确实羞辱难堪，让他们避开风头，等大家都有所淡忘时再回来，也许更为恰当。

果然，他们过了一段时间就回来了，而且经双方家长同意正式订婚，这起意外事件总算平安了结，上级也没人来进行追究。但是这件事使我发现自己工作上的疏忽，即这么多年轻人聚集在一起，整日无事可做自然会出现某些意想不到的偶发差错。由于洪水仍未退尽，没有场所可以进行文娱活动，我便建议找个临时工棚办业余文化补习学校。年轻人正闲得无聊，大多数人都热心参与筹办，把工棚打扫得干干净净，把水面漂来的桌椅板凳摆得整整齐齐，虽然非常简陋，倒也像间教室。问题是教学活动内容与方式，原则上是强调简易可行，生动活泼。好在都是师范学院的师生，读读报，讲点时事，仍可视为政治挂帅。此外则是讲解一点中学语文、历史等课程相关常识，而最受欢迎的则是唱歌、乐器与健身操。由于多才多艺的刘望龄已上调省手球队，剩下的历史系教工大多比较古板，不容易与小青年交往，我只有借助右派学生，而他们也确实成为教学骨干，特别是青工喜爱的音乐与体育。这样或多或少调剂了灾期生活的枯燥，增添农工若干学习兴趣。我们生产队的知青，除宜昌那一对情侣外，没有一个逃离草埠湖。当然，华师下放的师生更是坚守岗位，没有一个请假回武汉。

但是，不能说我根本没有回武汉的愿望。怀玉生产时我未能守护在她的身边，我到草埠湖以后，她从南湖搬回华中村，其间还调换过一次宿舍，这两次搬迁都是她一手料理。那时由于"大跃进"狂热，全体师生上山下乡到工厂，"放卫星"，炼钢铁，很难抽出时间关心怀玉母女。那时物资极端缺乏，产后缺乏营养，严重影响健康，怀玉产假一过就得上班，甚至还要参与运动比赛。加之父亲多年痼疾哮喘恶性发作，医院发来病危通知，全靠她就近送饭看护。我未能请假回武汉帮忙，孩子出生后我一直也未能探视，她完全能够理解，唯恐影响我坚守救灾岗位的决心，甚至向我隐瞒她这种极度艰难的困境。当然我的处境也很艰难，由于经常下水，赤足接触污泥，脚趾已经红肿溃烂，连布鞋都穿不进去。

我的衣物是最后捞出的，由于浸泡太久，又未打成包裹，蚊帐被水冲走，蚊咬引起痼疾疟疾复发，连续寒热困扰，体质也日益虚弱。只是害怕动摇军心，只有强颜欢笑，鼓舞队友斗志。有天稍微空闲，我独自坐在偏僻的山坡上，眺望那一望无际的水淹棉田，水面上已露出若干烂坏棉果，眼看这上半年的日夜奋战成果业已归诸乌有，内心感到无比凄凉。

客观环境不容许我从容感伤，因为洪水终于退尽，我必须带领全队尽最大努力生产自救。根据农场领导的指示，在洪水还未完全退尽之时，就提前涉水收割芦苇。洪水淹没了棉田，却促成原有芦苇的疯长，那似乎无边无际的野生芦苇粗大精壮，仿佛排列整齐的军队，倒也是灾后奇妙景观。芦苇曾是开垦湖田必须连根铲除的首恶，但现在却成为可以弥补水灾损失的宝物。我们收割的芦苇运到天津造纸工厂，每吨市值2000元，比粮食还要贵重。因此大家劲头甚高，拼命挥刀猛砍，捆扎成堆，但愿它像韭菜一样，随砍随长，源源不绝。当然，割芦苇战役的主力仍然是本场农工，他们由队长老罗率领归队，使我们士气为之大振。他们已经习惯于沮漳河每年或隔年发生一次严重决堤，因此不像我们那样灰心丧气，高高兴兴得心应手地就割光好大一片芦苇。而我们往往手磨血泡，橡胶长靴被残根刺破，弄得狼狈不堪。

割芦苇战役胜利结束，下一战役部署是抢种一季蔬菜。蔬菜生产周期极短而盈利最快，所以全体职工更为斗志昂扬。每天早晨出工，罗队长定高举红旗，到菜地后插在高处，高声对我说，这就是队长的位置，生产队的中心。那种昂扬的斗志与自觉的担当，使我为之心折，进一步理解了带头人应有的气度与责任感。蔬菜生产受季节与土质的影响，似乎未获多少收益，全场随即又抓紧进行水利工程的灾后修复。但更为重要的是抽调大部队上山伐木，运矿石，筑土窑大炼钢铁，我与华师历史系师生几乎全部参加。首先是上山伐木，把当阳、荆门一带许多山林都砍光了，全部用以充当土窑燃料（因买不到煤）。伐木时因砍伐不得法，黑夜依然放树（把大树锯倒），不幸压死一位职工。运矿石更为艰苦，挑两筐矿石，还要翻山越岭急行三十多里，往往从内衣裤到棉袄都湿透了。有一次我不慎走错方向，一头钻进丛林之中，越错越急。眼看太阳已将落山，光线越来越昏暗，原来就听说此山有虎，心中逐渐增添恐惧。幸好遇上一位砍柴回家的农民，他热心地把我带上正路，总算逃过一劫。否则即使不被老虎咬死，也会被高山深夜的酷寒冻死。我下放期间有两本日记（大事记），一曰《下乡日记》，一曰《上山日记》，这天奇遇记于《下乡日记》。很可惜，这两本日记都在"文革"期间焚毁了。

日记的命运，其实也象征着我在草埠湖农场一事无成。作为农场的主要业绩，种植棉花被一场洪水淹没浸坏；上山以土法炼钢，砍光好几座山林，炼出的全是废品。如果说还有点收获，就是增加了若干农业生产的知识与技能，还有人生阅历感悟的长进。

回校以前，在农场也曾有过两种人生抉择，即留在宜昌还是回归武汉。因为我们下放后，组织关系已转至宜昌地委，属宣传部直接管理，宜昌正在筹建师范专科学校，所以早有延揽华师人才的想法。我们下放几近结束，地委宣传部立即拟定一个留用名单，大约有20人，一般都是学问根底较好的教学骨干，如教育系的朱辕、历史系的徐圣熙等，我亦列名且排在第一位。那个时候都是服从组织安排。我对四川有特殊感情，宜昌离四川很近，风景宜人且没有大城市的繁嚣，加上当地政府对我们又如此重视，我更无理由拒绝。所以已做好第二次艰苦建校的思想准备，大不了就是再搬一次家，那时几乎没有任何私有家具，搬家倒是轻而易举。不料正式宣布名单时又没有我的名字，据说华师领导坚决不同意，向湖北省委力争并经过宜昌地委同意，另外换了一位华师水平较高的老师。这就决定了我一生只能在武汉工作，但也说不上是什么遗憾，因为相比于宜昌，回武汉才智发挥空间更大，各种资源也更雄厚。

第七章

# 学术起步

回归华师 \ 筹备盛会 \ 京师访学 \ 筹建史调会 \
无妄之灾 \ "铁窗烈火" \ 重返白塔寺

## 回归华师

我于1959年年初回到华师，与家人，特别是出生未久的女儿团聚。由于华中村宿舍面积很小，只有两间卧室，一间住父亲与外甥民胜，一间住保姆与婴儿，我与怀玉只能住在博育室单身宿舍的一间斗室中。怀玉产后虚弱，严重贫血，仍然坚持上班，积极参加课堂内外各项集体活动，尤其繁重的是带领一群学生到武钢编厂史。

"大跃进"与"教育革命"运动的高潮虽然已经过去，但余风仍在，伤痕累累。历史系"拔白旗"极大地伤害了以张舜徽先生为代表的许多老教师，我也忝为"小白旗"（白专典型），但却幸免冲击。由于是集体讲中国近代史课程，我的教学任务并非很重，所以尚有余力读书补课，重拾旧业。下乡荒废学业已有一年多，我很想有所作为，展示劳动锻炼以后的"又红又专"。正巧逢上国庆10周年纪念，到处献礼成风，大编社史、厂史因此成为历史系的首选。我已成为局外人，只有另谋出路。幸好放映作为国庆献礼的大片《林则徐》，编、导、演人员多为我心仪已久的名家，看后心潮澎湃，竟然连夜写成一篇影评《"傲霜花艳岭南枝"——评历史故事片〈林则徐〉》。第二天寄给《人民日报》，但没有把握一定可获发表。不料该报负责文艺副刊的李希凡竟然非常欣赏，没过几天就以大幅版面发表，这也可以算是放了一颗小小的"卫星"，尽管我不是中文系老师。

更没想到，电影导演郑君里对这篇影评极为重视，把它收入《〈林则徐〉——从剧本到影片》一书，并作为附录影评的第一篇。他有意与我进一步探讨历史真实与艺术构思之间的契合问题，因此通过李希凡的联络，与我不断通信。不久，他代表海燕电影厂第三创作集体，正式邀请我为即将拍摄的太平天国历史故事片撰写文学剧本。我不知道他是否向老友崔嵬了解过我的情况，但他的恳挚与激情深深感动了我。我欣然接受此项任务，并向系领导请写作假，因为这毕竟是很困难的大型创作。校系两级领导很慷慨，允许我集中一段时间全力写作剧本，也许他们正期望我也能放一颗较大的"卫星"，反正学生大批外出，我已无课可上。

文艺创作毕竟需要一个相对安静的环境，我连一张单独可用的书桌都没有，所以每天只有远去东湖写作。那时很多人仍旧忙于劳动，公园游人极为稀少，林中石椅、石桌尽可让我独自享用。因此，我很快就进入太平天国的历史情境，与洪秀全、杨秀清、李秀成、陈玉成等人神交，酝酿故事梗概，构思曲折情节。由于没有任何外界干扰，经过不到一个月的苦思冥想，埋头写作，反复修改，最后终于定稿，刻印出来居然有厚厚一大本。剧本着重刻画李秀成与陈玉成两位年轻将领，以他们的成长与败亡故事贯穿全部太平天国历史，可以说是还有点创意，自认为可以作为进一步修改的基础。

其时物资严重匮乏，连打印都靠五颜六色的粗糙再生纸充数，所以正式书稿漫漶不清。但海燕厂第三创作集体却能理解我的难处，他们花了很多时间认真审阅并且郑重提出评审结论。大意是：历史场面宏大，钩玄提要，能够反映太平天国历史全貌。文字流畅，颇有韵味，有些部分如散文诗。但严重不足的是对洪、杨、韦、石等主要领袖人物个性刻画的欠缺，特别是未深入捕捉其心理与感情变化。再就是不能过于追求场面宏大，应在故事情节的曲折性方面下功夫。总的评估是可以作为修改基础，希望我进一步完善再定稿。郑君里前往布拉格参加电影节，动身前还不忘来信敦促我抓紧修改，以便他们起草电影脚本，正式启动《太平天国》的拍摄。

但是，1961年将在武昌举办首次全国性的纪念辛亥革命50周年学术讨论会，一系列紧急筹备工作迫使我停止《太平天国》剧本修改工作，乃至时过境迁，失去电影拍摄良机。

## 筹备盛会

我对中国近代史的研究，原先是从太平天国开始的，因为罗尔纲、简又文等前辈学者已经做过大量学术探讨。1949年以后神州国光社又出版《中国近代史资料丛刊》，其中《太平天国》的内容特别丰富，收罗相当齐备。我迷醉于那些从广西穷乡僻壤走出来的英雄人物，对太平天国的"天书"如《天朝田亩制度》，与太平军统治地区社会生活情况也有浓厚兴趣，所以写《太平天国》剧本比较得心应手。但是1954年参与接待民主德国贝喜发博士以后，受刺激很大，因为当时参加辛亥革命首义的许多重要当事人都还健在，他们的亲身见闻促成我学术研究转向。神州国光社出版的《辛亥革命》收罗更为丰富，而且非常便于利用。我在下放前已经做过一些前期工作，如对张难先、李春萱、章裕昆、熊秉坤、李西屏等人的访谈，向汪诒荪教授借抄他搜求多年的辛亥革命散佚稿本等。也曾经在荣孟源主编的《近代史资料》杂志上开辟《史料拾零》专栏，与同行学者分享若干辛亥革命资料的发现。但是还来不及进入正式研究状态，就奉命下乡劳动锻炼。

当时，各省都只有哲学社会科学研究所（"文革"以后才扩大组建社会科学院），作为相应的对外联络社团也只有社会科学联合会（简称"社科联"）。宣传部决定由湖北省社科联出面，总揽辛亥革命讨论会筹备工作，并指定由社科联李德仁秘书长与其助理欧阳秘书负责前往中宣部汇报请示，我则负责与北京史学界联络。李德仁是老革命，延安马列主义研究院第二期毕业，与中华书局总编辑金灿然等学界名流是同学，她与欧阳于1961年盛夏前往北京中宣部口头汇报请示。我也利用暑假独自前往北京，主要是到中国科学院近代史研究所，与相关负责人沟通。

此前我很少离开湖北，只有1956年暑假到北京参观中国近代史图片展览（在天安门城楼举办，规模很大），并购买一套图片作为教学用具。那时借住在北师大，只认识龚书铎与陈桂英两人。他们好心让我列席由北师大承办的《中国近代史教学大纲（师范院校专用）》书稿讨论会，由此认识柴德赓、王仁忱、魏建猷、陈旭麓、孙守任等少数前辈学者。我与北京学界接触甚少，不知如何着手联络。幸好近代史研究所所长范文澜挂名担任过中原大学校长，我到北京之前，曾把自己打算提交的《从辛亥革命看民族资产阶级的性格》一文初稿，以学生的名义寄给范老征求意见。这也无非是一种试探，不知道范老是否会翻阅这篇幼稚习作。未想到范老居然认可这段素未谋面的师生关系，让近代史所做了认真准备。我到北京以前，该所大部分研究人员已下乡参加生产劳动，只留下学术秘书（相当于秘书长）刘桂五与王仲、赵金钰两位年轻研究员专门接待我。他们事先都认真审读过我的文稿，并遵照范老嘱托，毫无保留地提出批评与改进意见，使我获益匪浅。随后我就住在该所单身宿舍，与从杭州大学来此进修的杨树标同住一室，除生活上得到他的关照外，还获取许多相关学术信息。我留京主要是阅读近代史所丰富文献资料，做了许多笔记与目录。

回武汉以前，桂五郑重其事地对我说："大年同志到外地去了，你应该拜见黎澍，中宣部为加强对近代史所的领导，已任命他为副所长。他会给你若干重要指示。"经他安排，我很快就与黎澍见面。我久闻黎澍大名，但从未见过面。其时，黎澍还在中宣部办公，我从未进过中央大机关，也从未拜见过这样的高级干部，内心颇为忐忑不安，也不知如何开口。黎澍倒是非常平易近人，开门见山就说："我知道你是为辛亥革命讨论会来的，范老、吴老都很关心。中央已经基本上同意在武昌举办纪念辛亥革命50周年讨论会，不仅是为了隆重纪念这个事件，更为重要的是扭转'教育革命'以后'以论代史'的浮夸学风。范老将在《历史研究》

发表《反对放空炮》的评论文章，反对空洞无物的教条主义歪风，提倡解放思想并且扎扎实实的优良学风。"他诚恳地劝我："不要赶热闹，参加什么辛亥革命时期的主要社会矛盾的讨论，从名词到名词，必须对辛亥革命做认真的实证研究。"此外，他还亲切地向我讲解了中央重申"双百"方针的深层用意。我们两人叙谈很久，但主要是他讲我听，颇有茅塞顿开之感。临别时他也没有忘记嘱咐："中央同意开会的意见，回去不必向别人讲，一切应该以中宣部正式文件为准。切记、切记。"大概他已看出我的喜出望外，唯恐我年轻气浮，嘴无遮拦，难以传达准确信息。

离开北京前，李德仁一行也来到北京向中宣部汇报，中宣部负责人口风很紧，只说"中央很关心，正在讨论之中"。她们心中无底，便通过桂五约我面谈，以便互通信息。她们住在一个中央机关的内部招待所，我原以为至少应有一个单间，不料却是一个极大房间，住有二十人左右，都是来北京出差办公事的干部。人多拥挤，又无空调，热得难受，但她们却不以为意，高高兴兴地接待我。我在一个传统家庭长大，见女人就容易脸红，这间房偏偏都是女人，而且晚间沐浴后穿着随意。这里又没有接待室，我只能低着头坐在她们床边，因为只有我一个男性，众目睽睽，颇不自在。我向李德仁详细汇报了全部重要信息，包括中央已基本同意在武汉开讨论会，当然也交代了"回武汉后不要泄露"的叮嘱。因为我认为对湖北省主要负责同志理应及早通报这个大好消息，以便他们更加重视，也更有信心做好筹备工作。李德仁闻讯大喜，送我两个大番茄作为奖励，她艰苦朴素、平等待人的作风，我至今记忆犹新。

也许，我的顾虑是多余的，因为回汉不久，中宣部就下达正式文件，内容大体上就是黎澍讲的那样。也许这个文件就是黎澍参与起草的，因为他那时还兼管着理论处，而且吴玉章的会议开幕词就是他撰写的。

1961年暑假，中共湖北省委指示由省社科联出面，会议筹备工作紧锣密鼓地进入会前冲刺阶段。

首先是学术准备,因为会议的成败,取决于提交论文的质量。湖北是会议的倡议者与主办方,自然更需要提供几篇有分量的学术论文。湖北虽然大学较多,史学教授也不少,但以古代史专业占多数,他们从未研究过辛亥革命。中国近现代史教师队伍,比较年轻还不成熟,此前也很少有人研究辛亥革命,更没有什么像样的论著发表。但我们的优点是比较谦虚务实,早在1960年暑假即已开始组织相关人员撰写论文,大多已有初稿。密加凡、彭展等社科联领导看过这些稿子,觉得多数不够成熟,有些作者甚至不知道什么是学术研究性的论文,竟然把课堂讲义式的粗浅文章都拿出来了。密、彭等毕竟是社会科学行家与写作老手,他们审时度势,决定把初步选定的作者集中起来修改初稿,并且指派《理论战线》两位骨干编辑(一位似为舒焚,以后致力于辽史和湖北地方文史研究),参与推敲琢磨。

省委给予大力支持,把我们集中在当时规格最高的洪山宾馆,一日三餐都按会议标准提供。当时经济困难已经开始,粮食供应难以保障,"瓜菜代"都做不到,只能拿些包菜老叶乃至菜根充数。而省里会议标准至少饭可以吃饱,菜虽无肉但油水多些,而且比较鲜美可口。这当然是极大的福利,至少为辛勤写作提供了体力保证。回想李德仁、欧阳两位大姐出差,在北京住那样简陋的通铺房间,生活极为艰苦,我们更加自我鞭策。当时政清风廉,省委宣传部与社科联从来没有任何人到宾馆蹭饭,与我们共同进餐的只有彭展一人,因为他负责全面抓论文质量,必须随时与作者交换意见,并为我们排难解忧。彭展基本上是带病工作,勉强支撑,但却经常关心他人。看我改稿任务奇重,而且食量又大,总是借口食欲不佳,把他的饭拨到我的碗里,当时淳朴的社会风气与同事之间的相互友爱关怀,至今仍然值得怀念。

修改工作非常细致,每篇文章都经过反复推敲,提出批评与建议,供作者参考。记得汪诒荪教授的论文《辛亥革命时期资产阶级与农民的关系》，写得比较空泛松散，虽经多次讨论与修改，仍然改进不大。后来考虑他年事已高，不适应集体写作方式，加上血压又高，便劝他回家休息治疗。以后，这篇文章（经过压缩）还是在本地报纸发表了，并且收入中华书局出版的《辛亥革命五十周年纪念论文集》，可见当时对老年学者已有所尊重。武大彭雨新、吴纪先两位教授的论文都有扎实功底与学术价值，因为他们毕竟是经济史专家，原来都经过"中研院"的严谨历练。其他论文都由作者本人修改定稿，只有武汉师专（以后改建为湖北大学）关于武昌起义那篇文章，几经原作者修改，质量仍无起色。幸好我执笔的《从辛亥革命看民族资产阶级的性格》定稿较早，彭展指定由我参与修改，实际上是推倒重写，题目也改为《武昌起义与湖北革命运动》。对这篇文章，社科联领导极为重视，因为刘桂五曾经代表中国史学会来汉指导工作，提出北京众多学者希望武汉学者能够回答"辛亥革命为什么首先在武昌爆发并一举成功"这一问题。我们写作小组成员中，陈祚津是原作者，陈辉曾率领学生至鄂西北调查会党情况，都对修改提出一些宝贵意见，但最后定稿还是我独自执笔，没有花费多少时间。

会议于1961年10月16日至21日由中国史学会与湖北省社科联共同举办。湖北省社科联主席李达致开幕词，德高望重的辛亥革命参与者吴玉章发表重要讲话。吴老的发言稿由黎澍起草，着重强调必须树立实事求是的严谨学风，但同时也强调"没有自由讨论，便没有学术的繁荣与进步"。在历经反右、"教育革命""拔白旗""放卫星"等之后，吴老的讲话宛如春风与及时雨，使学界如释重负并清醒过来。

参加此次会议的还有范文澜、白寿彝、邵循正、刘大年、吕振羽、徐仑等，外地一批年轻俊彦，如林增平、李时岳、胡绳武、金冲及、张磊、隗瀛涛、段云章等也云集武昌。到会者共一百余人，提交论文四十余篇，从规模与水平来说，都是一次全国性学术盛会。会议期间，武汉各高校纷纷邀请外地著名学者作学术讲演，使武汉众多未参加会议的学者也分享了一次学术盛宴。湖北省政府对此次会议非常重视，张体学省长亲自参加预备会，保证尽力服务，让会议开好。连会议伙食需要补助的粮食与鱼肉，都是体学同志亲自审批的。会议的整体服务异常周到，赢得外地代表一致好评。

会议讨论热烈，颇多亮点。争辩得最激烈的是会党与新军问题，徐仑提交的《张謇在辛亥革命中的政治活动》，会前在上海学界已经引起热烈讨论，而由于他首先利用了大量《赵凤昌藏札》的珍贵史料，更引起此次会议参与者的浓厚兴趣。由于上海代表陈旭麓等人的建议，那篇《武昌起义与湖北革命运动》被安排为大会首篇宣读，这大概是表示对于武汉放第一枪的推重吧！另一篇《从辛亥革命看民族资产阶级性格》，由于论证充分且有新意，被《新华月报》单独全文发表，总算为武汉学界略为争光。

## 京师访学

辛亥会前，我一直忙于教学工作，科研也是独自摸索，与外界接触甚少。会议使我大开眼界，深感山外有山，自己起步较迟，必须奋起直追。华师刘介愚等校领导也认为我应该出外进修，以求在学术上有所建树，所以主动给我两年学术休假，以便出外访师问友，潜心研究撰述。进修地点，北京自属首选，侯仁之先生热心为我与邵循正先生联络，商定前往北大历史系进修。不料刘介愚已与前任院长杨东莼先生议定，由全国政协文史资料研究委员会（简称"全国政协文史委"）出面，出商调函邀我前往协助征集北洋史料工作。学校很感激东老的盛情，我也很愿意在东老直接指导下边工作边研究，因为北洋史与辛亥史的关系本来就很密切。进修期限是1963—1964年，此后进入一个更为广阔的学术世界，这是我人生一个很大的转折。

赴京之前，我做了必要准备，首先是确定以张謇研究为重点，作为研究晚清史与北洋史的突破口。1962年9月下旬，我从上海乘轮船前往南通，动身前大哥还特地把他家中节省下来的两斤白面做成大饼让我带上，因为当时很多地区粮食供应仍然很紧张。船过崇明，风浪大作，我第一次看到黄海，看到崇明岛与吴淞口，看到长江入海处那一大片土地，这不就是张謇曾经苦心经营的热土吗？我怀着兴奋与好奇登上南通码头，60年代初的南通仍保留较多原有历史风貌，市容整洁，民风淳朴，连我住宿的宾馆也沿袭张謇当年的格局。除宽敞的天井和典雅的栏杆外，还有那一长排明亮的红漆木柜式的公共马桶，人们可以坐着方便乃至从容聊天，不像外地公厕那样气味难闻。一日三餐伙食很好，菜肴可口，分量充足，我带来的两斤大饼毫无用武之地。

我结识的第一个南通人是穆烜，他负责南通革命史研究工作，同时也参与张謇历史文献的搜集与保管。随后经他介绍，与时任南通副市长的曹从坡相识，穆烜的诚朴谦逊与从坡的才思敏捷，给我留下深刻印象。从坡公务繁忙，主要是穆烜向我介绍相关情况，并把珍藏的未刊稿本借给我阅读，同时还安排参观重要历史遗迹，并拜访费范久、管劲丞、徐海萍等对张謇了解较多的老人，为我提供许多书本上没有的感性认识。

国庆期间，秋高气爽。南通地市领导在景色如画的狼山寺庙内欢宴各界知名人士，我竟作为唯一的外地代表参加。狼山椒鸡、阳澄湖蟹，还有以红枣、桂圆之类果品酿成的美酒。主人殷勤劝饮，宾客频频互敬，这是我平生第一次醉酒。我不知何时席散，也不知何人把我扶进楼上僧房，下午酒醒时已是夕阳西下，只见偌大两排僧床上躺着十来个醉汉。第二天登舟返汉。我的张謇研究竟是在如此愉悦的氛围中开始，这是一生莫大的幸福。

1963年春我到北京全国政协报到，文史资料研究委员会两位管事的副主任杨东莼与申伯纯都很高兴。申伯老一见面就要我协助他研究西安事变，但杨东老则坚持原议，把我安排在北洋史组。为工作方便，我借住在中央社会主义学院招待所，因为将来主要访谈的北洋老人就住此处。但很长一段时间，访谈对象未能集中，所以我的主要精力还是从事张謇研究。杨东老为我查阅资料方便，把他持有的图书借阅证交给我利用。我一头钻进北京图书馆，首先是借阅《赵凤昌藏札》（北图原标题是《近代史料藏札》）。由于事先已打过招呼，北图善本室工作人员特别热情，不仅有求必应，还主动为我提供许多帮助。比如抄写只能用铅笔，我写正楷很慢，信札很多是行书及至草书，有些字迹很难辨认。他们就帮助我招来高级"抄手"，不仅字迹端正，而且文化程度很高，能够正确辨认行草疑难文字，自行反复校对，力求准确无误，这就大大提高了我的工作效率。当然，由于手头经费有限，一百余册信札我也只能把其中的105、106、107三册（与辛亥、北洋时期关系比较紧密）全部抄录。以后我负责编辑《辛亥革命史料新编》，这些抄写稿可以直接发排，可见当年这些"抄手"的真功夫。"抄手"中有些在旧社会担任过高级官职，或者是在"大鸣大放"中"犯严重错误"，被划为"历史反革命"与右派，甚至被革除公职，只能到北图这样的大馆充当编外高级"抄手"，维持一家生计。但工资较低，抄一千字给8角钱。我至今仍然感激这些无名的学界"义工"，在我的许多著作中，有他们的劳绩。

  我很珍惜这两年脱产进修时间，每天一开门就进馆阅读，中午在阅读室看报休息，随身带馒头、咸菜充饥。北海就在旁边，但直至暑假怀玉携明明探亲，始得一游。对赵札用力之勤，为前所未有，因徐仑也只是采用张静庐抄本，并非原始文献，我看的却是原件。而在此之前，我已通读《张季子九录》、张孝若与刘厚生所写传记，以及《张謇日记》，所以已有整体把握，并于当年发表《论张謇的矛盾性格》。虽有当时意识形态影响，但毕竟初步显示了自己的学术功力、路径与风格，所以连台北的张朋园都开始关注我的研究。

将近一年时间，我为写张謇传记做了比较扎实的基础工作，除为《啬翁未刊函电》写了两本笺注以外，还以《张季子九录》等传主文集作为依托，并参照其他文献资料，编制了较为详尽的年谱资料长编（自用）。因此，我写传记比较得心应手，到1964年秋天，我已完成六十万字的《张謇传》初稿，并根据上海人民出版社的建议，压缩、修订成为二十多万字的清稿。

由于北洋史访谈对象已经入住，我协助东老做了一些具体组织工作。第一批对象为四人，即章士钊、朱启钤、曾毓隽、邓汉祥。章、朱在北京有高级住宅，只有邓汉祥由女儿陪同，曾毓隽由女婿陪同，住在社会主义学院招待所。我负责学术方面的事务，生活方面由全国政协派蔡端负责，并随带一位厨师负责料理。蔡端是蔡锷之子，因生于农历五月五日，故名端。他的具体经历不详，因为我无需打听，只知道他曾被划右派，下放到青海偏僻农场劳改。幸好杨东老等以征集北洋史料为由，帮助他提前摘帽，回到全国政协工作。他内心十分感激，因此工作颇为卖力。虽然每人每天伙食标准只有8角，但中晚两餐都有四菜一汤，荤素搭配，清淡而又可口，老人们都夸赞蔡锷有佳儿，懂得如何孝敬老人。他平常埋头工作，沉默寡言，唯独对章士钊略有微词。他曾私下对我说，入住老人伙食费较低，未入住的老人又不发补贴，所以章士钊每天都来闲聊并吃午饭，增加了办伙食的困难，要我向东老反映。我觉得不必为这些琐碎小事麻烦东老，开门见山问过行老（章士钊字行严），他的住宅有国务院事务管理局专门派来的厨师与保姆，为什么常来我们这里吃午饭。他莞尔微笑，坦然表白："家大口阔，哪里有这里吃得清爽。"我相信他的解释，而更重要的并非吃饭，而是叙旧。北洋老人聚谈北洋往事，他们仿佛又复回到指点江山挥斥文字的鼎盛春秋。我劝蔡端说，老人食量小，又没有加什么菜，大家都夸奖你伙食办得好，何必计较这点小钱。此后，行老每天上午（周日除外）仍然必来，而且西装笔挺，巴黎新式皮鞋擦得锃亮，人还未到，先已听见鞋声。蔡端心平气和，仍执子弟礼仪侍奉。行老因我是章宗祥的堂侄，也视为同寅之后，我们这个小小群体俨然又重现了"北洋时代"。

我不能不坦率承认，尽管全国政协如此重视，杨东老亲自出马，我也协助苦心经营，但这次"抢救"行动收效甚微。一是为时已晚，如曾毓隽九十多岁，体弱多病，记忆很差，连说话都毫无条理，朱启钤情况也相类似。邓汉祥与章士钊虽然头脑极为清楚，都能自己动笔，但能回忆出的往事已经写得差不多了。邓汉祥几乎成了各种《文史资料选辑》的多产作者。章士钊并不缺钱，文史资料研究委员会不好意思按字数付稿费，改为逢年过节送几条中华烟以示敬意。他虽然也写过一些回忆录，但总体上毕竟不如解放前写得那么翔实，因为解放初受过批判，思想上多少有些顾虑。至于曾、朱，主要是靠自己家人充当写手，所以稿件质量更差。

也不能说我对文史资料研究委员会毫无贡献，因为我每隔些时间还要为他们集中审阅一批积压已久的与北洋史有关的稿件。我与清逊帝溥仪共用一间办公室，两张大办公桌面对面放着，他是专员，而我是客串。每人桌上都有一大摞稿件，我们认真审阅并评定等级。等级分别为甲乙丙丁。甲级最好，可以直接刊登；乙级稍经修改后亦可利用；丙级有一定史料价值，但比较单薄，可保存而无须刊登；丁级虽属废品，无保存价值，但也略发数元辛苦费。程序虽然简单，但分类则不敢马虎，有疑难处必定两人商量，甚至找他人咨询。在这批数量极大的稿件中，确实有不少可供史学参考，经过我们认真评级分类，使用与编选出版都方便多了。所以我离开全国政协时，办公室专门送一整套已出版的《文史资料选辑》表示感谢，回校后我转送给历史系资料室，供大家阅读参考，师生都非常喜爱。

北京史学界对我非常热情，中华书局李侃与北师大龚书铎，与我关系最为密切。他们见我独自住在西郊，比较寂寞，经常利用周末前来看望，这时我们多半会散步到玉渊潭紫竹林活鱼食堂品茶餐叙，除介绍相关学术信息并讨论若干近代史问题外，海阔天空，尽情侃谈。我在武汉很少喝酒，来北京后难免喝点啤酒乃至二锅头。他俩烟瘾很大，越是烟雾缭绕，越是谈兴更浓。偶尔也会递给我一支烟，我也未尝不想"饭后一支烟，快乐似神仙"，无奈总是养不成爱好，只能礼貌性地点着，夹在手上，所以被烟民们贬之为"伸手牌"（即从不自己买烟）。那时还不知二手烟的危害，所以彼此相安无事。

由于过去我很少来北京，所以北京史学会曾利用春游时间，在中山公园旁来今雨轩饭庄举办游园聚会，兼有欢迎外来学友（还有祁龙威、戴学稷等）之意。邵循正会长亲自主持，陈庆华等学长具体张罗，三三两两自由叙谈，仿佛西方鸡尾酒会，颇有宣南诗社雅集遗风。戴逸尤为热情，随后私人请我在北京饭庄品尝"谭家菜"，餐毕居然提供冰激凌作为点心，使我这个土包子大开眼界，逐渐知道在学术群体中应该如何待人接物。一个湖北乡曲之士，就这样一步一步融入全国史学界。

1963年秋，我与祁龙威还应内蒙古大学邀请，前往呼和浩特讲学，这是该校历史系戴学稷与校长胡仲达策划的。胡的专业是世界史，与学稷夫妇都是从京沪一带前来支边的。讲学内容多半侧重于张謇研究，当时祁龙威正著《张謇日记笺注》，我则为张謇写传。我们首次领略塞外风光，特别是瞻仰青冢，引发许多感慨。参观内蒙古博物馆，讲解员边走边聊，不疾不徐，娓娓动听，使我初步了解内蒙古的沿革与现状，地大物博，民风淳朴，是北部边疆少数民族中最为认同中华的稳定力量。告辞的时候，向讲解员衷心致谢，她却略带凄然地说："舞蹈演员的艺术生命很短暂，我是因为患严重关节炎，才不得不提前转业。"我为之惋惜，但却无言以对，因为具有如此素质的讲解员实在太少。

游兴正浓，突然接到东老急电，要我立即返京。内蒙古大学党委副

图22 摄于内蒙古大学，右侧是祁龙威

书记巴图设宴为我们饯行。他原是军人，曾任军区副政委，因年龄偏大，转业到大学工作。虽然在校园已工作好几年，但仍保留蒙古骑兵彪悍作风。席间他为我讲了一个故事：1949年他在华北野战军任骑兵团团长，北平和平解放，骑兵团作为先行部队最早进城。进城前夕，他对部队进行纪律教育，说："过去有'八月十五杀鞑子'的说法，汉蒙之间确有过交恶，所以我们作为首批进城部队，一定要严守纪律，爱护百姓，给北京市民一个好印象。"讲完故事，酒兴大发，以大碗频频敬酒。宴会大厨据说原来曾是傅作义公馆厨师，所以菜肴非常精美。但巴图却不满于冬笋炒肉丝之类江南风味，大声嚷嚷："牛羊肉必须切大块，半生不熟才原汁原味。"我可能被他的豪气征服，也以大碗白酒回敬，不知不觉就醉倒了。醒来已近黄昏，才发现是睡在戴宅卧室，真是"人生难得几回醉"啊！酒醉之美贵在适度，无伤大雅，且获三五知己温馨照顾。

但是，匆忙赶回北京以后，却一切照旧。我仍然独自写《张謇传》，东老并未布置任何紧急任务。可能是由于相关领导未商议好，或尚未做出任何正式决定。大约过了一个月，东老才向我透露相关内情。

## 筹建史调会

七千人大会以后，中央提倡大兴调查研究之风。胡乔木虽然因病住院，也不忘考虑此事，把杨东莼、刘大年找去商议，决定筹建中国近代社会历史调查委员会（简称"史调会"），从历史的角度为现实社会的调查研究提供参考。我回北京以后，从表面上虽然看不到动静，但实际上东老与大年都在不断计议，并且分别向中央宣传部、统战部、中国科学院哲学社会科学学部（简称"学部"）汇报请示。最后，决定由中国科学院、统战部联合共建，而具体工作由近代史研究所与全国政协文史资料研究委员会承办。东老为了提携他曾工作三年的华师，建议以华中师院作为协办单位，也得到上级同意。

1963年冬至1964年春，筹建工作紧锣密鼓地展开。首先是建立办公室，设在中华书局，作为办事机构。办公室人员主要由近代史研究所派来，首批只有三人，即王来棣、周天度、王公度，华师两人即我与刘望龄。我们就住在中华书局，生活与工作都比较方便。办公室由王来棣担任秘书，工作由她牵头并负责内外联络。她是老党员，工作相当干练，可惜1957年被错划右派，但已经摘帽，并且深受大年倚重。东老对这些"受难者"更为同情，长期以来都对徐迟等昔日的《大公报》同事给予关怀与援助，所以对王来棣也一视同仁。我们五人虽然是临时组合，但通力合作，非常融洽。记得史调会正式成立后，曾开过一次委员会，并且宣布由杨东莼、刘大年担任领导，并增补黎澍为副主任。不过，当时黎澍正全力组织写作班子批判苏修，没有精力过问史调会工作。他与李新都欢喜开玩笑，会议休息时间闲聊，黎澍说："这个会名称太长，有点拗口,而且容易与国民党的什么调查局混淆。"李新则大谈自己最近在公交车上被小偷盗走钱包,讲得有声有色,围听的人很多,笑声不断,气氛活跃。

此项工作的真正领导者是大年,他任何时候都显得深思熟虑,胸有成竹,有条不紊,我们无非是照章办事而已。他首先抓工作计划,提出"两个千人传"的近期目标,就是经过调查研究,选定1000个知识分子与1000个资本家,为他们写学术传记,作为我们社会历史调查的开台锣鼓。大家一致同意,认为目标宏伟而又切实可行。杨东老从事行政工作与社会活动已久,颇有回归学术之想,尽管他自认为是"客串""药中甘草",但却显出少有的兴奋。他自告奋勇,负责抓资本家千人传计划。他派我与刘望龄向经济史著名学者吴承明与工商管理局的一位温处长请教。吴先生非常热情,给我们许多有益的建议。但是温处长却失约了,在事先约好的那天上午,东老亲自带我与刘望龄驱车前往约定地点,等了将近半个小时,却还不见人影。东老很生气,悻悻然地说:"我最讨厌这种人,说话不算数,随后见面打个哈哈,说声对不起了事。"不过,温处长可能真是太忙而忘了约会,他记起后立即再约我们前往,不过东老却不再陪我们去了。处长一见面就连声道歉,并且详尽而又扼要地向我们介绍许多工商界名人的过去与现状,并介绍自己的若干体会,这对我们制订计划很有帮助。

1964年春天,东老兴致很高,亲自带领邵循正、何仲仁、郝斌与我4人前往天津调查研究。主要是在图书馆、博物馆、档案馆了解相关资料分布情况,印象较深的是天津商会资料非常丰富,可供调研工商界人士之用。此外,还看到黎元洪家属捐献的大批文献,不过未经任何处理,随便堆在墙角,非常可惜。邵先生闲谈时,倡议多做中间性层次研究(如商会、会馆)等,我一直牢记在心,以后逐渐形成社会群体研究构想,并用于撰写张謇传记。何仲仁抗战期间在四川乐山武汉大学读书,曾经

图23 1963年借调北京，与助教刘望龄合影

听过东老的中国近代史课，所以相互谈兴甚浓。他说近代史所是把我看作自家人，打算以后把我与史调会一起接收过去，东老却期期以为不可，认为不应挖华师墙脚，我自己也表示不会失信于母校。

周天度、王公度工作非常勤奋，他们几乎每天都去翠微路中华书局上班。由于知识分子千人传计划牵涉面太宽，不易界定身份。他们曾拜访陈毅，却被泼了冷水，陈毅断然拒绝别人为他立传。我们也无可奈何，但也没有因此就放松拟订计划。

1964年暑假，近代史研究所还在北京举办了一次大型中国现代史学术会议，不仅全国各地都有代表参加，还有少数外国学者出席。杨东老应邀在大会做有关调查研究的专题报告。东老为此在会前做了充分准备，其间曾邀我与刘望龄听取他对发言的构想。他几乎又把马克思、恩格斯、列宁的相关著作重新认真查阅了一遍，很多书上都夹有大大小小的签条，令我们惊讶不已。不过他在大会上并未引经据典，而是痛陈当前学风空

第七章 学术起步

泛、积弊难改，阐述社会历史调查的必要与注意事项。但是，会上更受重视的是田家英的发言，因为他就毛主席几篇有关社会调查著作的重新出版作了详尽说明，透露了许多重要信息。我发现许多听众都认真做了笔记，特别是何干之也聚精会神地聆听，并且不断记笔记，脸涨得通红。这些都使我感到田家英地位的重要，而这又更加促使我们抓紧筹建工作。

不过不久后，农村社会主义教育运动（简称"社教运动"）在全国展开，近代史研究所的三位同事奉命参加社教运动，不再到中华书局上班，刘望龄也因为类似原因被华师召回。只有我一个人孤守史调会办公室。一个套间，里面是资料室，外面是卧室兼办公室，而我唯一能继续的工作就是购买稀缺的成套旧书刊。经费倒是比较充裕，这是杨东老亲自出面向学部主任潘梓年潘老争取来的，他们早在大革命时期即已相识，何况史调会还有胡乔木的背景！

那时，一些旧书店老板经常主动上门，推销成套旧书，经过权衡轻重缓急，我自行决定购买全套"满铁调查"丛书，这可能是我最后为史调会做的贡献。此后，史调会陷于停顿乃至瓦解，而我已被中宣部正式确定为全国重点批判对象，要匆匆赶回武汉，将经手购买的这些珍贵书刊，全部都转交给近代史研究所。

## 无妄之灾

1964年暑假，怀玉带着明明来京探亲，恰好史调会办公室无事可做，我们全家就住在中华书局，既有食堂，又有附近的小餐馆，生活非常方便。我乘机带她们遍游著名景点，度过一个愉快的暑假。但是一场意外横祸却悄悄袭来。

当时，实为政治批判的学术讨论，已经在各大主流报刊全面展开。就中国近代史而言，重点就是借《李秀成自述》评价问题，批判罗尔纲的"伪降论"。其实，当时我的主要工作是撰写《张謇传》，同时参与北洋史料征集，本来可以置身于这场争论之外，可是在10月的某一天，《光明日报》史学版的一位年轻编辑却突然跑来，向我约写一篇有关李秀成评价的文章。他是祁龙威的学生，平时与我较熟，我在《光明日报》发表的文章多半经他之手。所以我对他毫无戒备，直截了当地倾吐自己的看法。他高兴地说："现在有这样观点的人很多，北大几位老师看法都与你相近，你何必把这些意见都憋在心里呢！"我一时冲动，老毛病又发作了，答应尽快交稿。而且说写就写，当晚便一气呵成，居然把这篇急就章写出来了，并且立即交给那位编辑。

但交稿以后，我又有些后悔，因为东老早已打过招呼，说这是阶级斗争，嘱咐我们千万不要参与。我从少年时代开始饱经忧患，颇能经受挫折，从不计较荣辱得失，但我毕竟是华师重点培养的教师，又是东老身边的学术助手，不能不考虑学校与老院长的声名。正巧《文汇报》驻京办一位资深记者（似为驻京办主任）也来约稿，他大概已听到风声，说戚本禹的批判文章已经得到毛主席肯定批语，即以后风传的"忠王不忠，不足为训"。他也是奉命约稿，但出于对我个人的关心，劝我写稿千万不可太偏激。我很感谢他的规劝，但给《光明日报》的稿子已经无从收回，只有在《文汇报》发一篇比较温和持平的小文，借以补救前文的冒失（批罗为虚，批戚属实）。我当时还存有若干侥幸心理，因为发表的两篇论文都破例用了笔名。《光明日报》刊发在前，用的是"一川"（暗喻"沅"字）；《文汇报》发表于后，用的是"干戈"（旧时笔名）。我想得太简单，以为即令公开挨批，也是自作自受，不致牵累学校与东老。

但是，我在政治上毕竟十分幼稚，自己认为是个人行动，别人却偏偏认定是有组织有预谋。《文汇报》记者已经透露，"有关方面"非常注意此前《历史研究》在近代史研究所召开的一次有关《李秀成自述》评价问题的座谈会，因为到会代表一致认为戚本禹的文章太政治化，缺乏历史唯物主义的学术分析。据说到会代表的名单上本来都是北京学者，黎澍特地把正在北京工作的我与祁龙威亲笔添补上去。虽然我俩正好外出，未能参加此次会议，但仍然被视为属于这个"朋友圈"。其实，我写这篇文章与黎澍毫不相干，因为这段时间我们没有见过面，怎么会商量如何为李秀成辩护。

我不问政治，政治偏偏找上我。戚本禹等人看到我的文章，认为是钓了一条大鱼，所以由吴传启以"任光"的笔名对我口诛笔伐。10月24日《光明日报》以整版篇幅刊登了他写的《这是一种什么论战手法？》，直指我是"为了要坚持一种反马克思主义的观点，而又要把它说成是马克思主义，因而有意识地歪曲经典著作"，"是一种极其恶劣的论战手法，是彻头彻尾的诡辩法"。杀气腾腾，俨然学霸气概！我的文章也被全文刊登，但放在吴文之下，不言而喻，乃是讨伐之目标。

要来的终于来了！我并不十分害怕，反而觉得已获若干解脱，因为没有公布我的真实姓名，不会直接牵连我的母校与东老。我依然集中精力修改《张謇传》，同时还对北洋史做初步研究。不过事情也没有就此了结，中宣部很快就内定我是全国重点批判对象，并且通知湖北省委宣传部与我们学院党委。省委与学校似乎没有把问题看得那么严重，只想到对我加强政治锻炼与思想教育，通知我尽快回湖北参加省社教工作队的集训。于是我把史调会的财物、书刊妥善清点封存，然后向东老告别，重新回归学校。

回校后，出乎意料，没有任何人与我谈及《李秀成自述》问题。我与家人团聚数日后便集中到省委社教工作队，进行下乡前的政策学习。华师由武承先副院长带队，这是一位抗战前就参加革命的山西老军人，抗美援朝战争时期曾经担任炮兵前线司令员，战争结束后来武汉担任雷达学院政委，最近又调任华师副院长。他作风朴实，平易近人，与我们很快打成一片，经常躺在床上与我们聊天。但他从未与我谈过《李秀成自述》问题，可能他还不知道我已为此犯了错误。

北京却有人始终抓住我不放，可能中宣部已加强对湖北省委的压力，我很快就被省社教工作队除名。学校领导为照顾我的脸面，提前一天把我接回华师，因为第二天就要在全队会议上正式宣布我被除名。回校以后，党委副书记马斌找我谈话，开门见山就说："你是全国重点批判对象，又是为历史上的叛徒辩护，所以不宜作为省委社教工作干部。"马斌也是老革命，解放战争时期曾担任县委书记，20世纪50年代初转入教育系统，最近调来华师担任党委副书记。前两年由于我一直在北京，所以互不相识。但他诚朴坦率，处处体现对我的关切，甚至还流露出同情与惋惜。据他告知，湖北省委宣传部曾惇部长曾与他就我的错误有所商讨，认为中央相当重视，而且态度比较严厉，必须认真对待。曾惇资历更老，曾任中共地下党组织湖北省委书记，所以对我的情况非常了解。省、校两级主要负责人都认为，我很早就参加中共地下党组织领导的民主运动，1948年又主动投奔中原解放区，是党重点培养的学科领导人，而且也确实能够为湖北与华师增光。虽然在李秀成评价问题上犯了错误，但毕竟还属学术领域，不涉及任何政治动机，更不是什么违法罪行。所以他们回复中宣部所定口径是"学术领域的政治立场问题"，因为是"公开为叛徒辩护"，毕竟带有政治观点，但归根到底还是属于学术范畴。我深知他们处境之难与用心之苦，所以不再流露内心的倔强，反而保证深刻反省，改正错误，让领导们放心。上级对我的处理意见是：一、停职反省，接受批判；二、暂时不能讲课；三、不允许在报刊发表文章。这却使我感到痛苦，意味着在一段时间内我将成为除整天检讨而无事可做的闲人。

那时全省、全校上上下下都忙于社教运动，所以对我的所谓"严重错误"，也确实难以给予足够重视。为了贯彻中宣部的指示，湖北省举办了一次大型批判会，主要是批判"一川"写的那篇文章，仍然没有公开点我的名。记得那天是高原代表华师党委（他是宣传部部长），带领我与一位政治系青年教师参加会议。他没有发言，也没有要我公开做检讨，只由那位青年教师就折中主义问题从哲学方法论的角度参与批判发言。其他发言我已记不清楚，而且也没有做笔记，因为发言大多是奉命交差的，空空洞洞，无非是重复任光文章的那些基本论点而已。《李秀成自述》确实是李秀成手书，断断续续，真真假假，杂乱无章，如无充分研究，根本讲不清什么正确判断。会议似乎是虚应故事，没有慷慨激昂的声讨，更没有鞭辟入里的剖析，可能大家都是熟人，抹不开情面吧。

会后也没有要我做检讨，虽然指派了两位青年助教对我进行"帮扶"，但也很少见到他们主动找我谈心，好像尽量避免刺激我。只有一次，他们奉命陪我下乡参观"四清"，目的在于增强政治觉悟，以后不要再为历史上的叛徒辩护。一进村有位青年"陪护"就大声说："我已经闻到阶级斗争气息了。"另一位沉默无语，我也没有任何反应，可能我们都缺少那样的政治敏感。我在郊区参加过土改，时隔十余年，这些农村尽管经过农业社会主义改造、人民公社、"大跃进"等群众运动，但农民生活水平并没有明显提高。乡村干部大多勤劳朴实，忙于应接各种各样的上级交办任务，但家庭经济也很困窘。现在社教运动一来，有些村支书、村长突然又变成问题干部，据说社教干部要他们交代问题罪行。我们在村内停留时间很短，不知道两位"陪护"如何向上级汇报此次"帮扶"活动，反正没有要我自己写什么"思想收获"。

此时的我已是心灰意冷，壮志全消，因为无书可教，无稿可发，闭门思过而又无人过问。历史系教工大多下去参加社教，连总支书记都走了。办公室只留下一位干事看门接电话，她是军属，孩子又太小，无处可以托养。办公室走廊里有个乒乓球台，以前我们经常在课余借此活动身躯。现在我已成为真正的闲散人员，所以只能每天与她打乒乓球消磨时间。有天，她突然提问："章老师，你这么倒霉，为什么每天还高高兴兴？"我沉默无语，因为有苦难言，我的生活哲学是宁可独自痛苦，也别影响别人情绪。我在童年读过鲁迅的杂文，非常欣赏那受伤的狼独自在丛林吮舐自己的伤口。这位干事非常善良，相信她绝不会出卖我，使我雪上加霜。

日子就这样一天一天过去，没有任何人招惹我，当然我也不敢招惹别人。大家似乎已经忘记我是"戴罪之身"，我也心安理得，重操旧业，独自攻读。转眼就是1965年暑假，武汉照例举办渡江比赛，纪念毛主席横渡长江。各单位都要召集游泳好手，组成方阵参与比赛。华师领队是体育系主任曾子忱，他居然也把我列入方阵。我受宠若惊，欣然从命，想必此时留校教工为数甚少，这样我才得以滥竽充数吧。但我自从到北京以后，一直未能游泳，加之此次赛前未经任何培训，可算典型的仓促上阵。下水之前，在陆地排列方阵，站在烈日下暴晒等待太久，我汗流不止，已有虚弱之感。这才感到不该轻率参与横渡长江，然而为时已晚矣！号令下达，随队下水，游了不到半小时，即已力不从心，逐渐落后于队列。我唯恐破坏方阵队形，但实在无从提速，幸好随行救生船水手非常机灵，叫我握紧船舵，以便保持队形。随队登岸后，每人领横渡长江纪念牌一枚，我实在问心有愧。此后如有人问我渡江的光辉业绩，我只能坦白交代："横渡两次，一次成功（1959），一次失败（1965）。"

## "铁窗烈火"

渡江失利是一个健康不良的信号，不过当时我还没有意识到这点，所以日子还是那么平平淡淡过下去。有一天，我偶然触摸到右腰后下侧有一硬块，稍为挤压即感疼痛，只是未见红肿而已。当时怀玉已经到蕲春农村参加社教，我无人可以商量，但又不敢掉以轻心，唯恐是恶性肿瘤。就近到湖北中医学院（现湖北中医药大学）检查，正巧碰上外科一位已经冒尖的中年医生，我们过去曾在省里会上见过面。他热心地认真检查，并且拍了X光片，随即轻松作答："这是普通的脂肪瘤，不存在恶化可能。"当即亲自动手为我切除，又缝上几针，说是再换几次药即可痊愈。我顿时轻松半截，每天坚持到门诊部请护士换纱布涂药。但身体已逐渐感到虚弱，寒热突然大作。原以为是偶然感冒，但高烧迟迟不退，吃感冒药毫未见效。我平常小病，食欲丝毫不减，但此次不仅厌食，喝水都难以吞咽，动辄呕吐不止。就这样拖了一周，人已虚弱不堪。幸好怀玉回家，请著名中医张国威（华师教授）就近诊断，他看到我的眼角已现黄疸，断定不是感冒，而是黄疸肝炎，建议送湖北医院传染病房。那时系内已无人可找，怀玉只能与邻近的同事周孝梅合力用担架把我送进湖北医院急诊室。经过医生检查，确认是急性黄疸肝炎，立即送进传染病房。

传染病房在地下室，光线比较阴暗，怀玉与同事因避免传染，很快就离开了，只剩下我坐在病床上休息。尽管我已病了一个星期，但因身躯较胖，游泳晒得黑里透红，所以外表看起来比较健壮。护士看了我几眼，以为我是送病人进院的亲属，好心劝说："这是传染病房，你赶紧出去。"我回答："我就是病人。"大家都笑起来。传染病房管理非常严格，因为有各类传染病人入住，要严防交叉感染，不许彼此直接接触，连用过的纸币都需要消毒。与我同一病房的是一位华师俄语系教师，年龄相近且很熟识，加上同病相怜，经常聊天，倒不寂寞。两位主治医师都是中西医兼通，而且是怀玉堂弟原来在湖北医学院的同学，他们对我的治疗非常细致到位，因此病情很快明显好转，食欲逐渐恢复，喝水也正常了。但最苦恼的是怀玉不能进来探视，送来的食品、水果，只能由护士转交。后来发现地下室临街有一窗口，经常敞开透气，可以与窗外的人对话，亲属有时也直接把食品从窗口递进来。怀玉与同事曾多次这样与我见面叙谈，那时有一部电影《铁窗烈火》刚刚放映，所以有人笑称这种探视仿佛电影中的场景。

不幸的是黄疸肝炎很难痊愈，黄疸虽然已经消失，转氨酶仍然居高不下。怀玉不久就回蕲春参加社教了,家里只剩下一个老保姆照顾刚满七岁的女儿明明,此外还有广州表弟肖铭荪因"一号通令"(备战)而送来的一儿一女。为此,我实在放心不下,多次请求提前出院。主治医师很诚恳地规劝:"你现在接受的治疗非常全面,收效也非常明显;出院后改为门诊,就不可能有这么周到的治疗了,甚至还有可能发生病情逆转。"但经不住我的苦苦恳求,他们终于同意我提前出院。不过他们也安慰我,炎症已消失,所以不再传染,可以与孩子一起生活,只是肝功能尚未恢复正常,必须继续抓紧治疗,以免转成慢性肝炎。

出院那天,我独自办理离院手续,因为怀玉早已离汉,而我又不愿勉强找别人帮忙,避免可能存在的传染嫌疑。阳光明媚,已转秋凉,空气特别新鲜。关在地下室太久,出来在阳光下竟然略有晕眩,但呼吸特别舒畅。"铁窗烈火"牢狱般生活终于结束,心情特别愉快,见到了孩子更加感到高兴,因为我终于恢复自由,重新过正常家庭生活。老保姆照顾孩子非常周到,我更加由衷欣慰。

但是住院部医生预料的负面影响果然产生了,因为门诊比住院治疗确实马虎得多,医生经常更换,转氨酶且有上升趋势。我心焦如焚,朋友们也极为关心,李侃远从北京寄来上好小米,供我制作中药药丸。他还不顾中宣部禁令,出版我为中华书局历史小丛书写的《武昌起义》,并且再次给予优厚稿酬。这些都使我得到很大安慰。但更幸运的是偶然在门诊部碰上著名中医洪小山,他是中央首长的保健医生,所以经常不在武昌。那时没有什么专家门诊,更谈不上什么电话预约,机会好就碰上了。这是一位中医世家传人,和蔼可亲,平易近人,丝毫没有架子。望、闻、问、切以后,仔细看我的病历与用过的药方。他对这些药方与开处方者似乎了然于胸,然后叹息说:"你的病并不难治,住院部原来的医疗方案非常合适,可惜你半途而废。出院后,门诊不断换医生,各有自己的主张,所以缺乏连贯性。总之一句话,药吃乱了。"他很快就开出新的处方，我认真看了好几遍，基本上与其他药方没有多大差别，只是有一味药（忘记名字了）用量是四钱，为其他处方一倍以上。他见我将信将疑，笑着说："年轻人，相信我，老老实实连续服用几周，一定可以收效。"我喜出望外，每天认真服药，一连吃了十几副，果然每次去门诊复查，转氨酶都平稳下降，最后终于痊愈。

病好以后，我很快收到全国青联召开委员会的通知。这对我也是很大安慰，原以为中宣部批判我的通知甚严，自己已被免除一切职务。学校也欣然同意，并让数学系学生晏章万陪同进京。他是校学生会主席，全国学联委员，学联与青联同时开会，大概是便于中央主要领导一并接见与做报告。到北京后，两会分别举行，我与晏见面机会极少，无非来回同行而已，但没想到20年以后我当校长时他任党委副书记，以后竟成为意气相投的亲密同事。

报到以后，由于我是全国青联常委，又曾被中宣部点名重点批判，所以全国青联常务副主席王照华提前找我谈话。他说应该在大会上做检讨，总结经验教训，但又必须鼓舞斗志，千万不可悲观消沉。他介绍自己延安整风时的经历，强调必须正确对待组织，正确对待群众，正确对待自己，切忌骄傲自满，要懂得夹着尾巴做人。他仿佛兄长一样开导我，使我感到同志间的真诚温暖。但是我即将进入不惑之年，自觉不适合再参与青年工作，所以提出辞职。他说全国青联成员40岁以上的很多，因为做青年工作不必受年龄限制，此次换届改选，自有全盘考虑。会间休息时，杜近芳（亦为常委）与我闲聊，知文艺界的全国青联委员横遭批判者甚多，其中芭蕾舞演员白淑湘处境最惨，她被江青多次点名批判，认为是阶级感情未能转变，除从《红色娘子军》剧组清退外，连全国青联的会都不允许参加。大家从未想到年轻单纯、性格豪爽的舞蹈新秀，处境如此悲惨。通过这些闲谈，我才知道此次受批者为数甚多，打击面极宽，自觉这一年的境遇与其他批判对象相比，已经够幸运的了。无怪乎

"文革"一开始,就有人贴大字报,说湖北省委与校党委对我是假批判、真包庇。

属于检讨性质的大会发言,多半安排在晚间。我的发言排得很后,好像是在八点多钟,代表们开了一天会,已经够疲倦了,又不大理解为李秀成辩护的错误性质为什么会那么严重,所以几乎没有任何反应。我发言后,心情轻松半截,因为这毕竟是在全国性会议上的检讨,总算是给中宣部一个公开交代。会议结束时,胡耀邦以个人名义,与全国青联常委闲话家常,我们多位常委都曾经受批判,又通过改选继续留任。胡耀邦对我们慰勉有加,希望经得起挫折,在哪里跌倒就在哪里站起来。苦口婆心,感人至深。最后,他以"正西风落叶下长安,飞鸣镝"词句结束谈话,于感奋中略显苍凉。当时我还不知道,他处境极为危急,幸好叶帅路经西安,知情后以"治病"之名把他用专机接回北京。

周恩来在会上没有讲话,但一如既往地对青联会议特别关心。此次晚会节目歌剧《江姐》,就是总理亲自安排空政歌舞团演出。演出非常成功,一曲《红梅赞》何止绕梁三日,已经成为流行歌曲。不知为什么,我曾以为这看似是批评我为李秀成辩护,实乃进行革命气节教育。

## 重返白塔寺

全国青联会后,我重新振作起来,虽然上级并未明文撤销处分,但已发的零星批判我的文章已成为明日黄花。1966年3月,杨东老紧急来电,再次经由全国政协文史委把我借调到北京,参与纪念孙中山诞辰百年筹委会工作。东老的电报把我从人生低谷中牵引出来,重新焕发出工作热情。我急忙赶往北京白塔寺全国政协文史委报到,被安排住在一幢小办公楼的二楼,独自借用一间大房,既可住宿又是办公室。杨东老亲自安排我的工作,主要是两项:一、协助他审阅各地送来的孙中山、宋庆龄的选集、年表等文稿,并且保管海内外送来的重要文献史料;二、协助廖公(廖承志)处理与纪念相关的民间来函,并择要代为回复。

纪念孙中山100周年诞辰筹备委员会的牌子很大,但是空空洞洞,没有什么专职工作人员,文史委也没有任何人具体负责,只有一位科长负责照料我的生活与工作。科长是东江纵队老干部,可能文化程度有限,所以只能做些行政事务工作,但热情豪爽,与我很谈得来。筹委会相关事务交给他办理,非常干练利索,所以我可以把全部精力都用于即将出版的文集、年表的终审,当然名义上都是廖承志、杨东莼负责。记得《孙中山选集》两卷本的再版与《孙中山年表》都经我手交给人民出版社;宋庆龄的文集由我审阅后,交"宋办",请她本人最后过目,再交付出版社。当时我很想借此机会,拜访宋庆龄,听取她本人意见,但文史委的年长同事都说老太太不轻易见人,而且脾气也不大好。我怕惹事,便把清稿送给"宋办",据说她亲自看了,只提一个小意见,即与孙中山在日本结婚的时间应有所订正,可见她对孙中山感情的深挚。

除有关孙、宋等人的文集外,东老自己还委托我看了几部书稿。印象最深的是王芸生的《六十年来的中国与日本》再版的修正稿,我提了若干意见,因为那毕竟是解放前出版的旧著,多少存在若干不合时宜的用语。东老以前曾在《大公报》与王芸生共事,所以很感念这段旧谊。处理廖公信件,其实可有可无,因为国内政局风云变幻,无可预测,人心惶惶,除已布置的大型出版物以外,有多少人真正关心孙中山100周年诞辰?倒是有些海外华人异常关心,或提供文物,或提供资料,我都替廖公复信致谢。还有尤列(清末"四大寇"之一,孙中山早年知交)的儿子从加拿大寄来一封长信,有关辛亥革命史事的忆述极少,主要是纵论世界大势,并表示愿意用奇门遁甲之术帮助中国破解危难处境。对这类信件,我觉得有趣,但一般不会转交廖公,以免分散他的精力。我似乎也给此人复函致谢,后来2011年在新加坡晚晴园参加国际研讨会时,巧遇九列之孙，他特意感谢我给他父亲写过热情回信。

征集史料主要依靠文史委办公室的正式职员，只有李根源的儿子李希泌（亦为文史委工作人员）亲自送来两大皮箱书刊文献，嘱我代为清理后捐献。我深知李根源这两皮箱装的资料必定极为珍贵，但由于必须花费很多精力，非短暂留京所能完成，所以一直没有打开皮箱，最后原封不动留交给文史委办公室，至今我都不知道这里面有哪些珍贵文献。周末我有时会前往社会主义学院招待所，专程看望曾任冯玉祥秘书长的高老先生，因为我们在1964年曾经是颇为相知的邻居。他仍然留在北京整理冯玉祥留下的几十箱日记，每次去我都要翻阅几本，并且聆听他以四川口音叙说的冯玉祥逸事。高老原来是大学教授，文化素养甚好，所以同为"北漂"学人，成忘年交。可惜我不打算研究冯玉祥，没有留下任何阅读笔记，我只记得高老曾出示一枚古董怀表，上面印有冯玉祥肖像，那是冯早年过生日时自己制作赠送友人的纪念品。

进京后这两三个月我过得比较悠闲，因为不必上下班，也不用参加什么会议，一日三餐用餐券在食堂购买，所以几乎与外界隔绝。由于已被批判过，我也不便访朋问友，只有独居小楼，潜心工作。我过去交往较多的老友，如王庆成、李侃等，或下乡参加社教，或忙于紧急事务，都暂时没有互通音信。唯一可去而又近便的是戴逸的家，即铁狮子胡同一号人大。他由于参与撰写《论"清官"》一文，被北京市委留在写作组。不过他执笔的《论"清官"》发表后，虽然学界普遍赞赏，但由于北京市委的背景，也被公开批判。我与戴逸遭遇相近，而且内心憋屈，所以来往也不多。只记得最后一次去他家，是在5月中下旬的某一天夜晚，我去得较迟，进门后只见高朋满座，连德高望重的尚钺也在。他们聚谈甚为热烈，但怕我有要事找戴逸商量，便陆续散去。我问为何聚谈如此热烈，戴逸说："还不是为了《论"清官"》挨批。"我说："我早已为《李秀成自述》被点名批判。"戴逸说："你只涉及个别历史人物评价问题，而且纯属个人行为。我们涉及北京市委背景，而且又涉及国家机器的理论阐析，因此问题更为严重。"那时北京市委因所谓"二月提纲"问题，还有"三家村"问题，已经遭到猛烈攻讦，连彭真都成为批判靶心。我们相视苦笑，感到一场难以预测的大风暴正在降临。由于已是深夜，遂匆匆告别。

果然，"无产阶级文化大革命"很快就正式揭幕，我被学校紧急召回。我走得非常匆促，连衣物、被褥都来不及收检带回，因为谁也不知道"文革"怎么进行，延续多久，何况纪念孙中山100周年诞辰这样的大事总要举办的吧？我未到东老处告别，因为筹委会名义上仍然存在，没有谁明确停止我的工作。文史委的那位科长倒是非常热情，满口答应替我锁好办公室，代为保管留下的书刊资料及私人物品。其实，全国政协，特别是统战部内部，已经战鼓频敲，批判统战工作的所谓"投降主义路线"，主要矛头虽然是指向李维汉部长，但徐冰、平杰三等副部长都受牵连，杨东老也被认为是这条路线的积极推行者。我所在的文史委办公室，成员多为包括重要战犯在内的国民党上层人物，他们处于政协这个大群体的边缘，与党内路线斗争毫无干系，所以形形色色的文史专员们，依然是风平浪静，悠闲如常，竟仿佛身处世外桃源。但他们的内心应该多有惶恐，"文革"风暴一来，造反派怎么会漏过他们。

# 第八章

## 参与《历史研究》

"文革"初始 \ 牵累家人 \ 下放梁子湖 \ 重返桂子山 \
参与《历史研究》复刊 \ 校对风波 \ 远离京城

## "文革"初始

1966年6月13日，湖北省委派遣工作组进驻华中师院。组长韩瑞义，原为省供销合作总社主任，是来自河北的南下老干部。当天召开全院师生员工大会，宣布群众性"文化大革命"正式开始。

8月20日，在工作组领导下成立华中师院临时革命委员会。主任谢守正，中文系学生，入学前曾任人民公社干部；副主任兼办公室主任江伙生，亦为中文系学生，有比较丰富的工作经验。他们都是党员，品学兼优。谢守正忠厚老实，江伙生颇有口才，全院师生对他们颇有好感。根据省委指示，临时革委会是领导本单位"文革"的权力机关，实际上已经逐步取代学校党委与院部的领导。省委工作组向各系都派有联络员，负责指导"文革"开展，派来历史系的是一个年轻干部，原来是湖北省药检专科学校的团委书记。这个小伙子资历浅，没有什么架子，我回到历史系后，他还约我们教工一起到东湖游泳，大家没有把他看成什么领导。韩瑞义是个工农干部，又高又瘦，面带病容，对华师原有领导比较尊重。可能他也不知道"文革"应该如何进行，所以讲话非常谨慎。

但是整个形势还是迅速趋于紧张，许多事都出乎我们意料，连许多学校原有领导都缺乏思想准备。

9月19日，《湖北日报》又以数版篇幅公布华中师院教务长陶军的右派言行资料，并公开称之为"漏网右派"。这在华师校园更引起极大震动。

陶军成为全省重点批斗对象后，我立即产生一种不祥预感，因为我与陶军一同南下，由于家庭、学校背景相似，所以气味相投，颇多倚重。特别是1961年以后，根据中央"调整、巩固、充实、提高"的精神，他提出"重振家园"，"恢复正常教学秩序"，促使华师逐步健康发展，赢得广泛赞誉。特别是在纪念辛亥革命50周年学术讨论会以后，我与刘连寿（物理系教师，以后成为著名核物理学家）被树立为"又红又专"的典型，历史、物理两系分别撰写《章开沅道路》《刘连寿道路》系统资料，呈报省委宣传部。刘连寿是自然科学教师，平时没有什么政治言论，而我却已有为"叛徒"李秀成辩护的前科，所以已有"被揪"的思想准备，只是表面不露声色而已。

华中师院的"文革"似乎相对平稳。揪陶之后，并没有立即扩大牵连范围，大字报多半仍限于"走资派"（如刘介愚等）与"反动学术权威"（如张舜徽等），我则未涉其中。

造反派群众组织纷纷效法，主动展开"夺权斗争"，校园气氛发生根本性变化。华师百年校史记载："（1966年）12月25日，学院'工人造反团''革命工人、干部造反团'，群众性大动乱开始。""（1967年）1月23日，机关造反派夺权，原领导'靠边站'。""（1967年）2月17日，新'华师联合战时指挥部'成立，武斗开始。"

不过，华师本身的造反派师生起初还比较温和，党委书记刘介愚虽然被当作校内最大的"走资派"批斗，但主要还是口诛笔伐，开全校批斗大会时让他坐在椅子上。不料来了一批北京红卫兵，似乎是中学生，认为这根本说不上是"文化大革命"。从此华师批斗对象只能俯首站立接受批判。

据校史记载，1968年春全院举办了一次规模最大的批斗大会，"刘、郭、陶等四十余人戴牌示众"，"会后列队游行示众"。这四十余人中有我，而且与刘、郭、陶一起站在第一排。

有的人还把我为小女儿取名雪梅抛出来作为批判内容，说我借毛泽东诗句"梅花欢喜漫天雪，冻死苍蝇未足奇"，咒骂"革命群众"对我的批斗。其实那时"革命群众"还顾不上我，当时批斗的重点是张舜徽，我哪里会有那么敏锐的预感，只不过雪梅出生那天下了微雪，而梅花又是我喜爱的花，因而夫妻两人就确定这个可爱的女婴名为雪梅。所以我只能如实答复，不过，也没有人要我进一步答复。

看来，历史系的批斗大会没有收到应有效果，我也没什么震撼灵魂的感觉，只是十分无奈，自认倒霉。我家那时还住在昙华林，由于造反派掌权甚久，也不必每天都到南湖校本部，所以消息比较闭塞。但没过几天，有好心的同事悄悄来问怀玉："你们看到桂子山的大字报没有？"怀玉说最近都未去校本部。好心人叮嘱："最好去看看。"那时雪梅还在康复之中，我连忙赶到桂子山，果然校园教学区主干道两侧都贴满批我的大字报。最为醒目的是正对着历史系教学楼的特大型批判长文。

靠东头院部一侧，另有一幅贴满几大张芦席的长篇大字报，标题是用艺术体勾画的，名为《章开沅论章开沅道路》，内分若干专题，据说用的都是我曾经说过的话。

造反派们似乎已形成共识，作为重量级的"资产阶级反动学术权威"张舜徽早已成为批倒批臭的"死老虎"，只有章开沅才是隐藏最深危害最大的"活老虎"。这已不是潜台词，而是明明白白写在形形色色的大字报上。我不仅成为全校批判火力集中的靶子，而且已成为全省社会科学界批判火力集中的靶子。由湖北省哲学社会科学研究所若干人发起的"批判章开沅联络站"已经开始运作。规模更大的全市性社会科学界批斗大会也已在策划中，集中批判旧省委宣传部与社科联主要领导，并以我们这些业务尖子陪斗，不过我已经是破罐子破摔。我想起《海燕》中有一句："让暴风雨来得更猛烈些吧！"但也只是一刹念，自己并不觉得多么悲壮，也谈不上什么害怕，反正挨批的人多着呢！我在家中仍然生活如常，怀玉也很冷静镇定，一股脑把心思用于哺育新生的雪梅。

怀玉的信任是对我最大的支持与安慰。可能我过去虽多次挨过批判，但大体上都能平顺度过。怀玉是个内心焦急，但又不善于表达的贤淑型女性。尽管已是风紧浪急，她仍然默默料理家务，照常到南湖上班，参加各种政治学习与群众活动，整天忙碌，有时很晚才回昙华林。所以我们几乎没有时间交谈"批章"问题。只有一天晚上回来较早，她边做家务边问我一句："你对自己的问题有把握吗？"我回答很肯定，只有一个字："有！"她点点头，仿佛自己也有把握了。明明当时已上小学，我们必须保持家中平静无事，尽量避免让女儿的感情受到伤害。

但随着批斗的迅速升级，我很快就被安排到桂子山上的"牛棚"居住。历史系原来的教学楼（1号楼），已被革委会占用，所以历史系师生的"文革"活动只能转移到原来的3号楼。所谓"牛棚"，也就是3号楼的一间教室，与我一起进入牛棚的有曹植福、彭祖年、朱明廷、王宏吉、刘继兴等。不过，他们多属历史问题或社会关系问题，只有我是现行问题，货真价实的"黑线人物"，所以除大会批斗外，接受审讯、调查的次数最多。其实，历史系的"牛棚"并不可怕，照样有床铺和桌椅，无非是限制自由外出而已，即使外出也只能在校园看大字报。所以我们这些"牛鬼蛇神"平时倒很清闲，因为所谓"检讨""交代"，写来写去，也无可再写。实在无事可做，又不敢下棋聊天，以免被认为是"消极对抗"。幸好资料室就在旁边，原来在资料室工作的彭祖年等，还保存着钥匙，他们仍然负有保管责任。我们主要是借阅全国政协编印的《文史资料选辑》，还有历年校报（已装订成册），以供消磨时间。如有红卫兵查阅，也可以说是写检讨交代需要引发记忆，并作必要对证。

但真正可供阅读的时间也不多，因为白天多半要参加绿化组的体力劳动。这支被称为劳改队的"牛鬼蛇神"约有二十人，学院的主要党政领导与知名教授均在其中。我是滥竽充数，但因年纪较轻，被当作骨干劳动力使用。1967年夏天酷热大旱，桂子山郁郁葱葱的林木已见枯黄落叶，我们的主要任务就是挑水抗旱。掌管革委会大权的小将们忙于社会上的"文攻武卫"与争权夺利，对于校内的"斗、批、改"反而放松了。许多基层单位的"抓革命"已经流于形式。跨单位的"批章联络站"本来就是一个松散而无任何约束力的组织，少数人筹划的批斗大会，早已被人们忘在一边。历史系教师一向奉公守法，"革命群众"每天都从昙华林赶到桂子山参加政治学习，有时因公共汽车停开，还得步行十几里路，但大多以打扑克、翻军棋消磨时光。一副精美的木制棋盘几乎磨平，几次重刻。校园批判我们的大字报已寥若晨星，大量充斥的倒是"北京来信""特大喜讯"等小道消息。其中也有少数真的，如遇到这种情况，革委会便会组织全校师生浩浩荡荡上街游行，有时我们这些批斗对象也被命令跟随各单位参加，那就是我们难得享受的漫游武汉三镇的美好时光，虽然经常要振臂高呼若干例行口号。

体力劳动对于批斗对象是正式处罚，因为尽管无事可做，"革命群众"可以各行其是，甚至可以堂而皇之地当所谓逍遥派，而我们则必须每天到绿化组参与强制性繁重劳动。幸好绿化组的负责人是摘帽右派刘友信，过去是工会专职干部，与我们关系颇为融洽，所以彼此相处仍如往常。绿化组工人大多来自农村，勤劳朴实，仍然把我们看成"落难"的干部与老师，只有同情，而无任何歧视与呵斥。造反派对校园林木严重干旱熟视无睹，"革命群众"又不愿与"牛鬼蛇神"为伍，只有绿化组原有职工与我们这些批斗对象心急如焚。他们是职有专司，对校园林木一往情深；我们则是唯恐花草树木旱死，又会增加一项破坏"抓革命，促生产"的严重罪名。当然，我们这些华师建校元老，对于校园一草一木感情更深，因为很多都是自己参与种植的，桂子山从荒山秃岭变成绿树成荫、花草繁盛的名胜，记录着我们往昔的青春岁月啊！20世纪60年代，没有什么喷水车等先进设备，全凭肩挑手提人工浇灌。学校历来提倡勤俭节约，很少用自来水喷洒，主要是从化粪池取水，一担一担挑运。"走资派""反动学术权威"多半年事已高，只有我们这些滥竽充数的壮年汉子与原有职工一起挑粪水，让长者与病弱者执瓢浇灌。时当盛夏，烈日炎炎，汗流浃背，我们蒙羞受辱，草帽遮颜，挑着满担粪水奔

图24 担任华师校长期间为园林工姚水印师傅庆祝六十大寿，作者另撰有专文《林木深处觅绿魂》纪念姚师傅，该文收入《章开沅文集》并镌刻于桂子山华师梅园（摄于1986年冬）

走于校园林间。劳动虽然辛苦，心境反而平和，因为只有在这堪称劳动的时间里，我们才能感到多少具有人的尊严与生命价值。记得有次工间休息，坐在西区苗圃池塘边，清风徐来，暑热略解，谁都没有说话，各自分享这点意外的闲适。倒是刘友信忠于职守，提醒我们马上又要开工，老书记介公（刘介愚）像孩子似的央求："再坐一会儿，好吧？"当然这也是大家共同的愿望，刘友信宽容地延长了休息时间。事后，介公感叹："真没有想到，华师还有这么好的休息地段。"我们笑说："平时你书记也不会到这种地方来休息呀！"这是在那似乎漫无尽头的严酷岁月中仅有的一抹暖色。

但现实总归是现实，绿化组也成不了避风港。有一次，正当我们休息时，一个顽皮孩子手执树枝兴冲冲跑来，模仿批斗大会上的"横扫"，逐个在我们头上挥击，然后叉着腰吆喝："你们这些修正主义苗子，给老子放老实些！"大家都没有作声，只有我忍不住回应一句："革命小将，我们不是苗子。"小将有点诧异："不是苗子是啥？"我说："是根子！"大家忍俊不禁，又不敢大笑，默默看着这天真儿童挥舞着树枝"班师回朝"。

遇上下雨无法劳动，我们就奉命回室内写交代材料或接受外地其他单位派人前来调查。"文革"后期流行过一句话，似乎是造反派自己的省悟:"受不完的蒙蔽,写不完的检讨。"但在初期,他们却无止无休地强迫我们写检讨,穷追猛打,毫不留情。我不愿说假话搪塞,所以每次交代都被认为毫无新的内容,更谈不上提高认识,因而在较长时期被认为是"顽固分子""存心对抗"。特别是有些外地前来调查我过去的友人问题,希望我能坐实或增添他们的"罪行",作为进一步批斗的证据。我更是力求实事求是,决不迎合胡编。当时山东来的外调人员受"左"倾思潮影响极深,找我调查原金大老同学时竟说他是破坏进步学运的国民党特务,我当即说他可能好吃贪玩(爱跳舞),但对政治毫无兴趣,不可能当国民党特务,当年很多同学健在,金大原中共地下支部人员仍在南京,都可以给予证实。

奉命写得最多的还是有关为李秀成辩护问题,要害是追查写作背景,究竟是谁在幕后指挥?我已记不清反反复复写了多少次,多少页,反正是无法满足"革命群众"的殷切渴望。这种了无新意的"拉锯战"使我深感厌烦,然而又无可逃避,不知浪费多少时间与唇舌。

我写的交代虽多,但经得住时间考验,从造反派头头到军宣队领导,早先都曾认为我态度顽固,印象颇为不佳。但到"文革"后期审查结案时,他们的看法却有了根本性的转变,因为我的历史与现实问题虽然历时甚久,而且社会关系又相当复杂,但前后始终如一,经过历次审查均有明确结论,所以不需做进一步调查便可结案。

## 牵累家人

平心而论,"文革"期间,尽管校园残暴行为多见,但我受到冲击并非那么严重。不过家人或多或少,或直接或间接,也受到若干影响。怀玉虽然仍属"革命群众",但精神压力很大,连雪梅出生不久,她睡在床上,都受到"抄家"骚扰。"文革"十年,她不顾别人议论讥刺,从来没有公开与我划清界限,更没有出面揭发我的任何"罪行"。她的应对策略就是沉默,既不附和,也不辩解,一切听其自然。她外表温和柔弱,但内心却如此坚强,是我能够经受这场风暴考验的有力支柱。

对批斗对象虽然没有什么正式行政处分(如开除或降职),但我的工资却被财务部门冻结,每月只发20元生活补贴。家中日用全靠怀玉工资,幸好她平时勤俭持家,多少有点积蓄。雪梅出生以后,每月都订牛奶,还要请保姆,开支突然增加,这些困难都得由她独自承担。我被关入"牛棚"后,只能单独在食堂进餐,无形中又增加了伙食开支。我尽量节约,吃素菜甚至辣椒咽饭,但因劳动强度大,主食无法削减,所以也无法省出钱来补贴家用。然而怀玉与我见面仍然如同过去一样,心平气和,从未表现出一点焦急与埋怨。

我们已有默契,尽量不让孩子知悉父亲的恶劣处境。怀玉生产前后由于每天来回昙华林、桂子山之间,所以有段时间大女儿明明只能与我在南湖借一间空房住宿(那时还没有关入"牛棚")。只要有机会,我总是照料明明,陪她在校园僻静处所活动。记得一个春光明媚的周末,明明放学以后,我俩就在卧室附近的苗圃玩耍,自由自在,无拘无束,似乎已忘记自己现在的处境。恰好抓到一个金壳郎(亦称"金姑娘"),这是我童年时最喜爱的昆虫,美丽,有金色光泽,无异味,飞得很慢。我按传统玩法,用根线缚住它的前足,它就会沿着圆形的轨道不断飞舞,翅膀扇动时发出悦耳的嗡嗡声。明明似乎没有见过这样可爱的甲壳虫,边跑边让虫飞舞,在阳光下焕发出少有的童稚狂喜。随后我们又到校园南面松林散步,林间无人,父女自得其乐。恰好近日雨后林间湿润,松树根部长出一大片难得见到的松菌,捡了一口袋,然后回昙华林,全家美美地分享我们的收获。我不知道女儿还记得否,但自己则永远记得这个下午,这份喜乐,仿佛是这十年岁月里仅存的父女情深。

明明小时候特别懂事,体谅父母,爱护妹妹。自从我关入"牛棚"

以后，两人便很少见面。大会公开批斗以后，她不可能完全不知道父亲的境遇。有段时间，全院师生"拉练"，到梁子湖东风农场"斗、批、改"，而我又长年下放到这个农场进行劳动改造。她只有靠同事帮助，先后轮流寄住在三位老师家里。这些老师都夸奖她"听话""安静""好学""爱护妹妹"，但我们内心却十分愧疚与痛苦。这本来应该是孩子在父母怜爱下欢乐成长的黄金童年啊！而她却过早承担了家庭的忧患，并且多少感受某些世态炎凉。多年以后，她还记得曾经报名参加学校的毛泽东思想宣传队，就是因为"父亲有问题"而未获批准，未能显示其歌舞才能。还有一次看朝鲜反谍电影，反动特务的绰号叫"老狐狸"，此后她们班上有些调皮同学，但凡见我路过，都纷纷大叫"老狐狸"。大概因为我那时身材较胖，体型与那个朝鲜坏蛋有些近似。倒是明明的一位老师实在看不过去，曾在班上严厉批评这些不懂事的孩子。但她有句话讲过头了："未必你爸爸身材就那么苗条。"这话是故意用地道武汉腔调说的，因此把全班都惹笑了，但此后确实也再没有人喊我"老狐狸"。我是个久经忧患、阅尽沧桑之人，所以把个人这些遭遇看得很淡，但对于一个十岁左右的儿童来说，这样的心灵伤害未免太深。

雪梅出生于1967年冬天，由于我工资已被冻结，家庭经济比较困窘，她在生活上很难得到应有的关照。我已失去人身自由，怀玉又必须参加许多政治活动，所以全靠一位保姆韩阿姨。她是广东农村妇女，吃苦耐劳，非常能干，因丈夫被错划右派并下放农村劳动改造，家中还有三个孩子，生活非常困难，只有出来当保姆谋生。她有育儿经验，讲究清洁卫生，对雪梅颇具爱心，在当时算是很难得的家政助手。但她毕竟还得照顾自己的家，有时还得在菜场捡点菜叶瓜皮，为自己孩子炒菜做饭。时值寒冬，我们宿舍室内只有一根自来水管，地方狭小，且为几家人共用。因此，她每天洗衣服与尿布，只有冒着寒风利用露天公用的成排水管。这在广东农村可能是司空见惯，可是她把初生婴儿背在背上，又没有御寒措施，时间一久，自然难免伤风感冒。那时医院也在闹"革命"，医疗秩序极差。有次雪梅不幸感冒转成肺炎，及至晚上怀玉从南湖赶回，急送医院，已经错过最佳治疗机会。由于病情日趋严重，医院已经发病危通知，怀玉连续守护几夜，心力交瘁，实在无法支持，只有托人带信向我告急。

我心急如焚，明知会碰钉子，但仍然硬着头皮向负责监控"牛棚"的红卫兵请假。最后是找到已被"三结合"的原总支干部，由他出面疏通，总算同意我回家探视。

到家已近黄昏，妻子几乎累瘫，连话都说不出来，只是催我赶紧前往医院。我换上整洁的外衣，并且佩上平常不敢公开戴的毛主席像章。表面装作镇静，但内心悲痛已极，心想这可能就是最后诀别，作为父亲理应衣冠整齐。

到医院一看，雪梅已被转移到进门不远一间较大的病危患者卧室，满屋都是病危的儿童。雪梅年龄最小，又长得比较清秀，虽然嘴唇发紫，双目紧闭，连水都喂不进，但看起来还是很可爱。我紧紧抱着雪梅，心想："这孩子生得真不是时候啊！"想着想着，不禁悲从中来，而邻床患肾病的孩子又刚刚死去，更增添了深沉的忧虑。病人亲属以中年妇女为多，有几位过来看望雪梅这个襁褓婴儿，摇摇头，皱着眉，用武汉口音说："这伢长得真灵性，造孽啊！"仿佛都认为无救，更使我陷于绝望。

忽然，看见门外有一位穿白大褂的中年妇女正在扫地，她一抬头与我相望，彼此都有似曾相识的表情。我很快认出她正是呼吸系统的资深医生，以前我父亲住院时曾来查过房并有所交代。此时肯定已成批斗对象，靠边站，只能从事打扫卫生之类体力劳动。当时过道里只她一人，护士们大概又有什么"革命"活动，我连忙走过去。她边扫地边低声询问："我们好像见过面，你家有什么人生病？"我连忙告急："出生不久的女儿患急性肺炎，连水都喂不进去。"

她前后左右扫了一眼,看见确无他人,急忙把扫帚放下,蹑手蹑脚来到雪梅床边,没有听筒,没有任何其他检查器械,仿佛是中医的望、闻、问、切,就凭眼睛观察,双手按脉触摸,耳朵听心跳呼吸,总之就是凭自己十几年的临床经验,认真检查一遍。最后下结论说:"是急性肺炎,拖得过久,但前几天的治疗还是起了作用,这孩子先天体质较好,最危险的阶段居然挺过来了,现在体温渐降,啰音减少,已趋好转,当务之急是补充水与营养。"

知道这条小命有望保住,自然喜出望外,但我还是忧心忡忡地问:"您看,她嘴唇闭得这么紧,滴水不进,怎么办?"她说:"用勺子当然不行,我给你一个工具。"随即她匆匆跑到另一治疗室,趁护士不在,拿来一个小小的滴管,正好适合于为婴儿喂食。方法非常简单,但我偏偏无此常识,真是个不称职的父亲啊!

她把滴管交给我,匆匆嘱咐:"赶快买点带糖分的果汁,先一滴一滴喂,千万不可太急,呛住了。"担心被造反派抓个正着,话还没说完,她便带着洁具走开了。按照医生的叮嘱,我立刻买来一瓶较纯的鲜果汁,吸满一管,轻轻插进雪梅紧闭的小嘴,小心翼翼喂进一滴,但毫无反应,流失了。我只能为她擦嘴,又喂一滴,仍然淌出来了。如此反复好多次,都流出来了,内心十分焦急,暗想:"这方法到底有没有用啊?"

稍后,终于有一次,果汁滴进去后,小嘴蠕动一下,似有吮吸的迹象。我简直不敢相信自己的眼睛,但室内灯光明亮,我的眼又未花,这确实是真的呀!于是,我又连续滴了两三次,她果真吮吸进去了!我强行按捺激动的心情,慢慢滴进果汁。不久,孩子的嘴唇从紫色转为红色,随后又睁开眼睛,好像有点饥饿觅食的表情。医院正好有奶粉,我用开水冲了一奶瓶,稍为冷却后,她居然能够主动吮吸,恢复饮食。这一切都仿佛是个奇迹,竟在一个极端混乱的时期,在一个绝望的夜晚,成为现实。值班护士终于把雪梅转移到普通病房,天刚亮,我把孩子委托给邻床病儿的父母代为照料,一路小跑,回家报信。由于敲门太急太猛,把怀玉吓坏了,她以为孩子已经没了。打开门,她满脸悲伤,说不出话来。我赶紧笑着告诉她:"好转了,好转了!"妻子喜极而泣,仿佛绝处逢生。

雪梅出院以后,经过精心调养,加上她的食量较大,消化又好,所以很快就恢复了健康,依然是那么逗人喜爱。但雪梅生不逢时,物资匮乏,经济短绌,几乎没有新衣,没有玩具。衣服都是姐姐幼时旧衣改的,怀玉踩缝纫机,不知为她改做过多少件衣服,真正如老话所说:"新三年,旧三年,缝缝补补又三年。"她个头长得快,两三岁时就可以穿姐姐五六岁时的旧衣,而有些衣服还得延长袖管与衣襟。那时不兴摄影,她幼年的照片留存不多,尽管旧衣旧帽,仍然显得沉静俊秀。作为父亲,直到1974年暑假她到北京治疗眼疾,我才第一次为她买了一条白底红花的连衣裙。回首往事,我只能责备自己。

但更使我们内疚的是,在雪梅最需要父母怜爱的时期,未能把她带在身边亲自抚养,甚至连见面的时间都不多。这一切都是因为我的"文字构祸"牵累了全家。最难受的是有一段时间一家四口竟分居四处。那时全校师生去大冶集中"斗、批、改",而我又奉命单独下放到东风农场接受再教育。怀玉从大冶回武汉后,又被指定去保管原博物馆的文物,必须在三号楼日夜值班。所以明明只能在老师家轮流住宿,雪梅刚会走路便被迫到一个中学老师家寄养。幸好这对老夫妻为人忠厚,几个男孩对这唯一小妹也很爱护。他们住在华师县华林校区大门附近,是街道上一个几家合租的大杂院,居住条件当然不及校内宿舍。中学老师似已退休,孩子较多,家大口阔,收养雪梅也是为了增添收入。此外,老师夫人白天还要到街道办事处糊纸盒,挣钱贴补家用,所以对雪梅除一日三餐并带着睡觉外,也很难有多少照看。不过邻居都很怜惜雪梅,有个百岁老人,以前曾在张之洞的兵工厂当过工人,特别喜欢雪梅,把她与一只小猫都当成宠物。回想这段时间雪梅竟然过如此艰苦的生活,我与怀玉至今仍然感到极其难过。曾有一段时间，全家团聚以后，雪梅经常会问："你们为什么不把我留在身边呢？"因为别人即使下放，也是全家下放，家人继续享受团聚之乐，可是我家何以不能如此呢？我这一辈子都难以对此做出确切解释。

## 下放梁子湖

1968年9月23日，中国人民解放军毛泽东思想宣传队、工人毛泽东思想宣传队（分别简称军宣队、工宣队）进驻华师，并且成立指挥部，全面领导全校"文革"。指挥长方舫，原任武汉军区文化部副部长，新四军文工团演员出身。副指挥长张天心，另一姓萧，后来又把一个姓李的干事提升为副指挥长，他们与指挥部骨干成员都来自武汉军区。工宣队队长姓王，听说原来是武钢某分厂党委书记，他兼任军、工宣队副指挥长。工宣队一般是军宣队的附庸，但他本人倒是颇有自己的见解，曾多次找我谈话，诚恳进行"再教育"，似乎想帮助我成为改造较好的典型，所以我深知他并非一般的工人师傅。

人们对军宣队进驻，期望颇为殷切，因为混乱状态延续太久，大家都深受其苦（包括造反派本身）。1969年初，全院实行军事编制，集中开展"斗、批、改"，校园逐渐恢复秩序。但我们这些批斗对象仍然集中居住，未能恢复人身自由。不过我这个"黑线"人物，已不再具有吸引力，大会批判与大字报的主要火力，仍然集中于原先的"走资派"与"反动学术权威"。由于王指挥长多所劝勉，我心里明白大概已把我当作可挽救的"内部矛盾"。我的处境明显有所改善，可以与一般群众参加集体活动，如听大报告、上街游行之类。有次军宣队办展览，宣传进驻以来的工作成绩，居然展示了老王（工宣队长）与我在山坡上促膝谈心的图画。我已记不清他对我说过什么话，但至少使我看到自己还有出路，不至于形成冤案。

果然，为时不久我就奉命下放梁子湖湖滨的东风农场，暂时离开桂子山。

梁子湖在樊口与长江相通处，我们从武昌乘木船顺江东下，从樊口进入湖区，至碧石渡码头登岸，步行不远便到达东风农场南练山宿舍区。我被编入一连一排，二十多人挤住在一座简陋的仓库大房，并且不问老少，统统睡的是双人床。不过周边依山环水，风景异常幽美。湖中有"三山岛"，号称"三山九峰"。山体虽小，但峰峦错落有致，从不同角度可以看到好几处高低相间的山峰，形成变幻无穷的景观。清晨薄暮，朝雾晚霞，湖光与山色相映，俨若海市蜃楼。

但此地并非世外桃源，以前是失足少年的劳教场所，现在又成为我们学校"斗、批、改"的实践场地。我们过的是军营集体生活，有些人虽然全家下放，但也只有周末才能全家团聚。我有幸编入第一连第一排，连长是周振辉（原院办秘书），排长是陶凯（原党史教员）。成员有陶军、杨宏禹（政教系）、王宏吉（历史系）、李葵发（物理系）、王先霈（中文系）等，还有若干随外单位刚刚并入华师的青年教师。由于过去大多不在一个单位，所以相互没有芥蒂，彼此相濡以沫，俨然风雨同舟，关系反而比较融洽。特别是我们这些批斗对象，已成为普通劳工，劳动中一律平等对待，从来没有任何歧视。回想起来，下放梁子湖后不挨批斗，不写检查，避免许多人身攻击与人格侮辱，与桂子山相比，这里就是天堂。

不过劳动却比在绿化组更为辛苦。在桂子山，我们那个劳改队基本上是老弱残兵，我虽然要挑运粪水，却因整个劳动节奏松缓，途中可以稍稍喘气。但在东风农场，我们与农场年轻职工一起劳动，尽管体能强弱悬殊，但也不敢稍有懈怠。特别是酷暑"双抢"期间，更加是起早贪黑，精疲力竭。所谓"双抢"，就是抢收、抢种。为了抢季节，早稻抢收同时，就得抢种晚稻，而且都是靠人海战术、大兵团作战。然而当时谁都不敢违抗，唯恐被戴上"反党"乃至"反革命"帽子。不过我们当时还谈不上这点省悟，只知道"接受工农兵教育"，以汗水洗涤精神污垢，反而在大汗淋漓之际感到遍体通泰。

当时，东风农场也叫"华师大冶分校"，领导这个分校"斗、批、改"的军宣队萧副指挥长，是一位儒雅的部队文职官员。据说也是在北京解放后参军参干的南下大学生。他没有方舫那样的魄力与气势，更不像李副指挥长那样张扬，在大冶期间很少兴师动众开大会做大报告。他简直很少出头露面，华师师生的日常工作都交由分校党委处理，颇有一点无为而治的风度，但也正因为如此，大家认为他莫测高深，无从作任何评价。他与我很少单独接触，不像老王那样经常苦口婆心地劝勉，但可能由于都是民主青年出身，对我有几分同情，当然更重要的是上级似已有所意向交代。

最明显的事例，就是我以"戴罪之身"，竟被正式任命为青年班班长。这个班以原来劳教服刑期满留场就业的年轻农工为主体，一向以调皮捣乱惹是生非闻名于全场。尽管是个班长，但我却受宠若惊，因为至少已不再把我视为敌我矛盾，而且给了我一个"改过自新"的机会。加之我又是个天生当教师的命，欢喜与青年相处，深信大多数青年都有求上进之心。

一个周末夜晚，我首次前往他们宿舍探访，正好他们聚在一起饮酒闲聊。一进门他们就认出我是刚被任命的老班长，并且礼貌性地敬我一碗白酒。我毫不推辞，举碗回敬后便猛地喝了一口，这口酒立刻缩短了彼此间的距离。他们问我为什么不像有些大学老师那么过分讲礼貌，显得有点拘谨。我说自己少年时代比较孟浪，曾经两次被学校开除，失学失业，在川江上当过运粮船工，还当过一年多兵。顺便介绍川江上游航行之险情，老板为了鼓励船工过险滩协同出力，一天开五顿餐，还有粉蒸肉与泸州大曲犒劳（四川话称为"牙祭"）。船上喝酒不用杯碗，搬出一大坛让大家围着用芦管插进大口豪饮。年轻人听得津津有味，浪迹江湖居然能遇上这样豪爽的老师。这些曾经被领导视为刺儿头的小小群体，竟然如此轻松地接纳了我，并且在共同劳动中增添了友情。我对他们从来不以管理者与训诫者自居，很少谈什么大道理，特别避免谈他们伤心的往事，主要是鼓励他们发扬青年人敬业乐群与敢冲敢闯的优点，共同努力生产，争取集体荣誉。过了一段时间，农场领导发现这些问题青年从吊儿郎当逐渐转变成积极骨干，及时给予表扬并且正式命名为"小老虎班"。年轻人都有好胜心与荣誉感，他们在"双抢"中确实体现出"小老虎"的气概。虽然转变尚无坚实的思想基础，但毕竟在人生道路上已出现良性转折的契机。

华师拉练结束，来也匆匆，去也匆匆，想必给当地原有居民颇似壮举的回忆。"双抢"过去了，"小老虎班"也消失了，有的成员是故态复萌，经常有人从外地来报告其劣迹。农场司空见惯，我也难以为继，因为1971年华师已经开始招收工农兵学员，而教师非常缺乏，我与其他一些教学骨干先后调回桂子山，所谓大冶分校有名无实。

总体来说，我们在梁子湖虽然劳动辛苦，但大家友好相处，日常生活比较融洽。我虽然是单身下放，但全家下放者为数稍多，他们周末可以自行加餐，常于晚间邀请我们这些临时单身汉餐叙。很多都是从中原南下的老战友，尽管各自处境多不相同，但大体上都有同属天涯沦落人之感。我们只温友情，不谈政治，把酒欢叙，几乎忘记了桂子山还存在着"文革"风暴。反正我们在这里，无须被批斗，也从未想过批斗别人，无非是白天劳动，晚上休闲，在梁子湖畔平平静静地过日子，这在"文革"十年竟是难得的美好时光。

## 重返桂子山

我早已做好长期下放的准备，没有想到居然在1972年提前奉调回华师本部。原因是1971年学校已经开始招收工农兵学员，逐渐恢复正常教学秩序，但主干教师大多已经下放，只好尽早"解放"一批回校任教。我当然喜出望外，反正也没有什么重要事务必须交接，带上简易行李，就踏上归程。

回到武昌，发现我们又搬家了。因为"斗、批、改"期间，一切按军事编制集体生活，连住所都重新安排。历史系与政治系合编成为政史连，教工及其家属集中居住在原来华师二附中的一座教学楼，大家习惯于称之为北楼。大部分教工住在教室改建的所谓两室一厅的宿舍，还有一小部分住在校园沿边新建的简易平房。非常感谢连部领导的关切，因为考虑到我已下放大冶，只剩下怀玉独自带两个年幼女儿，所以安排住进教学楼，不仅比较安全，生活也比较方便。所谓方便也是相对而言，因为根本不能与正式的家属宿舍相提并论。厨房与厕所都是公共使用，卧室内连自来水都没有。北楼的住房几十家共用一间特大厨房，是原来一间大教室改造的。反正每家一个蜂窝煤炉，大体上有一个平均分配的烹调空间，做饭时连米、菜、碗、筷都得临时从卧室拿来。

但所有这些方便与不方便，当时都没有在意，因为反正大家都是如此，没有任何等级差别与政治歧视。"文革"已进入第六个年头，而我终于回家，一个名副其实的完整的家。自幼寄养在外的小女儿雪梅终于也回到家，看到她已经长高，跟着姐姐奔跑玩耍，一股浓郁的幸福感顿时从心头涌起。

与我离开时相比，校园情况变化较大，大型政治活动明显减少，教学工作与日常生活逐渐正常。怀玉仍上行政班，只是从守护文物室改为政史连资料室负责人，因为已有一百多名学生与原有老师需要利用资料，所以还比较繁忙。明明已经就近上二附中，雪梅则在校本部幼儿园日托，早出晚归，中午在幼儿园进餐。怀玉为了方便送接，设法谋得一张购物券，买了一辆永久牌女式自行车。我回校后首要任务就是学骑自行车，怀玉与其他同事都很忙，只有我不用上行政班，可以在家中备课，所以经常靠明明与一位邻居孩子辅导我学骑车。我从未骑过自行车，人到中年动作又比较笨拙，只能靠两个小女孩各扶一边，歪歪倒倒前行，政史连的同事看到都忍俊不禁。幸好我已恢复教学工作，虽然没平反，但也不再被批斗。不久，我终于可以骑车接送雪梅上幼儿园了，多少减轻了一点怀玉的家务负担。但因没有经过正规训练，尽管可以跑遍武汉三镇（开门办学），但始终不会规范上下车，只能跨上去以后硬踩前行，好在女式车比较矮小，跨上跨下并非很难。

政史连离校部甚远，没有教工专用食堂，老师们一日三餐大都自己料理。由于"文革"多年，经济凋敝，物资匮乏，不用说肉蛋，连蔬菜都很稀罕。但邻里之间的团结友爱，给我留下极为深刻的印象。那时的孩子被称为"挂钥匙的一代"，意为父母白天上班，儿女中午或下午放学时必须自己带钥匙开门，为防止遗失，一般都用绳串着挂在脖子上。中午做饭时，如果父母未回而又没有任何现成的剩菜，邻居往往会慷慨施以援手，虽然只是海带丝、咸菜之类，而且也只能给一点点（因为自己家也缺菜），但仍然使我们感激不已。有位姓赵的邻居，在武汉市政府工作，妻子是政史连教师，他特别热心公益，每天上班前必骑车到附近餐馆买大批热腾腾的油饼，夏天则代买大批西瓜，分给邻居孩子，为其父母减少操劳。诸如此类事例不胜缕述，后来他不幸操劳过度，英年猝逝，大家都非常伤心。有一次明明下午放学回家，发现自己养的两只大洋鸡死了，据说是吃了打过农药的蔬菜中毒死的。这两只母鸡又肥又大，羽毛色泽光亮，是明明至爱的宠物，因为它们每天生两个蛋，可以补助妹妹的营养。眼睁睁看着母鸡死去，她不禁大哭起来，又不知如何处理才好。好在有邻居同事，在农村长大且熟悉此类生活常识，将母鸡处理干净，居然烹成美味。此事可能孩子们至今都记得。

晚上父母们统统下班回来，系上围腰护袖，奔向公用厨房，做饭，████████████████████████████████████████████████████尽管没有任何美味佳肴，但仍不免相互交流厨艺，介绍粗菜细作之方。孩█████也来凑热闹，但大多说是来为父母帮忙，来回搬送杂物。最有趣的是一位男老师，心宽体胖，俨然是位大厨，把饭菜做好之后必然大吼一声："×娟（其妻名字），快来添。"顿时引起一片欢笑，仿佛欢庆什么节日。可惜当时没留什么照片，更没有美术老师画一幅"北楼厨艺风情"。倒是北楼的孩子们情有独钟，数十年后他们已为人父母，但谈起北楼那一段生活，仍然情意深浓，因为离开北楼以后，都是单家独户居住，邻里之间甚至多年没有往还。

我虽然参与教学，但已不再独自主讲，上课也是集体登台，每人分别担任若干专题，因此课堂教学负担并非很重，倒是一切都需要采取"三结合"模式，在党的领导下师生结合。但师生之间地位仍然不大正常，因为招收工农兵学员，正是为了"上大学，管大学"，而老师仍然是改造对象。讲稿虽然不必经过"三结合"审阅，但如果有的学生政治警惕性太高，向党组织举报揭发，相关老师免不了又要挨批。当时最受关注的一件事发生在中文系，国学根底极为深厚的石声淮教授（钱基博之婿，钱锺书妹夫），上课时偶然讲到"母"字的源头，说是其中两点系乳房象形。这本属汉字普通常识，却被学生举报，当时正值全国"严打"雷厉风行之际，平常讲话比较木讷的张副指挥长居然在做大报告时将其列为负面典型，讲了一些上纲上线的话。据说，石先生非常痛苦而又无奈，自我检讨说："过去我只承认政治上反动，现在才发现在道德上还存在问题。"多数老师都为他抱不平。恰好邓小平复出，协助周恩来主持国务院工作，对高等教育的乱象有所整顿,并且明确提出"恢复正常教学秩序"。又是这位张副指挥长在大会上做动员报告,而且重提这一事例,但腔调变了:"这是文字学常识,应该如此解释。"台下众多师生忍不住发笑。但令人惊讶的是张副指挥长却没有自己纠错,好像他讲的都是对的。

历史系师生关系比较融洽,尽管生源整体文化素质较差,影响课堂水平,但多数学生求知心切,对老师相当尊重。特别是有些高中毕业生,课外阅读较勤,向老师请教与受益甚多,其中有好几位以后都成为政治、历史两系业绩卓著的教学骨干,即使调任党政工作,也有相当优异的表现。由于"批林批孔",历史系成为难以置信的大热门。不仅老师出外做大报告,工农兵学员也要到基层单位宣讲,连居委会大妈都借小轿车邀历史系学生讲课,当然这也增加了我们许多事先辅导的工作量。尽管对历史系这样的空前繁荣有所疑虑,但毕竟比经常挨批蒙辱要好。

由于中南民族学院、中南政法学院、经济学院等院校与华师合并进行"斗、批、改",我们中国近现代史教学组倒是增添了新人,除原有的陈辉、孙玉华、刘望龄,还有民院来的朱秀武、彭英明。朱秀武与孙玉华是东北师大老同学,研究生毕业,彭英明则是土家族英俊,在中南民族学院读本科时就与民族学前辈在报刊上进行论辩。他们的到来给我们增添了活力。1972年暑假,学校鼓励教师到京、津、沪、广等地向先进院校学习"教育革命"经验,我们分成两拨,我与朱秀武前往北京、天津,然后到广州与另一路同事会合。这是我"文革"以来首次以教师身份出差,心情的愉悦不言而喻。

但可能是经费有限,行程比较匆促,所以很难借机访亲问友。首先访问北大历史系,出面接待的是王学珍。他是中共地下党员,原来是北大教务处副处长,据说由于分工学籍管理,而且制度观念极强,曾对经常病休在家的林立衡(林彪之女)按章作休学处置。"文革"初期,林彪成为接班人,王学珍自然沦为"反对无产阶级司令部"的罪人。不久

"九一三"事件发生，此事遂不了了之，但也没有继续重用，被下放到历史系当教学秘书。他属于忠厚老实型的实干家，从不计较什么地位高下，认真处理系办公室教学事务。他对我们没有谈那些冤屈，只是如实介绍〔……〕学实践，谈话内容早已忘记了，只记得历史系办公室太小，我们与寄谦坐在校园草地上交流，当时未曾料到以后竟成为共同推动教会大学史研究的主要伙伴。

当时的行程全由朱秀武安排，到天津后主要由天津师范学院历史系接待，住校招待所，但一日三餐都由秀武原来在东北师大的老同学包办。我们本拟在食堂自理，但这对中年夫妇认为暑假期间食堂伙食太差，不如就吃家常饭。反正北方人会包饺子，尽管鱼肉很少，但不同的蔬菜，连西葫芦都能调馅。由于他们关系密切，我又随遇而安，天南海北，无所不谈，比在北京收获大多了，但对"教育革命"却聊不出任何现实可行的改进方案，因为政治前景仍不明朗。

天津之行结束之后，乘火车南下，到广州与其他华师同事会合。中山大学历史系是对口接待单位，交流"教育革命"经验在我们到达以前早已完成，剩余两三天主要是参观与叙旧。一日三餐在食堂，但由于大师兄骆宝善精明能干，多少能得到若干关照，有时还可以加个菜喝小酒。当时，陈锡祺等老辈学者尚未"解放"，能够出头露面的是我们这个年龄段的准"反动学术权威"，他们大多已经成为经过反复批斗的"老油条"。所以我们没有多大兴趣谈"教育革命"，倒是推心置腹大吐苦水谈"文革"见闻。我辈学者中能言善辩者首推张磊，据说，大会批斗时为了表示"正确对待群众，虚心接受批评"，他还刻意在脸上挤出几分笑容，结果弄巧成拙，被认为是"嬉皮笑脸，满不在乎"，因而遭到更严酷的批斗。我们这些曾经的"重点培养对象"，虽然幸存并且重操旧业，但对"文革"前景仍然悲观，就连"教育革命"也是前途未卜。

我们恰好在台风登陆之际离开广州，狂风暴雨，连伞都吹翻了，人只能在地上匍匐前进。这是我此生难得的台风体验，似乎预示一场更大的政治风暴即将到来。

## 参与《历史研究》复刊

暑假以后，我比较平顺地继续从事教学，全家人生活在一起，无病无灾，小日子还过得去。但学期结束时，突然接到学校党委通知，说是《历史研究》杂志即将复刊，要我立刻到北京参与筹备工作。我与《历史研究》关系比较密切，既是读者，又是作者，但却从未想去当编辑。《历史研究》原属中国科学院哲学社会科学部，此时却改归国务院教科组领导，我的借调令就是教育部经由湖北省教育厅下达的。华师这时已成立临时党委，调来不久的刘丙一副书记与我单独谈话，说是学校对此事相当重视，希望你到北京努力工作，为校争光。我相信这话是真诚的，因为从梁子湖回校后，他曾多次在大会上表扬我，听说还为我家住房问题对总务处发过脾气。随后，我又到教育厅办理借调手续，负责人张叙之接见我，也说了些鼓励的话。但我确实想不清楚，为什么要把我借调到《历史研究》编辑部？因为这在当时错综复杂的政治局面下是福是祸很难说。

以前两次借调到北京，都是杨东老一手经办，我自己心知肚明，放心大胆赴京工作。但这次却有点心虚，因为对我的批斗从理论上讲尚未结束，头上仍戴着"严重政治错误"这顶模模糊糊可大可小的帽子。直到进入临时设在前门饭店的《历史研究》编辑部，看到工作人员都是清一色从各地高校借调来的，而且大家都高高兴兴。反正人一合群，胆子就大得多，有福共享，有祸同当，大不了又要挨批斗，我们早已习以为常。

后来才知道，在此之前，我有两位好友，戴逸与苏双碧曾经应邀参与《历史研究》复刊的最早筹议。他们同情我长期在武汉被批斗，所以在拟定编辑部成员名单时，特意加上我的名字。但我与下明与──[遮挡]

他们经常见面叙谈，从来没问过他们，而他们也从来没有对此做过任何解释。可能此等区区小事，本来就无足轻重，大可不必过多考虑。

编辑部由胡绳武（复旦大学）总负责，宁可（北师大）为副手，我们原来均已相识，而且学术观点多有契合。编辑中王思治（人民大学）亦为熟人，庞朴（山东大学）、胡守为（中山大学）、刘耀与田居俭（均为吉林大学）、谢本书（云南大学）、吴荣曾（北京大学）虽说是初识，但都一见如故，意气相投。特别是刘耀、谢本书与我同在中国近代史组，朝夕相处，关系更为密切。比较生疏而又略带神秘感的人物是曹青阳，他原来是北京工业学院团委书记，没有历史专业背景，似乎也没有什么正式职务头衔，但却是真正的头儿，因为内外联络与上传下达都得靠他，至少在行政事务方面，他具有更多的支配权。从组织系统而言，《历史研究》归教育部领导，曹青阳应该也是教育部借调过来的。当时的教育部部长是周荣鑫，具体指导编辑部工作的是副部长李琦，两人好像都当过周总理秘书，特别是李琦跟随最久。李琦曾亲自来编辑部，第一次见面是宣布编辑部成立，第二次是最后审定给中央的复刊报告。李琦大约受周恩来熏陶颇多，平易近人，思维细密。记得第一次会议结束时，他告别说："我们这就算彼此认识了，但是我熟人太多，工作繁杂，如果以后在路上你们打招呼而我没有反应，只有请多多包涵。"对复刊报告审订也极其认真细致，逐字逐句推敲，最后从两三千字压缩到只有六百余字。他笑着说："中央领导太忙，哪里顾得上看一个专业刊物的长篇复刊说明。"毕竟是公文老手，我们经他调教，都感到受用无穷。

前门饭店规模很大，客人极多，但以短期为主。只有我们编辑部在这里住了一段时间。碰巧原来东江纵队司令员曾生,"文革"期间曾被陷害入狱,直到邓小平复出后才获释放。由于尚未安排工作,在北京没有住宅,临时安排在我卧室的隔壁。有天我们亲眼看见廖承志前来探视老友,曾生穿的还是出狱时所发的蓝布便服。战友劫后重逢,各有无限辛酸,相拥大哭,使我们非常感动。曾生夫妇平素少言寡语,基本上闭门不出,只有陪住的小女儿心直口快,常常发牢骚痛斥那些见风使舵者,但具体所指我已记不清了。

在前门饭店还与原华师军宣队指挥长方舫偶遇,他是专程到北京来看病的。有天热情邀我去他卧室叙旧,由于彼此都已离开曾经的是非之地,所以毫无顾忌,坦率交流。他说自己是怀着内疚的心情离开华师的。我相信他的真诚,因为他没有必要向我讨好。其实众多大学教师都有判

图25　1975年10月《历史研究》复刊合影,四排左四章开沅

断眼力,大家都认为方舫有较高政策水平。

我们在前门饭店居住并非很久,因为来往人员太杂,缺乏比较安静的工作环境,同时查阅相关学术资料也极为不便,于是搬到东城区金鱼

特别是承担出国访问任务的人员(一般培训一个月)。有些文艺界名演员(如闵慧芬等),还安排在单独的僻静小院,因为每天都要自行演练,以免影响他人。宾馆离近代史研究所与王府井都很近,堪称闹中有静,工作与生活两相宜。我事先未曾想到,竟在这个高级宾馆住了一年多,而且经历那么多事件与风波。

搬到和平宾馆正式开展工作以后,我立即请假探望阔别已有六年之久的杨东老。"文革"前他的住宅是借用程潜官邸内比较僻静的一所平房,"文革"期间国务院为了保护统战对象中的头面人物,把他们集中在一个规模较大的住宅小区,一般都是单家独院两层小楼。我进门与师母寒暄数语,便听见东老高昂的湘音:"开沅,你来了。"时隔多年,他已略带苍老,颤颤巍巍地从楼上卧室走下来。事先他可能对我到《历史研究》编辑部一无所知,及至听我说明原委,叹口气说:"你呀,真是在一个不适当的时间,来到一个不适当的单位,接手一项不适当的工作啊!"我深知,东老多年以来曾经期望我能调来北京在他身边工作,可是这次一见面就泼了一盆冷水。

原来他与黎澍是醴陵同乡,而且私交甚笃,经常闲聊,有所交流。黎澍因为与叶选平住处相近,可能向东老透露了若干有关高层内部的信息。那时还没有"四人帮"的称呼,但被江青、张春桥、姚文元之流控制的中央"文革"小组,则已引起许多人的严重不满。东老分析,《历史研究》复刊就是学部交给黎澍的任务,不知为什么改由教育部领导并另起炉灶。他对"批林批孔""评法批儒"非常不满,认为许多大块文章任意歪曲历史,连普通常识都没有。他问我看过《大参考》(比《参考消息》

信息更多,每期厚厚一大本)没有,说你们编辑部可能会订阅,那上面连苏联汉学家都讥笑所谓"儒法斗争"。平素一贯温和谦恭的东老突然激动起来,连连拍桌并大声说:"我要给总理写信,反对这种胡搅蛮缠,让党和国家丢脸。"临别时,他提醒我,《历史研究》很可能像"梁效""罗思鼎"等批判组一样,成为"文革"小组那些人控制的舆论工具。分手时他笑着说:"我看你这工作干不了多久。"师生多年未见,一见面就讲得如此推心置腹,使我非常感动,但当时并未真正理解。

《历史研究》一复刊,就验证了东老所言绝非空穴来风。为了起草复刊第一期的发刊词,编辑部曾开过几次会,由于没有明确的共识,难以形成清晰的思路。但领导们却一致要我先行试写,并说了许多恭维话,如"文章老手""倚马千言"之类。我深知难写,但又无从拒绝,只有硬着头皮,熬了两个通宵,勉强敷衍成篇,连自己也说不清主要想说明什么。可能领导只是要求我提供一个样子,供大家琢磨挑剔,然后再亲自写成"战斗檄文"。因我写得非常疲惫,编辑部放我两天假,发刊词改由他人执笔定稿,这才使我如释重负。第一期正式出版后,发刊词果然与"梁效"等编写组笔调相近,如直指过去史学界受什么"东霸天"控制,史学界"群魔乱舞",等等。当然,我们也能理解,如果不是这样明确地表明立场,又怎么能够顺利复刊呢?

但一年多的相处,我感到曹青阳虽然精明干练,但似乎还保持着若干大学校园内的坦率与单纯,对编辑部的专业人员相当尊重,特别是对胡绳武、宁可等人的领导职权,很少指手画脚,更没有公然以"外行领导内行"自居。他的服务意识很强,以实实在在的工作支持刊物按期顺利出版,并且保证我们有一个相当舒适与安静的工作与生活环境。他还利用出差之便,看望我们的家人,尽量为我们外地人员解除后顾之忧。他到武汉看望过怀玉,而事先我却一无所知。他看见怀玉体质较弱,而小女儿雪梅视力又出现问题,便主动提出让雪梅来北京治眼疾。

雪梅能来北京，对我是意外之喜。但当时我们编辑人员大多是两人合住一间卧室，我恰好与谢本书同室，而他在北京又没有其他住处。幸好教育部派来的女会计马力独住一间，因为那实际上是会计室，而晚上她大多是回自己的家。她主动提议让雪梅和我晚上住在会计室，曹青阳事先必定参与计议，因为会计室是保管财物与账簿、单据的重要场所。雪梅还不满七岁，很快就要上小学，视力不好成为父母的心病。但她年幼单纯，无忧无虑，白天与服务员混在一起，学习折叠餐巾，升降电梯，很快就成为整个和平宾馆住客的宠儿，谁都知道来了一个武汉小姑娘，活泼大方，天真可爱。有一段时间武汉话竟然成为时髦的流行语言，可见这七岁女孩魔力之大。晚饭后，无事可做，我只好放下案头工作，陪雪梅到休息室看电视。休息室很大，全宾馆只有这一台电视，但晚上看电视的人很少，经常都是我们父女两人独自观看。

不过雪梅到北京主要是为了诊眼病，而当时各个医院工作仍未恢复正常，而我又没有任何医药界人士可以拜托。正在一筹莫展，幸好杨荣国教授也来北京治疗癌症，长期住在和平宾馆。中山大学派一位年轻教师陪护，而且也姓章。我俩很快结识，他知道雪梅眼睛有问题，便告诉我杨荣国也患眼疾。那时中央"文革"小组对杨荣国非常关照，派了一位保健医生来宾馆给他诊断治疗。这位助手很热心，带我拜访杨教授，征得他的同意。其实杨荣国早已与我有师生关系，1943年暑假我被九中开除，随后进入教育部专为沦陷区流亡学生进行职业培训的计政人员专修班，杨荣国那时就在这个学校教书谋生，并非教哲学，而是教世界经济史等辅助课程。我不知道这个杨荣国是否就是那个杨荣国，所以一直未敢冒昧相认。

果然，一见面他就说记不住我了，但谈起计政班的往事，顿时就亲近起来，因为都是那个年代的天涯沦落人啊！我是因为失学失业，才到计政班"蹭饭"，他也是由于进不了正规大学教书，只好到一个穷乡僻壤的专科职业学校教难民学生。他说由于节省来回长途汽车费，每周只回重庆探望家人一次，而每次来回都得步行二十多里。我们还回忆学校所在的王家坪，那云雾缭绕的山林，那石砌寨墙，那小溪石桥，还有那桥头唯一的茅屋小店。我不顾唐突，当面两三笔就勾画出杨老师当年的尊容。他莞然失笑说："你这小鬼上课不好好听讲，还给老师画漫画，不过确实像极了。"这是我们师生俩分别三十年后的再次相遇，果真是"人生到处知何似，应似飞鸿踏雪泥"。

杨老谈兴甚浓，但考虑到他年迈体弱，叙旧草草结束。不一会，眼科专家就来了。其实杨老的眼疾乃是白内障之类，无需任何重新诊断，只因不能动手术摘除，略作常规处理并给点眼药就算了结。倒是对雪梅眼睛检查比较过细，即以浴室作为暗房，反反复复检测甚久，最后出来安慰我说："不是什么疑难疾病，就是有点远视，幼童需要配眼镜，及早矫治，效果较好。"到底是大家，字斟句酌，使人信服。稍后雪梅遵嘱前往同仁医院眼科就诊，经放瞳检测后，配了一副比较合适的眼镜。这时正好大哥开平也从上海到北京卫生部出差，我们两人分别利用业余时间，轮流带领她游览各种名胜。这个暑假可能是她童年最愉快的时光。

编辑部对我虽多照顾，但工作上却抓得很紧，因编辑部人少事繁，从组稿到编审定稿，校对付排，都得亲自处理。所以雪梅来北京，是华师原团委书记汤伟到北京出差顺便带来的。回程却无熟人可托，幸好服务员们对她非常关心，主动与葛洲坝工程指挥部几位来京出差的技术骨干联系，请他们回湖北时把雪梅带去。这几位葛洲坝的建设者正好也住在和平宾馆，而且也很欢喜雪梅，所以满口答应。宾馆经理虽然认可服务员的热心，但却认为事关重大，必须保证途中安全。因此又惊动了葛洲坝的一位高级领导，亲自来宾馆见证雪梅交接。我给雪梅穿上一件红色连衣裙，以便怀玉、明明到武昌火车站寻认接回。雪梅好像若无其事，高高兴兴便跟着那几位热心人走了，几乎连"爸爸再见"都来不及说。

这也难怪，因为这孩子从小就托东家寄西家，已经习以为常。

　　雪梅平安回家后，我集中全力做好眼前工作。复刊词徒劳无功，"批林批孔"与"评法批儒"主要由古代史与思想史的同事经营。我们近代史组三个人，连同负总责的胡绳武，都一致认为"近代无法家"，即没有传统意义上与儒家对垒的法家。唯一可做的事，只有就当时炒得火热的章太炎，做应有的学术回应。当时报刊发表有关章太炎的文章，大多是牵强附会给章太炎戴上法家帽子，我们认为应该往真正的学术研究引导，这才是《历史研究》的本分。我主动提出发一篇《论〈訄书〉》，由于短期外稿难约，不如自己动手。编辑部领导一致同意，并安排我与刘耀、方黎燕组成"三结合"写作组，并且还拟定了一个"黎耀章"的笔名。刘耀的主要兴趣是现代史，专长是党史，与章太炎风马牛不相及。方黎燕是工农兵代表，但仅仅初中毕业，读《訄书》犹如天书，虽经讲解也摸不着头脑，所以还得靠我独自奋斗。我自己也没有多大把握，因为章太炎乃一代国学宗师，知识渊博且思想驳杂，文字又极为艰深，短期内写一篇学术性文章殊非易事。

　　我只能硬着头皮向杨东老求教。东老赞同此选题，认为这是应对"评法批儒"的一个巧妙策略，且可有助于矫正目前比附乃至影射的邪恶学风。他建议我到中华书局向马宗霍前辈请教，因为马是章太炎的及门弟子，对老师的理解可能更为确切。我遵嘱拜望马老，由于他的女儿志琳是我们华师历史系的同事，所以一见如故，丝毫不讲客套。他拿出一个旧版本无标点的《訄书》，要我带回抄写一遍，并按照自己的理解加上标点。我难得碰上这样的好老师，所以非常认真做好作业，然后再去拜见。马老也一丝不苟过细审阅，沉吟一会，然后说："我觉得你圈点得还可以，基本上可以理解并评论《訄书》。其实章太炎先生学问浩如烟海，即使我们随侍多年，也很难说是完全理解。你应该解除顾虑，尽量发挥自己的真知灼见。"马老对我的具体指点不多，但经由他的测试与鼓励，使我增

图26 1976年与方黎燕（右一）等合影

强了研究《訄书》的自信，如期向编辑部交稿。

正因为我们近代史组很难配合"评法批儒"，胡、宁两位领导也不勉强，只是把重点改为当时颇为盛行的编写"四史"（即社会基层的家史、村史、社史、厂史）之类。所以我在《论〈訄书〉》竣稿后，立即奉命前往天津，向"天津东站"等全国闻名的工农兵写作组约稿。同行的还有从杭州大学来的仓修良，他本来教中国古代思想史与文献整理，但由于对"评法批儒"有所保留，所以宁可改行协助我们组织"四史"稿件。到天津我们被安排住进一家简易而嘈杂的招待所，一间大房睡五六个人。他照顾我年长，让我睡在靠近窗边的床，自己却睡在靠近门边那张床。由于人来人往，非常吵闹，一夜难以合眼。

前往"东站"约稿又受到冷遇。"东站"当时已是门庭若市，前来拜访或约稿的各大媒体，早已使他们不胜其烦。《历史研究》是个刚刚复刊的专业刊物，他们对此一无所知，根本没有为它写稿的兴味。我们坐了一会冷板凳便知难而退。回到编辑部如实汇报，大家都为之扫兴。此后多去外地基层组稿，往往受到热情接待，外地同志们也以在《历史研究》

刊发稿件为荣。不过，以后"四史"组稿重任完全落在刘耀、谢本书身上，他们几乎跑遍全国城乡各地，虽然风尘仆仆，但从来未像我们那样在天津吃闭门羹。

仓修良患高血压甚久，由于妻子在医院当护士长，所以就医比较方便。他随身带一大药包，自称"每天要吃一大把"。天津出差归来，他自觉难以为继，平常牢骚又多，所以编辑部同意他回杭州大学去。说来也是巧遇，此后我们竟成为终生不渝的知交，在学术上曾有密切的合作。他在古典文献整理与地方志编纂方面贡献至大，声望日隆，而在《历史研究》编辑部却最早被当做"包袱"卸掉。其实我当时也出现过晕眩与偏头痛症状，实际是高血压早期征兆，但被医生误诊为神经系统紊乱，只给点谷维素之类的药品服用。当时还不知道高血压的严重后患，更不好意思借病请求回校。但我在编辑部其实也只是打杂，这一年多只写了《论〈尴书〉》一篇文章，其他时间都是做编辑本职工作。我经手的稿件不限于中国近现代史，往往是领导交来什么应急稿件，必须抓紧审阅并修改定稿。由于我不愿出差到外地，所以把"四史"组稿全推给刘、谢，而自己每次出差都是回武汉，并且都是为世界史栏目组织应时文章，因此武汉大学世界史老师便成为主要约稿对象。我乘机回家探视已是公开秘密，但编辑部有时也乘机把"反修反霸"之类专稿责成我负责处理。有一次主编确定发一篇有关唐诗的外稿，本应由胡守为担任责任编辑，但他却过于严谨，推说自己不是研究诗词的，迟迟不肯接手。我们的"胡司令"（胡绳武的绰号）没有强迫胡守为当责任编辑，反而要求我勉为其难。其实胡守为是陈寅恪的及门弟子，说什么也比我强得多。但我明白，编辑不可能是无所不知的百科全书式人物，其职责无非是核对引文、推敲观点、修饰文辞等服务性劳动，所以遵从"胡司令"安排，临时救场。但我并非敷衍应付，因为核对引文，查找文本，琢磨词句，毕竟乐在其中。对于人文学者来说，扩大一点知识面，总归有益成长。

## 校对风波

"胡司令"这个绰号是我最先戏称的。因为胡绳武年龄较大,学术成就与个人品德都令我们尊重,他最大毛病是稿件随处放而忘性又大。有次他在房内连声呼喊:"谁把我的蒋介石拿去了?"我们莫名其妙,赶过去询问,才知道他把一篇有关蒋介石的大批判文章弄丢了。我们都不知道有这篇专稿,因为那是他自己经手。其实也没有丢失,更没有他人借阅,是他随手压在一堆书刊底下,大家忍不住哄堂大笑。"胡司令"者,糊涂司令也。当时恰好演样板戏《芦荡火种》,其中就有一个胡司令,所以大家都这样喊惯了。2000年山东大学举办义和团100周年国际研讨会上,我与绳武兄坐在一起,习惯地又喊他"司令"。他好像曾蒙受好多委屈,皱着眉头苦笑说:"你这个绰号把我害苦了。"吓得我以后再不敢如此称呼。

我讲这个故事并非多余的话,是为了说明我们这一代大学老师,多数还比较单纯,或者说在政治上比较幼稚。我们在校园中随意说笑惯了,没想到在一个新的环境理应有所顾忌。特别是我以嫌疑之身处嫌疑之地,更应有所检点,切忌放言无忌。我免于被批斗不过半年,就好了伤疤忘记痛,竟然有点故态复萌。言者无心,听者有意,事实证明,编辑部内部就有这样的听者,他们的眼睛始终在暗中盯着我。

"文革"期间,大学校园内军、工宣队指挥一切。《历史研究》编辑部有无工宣队?由于借用宾馆办刊,没有挂任何机构名牌,所以至今我都记不清楚。最初在前门饭店,我们是清一色专业人员。搬来和平饭店以后,组织机构逐步健全,而且陆续来了三位"掺沙子"的工人师傅。一位是"天津东站"的老王师傅,显然是头头。一位是东北来的机械厂小王师傅,原为厂内技术革新能手。另一位是国棉五厂的纺织青工,20岁出头,是学习毛泽东思想的模范,虽然只是初中毕业,但已在报刊上发表过若干心得体会。她就是参与我们近代史编辑组的方黎燕,倒真正是"掺沙子",并虚心向我们学习专业与编辑知识。至于两位王师傅落脚何组,他们与方黎燕是否还有单独的组织活动,我都一概不知。长期以来我已养成习惯,不该知道的,决不到处打听。

老王师傅是工人出身的领导干部,仍然保持工人本色,艰苦朴素,忠厚老实,平易近人。我们(至少是我自己)从未把他看成什么上级领导,顶多是个"工人阶级领导"的象征。编辑部开会,也从未见他发表过什么指导性意见,至于一般业务性会议,更少见他参加,方黎燕倒是每会必到。正是由于如此,老王师傅究竟扮演什么角色?发挥什么作用?其背景是什么?便带有若干神秘色彩。我与他年龄相近,平常也还谈得来,但单独接触几乎没有。我与方黎燕是类似师生关系,与小王师傅算得上是朋友关系,只有与老王师傅说不清是什么关系。

直到有期《历史研究》出了"重要校对差错",恰好责任编辑又是我,这才发现老王师傅并非可有可无的装饰品。

古人云:"校书如扫落叶。"意指校对无错之难,我们虽然都向老编辑学过许多校对方法,但也难免有疏漏之处,编辑部也从未因此大兴问罪之师。倒是我经手的这篇文章,由于是专门宣扬张春桥的"不断革命"与"批判资产阶级法权",似乎有点什么来头。最可笑的是凡引用张春桥原文的段落,都一律改用黑体字显示。由于引文标点有两处差错,此外似乎还有一个错字未经改正,便升级成为"对待无产阶级司令部的态度问题",据说奉上级指示,已经装订的两万册《历史研究》全部报废,经一一改正后再重新出版,与此同时则为我开了一次批判会,这也是《历史研究》复刊以来唯一的一场内部批判会。

事先我对此一无所知,也没有任何负责人找我谈话,直到开会时我才知道是批判我的一个全体会议。当然,会前肯定经过少数人商议并有所布置。会上也有人提到我不安心工作,家庭观念太重,一出差就回武汉,以及名利心太重,只顾出版《辛亥革命前夜的一场大论战》,校对重点文章反而马马虎虎。他当然不了解这本小册子的书稿是我在武汉早已写好了的,不过恰好在我进入《历史研究》编辑部之后才出版而已。但我经历批判斗争已多,深知这种场合不宜多作自我辩护,无非说几句诸如批评对自己帮助很大,由于疏忽造成极大损失,非常痛心,以后一定全心全意做好编辑工作之类的话。这样会议总算顺利结束,没有别生枝节。

我不知道曹青阳是否需要向上级汇报,但他对我仍然热情如故。方黎燕胆子很小,既未发言批判,也从未透露这个客观存在的小小工宣队的任何计议细节。我还听到服务员们一些议论,就是我"工资最高"。这当然是误会,因为她们全凭编辑部外地与家中汇款数额作为依据。当时胡绳武是副教授,工资最高,但家大口阔,所以每月家中汇款较少。我因为历年工资已经解除冻结,怀玉怜我长期受苦,加之雪梅又在北京,所以每月收到的寄款较多。加上人民出版社又汇来一笔稿费,更显得手头宽裕,像个"资产阶级"。我们虽然自认为是普通大学老师,但长期住高级宾馆,食宿条件优裕,别人也不知我们有什么重要任务,所以连每月家中邮局汇票都有人暗中注意,且加以比较分析。这确实印证了东老的预言,是"在一个不适当的时间,来到一个不适当的单位,接手一项不适当的工作",也促使我暗下决心,尽早离开这块是非之地。

## 远离京城

其实,《历史研究》编辑部外地人员多数都想留在北京,特别是来自东北偏远而艰苦地区的同事,更想以此作为跳板,长期留在首善之区。这本来是个人去留的私事,没想到却被卷入政治斗争中。

《历史研究》从创办开始,原属中国科学院哲学社会科学部,"文革"爆发被迫停刊。1974年复刊,原本亦由学部领导,后来不知何故改由教育部领导,并且从各地高校抽调教学骨干前来"换血"。记得来京不久,编辑部领导就私下打招呼:"少跟学部的人接触。"所谓"学部的人"究竟何所指?我在北京的学界师友大多属于学部系统,连学部主任潘梓年都是我们中原大学的老校长、老上级,中科院近代史所的人我认识大半,就连《新建设》杂志的骨干编辑王庆成,也是我的知交,难道这些人都不能来往,为什么?想必编辑部同事大都有此疑问,但多半听而未从,因为实在难以做到,我常到王庆成家去,一聊就是大半夜。

复刊词发表后,《历史研究》等于是自报家门,至少是在政治倾向上归属中央"文革"小组的所谓"无产阶级司令部"。江青打着毛主席名义分发芒果,我们每人一个;组织有关刊物与重要批判组看新出电影,我们必然会全体参加。当然,我们一般编辑人员从未过问,更不敢怀疑,因为都是打着"伟大领袖毛泽东"旗帜。我们好些人都刚刚从"阶下囚"突然变成"座上宾",连高兴都来不及,哪里顾得上思考这些盘根错节的深层政治问题呢?

现在回想起来,问题并不复杂。江青、张春桥、姚文元之流,根本不必过问《历史研究》的具体事务,他们只是确定这枚棋子置放的位置与发挥的作用。《历史研究》名义上挂靠教育部并由李琦具体领导,但实际上教育部也被他们控制:主要是靠两个学校,清华和北大;靠一个大批判组,"梁效"。"梁效"红极一时,但办公地点却是北大朗润园邻近一座普普通通的两层小楼,在最僻静的校园边沿。《历史研究》每出一期,都要把清样送到"梁效"审阅并提出改进建议,因为只有他们才真正了解"批林批孔""评法批儒"乃至批《水浒》、批"投降派"的真实含义。我很早就知道"梁效"的办公地点,因为陈庆华的家就在朗润园,他曾带我远远看过一眼,但他与其他众多北大教师一样,从未进去过,因为守卫森严,闲人免进,而且谁也不愿沾边。庆华素来淡泊超脱,我们之间交流多半是学术动态与新出书刊,几乎完全不谈政治,所以他与我一样，对"梁效"内幕一无所知，也从不想有所知。

但我却曾进入"梁效"驻地一次，是随同宁可等古代史组编辑一道去的，因为即将刊出的一篇稿件属于唐代诗歌论析，恰好由我担任责编。我们去的人数不多。进去后，我们遇到许多北大历史系的老师，记得姓名的有周一良、汤一介、田余庆等。周一良当时的知名度不下于杨荣国；汤一介也很受重视，担任全国人大代表，但他们仍然保持学者本色，温良恭俭，平易近人。评论即将刊出的稿件，他们纯粹以史论史，所提建议是从学术着眼，并未往政治方面生拉活扯，更没有居高临下以势压人。田余庆与我是初识，因为他是湖南人，而我妻也出生于沅陵，所以多一层亲近感。他大概属于一般成员，所以讲话更为坦率，直抒己见，令人心折，此后我们遂成知己。

我与周一良没有任何私下交往，但都是吴于廑的亲密朋友，彼此多少有些相知。我从小离家在外，直至晚年通过检阅族谱及先辈诗文，才知道两家曾有悠久世谊。曾祖父章维藩随左宗棠回到南方，以军功历任安徽地方知州、知县，其后维藩公虽然很早就辞官下海，但在芜湖创办益新面粉公司仍得周馥多方关怀与支持。所以维藩公曾在我家附近、青弋江边佳胜之处，为老上司建休闲别业，以后俗称"周公馆"，而周馥晚年确曾携眷住过。民国初年，维藩公以新式方法开采安徽当涂（今属安徽省马鞍山市）凹山铁矿，又曾与周馥之子周学熙（一良先生祖父）携手合作，筹划利用开平之煤与凹山之铁，在秦皇岛合建新式钢铁厂。双方已有协约，且呈报工商部批准，原件现存于台北"中研院"近代史研究所档案馆，我保存有复印件。我大哥出生于1919年，维藩公亲自命名为开平，就是纪念此事。一良先生较我年长，他可能所知更多，却从未提及这段世谊，可能是因为都已"无产阶级化"，与剥削家庭划清界限。"文革"结束后，我们在中国史学会重建大会上相逢，他一见面就紧握我手，低声问道："你还记得我吗？"我笑答："当然记得。"他凄然说："我就是那个臭名远扬的周一良啊!"两个世家子弟,历经百年沧桑,阅尽世态炎凉,在如此隆重的中国史学会上再度相逢,此情此景,至今历历在目。

"梁效"存在的时间不过两三年,风光岁月似乎更为短暂。我到"梁效"驻地参加的那次审稿会,可能就是《历史研究》与它的最后分离。因为邓小平主持的国务院坚持整顿政策,恢复正常社会生活与国家治理。《历史研究》很快就传达了上级决定,仍然回归学部领导,由黎澍负责对编辑部进行改组。编辑部人员去向无非是三种,其一是多数仍然留用,其二是少数回归原单位,其三是在北京另谋工作。黎澍本来希望我继续留在编辑部,但我却执意回华师,这种情况属极少数,但他能理解我的难处。许多同事虽未留用,但都找到了很好的北京单位,如刘耀到中国科学院近代史研究所,胡绳武到中国人民大学,还有些原来就是从北京去支边的,现在又乘机回到母校。

由于我即将离京回汉,编辑部特地安排我到哈尔滨参加一个规模较大的"批修"大会,主要是集中批判齐赫文斯基论著发表的一些"反华"观点。我从来没有去过东北,正好可以从容参观。北京去的人很多,连黎澍都与丁名楠、陈铁健等结伴同行,因为他们一直从事"批修"的学术性工作。《新建设》的王庆成已从"五七"干校回来,专程与会组稿,行前他非常认真地与我商量需不需要买几包烟带去。我从不抽烟,对东北烟草供应情况毫不了解,竟然信口开河:"中央和省政府决定开这么重要的会,必定有纸烟供应。"庆成以为我见多识广,居然信以为真,反而使我惹了意想不到的麻烦,再次成为众矢之的。

预定行程是先到大庆参观,然后再到哈尔滨开会,这些烟民们误信我言,还在旅途中就"断粮"了。在大庆住的招待所又比较偏僻荒野,根本无烟供应。庆成烟瘾发作,不断抱怨:"就怪你,不然我早把烟带足了。"其他烟民也纷纷附和。看到他们如此难受,又想到他们如何熬过一整夜,内心颇觉愧疚,但亦爱莫能助。幸好同行的吉林大学历史系学生小冷急公好义，主动向我建议，派她到附近找小店铺设法买烟。晚上附近街道的店家都关门了，这东北女孩耐着性子一家一家地敲门，并且不断央求："我们这里有好几位知名大学者、老教授，没有烟抽，非常难受。"皇天不负苦心人，居然说服一位老板，买了几条烟回来。

烟民们看见烟，一下子就涌过来了。小姑娘很机灵，抱一大袋烟扭头就走，说是要请示领导如何分配。烟民们谁也不愿放弃机会，都紧紧跟在后面。这情况恰被我看见，因为都是熟人，又信口多几句嘴："你们这架势，我好有一比。"有人急问："你比啥？"我笑着说："真像《智取威虎山》，杨子荣手拿联络图，座山雕手下八大金刚紧随其后。"大家都笑起来，眼看烟已到手，顾不上口舌之争。

第二天到达哈尔滨，住进俄罗斯风格的老式宾馆，吃住（包括香烟供应）条件相当优越，还为黎澍与我分别提供宽大的套间。黎本来就是高级干部，我则是沾了《历史研究》的光，被视为该刊的代表，其实什么也不是，无非有点组稿任务而已。晚饭后，我独自坐在卧室宽大客厅里看当地报纸，忽然有人急促敲门，我连忙开门，原来是东北师院老朋友赵矢元。他未进来，却大声催促："开会，开会。"我不知他究竟代表谁来通知，便问："开什么会？"他故弄玄虚："重要会议，临时决定，非你去不可。"不容我有丝毫犹豫，就将我拉进一间小会议室。

赵矢元是典型的东北名嘴，以前每次到北京，必到《历史研究》编辑部闲侃，特别喜欢开玩笑，我一进门就明白又是一场逗乐。只见烟民们规规矩矩坐成一圈，让我坐在中心。我刚坐下就宣布开会，由赵矢元做主题讲话。这些人酒足饭饱，烟抽足了，劲也上来了。赵矢元就购烟问题历数我的"罪行"以后，群众性批判立即开始，东一句，西一句，好不热闹。反正都不是正经话，内容我早已忘了，只记得那最后上纲上线的总结："章开沅，你知道吗？这是一场爱国主义与卖国主义之间的路线斗争。这绝不是胡说八道，我们抽烟，时时刻刻给国家交税，当然是爱国主义；你不抽烟，不交税，分明是卖国主义。在全国性重要会议期间，你有意害我们没有烟抽，严重影响开会情绪，还减少了国家税收，应属罪大恶极。你还肆意侮辱我们爱国公民，说是座山雕的部下，颠倒黑白，更是罪加一等。"烟民们拍手称快，我也跟着开怀大笑。

"批斗"高潮时，发现有人在外面暗中偷看。散会后他还在走廊等着我，原来是近代史所的年轻研究员陈铁健，晚饭后他与丁名楠陪黎澍在套间饮茶闲聊，所以未曾得到"开会通知"。黎澍听服务员说，北京来的一批客人正在开什么批斗会，被批的是××号房间的客人。黎澍一听就知道是我，连忙叫铁健前来打听，唯恐我又碰到什么不愉快的灾祸。铁健问："你们开的什么会，说是批判会，怎么还嘻嘻哈哈？"我赶紧说明真相，并请他转告让黎澍放心。

黎澍当时虽然没有什么具体职务，但仍然是众望所归的学界精神领袖。他一贯热爱青年，关心青年，并曾因《让青春发出光辉》一文挨批。此时，他的处境仍然不佳，虽然已经奉命接手《历史研究》，但政治情势阴晴未卜。他原本不想在大会发言，推说刚拔了牙，但大家仍然殷切希望他讲话。我甚至借用列宁的话来敦促，希望他能够像对病牙一般把修正主义连根拔掉。他似乎感到情不可却，比较简短地讲了一些应景的话。但他与我们几个相知已久的朋友私下聊天，仍然是海阔天空，无拘无束。此次来哈尔滨参会，是他"文革"以来的首次公开亮相，邓小平主持国务院工作，使他感到政治形势可能有所转机，而众多年轻学人一如既往地对他如此尊重与亲近，更使他精神为之振奋。会后，他向黑龙江省领导提出考察中苏边界，并由丁名楠、陈铁健与我陪同。黎澍是高级干部，省政府不敢自己做主，只好向中央有关部门请示，由于当时中苏边界形势还比较严峻，因此未能成行。省领导为了人情补偿，改为到离边界较近的镜泊湖游览，除派一部大型越野吉普外，还有一位比较熟悉当地历史沿革的负责干部全程陪同。

图27 镜泊湖之行留影，左起：章开沅、丁名楠、黎澍、陈铁健

镜泊湖原本是一个巨大的火山口，由于地壳运动形成湖泊，以水清如镜得名。湖的四周，山峦叠嶂，森林连绵。20世纪50年代，为接待苏联援华专家所修建的一批俄罗斯风格造型各异的木板平房，与自然景观融为一体。这些别墅主要是用于夏季避暑休养，中苏关系恶化以后，苏联专家大批撤离。"文革"期间，这里已成被遗忘的角落，道路常年失修，破烂不堪，有的木质桥梁甚至残缺不全，临时用一些粗厚木板铺垫。我们早晨从牡丹江市出发，一路颠簸，走走停停，非常辛苦。但黎澍兴致很高，叹息说："过去年轻力壮，但忙于工作，没有时间出来旅游。现在倒是闲空了，但体力差了，很难长途跋涉。"他很珍惜此行，因为镜泊湖充满神秘色彩。沿途谈兴甚浓，中餐还主动要求喝杯白酒。到达镜泊湖时已近薄暮，偌大休闲山庄，只有一个管理员，一位厨师和两位女服务员临时从市内宾馆抽来做好准备，并于夜间值班守护。

我们被安排在刘少奇夫妇住过的那座大型别墅，宽敞、典雅、清洁、舒适。黎澍住主卧室，我们每人一间房，客厅很宽敞，晚上有壁炉供取暖。客厅墙上张贴着庆祝"文化大革命取得伟大胜利"的大幅宣传画，黎澍卧室还贴有"打倒刘少奇、王光美"之类标语。我们戏称为"辟邪"，服务员说是为了保护房屋，避免被红卫兵损毁，不过红卫兵也懒得到这深山老林来"造反"，所以别墅群得以保全无损。

住处最大的缺陷是没有自来水供应，因此无法洗澡换衣。黎澍由于年事已高，吃饭后提前上床休息。我与丁、陈三人，由一位服务员引导并讲解，到湖边观赏夜景。只见四周沿岸都是无边无际的森林，一片黑幽幽的山峦阴影，偶尔林间还出现点点绿光闪烁。服务员笑着说："那是虎狼的眼睛。"我们不禁毛骨悚然，她倒司空见惯，不以为怪。湖水确实清澈，在月光下泛出淡淡的银光。我们乘机走到湖水浅处游泳，主要还是为了洗去满身灰尘。回到卧室，已经夜深，各自倒头熟睡。

次日清晨，鸟声悦耳，松鼠跳上窗台，我们寥寥数人仿佛生活在神秘的原始森林。老丁与我有早起习惯，两人约同到林间散步，发现相隔不远的另一处别墅台阶上竟然有野兽解下未久的粪便，想必昨晚已有森林之客前来探访。上午就近漫游，充分享受着湖光山色，一扫城市烦嚣，忘却世俗纷争。我们只谈风月，不论国事，难得逍遥自在地徜徉于森林之中。中餐极为丰盛，以湖鱼野味饯行。临别时以厨师为首的服务人员热情要求合影，他们一开口就说要与中央首长合影。我们不敢招摇撞骗，反复解释推辞，但他们硬是不依，只好合影一帧留念。大厨特别激动，照完相之后还紧紧握手，叮嘱我们时局转好时再来。

我们上车后就与黎澍开玩笑，说他太像中央首长了，所以有此误会。黎澍不以为然，他认为这些服务人员都见过世面，合过影的中央大首长多着呢！"文革"以后被冷置多年，现在难得见到省里如此热情接待，即令不是多大的首长，也聊胜于无人理睬。我们都认为分析合理，夸奖黎澍"姜还是老的辣"。但一回到北京我们就分手了，一别又是几年，因为我很快就回到华师，不再与《历史研究》有任何正式联系。

## 第九章

# 编写《辛亥革命史》

编写《辛亥革命史》\ 初访美利坚 \ 访日之行 \
辛亥赋新篇 \ 金秋盛会

## 编写《辛亥革命史》

离京之前，人民出版社编辑林言椒曾与我多次商谈，建议由我带头，邀请湖北、湖南、河南、四川、贵州五省相关学者，共同编写一部比较系统完整的辛亥革命史大型专著。当时"文革"虽未结束，但邓小平的复出与一系列整顿改革已使我们重新萌生了希望。大家学业荒废已久，颇思有所作为，所以我经过慎重考虑后，欣然接受他的热情建议。

林言椒的建议显然已经获得人民出版社领导同意，所以他的行动很快，不久便拟定一个编写组的初步名单：包括湖南师范学院林增平、四川大学隗瀛涛、河南省哲学社会科学研究所王天奖、贵州师范学院吴雁南，湖北则是我与刘望龄以及武汉大学萧致治。在这个名单基础上，我建议增加林家有，当时他还在北京中央民族学院历史研究所，愿意承担有关少数民族地区辛亥革命的研究与撰写，因为这是他的强项。此前，由于组稿关系，我俩已有多次接触，志趣相投，已成好友。他为人耿直，"文革"期间在历史研究所处境不甚愉快，不久就离京回中山大学历史系工作，正好与我们编写组合作，我戏称之为"编外专家"。他以后则感慨说，是我改变了他的学术路径，因为他原来专攻古代史，侧重于民族史领域，回广州后则几十年如一日，改为全力投入孙中山与辛亥革命研究了。

当时，编写工作与教学工作一样，都必须采取"党+专业人员+工农兵"的"三结合"模式，所以我一回华师就向临时党委汇报，并且得到热情支持，省委宣传部非常关心，并派专人作为联络员参与我们的前期工作。与工农兵结合其实早已开始，工农兵学员入校以后我们已建立两个教育革命实践地，一是"二七"车辆厂，一是武昌造船厂（简称"武船"),我们与这两个厂的若干车间职员已经比较熟悉。经过慎重考虑,省委宣传部决定由武昌造船厂作为合作编写单位,由该厂党委挑选若干文化程度较高且有一定写作经验的车间工人参与编写。其所以如此,因为有一批清华、哈军工等名校分配来的优秀大学生仍在车间劳动锻炼,其中确实有少数写作高手。"武船"党委对这一合作项目给予大力支持,除选拔人才以外还答应在经费上(如开会、食宿)有所补助。这对我们是极大福音,因为华师临时党委的支持都是停留在口头上,根本没有提供任何科研项目经费。

我们编写组正式成立,就在"武船"招待所开会,会务与费用全部由"武船"承担,为我们节省许多精力。随后我们就挑选编写组工人成员,并且办辅导班帮助他们掌握辛亥革命史的基本知识,为正式写作创造前提。其他地区情况亦相类似。我们与这些参与编写组活动的工人师傅相处都很融洽,有些人甚至成为终生知交。但从编写学术著作来说则是事与愿违,因为他们最后送来的书稿(分工若干章节)大多难以作为修改的基础。只有贵州情况最好,吴雁南与平坝一个制造飞机的工厂(内迁所谓"小三线")合作,居然找到一位北师大历史系研究生冯祖贻,他是何兹全亲自指导的弟子,虽然属中国古代史专业,但受过良好的史学训练,写作能力已属上乘。他下放到这家国防工厂劳动锻炼,随后又调往子弟学校任教,但仍以工人师傅身份名正言顺地加入编写组。他适应能力很强,对辛亥革命史研究兴趣日浓,所以我们干脆把他确定为学术骨干,让他全力以赴地参与全部编写过程,直至最后定稿排印出版。冯祖贻从此改换门庭,干脆转向中国近现代史研究,由于学术贡献甚多,以后被任命为贵州省社会科学院副院长。祖贻谦称是我改变了他的学术生涯,而擅于调侃的隗瀛涛笑我是"拐卖人口贩子"。

说到底,《辛亥革命史》的撰写还得靠专业人员自己,然而为了应付所谓"三结合",却花费太多时间与精力。王庆成经常说我太傻:"有三年多的时间，你自己也可以写成一部专著，而且质量可能更好。"我无以为应，只能苦笑说："身不由己，只能如此。"这绝非推诿，而是客观存在的事实。

长沙会议是编写组首次参加的大型讨论会。规模较大，五个省八个单位都有许多代表，另外还有戴逸、黄彦、苑书义等同行学者应邀参加，提出许多好的建议。会议时间极长，从11月22日开到12月12日，前后共20天。会议由湖南师院承办，食宿均由该校提供，只有长途交通费由外地代表自理。会议期间，我们还专程到韶山参观毛泽东故居，这是当时的例行礼仪。

会议之所以开得久，主要是由于"文革"期间史学思想已被弄乱，诸如以"评法批儒"为中国通史之纲，影射史学狂言无忌等等。有些史学观点虽然不一定是"四人帮"炮制，但至少是倡言者迎合"四人帮"的意愿，因而得到肯定与宣扬。"文革"结束以后，中国社会进入一个改革开放的新时期，以邓小平为核心的党中央及时提出"解放思想，实事求是"八字方针，得到众多知识分子的衷心拥护，仿佛是又一次得到解放。编写《辛亥革命史》大型专著，当务之急就是"解放思想"。所以小组讨论乃至大会发言都不能不展开深入的讨论，首先是清理自己的思想，同时相互之间也展开必要的交流乃至争论。但十年"文革"，极左思潮横行，其影响很难在短时间内完全清除，我们自己残留的负面影响也在此后编撰过程中有呈现。

长沙会议的主要收获是编写组取得基本共识，同时在历史分期、阶段区分、全书框架等方面也通过交流逐渐形成初步思路。作为最终成果是拟定了章节提要，并且确定了各个参与单位的分工。会后正式进入分头撰写初稿阶段，预定4月在贵州再次召开编写组工作会议，交流编撰经验，协调外出社会调查工作。10月在成都召开最后一次编写组工作会议，在此之前必须完成全部初稿，并且印出来分发，以便成都会议认真讨论审订。

4月14日贵州会议如期召开。会前，贵州省委宣传部部长接见林言椒、林增平与我。他是老革命，曾经担任过中共地下党省委书记，但却非常亲切而有风趣。一开口就说："我们贵州自古以来名声不好，比如'夜郎自大''黔驴技穷'等等。解放后我们工作没有做好，至今还是贫穷落后，靠中央扶贫款过日子。你们来自先进地区，希望多促进我省经济文化发展。"他讲的都是大实话，没有一句官腔，也没有强调什么政治挂帅，我们当然是心悦诚服。

但贵州确实太穷，作为省会的贵阳显得残破不堪，尽管山清水秀，却缺乏必要的管理，垃圾乱扔，墙上乱画，缺少像样的景观。作为会议主办单位的贵州师院也穷，校舍简陋，连招待所都没有。我们被安排在市劳改局接待犯人亲属的简陋招待所，房间狭小，灯光暗淡，室内简直难以工作。会议饮食倒是由于省领导重视，给予若干"特供"，但也无非是早已不大新鲜的带鱼，而且学校教工乘机蹭饭者甚多，来小食堂进餐不明身份的本校人员比编写组成员还要多，但开会时根本见不到这些人。与此前在武昌造船厂与湖南师院开会相比，食宿条件相差甚远。

但那些年月，学术界并不计较生活待遇，连有无稿费也不计较，只想在荒废已久的境遇下重新有所作为。所以不仅没有怨言，反而以艰苦朴素为荣，仍然把全部心思集中于编写《辛亥革命史》。由于到会人员较少，而且已试写过若干书稿，所以讨论更趋务实与深入。除章节结构有所调整外，还探讨了各章需要突破的重点，并对已提交会议的写成初稿进行有益的比较与评议。正式会议4月21日结束，前后只有一周，而且还包括游览花溪、龙宫、黄果树瀑布等景点。会后林言椒与我们编写组主要骨干又留住几天，共同对全书结构、体例乃至图表等等细节进行探讨并形成清晰的构想。最后确定，成都会议以前必须做好充分准备，争取不再开编写组全体会议，而是转入更为关键的阶段——少数骨干专家修改定稿。

图28 1977年贵阳会后编写组游龙宫洞。左起：吴雁南、林增平、章开沅、王天奖、隗瀛涛

成都会议预定在10月下旬举行。由于是内部正式讨论书稿，所以不请嘉宾，连同川大本身工作人员限制在30人以内，但会期则延长到15至20天。四川省委对此会极为重视，已确定按省一级会议规格接待。这对编写组既是鼓励也是鞭策，使我们更为增加了责任感。

成都会议于10月26日正式召开。我与"二林"（林言椒、林增平）提前两天到达，对会议开法及整个会务有所计议，川大历史系负责人刘绍平负责整个日程安排。我的笔记本记录如下：

10月26日开幕式、传达文件（林言椒）、批"四人帮"。

10月27日大邑参观。

10月28日至11月5日看已写书稿。

11月6日都江堰游览。

11月7日至19日分编初议。

11月13日市内参观、品尝著名小吃。

11月20日新都参观（含金堂彭家珍纪念碑）。

第九章 编写《辛亥革命史》

11月21日至25日讨论书稿及修改设想。

11月26日闭幕。

成都会议准备充分，安排周密，讨论认真，除重大问题外逐字逐句都不放过。至此，我们已收到全书90%章节的初稿，共约80万字，其中有4章(1/4)基本可用，有一半初稿可以作为修改基础。编写组信心倍增，对下一步工作议定初步安排，指定林增平、隗瀛涛、王天奖分别担任上、中、下三册统编。春节以前，各单位把缺稿补齐，自行修改。1978年2至4月编统稿。5月上旬在开封再开一次大型工作会议，对全部已统编书稿进行审议。6月以后集中少数骨干到北京最后修改定稿。

成都会议外地人员被安排在省政府第二招待所（简称省二招），食宿开会都在这所环境优美、服务周到的"内招"。工作进展顺利，编写组同心协力。我的诗兴大发，附庸风雅，迹近打油，以下记录数首：

### 开幕式

峨眉雄奇岷江清，蓉城秋色满眼新。

各路健儿重聚首，改书愿学李时珍。

（晚会放映故事片《李时珍》。）

### 游都江堰、青城山

（一）

青城玉垒两相宜，岷山雪水化良渠。

宝瓶泽惠八十世，天师降魔何足奇。

（二）

上清宫前枫叶红，山径幽深秋意浓。

大蜀豪气今犹在，千载传诵均富穷。

### 留别

挥帚除污秽，持巾勤拂尘。

提壶送温暖，待客如家人。

东二小组好，善行贵有恒。

（编写组住省二招东二楼，服务员小组组长曾在北京人民大会堂工作多年，常为周总理等领导人服务，"文革"后回蜀工作，带回优良作风。全组勤勤恳恳，兢兢业业。深情厚谊，沁人肺腑。余不能诗，心有所感，情不自禁，聊以纪念。）

### 过三峡

瞿塘映明月，神女绕白云。

红日出江峡，群峰染朱痕。

苍鹰振翮飞，鱼鸥逐舟行。

羊憩悬崖上，丹桔满绿林。

初治蜀行易，欢悦东归情。

国泰山河壮，前途耀眼明。

（1977年深秋写于江峡轮船头，时为辛亥革命史编写组成都会后。）

三峡美景，尽收眼底。船出夔门，江面顿宽，天高云淡，历经多处危峡险滩，终于眼界大开，顺流东下，欢悦自然难以言喻。回校以后，全力从事辛亥革命史研究与编撰，并将前此几次编写工作会议的讨论内容加以总结融会，写成《解放思想，实事求是，努力研究辛亥革命史》长文，刊布于《华中师范学院学报》，用意在于引起讨论并听取外界评论。没有想到，此文不仅在国内立即引起密切关注，美国中文报刊也立即摘要介绍，认为是"代表大陆民国史研究的新趋向"。稍后，美国与日本有几家史学刊物全文译载,东京辛亥革命研究会还组织集体阅读讨论。

我们的编写工作之所以较早受到海外关注,应该感谢华师学报,因为"文革"结束后,全国重点高校学报大多持慎重态度,可能是心有余悸,害怕在涉外问题上引起麻烦。据我所知,当时除中国科学院的《考古》与国家文物局的《文物》以外,高校学报对外发行的只有中山大学与华中师院两家,而我的几篇新作又都发表在华师学报。1979年我首次出访美国、日本,外国学者曾经问"为什么华师学报能够对外发行?"好像华师、中山大学有什么特别背景。其实国家对外发行政策对各单位一视同仁,甚至是鼓励高校学报抓紧对外发行交流,因为"改革开放"已经确定为国策,只是许多学校主管思想不够解放而已。

## 初访美利坚

《华中师范学院学报》较早对外发行,提高了学校在海外的知名度,而辛亥革命史大型学术专著的编撰,更引起北美、日本和中国港台地区民国史研究者的高度关注。正是有此契机,我有幸成为"文革"后中外学术交流的先驱者之一。

1978年,在根据中美学术交流协议来华的第一批高级访问学者中,拉特格斯大学历史系教授高慕轲(Michael Gaster)自己要求到华师与我合作研究辛亥革命。他对中国文化与历史兴趣甚浓,曾经在台北"中研院"近代史研究所(简称"中研院"近史所)进修并促进中国台湾地区与美国福特基金会之间的交流。

同年,日本京都大学人文科学研究所狭间直树教授与东京中国研究所北山康夫教授先后来访,就辛亥革命研究交流心得,并且都正式热情邀请我访问日本。稍后,北山康夫还托中国科学院访日代表团为我捎来他珍藏多年的宫崎滔天主编的《革命评论》杂志。

也是在这一年秋冬之交，美国威斯康星大学政治系教授弗里德曼（Edward Friedman）与华盛顿大学历史系教授柯白（Robert Kapp）也先后来访，而且都提出邀请访美的建议。弗里曼也是美国第一批高访学者，原来在华北农村研究人民公社，但他对辛亥革命曾有潜心研究，已出版过学术专著《回归革命——中华革命党》。柯白正在研究四川军阀并担任北美《亚洲研究》杂志主编。他们两人在此前后都曾为我出访热心操劳。

其实，1978年初北美亚洲学会已经正式来函邀请我与武汉大学萧致治参加其年会，并商定由陈志让（加拿大）、高慕轲（美国）、张朋园（台北）负责接待。学校及时申报，但手续相当复杂，需要经过好几层审查，最后还得由教育部与外交部会签，呈报国务院批准。及至正式批文下达学校，第二天亚洲学会即将开会，怎么样也来不及出行。我们啼笑皆非，只有发电报致歉并祝贺大会圆满成功。

经过此次失败教训，柯白等抓紧联络美国10所著名大学，由其中国（或亚洲）研究中心再次邀请我们作为期一个月的学术访问。因为我们早已通过几层审查，所以此次批复甚快，终于在1979年9月底得以走出国门。那时出国留学者渐多，但学者个人出访仍难，一般都是组团出访，如钱锺书等著名学者首次出访都是参加中国科学院访美代表团。我们只有两人，很难说什么组团。向教育部请示如何作行前学习准备（一般都需要三五天政治学习），负责接待的高教司司长倒很开明。他刚从国外访问归来，笑着说：″两个人不必集中学习吧，相信你们能够正确应对各种情况。我们过去老是强调依靠组织，到国外怎么依靠？不能一去就找使领馆，使别人怀疑你有什么特别身份。在国外主要是依靠接待单位，有难处多与他们商量，他们有责任帮助你们。″他的话不多，但毫无官腔，颇能使我们开窍。我们就这样信心满满地踏上海外旅程。

9月29日上午乘民航从北京出发，中午到达东京成田机场，巧遇美中友协代表团，受热情包围。下午换乘美国西北航空公司波音飞机飞西雅图。这是我们第一次出国，又是第一次坐飞机，而且是外国的大型客机，所以一切都觉得新奇。

登机以后，我的邻座是一个美国渔民，利用假期回家探亲，彼此叙谈甚欢。但晚间入睡后，醒来却发现他已移至他处，并向我招手示意已经与别人换位。新来的邻座是一位中国台湾年轻女士，去美国探视姐姐，并且谋求职业，她见我已醒，就主动攀谈。我座位后排有姐弟两人，他们已在美国读书并就业，也热情参与交谈。我这才发现这架航班是从台湾起飞的，所以中国人很多，但都是台湾同胞，来自大陆的只有我与萧致治。我们新做的西服是八级老师傅裁剪的，他们习惯为苏联专家做西服，所以比较老式而且宽大，因此很容易被判断为大陆出访者。看来我们也成为新奇，被台湾同机者暗中关注了。谈话主要是交流两岸社会生活情况，因为隔绝太久，误解甚多，如人民公社是否仍旧存在？是否还有家庭？布票够不够用？等等。他们都很想到大陆看看，但也有很多疑虑，不过毕竟是年轻学生，态度友好，坦率真诚。正说话间，又有一位泰国青年，身材修长，衣着整齐，好像是位外交官，自称是泰国华裔，专门为我送冰水来，并且热情介绍国际旅游经验。

9月29日（美国西部时间），上午到达西雅图，柯白夫妇开车来接，入住大学宾馆。晚间在柯白家餐叙，住宅为海边屋船，1970年以一万元美金购置，价廉物美，每月仅付港口东主租金（码头船位）一百余美元，堪称节省到家。室内现代家居一应俱全，布置简朴典雅。屋船数量极多，排列整齐，间隔合理，已成一极大社区。教授常年住在船上，有人甚至住在私人游艇上，假期可以自己驾驶漫游世界，亦为美洲新大陆特异风光。

华盛顿大学做了充分准备。10月1日首先参观东亚图书馆，入口处触目可见我的著作目录，以及馆藏辛亥革命论著目录，办公室墙上有大幅中华人民共和国地图。馆长正在中国访问，由副馆长吴燕美陪同参观，并参与整个访问接待。她是台中大里人，但出生于北京燕京大学校园并

图29　1979年初出国门，与武汉大学萧致治教授联袂访美，摄于耶鲁大学寓所前

以此命名。另有助手金太太，亦来自中国台湾，见面同样亲切。馆藏相当丰富，如洛克文库（Rock Collection）收有中国西南地方志颇多，伍献子私人档案全宗，还有本校中国学生捐赠的大量"保钓"原始资料等等，美不胜收。

下午经由燕美介绍，与台湾地区留学生黄俊杰交流，其办公室亦挂中华人民共和国地图。其论文题为《孟学源流考》，侧重探讨民本思想、忧患意识与乡愁情愫，颇多新创意，似与台湾处境有关。又关注台湾史学界情况，特别是学术转型及世代交替，均有鲜明见解。这是与我面对面正式学术交流的台湾学者，意气颇为相投。

晚上，华盛顿大学国际关系研究院副院长兼中国部主任杜敬柯（Dull）夫妇在家中宴请，柯白夫妇与汉赋专家康达维（David R. Knechiges）作陪。康妻亦来，名张台平，原籍河北保定，随父母迁台，专门研究甲骨文，笑称："台平归国"，并且热心打听中国相关专业人才短缺情况。席间认真讨论今后加强学术交流，我归纳为人员、成果、资料三个方面，并且主张"专业对口，直接联系"，批评全由两国官方"一揽子"安排。大家都表示赞同，认为应该以民间为主，大学自由交流。

10月2日上午柯白介绍美国的中国史研究情况，深入浅出，言简意赅，等于为我们上了一节课。午餐继续交流，除康达维、柯白、杜敬柯、张台平外，还有刚从欧洲返校的地理系张教授以及严复孙女严绮云（中文系教授）。名为午餐，实为一个小型学术讨论会。这是我第一次领略工作午餐（或称午餐会）。

10月3日上午继续参观远东图书馆藏书，着重了解日本、中国台湾地区历年出版相关著作及历史文献。中午与西雅图华人协会主席藏先生及陆坤权、杨莹等大陆留学生共进午餐。杨莹为著名翻译家杨宪益之女，母亲是英国人，因此英语特别流利，热情大方，自称是"老知青"，曾下放工厂劳动多年，现在华盛顿大学自费攻读。

晚间，柯白在海上屋船举办家庭聚会，主菜为就地购买的一条刚钓出的大沙门鱼，白水清煮一刻钟，置于特大瓷盘，缀有鲜花绿叶，佐以奶酪等调料，颇有风味。酒会本地客人除吴燕美外，全部为白人。其中最引人注目的是电视台的女主播，特意穿红色T恤，以示对新中国友好，据说当晚她在荧幕出现就是这身装束。另有两男士比较活跃健谈，一是新闻记者，一是电影制作人，后者打算拍一部介绍中国的影片，与我叙谈甚多。在此之前，柯白曾陪我拜会西雅图市市长罗易（Mayor Rower）。罗易本人原来就是著名电视节目主持人，因此竞选时得票最多，他刚访问中国回来，所以特别热情，叙谈甚欢并赠金钥匙与精美画册《西雅图——美国的最美城市》。柯白家酒会嘉宾多为媒体人，可能是罗易的授意。

10月4日上午会见华盛顿大学副教务长（vice provost）加非亚（Garfia）、国际关系研究院院长拜尔（Pyle）、历史系主任屈爱果（Trealdgold），正式讨论今后加强交流问题。中午与原该校访华团部分成员共进午餐，畅叙中国印象。下午为研究中国之师生演讲，题目是《大陆辛亥革命研究之现状与趋向》。严绮云亲任翻译，中国前辈学者萧公权已退休多年，亦赶来参加。学生反应热烈，并提出许多问题讨论。这是我首次在国外作学术讲演。

10月5日上午专程访问波音公司747型号飞机的总装车间，车间规模宏大，全部密封，自动化程度极高。柯白有意拍摄照片甚多，说是可供大陆飞机制造业者借鉴，但我最感兴趣的还是陈纳德"飞虎队"的战机，与其合影留念。

下午与部分研究生晤谈，讨论问题更多，如何谓"古为今用"？如何看待"影射史学"？史学怎样才能体现客观性？对社会学派（指用社会学方法研究历史）如何评价？大陆能否与台湾学术交流？等等，会场气氛极为活跃。最感人的是一台湾女生，原读中文系，当场表明决心改学历史，大家报以热烈掌声。

根据严绮云的倡议，晚间与座谈学生在一家中国餐馆餐叙，共度中秋佳节。饭后出外到海边赏月，大海无边无际，月光映照波涛。念忆王韬浪迹海外诗句："异国山川同日月"。此情此景，久久难忘。

10月6日上午偕柯白夫妇游海洋动物园。下午3时乘飞机去旧金山，华盛顿大学之旅圆满结束。柯白是我们首次访美的整体策划者与组织者，在第一站西雅图，他把两个中国普通学者的访问办成一次隆重且充满国庆兼中秋节日欢庆色彩的大型友好学术交流，树立了一个亲切周到而又讲究实效的样板。其后访问的学校，承办者大多通过电话向西雅图取经，而且越来越周到，柯白的活动能力与筹划细密，可谓上乘。但柯白的学术生涯并非顺畅，他已决定于10月1日就任华盛顿州对华友好交流委员会（Washington State China Relation Council）专职秘书长，从此离开学校，成为活跃的社会活动家，终生为促进美中友好奔走，我们之间的诚挚友谊也一直保持到现在。

有关此次访美，我已将日记全部公开，所以不必一一缕述，只介绍开头和结尾，即西雅图（头）与芝加哥（尾）。

不知何故，柯白原来组织的联会邀请偏偏遗漏了著名的芝加哥大学。原定访问日程为一个月，路线由西往东。9月29日至10月6日访问华盛顿大学西雅图分校，10月6日至10月9日访问斯坦福大学，10月10日至10月12日访问加州大学伯克利分校，10月13日至10月16日访问威斯康星大学，10月17日至10月19日访问密歇根大学，10月20日至10月23日访问哥伦比亚大学，10月24日至10月25日访问普林斯顿大学，10月26日至10月28日访问马里兰大学，10月29日至10月30日访问耶鲁大学，10月31日至11月2日访问哈佛大学。在斯坦福大学初识陈明、范斯立（Lyman P. Vanlyke）、康教授（Harold Kahu），还有正在该校访问的日本学者中村义，这也是我与东京辛亥革命研究会成员的首次会晤。在伯克利加州大学由杜维明负责接待（代表魏斐德 [Fredrik Wakman]，因魏已去中国访问），并会晤斯卡那平诺（Scalapino），与东亚图书馆馆长汤乃文交流甚多。在威斯康星大学住弗里曼家，并与周策纵、林毓生、赵冈、王正义等结识。在密歇根大学主要由费维恺（Albert Feurwerker）接待，与东亚图书馆万文英馆长交谈最多。张春树教授且在家中举办大型酒会，加州地区许多外校华人学者都赶来参加，此外与杨教授（Enerst Young）就辛亥革命研究颇多交流。哥伦比亚大学韦慕庭教授已经退休，由曾小萍（Madeleine Zelin）主持接待，但接触更为密切的是已在纽约市立大学任教的唐德刚，以及在联合国工作的一批华裔学者如邵子平、吴章铨、龚忠武等，而黎安友（Adrew J. Nathan）亦从此成为好友。在普林斯顿大学，刘子健与我都曾有教会大学背景，所以一见如故，宾至如归；陈大端更是我金陵大学的同学，两人除热情照拂外，还给我提出许多好的建议。在马里兰大学受到薛君度、黄德华家庭式的亲切接待，并举办新英格兰地区政治学者关心中国研究会之学术报告会，各地学者约三十人参加。正是在这次会上与国会图书馆远东部居蜜结识，从此成为终生知交。在耶鲁大学主要由雅礼协会（Yale in China）接待，经过多次详谈，该会主席石达（John B. Star）决定与华中师院恢复过去的长期密切合作关系。正是在他的促成下，我与费景汉、余英时开始结识，并且相见恨晚，从此成为莫逆之交。此外，与东亚图书馆副馆长也成为好友，以后为我提供许多学术交流方便。哈佛大学的访问排在最后，然而收获却是多方面的。费正清虽已退休，但其继任者孔飞力（Philip Kuhn）仍然萧规曹随，极其重视中美学术交流，与柯保安（Paul A. Cohen）、王国斌、吴文津、吴秀良乃至史华慈（Benjamin I. Schwartz）都从此结交。此外还与台湾南港学者王家俭畅谈，交流两岸情况。吴秀良教授几乎全程奉陪，除校内外，还在波士顿各处参观。最后又亲自开车分别送萧致治回国，送我乘机前往芝加哥大学。

芝加哥大学主要接待者是邹谠与何炳棣，他们得知我已来美后，立即向校方建议抓紧发出正式邀请信，据说连我的签证延期也是校长亲自出面催办的。我于11月2日晚间到达，机场之大与航班之多，使我为之头晕目眩。幸好芝大派谢文孙、钱新祖两位中年教授来接，得以顺利至宾馆投宿。

日程排得很紧，次日上午就上讨论课，由我主讲，何炳棣等参加，谢文孙担任翻译。相互自我介绍后，我做报告，随即展开热烈讨论，丝毫没有陌生做客之感。下午谢、钱抓紧与我交流。谢已有专著批判孙中山研究中的正统观（包括海峡两岸），现正研究珠江三角洲的丝织业。钱则研究欧洲不同社会主义流派（俗称"西马"），所以共同话题亦多。钱家与南通张謇家族有世谊，与我一见如故，并出示其家藏沈寿苏绣等珍贵文物。

晚间何炳棣家宴，何夫人亲自下厨，邹谠夫妇携酒出席，钱、谢等亦来作陪。邹谠主要介绍"三边委员会"（The Trilateral Commission）内部有关中美建交的复杂争议，作为国民党元老邹鲁之子，能够超越党派成见,以政治学家的科学眼光看待与处理当前中美关系,确实令人敬佩。他执教已久,出色学生甚多,所以有"邹氏王朝"美誉。近10时,邹氏夫妇以血压微升提前告退,而剩下的主宾话兴仍浓。其实也是由何老师主讲,从国内北大清华之争延伸到美国芝大与哈佛之争,颇多文字所未记载的亲身见闻,大家都洗耳恭听,不知不觉已近凌晨4时。老爷子仍然神采飞扬,滔滔不绝,我则已近半睡眠状态。幸好何夫人察觉,连忙说:"反正已是一宿无眠,不如吃了早餐再走。"她把我们江浙人最爱吃的小馄饨,从晚宴点心改充美味早餐,大家果然赞不绝口,尽兴而归。据说何炳棣生活素有规律,此次竟因我的拜访而破例,可见海外赤子同胞情深。以后我那早已定居美国的舅母喻耕葆,就是从何先生闲谈中得知我的下落,遂有1985年回湖北探亲之行。

由于连日奔波各地,疲累已极,回宾馆连沐浴都顾不上,倒床便呼呼大睡。直至第二天红日高照,已近正午才蓦地醒来,并想起谢文孙原已通知今天中午与吴相湘先生共进午餐。但我已记不清是哪家餐馆,不知如何前往?幸好谢文孙及时打来电话,说是上午10时许曾驱车来宾馆接我,看我酣睡未醒不忍惊动,已代为向吴先生致歉并取消餐叙之约。由于晚间我另有应酬,吴老只有怅然归去。相湘先生是民国史大家,为我平素所景仰之同行前辈,此次失约颇觉内疚。听说他也很失望,并怀疑是否有政治原因,以致迟迟未能返乡探亲。这一误会直至1990年我长期旅美并向他当面解释之后才完全消除。他退休已多年,在美国亦闲居女儿家,毕竟是心胸开阔之大学者,对我的严重失礼丝毫未有芥蒂,此后经常通过电话畅叙,且曾回国探亲,并为大陆学者设奖学金鼓励孙中山研究。

11月4日晚间,芝大中国研究计划负责人白立西(William L. Parish,社会学家)与邹谠两对夫妇联合举办家庭酒会,除谢文孙等同行师生外,何炳棣夫妇准时赶来,据云又是"史无前例",因他向来不愿晚间做客。

原金陵大学舍监芮陶菴牧师之长子大卫（David T. Roy）亦闻讯偕妻来访。大卫已成汉学家，为芝大东方语言系主任，谦称系主任无非是"走狗"（running dog），并与我畅谈金陵往事，其实他那时还小，我们常逗他玩。其妻说："大卫这些年心情不佳，经常牢骚满腹，难得今晚有说有笑，令我非常惊喜。"大卫的弟弟詹姆士（James T. Roy，中文名芮效俭），在中美恢复邦交后曾任美国驻华大使。这家人对中国都比较友好。

11月5日上午谢文孙又来畅谈，彼此相知更深。下午拜会哥伦比亚大学历史系主任入江昭（日本人），是费正清最为赏识的弟子之一，以后曾任费正清东亚研究中心主任。随后由印登（Inden）教授陪同参观印度史研究中心，这是国际上著名的印度研究机构。我与印登讨论比较深入，对世界上印度史研究现状有所了解，因为华师历史系对印度史已做大量翻译工作，正在筹设印度史研究中心。印登非常热情，许诺首先接受华师派人来芝大学习梵文，然后再进一步加强学术交流。入江昭虽然是专攻中美关系史，但作为历史系主任，也表示全力支持印登的交流方案，并且谋求两校与两系之间的更多交流合作。据说他是美中建交文件的起草人之一。

芝加哥是此次访美最后一站，堪称为首次访美画一圆满的句号。11月6日晨谢文孙特意邀著名学者、作家张系国（台北"中研院"研究员，现任美国伊利诺伊大学电脑中心实验室主任），驱车送我至机场，并共进早餐畅叙，主要是听取系国叙谈海外见闻。据云：10月21日伯克利曾举行中国台湾学者、学生座谈会，主题为"近三十年的中国"，有二百余人参加，包括张系国、杜维明等知名人士。

谢文孙说，他本想追随邹谠到芝大正式任教，但阻碍甚多，所以他将仍回华盛顿大学圣路易分校，且已在密苏里购一古堡式旧屋，有三十多间房。共三层，是当地富豪迁走后弃置，所以很便宜。首付30%，其余为银行贷款，20年还清，每月只付四五百元，比租房便宜得多。打算三楼用以藏书，二楼住人，一楼客厅甚大，可开学术会议。决心继续在美国谋求发展，并致力于中美两国与海峡两岸之间学术友好交流，这座大屋正好可以用于接待来往客人。

拳拳赤子心，绵绵故国情。我就在这样的温馨氛围中结束了美国之行。

## 访日之行

访日之行，原来京都大学安排我在1980年春任教一个月，为岛田虔次教授分劳。但教育部为了节省来往旅费，要求我访美后立即顺路访问日本。我初次出国访问，可说毫无经验，只有对上级唯命是从，但这却给京都大学造成极大麻烦，因为既要更改接待计划，年度经费又难以提前使用。作为主要接待人的狭间直树只有与东京大学佐伯有一紧急磋商，由两校合作分担接待任务，但缩短一半访问时间，每校安排一周接待。我真佩服这些日本学者的应变能力！

我于东京时间11月7日下午5时许到达成田机场，狭间直树教授亲自接至东京基督教青年会（YMCA）宾馆，共进晚餐后即匆匆返回京都，因为次日上午要上课。晚间东京大学佐伯有一教授与辛亥革命研究会久保田文次、藤井升三等学者前来访谈并商定活动日程。

由于在东京只能逗留一周，所以日程排得特别紧凑。

11月8日上午佐伯有一陪同参观东洋文化研究所图书馆。下午参观明治新闻杂志文库，我请日方负责人代为复制梅屋庄吉、宗方小太郎、宫崎滔天相关档案缩微胶卷，付费30000日元。晚上刘大年邀我在中国餐馆叙谈，他应邀在东京大学讲学一个月，听众甚多，影响甚大。

11月9日上午藤井升三陪同参观著名的外交史料馆，重点了解与辛亥革命相关的档案文献。该馆资深研究员臼井先生友好热情，代为拍照、复印。

11月10日上午，田中正俊教授陪同参观东洋文库，边看边讲解，如数家珍。田中云，东洋文库是国会图书馆分馆，藏书六十万册，以莫理逊文库、岩崎文库为基础，颇多善本、珍本，附设中国研究所，所长市古宙三贡献极大。下午3时到和式餐馆"江之圣"，参加辛亥革命研究会同仁例会。到会学者有市古宙三、野泽丰、石田米子、藤井升三、久保田文次、小岛淑男、菊池贵晴等，均围长桌席地而坐。各人自我介绍以后，首先由我介绍中国辛亥革命研究状况，随即展开讨论。发言十分踊跃，无非是三种意见：一、辛亥革命是资产阶级革命。二、辛亥革命是以工农群众为主体。三、辛亥革命实际上是一次绅士运动。野泽丰、菊池贵晴属第一种，石田米子等年轻学者属第二种，主张绅士运动者仅市古一人。60年代"左"倾思潮遍及全球，日本年轻一代辛亥革命研究者大多思想激进。不过他们批判的矛头主要是针对市古宙三，野泽与我反而是隔岸观火。市古宙三儒雅谦和，犯而不校，整个会场仍属各抒己见，和而不同。讨论会从下午3时开到晚上9时，整整延续六个小时，连饭菜都不知其味，可见讨论兴味之浓，据云前所未有。

11月11日为周日休息，但中午佐伯有一仍偕近藤邦康等学者来访并共进午餐。佐伯专攻明清史，时任东洋文化研究所所长，为中日学术交流恳谈会发起人之一。近藤专注于章太炎研究，与汤志钧及我都有密切联系。饭后至上野公园精养轩品尝和式茶点，凭吊当年同盟会活动旧址。晚间日本历史学会在东京大学学士会馆举行大型酒会，欢迎刘大年与我来访。田中正俊带我与众多日本学者一一握手致意。酒会结束后，日中学术交流恳谈会负责人卫藤沈吉（东大教授）、安藤彦太郎邀大年与我至别室吃简易汤饭，因酒会上交谈不停，顾不上进食也。卫藤为国际关系研究权威，在外交界颇有影响；安藤则是《毛泽东选集》日文版主译者，长期在北京工作。两人政治倾向虽然有别，但私交甚笃，且携手共同推进中日友好学术交流，都有很多贡献。

11月12日上午佐伯送至火车站，购买到京都新干线车票，然后至外交史料馆查阅并复印资料。晚间独自到神田逛旧书店，仿佛北京琉璃厂昔日盛况。

11月13日，上午9时中山美绪（婚后改名岸本美绪）来，她是佐伯的博士研究生兼助教，陪同至国会图书馆参观。接待之女馆员访华刚回，故特别殷勤，惜时间太短，仅借北一辉、萱野长知两书复印。

下午美绪又来，陪至神田旧书店淘书。收获颇丰，如《苏报》《浙江潮》等，但颇为沉重，美绪全部装入她随身携带的极大书包中，且不允我分劳。问何以故，答曰："我是学生，又是女人，理应如此。"我内心总觉愧疚，没有想到日本至今还有这些传统观念。

晚间久保田夫妇携女明子来访。夫人以前曾在上海生活，因其父乃同文书院成员，本人亦为历史学者，专门研究宋庆龄。我们同去离市区较远的椿山庄共进晚餐。山庄原为山县有朋元帅别墅，至今仍然保留原来园林风格，餐厅为多个小巧平房，散布于浓密树林中。林间小路曲曲折折，只有依靠着和服的侍女持灯笼引导。行走时但见灯笼光线摇曳于前，或明或暗，若即若离，仿佛"聊斋志异"。肴馔精美，服侍殷勤，难得有此畅叙佳境。据云孙中山最早在东京的住处即在附近山下。餐毕，久保田全家又同去YMCA宿舍叙别，原来这就是为我精心安排的饯行。

11月14日上午，东大社会科学研究所古岛和雄赶到火车站送行并饯别，他和我已在同年结识于武汉，亦为日中学术友好交流的先驱者。火车于下午1时24分离站，4时20分正点到达京都，这是我第一次享受新干线的旅行。狭间直树到火车站接至京都大学人文研究所附近之"鲥屋"旅馆寄宿。这是一家母女两人经营的家庭旅馆，坐落在东山之麓小溪旁，风景绝佳。房屋为日本老式民宅，没有床椅，睡榻榻米，木桶式浴缸，或许是有意让我领略日本家居文化。

11月15日上午去京都大学人文科学研究所。该所原为外务省1929年在京大设立的东洋文化研究所，次年设立西洋文化研究所，1939年又设立人文科学研究所（均早于东大的东洋文化研究所），1949年3所合并为现今的人文科学研究所。该所下设14个部，由东方文献中心主任竹内实出面接谈。竹内出生于山东济南，因此中文绝佳，1957年即开始来华学术交流，对鲁迅与毛泽东都有深入研究，知识渊博，文笔优美，话语风趣。随后由狭间陪同参观京大图书馆。

下午会见资深教授岛田虔次。岛田少年时代即不满军国主义，曾跑到中国大连读中学，借以逃避兵役。1941年毕业于京大人文学部，学习期间与郭沫若之子和夫私交甚密，不过后者是物理系学生。岛田长期从事儒学研究，1961年曾作为日中友好学术代表团成员访华。1964年参与桑原武夫主持的《资产阶级革命的比较研究》一书的讨论与编写，1970年赴巴黎从事中国思想史研究。现在接替小野川秀美主持京大辛亥革命研究班（相当于跨地区的研究会），阪神地区的学者亦来参加。他把我那本小书《辛亥革命前夜的一场大论战》发给学生做参考书，并以红笔在书上圈点批评，密密麻麻，一丝不苟，俨然中国传统饱学之士做派。

晚间东方部正式宴请，小野川秀美虽已退休，亦来会晤。京都大学研究汉学者大多能说汉语，所以容易沟通，加之学风自由，很多见解相互契合，所以更为活泼融洽，谈至晚9时始散。

11月16日上午参观京大"人文研"书库，收藏极为丰富。复印日本早期刻印的《海国图志》两种。

下午辛亥革命研究班例会，到会三十余人，来自奈良、大阪、神户等地，据云为人数最多一次。我报告后，讨论热烈且极深入，因该班成员大多已长期研究辛亥革命，且有各自独特见解。

晚间会餐，结识神户大学研究生陈来幸，系中国台湾旅日华侨第三代。叔父陈舜臣为日本著名作家，出版以中国近代史为题材的系列长篇小说，颇享盛誉。她自己的博士学位论文为有关虞洽卿的研究，即将去上海、北京收集相关文献资料。

11月17日至人文所与小野川秀美长谈。小野先生于1933年毕业于京大东洋史学科，长期从事突厥回鹘史研究。1953年以《清末政治思想》论文获文学博士。1963—1964年任京大人文所雍正朱批谕旨研究班班长，是为辛亥革命《民报》研究班之前身，并形成集体阅读讨论专题系统资料之优良传统。1974年起从事《宫崎滔天全集》的繁重编辑工作，同时主持《民报》索引制作。1975年荣休，转任奈良大学文学部教授。

小野主要是介绍有关宫崎滔天与大陆浪人的研究情况：日本史研究者过去不注意宫崎滔天，二战后由于反省侵略政策，才有些人致力于研究滔天，专门研究者有渡边京二与上村希美雄。小野说黑龙会头山满与内田良平均系侵略主义者，但头山满心胸宽阔，能够包容，而内田则不能。内田良平与滔天都支持同盟会成立，但立场与动机都不一样。东京有滔天会，会员六十多人，包括各界人士，主要是学者、新闻记者等关心中日友好人士。

11月18日，中国文学专业研究生阿辻陪同游览岚山，瞻仰周恩来诗碑。碑石质朴无华，一如碑主品格。雨中岚山，分外静洁，红叶斑斓，山泉清澈，抚今思昔，感念不已。

晚上狭间直树偕佛教大学文学部教授吉田富夫及平凡社编辑来访，随即到附近饭店餐叙。此3人学生时代均曾对中国"文革"持肯定态度，因此对中国现今变革不够理解，希望大陆学者访日时，对"文革"的评价应照顾到日本学界的不同认识水平，叮嘱颇为恳挚。归途狭间本拟开车上山谒河上肇墓，但又怕夜深不安全作罢。

11月19日，狭间亲自陪同我游古城奈良，途中见鹿群出没于公路上，汽车几度被迫绕行或暂停，此为我从未见过的景观。奈良保护甚好，俨然古代西安缩微，唐代文化氛围浓郁胜于中国本土。参观中日文化交流

图30 在京都大学人文科学研究所讲演（左为竹内实，右为狭间直树）

源远流长之唐招提寺，鉴真大师供奉规格极高，惜未能瞻仰其真身（国家级文化财富）。

晚间狭间家宴，其幼子在门口高呼："章开沅先生万岁！"令我甚为惶悚，其实日人随时可呼"万岁"，以表达内心的欢悦或敬意，与华语的"万岁"含义有别。夫人制作的西式菜肴颇为精致，席间命其女儿以华语说"谢谢"，可知其全家投身日中友好交流。

11月20日，上午分别至小野和子、竹内实研究室晤谈。和子研究清史与中国妇女史，其夫小野信尔研究辛亥革命，时任花园大学教授。晤谈结束，和子陪我到书店购买台湾影印的辛亥革命时期书刊。午饭后和子又陪同参观曼殊院及其他多所寺庙，日本受佛教影响似不逊于儒学。

晚上，狭间陪同去熊本，乘老式火车，卧铺简陋但很整洁，整夜酣睡，不知东方既白。

11月21日晨7时至大牟田驿站，转车至熊本县荒尾村（后升格为市）。先至孙中山纪念馆，距海只有200米，形胜尚佳，惜已颓败。继谒宫崎家墓，系家族合葬冢，但在背后荒草丛中发现真乡（八郎）单独之墓。八

第九章 编写《辛亥革命史》

郎（1851—1877）为滔天长兄，受卢梭《民约论》影响，倾向自由民权，后战死于西南之役。他是年轻滔天的偶像。

9时半至滔天生地，旧居为日本传统草顶木屋，维修完好如初。瞻仰孙中山曾住房，陈设朴素雅致，正面长台上置有日本兵书及《左传》等中文典籍。墙上悬有孙中山所写横幅"与民怀仁"及黄兴所书"达观"，另有1913年孙中山重访荒尾照片。现时房主川口夫人以茶点热情接待，并出示宫崎家遗存函札、地契、照片等，私人保管珍贵文物能够如此井井有条，实在难能可贵。

中午泛舟有明海，此为日本内海，阳光灿烂，水面如镜，渔船二三飘然而过。经岛原，系早期基督徒聚居处，有教难遗址。继转谏岛，换车去长崎。

长崎环山面海，为秀色可餐的海港山城。夜逛大街，车水马龙，光耀胜昼。选一海鲜馆，以生鱼片、鲜牡蛎佐清酒，纵谈至深夜。

11月22日，晨起登山，瞻仰为核爆遇难者所建之大观音像。观音像脚踏莲花，俯视人间，慈悲庄严，祈求世界和平。长崎核爆死伤惨重，故当地反战人士众多，但途中亦可见右翼宣扬军国主义之各色传单及标语。

上午11时离开旅舍，车行70分钟抵长崎机场。下午3时飞机起飞，北京时间4时58分平安抵达上海。

历时两个月的初次出访至此圆满结束。

## 辛亥赋新篇

在出国访问前后，我花费更多时间与精力，参与筹建中南地区辛亥革命史研究会，并推动各项相关工作。

1978年春，我们编写组正集中在北京修订书稿。广东省社会科学院张磊突然跑来倡议建立辛亥革命研究会，增平与我当即表示同意。那时

图31 辛亥革命史研究会1980年部分理事合影（章开沅左侧为林增平）

成立学会比较简便，只要得到中国社会科学院相关部门赞同即可。最先成立而且声势颇大的是中国太平天国史研究会，已经开过若干大型学术研讨会。我们无非是萧规曹随，连会章都照抄不误。但由于顾问黎澍提醒，会太大，人太多，关系复杂，难免出现无谓争执，不如建个地区性的小社团，多做点切实研究。我们觉得很有道理，遂以编写组成员为骨干，加上广东、广西两省区学者，成立中南地区辛亥革命史研究会。

就在1978年年底，中南地区辛亥革命史研究会在中山县（现中山市）正式成立。会议选举我为理事长，林增平、张磊为副会长，聘请刘大年、黎澍、李新为顾问，并且决定创办《辛亥革命史丛刊》《辛亥革命史研究会通讯》《辛亥革命史论文选（1949—1979）》作为辛亥革命史研究者的共同园地。会议最后一致决定1979年11月举办第一次学术年会，作为研究会向全国乃至全世界首次亮相。

因此，我从日本归来，顾不得飞武汉，而是直接去广州，参加此次学术研讨会。应该说，十年"文革"，荒废太多，在中山大学举办的这次学术年会，规模甚小，准备也不充分。但这毕竟是百废俱兴的发端，人人意气飞扬,同心合力推动辛亥革命研究的奋起意志确实令我感动。我在会上报告了美、日之行,与大家分享了国外的辛亥革命研究状况与最新动态,对于我们此后研究的学术转型显然影响甚大。会后,专程前来交流的香港学者王德昭特别热情,不仅没有任何客套,反而似故人归来。他一见面就与我敞开胸怀,纵谈至深夜,并且带来他最爱喝的董酒与我共饮。德昭东西兼通,在民国史特别是孙中山研究方面颇有真知灼见。我很早就很钦服,并且经常向同事与学生推介。似乎由于都有抗战时期西迁流亡的经历,我们共同语言甚多,很快就成为相知甚深的密友。

这次会议虽然条件比较简陋,但在海内外却产生很大的影响,所以我称之为大陆辛亥革命研究"春天的第一只燕子"。会后,我们遵循不讲空话、多做实事的宗旨,努力在"桥梁"与"园地"两方面夯实基础。《通讯》由各理事单位轮流编印,到1979年10月已出版3期,由于内容充实,短小精焊,深受各地欢迎。1980年9月《辛亥革命史丛刊》第一辑由中华书局出版,这是我国最早公开发行的近代专史学刊。同年12月《丛刊》又出版第二辑,开始为国内外学界瞩目,此后成为较权威的辛亥革命史研究专刊。

当然,对于我们《辛亥革命史》编写组来说,最主要的工作还是这120万字书稿的修订出版。从1978年春到1980年,编写组主要骨干都集中在北京编稿并作最后修订。当时由于没有经费,食宿与工作条件都很差。幸好北师大同行学者非常热情,借用几间空学生宿舍,解决住宿与改稿问题,吃饭则一日三餐都在学生食堂。暑假期间,学生多已回家,伙食之粗劣可想而知。但大家都以工作为重,很少到餐馆加餐,也没有补充任何营养品。有段时间我的血压升高,经常出现眩晕,从宿舍到食堂都靠扶着墙或道旁树木缓慢行走。看病却误以为是神经紊乱,给点谷维素了事。9月份开学,只有另找住处,恰巧军事科学院战理部几位同行好友闻讯前来,邀请我们去他们的招待所静心改稿,因为那里空闲房间较多，可以无偿借住，加上那里食堂伙食标准较高，基本营养可以保证。学院领导也很关心，仅战理部部长就出面宴请多次。军人喜酒，每逢主人大声自赞"我最尊重知识"云云之时，必定即是酩酊大醉的开始。宾主相处极为融洽，唯一的缺点是位置偏远，门禁太严，与外界几乎完全隔绝，但这又避免了许多无谓的应酬，平心静气专注于著作的编撰。至今想起来，我们都很感激这些及时支援的好友。

统稿工作之繁重也出乎意料，因为已成书稿作者分处各地，基本上没有多年合作磨合的经历，因此文风思路颇多差异，加上有若干章节水平有限，必须推倒重写。有些部分（如社会动乱、群众斗争）还需每天去一档馆（中国第一历史档案馆）查阅原始文献。《辛亥革命史》定稿后总共120万字，远远超过原来的预计。1978年编写组首先集中力量修订上册，参与者有增平和我，以及萧致治、刘望龄、冯祖贻。由于初稿水平不齐，又缺乏应有的磨合与默契，所以难度最大。幸好增平已有编撰《中国近代史》的经验，始终主持其事，既能驾驭全局，又能逐字逐句细改，连标点符号也不放过。这段时间，我与他合住一室，夜谈甚多，其中甘苦，自能体味。应该说，《辛亥革命史》上册之所以能够如期定稿并正式付梓，增平之功厥伟。中册本属我主持修订，但因有段时间出国访问，改由隗瀛涛代理。这一册大部分由我本人执笔，保路运动部分是瀛涛多年心血结晶，所以修订任务不重。只有社会思潮部分原由吴雁南执笔，他原来专门研究太平天国，对辛亥革命时期相关报刊、论文、著作阅读缺乏足够积累，所以我从国外回来之后不得不自行动笔，基本上是重新撰写。幸好雁南为人忠厚，能够理解实在是时间过于紧迫，无法从容讨论反复推敲，所以从未为此产生隔阂。下册绝大部分为王天奖自己执笔，原有基础甚好，统稿修订几乎由他独自完成。刘望龄、冯祖贻留在北京始终参与全书修订，特别是付印后配图、校对等一系列繁重工作全由他们承担，因此也做了极大贡献。经过四年多通力合作，《辛亥革命史》三卷本终于在1981年10月以前如期出版，为纪念辛亥革命70周年学术讨论会的隆重召开献上一份厚礼。宋庆龄先生应我求索，为封面题写书名，更为此书增添光彩。林言椒和人民出版社相关人员，为此书的版式、装帧、配图、付印，日夜奔忙，付出许多心血，我也终生不忘。

"文革"结束以后，各个大学尚未成立自己的出版社，加上人文学科又没有专项研究经费，所以各个实力较强的跨校编写组，俨然成为几个大出版社的附属机构，关系特别密切。人民出版社仅林言椒一个人就掌握了《辛亥革命史》与《中国近代史》两个大型学术专著编写组。中华书局李侃亲自出马，与龚书铎等北京知名学者组成的《中国近代史》编写组长期合作，同时还与太平天国与辛亥革命研究会携手，共同编辑出版丛刊与专著。各个编写组之间多少有点竞争，但主流还是友好互助，共同谋求中国近代史学科的复苏与转型。记得林言椒有次率领以东北师大苑书义、赵矢元等"东北虎"组成的《中国近代史》编写组，专程来武汉与我们编写组在东湖大聚会。高谈阔论之余，竟然在酒宴上形成南北两军对垒。赵矢元等关东大汉素以豪饮知名，我们南方文士只有林公（林增平）酒量较大，其余都不胜酒力。隗瀛涛虽然号称"酒鬼"，但自我节制能力极强，每餐不超过二两，简直难以对阵。没想到在"东北虎"猛然攻势下，平素斯文谦和的林公居然挺身而出，大碗豪饮，以一对十。原来耀武扬威的北军主帅竟然倒下，俯首认输。众人都夸奖林公有大将风度，不料他却脸色煞白，仓皇跑出餐厅。有细心人怕他出事，紧跟搀扶，果然是呕吐狼藉，然后稍稍漱洗，再度回到餐厅自吹"大捷"。可惜我正在海外学术交流，未能亲眼看到这般盛况。

## 金秋盛会

早先在1961年武昌举办的首次纪念辛亥革命50周年学术会议上，学界即已达成共识，每隔十年举办一次全国纪念性大型会议。1971年为辛亥革命60周年，由于"文革"而无从举办。1981年是辛亥革命70周年，国内外辛亥革命研究逐渐形成热潮，所以大型学术会议的举办势在必行。"文革"期间，吴玉章、范文澜等老一辈学者多已辞世。我们这些后继者深知自己的责任。因此，从1980年下半年开始，我就不断奔波于京广线上，为纪念辛亥革命70周年国际学术会议的召开穿针引线，而中南地区辛亥革命史研究会遂成为重要的推动力量。

1980年11月我们研究会与湖南历史学会率先合作在长沙举办小型辛亥革命讨论会，着重商议纪念辛亥革命70周年的筹备工作，动员本会成员为这次盛会撰写高质量的学术论文。正好全国政协已把此项学术活动列为纪念辛亥革命70周年的重要项目，并且明确宣布仍由中国史学会与湖南、湖北两省社科联共同举办。1961年主管首次纪念辛亥革命学术会议的湖北省委宣传部原部长密加凡业已转任湖北省社会科学院院长且兼社科联主席，他把我们这些老部下重新组织起来。国内相应的运作程序堪称轻车熟路，倒是从国内会议扩大成为国际会议比较缺乏经验。幸好我此前已经访问美国与日本，对北美、欧洲乃至我国港台地区的研究状况与代表性学者大体有所了解，所以对外联络的策划与信件往还工作便自然落在我的身上。

辛亥革命70周年纪念学术讨论会于1981年10月12日至15日在武昌风景如画的东湖隆重召开，出席学者一百七十余人，其中有日、美、加、法、澳、印、泰、韩等国和我国香港地区的学者44人，是一次名副其实的高水平大型国际学术会议。原本想邀请我国台湾地区著名学者张朋园，因为他正在美国任教,而且已经与我有书信往还。我给他的邀请与他复信的底稿,朋园至今都留存纪念。欧美知名辛亥革命研究者大多到会,其中巴士蒂与我早在北京结识,陈志让虽然在英国与北美任教数十载,但由于抗战期间曾就读于西南联大,且曾参加进步学运,所以与我一见如故,仿佛相知已有多年。

我因担任组委会副秘书长,而且与海外学者多已接触,所以会前均分别有所晤谈。但是除参加全体大会外,分组讨论却很少参加,因为我负责编发每天的简报,必须综合各分场的记录,提供简明扼要的交流简讯。简报备受欢迎,但我本人却失去很多直接交流的机会。据说"辛亥革命与资产阶级"分会场参加人数最多,讨论最热烈。陈志让与白吉尔对当时中国资本主义的发展及资产阶级的形成均持否定看法,所以形成"舌战群儒"的局面。但陈志让毕竟是真诚学者,他对国内学者撰写的相关论文极为尊重,并且在会后亲自汇集并译成英文正式出版。在翻译过程中,他一丝不苟,遇有疑难问题必定给我写信咨询与讨论,其治学态度之谨严与推介国内学术成果之热忱,均使我为之心折,从此交谊日密,终生不渝。

日本学界对辛亥革命讨论会最为积极,来武汉开会者最多,提交的论文均具有较高水平。与此相应,日本历史学会还于11月在东京举办相对应的纪念辛亥革命70周年国际研讨会,并且为推动中国海峡两岸学者友好交流做了大量促进工作。当时,胡绳已内定为中国代表团团长,所以武昌会议第一天,就由我陪同会见日本学者。日本学者列成两排,胡绳一一握手,并由我简要逐一介绍。日本学者本来多礼,对胡绳特别谦恭,因为胡绳16岁读中学时曾经发表文章与鲁迅争论,他们误认为胡绳是鲁迅那一代文化人。事后日本学者向我了解胡绳实际年龄,大家不禁哄然大笑,这是会议一个小小插曲。

对于华师刚刚建立的辛亥革命研究中心来说,通过此次会议首次向海内外学界展示了自己的实力，同时也打开了师生的眼界。政府与社会对我们也给予较多关注，我撰写的《辛亥革命与江浙资产阶级》与《辛亥革命史研究30年》广泛流传，《新华日报》还全文刊载了我的第一个博士生赵军的处女作《试论宫崎滔天与"支那革命主义"》。这篇文章引用大量日文档案文献，比较细密地阐析史事，一反过去对宫崎滔天的消极否定，因而引起较大反响。此前我从日本带回许多缩微胶卷，但由于经费短绌，连缩微阅读器都买不起，赵军只有自己动手，利用电筒制作简陋的幻灯机放大阅读，其中艰辛可想而知。不过这也几乎形成一个传统，即每过十年开一次辛亥革命若干周年纪念国际研讨会，《新华日报》都要全文刊载我们中心新锐的一篇优秀论文，如辛亥革命80周年纪念时就推出朱英有关晚清农会的文章等。

我们中心在此次会上宣读论文的还有严昌洪（《辛亥革命中的暗杀行动及其评价》）、饶怀民（《试论〈民报〉时期汪精卫的民族主义思想》），均有创新意义。还有唐文权（《辛亥革命前章太炎的佛学思想》）、张应超（《辛亥革命时期井勿幕的活动》）均为我识拔的自学成才的年轻中学教师，由此脱颖而出成为卓有贡献的学者。他们的成长使我深受鼓舞，并且也增加了自己前进的信心。

稍后，我又随同胡绳、陈锡祺、金冲及、李宗一前往参加东京的纪念辛亥革命国际研讨会。本来预定有六位中国台湾地区学者也参加此会，但不知何故他们却临时未能践约，所以连日本历史学会的主席在开幕词中都表示遗憾。我提交的论文是《"排满"与民族运动》，正好与白吉尔及苏联学者齐赫文斯基安排在同一上午全体大会上报告。白吉尔与我已经结交，而齐赫文斯基则因中苏关系恶化，一直成为中国学界的批判对象。他是中国通，抗战期间曾任苏联驻华使馆文化参赞，所以极富外交经验。他很想与中国史学家恢复友好交流，但又顾虑可能遭到冷遇，所以在会前的招待酒会上，通过苏联驻日使馆秘书邀我叙谈。由于都有战时重庆生活经历,加上又是同行学者,谈得颇为投缘,以后遂成为我在苏联关系密切的友人之一。我与他和白吉尔三人报告的内容相距甚远,所以很难相互评论,更谈不上什么论战。会上倒是美国哥伦比亚大学的韦慕庭教授与齐赫文斯基针锋相对,相互反复辩驳,不过都属学术范畴,倒也未伤和气。

东京盛会之后,京都大学人文所又专门为我们举办大型的讨论会,因为时间实在有限,会上只有胡绳、竹内实、岛田虔次几位前辈报告或发言。晚宴以后,大约8点多钟,狭间直树突然来我卧室,邀我与金冲及、李宗一去小酒馆畅叙。这是日本学者的老规矩,所以我问:"为什么不请胡绳同去?"狭间笑着说:"他地位高,恐怕不方便。"我说:"他一定愿去,我去代请。"因为早在武昌开会时,胡绳就曾问我访日学术交流有何体会。我扼要提出两点:一、尽量摆脱官方色彩,说话要幽默有风趣。二、京都学术界,原属左翼人士较多,他们曾经赞同"文革",现在思想一时转不过弯,反而认为我们"修"了,应该有所说明。果然,他在京都座谈会上,结合亲身体会,说明应该如何正确认识我国当前方针、路线乃至理念的根本转变,日本年轻学者听后心悦诚服。我深知胡绳一定愿与日本年轻一代近距离接触,问他愿不愿意与我一道去小巷喝"柜台酒",他回答说:"去,为什么不去!"于是我们一伙人立即前往,度过一个极有情趣的夜晚。胡绳酒量甚大,与京都酒徒们执杯豪饮,海阔天空,无拘无束,给日本学者留下很好印象。

京都会后,我们兵分两路到外地参观,胡绳与陈锡祺、李宗一参观古城奈良,我与冲及等启程前往荒尾,参观宫崎滔天家墓及故居。荒尾市长极为重视,率领市府及议会全体成员列队欢迎,并举行正式会谈,随后在家墓前广场上举行隆重群众集会,由我与冲及讲演。中午市长又陪同我们前往福岛矿主俱乐部参加欢迎午宴,这座古老幽深的欧式庭院也具有历史感,因为当年福冈煤矿主是孙中山流亡日本的主要资助者,九州地区人民对中国历来感情深挚。宴会结束，市长赠送事先在肥后名窑定制的茶具，还有整箱土产荒尾甜梨。告别后，车行至荒尾市政厅停下，接受全体工作人员的列队欢送。车行至荒尾边界，又有一辆市府汽车飞速赶来，两位年轻职员双手捧着果碟，热情地请我们再次品尝荒尾甜梨，然后再继续加速在通往京都的公路上飞驶，因为人文所学者正在等待我们晚间一同品尝日式火锅。这些古老淳朴的风俗，使我们深深感动。

正是由于中国台湾地区学者未能出席东京会议，美国一批学者，特别是华裔学者（主要是谢文孙），又借亚洲学会在芝加哥举办年会之机，邀请海峡两岸学者（作为分组会）共同讨论辛亥革命。1982年4月，胡绳率赵复三、金冲及、李宗一与我，还有一位女翻译陈德仁，前往芝加哥参会。中国台湾地区也很重视，由蒋介石当年的亲信秦孝仪亲自带队，包括张玉法、李云汉、张忠栋、林明德四位学者也如期到来。以辛亥革命为主题的分组讨论，被安排在棕榈宾馆豪华宽敞的会议厅举行。会议预定在晚9时开始，但7时即有人坐等。及至我们进会场时听众已经"爆满"，连过道地毯上都坐满人。会议主要由两岸学者提交论文，美国学者分别充当评论人，两岸各派一人为答辩者，台湾是张玉法，大陆是我。自由发言，各抒己见，但可惜只限于讲两分钟，很难充分展开。

总起来说，会议气氛比较和谐，虽有争论，亦属和而不同。这是两岸学者第一次正式学术交流，堪称"破冰"与"融合"之始。所以大家都非常高兴，参与此会的华裔学者更觉兴奋，所以唐德刚等邀请我与玉法参与他们私下举办的庆祝酒会。不料会议一结束，秦孝仪就率领台湾全体代表匆匆离去，连双方握手告别的机会都未留下。但德刚等二十几位旅美学者豪兴丝毫未减，我亦欣然参加，把酒论学，畅述心情，不知不觉已近子夜，只有匆匆结束。我正要回宿舍，不料又被从新加坡赶回的前辈学者邓嗣禹强拉进他的宿舍。老人以浓重的湖南乡音劝说："今天我

图32 与胡绳(中)、李宗一(右一)在华盛顿美国国会前留影

迟到了,非陪你喝酒不可,还带有专门为你买的东南亚风味小吃。"邓嗣禹与我刚刚逝世的业师贝德士常有密切书信往还,我虽毫无酒量,也难以辜负盛情,于是又谈古论今,共盼祖国统一富强。

告别时已凌晨两点多钟,大陆同事们早已就寝多时。我事先未能告知胡绳一夜单独活动,但他丝毫没有责怪,可见其思想豁达与包容。会后,我们又在美中友好协会的安排下,前往纽约、华盛顿、伯克利、哈佛等地会见学者与其他各界知名人士,充分发挥了此次友好交流的社会效应。当时,美中友好气氛正处于迅速上升期,随时随地都可以感受到热情的礼遇。有时我们外出,刚走出电梯,大群记者已经手执相机等候多时,闪光灯立时聚集,欢声笑语不绝。我私下诉苦:"简直把我们当成大熊猫了。"胡绳亦深以为然。只有回国登机时,才被风靡全美的中国女子排球队夺去大部分风光。因为到处都是追逐她们的球迷,纷纷献花或邀请合影,我们却被冷落在一边。不过女排倒也善解人意,唯恐冷落我们这些老师辈的同胞,主动把鲜花分别插在我们随身携带的小件行李上。当时只有胡绳一人坐头等舱,他邀我陪同聊天,但也没有多少话好说,因天天都在一起交流。幸好女排队员周晓兰由于刚做过阑尾手术，机组人员把她安排在空空荡荡的头等舱躺卧，她的队友们纷纷前来探视，顺便与我们这些异国相遇的同胞热情攀谈，整个航程倒也不觉寂寞。

# 第十章

# 出长华师

谬膺校职 \ 从馒头与垃圾抓起 \ 频繁出访 \ 校园新风 \
兼容并包与不拘一格 \ 80年代后期的几件事 \ 主动辞职与出国访学

## 谬膺校职

20世纪80年代，我在最初三年全力投入辛亥革命研究与国内外学术交流，当时很多时间都是在外地或旅途中度过，对国内乃至校内情况反倒有相当隔膜。其实，当时一股强大的改革热潮正在国内迅速兴起，各个大学也不例外，采用"海选"办法，参照民意选拔校长就是一个史无前例的创新举措。这一举措改变了我的后半生命运。

1984年元旦过去未久，我正在西山参与以胡绳为首的孙中山研究会的创建，突然接到华中师院党办主任郭有义的长途电话，说是有要紧事情催我立即回校。我一头雾水，不知是祸是福。回校以后，党委书记刘介愚满脸严肃，正式通知："根据民意测验，教育部党组已经任命你为新一届院长，所以催你立刻回来准备接任。"我简直不敢相信自己的耳朵，我这样的人怎么能当院长，长期未能入党，又毫无党政工作经验。但介公当时似哮喘病复发，情绪亦较低沉，我不忍心多予打扰，便默默告退了。

但此后没有任何上级人员找我谈话，我也不习惯到处打听，所以等于被闲置了。当时"文革"遗留的派性对立仍有残余，对于教育部党组的新举措，特别是对于学校新班子成员，并非大家一致赞同。反对者公开指责这是"旧党委的二套班子"，因为多数被提议进入班子者都是旧党委重点培养的对象。各种流言也很多，仿佛新班子成员问题很多，甚至有的人在"文革"中还涉及"人命案件"，学校顿时陷入"无政府"境地。校级老领导班子已经正式宣布退位，新领导班子又迟迟未能接任。为避免闲言碎语，老领导已不便找我们沟通，未能寻求一个过渡办法。因此校内外问题成堆，连垃圾成山与食堂馒头变黄变味这些问题都无法解决，师生怨声载道。

我并不想当校长,但却不能坐视这种状态而无动于衷,于是便向胡绳诉苦,希望他能向中央反映,因为省委似乎是对我们不闻不问,搁置一边。正巧胡绳与主持教育部工作的何东昌住处邻近,他及时向何诉说。何东昌大吃一惊,因为党组决定以后,早已上报国务院,1983年12月24日国务院总理已正式签发任命我为华中师院院长、高原为党委书记的委任状。华中师院作为教育部直属高校虽然也属湖北省委领导,但湖北省委却不作任何说明就压住国务院的正式任命近四个月之久。何东昌说,我们了解章开沅,我还专门买了他主编的三卷《辛亥革命史》。教育部对此事极为重视,立刻打电话向湖北省委科教部质询。科教部部长尤洪涛是个忠厚老实的老红军,原任湖北医学院校党委书记,似乎同情我们的处境,但他并非省委常委,夹在中间深感为难。教育部党组要湖北省委教科部写正式报告解释其中缘由,因为湖北省委同时还搁置了湖北农学院新班子的任命。科教部部长却不敢表明自己的意见。最后经过多次沟通,教育部党组终于松口,改为由湖北省委教科部以电话正式解释并表明执行中央决定,由教育部记录备案。

华师校级领导班子换届问题总算解决,科教部部长随即找我单独谈话。我们的交谈非常坦率,但解决的方案很难说是圆满,因为省委仍然坚持要把继续留任的一位副校长(王庆生)挂起来,说是他在"文革"中有的问题需要查证,暂时只能挂起来。我直截了当表示不同意省委意见,因为王庆生早在军工宣队进驻时期已被宣布解放,并且负责宣传部门工作,而华师正式成立临时党委以后,他已经出任副院长,工作非常称职,这些任命都已经经过严格政治审查,因此挂起来毫无根据。尤部长没想到我如此顶真,顿时面露难色。他说:"这是省委常委的意见,我只能奉命执行。"尤部长语重心长:"这些意见分歧可以从长计议,但新班子必须立即接手工作,否则华师目前这种瘫痪局面何时了结。"话已说到这种地步，我自然要顾全大局，所以没再作任何争辩。他问我自己有什么困难。我说自己根本不是当院长的材料，现在勉为其难，只能担任一届，另外我的学术研究有些重要任务尚未完成，希望每周保留两个下午从事写作。他见我已经答应就职，便松了一口气，笑着说："这两个条件倒可以考虑。"

回校以后，我立即向新任党委书记高原汇报。他已卧病在床，正在为换届问题焦虑。他很诚恳地规劝："我知道你不愿做行政工作，但华师目前处境这么困难，我们这些南下同志不上，谁上？"高原是原来校党委宣传部部长，我们相知甚深，自然不能置身事外，于是我表示"我确实不适合当院长，但既已承诺，就义无反顾，努力把学校办好"。我们两人取得默契以后，便与党政新班子成员主动接手工作。党委两位副书记李开蕊和晏章万虽然是我们的学生一辈，但很早就进入领导班子，党政工作资历比我还老。行政领导却不齐全，因为王庆生被挂起来了，王秋来仍在北京学习，只剩下郎郡诗、邓宗琦与我三人。所以当务之急就是首先抓中层干部换届，否则大家人心惶惶，如何开展工作？因此每天领导核心都要开会、调查摸底、单独谈话。高原起初还带病勉强工作，不久又被确诊为癌症，只有赶紧送医院救治。干部调整最大的困难就是派性与偏见的干扰，不仅来自学校基层，而且也来自省委高层。具体负责与省委组织部联络的是晏章万，真可说是磨破嘴跑断腿，往往一个处级干部的任命要几经周折。幸好晏章万头脑清晰，作风正派，干练而又稳健，所以很多难题都能及时解决。我有若干破格用人的建议，都能得到党委的一致同意。特别是对于王庆生的不公正处置，党委能够作为保留意见，不断向中央相关部门申诉，这是使我最为欣慰的一件事。

忙忙碌碌，直到1984年5月，湖北省委派科教部部长前来正式宣布学院党政领导名单，而教育部人事司却没有任何负责人参加，其中奥秘至今仍然难以索解。尤部长到校，首先在校部会议室与新老领导干部会晤，他宣读名单以后，代表省委表态说："省委认为这个班子基本上是好

图33 1984年华师新老校领导合影

的，是可以信任的。"调子很低，仿佛有所保留。我对此自然有所对应，当即代表新班子表态，除决心把学校办好外，加上两条："希望省委给我们一点时间，并且给以足够的信任。"察言观色的科教部秘书长对我的性格比较了解，立即向尤部长耳语数句，见面会就此结束。紧接着就借用一个大教室开中层干部扩大会（含副教授以上教师与职工代表）。尤部长代表省委宣读任命名单后，照例又讲些祝贺与鼓励的话，不过关键词已改为，"省委认为这个班子是很好的，是完全可以信任的"。声音也比此前洪亮得多，所以到会听众都很高兴，报以热烈的掌声。

　　由于高原病重，我必须代表新班子作就职演说。事先，曾有热心同志建议我讲点华师未来的宏图，以便鼓舞已经相当低沉的校园人心。但我在校部是初来乍到，哪有什么现成的宏图大略，只能老老实实承认自己必须从头学起，向老领导学习，向有经验的同事学习。我说："选我当院长，我感谢大家的信任与期待，这可以说是一次历史的选择，但历史也可能是错误的选择。我只能保证，既然站在这个岗位上，就必然义无反顾，勇往直前，与全校师生员工精诚团结，努力把学校办好。"结尾想讲几句鼓舞人心的话，突然想起鲁迅《阿Q正传》，连阿Q上刑场都怕围观的看众扫兴，大喊一声："二十年后又是一条好汉！"我情不自禁地提高声调，满怀激情地说："我宁可站着倒下去，也不躺着混下去。"没想到就这句话，竟然博得满堂彩，连满脸严肃的尤部长也笑着鼓起掌来。大家兴高采烈地散会，我终于硬着头皮过了这一关。事后，好心的友人告诉我："大家最担心的是你不愿当院长，可你最后两句话让我们放心了。"人心思治，华师再不能这样涣散下去，人同此心，心同此理，有群众这样强势的推动力量，我这个院长还有什么可以害怕。

## 从馒头与垃圾抓起

正式上任以后，我决心尽量改变角色，要做一个好校长。当时抱怨最多的，一是馒头发黄变味，一是到处垃圾成堆，虽然多次督促也无任何改进。所以正式就任大会的次日清晨，我就直奔规模最大的第一食堂，但路上我看见新上任的伙食科科长已经进入食堂，接着新上任的后勤处处长在察看沿路垃圾以后也直奔食堂，我心里就有底了，认为自己不必到食堂出头露面。果然，没过两天馒头就变白味正了，路旁的那些垃圾堆也一扫而光了。其实问题并不复杂，馒头是面粉发酵过度变酸，然后加碱又过多，乃至变黄涩口，稍加调整就香甜可口了。垃圾是划片包干，发动学生与工人一起突击扫除搬运，校园马上就改变了模样。虽然是两件小事，但干部认真负责，敢抓敢管，确实能够唤起众多师生的前进信心。

当然，馒头与垃圾毕竟是日常工作，容易见到成效，但更为困扰的问题仍然堆积如山。粉碎"四人帮"以后，20世纪80年代初期对"文革"的反思虽然告一段落。但"文革"遗留的派性对立阴影仍然明显存在，而且成为改革开放大业的严重障碍，所以胡耀邦接任总书记以后，首先就抓整风,彻底清除派性。党中央雷厉风行,向各省派出联络组严加督促。恰好派来湖北的联络组负责人是胡德平,他对中央改革开放方针理解甚深,贯彻极力,特别是朴实低调,对青年俊彦尤为关心,所以很受各界人士欢迎,不仅促使整风克服党内派性取得明显成效,而且在活跃思想方面也曾努力推动。他与我们社会科学界共同支持的《青年论坛》杂志,在全国俨然成为引领思想潮流的重要平台之一,在海内外都有相当影响。当时华中工学院朱九思院长、武汉大学刘道玉校长和我,思想比较解放并且都特别注意发挥众多学生的主观能动性与聪明才智,所以武汉地区也一度极为朝气蓬勃。

从华师内部来说,整风主要是由党委来抓,两位副书记都兢兢业业地做了大量卓有成效的工作。我只做了点拾遗补阙的事情,比如为王庆生副校长不断向中央来人申诉,主要由我出头露面,仗义执言。我认为把他挂起来,显然是省委和学校内部有派性人物作祟,如果连这种恶劣做法都不纠正,那还谈什么肃清派性流毒。我们党委常委内部意见完全一致,我们的不断申诉终于得到中央有关部门认可。有一天下午,尤部长找我去谈话,满面春风笑着说:"开沅同志,这段时间我一看见你头皮都发麻,唯恐你摆出庆生问题而我又无力解决。现在上级已经明确指示,庆生可以恢复副校长工作了。"他的坦率使我深为感动,但整整一年庆生都被莫名其妙挂起来,不仅让他蒙受不白之冤,而且严重影响了我们的工作。因为按规定,华师校行政领导是一正四副,在我这个新手校长就任的第一年,一位副校长无法就任,一位副校长仍在北京学习,只剩下我与郎郡诗、邓宗琦两位副校长勉力支撑全部校务,其困难苦楚可想而知。幸好大家同心协力,总算渡过重重难关。

上任头一年主要是学习如何当校长,因为前任党政两位刘老都没有留下任何叮嘱。介公主要是回避"暗中操纵第二套班子"的嫌疑,刘若曾院长也未正式履行任何交接手续,只是由校办转交给我一小页纸,上面写着不问可知的教职员人数、学生人数等寥寥数行文字，我至今都不明白用意为何。直到12月31日上午，新任财务处处长愁眉苦脸地跑来找我，说是教职工年终福利费发不出来，而那时银行又不肯贷款。我记得两人相对无言，苦于年关难于筹款。福利费发还是不发，迟迟下不了决心。湖北省教育厅虽然欠我们几笔"代培费"，但毕竟它是上级，年关索债难以启齿。眼看已近中午，下午银行就要提前下班。幸好校属机电厂闻讯救急，说他们在银行还有一笔存款，大约有五六十万，可以提前取出应急。我与财务处长两人做决定，年终补助照发不误，以后再抓紧归还机电厂存款。即此可见当年学校经费竟然窘迫到如此地步。

当时教育部也穷，很难指望他们有什么额外补助。像我们这样中央部委直属大学在各省市者，处境更为困难。记得《光明日报》驻汉记者樊云芳首次前来采访，问我脑子里最想要的是什么东西？我脱口而出："钱！"那时新上任的大学校长都为钱发愁，但又苦于门路不多。大家最羡慕的是西北大学校长张岂之，他上任未久便利用地质系的优势，分别与中石油等部门签订合作办学长期合同，很快就获得两千万元办学资助。我平素只知研究学问，与外界很少接触。幸好校办给我配的秘书陈万柏，通过他的级友、时任南阳油田办公室主任的祈林与南阳油田总经理建立联系，以春节拜年方式探讨合作办学方案。我与总经理年龄相若，经历与志趣均有相似之处，所以一见如故，迅速达成协议，一次性获得600万元资助，同时还为我校提供廉价的天然气，而我们的回报就是为油田代为培养人才。

有了这600万，校部讲话办事都增加了一点底气，加上办学创收提成，校系两级分配改为3：7，系所积极性提高，有些事就自己主动办了，不再只知向校部伸手要钱，也减轻我们若干思想压力。虽然学校依旧很穷，连重建美术、音乐两系教育部都不拨经费，全靠多方张罗，但总比过去那样拮据而又束手无策前进了一步。

不知不觉，我的角色逐渐转变，作为校长我不能不重视学校整体。过去完全站在教师立场，对校部，特别是对行政干部批评较多，而自己又提不出什么好的建设性意见。现在却逐渐发现学校领导和中层干部聪明才智并不比一般教师差，工作更为繁杂且责任压力更大。校级领导换届以后，中层干部变动甚多，其中有些是上级要求干部年轻化，刚过50岁就提前退居二线。但这些党政工作老手丝毫没有放松对自己的严格要求，一切以全校工作大局为重，兢兢业业站好最后一班岗。比如校办主任张洪，原来是刘介愚等老领导一手培养起来的得力干部，眼看就要向新人交班了，但处处都为我这个毫无行政经验的所谓学者型校长着想。他和其他原有中层干部按照党委安排，轮流向我做工作汇报，不仅谈工作情况，而且还介绍本单位的职能与作用。有些干部非常认真，汇报时还带有图表与指示棒，我也认真听讲，仿佛是上课。通过听取汇报，我等于进了一期学习班，总算对校部工作有了总体感觉，弥补了前任院长根本未与我正式履行交接沟通的缺憾。

1985年春，各级领导班子已经调整完毕，校务工作顺利运转，"恢复正常教学秩序"早已完成，并且正在向革新层次发展。加上两位副校长——王庆生恢复工作，王秋来在京学习归来，校部领导力大为加强，我就可以集中力量从事为时近一个月的出国访问了。

## 频繁出访

我自己并不急于出访，但教育部的批评——"华中师院的国际文化学术交流与它的地位极不相称"，迫使我不得不亲自抓紧国际学术交流。由于经费短绌，我只带一个助手即翻译兼秘书花海燕。小花毕业留校不久，其实从未出过国，但他是英语系高才生，毕业后留校在外事处已经积累两三年工作经验。由于负责外籍教师接待工作，又参与举办过好几届外国人汉语培训班，所以英语口语与写作均属得心应手，特别是对美国已初步掌握若干重要人脉。我平时与他接触较多，所以敢于让他走上出国交流第一线，而他也确实干练灵活，没有辜负大家的期望。

此次出访，主要是在美国，1985年4月13日从北京出发，直到5月底才经香港回到学校。这是我第一次以校长身份出访，可以说是心中根本没底，不知能不能有较大进展，因为我们不是国际上的知名大学，规模与层次较差，又是师范院校，容易被外国大学误解歧视。但是出乎意料，两个人跑了一圈，居然与十三所美国较具规模的综合性大学正式签订具有实质性内容的交流协议。教育部自然改变了对华中师院的看法。

其所以如此，有许多重要因素，大体上可以归纳如下：

第一，我们有一个热情而又全力支持的主请单位，即雅礼协会（Yale in China）。该会与原华中大学有半个世纪的合作办学情谊，解放后虽然关系中断甚久，但自改革开放以来，他们一直在寻找华大学脉究竟延伸在何处，殷切希望在新的基础上重新建立友好学术交流关系。1979年我访问耶鲁大学时，已与该会主席石达结识，由于他是研究中国现当代史的学者，双方共同语言更多。80年代初，在他们的帮助下，华师已经开始与耶鲁建立相对稳定的学者、学生交流关系。此次由于我正式应邀出访，所以再次修订原有交流协议，使之更加完备并提升层次。此外，他们还主动为我们联络哈佛大学与波士顿大学的访问。在这两个学校虽然实质性收获不多，但都是校长亲自接待，对高校管理经验的交流，使我获益匪浅，特别是在办学理念上更有所提升。同时，他们对我们这个师范院校的实力与抱负，印象也比较深刻，特别是对我有关学术自由与自主办学的不懈追求极其赞赏，这样在客观上也使我此次访美受到其他学校更多的关注。否则，也不会有那么多学校主动邀请我们并签订许多具有实际措施的交流协议。

第二，我有一个倾心相助的老友，即刘子健，他不仅为华师与普林

图34 1986年春雅礼协会送新教师来华师执教

斯顿大学的持久学术合作多所策划，还为我此次访美设定"南进"方略。他认为，华师国际交流起步太迟，现在美国北部特别是新英格兰地区的常青藤学校与中国内地大学交流已相当频繁，因此结交门槛也相应提高，以华师目前的实力与水平，最好是南向发展（包括中西部），那里美中学术交流过去大多以我国台湾地区为主，因此给大陆高校的空间较大，华师可以抢先前往，必有重大收获。我有自知之明，迅速改变访美布局，避免一窝蜂地往美国顶尖大学硬挤，浪费时间。正好我校英语系教师杨亲德在驻美大使馆教育处担任一秘，他所联系的学区田纳西州有一所孟菲斯大学，属于百名以内的中上水平，原来与中国台湾地区交流密切，现在正顺应形势变化，急于找一所大陆高校结成全面合作的姐妹学校。我当机立断，迅速前往参访，果然受到空前热烈的欢迎。校长非常重视我们"中央直属高校"地位，对我本人的学术声望也相当重视，所以很快就签订全方位的合作协议，交流几乎覆盖我校文理全部学科（当时华师尚无工科）。签订仪式非常隆重，各种媒体云集并纷纷报道，当晚还在著名饭店顶层餐厅举办庆祝盛宴。田纳西州州长为此还向我赠送荣誉公民

图35 与孟菲斯大学校长签交流协议

证书与金钥匙作为纪念品。

第三，中国驻美大使馆教育处对我们的及时帮助。由于华师英语系有两位教师都在该处工作，而且参赞也非常重视我们这次出访，所以在信息与资源两方面都能迅速掌握。两位秘书在孟菲斯几乎是全程陪同，这对初次陪同校长出访的花海燕等于是一次实践培训。与孟菲斯全面合作以后，通过教育处的主动联系，邻近地区的俄克拉何马市立大学也立即邀请我们参访并迅速签订交流协议。该校原来与台湾当局关系更加密切，许多台湾当局高官的子女都把该校作为赴美深造的跳板，先到该校学习一两年，然后再转入层次较高的大学。在台湾当局与美方中间起枢纽作用的是一位黄教授，他曾带领"少棒"（少年棒球）在国际比赛夺冠，赢得蒋氏父子赏识，他向我出示与两代"蒋总统"合照的老相片，他站在"领袖"座椅的旁边，很像当年蒋介石陪侍孙中山的标准照。也正因为如此，他深受俄市大校长的倚重，以后很快就提升为副校长。由于中美建交后形势的急剧变化，校长和他本人都急于与大陆高校交流，以谋该校更快的发展。正好我们已走进他们的视线，自然不会放弃机会，而我们也乐得给予"顺水人情"。这份协议究竟落实了多少，我已记不清，但我与该校校长及黄先生倒是交上了朋友，此后曾有多次会晤与信件往还。当然，这些都是属于泛泛的朋友圈边缘，谈不上什么深交，但以后竟引起有关方面的重视，并由中国社会科学院出面洽谈，筹划在该校设立中国文化研究院，而且已经确定我为院长人选。此事后来被搁置，否则我的晚年生涯就要改写了。

第四，我们在交流中比较强调"专业对口"，讲究实惠而不盲目追求数量与规模。"孟菲斯效应"迅速扩大影响，邻近高校邀请交流者渐多。我校交流资源有限，很难做到有求必应，只能择善而为。我们离开孟菲斯后只顺道访问一所州立大学，即俄克拉何马州立大学静水（Stillwater）分校。目标很清楚，因为它刚从水牛城纽约大学引进一位生化专家，连同团队与实验室一锅端，而这正好与我院化学系张景龄教授领导的无害农药研究对口。双方欣然签字并交换文本。由于他们的校长出差在外，所以午宴只能请一位已退休的原校长前来作陪。这位老校长年龄其实并不比我大，但他拥有丰富校级领导经验，并且总结归纳为三个 P，即 Problem（问题）、Patience（耐心）、Prospect（前景）。他怕我听不懂，仔细解释说，第一个 P 要善于发现问题，第二个 P 是耐心解决，第三个 P 是争取良好前景。我觉得很有道理，因此始终铭记在心，尽管用中文来表达，三个 P 听起来似乎是"三个屁"，很好笑。我们两校之间人员交流、合作研究、资讯分享都做得很好，对农药所的发展颇有裨益，但谈判签约仅在旅途中花费不到三个小时，这也可以算是高效率案例了。

第五，因1978年以后，学校与我本人对外交流渐多，在美国已形成初步的朋友圈（包括曾在华师任教、访学、培训汉语的各界人士）。他们对我此次以校长身份出访非常关切，以各种方式给予支援，我们也充分发挥了他们的媒介作用。比如中国香港著名妇女精英李惠英，与我相识已久，且曾在华师演讲。定居美国后，其夫在加州大学长滩（Long

Beach）分校任教，为政治系著名东亚问题专家。我们访问该校并签订交流协议后，她热情邀请我与海燕住在她家，并用简易汤饭咸菜等中式家常便饭招待我们，说是怕我们西餐吃腻了。夫妇两人利用周末，还为我们举办了盛大的家庭聚会。会前，她问我可否邀请韩国民运领袖金大中的女婿前来会晤，因为金大中是她丈夫的好友，她家客厅中还挂着金大中用毛笔写的"实事求是"大型条幅，笔墨酣畅，颇有颜体气概。其时金大中已在狱中，但在洛杉矶仍然设有办事处，由其婿负责。我一向对金大中比较仰慕，而且又纯粹是私人友谊交往，所以立即应允。当晚，其婿果然来了，一行有五六人，其中有私人保镖，显然是害怕韩国政府有小动作。不过因为客人很多，无非握手寒暄交换名片而已，根本没有机会单独叙谈。当时还没有想到金大中以后竞选为总统，但与金大中领导的民主党若干社会精英，则至今仍然保持着友好联系。辛亥百年期间，他们还组织各界友好人士，专程前来访问我校，并接受我的建议参观赤壁遗址，决心共同谱写新的中日韩"三国演义"，谋求亚洲和世界的福祉与人民幸福。这可以说是此次出访意外的巧遇。长滩分校与华师历史、外语等人文学科交流持续稳定发展，亦成为我校青年教师出国进修的重要途径之一。

被李惠英女士热情邀请到家中寄宿的，还有耶鲁选派到华师教英语的优秀毕业生 Nancy。大家习惯于叫她小兰，她与外语系学生及外事处已经如同家人一般亲密。她的外祖父是匈牙利移民，可能先辈有蒙古人血统，因此总说我像她外公。她家住在纽约附近，离普林斯顿不远，所以邀请我们访问普大时就住她家。其父是某州政府负责教育管理的官员，经常不在家，母亲在纽约世界银行总部亦为高层管理员，与正上中学的妹妹两人相伴。我们访问普大时，小兰的母亲开车把我们接去，而且执意安排我住在阁楼小兰原来的闺房，并说这是小兰的主张。阁楼可用面积不大，但布置得比较雅致舒适，一切保持原状，可以想见当年这个美国女孩的生活与学习状况。她似乎很爱阅读，可能属于当年激进与叛逆的一代，因为沿墙书架上摆满了书，其中有许多介绍中共与毛泽东的书籍，甚至还有若干马列英文版经典著作。她母亲很忙，早餐由我们自理，中餐多半由普大安排。她下班才能为我们准备简易晚餐，这也是我们之间仅有的叙谈时间。她一见面就出示家庭相册，小兰外公确实与我相像，因为我当时属矮胖型，身高只有1.68米，但体重却经常是70—75公斤，而脸又较宽大。我们在她家丝毫没有做客的感觉，小兰虽然只在华师任教两年，但已对中国怀有深厚感情。任职期满后，她也没有回美深造，而是留在中国香港的法新社当记者，继续关切并报道中国的迅速发展状况。

与此相类似的情况还有很多很多，我们此行一路与浓挚友情相伴。只有两人，花费甚少，而国际交流已经迅速走上快车道，教育部自然非常满意，全校师生也更为增强了在竞争中求发展的信心。

回国途中，由于香港邓缵绪等众多校友的热情邀请，我们顺路前往参加当地华中大学和华中师范学院校友会的正式成立典礼。由于历史原因，我校早在50年代初就可以招收港澳学生，他们毕业后其中有一部分陆续回到香港，大多从事文教工作，亦有少数从事工商业且稍有成就者。邓缵绪家庭为香港新界居民，父亲原是海员，年老退休，所以缵绪夫妇两人回港照顾老人。由于港英政府不承认华师学历，所以择业困难，曾以摆地摊、卖电器零件为生。经过多年努力，已经在制造业方面站稳脚跟，且成为业内头面人物。他很感念华师物理系把他培养成材，在卧室床头只挂两幅照片，一为慈母肖像，一为母校毕业文凭。正是由于他的倡导，并且先后得到中文系两位校友陈满棠（原名陈喆）与钟淼发的全力支持，华中大学与华中师范学院香港校友会才能迅速聚拢，先是参加中国教会大学香港校友会，稍后又正式成立自己独立的校友会，而且这是香港成立最早，发展最为健全的内地大学校友会。我与海燕住在陈满棠家中，因为他是香港富裕世家，母亲至今仍在湾仔经营一家名为大白的海上豪华餐厅。陈满棠住在旺角，他有一套两室一厅的空房，正好可以作为以华师校友为主的招待所，浴室、厨房与电话、电视俱全，还雇有菲佣照料生活，为我们提供极大方便。

校友会成立大会由邓氏企业承办，会场租用一家酒店的大厅，到会校友有五十多人，为历次聚会人数最多的一次，可能与校长亲自参加有关。当时内地高校尚无校友会之类民间社团，有教会历史背景的老校也还未有此倡议。但校友们对母校的眷恋与关切使我深受感动，我充分肯定他们自行举办校友会的重要意义，并且表示回武汉后立即筹备成立华中师范学院校友总会，并且邀请香港校友派代表参加。香港是当时大陆通向台湾乃至海外的重要孔道，校友会的成立为华师走向世界增添了新的活力。陈满棠回港后，母亲曾训练他经营餐饮业，但他的兴趣仍然在文化教育，并且已经创办一个民营通讯社，与中国新闻社直接挂钩。因此，他在香港商界、学界交游甚广。黄侃的女婿、台湾著名学者潘重规为了推动两岸学术交流，共同弘扬章、黄之学，听说我已经来到香港，急命其婿杨克平（香港企业家）通过陈满棠与我联系晤谈。商定由我出面，请港大作为主办单位，筹备召开"章太炎、黄侃学术研讨会"，经费全部由杨克平提供。港大校长王赓武与我原来都曾在南京读历史系，他在中央大学，我在金大，所以相知较深。他立即接受我们的建议，并指定赵令扬与李锷两位教授负责参与筹办。台湾学者由赵令扬负责前往联络，大陆学界则由我分别邀请。由于两岸学界都有此共同愿望，所以工作进展顺利，此会于1989年隆重举办，并且结果相当圆满，对两岸学术交流起了明显的倡导作用。

访美之行顺路访港，却意外结交了港台地区一批学界大佬，这确实是意外的重大收获。

## 校园新风

1985年的出访，促使我完成角色转变，决心认真履行校长职责，把华中师大办成名副其实的中央直属高校。至于如何办好，我的内心自有两个榜样，一个是北大校长蔡元培，一个是晓庄师范创办人陶行知。对于蔡元培，主要是学习他倡导学术自由，具有"兼容并包"的宏大气象；对于陶行知，主要学习他的"生活即教育"与深入社会实践。我深知教育改革千头万绪，谈何容易，但如能牢牢抓此两端，至少不会走上歧途，徒劳无功。

我幼时胡乱翻书，从未想过以后会当大学校长，但对蔡元培却非常崇敬。其原因就是常常翻阅父母卧室书架上那些"五四"人物编著的书刊。父亲保存他早年在凹山铁矿参与管理工作时的照片，头戴安全帽，身穿矿工服，并且亲笔写下蔡元培风靡全国的口号"劳工神圣"。及至进入高中，阅读"五四"人物作品渐多，更对蔡元培的学术理念与教育思想有所理解与信奉，其中当然也包括受九中邓季宣的深刻影响，蔡元培的自主办学精神与广延各派名家前来演讲的博大胸怀，一直是我在精神世界的导向。当然，最使我产生亲近感的却是陶行知，他对儿童教育的创新，"小先生运动"的倡导与儿童工学团的推广，都使我对他标榜的生活教育心向往之。及至1946年进入金陵大学以后，我更为理解与尊敬这位大教育家与民主斗士，甚至公开批评金大电化教育中心只知道宣传武训而忽视已被誉为"当代武训"的杰出校友。我在抗战期间，长期生活与求学于乡间，所以对乡村教育的倡导者，包括晏阳初、梁漱溟、陶行知特别敬仰，并且把晓庄学校视为促使中国走向富强的奠基石。这些零零星星的思想积累，促使我在校长任内产生"一校一县"全面合作的构想。

图36 在艺术节上欣赏学生表演，右为山东大学孔令仁教授

我们还鼓励学生社团健康发展，很多社团开成立大会时，校长都亲自参加并热烈祝贺，有些社团负责人多年以后还记得我讲过的一些话。我在任期间，与研究生会、学生会主席相处，既是师生又如朋友，他们可以随时找我交流意见，或要求解决什么难题，或提出具体建议，而我总是从善如流，大家共同谋求学校的进步。有些学生头头年龄稍大，已有相当丰富的工作经验，他们策划的一些大型活动，我都放手让学生具体筹办，学校各部门无非是提供必要的经费、材料以及人力资源而已。例如1987年春天，我校举办首届艺术节，研究生会主席郭质斌主动建议同时举办全市博士生大联欢，并邀请在汉高校博士生导师交流教学经验。我当即采纳，并委托他们全盘筹办，具体事务由校办与后勤部协助。她在武钢曾担任工农教育科科长，富有工作经验，所以我给予充分信任。结果师生同心协力把首届艺术节举办成桂子山盛大节日。

1987年5月初，天气晴好，花木争妍，"桂子山之春"首届艺术节隆重举行，教工会与音乐系演出精彩文艺节目，全市"老通城""四季美""小桃园"等老字号纷纷赶来助兴，摆摊设点，美食纷呈。全市重点高校博

第十章 出长华师　439

士生及其导师云集,同时举行的中国经济史国际研讨会的中外嘉宾亦踊跃参加,共享这次盛大联欢。从此,每年这一天都要举办"桂子山艺术节",而且越办越好,不仅开全国风气之先,而且成为赏心悦目的传统品牌,与"一二·九"诗歌大赛等大型文艺活动一道,明显提升了校园文化的层次。当时,根据校务会议的分工,我除掌握全局以外,还负责联系新建未久的音乐、美术两个小系。我觉得高等学校,特别是综合大学,艺术学科实乃不可缺少的建制,仿佛景区必须有水才能增添灵气一样。而对人才的培养,德、智、体固然不可缺一,而心灵的美尤不可少。这也是蔡元培教育理念高明之处,我无非是继承发扬其精义而已,谈不上什么创新。

与此同时,我也认真发扬陶行知的"晓庄精神",鼓励学生走出校门,融入社会生活。而学校本身则精心构筑"一校一县"全面合作模式,通俗地说,就是学校以县为社会实践基地,县则借重学校智力支援,在文化教育、经济科技方面加速发展。在这个问题上,学校党委常委与校务会议已有共识,其中出力最大的是邓宗琦副校长。邓宗琦50年代中期毕业留校,在数学系任教多年,已经成为学术骨干。"文革"后又较早进入校部工作,在科研部部长任内已经卓有建树。他们的优点是勇于进取,深入基层,亲临前线,并且善于调动下属人员的积极性。我接任院长以后,由于行政领导班子一共只有三人,所以教学科研方面,我们共同商议最为密切。我们经过调查研究,缜密考虑,决定把化学系与仙桃农药厂的成功合作经验扩大成为"一校一县"的试点。

仙桃是个县级市,原来地名是沔阳,位于比较富饶的江汉平原,离武汉很近,交通极为方便,但是由于工业基础甚弱,所以县域经济迟迟难以提升。其中唯一尚有市场需要的农药厂,由于技术陈旧与经营不善,已经濒于破产。华师化学系张景龄教授从苏联留学回国以后,长期从事磷化学的无害农药研究,其优异科研成果已在山东大面积推广应用。仙桃新任市委书记原本是武汉市洪山区区委书记，由于曾与我们合作办学（干部硕士课程班），对华师的师资状况比较熟悉，所以很快就引进张景龄团队制作的农药新品种，而且迅速取得成效，农药厂经济效益转亏为盈，当时号称"一剂新农药，救活一个厂"。而该厂对我校农药所回报也极为丰厚，记得当时连校长办公室都没有装空调，只有农药所拥有几台仙桃农药厂送来的空调，使全校教工都为之眼红。

1987年9月，我带领相关部处负责人，还有化学、地理等系主任，应邀前往参与该市"科技、经济、社会协调总体规划"的讨论与拟定，并且就此主题为干部培训班讲课。然后又安排其他系、科骨干教师前来参观、调查，并且深入基层对口交流，终于比较务实地与该市签订了长期全面合作协议。此次活动有《光明日报》记者樊云芳全程参与，并且于9月27日发表以"校市联姻"为标题的长篇通讯，因而引起省市领导与许多高校的重视。湖北省委反应最快，及时安排各重点大学派遣骨干教师，下放挂职担任分管科技工作的副县（含县级市）长，推广"仙桃模式"（亦称"仙桃经验"）。1988年秋天，居蜜的妹妹居美（居正孙女，与我私交甚笃），作为世界银行驻中国专家，也对"校市联姻"感兴趣，专程前来访谈。她说世界银行愿意支持这个项目，因为不仅在中国可以推广，在整个第三世界都值得推广。但是世界银行不能对某个大学直接资助，必须做大，达到一定规模，比如选择100所质量较高的大学与100个县对口衔接，经由国家计委制定方案，才能获得世界银行的必要资助。她非常热心，答应在世界银行介绍我们这一创新举措的深远意义。这当然是好消息。可惜不久就发生一场巨大的政治风波，国际关系迅速恶化，居美与我的美好愿望化为泡影。

樊云芳虽然从复旦大学毕业不久，但已经是新闻界一颗冉冉上升的新星，她与我可以说是忘年交。因为我们曾在1985年随湖北代表团一道前往北京参加中国共产党全国代表会议，前后将近半个月都是集中住在宾馆，朝夕相见，加上又都关心高教改革，私下交流较多。她性格爽朗真率，在我心目中仿佛仍是校园内的女大学生，不像那些从业多年的新闻记者那样深沉圆滑。她也没有把我当成什么采访对象，而是处于师友之间轻松叙谈，相互交流，直言无隐。她也不同于世俗媒体人，一味吹捧少数名校，而是对整个国民教育，特别是对师范院校热情关注，并且认真参与总结经验，促成创新模式。"仙桃经验"实际上乃是学校与媒体合作的结晶，无远弗届，影响深远。

但是记者身份仍然使她偶尔"制造"新闻，而我也难免陷入其中。

党代表会议在北京开得似乎比较平顺，无非是例行程序，听取各方面反应而已。晚上一般未安排活动，所以有些省市领导便抓紧干点"私活"。武汉市委书记王群急于处理众多纺织厂积压已久的花布，找著名服装设计师李艳萍制成若干新颖款式借以促销花布。樊云芳随同采访，借以扩大宣传，但她回来却悄悄告诉我："李艳萍本来是舞蹈演员，因膝盖受伤，才转行干服装设计，许多北京名媛，包括西哈努克夫人都曾找她设计定制过，其中有若干精品已在巴黎布展。她很崇拜你，希望同你谈谈。"那时我耳聪目明，清清楚楚听见是用的"崇拜"这样夸张的语言，不免大吃一惊。我的衣着比较随意，不大注意时尚，所以对服装设计一窍不通，但我在"文革"前由于长期参与全国青联活动，与白淑湘等那一代年轻芭蕾舞演员结识，知道腿膝伤痛对她们的严重威胁。因此我对她非常同情，因为这意味着一位花季舞者的消失。当晚，艳萍在空政文工团工作的丈夫亲自开车来接，樊云芳陪同前往她家采访。由于我与歌舞界平素接触甚多，所以大家有许多共同的话题，谈得非常投机。我对李艳萍伤退后毅然决定转业，经中央工艺美术学院培训后，刻苦钻研，居然成为蜚声中外的设计名家，感到非常佩服。当时，我正在提倡美育，并且重建美术系，因此决定聘请她担任兼职教师，并且为全校学生做一次美育方面的大型讲演。李艳萍与丈夫都很高兴，当即表示接受邀请，访谈堪称圆满结束，因为这更加增添了李艳萍的声望，而我们正在筹建的服装设计专业（已有两位青年教师）则能得到及时的帮助。

回宾馆以后，樊大记者深夜执笔，迅速写成一篇通讯，第二天的《光明日报》立即在头版刊登。虽然仍属短篇通讯，但周围缀以花边，倒也赏心悦目。特别是那标题《大学校长夜访女设计师》，真使人感到是过去报业所谓"花边新闻"。我对通讯的内容无可挑剔，只是觉得那标题可能会引起不良反应。樊云芳连忙向我道歉，说这是那一版责编代为拟订，没有经过她的同意，特别是没有经过她过目。但也无可奈何，因为已经公开发表，如果发表什么改正错误的声明，反而会兴师动众，只有听之任之，如有质询，再做答复。我也深知樊云芳对我期望甚高，决不会恶作剧，所以并未深究。

## 兼容并包与不拘一格

其实，华中师院的改革与创新，在20世纪80年代之初已经发端，老党委的老领导们并非毫无作为，只不过是被校内外派性因素困扰，难以大有作为而已。他们也在不断反思，而且反思得更为深刻也更为全面，因此更能提纲挈领，切中要害。

他们的改革虽然没有发诸文字与声音，然而确实是在认真推行。师范院校首先要从教育理念改起。他们决心根据中国国情与当代国际新潮流寻求改革的道路，而当务之急便是组织教育系骨干教师编辑出版《陶行知全集》，并且通过研究陶行知教育理念，与凯洛夫《教育学》彻底告别。及至十一届三中全会以后，思想禁锢解除，华师教师所编《陶行知全集》及时公开问世，而华师教育系遂成为学术界研究陶行知的先锋，华师王道俊等编撰的《教育学》成为教育部审定的全国通用教材，几十年来累经修订再版，可谓长盛不衰。杨葆锟教授创办教育经济学，也是开风气之先，培养了许多杰出人才。回顾既往，我不能不重提往事，并且深深感激老校长们这些被遗忘的功德。

及至我接任院长，开拓创新已经蔚然成风。物理系勇闯核物理难关，历史系通过一书（《辛亥革命史》）一会（纪念辛亥革命70周年学术讨论会）而为天下知，化学系一剂新农药救活一个厂（仙桃农药厂），地理系率先进军城市规划，生物系陈曲侯在昆虫病理及细胞培养研究方面取得进展，数学系廖晓昕的《微分方程运动稳定性理论的代数方法》亦产生重大影响，如此等等，不胜缕述。作为学生人数最多、师资队伍最强的中文系，更是佳绩累累，也更能显示出兼容并包理念的功效。"文革"以前，中文系的中国现当代文学史学科已经崭露头角，并且受到中宣部的高度肯定。"文革"后这个学科依然兵强马壮，硕果甚多，并且聘请冯牧为顾问。与此同时，我们又聘请湖北三位文学大佬徐迟、碧野、姚雪垠为兼职教授。著名诗人曾卓亦为历届"一二·九"诗歌大赛的主要支持者。这些文学前辈都建树卓越，但文学理念与风格则多有差异，甚至相互对立。我们都是一视同仁，平等对待，尽量发挥他们的积极性。其中最卖力的是徐迟，他担任《外国文学研究》主编，在周乐群协助下把刊物办得有声有色。我虽已当校长，徐迟仍视我为同乡小弟，直言无隐，毫不客气。我们平素交往甚多，他与师母感情甚笃，师母病逝，他悲痛至极，曾邀我长夜倾诉，借以舒缓哀痛。曾卓与我更是意气相投，经常在画家李寿昆画廊把酒畅述。对《李自成》创作颇有墨守"高大全"之嫌的姚雪垠，我也非常尊敬，尽量为他的创作提供史事咨询。丁玲来校演讲，慕名听讲的学生人山人海，我对她执礼甚恭，把她与冰心视为我自幼心仪已久的两位女神。长期研究历史已经使我习惯为他人设身处地着想，给予理解的同情。丁玲非常高兴，亲笔题书赠以《太阳照在桑干河上》，回北京后又命陈明给我写热情的感谢信。

"文革"以后，经过又一次思想解放，思想上主要是清除"四人帮"

的遗毒与提倡实事求是的学风。我每周有一个上午与博士生共同学习《〈政治经济学批判〉序言》，着重讨论史学研究的认识规律与方法论。课堂就设在家中，清茶一杯，家常之至。当时马敏、桑兵、韩明、莫世祥正好同在一班，算是正式选修的学生，轮流充当主题发言人，大家自由讨论，最后由我总结。其他研究生对此有兴趣者亦可自由参加，反正我的书房面积较大。我之所以选择马克思这篇并非很长的著作，是因为他非常强调从个别到一般，认为这是认识的出发点。但认识的过程并非到此为止，因为它还要向更高阶段发展，即另一层次的从一般到个别，从抽象到具体。历史规律性的探索固然以事实为基础与出发点，但更多的却是运用于一般观察具体事物的逻辑思维。马克思非常形象地用"蒸发"和"再现"两个词来说明上述科学认识的两个阶段，并且把前者叫作"完整的表象蒸发为抽象的规定"，而后者则是"抽象的规定在思维行程中导致具体的再现"。我正是通过这些细微之处，阐发马克思主义的真正精义，启发学生摒弃教条主义与意识形态的长期禁锢。

实际上我的"试点"并非孤军作战，许多有良知的历史学家也在为此奔走呼号，借以扩大声势。1983年8月，《历史研究》编辑部与复旦大学历史系共同举办"近代中国资产阶级研究讨论会"。根据黎澍建议，此次会议重在讨论交流而无需提交正式论文，参与者只要交个提纲就可以了，论文可以在会后撰写。会议果然开得生动活泼，大家畅所欲言，在许多重要问题上都是针锋相对而又据理力争。我也积极参与讨论，并且发表意见。会后，我把这些意见，结合我们平素讨论的心得，写成《关于改进研究中国资产阶级方法的若干意见》一文，分别就概念、模式、类型、布局等重要问题抒发己见，并且把列宁《俄国资本主义的发展》作为典型，深入给以阐析。我并非拘泥，选择马克思、列宁也不是因为他们是"伟大领袖"，而是视其为极好的学问家来发挥其精义。所以我在文章的开头就说："每当我阅读列宁《俄国资本主义的发展》第一版序言，总是被他那永远不知满足的科学追求精神所感动。"这也并非套话，而是我的内心独白，过去如此，现在仍然如此。此文随后经由《历史研究》刊发，在学界颇获好评，有些院校曾采用作为博士研究生指定参考教材。

在"文革"后学术拨乱反正方面，过去中外学界比较重视我在《华中师范学院学报》上发表的那篇《解放思想，实事求是，努力研究辛亥革命史》，其实我为《关于改进研究中国资产阶级方法的若干意见》花费的心血更多，在理论探索过程中也更为艰苦。可惜当今很多年轻学者，热衷于搬取外国学者的学术模式与范畴，却不重视通过自己的活学实践摸索真正属于自己的门径与理路，因此只能跟在别人屁股后面走，乃至削足适履，敷衍成章，徒然制造学术赝品。

我对博士生的挑选也是不拘一格，看重的不是考试成绩，而是其总体素质与学术禀赋。例如何建明与郭国灿原来是攻读哲学史的，张富强原来攻读世界古代史，毕业论文更是有关地中海考古，与中国近代史相距甚远，我都看好其各自潜在优势，优先给予录取。何建明为萧萐父的硕士生，受过良好的哲学史训练，其师亲自推荐从我攻读博士。哲学史重总体把握，但容易流入空疏，他来华师后在考据实证上狠下功夫，所以对中国近代佛、道两教的历史研究很快就崭露头角。国灿是我亲自指导的年龄最小的学生，但天资聪颖，又有哲学理论的底蕴，所以在近代思想文化史研究方面也显示出自己的优势，可惜他分配到深圳以后却被省市政府看中，并委派负责驻港办事处工作，成为名副其实的香港通。最后又担任深业集团党委副书记。但他虽厕身商海，仍继续撰写关于香港研究的著作。张富强在学科转换方面跨度更大，他调入广东省社会科学院历史所未久，就被安排到哲学所担任所长助理之类职务，不久又奉命筹建法学所，从此转入法学界，但也做得有声有色。我把这些不同学科背景的青年才俊汇聚在一起，虽说是中国近现代史学科的研究生，但同学之间已形成多学科的经常交流，相互碰撞、融会、补益，更有利于

图37 与弟子合影

他们的专业知识增长乃至就业的多元适应性。张謇有一个侄子（似名慎武），留学美国并在美国大学执教数十年，他对我们不拘一格选英才就很称赞，说美国无论是本科转系或就业换行都属司空见惯，他自己执教专业就交换过四次。

学生中比较奇特的一个是何燕生，他出身于佛教徒家庭，父亲作为居士长期在汉阳归元寺协助昌明长老做文字工作。燕生曾经出家，作为幼僧在中国佛学院学习并被选往日本佛教大学深造，回国后担任过赵朴初的助手。但他俗缘未尽，放弃追随朴老献身佛教的大好机会。他想从事学术研究，亦经由萧萐父的介绍，破格录取，随我攻读中国近代史，接受初步史学训练。随后又到日本随著名佛学学者攻读博士学位，毕业后留在日本大学担任教授，现已成为日本佛教史的大家。我与他一直保持通信联系，并经由其父介绍与佛学界也有若干交往。

我还很注意在社会底层发现才俊。如陕西下乡知青张应超，对当地辛亥革命历史人物井勿幕等很有兴趣，曾经写过几篇文章并通过《光明日报》向我请教。我利用到成都开会的时机，途中在西安下车前往探视。

当时他与妻、子一家三口，租住郊区农家一间小房，好像不到十平方米，土炕就占了大部分空间，只能靠一台缝纫机当作方桌，连椅子都放不下。好在住房面对一座牛棚，倒也收拾得干干净净，白天牛下田耕作，他得空就在牛棚下摆张折叠小桌，坐在小凳上埋头写作。我看了非常感动，戏称为"牛棚作家"。以后我们经常书信往还，帮助他修改论文。1981年10月纪念辛亥革命70周年学术讨论会隆重举行，他的处女作《辛亥革命时期井勿幕的活动》居然经过评审入选，而参与此会的学者只有他与唐文权不是大学与研究所的专业历史学者。由于陕西全省只有应超一人能够参与此次规格极高的盛会，会后被西北大学历史系破格录取（与王岐山同班），毕业后分配到陕西省社会科学院历史所，经多年勤奋工作，在道教研究方面卓有成就，曾担任该所所长。唐文权当时尚在苏州市立一中任教，是"文革"后期与我经常就章太炎研究通信探讨结识的。

文权的"西行求法"，起意于1980年初，其时我从上海到苏州档案馆查阅相关文献，本来托他代订旅馆，但他却执意安排住在其家。那是中学教工宿舍，离档案馆很近，一日三餐比较舒适方便。但房间却并非宽敞，一家四口挤住在二楼一个长条形卧室里，靠楼梯口是他们夫妇的"主卧"，临街是两个儿子的住处，能够待客的只有过街楼那面所谓"书房"。由于时间比较紧迫，我也不好推辞，只有增加他们很多麻烦。通过朝夕相处，叙谈甚多，彼此都增加了解。临别时，他表示很想从我继续研究章太炎学术思想，我当即满口答应。纪念辛亥革命70周年学术讨论会上，他提交论文《辛亥革命时期章太炎的佛学思想》，获得许多中外知名学者的极大关注，因为他对章太炎的佛学思想从早年的"不能深""不甚好"，到中年以后的"乃达大乘深趣"，乃至其后提倡建立"以唯识为宗"的新佛教，并与无政府主义及老庄思想汇合形成的浓重虚无主义，做了全面系统的条分缕析，自成一家之说，显示功力极深。这样更增添了我引进这位青年才俊的底气，第二年便正式向学校提出建议。学校领导高度重视，立即发出商调函，但由于是隔省商调必须经过省市教育厅（局），苏州市教育局欣然同意，但湖北省教育厅却多方留难，最主要的理由就是文权没有大学本科文凭。我们虽然再三申辩，但也无可奈何。幸好1983年春，教育部高教司司长到武汉检查我校工作，临走时特别邀见张舜徽教授与我，询问有什么困难需要帮助解决。我脱口而出，改革开放已有好几年，为什么到现在还只重文凭不重水平，并且特别以引进唐文权受阻为例。舜徽先生本身就是自学成才，当即愤然起立，大声说："我连中学毕业文凭都没有。"当时，司长也觉得有些离谱，他明确答复："我个人完全同意你们调入唐文权，但部属院校在组织人事方面仍归省教育厅管辖，隔省商调还得他们出面，我可以与他们认真沟通一下。"毕竟，教育部是教育厅的上级，没过几天商调函便正式发出，文权夫妇带着两个儿子来到武汉，夫人就在华师一附中教英语，两个孩子读华师一附中，彼此皆大欢喜。文权来华师历史所后，很快取得诸多研究成果，可惜仅同事十年就英年早逝。

1984年担任院长以后，引进人才方面更趋宽松，有许多事根本无须经过教育部（厅），只要经过校务会议或党委常委会通过就可迅速办成。例如教育系引进谢小庆就轻而易举。小庆因为父亲曾被划为"胡风集团"成员，下放内蒙古牧区劳动多年。"文革"结束后，在北师大教育系毕业并留校工作，教学与科研均属上乘，可惜因家庭纠纷引发刑事问题，无法继续在本单位工作，后经熟人介绍来我校任教。此事好像未经过我正式批准，只是由保卫处处长朱斌向我通报，因为小庆有"前科"，照例由保卫处"内控"。朱斌作为保卫处处长当属"另类"，思想颇为解放，且能顺应改革潮流，特别是关心引进新人，经常向我提供有益建议。他说我应该与小庆面谈一次，既是考察也是鼓励。为了避免不必要的怀疑，他带我到小庆宿舍会晤。

当时教工宿舍非常紧张，连来校好几年的音乐、美术两系年轻教师，

图38　1980年元旦摄于苏州档案馆

也只能住在已被弃置的破旧老招待所里，没有公用厨房，就在走廊里做饭。所以小庆这些刚刚报到的年轻教工，只能住在临时借用的大教室里，比本科生宿舍还要拥挤。谢小庆拥有的空间就是一张双层床，下铺睡觉兼座椅，上铺放置衣箱与书籍杂物，还有床前一张小课桌。我一进房便见他床架上贴张纸条，"谈话不要超过五分钟"。我笑问："我们现在的交谈也只能是五分钟以内吗？"他抱歉说："由于有些不相干的人好奇，常来不着边际地闲聊，所以才贴这张纸条，免得浪费宝贵光阴。"我点头称是，开门见山就与他讨论今后的教学与科研设想。小庆个头不大，尽管在内蒙古放牧多年，完全没有那种牧马人的剽悍风度，仍然保持着斯文一脉的本色。我们一见如故，他也宾至如归，很快就成为我谋求改革与发展的学术骨干，并且较早经过学委会评审提升为副教授。

小庆与我交往较多，但始终没有向我谈家庭情况，我怕引起他的不愉快回忆，也从未询问。直到他父亲谢韬平反并恢复原来职务，为华夏研究院（民办）在武汉筹建分院，首先找金陵大学武汉校友会（我是会长）合作，我才知道他是在成都时期就读金大的学长。所以我对小庆的赏识与关切完全是出于公心，并无任何私人请托。我与谢韬意气相投，一见如故，那是因为我们有共同的追求，与小庆在华师工作也毫无关联。小庆从来也没有以所谓"红二代""官二代"自居，敬业乐群，不仅努力做好工作，而且非常关心华师的发展。

## 80年代后期的几件事

记得是在1986年秋季开学之初，新任中宣部部长朱厚泽来湖北调查研究，曾在我校开小型座谈会。首先由他开门见山地说："我现在最迫切需要知道的，就是你们正在想些什么？"他的心情可能殷切，但大家都沉默无语。因为事先思想缺乏准备，对这位刚从贵州省委书记调任的新部长比较陌生。陪同前来的省委副书记钱运录有些尴尬，连忙敦促大家发言，并且点名说："章校长喜欢放炮，你先讲。"我不懂"放炮"是褒是贬，顾不上与这位"年少气盛"的官员计较，便笑着说："此刻我在想，朱部长自己想着什么？"引发哄堂大笑，气氛随之活跃。厚泽人如其名，于敦厚处显露儒雅，毫无官僚架子，又善于引导启发，所以大家谈得非常尽兴。会后没过几天，我到北京参加国家教委的会议，正好与回北京的朱部长同一车厢。他上车较迟，但很快便发现我，并且热情邀我到房间聊天。由于年龄相近，早期又有许多类似经历，所以一见如故，推心置腹，谈了两三个小时才告别。

1987年暑假有空，参加陶行知研究会在南京举办的骨干培训班，我与浙江省社会科学院历史研究所所长胡国枢都被邀去讲课。会后胡国枢邀我顺道到杭州旅游，并答应亲自陪同我回祖籍湖州寻根。我的老家在湖州市（原吴兴县）菱湖镇荻港村，当时尚无公路通行，只能乘机动木船在芦苇丛生的港汊中缓慢行进。当时我的小女儿雪梅已经就读于浙江大学光仪系，我很想到荻港定居离休，便于就近照顾，当时离休干部如果在家乡已无自家房屋，可以补助九万元修建住宅。国枢欢迎我到杭州。但说你现在精力旺盛，过早离休太可惜，不如到杭州找所大学教书，换换环境调适心情。他在浙江省很受重视，与许多领导都说得上话，所以很快就得到浙江省政协王主席的热情关切，经与教育厅商妥，由该厅向湖北发商调函，内定担任浙江师范大学校长。师大校址在金华，考虑到我年事已高，在西湖边提供两室一厅住宅，每周只要去金华两天办公即可。进展之快与条件之优厚都使我非常惊喜。

喜讯带回武汉，全家都欢欣鼓舞，特别是雪梅巴不得我立刻搬到杭州，这样她就每周有家可回了。浙江省求才若渴，很快便发来商调函。但湖北省领导与华师都不肯放人，并且通过国家教委不予批准，说是章开沅接任校长未久，学校刚有起色，不宜过早调动。就这样，我与曾祖父维藩公一样，归隐荻港的美梦顿时化为泡影。

不过平心而论，我与湖北省党政领导关系尚称融洽。特别是有些老领导真是看着我成长的，对于我的优缺点，怪脾气，大多一清二楚。如果不是他们的理解、信任与宽容，我可能早已在既往政治运动中遭遇灭顶之灾。更重要的是我对华师的感情太深。昙华林是我成家立业之地，而桂子山的一砖一瓦都铭刻着我们已经逝去的烂漫青春。所以无需领导多方劝说，我就放弃了告老还乡的冲动。

当时湖北省以及武汉市的领导实干者甚多，对专家学者也比较尊重，仅就我亲身经历，追忆几件往事。

一是时任中共湖北省委书记关广富，他原任中国人民银行湖北分行行长，对工业、农业、金融业非常重视，对文化教育则有点力不从心。有次他亲自带队到华师调查研究，还邀集少数师生代表开小型座谈会。会议一开始，他就鼓励大家给省委提意见，但会场沉默无语，又是陪同的副书记钱运录"救火",笑着命我"带头开炮"。我也只有打破沉默,就中央直属院校在武汉处境的困难,批评省委、市委领导关心支持不够。本来这些意见也不算尖锐,但我结尾却脱口而出,说了一句积压已久的心里话:"我认为解放以来湖北省领导没有一个人比得上张之洞那样重视教育。"关书记可能缺乏心理准备,站立起来,走来走去,满面通红,仿佛关公再现。陪同前来的新任科教部部长何界生原来是同济医学院团委书记,对我比较尊重,同时也知道关书记的脾气——站立起来,走来走去往往是"冒火"的前奏。她慌忙说:"章校长是学者,是学者。"我又犯迷糊,不知"学者"一词是褒是贬?但她的提醒立即生效,书记果然冷静下来,坐下平静地与师生交流,座谈总算平安无事,大家松了一口气。事后听说关书记曾派人到武大历史系,问武大的中国近代史教授:"章开沅为什么说湖北省历任领导都比不上张之洞那样重视教育?"那位老师解释说:"这是章先生的学术观点,他历来都是挂在嘴上讲,并非针对关书记。"关广富无非是"躺着中枪",听说他以后也没有再提此事。

不过有件事,我自己觉得有点对不住关广富。记不清是哪一年,湖北省社科联首次颁发科研奖,他热心支持并且带头提交一篇自己写的政治评论文章。此事我完全没有过问,直到报上公开报道评审结果,才发现他的文章被评为三等奖。我觉得参与评审的学者非常严肃认真,省委书记的作品竟然只评为三等(即最低一等)。但具体负责经办的社科联专职副主席也过于马虎,如果事先把这篇文章抽出,可能更为妥善。不过关书记倒也胸怀坦荡,听说他不以为意,还高兴地告诉别人:"我居然也评上奖了!"可见当时的高级干部还不是多么"特殊化"。至少带头参与申报,而且不是秘书代劳,这本身就该称赞。

党的十三大正式召开之前,举行过准备性的全国代表会议,我竟然作为高校唯一代表参加此次盛会。湖北代表团开会吃住乃至娱乐都在一起,大家一律平等相待,亲切如同家人,我感到关书记对我并未存有任何芥蒂。关广富并非老干部，是解放战争期间在东北参加革命工作，然后随军南下的。他离休以后曾创建孔子学会并聘请我为顾问，仍然保持着故旧情谊。

　　二是湖北省领导班子中资格最老且学历最高的韩宁夫。他是山东大学毕业生，抗战爆发前参加革命工作。由于年事已高，已经不再如过去那么朝气蓬勃、干练敏锐，但是忠厚诚朴，颇有长者风度。80年代事多会也多，而且很多会需要他参加以示郑重。有时一天他要参加好几个会，而且直到开会做报告时还问秘书："我这是开啥会呀？"大家都忍俊不禁，但对老前辈仍然极为尊重。有次省教育厅组织各学科评审正高职申请，由我担任组长并且集中住在宾馆，大约一周工作结束，教育厅厅长邹时炎突然跑来，说是韩省长今晚宴请慰劳大家。我说不必了，现在教授们都急于回家，也不想惊动省领导。邹时炎原来是我们历史系的学生，所以我们无所不谈。他认为省长是诚心诚意感谢大家为学科建设辛劳，为什么老师们还不领情呢？我说过去书记、省长请客，都是客人先到齐，然后首长缓缓而来，客人站在门口列队欢迎，这到底是谁请谁呢？时炎是我非常喜爱的学生，长期当过小学校长，因此领悟力特强。他大笑说这个好办，现在就可以改进，宴请由省长先到坐候。当晚，韩省长果然笑容满面，站在门口与我们一一握手，大家鱼贯就座。看到革命老前辈如此平易近人，大家反而颇感惭愧。席间谈笑风生，共话湖北教育大业，气氛非常融洽。

　　再有，那些年，教育部部长蒋南翔、副部长黄辛白等，大多也是"一二·九"时期清华、光华等名校的学运领袖人物，国家教委副主任张健则是跟着哥哥张劲夫追随陶行知的晓庄、育才学校早期学生，因此与我们这些新上任的学者型校长很容易沟通，像是兄长与老师一样循循善诱，平易近人。有次在北京开会，黄辛白的卧室正好与我邻近，他抓紧时间与我交流，因为当时许多学校都在把学院改成大学，国家教委直属师范学校只有西南师院与华中师院迟迟没有动静。他问我们为什么迟迟没有申报改名,我说学校的好坏并非取决于校名,加上我们学校对外交流起步较晚,这两年刚刚进入快车道,已与十余所外国学校建立全面合作交流关系,校名一改,海外学校反来不知我们是否是新建学校。黄辛白笑着说:"你讲的道理我都懂,但在目前形势下,你们如果不改名,连招生都要吃大亏,因为人们总是认为大学比学院好一些。"经他耐心解释,我知道改名不宜过迟,很快就申报改名华中师范大学,但毕竟迟了一步,很多正式出版的高校介绍材料都把我校列入学院一类,而湖北大学、哈尔滨师范大学等省属学校反而与综合性大学列入一类,在生源方面确实已经造成损失。

张健是陶行知喜爱的少年学生,因此对陶行知研究(简称"陶研")情有独钟。20世纪80年代中期,他与方明等人通过中国陶行知研究会(简称"中陶会"),把"陶研"推向全国各地,蔚然成风。但是从学术水平来看,"陶研"尚处回忆录撰写与普及推广阶段,真正具有功力的学术专著寥寥无几。由于我校较早编辑出版《陶行知全集》,而且已有一个精干的"陶研"团队,所以指定由我担任全国"陶研"项目的总协调人,但主要是依赖挂靠在教育部的"中陶会"开展工作。张健经常与我以电话直接联系,他对我主要有三点期望:一、培养国内第一个研究陶行知的博士;二、举办一次关于陶行知的国际研讨会;三、撰写一本真正是学术性的陶行知传记。张健非常平易近人,像兄长一样对我谆谆教导,而且对工作程序也做了明确安排,自然使我心悦诚服。

第一件事最为好办,因为有现成的博士候选人,即周洪宇。他是恢复高考后的第一届本科生,就读历史系而且曾任中国近代史课代表,与我接触较多。这个学生思想活跃,阅读面甚广,文史基础甚好。毕业后师从董宝良教授攻读教育学硕士学位,并且参与《陶行知全集》编辑工作,已经能够独立从事陶行知研究,所以他又回历史系攻读以陶行知研究为方向的博士学位。张健也惜才如命，从各方面提携帮助他茁壮成长，可以说周洪宇是他和我共同指导的。周洪宇不负众望，博士论文厚实创新，赢得海内外学者的一致好评，而"陶研"也决定了他一生的命运。

第二件事也很好办，因为国内"陶研"已有一定基础，美、日等国亦不乏颇有学养的专家。1996年10月中旬就在我校举办了首次"陶研"国际学术会议。"中陶会"的领导，陶行知当年的得意弟子方明、胡晓风、丁丁都先期前来，筹议开幕式等例行事宜，稍后张健亦赶来代表国家教委宴请外国学者。18日至21日四天连续开会，先小组讨论后大会发言，讨论非常热烈。会后还举办了"陶学"研究班，培养各地"陶研"骨干，对陶行知思想的传播实践与发展起了明显推动作用。

第三件事看似简单，实际却最难办，那就是因为陶行知这个人物的一生内容太丰富了，不仅有多方面的活动，而且留下的著作与报道也是汗牛充栋。我当时正在校长任内，行政事务太忙，根本无法抽空撰写学术专著型的陶行知传记。幸好唐文权见义勇为，自愿与我合作编写。他原来专心研究章太炎，来华师后与罗福惠合著《章太炎思想研究》，已经具备撰写学术传记的功力。我们遂共同研究陶行知，并初步拟定篇章结构与整体设想，但他只有独自收集资料，访问记录，工作量甚大，几乎找遍了陶行知所有在世的亲友与其他相关人士。1990年我远去北美，但他每写完一章必定邮寄给我阅读修改，最后终于定稿交湖北教育出版社，1992年3月付印面世。我们赞同当年陶行知逝世后宋美龄的题词——"万世师表"，并且认为："他不仅是中国孔子以后又一位万世师表，而且也是现代世界屈指可数的伟大教育家之一，因为他始终走在世界教育改革潮流的前头，而在教育思想与实验方面的贡献早已超越了国界。"所以把书名定为《平凡的神圣——陶行知》，而英文译名则是 *Tao Xingzhi, A Confucius after Confucius*。此书出版以后，出乎意料受到海内外学界的一致好评，特别是"中陶会"认定该书是大大提高了"陶研"的学术层次。

正是我们合作出版的这本书，使我晚年与"中陶会""陶研"密不可分，并且与散处全国各地痴迷"学陶、践陶"的"大陶子""小陶子"亲如一家。我们共同为继承、发扬陶行知的思想努力奋斗，并且把"爱满天下"的理念传播四方。

用编年史的眼光看，1986年应是80年代最为辉煌的一年，也是我们辛亥革命研究者最为忙碌而又成绩斐然的一年。因为适值孙中山诞辰120周年，国际研讨会从翠亨村开到海内外各地，而我培养的几批研究生已经脱颖而出。以在广东举办最为隆重的国际研讨会为例，就有八人通过评审参与盛会，并且多已得到中外知名学者交相赞誉，马敏与桑兵的论文更作为代表佳作刊登于《中国社会科学》。校园内也是生机勃勃，众多学科人才辈出，有些已经成为学科前沿的领军人物。学生勤奋攻读，每日清晨林间广场朝读，书声琅琅，成为一天开始的美好序曲。那几届学生，热爱祖国，关心政治，许多现今的鼎盛精英，那时已经显露峥嵘，指点江山，挥斥文字，意气飞扬，不愧为一代新型学子。

从1988年到1989年春夏之间，我的主要精力是筹备并举办首次中国教会大学史国际学术讨论会。当时，涉及基督教的研究仍为学术禁区。但是，我在教会大学读过书，多少了解若干实情，同时又初步检阅了中国13所教会大学与我老师贝德士的档案全宗，越来越觉得对于这一历史领域不能放弃，必须客观科学地加以研究，才能恢复历史真相并给以正确的评说。从1987年开始，我们就联络了北京大学、复旦大学、四川大学等校的相关研究者，决定首先合作创办研究通讯，并且召开一次国际研讨会，借以开风气之先。他们公推我为总负责人，与美国普林斯顿大学历史系林霨（Arthur）教授共同策划主办研讨会，经费由鲁斯基金资助。这是一个极为敏感的课题，又处在政治局势错综复杂的时期，其难度之大，可想而知。幸好，当时国家教委外事局与省市外办都对我相当信任，认为我这个"老外事"一定能够掌握政治分寸，所以几经反复磋商，终于比较顺利地办妥相应手续。

6月1日至3日，会议在纷纷扰扰的华师校园隆重举行，尽管只有三十多人参加，但却把欧美和中国港台地区的中国教会史知名研究者都请来了，特别是请到了经典名著《中国教会大学史》的作者鲁珍晞（Jessie Lutz）。我在开幕词上心平气和地追述："过去人们曾经将中国教会大学单纯看作是帝国主义文化侵略的工具，殊不知它也是近代中西文化交流的产物，它的发展变化是中西文化交流史的重要组成部分。大学是培养社会精英的高等教育机构，青年学生的世界观、人生观、价值观、行为规范、学业基础，乃至初步的工作能力，大多在这里滋育形成。因此，教会大学校园内连绵不绝的中西文化的碰撞与融合，便属于中西文化交流较高与较深的层次。"

## 主动辞职与出国访学

尽管政治风云瞬息万变，但为了学术交流我仍然前后获准两次出访。一次是1988年10月与北京外国语大学王福祥校长应邀参加保加利亚国立索菲亚大学百年校庆；一次是1989年10月与北京师范大学王梓坤校长前往布拉格，参加联合国教科文组织举办的世界教育大会。

索菲亚大学在保加利亚的地位相当于我国的北京大学，其百年校庆之隆重且有过之而无不及。保加利亚国家主席日夫科夫不仅在开幕式发表主题讲演，而且在晚间举行家宴热情款待各国贵宾。我的印象是烤了一只完整的小猪，菜肴极其丰富。当时，西欧、拉美到会校长较多，可能由于较少见过中国大学校长，纷纷要求合影留念，并且大声自报家门："我来自某国，代表某大学"云云。但此行印象最深的却是日夫科夫热情洋溢的演说，因为他一开头就说"索菲亚是自由思想的摇篮"，而当时的苏东地区国家尚未剧变，此语堪称"石破天惊"。

一般外宾讲的多半是礼貌话语，我自然也难以脱俗，但事前提交过书面发言稿，题为《培养面向21世纪的新人》，着重介绍我们"一校一市"的全面合作模式。由于保加利亚也正兴起改革开放潮流，其中央党报以头版全文刊登。

会议期间，也有若干花絮。一是由于英语国家来宾较多，以致英语翻译奇缺，给我配备的一位翻译竟然只能讲西班牙语。她虽然是一位教授，但又高又壮，很像一位举重运动员。我们简直无法沟通，会议组织者只能派一位英语系女生作为全陪翻译兼导游。小姑娘聪明伶俐，英语娴熟，热情活泼，为我提供很多帮助。另一是保加利亚表示yes或no的肢体语言与我们相反，yes摇头而no点头。有次我散步较远，回来叫出租车。一报宾馆名，司机连忙摇头，我用蹩脚的俄语问他是否表示yes，他又连忙点头。我连问几个司机，都是如此情况，只有步行回来。我很奇怪出租车司机如此拒绝乘客，北京外国语大学的保语教授大笑，说你事先功课做得太差，所以吃亏了。但保加利亚人毕竟是很可爱的，每逢我们盛赞巴尔干半岛风景优美时，他们总是谦虚地说："保加利亚国家太小，要求上帝给人多分配土地时，土地早已被分光了，上帝看我们可怜，便撕下天堂的一角赠送我们，因此索菲亚至今仍有'天堂一角'之称。"另外，保加利亚人食量很大，连很纤秀的女士都可以连吃好几块大牛排。我想保加利亚人经常夺得举重冠军，可能与此有关。

1989年10月联合国教科文组织在布拉格举行世界教育大会，邀请王梓坤与我作为中国代表参加。经过国家教委批准，我们两人结伴同行。到达布拉格以后被安排住进国立大学宾馆。会议规模很大，但会下交流较少。我与梓坤都不善于交际，幸好邻近房间住着两位泰国女学者，一位年龄较大，是泰国著名的朱拉隆功大学校长，另一位是国会议员，有中国血统并且能说华语。正是这位议员意外发现我们两个中国人，感到非常亲切，主动与我们结识。从此我们总是结伴行动，倒也不感寂寞。

我与梓坤都被安排在大会发言,并且受到许多代表的关注,因为他们以往对中国教育了解甚少。说来也很可笑,他们曾把北京师范大学理解为是北京市属大学,而华中师大就是中国师范大学,经说明后,他们才弄清楚,并把我们都列入世界大学教育理事会名单。

会议结束后照例有晚宴,由捷克工会组织出面招待。我们这些资深教育工作者(大约有二十余人),则应邀参加布拉格市长亲自主持的小型酒会。我们原以为酒会一般会有菜肴,至少提供饼干、奶酪之类。结果只有酒和饮料,没有任何可以充饥的食品。回到宾馆,餐厅已经关闭,空无一人,附近又无任何餐馆。那时捷克仍然是计划经济,蔬菜食品非常短缺,我们四人(包括两位泰国女士)之前毫无准备,只有面面相觑,幸好梓坤老谋深算,不慌不忙,拿出两个苹果和两个面包。他说自己食量小,是平常进餐未吃完带回来的。我们四人毫不客气,聊以充饥。会后,中国大使馆教育参赞把我们接去小住并安排参观,因为他的女儿在北师大读书,所以带有家长谢师之意,非常热情亲切。使馆的伙食非常丰盛,因为食品都是从国内运来的,我们总算补充了一点营养。在此期间,大使也接待了我们。

1990年春,国务院学位委员会召开学科评议组召集人会议,布置恢复正常学位相关评审工作。何东昌做报告时,我的座位正好面对讲台,便抓紧时间写了一个请辞校长职务并出国访学的书面报告,乘中间休息时面交何。何东昌已知我有辞意,当即收下,但并未有任何表态。没有想到他竟然非常重视,当天晚上就派高教司司长前来宾馆看我。这位司长倒也热心肠,开门见山地说:"东昌已和我们商量,初步同意你出国学术交流,并仿照南大曲钦岳校长先例,夫人陪同出行,但最多只能是三个月。"我喜出望外,千恩万谢,回校就通过党委正式申报请辞与出国手续。当时,我的任期已满,但仍留任校长,其他书记、副书记、副校长,除有的因年龄离休外,也都继续留任。我实际已经以学术工作为主,特别是学科评议组工作相当繁重,出国讲学与开会亦较频繁,王庆生实际上已承担常务副校长职务,他过去与戴绪恭在校部宣传口是老搭档,完全可以统率学校工作全盘正常运转。所以我接受普林斯顿大学与其神学院的联合邀请,决定首先去美国合作研究中国教会大学史一年。

由于何东昌的关心与华师党委的支持,我迅速获得出国学术休假一年的批准。但何东昌附了一个口信:"如果校长一职找不到合适的接任者,你还得随时回校。"我理解为礼貌语言,所以满口答应,但也未曾料到,此去异国他乡竟达三四年之久。

我走得比较匆忙,因要出席香港"近百年中日关系研讨会",遂提前于8月11日出境。为了不惊动他人,怀玉独自送我到汉口机场,心知此次是长别离,但亦只能隔栏相望,千言万语,会心而已。

飞机准时起飞,中午到达启德机场,顺利过关入境。此会由香港对日索赔会会长吴溢兴全力支持,他亲自开车直接把我送往中文大学会场,随后又把我的行李顺便带往即将入住的宾馆(远在香港市区)。上午的会议已经结束,我一进餐厅便见到老学长唐德刚、吴天威(均为此次对日索赔会领导人),大家非常兴奋,边吃饭,边聊天,畅述近期情况。同时还看到了从台湾来的张玉法、蒋永敬,久别重逢,更为亲切。

饭后大家就在会场休息。主持会议的副秘书长、中文大学谭汝谦博士通知,下午由我主持一个分组会议。他发现我短裤汗衫,连衬衣都未穿,脚上穿的又是凉鞋,而随身衣箱已被送往港岛,连忙开车回家取了一套干洗过的西服、衬衣、领带和擦亮的皮鞋,迅速帮助我沐浴整装。我重返会场居然衣冠楚楚,因为他与我身材相仿,衣服非常合身,众友人都佩服谭博士的精明能干。

会议整整开了两天,增进了海峡两岸与香港地区学界之间的相互了解,特别是展现了港台同胞热爱祖国与反对日本军国主义复活的同仇敌忾。8月13日上午,我和与会外地代表依依告别后便从宾馆搬到陈满棠校友家，直到8月20日离港赴美。这一周时间主要是与华师众多校友之间的频繁聚会。由于荒唐无稽的流言太多，他们对我的安全非常关心，现在看见我神态安详，还能获准去美国享受一年学术休假，自然深感欣慰。校友的深挚爱校情谊，鼓励我又一次走上人生的新旅程。

满棠整天陪同我与各处校友会晤，几乎成为司机兼秘书。他的夫人非常细心地检查我的行李，发现我竟忘记携带御寒的冬衣，而我即将前往的美国东北部冬寒尤其严酷，便特地为我买了一件既厚重又大方的苏格兰羊毛外套，还有其他若干过冬的衣物，真使我有雪中送炭之感。20日上午11时，陈满棠与另一从深圳赶来的校友送我去机场，由于多年未见，相谈甚欢，竟把机票上起飞时间13：00误看成1：30。结果行李已经托运，人亦经过安检出境，却误了这个航班，而下一航班是次日清晨。这一夜我只有在机场候机室休息，满棠赶忙为我送来一大袋零食与好些新出报刊，供我独自消磨长夜，这应该算是此行的一大挫折。

8月21日8时许，美国联合航空公司（美联航）的值班小姐交给我两张登机卡，告诉我"改为到东京换机直达纽约，行李亦直接托运到纽约"。我高高兴兴立即登机，下午3时到达东京，然后转机，经过长途飞行，在美国东部时间21日下午4时到达肯尼迪机场。出入境手续非常顺利，马敏又亲自开车来接，久别重逢分外喜悦，却未想到即将遭遇一连串难题的困扰。

由于是暑假，林霨原来预订的普林斯顿神学院蟠音堂宿舍未能直接入住，而林霨夫妇又去波士顿度假未归，马敏只有设法让我暂时借住在比较偏远的劳伦斯威尔傅雅芳处。她原为北京对外经济贸易大学学生，已在当地一所中学教中文，工资虽然不高，但提供免费公寓，一楼一底三室一厅，颇宽敞。楼下是厨房、浴室与客厅，只有一间卧室，已有人（谈小龙，复旦大学著名遗传学家谈家桢教授之子，已在当地就业）长期租住。楼上有两间卧室，是我与雅芳各自的空间。傅、谈两人都要上班，早出晚归，白天只剩下我一人，倒也清净，但问题是两口大箱被误送到西雅图，衣物与文稿都未随身携带，生活极为不便，又无法看书写作，所以颇感寂寞，在香港已趋振作的情绪又复低沉。

幸好刘子健闻讯专程前来，慰问疏解，并探讨合作研究如何进行。雅芳虽然很忙，仍抽出时间，开车带我就近参观，并邀集一些学有所成已经就业的大陆年轻人与我会晤交流，亦有助于我以后三年多与这一代留美学生融洽相处。8月31日暑假结束，我搬进普林斯顿神学院正式寓所，雅芳亦离开了劳伦斯威尔中学。她把自己的一批英文小说赠送给我，作为我孤身在外的晚间休闲读物。她似乎是美国文学专业，这批书多半是关于美国早期殖民地时代的长篇小说。人物生动，故事曲折，情境历历如绘，对于了解美国早期历史有很大帮助。我在普林斯顿一年，每晚就寝前总要看几页睡前书（bed book），有时竟看到凌晨，可见有多大吸引力。当然，如果不是雅芳赠送，我自己是不会找这些文学书籍阅读的。

# 第十一章

# 海外四年（上）

起点普林斯顿 \ 落叶归根与落地生根 \ IC，接待家庭与家庭教师 \
破冰访韩国 \ 重返耶鲁 \ 海外纪念辛亥革命80周年 \
从"太空人"到四海为家

## 起点普林斯顿

从1990年8月底到1991年6月底,我在普林斯顿生活了十个月。

普林斯顿是纽约附近一个幽静的小镇,普林斯顿大学使这个小镇名扬天下。其实普林斯顿大学规模也很小,学生人数最多也不超过六千人,就中国人的眼光来看,可能还赶不上一个市属专科学校,但这丝毫不影响它源源不断培养出高水平的人才,包括真正攀登科学顶峰的诺贝尔奖获得者。我特别喜欢普林斯顿就是因为它的小而精美。

我的新居位于一条僻静的街道,即亚历山大街44号(Alexander St. 44#)。这是一座独立的三层楼房,古色古香,原来是普林斯顿神学院专门接待海外传教士的宾馆。我用音译名之曰"蟠音堂",自觉比较风雅。爱因斯坦故居就在附近,因为离他在高级研究院的工作室也非常近,我总爱在黄昏环绕他的故居散步,这儿几乎没有其他行人,可以享受此生难得的宁静。

神学院非常关切,把我安置在三楼三室两厅的套间,一切被褥家具及厨房用品俱全,还有工人代劳清洁洗涤诸事,等于是高级宾馆。原来说是夫妇同来,不料长女与女婿分别到日本、西安进修,外孙女刚进幼儿园,加上次女雪梅又正忙于准备出国留学,家中及外部事务更为复杂,所以怀玉推迟一年多才能到耶鲁相聚。我突然变成单身汉(single,朋友笑称"太空人"),独住偌大空间实在是很大浪费,不过每月租金只收410美元,比住留学生公寓便宜得多。最大的好处就是安静,不受外界干扰。

这座楼入住的人很少,三楼对面另一套间常年空着,所以我的第一个"邻居"竟是一对鸽子伴随着几只出生未久的乳鸽。鸽巢在邻舍屋檐下,正好面对我屋的老式阳台栏杆,我们很快就结识了。我从鸽家哺育活动中感受到亲情温暖。他们也经常凝视我这新来的邻居，甚至到我的阳台从容觅食。不过很快我就结识了二楼一家房客，夫妇二人来自南非，都是印裔，并非本地黑人。丈夫名 Joseph Prakasim，是一位牧师，追随曼德拉追求南非独立，因此被迫流亡海外各地。他参与跨文化宗教出版工作，相当于对外宣传部门。我对曼德拉非常崇敬，又与牧师在学术研究上有共同交集，所以很快便成为好友。牧师夫人经常邀我去她家吃家常便饭，嘘寒问暖，如同一家。牧师在基督教比较研究方面对我帮助甚多。

神学院院长亦指定马三乐（Samuel H. Moffett）教授与我合作开设中国教会大学史讨论课。我们曾多次磋商，认真备课。可惜当年国际形势恶化，部分学校受反华情绪影响，选修中国研究课程者甚少，遂无从开班。及至第二年形势好转，我又到耶鲁去了。普林斯顿大学历史系原定让林霨、刘子健与我共同开设"五卅前后的中国军事与政治"课程，倒是按计划在1991年春季始业开课。除我们三人外，还请了若干外地学者前来讲课，如来新夏、劳拉（加拿大）、麦科德（美国学者，曾在华师进修一年）。听课者尚称踊跃，记得有一电机系美国学生，由于旁听感兴趣遂转入历史系。罗志田、王汎森亦曾来参与讨论。

我与普大社会学系亦有多年联系，由于我与北大罗荣渠正联手从事中国现代化比较研究，所以我们和布莱克（C. E. Black）教授早已文字结交。可惜布莱克猝然病逝，但接手者罗兹曼（Roizman）仍然愿与我们合作，热情邀请我参加他主持的讨论课。不过关注主体已从中国转向了日本、苏联与东欧，这也正是我深感兴趣的课题。虽然是选修课，然而学生甚多，要较大的教室才能容纳得下。不过上课时间不好，正好是下午1点至3点，而我午餐后却昏昏欲睡，头脑难以清醒。罗兹曼是当红教授，似乎手头掌握一大笔教学经费，居然提供免费午餐，第一堂课后就是炒面外加一盆美味中国炒菜，大家边吃边讨论。尽管在西方国家现代化研究已成明日黄花，甚至被讥刺为顽固不化的"意识形态"，而后现代化研究则如日中天，但这丝毫不影响罗兹曼讨论课的人气旺盛，当然这主要是靠教学效果，绝非仅是"舌尖上的中国"。

不过，在普林斯顿将近一年的时间里，我主要精力还是投入中国教会大学史研究。因为我虽然从1985年开始就决定投身这一学术领域，但"80岁开始学吹鼓手"，先天极其不足，动手又未免太迟，而校务的繁忙又难以自我补课。到普林斯顿神学院以后，我不仅有充分时间阅读相关基督教经典，了解基督教研究的最新进展，而且还逐步融入国际基督宗教研究群体。

在普林斯顿，关系最为亲密且帮助最多的，除林霨、刘子健以外，还有陈大端、余英时、牟复礼。陈、牟均为我金大学长，1946年至1948年已结交，陈留美获博士学位后，很早就在普林斯顿大学任教。余英时从耶鲁转入普大，可能与陈穿针引线有关。英时以前虽在北大读书，但其妻姐为我金大同班同学，很多选修课都恰好相邻。陈、余、牟是一个小圈子，我与高友恭（中文系）由于都未带夫人来，成为他们的关照对象，有段时间几乎每个周末都在这三家轮流聚会，古今中外，畅叙往事，颇多感慨。

普大历史系一贯重欧洲史而轻亚洲史，所以中国史教授大多更愿在远东系讲课并参加其他活动。远东系的美国教授很多是中国通，与中国重点大学关系尤为密切，1989年政治风波后，他们有些人公开发表声援，并"帮助"某些"学运"分子逃亡。所以有的中文报纸别有用心地刊登《普林斯顿——中国流浪者之家》长文肆意渲染。普林斯顿大学校方对此颇有烦言，同时也实在没有这笔庞大经费。于是台湾当局乘虚而入，先后以"蒋经国国际学术交流基金"捐赠的名义提供200万美元支援，于是形形色色的"民运"人士闻风而至。其中有些人惹是生非，不求上进，出现许多怪异现象，当然也有许多洁身自好者抓紧补习英语，尽量摒除应酬，继续求学深造，终于自力更生，大浪淘沙，自古皆然。

在这样复杂的环境里，我得以潜心治学，与世无争，与好友们的刻意维护有关。但凡有所谓"人权组织"可疑媒体要求对我访谈时，他们都是一句话断然拒绝："章先生是要回大陆的"，意即我是纯粹学者，并非流亡海外。此语确实大大减少我许多麻烦。

关心我的还有纽约地区的老朋友，大体上可区分为两个群体，一是以唐德刚为首的北美对日索赔会骨干成员，主要集中在联合国秘书处和人事部门，如邵子平、吴彰铨、禤福辉等；一是以李又宁为主导的中国历史学会的主要成员，该会系各个学者轮流坐庄，编辑出版《中国历史研究》，所以人数更多，包括纽约附近的高慕轲、涂经贻、吴应铣等。我到普林斯顿不久，在李又宁的策划下，他们利用一个周末在纽约唐人街大上海餐厅设宴欢迎，此后很快就恢复了与美国学界原有的联系。由于唐德刚的热心联络，我与住在纽约附近的百岁老人刘廷芳成为忘年之交。他是南京国民政府时期资源委员会元老级成员，早已在美定居且事业有成，并且热心为祖国经济发展作出多方面贡献。他的大女儿刘丽钧与女婿在华中师大工作，改革开放后他曾专程到武汉探亲，我时任校长，故有一面之识。我来美后，他常利用假日邀我到家中叙谈并遍尝附近美食。除重温旧谊外，他还利用旧存文献与口头回忆，让我帮助他编辑出版了一本《近代史秘》，着重记述了1936年他曾蒙蒋介石夫妇接见并宴请，奉命以私人名义乘美玲号飞机赴粤，协助化解"两广事变"引致的一触即发的内战危机。这可以说是我一个意外的收获。

当然，我结交最多的还是青年学生、学者。我这一辈子最喜欢学生，学生也喜欢我，这是最大的幸福。普林斯顿大学的中国同学会，组织健全，工作干练，为这一大批新来的大陆学者做了非常周密的接待工作。根据既定分工，正在政治系攻读博士学位的杨大利负责对我全面关照。1991年9月1日下午，我刚搬到普林斯顿，而马敏当天上午已转学到耶鲁，所以全靠大利夫妇开车帮我购买蔬菜、食品及其他日用品，记得同车前往超市的还有复旦大学田汝康教授夫妇，他们等于是在普林斯顿安家，所以购买物件更多，把车尾都塞满了，许多东西都拿在手里。大利夫妇不仅帮他们搬运，还热情留我吃晚饭。因为我太太未来，回宿舍肯定来不及做饭。大利妻子正处临产期，他们还这样热心助人，使我非常感动。

没过几天，正在历史系攻读博士学位的罗志田也闻讯前来，帮助我安装接通电话，可以说是为我解了燃眉之急，这样很快就恢复了校内外各处联系。志田原在川大历史系毕业，之后留美在新墨西哥大学历史系攻读硕士学位，林霨发现其基础扎实，禀赋优异，录取为普林斯顿历史系博士生。他专心治学，心无旁骛，宁可多付房租，住进单门独户的外国学者公寓，以免外界不必要的应酬干扰。他不像有些大陆学者为省钱合租廉价房，成天泡在一起聊天、闲逛，浪费宝贵时间。正好台北"中研院"史语所（历史语言研究所）青年学者王汎森住在他家楼上，两对夫妇志趣相投，潜心治学，情投意合。当时王汎森研究章太炎已经崭露头角，与志田及我共同话题较多，因此多半利用周末两家轮流做东，不仅以佳肴款待，而且切磋学问，交流见闻，使我解除独居的寂寞。

武汉大学王文生夫妇也住在这个地区，于是我又获得一个接待家庭（host family）。文生与我年龄相近，因为是中文系教授，亦曾任湖北省社科联副主席，因而早已结识，但平时并无私人交往。文生1952年毕业于武汉大学外语系，到北京大学向苏联专家学习马克思主义文论，60年代师从郭绍虞，并协助郭先生编《中国历代文论选》。此后长期在武汉大学任教，1989年后又在法国大学任教，在巴黎聘任期满后，他又应聘来到普林斯顿大学讲授中国古典文学，其教授工资加上妻子为报刊写作的稿费，生活远比中国一般交流学者及留学生优裕得多，但他仍然眷恋祖国，眷恋武大，不愿长期漂泊于海外。所以他与夫人很快就来看我，这才真是他乡遇故知，讲不完的掏心窝话，从此成为生死不渝的知交。他没有汽车，也不会开车，但绝不麻烦别人为他开车，夫妇两人宁可步行，顺路搭几站校车，访客购物都是如此，反正不喜欢欠他人之情。我始终不了解这是孤傲，或是洁癖，或是什么其他的原因。但是他们热爱生活，也善于安排生活。每逢周末，必定到市中心购买一次鲜活鱼虾，用手推车带上装有碎冰的冷藏箱，算好步行与班车配合的时间，尽量缩短归途消耗的时间，然后精心制作并品尝。他们的家常菜并不家常，于清淡中蕴含本色的鲜美，那是任何餐馆都做不出来的。他们就是像做学问那样一丝不苟地做饭炒菜，每次受邀到他家共进晚餐，我总会想起《浮生六记》，想起沈复夫妇那些古代风流人物的遗韵。

与文生相类似的，还有金春峰。他是冯友兰的学生，曾任人民出版社哲学编辑室主任，与李泽厚私交甚笃。1990年他正好在普林斯顿做访问学者，而且是独居，所以主动找我交往。他倒是会开车，而且还买了一辆便宜的二手车，常以购物为名，与我利用超市进餐并畅叙学术与家境。但由于他的邵阳话不太好懂，所以我去罗志田、王汎森、王文生所住学者公寓叙谈更多。这处公寓离我住处并非很远，但其间隔着一个很大的高尔夫球场，白天只能绕着场外公路走，晚间则可径直穿过球场，缩短路程。晚间月明星稀，芳草如茵，池水粼粼，行人绝迹，独自漫步其间，或与文生夫妇结伴缓行，充分享受这清风明月，忘却一切人事烦恼，至今仍然是我难忘的美好记忆。

但我很难保持这种离群索居独自耕耘的状态。因为我虽然离开华师但却迟迟未能正式免职，至少在名义上还是一个校长，而实际也随身带来若干公务，如筹建中国教会大学史研究中心，继续扩大华师国际学术交流等等。加之我一贯热爱学生，关心青年，所以一到美国，许多旅美中国青年学者、学生纷至沓来。我所在的神学院宿舍正好成为接待中心，普林斯顿大学中国留学生会主席阎焱、中国留美历史学会会长洪朝辉及其下属中国留美学者、留学生历史学会均陆续与我正式联络，经常通信并有所咨询。正是通过他们，我逐步扩大了与中国在北美地区留学或工作的青年学者的联系，并且迅速恢复教师身份的自我认知。

## 落叶归根与落地生根

1991年3月22日晨，莱顿大学教授袁清专程开车来带我去马里兰大学参加华侨史研讨会。途中恰逢暴雨雷电，数次被迫停车躲雨，会议近开始时才平安到达。此会由留学生历史学会举办，实际上其他学科参与者亦多，因为会议主题即为中国留学史。晚间，由我做《1900—1990中国留美学生》主题讲演。自由讨论时，有人提出当前自身如何对待去留问题，因为主客观情况都比较复杂，众说纷纭，莫衷一是。我的回答是以落叶归根与落地生根两成语加以解释，认为落叶归根固然可贵，落地生根也未尝不是好事。在全球化浪潮席卷世界的新时代，我们不必墨守农业宗法思想的古训，完全可以根据具体情况自行做适当选择。关键是要有"根"，"根"就是自己成才，在品德与专业方面不断自我完善，无论去留都为社会所必需，而且两者并非截然对立，从钱学森到杨振宁等等，哪个不是先在美国落地生根，然后又毅然落叶归根，即使仍旧定居海外，还是随时可以展示拳拳报国之心。全场为之动容，报以热烈掌声。

作为老教师，仿佛识途老马，只是乐于与年轻人分享自己点滴人生感悟，从来不敢以"人梯"自居，因为自己缺乏应有的高度，更不愿意摆出一副"青年导师"架势，徒然令人憎厌。实际上青年人对我的关照帮助更多，而他们的青春活力与干练务实，更使我深受感染，增添了我自己后半生继续前进的勇气与信心。这一代留学生，大多经过上山下乡的磨炼，比一般从学校到学校的幼稚学生，具备较多的社会阅历与知人论世的见识，既关心政治，又潜心治学。大多数人已经趋于冷静理智，愿意正视现实，寻求对国对民、对公对私更为有利的道路继续前进。次日上午分组讨论后开圆桌会，仍然是全体参加，台上台下讨论颇为热烈，关注焦点还是回国与否问题。下午意犹未尽，继续商讨具体对策。主办此次会议的历史学会负责人因势利导，求同存异，决定暑假先派十人回国，分头到各地讲学，进一步调查研究，然后再探讨更具体的应对方略，他们有长远眼光，构思细密，进退有节，颇具章法，使我心情豁然开朗，一扫之前的孤苦伶仃之感。许多应邀参加此次盛会的学界前辈，包括已在美国定居的与刚从国内前来的都有同感，认为这批青年才俊人才济济，气度非凡，必将在新世纪大有作为，中国的前途仍然光明。

我在普林斯顿大学虽然名义上是受历史系邀请，但因专业关系，参与远东系活动较多，因此与"学运"人士无可避免地有所接触，但大多是礼貌性的寒暄而已，基本上没有私下交往。因为当时普林斯顿毕竟是比较复杂的敏感地区，自然保持适当警惕为好。不过他们仍然把我当作老师，我也照样把他们视为学生。但凡单独叙谈，我总是劝他们应该珍惜普林斯顿大学提供的良好学习环境，至少先过语言关，然后力求继续深造，不断充实自己，以求自立自强。可惜这些话只有少数人真正听进去了。

林霨很愿为余英时帮忙，余英时也很想把林霨留在历史系，许多学生也很喜欢这个哈佛博士生。但是历史系新主任仍然是老毛病——重欧轻亚，对林霨职称的升级颇多留难。1990—1991学年，是林霨在普林斯顿任助理教授的第五年，按制度规定，这一年如果不能提升副教授就必须另谋他就。余英时、刘子健与我都分别写了有力的推荐信，并且也尽量想好些办法，例如把我与他合编、湖北人民出版社排印的《中西文化与教会大学》稿影印，提前送请评审参考。这次系、校两级评审顺利通过，原本以为万事大吉，不料却被学校最高领导否决，很多同事与学生都为他抱不平。5月18日林霨夫妇在家中举办告别酒会，余英时、牟复礼、陈大端、詹逊、林培瑞等知名教授均偕夫人前来。据签名簿统计，参与者超过八十人，可谓盛况空前，公道自在人心。5月19日，我与罗志田、王汎森等少数知交到中餐馆为他们送行。林霽夫人余晓薇心情甚佳，居然拿我这个老人开玩笑，她说："1985年章校长应邀访问孟菲斯大学，卡本特校长极为重视，委托当地年长名媛开车陪同参观世界知名的歌唱家猫王纪念馆，途中名媛笑语不绝，章先生脱口而出，'你开车真像我舅母一样'，因为那位老夫人也喜一面开车，一面滔滔不绝闲聊。孟菲斯大学名媛连忙惊问'我像你舅母一样？'英语不分姊母、舅母、姨母一律称'aunt'。她说这个词时把前面这个重音拖得很长，章先生才发现自己的恭维话讲错了，连忙道歉说：'我是说你像我舅母年轻时那么活泼'。"讲到这里，大家哄堂欢笑，章先生不善恭维的笑柄，不胫而走。但我讲的都是大实话，因为我读初小一年级时，舅母已读高三，并与舅舅（大学生）谈恋爱，能歌善舞，而且代表湖北省参加华中地区篮球比赛，高中毕业后进入厦门大学攻读企业管理。1945年抗战胜利，她与舅舅随陈仪作为省政府第一批工作员去了台湾，舅舅接管了一所专科学校，她却接管了一个规模很大的工厂，亲自担任厂长。由于管理得法，盈利甚丰，成为活跃的上流社会活动家。退休后定居美国芝加哥，中国改革开放后，随同何炳棣创办华人协会，促进中美友好交流，特别是关心武汉与黄陂家乡农村建设。我以前在美国访问时，她曾亲自开车带我到各处参观，就是边开车边讲话，甚至手舞足蹈。

但这毕竟是一次长时间远距离的告别。因为暑假即将开始，6月30日，我将前往耶鲁，再见相期何年，谁也说不清楚。

## IC，接待家庭与家庭教师

在普林斯顿访学将近一年，适应环境，开展工作，收获甚多，除感谢众多同事、友人与学生以外，还不能忘记IC以及接待家庭与家庭教师

（tutor）。

9月初，我向普大报到不久，就去 IC 登记。IC 是 International Scholar and Student Center 的简称，即国际学者学生中心，因为它是专门为外籍教师、学生服务的。我根据自己的需要，请求安排一个接待家庭与一位英语教师。过去由于出国访问，一个学校最多也只停留一个月，所以从未有这两项要求。现在决心在美国做一年以上的访问，我必须有长期打算，请英语教师是为了提高英语写作与口语交际能力，接待家庭则是加强对美国社会基层的了解，以期有助于中外文化交流的研究。

不到二十天，IC 就根据我提供的简历与业余爱好，选定了一个家庭与一位教师。

我的接待家庭随即来信约定在一个周末下午会见，并开车陪我参观普林斯顿大战场（独立战争）及市容。出面接待的是一位英国籍的英语教师，丈夫也是英国人，人口专家，爱好运动，周末外出为儿童当义务教练去了。女主人 Alison 留在家中接待我，我们开车参观，并在附近湖边散步闲聊，然后回家享受下午茶，进一步相互了解对方家庭情况、生活习惯及业余爱好，等等。彼此都没有客套，谈谈家常，并约定以后的活动。Alison 到过中国，非常热情，说是有事尽可找她帮忙。第二天晚八时，她又偕丈夫开车来接我参加 IC 举办的招待会，主要是与当地各界人士会晤。我碰巧结识一位老人，出生于庐山，1927年回美国，恰巧就住在我现今住的蟠音堂那个套间，相约以后长谈。Alison 还为我带来音乐磁带，因为她通过 IC 知道我喜欢音乐，特别是乡村音乐，真是亲如家人，宾至如归。

10月31日是万圣节（Halloween）前夕，满街都是化装漫游的孩子。Alison 开车接我到其家聚餐，主菜是清蒸海鱼，佐以烤土豆、凉拌菜，最后是甜品、水果，与平时家常便饭无异，但边吃边谈，兴味甚浓。饭后 Alison 以我从中国带来的茉莉花茶代替咖啡，并批评我与她丈夫太美国化（too Aamericanized）。她说话办事总是风风火火，直言无隐，体现出西方职业妇女的干练洒脱，我们男性自然甘拜下风。随即欣赏唱片，她的两个儿子都以歌喉见长，次子还是著名儿童合唱团成员，曾到白宫与国外演出，现在英国读大学，课余仍然酷好歌剧。Alison 让我欣赏许多家庭照片，两个孩子幼时都很聪明可爱，还有 Alison 婚后三天的泳装照片，在当时的英国算是很新潮了。丈夫 Richard 则比较保守，至今仍看不惯长子领取学位证书时留长发戴墨镜照片，连骂几声"bad student"，对于现时普大学生的各种聚会尤其看不惯。

11 月 16 日，感恩节活动已开始，Alison 开车来接我至其友人家参加聚会。主人首先致辞，解释 Thanks Giving 的来历，并说了一些亦庄亦谐的俏皮话，众人哈哈大笑。客人包括五个日本人，其中有两对是夫妇，带来五六个日本小孩，还有若干新西兰人、英国人。中国人只有一对新婚夫妇与我。小孩很多，到处乱跑，自由自在，随意拿食品吃，拿玩具玩。主人与志愿者在厨房忙于做菜，饮料与点心放在桌上，客人自取，大多是手持饮料一杯，笑谈不绝，各得其所，无需主人陪同。食品主要是烤火鸡，肉粗味淡，无法恭维，但体量甚大，要整夜微火熏烤，掌握火候不易。进餐时又需两人合作剖解，一一分送，增添了节日共享口福的情趣。

Alison 可能对我的音乐欣赏能力估计过高，其实我只是业余有点爱好，而在校长任内又曾亲自负责重建音乐系，略知皮毛而已，但他们始终不忘把对我的款待侧重于音乐。1991 年，元旦后的第一个星期日，Alison 夫妇专门开车接我去 Novico K. Schneiderman 家共进晚餐。她是日本人，钢琴家；丈夫是美国人，电脑专家。两人结婚未久，住所布置典雅，日本文化风采浓郁。晚餐纯为和式，特别讲究餐具，造型多样，类似水彩画小品，汤以青瓷小碗装盛，只有两片鱼肉，配两片绿色豆荚。主菜是铁板烧，将几种素菜、虾仁、牛肉置于电热铁钵上，边烤边吃。日本饮食文化不亚于中华，清淡养生，简便节约，以小巧雅致取胜。饭后饮茶，小休片刻，然后 Novico 从容演奏莫扎特、舒伯特、肖邦、德彪西钢琴曲数首，如痴如醉，让我们融入乐境，共度良宵。告别时热烈拥抱，Novico 感谢知音，特别送我一张将于 2 月 17 日中国春节举行的独奏会门票一张。

此后，由于我经常忙于到各地乃至韩国讲学，所以与 Alison 接触不多，其时她自己也在忙于准备带领儿童合唱团到台北、汉城（今首尔）等外地演出。我们在汉城访问几乎同时，可惜事先不知乃至失之交臂。她比我迟一天回普林斯顿，但知道我 6 月 30 日即将转移到耶鲁，仍然抽空接至其家践行。晚宴只有七人参加，清一色音乐界人士，包括乐队指挥、男中音、男低音、女中音等。食品以凉、素菜为主，餐桌置于花园，桌上亦有鲜花、蜡烛点缀，烛光点点，晚风习习，轻歌曼吟，畅叙近晚十一时，这可以说是我这一生最富诗意的别离。

家庭教师 Betty 是一位中学英语教师，开始工作几乎与接待家庭同时，一见面就指导会话，并主动帮助我修改英文信件，没有任何客套。11 月 22 日感恩节，正好怀玉的侄儿黄凯与妻杨艳从弗吉尼亚前来探亲，Betty 又把我们一起接到她家过节。聚会时，当地客人（包括儿童）都带了乐器，先是喝饮料，吃零食，自由交谈，然后是自助进餐。照例以烤火鸡为主，三五人坐在一起边吃边谈。餐后演奏乐曲，没有预定节目，都是个人即兴演出，儿童也夹杂其间。据说有一客人还是专业音乐家，幸好黄凯能拉小提琴，也参与演奏助兴。Betty 夫妇是荷兰人后裔，丈夫在企业工作，属于中产阶级，所以住宅较宽大，布置也较为典雅。她与 Alison 一样，全是 IC 的义工，一切教学与接待工作经费全部自己承担。她除了每星期一下午有一小时指导我英语会话外，以后还为我修改《中国教会大学的历史命运》的英文初稿，并且代为打字复印。其热心助人较 Alison 且有过之，只是性格沉静温和，不像 Alison 那样豪放。

回想起来，我最初在 IC 申请家庭教师时，自我介绍只是写了一句话："业余喜听乡村音乐"，结果引起两个家庭如此重视。我在1990年12月25日日记上也有片段记述："一片节日气象，张灯结彩，熙熙攘攘。上午看书。下午1时，Betty 以前的学生，两对华人夫妇开车邀我去她家。客人仍与先前感恩节相同，只是缺少黄凯夫妇，多了四个中国留学生进餐。方式仍为自助，随意选座，边吃边谈。饭后也是音乐助兴，事先好像有准备，儿童不再介入，只有三位大人（两男一女）表演洋琴（类似我国扬琴）、小提琴、吉他、电子琴合奏。全是乡村乐曲，还有民歌演唱，颇具专业水准，不亚于舞台演出。6时许尽欢而散，沿途灯光灿烂，五彩缤纷，小镇颜色倍增。这是我在美国过的第一个圣诞节，友情与音乐交织，因此印象特深。"

## 破冰访韩国

我在普林斯顿最初的一个多月，由于住处变易，忙于办理各种手续与熟悉环境，所以谈不上学术交流。但是1990年10月以后，学术上的来往就逐渐增多了。

首先是鲁珍晞邀请我到罗格斯大学（Rutgers University），参加中部太平洋地区亚洲协会年会。接着是亚联董在纽约郊区举行亚洲学者会议，从12月27日开到年终。其间我还冒着大雪前往深山老林中的庄严寺，参加美国对日索赔会的工作例会。1991年元旦以后，应邀前往俄亥俄大学历史系讲学，并顺道访问怀特大学和航空博物馆。2月27日至3月10日，又启程前往宾州大学伊利分校，与好友李绍昆教授及其同事与学生进行深入学术交流。3月1日偕林霨、张寄谦等同往耶鲁大学举办的中国教会大学史研究工作坊，这是与我们在南京召开的教会大学史第二次研讨会相呼应。5月13日至15日，俄亥俄大学历史系金吉甫（Barry C. Keenan）

专程来访并寄宿我处，朝夕相处，共同探讨晚清书院演变与国家、社会关系，整整花了3天，堪称空前绝后。5月22日，涂经贻、高慕轲、吴应铣等好友，又把我接至罗格斯大学，就民国史研究问题深入探讨。

在即将离开普林斯顿之际，还于6月13日至22日应邀前往汉城大学（今首尔大学）参加"中国现代史料学国际研讨会"。这是我来美第一年最重要的活动。会议规模虽然不大，但是规格极高，意义深远。

当时中韩尚未建交，所以没有任何正式交流。但民间（包括学术界）交往则早已开始，尽管大多是在第三国相互接触。我与汉城大学教授结识，是在1981年11月共同应邀参加日本历史学会在东京举办的纪念辛亥革命80周年国际研讨会，并且安排在同一上午在大会报告。过去我只知道日本学者对辛亥革命研究很深入，这次会上才发现闵斗基等韩国学者的研究并不比日本资深学者差。会下我们多次热烈叙谈，竟有相见恨晚的感觉。那次大陆学者同行者尚有胡绳、陈锡祺、金冲及、李宗一等，他们亦有同感。

这些年辛亥革命与孙中山研究已经成为国际显学，我们与闵斗基见面机会较多，他在大陆同行里的口碑很好。1986年10月，新加坡国立大学举办纪念孙中山诞辰120周年国际研讨会，我俩再次会晤，俨然已成知交，整天形影不离。会议结束那天晚上，主办方容应萸等陪同外地学者夜游"小印度"（印度侨民聚居地）。我俩边走边谈，他提出颇想来华进行研究，我亦坦承表示愿去汉城直接交流。但大家心里都明白，除非中韩正式建交，否则这一梦想很难实现。

但是皇天不负有心人，经过我们共同努力，加上中韩关系明显松动，终于经由韩国政府允许，同意汉城大学率先举办"中国现代史料学国际研讨会"，并且正式发函邀请我与张宪文、骆宝善三人参加，实际上就是中韩两国的对口交流，因为别无其他任何第三国学者参加。我于1991年元旦接到邀请函，当即回信接受邀请，并于3月下旬前往纽约韩国总领事馆办理签证手续。名义上仍是敌国，但门卫没有任何查询，让我径直进去签证处。那天办理签证者甚少，几位值班女职员都离开窗口，来到大厅观看我这个中国学者。不过她们无非是好奇，丝毫没有敌意，很有礼貌地轮流鉴赏我的护照及其他相关资料。简单进行照例的一些询问后，居然打听中国的风俗习惯与名胜古迹，甚至主动开起了玩笑。大厅的欢笑声惊动了姓李的总领事，他也走出办公室，问明我的身份后，赶紧邀请我到他的办公室详谈。总领事比较年轻，毕业于汉城大学东亚史学系，而且是闵斗基亲自指导过的研究生。此前，闵老师已与他通过电话，所以对我的情况比较熟悉。他热心促进中韩学术交流，表示签证很快就可以办好，不用本人来取，可以直接邮寄给我。简直像做梦一样，我就这样轻而易举地成为曾经打过好几年残酷战争的敌国的嘉宾。

我于6月12日晚7时到达仁川机场，这里曾经是双方进行过拉锯恶战的昔日战场，作为中国学者，踏上这块土地真是感慨万千。汉城大学闵斗基、金容德两位教授已在机场迎候。不久，张宪文与骆宝善等人同机到达，遂一起乘车前往汉城大学湖岩教授会馆。6月14日上午（韩国时间）研讨会开幕式，首先由韩国放送委员会委员长高炳翔作基调讲演，题目是《中国史研究与史料分析》。他是韩国汉学家前辈，曾留学德国并在西雅图华盛顿大学执教多年。他是闵斗基的业师，师生两人在汉城大学合力创办东洋史（即中国史）学科。后任职政府，相当于副总理级别，主管广播、电视等传播事业。一个学科的小型学术会议，由这样高层的官员做主旨报告，可见韩国政府的重视，实际已经透露两国即将建交的信息。

接着是学术讨论，首先由骆宝善报告太平天国史料学，内容翔实，简明扼要，颇受欢迎。听众提问与评论非常热烈，表明韩国史学界的中国研究水平具有相当高度。下午讨论，由我介绍中国辛亥革命资料整理与出版的进展，并且着重分析其中的经验教训与今后努力方向。由于1991年正好是辛亥革命80周年，所以听众发言更为热烈，有些问题已经

图39 参加中国近现代史史料学研讨会留影

超越辛亥革命，涉及整个史学的理论与方法。会议原定于下午4时30分结束，都不得不延迟到将近6时才结束，可见大家兴味之浓。

晚上由东洋史学科与中文系教授联合宴请，就近在湖岩馆韩式餐厅。每人面前各有十碟小菜，类似我国的冷盘，但人参数片亦算一碟，大概当地民俗如此。各色热菜则非常丰盛。两国学者一见如故，似有天然的亲近感，畅谈豪饮，深夜始散。

6月15日继续开会，由张宪文报告中国现代史（主要是民国史）史料学，他已有专著出版，堪称驾轻就熟。讨论热情有增无减，且多次点名要我解答问题。因为他们中文阅读能力很强，许多人都读过我们的相关著作。晚间，部分韩国年轻学者（多为闵氏弟子）联合宴请，实际上是日间讨论之继续与延伸，饮食反而成为次要。

6月16日会议结束，韩方安排我们参观访问。首先是参观市容及最大的百货公司乐天购物中心(Lotte Shopping Center)。乐天类似北京东安市场，由众多专业铺面组成，但建筑更加高大华丽，而且保持更多传统风格，内部布局及设施则效仿美国新式商业广场，并附设儿童游乐园。

中午在江岸酒店进餐，俯视江上景色，颇似武汉风光，但从整体来看，民族文化传统建筑风格保留较多。漫游深夜始归，途中在百松宾馆与汉城地区中国近现代史同行餐叙。大家按照民间习俗，席地比肩而坐，欢声笑语，喧闹不绝，一如东京浅草小酒馆。此乃海外学者所癖爱，与我国学界一味追求豪华接待大异其情趣。

6月17日参观民俗村，村在群山深处，风景幽美，精心布置，展示韩国东西南北各地区农村模型，房屋道路均如原状，且有居民活动于其间，富有生活情趣，使人流连忘返。中午即在村中小店进餐，简易棚屋，方桌条凳，朴实无华。每人食人参蒸仔鸡一份。浓郁可口，另配泡菜数碟，亦清爽开胃。结账每人52 000元，折合美元仅7元多，若在普林斯顿韩国餐馆，至少需付15美元。

饭后，齐集广场看民间歌舞，与我国东北地区朝鲜族庆丰收歌舞相似，以头舞长缨为特色，且有不同形体动作与队形变化，优美动人，高潮迭起。此外，尚有精彩绝伦的表演，艺人在绳上跳跃飞腾，进退自如。绳架一端坐一位击鼓者，以鼓点配合动作节奏，且不时与绳上表演者问答，异常诙谐，经常引发鼓掌大笑。

晚间由高委员长代表政府宴请，餐厅设于相当于钓鱼台的韩国屋（Korean House，亦称朝鲜宫），宫廷式建筑，小径曲折，林木幽深。主人以王宫菜肴款待，女侍均着宫妆，薄施脂粉，亭亭玉立，奉菜斟酒，楚楚动人，具有浓浓东方古典神韵。高先生毫无官员习气，依然宿学老儒本色，宾主仿佛旧交，欢洽畅饮，深夜始归。

6月18日，参观奎章阁与大学图书馆。奎章阁原为国王与大臣论学之所，但旧址已废。现在汉城大学校园内新建之奎章阁启用不过年余，许多书籍文献尚未解捆。建筑仍保持古典风格，飞檐鸱角，宏伟华丽，内部各种设施完全现代化。据吴相湘昔日记述：曾见奎章阁所藏近三百年承政院日记三千余册，此外尚有秘书监日记、总理交涉通商事务衙门与各国往来文件原档,以及金昌熙《东庙迎接录》(据壬午与袁世凯晤谈笔录写成)等。由于时间仓促,我们只看了袁世凯所藏书画,其中有一幅似为西洋画匠所绘胶州总督署图(上有袁世凯庚子题跋)。临别时管理人员给我们每人赠送一巨册馆藏目录,期待大陆学者前来充分利用。

图书馆以"日据"时期日文、西文书籍极多为特色,由于朝鲜战争,1949年以后的中文书刊甚少。

6月19日,上午是送骆宝善、张宪文回国,然后由金姓博士生开车送我参观独立纪念馆。距市区甚远,车程约两小时。馆建于高山上,造型奇特,气势雄伟。内设很多专题分馆,陈列非常丰富,但我们只能匆匆参观"三一"纪念馆,旋即疾驰赶回湖岩馆。晚间为自由时间,我独自逛至一乡村饭馆吃烤肉,只见宾客盈门,烟雾缭绕,香气扑鼻。我不知如何烤法,幸好老板娘热心帮忙,跪在身旁亲自制作,虽然因为语言障碍无法交流,但亦感其盛情。回想昨天下午东国大学文学院院长李吉榕来访。他生于上海,是邵子平在台湾时期中学、大学的同班好友,始终把中国当作故土。曾留学美国,在哥伦比亚大学获博士学位,并任教于纽约州立大学多年。回韩国已有十余年,除在东大教书外,还兼任外务部顾问,主要是负责重要中英文外交文件的文字润饰。李吉榕是中韩建交的积极推动者,临别时说:"我马上要做两件事,一是促成东大董事长(佛教界知名人士)访华,一是策划请你再次访韩,时间最好长一点,让你更为真切地了解韩国人,因为你在美国接触的韩国人很多是政客与市侩。"确实,接触这么多土生土长的普通韩国老百姓之后,我对韩国人的看法已经开始变化。

6月20日上午,在哈佛获博士学位的金容德教授开车送我到机场,一路疾驰,谈笑风生,很快就到达机场。原以为可以顺利登机,不料机场工作人员却要求就地补办返程签证。其实我在美国所持交换访问学者资格证书(IAP-66)本来就是往返双向签证,何况我离美前普大已为我证明我在1991年8月以前继续在该校工作。金容德熟悉这些情况，据理力争，但机场人员强调这是韩国规定，他们无法通融。金容德和我无可奈何，怅然而归，途中仍不忘专门找一家中国饺子店进餐。老板是山东人，被抓丁当兵沦落在韩，至今已经四十余年，见大陆同胞异常亲切，多所叙谈乡谊。晚间闵斗基赶来湖岩馆慰问，交谈甚久，感慨亦多，均望两国政府早日建交。

6月21日，金容德陪我至美国使馆办理再入境签证，使馆人员亦称，你所持本系双向签证，无须再签，但因中韩两国仍未解除敌国关系，为避免登机再次受阻，只有多此一举。顷刻办成。归途容德又专程陪我到延世大学参观。这是一所教会大学，历史悠久，建筑宏丽，堪称一流。首先在食堂品尝地道西餐，然后美术馆馆长陪同参观其美术展品，并送精美巨大画册，充分体现其收藏丰富与管理水平。晚间，闵斗基又派其得意门生（姓金）前来陪伴，至附近黑龙江中餐馆进晚餐，所谓"中餐"有名无实，不及乡间烤狗肉铺香矣。饭后至一僻静茶楼品中国茶，欣赏西洋古典音乐，坦诚深谈。该生原为学运领袖，"光州事件"后坐牢多年。出狱后师从闵斗基研究中国近现代思想史，极为聪慧，中文尤佳，只花两个月即将李泽厚两部著作译成韩文，很想到中国进修。茶楼布置幽雅，夜深顾客已稀，正好从容交流，但突然播放歌剧《蝴蝶夫人》，引发对殖民主义的不悦回忆，而韩国至今仍有美军基地。彼此均感扫兴，匆匆回归住所。

6月22日，晨7时金容德再次开车送去机场，拿登机卡时，又别生枝节。据说韩国政府规定，若干外国（实即敌国，包括中国）公民出境，须将签证、护照一并交航空公司职员保管。容德认为我是政府正式邀请嘉宾，不应如此失礼，但机场人员仍固执己见。我实在不愿再次滞留，造成容德时间与精力的过多消耗，主动请求相互妥协处理。机场仍将护照、签证当面检点，置于大信袋中，并指定一资深女职员持袋陪同登机。容德再三致歉，并嘱女职员过细陪护，终于告别归去。女职员温文尔雅，英语流利，谈话亦有风趣，显示颇有教养，非同一般空姐。不巧机翼临时急需修理，起飞延误4个小时，幸好机场把我独自一人安排在头等舱候机室，陪护者频频送来丰盛午餐及冷热饮料，服务极为周到，否则真是难以消磨时间。但我总是怀疑她另有特殊身份，除偶尔独自进入洗手间，简直是形影相随，颇有监视之嫌。我故意坦然说笑："很高兴在贵国得到一位出色的女秘书。"她立刻笑着回应："能够为您服务是我莫大的荣幸"。不卑不亢，应对得体，气氛堪称融洽。幸好我的航班是在东京国际机场转机，她交还证件并送我登机后即匆匆告别，否则到美国机场真会引起不必要的怀疑，以为我在韩国触犯了什么刑律。

尽管有此小小曲折，我仍然珍惜汉城十日的美好回忆，因为有幸成为中韩正式学术交流的前驱者之一，前驱者的道路上总不免多一点荆棘。从我来说，此行最大的收获是，我与闵斗基、金容德等结成莫逆之交。就在1991年下半年，中韩正式建交，两国学术文化交流开辟新纪元。可惜闵斗基过早病故，但是"闵字军"与"章字军"之间交流则是绵延不绝。金容德曾经先后接手东洋史料与文学院的领军职务，前些年亦已荣退，但他退而不休，创办一个基金会，继续在图书资料方面帮助中国学术发展。

## 重返耶鲁

对于我来说，学术交流最多而关系最密切的美国大学是耶鲁。其原因首先是由于耶鲁学子早在20世纪之初就在长沙成立雅礼协会，并且先后创建了雅礼中学、湘雅医学院与雅礼大学。及至20年代教会大学调整合并，雅礼学院整体合并到华中大学，所以与我校有很深的历史渊源。我因1979年结识其主任石达以后，每次访问耶鲁都是雅礼协会负责接待，甚至生活问题都由他安排。所以我此次到耶鲁，从工作到生活，耶鲁基金会全部委托该会作相应的接待准备。

我预定在耶鲁工作一年，由鲁斯基金直接拨给经费两万美元，而且专款专用，集中力量进行中国教会大学史研究，不再承担教学任务（学术交流不受此限制）。专业接待单位名义上是历史系，实际上却是跨系科的东亚研究委员会，联系教授则指定史景迁担任（因余英时已去普林斯顿），我们两人私交甚笃。由于中国教会大学英文档案全宗收藏在耶鲁大学神学院图书馆特藏室，所以雅礼协会把我安排在神学院学生宿舍，两处相距甚近，不到十分钟即可步行到达。生活上则有海外传教士服务中心提供方便，经常有班车可以到超市购物，所以我在耶鲁虽然只有八个月，但精力确实集中于治学，不再为生活琐事分心。

我在耶鲁除了外出开会或讲学，绝大部分时间都在神学院图书馆特藏室（Yale Divinity School Library, Special Collections）工作。该馆是一座独立的楼房，位于纽黑文市（New Haven）景色街（Perspect Street）409号，大树参天，芳草如茵，成群白鸽在蓝天上飞翔，松鼠三五成群在草坪上奔跑嬉戏，风景绝佳，俨然世外桃源。该馆图书期刊收藏极为丰富，1968年由费正清与贝德士策划启动的中国文献收藏（The China Records Project）所征集的三百多册传教士私人文献，于1972年集中归宿于该馆，还有诸如学生志愿海外布道活动（The Student Volunteer Movementfor Foreign Missions）、亚洲基督教高等教育联合董事会等组织机构的档案。此外，该馆还积极收集记述第三世界宗教生活的手稿与印刷品，卷帙浩繁。1988年暑假，我曾在此集中精力检阅档案一个月，所以比较了解内情。特藏室收藏如此丰富，却只有两位正式工作人员，即负责人斯茉莉（Martha Smally）与助手（Joan），除经常性的编目、借阅、维护等项工作以外，一些大型的资料整理都是临时雇请研究生协助工作。特藏室的管理井井有条，服务热情周到，由于经常只有我一个人在室内阅读档案文献,我们好像成了亲密的同事,特别是在编辑出版南京大屠杀相关资料过程中,彼此精诚合作,成绩斐然,备受学界赞誉。

除了她们两人以外,我在学生宿舍也有两位邻居经常来往。一位是已在神学院攻读博士学位的何崇谦,香港人,原来在澳大利亚任牧师。他是全家(包括妻与一子一女)来此,其妻在澳曾任银行职员,现因儿子太小,只能以操持家务为主,但仍挤出时间为神学院做义工。我一到宿舍,她们就主动前来探视,为我提供日用物品,有时还开车带我到超市购物。他们保持广东人的生活习惯,仍然相信煨汤进补,每逢为孩子煨鸡汤,必送我一碗品尝,如家人敬老一般。崇谦是学者型布道者,有志于把神学与美学结合起来,用以提升福音层次。他有次曾邀我听他布道,题目是《昨天,今天,明天》,主要是讲时间观念上过去、现在与未来的延续。他不纯粹讲信仰,很多已涉及生命哲理,深入浅出,语言生动,但真正理解者并非甚多。这是他自己的一种追求,并不在乎听众反应如何,丝毫没有煽情鼓动。在澳洲夫妻两人都有工作,收入相当丰厚,而在耶鲁只能靠奖学金,省吃俭用,一家四口,比较拮据。但他既痴迷于神学,更痴迷于美学,心安理得,安于清贫。妻子也毫无怨言,整日忙碌,堪称贤惠。崇谦中文修养亦有根底,书法上乘,曾赠我大型条幅,我至今仍然珍藏,作为终身纪念。

宿舍另一近邻是吴梓明,他与我在中国教会大学史国际研讨会上即已相识并长期合作。他是香港中文大学教育学院高级讲师,利用暑假偕夫人及两个孩子到耶鲁神学院享受学术休假。他与我及马敏联系较多,并且与金陵神学院徐如雷多次前来与我商谈今后如何合作。所以我在神学院已有一个小的朋友圈,丝毫没有孤寂之感。因此,我在耶鲁期间没有要求 IC 另外安排接待家庭与家庭教师。

我在耶鲁大学历史系与远东研究中心也有若干交往较多的朋友,历史系主要是王绍光与梁侃。王绍光原来是武汉大学学生,在耶鲁已取得

图40 1991年冬在美国著名汉学家史景迁家中与研究生晤谈南京大屠杀问题

博士学位，并留校担任助理教授，因为都曾在武汉住过多年，所以夫妇对我都非常关切，经常邀我到家中餐叙。梁侃是南京大学历史系学生，与我可算是校友，以前在张謇学术会议上即已相识。他也是中国留美学者、留学生历史学会的中坚人物，所以对我更是全面关照，凡有重要活动都会邀我参加。例如，我们曾经听取十位暑假回国交流讲学的旅美学人所述亲身见闻，有助于了解国内情况，留学生对于去留问题逐渐能够正确理性思考。我们还共同接待了来美讲学的戏剧大师英若诚，他在赵家楼（中餐馆）欢宴时也介绍了许多国内真切情况，陪同他访美的儿媳宋丹丹，心直口快，民间见闻尤多，大家都很感兴趣。会后，英若诚让我联系赵复三（已来美，在俄克拉何马大学任教），两位圣约翰大学同窗好友得以通过电话畅述衷曲。他们还在史景迁支持下，安排一场大型揭露日军南京大屠杀罪行的电影晚会，并用中国留学生联合会名义请我讲解，观众非常热心，讨论发言，群情激奋，充分体现那一代青年的爱国热情。

当然与我关系最为密切的，还是当时正在耶鲁进修的华师年轻教师，因为根据双方协议，每年耶鲁选派优秀毕业生到华师英语系任教并学习中文，华师每年则选派1—2名年轻教师到耶鲁进修，因此累积起来，每年都有3—5名华师交流学者（包括短期一两个月者）在耶鲁大学相关学科学习。他们集中住在曼斯菲尔街129号，因为雅礼协会只有一座办公楼，没有自己的宿舍，只得在附近街道长期租房待客。这也是一座美国普通三层小楼（地下室安置供暖设备），单门独户，即英语的house，以区别于公寓大楼的apartment（套间）。一楼为客厅、饭厅与厨房、浴室；二楼则有若干大小不等的卧室，最多可容纳10人。三楼住有一位似为业主的寡言少语年轻人，他从不与房客交谈，也很少下楼，偶尔带着宠物（一条大蟒蛇）下楼去公园晒太阳。大家望而生畏，根本不敢接近，因而三楼始终带有神秘感。这座楼房最初仅限于接待湘雅医学院进修教师，及至雅礼协会与华中师院恢复历史联系以后，改为两校进修人员合用。湘雅规模较小，派出人员日渐减少，有时甚至无人可派，而华师到耶鲁进修人员则逐年增多，从而喧宾夺主，外界竟有"小华师"之称。

我来美这一年多时间，先后寄宿此处的有黄小群、李亚丹、马敏夫妇、许梅仙等。短期接待访客有张宪谦、滨下武志等。此外，武汉大学也有少数在耶鲁大学进修半年至一年的教授，经雅礼协会安排在此居住，与华师老师亦亲如一家。

耶鲁大学离纽约较近，因此在联合国工作的一些老友与我联络较多。我把已复印的南京安全区国际委员会（Nanking International Safety Zone Committee）档案文献复印一份送给他们，吴章铨还代表对日索赔会前来耶鲁神学院图书馆，参观收藏的部分档案卷宗。这一年，邵子平倾注心血筹划举办一次大型纪念南京大屠杀死难同胞集会活动，并且委托张宪文全权代表与江苏省、南京市政府联络。南京大学非常热心，经由侵华日军南京大屠杀遇难同胞纪念馆申报，分别获得南京市与江苏省宣传部的同意与支持。我们非常兴奋，决定于1991年12月13日在南京举办纪念活动，并且找到马吉牧师（曾任南京安全区国际委员会委员）亲自拍摄的南京大屠杀影像，委托摄影师剪辑制作成历史纪念影片，在南京电视台连续播放，产生强烈反响。据统计，观众已经超过一千万，其中有300名各界代表人士报名参加即将在南京举办的纪念大会。但是正当我们紧锣密鼓抓紧准备之际，中央外事口负责人却表示日本海部俊树总理即将正式访华，不宜举办这样的大型纪念活动。

我们对此非常抵触，因为海部为参加纪念长崎、广岛核爆可以更改访问时间，而我们却因其来华访问而取消国民正当悼念南京死难同胞集会。活动不能在南京举行，我们在海外自然有维护历史真相并反对日本军国主义复活的权利与自由。1991年12月12日，我们以纪念南京大屠杀死难同胞联合会的名义举办了纪念活动。会场借用中美研究所礼堂，由于到会者甚多，所以非常拥挤，美国许多媒体及日本NHK电视台均来采访。会前与南京安全区国际委员会费吴生（Fitch）的女儿、女婿等亲属会晤，并互赠资料。会议首先用幻灯片放映南京大屠杀老照片，接着放映马吉牧师当年现场拍摄的影像，最后由唐德刚、熊真与我以英文演讲，因为听众大多数为欧美人士。讨论颇为热烈，延长至晚八时始散。

## 附录
### 我的演讲词的中文译稿

当我们沉痛悼念南京大屠杀的牺牲者时，应当记住一个名字——贝德士，他曾在金陵大学任教30年（1920—1950）。1937—1941年，他奉命留守南京保护校产。在南京陷入日军烧杀淫掠的大灾难中，他和一小群外国人，以恳求、辩论乃至自己的躯体，在刺刀与受难者之间从事救援工作，尽管他们的努力常以失败终结。这个小小的外国人团体和他们同样勇敢的中国同事，日以继夜地救死扶伤，把难民聚集于庇护所，借助外国人的援助稍许减少大屠杀的损害，并且为安全区内7万难民谋求食物与住处。他们作为一个小小的公共群体生活在一起，没有足够的食品与服务设施，常常一连几个星期得不到深深眷念的家庭的音讯。丈夫或妻子，不知道自己的另一半是死了或被囚禁。他们与外面的世界几乎完全隔绝。但是他们仍然坚持留下来了，正如贝德士博士所说："我同其他人一样明白整个局势的严峻与黑暗，在这里很难找到公理与正义。个人自身的问题早已得到回答，基督徒努力履行自己的职责，用不着为自己的生命担忧，只会为自己难以满足巨大的需求而感到愧疚。"他们日复一日地前往日本驻南京大使馆，递交他们的抗议、呼吁和逐日逐事记录日军暴行的报表。贝德士保持的此类大量文献已妥善地收藏于耶鲁神学院图书馆。这是南京大屠杀的真实记录，血写的历史不可改变。

我们回忆充满悲怖与罪行的往事，绝不是为了复仇，而是为了汲取经验以教育全世界人民，特别是众多的年轻一代。请允许我引用已故老师贝德士的一句话作为结束："给全球以和平，给人类以慈悲（Peace on earth，goodwill to man）。"

## 海外纪念辛亥革命80周年

尽管我在美国主要从事中国教会大学史研究，但由于1991年适逢辛亥革命80周年，仍然不得不挤出时间重操旧业，撰写长篇论文，先后在夏威夷、巴黎与武汉举办的纪念性研讨会上发表。

首先是参加由夏威夷东西文化研究中心主办的研讨会，其主办方是我们相知已久的杜维明，参与学者除海峡两岸的辛亥革命与孙中山研究者以外，还有许多日本以及其他国家的同行。大家都比较熟悉，所以总体上来看，可以说是内容丰富，生动活泼，圆满结束。加之夏威夷风景秀丽，气候宜人，所以给我们留下极为深刻的印象。

正式的研讨会只有两天，会场设在中心主办方自己的大厅。8月30

日上午开幕式，随即分组讨论，首先就国共第一次合作时期的所谓"三大政策"进行探究，发言热烈，两岸党派成见难以化解，但彼此都是学者，经过充分友好交流，也形成若干较客观的共识。据说另一分组争论甚为激烈，主要是藤井升三的论文肯定孙中山曾经为争取日援签署过损害中国主权的盟约。这事本来有一定的历史依据，是完全可以讨论的学术问题，但有若干中国台湾地区学者认为这是日本人恶意丑化"国父"，并且用粗鲁语言反驳。孰知藤井先生一直对中国持友好态度，所以连中国台湾地区的许多学者都认为不应成为意气之争。作为会议主办者，杜维明则担心会议开得冷清，动员我重新挑起有关辛亥革命性质问题的争论，但我坦然说，该发表的意见已经说完，老话重提没有任何意义，拒绝了他的策划。由于都太熟了，他也无可奈何。

第二天上午开会，波澜不惊，但有位台湾地区学者报告的论文题目是《孙中山与蒋介石》，公然为蒋介石歌功颂德，完全是孙中山正统论的陈词滥调，而且又非常冗长，虽然几经主席写纸条提醒，仍啰唆如故，乃至引起全体听众不满，他才闭口不言。下午开全体会议，由张朋园、周锡瑞（Joseph W. Esherick）、闵斗基与我做报告。结果也只是张朋园的过分强调立宪派作用引发些许争议，而对我与闵斗基的发言反而轻松放过了。

此次会议我的最大收获还是对孙中山在夏威夷的早年生活有了比较深切的了解。8月28日下午到达海边豪华宾馆，晚间，中日两国学者相约前往唐人街旺季饭店聚餐，每人交35美元。虽然由于是旅游旺季收费较高，但该处毕竟是兴中会纪念馆所在地，我们研究者很快就进入角色。8月29日上午自由活动，中午又与张朋园单独餐叙，海阔天空，古今中外，无所不谈。下午集体参观孙中山曾经就读的普纳荷学校、意奥兰尼书院等历史遗迹，景色秀美，史意盎然，大家纷纷合影留念。由于大陆学者大多是首次来夏威夷，所以9月2日杜维明专门陪同我们前往参观波利尼西亚文化中心。车行一时许,沿途海边景色如画,海岸民居别有热带民族风情。到达以后首先观赏独木舟水上歌舞。萨摩亚、毛利、汤加、大溪地、斐济、马基色斯及大夏威夷各种文化风土人情,目不暇接,美不胜收!接着看《波利尼西亚的传说》全景电影,在巨型影院放映,再现古代波利尼西亚传说的故事情境,场面宏大,诗情画意,观众仿佛置身其中。随后乘舟参观沿岸各个村落,形形色色,眼花缭乱。最后,由杜维明亲自引导讲解,参观拉耶(Laie)城镇,主要是摩门教堂和以后与华师音乐学院多有交流的杨伯翰大学的夏威夷分校。晚餐尤为隆重,纯粹夏威夷风味。饭后看 This Is Polynesia 大型综合文艺表演。连续90分钟,歌舞在熊熊火山与飞流瀑布的雄伟场景中进行。直至深夜,我们才兴尽而归。

会后,我由正在东西文化研究中心进修的南京大学教师陈忠平与曾在华师英语系任教的 Kelly Jan 协助,移居该中心招待所(Lincoln),继续在夏威夷参观旅游。9月1日到唐人街游览,吃中华料理。晚上驱车到 Wokir 海边游泳,并观看海上焰火,庆祝美国劳动节。9月3日上午得空,与邻室《北京周报》驻旧金山编辑钟荣光闲聊。但孙穗芳(孙科的女儿)风风火火闯来,接受钟女士访谈,中午又被接至其家中畅谈。该寓所为滨海一大厦高层,面海为全幅大玻璃门,尽收海洋美景,而大厅背面为大玻璃镜,反映之下,主宾仿佛置身于海洋之中。孙曾在香港读建筑工程,所以设计、布置均属佳胜。据告,她即将迁往新居,是一座半圆形大厦,三面临海,景观更胜。她很健谈,对孙中山研究非常关心,此次夏威夷大学开会,她亦曾经宴请部分代表,在一家高级俱乐部欢叙。因此我回寓较迟,竟误了与陈忠平同游珍珠港之约。

但忠平不以为忤,9月4日邀 Jan 与我驱车前往珍珠港,去看展览与电影,温习这段悲壮历史。然后乘船考察沉于海底的亚利桑那号战舰残骸,展览馆就建于舰体之上,有模型、实物与照片,简朴肃穆。战死美

图41 1991年8月出席夏威夷纪念辛亥革命80周年国际研讨会,与孙穗芳(孙文孙女)在夏威夷大学中西文化中心宿舍前交谈

军名单赫然铭刻在墙上,密密麻麻,触目惊心。午餐后,忠平和Jan回学校,我与荣光结伴乘玻璃底轮船作海上游。此船老布什亦曾坐过,留有照片纪念。不过这并非逢迎总统一人,而是每个游客上船都免费拍照一张纪念,我们当然也不例外。海上漫游,饱览海洋壮丽景色,还可以俯身透过玻璃船底观看潜水女郎追赶鱼群嬉戏。我则乘游船随意漂流时练习用轮盘操舵。荣光有很好的相机,为我留影纪念,并且命名为"太平洋上的老水手"。这艘游船的全名是 Glass Bottom Boat——The Holo Helo Kai Experience,来夏威夷的游客大多会永远珍惜各自美好的经验。

我在夏威夷心情特别愉悦,因为这是我一年多来到过的离祖国最近的群岛,而且与中国来的众多好友重相聚会,畅吐心曲。但是,未想到一些流言竟然在国内传播,甚至在海外也有所听闻,意思是说我在北美乐不思蜀,甚至在开会期间都与外国人混在一起,对中国学者比较冷淡疏远。其实,事实并非如此。

夏威夷大学正式发出邀请函后,中国社会科学院立即组团,名单中本来是有我的。华师外事处在征得我本人同意后,立即上报并且为我办理会后顺道回国参加武汉国际研讨会的手续。本来时间非常充分，可是不知是哪位领导把此事忘在一边，等到批文下达，已经赶不上参加夏威夷会了。中国社会科学院因此临时把我的名额换给另外一位学者，而我只能利用日本神户孙中山研讨会主动提供的资助，直接到夏威夷参会。其他国家与地区的代表都是"散客"，只有中国是正式组团并且配备专职工作人员，过集体生活。尽管都住在一个宾馆，但是我的食宿只能与美、日乃至中国台湾地区学者的"散客"自由结合，独来独往，因为中国团根本没有为我提供经费，我总不能老着脸皮到中国团蹭饭。

8月28号下午，我一到宾馆，晚上即参与中日两国学者的自费聚餐，我是自己交的餐费，中国学者则有人统一办理。29日上午是自由活动，我与王玉璞、张海鹏等共进早餐并叙谈。因为早餐由宾馆免费提供，正式开研讨会的两天，我多半是与中国学者坐在一起，因为好些都很久没有见面了。9月1日，我又利用共进早餐的机会，与王玉璞详细讨论有关武汉国际研讨会的筹备事宜。9月1日我为节省宿费，迁居夏威夷大学招待所，但9月2日仍然回原住宾馆，在张岂之宿舍与几位老友品茗畅谈，中午又随团到波利尼西亚旅游，直到深夜才互相依依惜别，相约在武汉见面。

但是武汉再见之约毕竟没有实现，因为我已经接受了白吉尔的邀请，参加即将在法国人文学院举办的孙中山研讨会，并顺便进行学术交流。由于某些部门的官僚主义作风，我已经被那些出入境繁琐手续弄怕了，反正国家教委已经正式批准我在1991年8月至1992年继续在耶鲁大学研究教会大学史，我乃自由之身，而武汉会议没有我，照样可以开得精彩。我虽然远在海外，但仍积极参与会议的筹备，并且提交精心撰写的《辛亥革命与"只争朝夕"》。

但法国也有官僚主义，原定10月开会兼讲学的计划，由于其外交部迟迟未批，推迟到11月中旬才能实现，不过巴黎之行仍给我留下许多难忘的美好记忆。

法国学者中与我交往比较密切的是巴斯蒂与白吉尔。我与巴斯蒂相识最早，大约是在1964年，当时我在北京潜心研究张謇，她正在北京大学教法语，并且师从邵循正教授，恰好也是着力研究张謇。邵先生不久便下乡参加社教，委托陈庆华代为照管。陈与我是浙江同乡，而且都是嗜书如命，所以相识恨晚，一见如故。他对北京各大图书馆典藏非常熟悉，对我帮助甚多，同时也让巴斯蒂与我交流张謇相关文献搜集的收获。"文革"结束以后，巴斯蒂已是成名学者，再次来到北大讲学，陈庆华、张芝联都与她过从甚密，而我由于在北京编撰《辛亥革命史》，所以也常参与他们之间的聚会。1981年，中国社会科学院决定由湖北省社科联筹办纪念辛亥革命70周年学术研讨会，由于我出国交流最多，所以海外学者邀请名单主要由我草拟，对法国学者我就选定巴斯蒂、白吉尔两位卓越女性学者。巴斯蒂可以说是老朋友了，可以坦诚相待，白吉尔与我则是不打不相识。由于此次国际研讨会主题是"辛亥革命与中国资产阶级"，而她与陈志让（加拿大）则是根本否定当时有资产阶级的存在，甚至讥讽有些中国学者（包括古代史）是"眯着眼睛寻找资本主义萌芽"。我当时也正在摆脱所谓教条公式的束缚，但经过长期调查研究与考证求索，认定晚清新型绅商业已具有资产阶级雏形，而从社会功能角度考虑，辛亥革命仍然可以称得上是一次资产阶级革命。其实资产阶级革命一词本来就是发源于当年的法国学者，而现在法国学者却抱持"绅士运动"，向中国学者挑战。我们从武汉争论到东京，但越争越相知亦深，都发现对方持论也有许多合理的部分。陈志让亲自把几篇大陆学者有关绅商与辛亥革命的优秀论文译成英文在北美出版，而白吉尔也从此成为我在法国关系最密切的学者。

我的首次巴黎之行是白吉尔一手操办的。她不仅是一位优秀的学者，而且还是一位干练的社会活动家；不仅向人文学院申请到一笔充裕的学术活动经费,而且还直接进法国外交部向相关负责人据理力争,使我尽快拿到积压已久的入境签证。我于11月19日到达巴黎,直到11月30日离开巴黎返回耶鲁,前后在法国逗留十天,而每天活动都安排得丰富多彩,收获满满。

白吉尔把她的学生全部动员起来,每天轮流充当导游,几乎走遍大巴黎地区,帮助我理解巴黎,感受巴黎,乃至认知法国。当然,这些义工导游也可以借此与我交流学术心得,甚至听取我对其学术论文的构想,从中受益甚多。我的知识面较宽,兴趣尤其广泛,而且谈吐风趣,堪称很好相处的游伴。

到达那天是来自武汉大学法语系的李莉分工接机。李莉与我很熟,并经我介绍与宋安华结婚。她在法国交游甚广,约同一位热心的老挝华侨赵先生开车接机,并且在赵先生开的餐馆吃中餐。然后走进一条古色古香的小巷,借宿于历史悠久的Rue Seger旅馆(实为人文学院的外招)。上午白吉尔来,帮助办理相关手续。

晚上在附近著名的法国饭店聚餐,品尝精心制作的浓汁蜗牛、乡村烧鸡,同桌有巴斯蒂、皮埃尔(Pierre,中心主任)、梁其姿(台北"中研院"学者),还有李莉及其他两位中心的同事,叙谈甚欢,深夜始散。巴斯蒂约定周六到其寓所餐叙并出外游览。

11月21日上午,白吉尔陪同前往人文学院办理财务手续,领取活动经费。午后李莉陪同参观宾馆附近的圣母院大教堂、司法宫、科学院等,然后漫步塞纳河畔。暮色苍茫,仍有人在河边专心作画。晚上上海社会科学院丁日初的学生王菊前来看望,她正师从白吉尔攻读博士学位,过去与我们合作甚多。她畅谈旅法九年的情况,自费留学,辛酸备尝,且多疾病,腰穿护甲,行走艰难。早知如此,不该让她前来。但她如见亲人,滔滔不绝,与在国内时的沉静少语判若两人。我们在附近中国餐馆餐叙,真正中国风味,比美国那些中餐馆地道得多。10时许,她意犹未

图42 巴黎圣母院前留影

尽,邀我同游拉丁区古老小街,我坚持不允,看着她孑然远行的身影,我内心很感不安。不过她说好在巴黎治安很好,夜间妇女可以独自步行,比纽约好得多。

11月22日上午,人文学院中国中心女秘书陪我到美国使馆办理再入境签证,手续极为简便,稍问几句,便付费取证。出使馆后,见景色甚美,不忍离去,远眺铁塔秀影,协和广场(Concorde Square)雕像林立,令人目不暇接。下午独自过桥,漫游塞纳河对岸商业区,购小礼品,有类似北京天桥之长街,小摊、杂耍,无奇不有,吃喝玩乐兼备,与拉丁区浓郁历史文化氛围形成鲜明对照。晚上李莉来,同至赵先生处,共进晚餐。饭后与李莉步行漫游,附近为雨果大街,原是贵族区,现已被庸俗暴发户大批涌入。稍前则为世界闻名的凯旋门,经过此门即是协和广场,再往前就是法国文学作品中经常描写的无比繁华的香榭丽舍大街(Avenue des Champs-Elysées),沿街咖啡店皆客满,大街上游人如潮,巴黎真正是不夜城。

11月23日（周六），巴斯蒂接我至巴黎高师寓所。高师在法国地位很高，有一栋楼为18世纪建筑。巴斯蒂作为副校长，住在著名的生物学家巴士德居住并工作过的一座小楼上。据说巴士德脾气有一点古怪，因此学校为他单独建这座小楼。巴斯蒂的丈夫已经故去两年，其书房仍然保持原状。钢琴上放着丈夫与两个女儿的照片，当时幼女刚满一岁，面对插着一支蜡烛的蛋糕，甜甜的笑容可掬。照片是巴斯蒂自己拍摄的，可见夫妇感情笃挚。大女儿已读中学，假日与同学出游。小女儿已10岁，在家自己画画，据说因为妈妈工作太忙，她已习惯一人独处。巴斯蒂亲自烹调，做法国人的家常菜肴，大概很合女儿口味，她大口吃得很香。饭后到附近公园游览，女儿与中国儿童一样，也边走边跳绳，自得其乐。途中经过一个小点心店，据说有一百余年历史（1808年创建），拿破仑吃过该店的点心，所以价钱奇贵。巴斯蒂为女儿买了一块点心，让她高高兴兴回家，我们步行到一座法国大革命时期建成的一座华丽教堂，内藏伏尔泰、卢梭、左拉棺柩，他们都是我们比较喜爱的大学者、大作家。随后到巴黎大学图书馆参观，藏书有1000万册以上，只能走马观花而已。又到一大教室听课，虽是周末，亦座无虚席，一位老教授讲得眉飞色舞，滔滔不绝，巴斯蒂介绍他专讲现代戏剧。时已暮色苍茫，巴斯蒂必须回家做晚饭，我也乘车回宾馆休息，因为明天还要参观路程较远的枫丹白露 (Fontainebleau)。

11月24日（周日），天气晴好。王菊的丈夫董一宾专程前来，陪我坐地铁转郊区火车到著名风景区枫丹白露。车程一小时许。这是一个古老小镇，有拿破仑旅馆，很小但服务周到。然后到皇家花园，在小溪边散步，有鸭子、鸳鸯、天鹅在水上漫游。四周均为国家森林，周末许多人到此露营。中午在林间野餐后进皇宫参观，颇多油画、壁画，琳琅满目，且设有沙龙、舞厅，社交性极强，与中国皇宫的宏大肃穆完全不同。可惜拿破仑馆今天休息,未能亲睹其遗物。

下午4时回程,6时许到家。晚餐后闭目养神,电话频至,约面谈者甚多,但难以承诺。因为白吉尔每天都安排一个学生陪同参观,并单独进行学术交流,几乎没有自由活动时间。

11月25日上午,博士生肖小红首先值班,与我叙谈多时,主要是关于黄炎培与中华职业教育社研究,这是她的学位论文主题。她是白吉尔学生中的大姐大,已在巴黎成家且有职业,因此能够胜任把我的讲演稿译成法文发表。我们同去卢浮宫(Musée du Louvre)。卢浮宫宏伟壮丽,收藏丰富,只能侧重看东方馆,特别是埃及馆。美术部分首选是达·芬奇的名画《蒙娜丽莎的微笑》,她并非天姿国色,但那娴静的神志与神秘的微笑则颇有东方神韵,令人流连忘返。还有那断臂女神维纳斯,也引发我对童年阅读过的那些神话故事的美好记忆。完整的美自然难求,但残缺的美似乎更使人刻骨铭心啊!我们沉浸在美的海洋,直至下午1时许才匆匆离馆。饥渴交迫,身疲力竭,赶紧在路边咖啡馆稍进饮食。接着又看闻名遐迩的巴黎喜剧院、歌剧院。喜剧院为莫泊桑创立,他是我中学时代极为痴迷的作家。歌剧院则气势宏大,胜过林肯中心。总之,这一天是美不胜收,但也疲惫至极。晚6时许,王菊又兴冲冲赶来,邀乘船夜游塞纳河(La Seine),因已购票,连晚饭都来不及吃,临时在码头购热狗、咖啡上船充饥。8时半开船,两岸景色更胜白昼,古老建筑尽收眼底。埃菲尔铁塔(La Tour Eiffel)为灯光所笼罩,仿佛银装素裹,倩影倒映水中,似梦如幻。塞纳河夜间更美,但非身临其境,难以言说,至9时半尽兴而归。

11月26日的安排比较轻松,本来由李莉陪同闲游,游览市容,但她有他事牵扯,找了一位保加利亚的进修教师代劳。这位女教师原来在索菲亚大学教书,我在1988年曾经参加该校的百年校庆,并且发表过长篇祝词,所以她倒是一见如故,没有任何客套。首先是游览唐人街,但与美国旧金山市唐人街不同，因为居民大多是中南半岛逃亡华侨，所以中国风味很少。随即参观白教堂，教堂在山上，纯粹白色，因此得名。建筑幽美，可以俯瞰巴黎全市。其下为美术家聚集的街道，或欣赏他人陈列作品，或在街旁为人画像，艺术气氛浓郁，不像纽约时代广场（Times Square）那样杂乱。下山过红磨坊，因天色已晚，匆匆回寓。7时许，李莉带了一位约旦留学生（皇室高级官员），同去赵老板餐馆吃晚饭并交流。同席者还有武汉大学历史系李义，已在巴黎电台工作，其妻与父母亦在座，可见李莉交友面之广与活动能量之大。

11月27日由赖慧芸值班。她是中国台湾本省人之第四代，也是白吉尔得意门生，攻读学位已有7年，专门研究柏格森哲学对20年代中国的影响，明年才能拿到学位，可见钻研之深与国立大学要求之严。她与肖小红一样，也是问学甚久，然后陪我逛书店，草草午餐后，乘车到奥赛博物馆（Musée d'Orsay）参观。这是利用原来为世界博览会建立的大火车站改建而成，极其宏伟壮观，而又保留着若干车站风格。卢浮宫专藏古画，该馆则专收19世纪以来印象派及新印象派代表性作品，包括人所共知的凡·高、莫奈等人的得意之作。雕塑部分比较薄弱，但也有若干罗丹杰作，吉光片羽亦显大师风范。慧芸似乎对美术亦有涉猎，边看边讲解，娓娓动听，沉迷其中。但连日活动太多，颇觉劳累，遂于下午4时许提前出馆，在街边喝咖啡休息。6时许，梁其姿来带我到人文研究院汉语所所长贝罗贝家，由他们夫妇开车送我们到汉学泰斗毕仰高家共进晚餐。毕氏乡居离巴黎市区甚远，车程逾一小时，途中突起大雾，更增行路困难。不过毕家环境幽美，建筑、陈设均显古朴，颇多中国古董书画，俨然欧洲老一代汉学家风貌。家中仅老夫妇两人，园中有池塘，养鸭18只，还有30只羊，颇有陶渊明遗风。法国人爱聊天，餐前小酌，已谈很久，餐间亦边吃边谈，餐后又把酒长谈，滔滔不绝。毕氏豪爽，自称喜欢中国，四分之三学生都是中国人。子夜兴辞，大雾更浓，车行不久轮胎被撞破，贝氏夫妇边看说明边修车，满身污油，还用北京话自嘲，"臭老九无用"，原来他们都是1974—1976年北京大学的工农兵学员。次日凌晨才回到寓所，不能与贝氏夫妇握手告别，拍肩致谢而已！

11月28日是此行主要学术活动，上午至东方语言研究院演讲，听众颇为踊跃，会后亦有众多学者围着攀谈。白吉尔仍然喜欢挑起争论，尽管我们都受过年鉴学派的影响，重视社会环境与基层民众的研究，但她已通过反思对年鉴学派有所修正。她咄咄逼人地问我："你研究孙中山这么多年，但孙中山到哪里去了。"事后我才知道，他们现在重视历史人物的个人作用，正在写一本大型的孙中山专著，并且指定由王菊译成中文出版。白吉尔正式宴请后，我回到寓所倒头就睡，李莉几次电话都未能把我惊醒。晚上，原来《青年论坛》的主要负责人之一蔡某又突然来访，久别重逢，邀至咖啡馆，畅谈当年往事，深夜才依依惜别，互道珍重。李莉的几次电话，可能就是为他约见。

11月29日上午10时，李莉又来陪同，参观荣军院举办的法国历代兵器展览，从波旁王朝直至一战、二战、越战、海湾战争，展品甚多，布置亦好，军乐阵阵，轻松活泼，不似中国有些军乐过于严肃沉重。接着看拿破仑墓，金棺造型甚美，人们可以从圆形围栏俯视，亦可下楼梯走近仔细观赏。一代枭雄，得此归宿，亦可云幸。下午专程去近郊参观新凯旋门，亦呈门形，现代建筑，实为大厦，周围景观总体布局亦佳，有喷泉、广场、林木，正好与老凯旋门遥相对应。晚餐由李莉友人（万里的儿子）在家中款待，他早已读完学位，在巴黎工作多年，因此叙谈中信息甚多。回寓已近子夜，赶紧与白吉尔电话告别并询问离馆手续，其他各处友人送别电话均无法回谢，因时间实在太晚了。

巴黎之行十分美满，遗憾的是错过了回武汉亲自参加十年一度的辛亥革命大型学术研讨会。

不过我对武汉会议始终极为关心，精心撰写的《辛亥革命与"只争朝夕"》就是为这次会议提供的。后来该文经史扶邻译成英文发表，我们之间的通信讨论纸稿，有十几封之多。他的治学谨严，使我佩服不已。在此以前，刘望龄作为所长，曾多次写信要我代拟几个论文题目，我认为无此必要，各人写自己积累有素的领域，扩大视野，转换视角，必可产生佳文。因为此次会议的主题是"辛亥革命与近代中国"，自由发挥的空间太大了。所内同仁放手一搏，果然成绩斐然，朱英的农会文章特别精彩，循照惯例，由《新华日报》作为代表性成果全文刊载，其他中青年提交的论文经严格评选脱颖而出者，在全国各相关研究机构中名列前茅。但是也留有遗憾，唐文权有关佛学的论文竟因评选组专家中无一知音，被弃置一边。文权愤而提出辞职，欲回苏州高校任教，但因郁闷成疾，长期困于癌症遂寝。1993年12月4日，我正在台北政治大学任教，并利用假期参观鹿港古镇，突然接到文权讣告，并附其临终手书一纸，显然是留给我的遗言："西行求法，寒窗十载；导引之恩，永世不忘。"英年早逝，尘缘已尽，终成一别，伤哉！旅途之中，夜不能寐，辗转反侧，晨起草成挽联："姑苏结交，江汉论学，风义兼师友，人间难得有此知己；以研章始，以评陶终，清誉传中外，苍天何不假之以年。"

## 从"太空人"到四海为家

由于武汉会议未能参加，对家人的思念更加迫切。幸好明明、董黎已经返汉，雪梅已经来美国留学，而女婿迎新也正在办理留学签证，怀玉终于解脱这一年多的留守重任，及时摒挡一切家务，欣然来美夫妻团圆了。

虽然已是老年夫妻，但久别如新婚。雪梅更为兴奋，学校考试一结束就乘"灰狗"（长途汽车）从孟菲斯赶来，协助我为怀玉营造一个新家。12月18日，怀玉乘日航到达纽约肯尼迪机场，久别重逢，一路笑谈不绝。

午饭后，因怀玉有时差，静心休息，我与雪梅又到市区采购。晚间，红烛摇曳，三人吃团圆饭，其乐融融。此为离开大陆一年四个月以来真正享受家庭的温馨。12月24日晚，善本室的Joan，邀请我们全家与张寄谦、马敏夫妇等到附近教堂欣赏唱诗班歌咏。25日又偕马敏夫妇驱车游览东岩公园及其附近的古堡。古堡为原福尔摩斯演员捐献，建于河边悬崖之上，造型古朴，结构复杂，极具探险侦查神秘色彩。此后几天，中外友人前来探视或电话祝贺不断，共享节日欢乐。其间，研究中国首批留美学童的先驱高宗鲁，偕同好友陈泽祥（法学教授，陈英士嫡孙），专程请我们全家到海边品尝海鲜，以后竟成终生密切合作的好友，更增添了节日庆祝的意义。

圣诞节之后就是1992年元旦，学校放寒假，图书馆亦关门休息。我们一家三口，元旦上午6时即起，乘车前往纽约。家人首次在海外旅游，一切倍觉新鲜。当天参观唐人街并吃中餐，然后专程到世贸中心（World Trade Center），直登107层眺望俯瞰，纽约的方方面面，美景尽收眼底，从黄昏到夜色，各有不同情趣。大西洋广袤无边，市内车行灯火如光流，五色灿烂，络绎不绝。

1月2日去大西洋城，先享受海边风光，惊涛拍岸，卷起千里雪，然后循俗参观赌城，体验所谓纸醉金迷。当晚乘车至巴尔的摩（Baltimore）海港。好友鲁珍晞夫妇陪同参观科学院与要塞遗址，然后回其寓所休息。她家也在海边，颇有荒野自然情趣。晚饭后壁炉边闲谈，火光熊熊，更显家庭温馨。4日天气恶劣，但鲁氏夫妇仍然冒着严寒与暴风雨开车送我们到华盛顿参观。车行两小时许，逐个观看华盛顿、杰斐逊、林肯纪念馆，因雨太大，无非远眺而已。重点参观国会大厦，在众议院会议所小坐。下午1时许，在自然博物馆浏览并走马观花。5时许，两家人依依惜别，各自回家。晚7时，雪梅直接回孟菲斯，小聚经句，又复离散。9时我与怀玉回耶鲁，已成空巢家庭、两人世界。

图43 "贝德士文献"及南京安全区档案收藏处——耶鲁神学院档案馆（摄于1998年）

不过假期已经结束，工作又复放在第一位。每天大部分时间都泡在神学院图书馆，而怀玉成为我的得力助手，我负责检阅并选辑重要档案文献，怀玉负责复印、整理、编页、收藏。此次海外访学，我在此馆前后工作将近8个月，从一百余卷贝德士私人档案中复印了二千余页珍贵的史料（包括教会大学史与南京大屠杀两方面），用心之专与治学之勤、收获之大，都是空前的。

我与怀玉在耶鲁刚刚营建的这个家，不仅成为正在耶鲁进修的华师同事（包括少数武大学者）共同的家，而且还与他们一起欢度中国旧历春节，同时与王绍光、梁侃等旅美青年学者的小家成为交往密切的近邻。2月中旬滨下武志来耶鲁短期访问，我家又成为中、美、日学者相互交流的一个重要平台。

我在耶鲁曾参与两岸学会的筹建，并且与费景汉、余英时等人担任顾问，结识了一大批不同年龄段的学术朋友，其中不少已有通家之好。原来预定在耶鲁研究一年，但是周锡瑞此时就任加州大学圣地亚哥校区（University of California, San Diego, 简称UCSD）历史系讲座教授，并且开始招收博士生。他雄心勃勃，想把该校新建的中国研究中心办成后起之秀，主动申请了一笔经费，与我合作开设中国近代史史料学课程。我与他早在1978年已开始学术交流，而且可说是相当投缘，因此感到义不容辞，立即接受邀请，并于3月24日提前离开耶鲁。行前两岸学会年轻同仁自发举办座谈会送别，王宏欣同学当场赋诗壮行："桃李满天下，文章惊鬼神。讲学广会友，寻道每怀情。侃侃谈国事，惇惇励后生。男儿轻聚散，唯愿海河清。"

刚刚在纽黑文有了自己的家，马上就要远去南加州营造自己的新家，从此无论是在日本还是在中国台湾、香港地区，也无论是租住还是借用他人的房屋，只要是我与怀玉同在一起，那就是我们的家，真正以四海为家。荻港章氏本来就是一个古老的移民家族，我们清芬堂一支，更是从十二世开始就转寄于河南、山西、甘肃、新疆、江苏、安徽等地。按老辈的传统说法，就是"随寓占籍"，住哪儿都是自己的家，但从来也没有忘记自己的根在浙江吴兴县菱湖镇荻港村，世世代代都朝思暮想，落叶归根。这大概就是移民根性，而我少年时代不以流浪为苦反以为乐，大概就是秉承这种根性。而今我又提倡充当世界公民，实属命该如此。

# 第十二章

# 海外四年（下）

UCSD岁月追忆 \ 奥古斯塔纳与荣誉学位 \ 边城生活情趣 \
倦游思归 \ 再到扶桑 \ 美杉台乡居 \ 初到台湾 \ 从南港到香港

## UCSD 岁月追忆

圣地亚哥（San Diego）是我此生在海外居住最久，也是过得最愉快的一个城市。这是美国第六大城市，也是太平洋西岸一个重要军港，二战期间曾有舰队停靠，冷战结束以后较少舰船游弋，只剩下空空荡荡的几排军营，但已改造成为大学校部的主体办公室。新型豪华的教学大楼，大多矗立在海边风景优美的高山上，校部办公室却在低凹偏僻处，因陋就简，利用遗弃营房。这种情况世上似乎罕见，但校内师生倒也习以为常。

作为海边最美城市之一，圣地亚哥绝不逊于西雅图，但气候温和，四季如春，加上地广人稀，更显海阔天空，且具热带风情。3月24日10点10分，我们从纽黑文小机场出发，中途在芝加哥转机，当地时间下午2点24分到达，几乎从东到西横越整个美国，时差为四个小时，相当于到欧洲的国际旅行。博士生肖志伟接我至新租寓所，另一博士生董玥作为邻居早已把房间料理妥善，并准备丰盛晚餐，他们都来自北大，所以毫无陌生之感。我们住的小区在拉由拉（La Jolla），是当地风景最佳的住宅区，阳光灿烂，芳草如茵，繁花似锦，路上车辆甚少，路边两排高大椰子树，几乎使人感到已经进入南美，与东部的冰天雪地和草木凋索形成鲜明对照。

美国高校学制没有统一规定，UCSD实行担保制（Guarantor），一年四季都在上课。我与周锡瑞合开的史料学课程，属于春季始业。1992年3月底到达不久，周即与我商定一个学期的教学计划，总共只有十节课，分十个专题，用工作坊方式，每个学生准备一个专题。上课时先由学生做专题报告，展开讨论，老师总结。周锡瑞早已做好准备，上课就利用图书馆的小阅览室，相关图书文献都用推车直接送来，供学生检阅利用。东亚图书馆的王自扬馆长，本身就是文史学者，针对我们的课程亲自到加州大学其他分校借了一些珍贵典籍，甚至还请白先勇来与学生座谈。尔湾（Irvin）分校离 UCSD 最近，恰好哈佛老友王国斌在该校任教，何炳棣从芝加哥大学退休后，也应聘担任该校讲座教授。他们得知我与内人来 UCSD，非常高兴。何师利用假日邀我们夫妇前往尔湾参观并餐叙，亦有许多中肯建议。当然，更多的合作还是加州大学洛杉矶分校（University of California, Los Angeles, 简称 UCLA）的黄宗智，他与周锡瑞志同道合，俨然是西部年轻一代的双璧。UCLA 的大型学术研讨会较多，著名学者来往者亦多，我们除参加外还邀请若干熟人顺道来 UCLA 讲学，如对"市民社会"与"公共领域"有深入研究的玛丽·兰钦（Mary B Rankin）、从政治中心消失角度解析民初政治的弗里德曼（Edward Friedman）等。这些教授一般是安排在周五下午演讲，晚间在周锡瑞家举行聚会，让更多学生与他们直接交流，获益更多。常见师生一手端杯啤酒，一手抓只鸡腿（周老师亲自烤的，颇有名气），轻松自在，海阔天空，没有任何繁文缛节（如轮流敬酒等），感到非常愉快。在这种场合，我们本校教授多半少讲话，让嘉宾做更多贡献，因为机会难得呀！

中国研究中心虽然在行政上隶属于历史系，但有相对独立性，我们有自己的办公室，直接处理教学、科研乃至日常财务与生活服务。不过只有一位专职女秘书，上海人，已经定居美国多年，行政能力很强，学期开始与期末阶段表报工作较多，则临时雇用学生助理，这与当年金大情况颇为相似。这个中心的专任教师只有4人，即周锡瑞、毕克伟（Paul G. Pickowicz）、高彦颐（Dorothy Ko）与我。高为中国香港人，毕业于斯坦福大学，刚从日本取得博士学位，教学效果很好，辅导时间门口总是排长队，因为可以获得大量新的资讯。不过中心主导轴心，还是周、毕两人。毕老师教学效果更为精彩，他开的中国现代电影史通选课，必须用大的梯形教室，因总有百余人选修，许多人都坐在地上听课。中心还有三四位兼职教授，都是来自文史系科，而且都是来自中国台湾已入美籍的资深教授。我记得名字而且交流较多的是郑愁予，著名现代诗人。

还有一位来自中国台湾的资深教授程贞一，他是邵子平的同学好友，1961年获美国圣母大学物理化学博士学位，1966年执教于UCSD。早先研究原子碰撞理论、分子理论等，后来兴趣转移到专攻中国科技史，特别是数学史与声学史，专著有《〈周髀算经〉研究》《黄钟大吕：中国古代和16世纪声学成就》等。中美建交后，他曾利用中国科技史国际学术会议的机会，邀请中国代表团到他家参加大型聚会。由于UCSD中国研究中心侧重近现代，所以他没有参与教学和研究。但他与我一见如故，这是由于他一贯反对日本军国主义复活并且掩盖历史罪行。他主要是揭露日本侵华期间利用化学武器残害中国老百姓的滔天罪行（如七三一部队等），与我们对日索赔会志同道合。但我们在UCSD却没有用武之地，彼此的交流主要是中国科技史方面，特别是若干数学古籍的文字考释，委托我帮助他查阅一些相关论著，我本来是外行，但因人情不可却也认真攻读了好几本名著，多少增长了这一方面皮毛常识。

我到UCSD的第一个学期主要是参与中国近代史料学讲授，由于师生反映很好，周锡瑞又想与华师历史所建立长期合作关系，所以他们经过评审又聘请我开高级中国古文（high classic Chinese），相当于国内的古代文献介绍，而且改为全校通选课。我没有读过中文系本科，但是我很感谢国立九中高一分校的姚述隐老师，他曾利用当时的高中国文教科书，深入浅出，勾画了中国古代文学的图景，竟然使我初步掌握中国文学史的粗略脉络，包括名家名篇，多个时代的文体演变，等等。到金陵大学以后，新生又规定必修一年大学国文，又加深了若干理解与欣赏能力，这样我才有了开古典文学课的底气。我决定采用《古文观止》为教材，根据美国学生的接受能力加以精选，让他们初步具备阅读中国古文的能力。周锡瑞对这门课程寄予很高期望，安排他的美国学生都来选修这门课，但他们中文底子太差，感到听课非常吃力，加上又对古代史没有什么兴趣，所以陆陆续续都退出了。但他们仍然利用我们的 office time（辅导），甚至通过电话乃至登门求教，颇受教益，而我对美国学生的勤奋与执着也有了较真切的认识。

有一个女学生朱莉（Julie）中文基础较差，阅读古文比较困难，但领悟能力甚强，而且比一般学生更为勤奋，晚睡早起，连礼拜天都关门读书，笔记批注密密麻麻。她可能知道我是湖州人，决定把学位论文主题定为蚕花娘娘研究。还有一位女生，年龄偏大，已经在 BBC 担任驻华记者多年，中英文都特棒，是这批博士生中的老大姐。男同学中也有一个老大哥，已经结婚生子，名 Mark，属欧洲后裔。他本来学电机工程，曾听过我们几堂课，被中国史吸引，转学到历史系。他的中文比朱莉好，因为妻子是中国台湾人，中文口语与写作均属上乘，所以转行比较容易。他虽然家务繁忙，但学习非常认真，按时交作业并交给我事先阅改。他的种族平等意识特强，经常为我争取福利待遇，仿佛是我的保护人。他似乎是北欧古老家族后裔，憨直豪爽，经常顶撞老师，但心地善良，乐于助人，大家都很喜欢。中国学生只有三位，两人（肖志伟、董玥）来自北大中文系，一人来自南京大学历史系，名王利平，原在德国为丈夫陪读，后转学到 UCSD，应属唯一历史专业科班出身，所以很多课程她学得都很轻松。但周锡瑞最为看重的还是董玥，古文底子既厚，接受能力更强，所以毕业后能够到华盛顿大学西雅图分校任教。她同我们住在一个小区，平时生活关照甚多（志伟与 Mark 夫妇亦然），毕业后与我通信也最为密切。

我改教古文课后，学生人数大为增多，但几乎是清一色的中国台湾学者，其中有一些还是 ABC（American Born Chinese）。他们头回接触来自中国大陆的老师，颇为好奇，但看到我用繁体字写板书非常流畅，而且讲话很风趣，很快就打成一片。课外辅导与叙谈也很频繁。他们向我介绍许多台湾的风土人情，使我仿佛有神游台湾之感，对我以后到台湾教书很有裨益。这些学生来自文理各系，甚至还有一个女生是医学院的。她学习非常认真，经常是首先来到课堂，一边吃简易盒饭，一边耐心等候。她的学习目的很明确，就是为以后阅读中医古籍打好基础。其余学生大多比较年轻，陪读家长怕他们丢掉中华文化的根，所以学习也很努力。过去这门课大多由台湾师范大学派教师前来讲授，他们虽有丰富海外中文教学经验，但知识面似乎较窄，所以只能就课文讲解课文，学生感到枯燥无趣。我由于是历史专业背景，常常旁征博引，使学生进入当时的语境，所以能够引起学生兴趣，并且激发学生思维。这些学生也有考研进修文史专业的，也曾请我写推荐信，总之相处融洽。

加州其他学校的中国学生也有经常前来求教的，关系最为密切的是 UCLA 的卜国群，因为他想做中国商会方面的学位论文。此外，美东的学生如梁侃、洪朝辉等也常与我有所联络，多半是为开展留学生会务与耶鲁两岸学会的工作。我虽然住在加州偏僻的南端，但仍然心系北美各地，没有任何疏离之感。

## 奥古斯塔纳与荣誉学位

我在 UCSD 期间，还接受了奥古斯塔纳学院（Augustana College）授予的法学荣誉博士学位。

该校是瑞典基督教会创办的一所大学，规模不大，但本科教学成绩斐然，学生毕业后进入哈佛、耶鲁等名校读研者甚多。我们华师与该校经雅礼协会居间联络，已经是全面合作交流的姐妹学校。在系科交流方面，以艺术院系合作最为出色，特别是音乐系对我们帮助很多，人文社会科学的交流也很活跃。我校每年还派一位教师前往该校，开设介绍中国文化的通选课程。我任华师校长时，出于有利于海外交流开展的需要，把这个名额限定于行政干部，特别是为国际学术交流终年辛劳的外事处优秀干部。据我记忆所及，最早先后去该校的三位年轻骨干是原团委书记汤伟、科研处长石挺与外事处长宋淑蕙，他们都赢得该校师生的赞誉。汤伟多才多艺，除文化课外，还可以教太极拳等传统技艺，石挺则借此促成诸多学科的相互交流，最出色的是宋淑蕙，因为她是英语系出身，而且又长期从事对外交流，所以很受学生爱戴，校长甚至想把她留在奥古斯塔纳学院任教。

正是由于这些朝气蓬勃的年轻同事工作出色，所以奥古斯塔纳学院认为我是一个好校长，应该给予荣誉回报。此事起初我一无所知，因为正好是在1990年以后，大家都从未考虑过这些问题。直到1992年4月22日才得到该校正式通知，我当天的日记有简略记载："6时许（下午），西门斯（Von Symons）来电话，说鉴于我们的学术、工作成就，对中国、对中美交流、对世界均有影响，奥古斯塔纳学院将我作为荣誉博士候选人，已向中国的南京大学等单位、美国的UB、雅礼学会、普林斯顿、耶鲁等处，及林焘、文德惠（Vikner）、石达等人，分别征求意见，均表赞同。明天将提交教授会表决（校长已表赞同）。若通过，将于5月22—24日偕怀玉至该校参与授衔仪式云云。"我虽感觉突然，但也视为学界常态，与政治毫无关系，当即表示同意。两天以后，西门斯又来电话，说是教授会已经通过，请按时前来受誉，并说这是他一生最快乐的日子。其实我们素不相识，其热情使我深为感动。

我们于5月22日下午到达，23日与政治、地理、历史系等系师生座谈交流，其中有些教授与学生都来过华师。

5月24日上午9时许，西门斯夫妇陪同前往校园参加毕业典礼前的宗教仪式，有布道、唱赞美诗等活动，还有交响乐团助兴。除全校师生外，家长与校外来宾亦多，体育馆内外均挤满人。德高望重的校牧引领祈祷，

图44 接受奥古斯塔纳学院荣誉博士学位

讲话颇有人情味，如"You are here when you are young, you'll come back when you are old"（汝现在在此，青春年少，汝将重返，白发苍苍）。仪式结束后，校长与我短促会谈并互赠礼品，然后与外地校友及来宾共进午餐。午餐为自助餐，比较简易，由我们夫妇俩率先取食，众人鱼贯而入，无敬酒、演说之类繁琐礼节。饭后回宾馆小休，又复由西门斯夫妇接至毕业典礼会场，师生来宾参加者有3000人，可谓济济一堂，节日气氛极为浓厚。首先由物理系荣休老教授演讲，随即由校长亲自为我授荣誉法学博士学位证书，并在长袍领襟加绶带，因为只有一人享此荣衔，所以会场掌声雷动，经久不绝。西门斯代表学校宣读贺词，接着由教务长宣读学士学位名单，学生鱼贯而上，校长一一握手祝贺，共五百余人。下午4时许毕业典礼结束，晚上由艺术系教授夫妇在滨江饭店宴请，品尝密西西比河鲜鱼，江枫渔火，夜景仿佛武汉。

会场在瑞典、美国国旗邻近区增挂中华人民共和国国旗。据说这所百余年老校是建校以来首次向一位亚裔学者授予荣誉法学博士学位。过去这个学位只授予欧洲与美国的名流与大额捐助者，当然这也是我自己

第十二章 海外四年（下）

首次获得这种荣誉学位。

## 附录
### 西门斯博士的祝词（中译）
——1992年5月24日于美国奥古斯塔纳学院
授予章开沅荣誉法学博士学位庆典

校长先生，章开沅教授：

我很高兴地代表奥古斯塔纳学院及其董事会，向章开沅校长授予法学博士学位。

一位著名的美国的中国近代史学者曾经指出："章开沅教授无疑是当代中国一位极为重要的学者和教育家，在世界上的历史学者与专家当中，他被评价为辛亥革命的学术带头人；在中国国内，他也是一位知名的深受尊敬的教育家，作为华中师范大学的校长，曾尽力促使该校成为一个真正的人文科学中心。"

章开沅出生于1926年，祖籍浙江，而非生于浙江。自幼至成人，他曾目睹国民党政府名义上的统一中国，此后日本的侵略并在1937—1945年占领了大半个中国，以及二战后席卷全国的激烈内战。

1946年至1948年，虽然国内日益混乱，章开沅仍在金陵大学攻读历史。1948年至1951年，他作为研究生在中原大学继续学业。然后他在华中师范大学开始进入历史学者与教师的生涯。

1980年，章教授担任辛亥革命研究中心主任。随后他出版了若干研究这一事件的重要专著。他还发表了许多其他重要课题的论著。

1984年，章开沅被任命为华中师范大学校长，并兼任历史研究所所长。1990年秋应邀作为访问学者到普林斯顿大学工作。第二年他成为耶鲁大学访问学者。现在他正作为客座教授在加州大学圣地亚哥分校工作。

在过去的几年里，章教授曾前往澳洲、东南亚、英、法、东欧、苏联、日、韩和美国各地讲学。在美国期间，他从事教会大学史和1890—1950年新教徒在中国的研究。他还两次获得鲁斯基金会资助，作为主要发起者之一，召开中外学者共同参加的中国教会大学史国际研讨会。

奥古斯塔纳学院深深感激章校长，因为正是在他任校长期间开始了两校之间的互惠交流项目。每年有一至数名奥古斯塔纳的学生或教师前往华中师大攻读或执教，而该校则有一位教员或职员来我校教书。

为了肯定他作为学者、教育家、人道主义者的贡献，我们赠予他荣誉学位。那些曾与章校长共事过的人们，一致认为他是一位"以勇敢的意志去阐明自由的价值"的品格高尚的人。中国和奥古斯塔纳的老朋友、亚洲基督教高等教育联合董事会主席文德惠博士认为，奥古斯塔纳学院给予章开沅校长的荣誉是他理所应得的，同时，也提醒我们牢记所有奥古斯塔纳奉行的那些宗旨。

## 边城生活情趣

圣地亚哥是一个边境城市，距离美国政治、经济中心较远，加之风景秀丽，四季如春，真正称得上是最佳宜居城市。UCSD又远离城市中心，凭山临海，校园之美，世界罕见，而我们又住在风景区拉由拉，芳草如茵，花木遍野，而且带有热带情调。所以很多著名学者到了此地就不想走了，那些年UCSD至少引进了五六位诺贝尔奖获得者。这不禁使我想起故乡湖州。古人诗云："行遍江南清丽地，人生只合住湖州。"

白岩松每年都要去湖州，他非常喜欢湖州，并且劝别人也去湖州，他有句话说得很好："不了解湖州，可能是因为我们还不了解生活。"我之所以对圣地亚哥一见钟情，乃至乐不思蜀，正是因为当地人热爱生活，懂得生活，享受生活。正如湖州人挂在嘴上说的那样，要过好自己的小日子。

我留恋圣地亚哥，它虽然是城市，仿佛是偏僻的乡村，安静、舒缓，不像纽约、芝加哥那样繁嚣、杂乱、紧张。特别是 UCSD 的教授们除了潜心治学，专注教育以外，业余生活也显得悠闲乃至别有情趣，不像哈佛、耶鲁那样，杂务甚多，应酬甚多，甚至为酒食征逐所苦。他们休假，多半忙于家务，过好自己的小日子。圣地亚哥虽然物价与房租都很高，但地广人稀，郊区土地价格倒比较低廉。特别是靠近沙漠的荒野地区，自己建房远比在市内租房节省，而且可以住得更为舒适惬意，像王自扬，就是在一座山头上自建住宅，宽敞开阔，风景幽美，自署"半亩园"，甚至还专门为一匹马建立小小的跑马场。毕克伟有木匠手艺，专门为小女儿在大树上建立小巧玲珑的休闲木屋，号称"有巢氏"之女。周锡瑞由于研究陕甘宁抗日根据地的历史，正在策划利用后园的山地挖个窑洞。但最豪气的还是程贞一，1992年5月17日日记云："下午5时半，程贞一来，驱车至其家，家在山谷边，宽敞雅致。后院俯视山谷，远眺群峰，怪石奇竹，颇有情趣。据说华罗庚曾在此做客，1988年第五届中国科技史国际会议代表200人曾在此进自助餐。今晚尚请郑先生（国际关系，台大毕业）、唐胜章（原子物理博士后）。席间谈科技史、日本细菌武器等甚多。"贞一在 UCSD 工作二十多年，博学多才，热情好客。我们平时交往甚多，当时为科技史古籍若干文字难解，他正托我到东亚图书馆帮忙查阅许逸之《中国文字结构说汇》及《中国青铜器》《古文字类编》等书，大海捞针，盲人摸象，徒劳少功，但彼此都当作课余休息，不以为苦，反以为赏心乐事。

我在普林斯顿大学与耶鲁大学都受惠于校外接待家庭甚多，但到 UCSD，已无需校外接待家庭，这么多师友学生朝夕相处，亲如一家，所以很少有身在异乡之感。1993年1月23日是农历大年初一，毕克伟邀我们中心师生到他家吃饺子，当天有日记简略记载："晚，董玥、钱宏开车来，同去 Paul 家吃饺子，约二十人聚会，并各人表演节目。我唱《解放区的天》，众皆应和，日本妇女领唱《国际歌》，子夜始归。"大家情绪确实高昂,并且有意把"International 就一定要实现"那句结尾词重复几遍。但丝毫没有政治含义,更多的是各自对过去那段岁月的怀念,同时也是一种欢快心情的充分释放。参加吃年夜饭的美、日同事,多半在"文革"后期在中国访学或研究,毕克伟与弗里德曼等三位且主动要求下放到河北农村,专门研究人民公社。他们与当地老乡打成一片,而且特爱喝北京人最喜欢的二锅头,因此被乡亲称为"二锅头"。我们确实是相知太深,因而放言无忌,尽情释放内心的真情。这是我与怀玉一生度过的最有意义的春节,尽管子女都不在身边。

此外 UCSD 的 IC 还为怀玉安排一位英语家庭教师,1992 年 9 月 16 日,有日记叙述:"(上午)9 时,出发至 IC 见 tutor——Mrs Duidin,83 岁,颇健旺。原生长在徐州,父母均为传教士,在医院工作,除治疗外,还培训附近中国医护人员。曾在上海中西女中教英语六年,然后任记者。其夫 Frank Tillman Duidin(中文名窦奠安)亦记者,曾为 New York Times 撰写多篇关于抗战及南京大屠杀新闻,亦曾驻东京。与怀玉交谈颇久,约下周三再见,并说其夫亦愿见面,热忱人也。"此后每周三上午给怀玉上课,后虽因患癌开刀,停课数周,但一出院仍然继续认真授课,其夫有时亦参加叙谈,帮助我们提升口语。他与贝德士是南京老友,所以对我们特别关照,他曾主动提出要把当年旧存的《纽约时报》全部送给我。可惜我很快就离开美国,随即又前往日本和中国台湾,住址经常变换,所以失去联系。他们夫妇由于没有子女,只有一个养子,远在英国,也是一个空巢家庭,所以彼此都相互挂念。当时美国东部已经衰落,西部相对兴起,欣欣向荣。尽管 90 年代也受经济危机影响,但西部仍然保留许多社会福利政策。就我个人感受所知,UCSD 的教师与配偶都享受高级医疗保险,而且还可以凭工作证免费乘公交车,这是在东部所没有的。正因为如此,我们可以在假期与课余时间,经常结伴到海边欣赏朝霞与夕阳,或是到墨西哥游览(无需签证),尽情与大自然亲密接触。加上气候很好，四季如春，即令是旱季，由于海风调剂，空气也很湿润。由于少雨缺雪，当地人很少带伞，即令是下雨时也到处行走。最有趣的是女学生，雨稍大打湿头发，把头两边甩动，头发上的水珠随风飘洒，俨然也成一道风景线。平时穿得也很随便，即令是上课，教师也无须正装领带，经常是薄毛衣与T恤即可。总之，生活节奏轻快而不紧张，人际关系亲切而不拘谨，随心所欲，活泼自然，是这座边城一大特点，所谓天时、地利、人和，三者俱备，此乃我最欣赏的居住之所。

此前在耶鲁，由于每天从早到晚抓紧查阅复印珍贵历史文献，我们很少专门出游。但在圣地亚哥，我俩却独自前往美国墨西哥边境逛了整整一天，以后怀玉又带前来探亲的雪梅夫妇去游览。此外，我们还利用新年假期，专程前往加州北部的旧金山湾区一带，好莱坞影城与洛杉矶等地参观名胜古迹，顺便探亲访友。正好多年以前早已结识的何炳棣、王国斌都来加州大学尔湾分校任教，他们也曾应邀前来圣地亚哥参观游览。何先生虽年事已高，但豪情仍然不减当年，他对当时的新儒学颇多批评，但已不再指名道姓，可能考虑到其中很多人都是我在海外的亲密朋友，说明他的内敛修养已有所增长。他依然是个美食家，带我到山上一家中菜老字号，品尝地道的江浙风味醋熘虾球。他对中国改革开放仍然寄予期望，闲聊中仍然充满浓郁的乡愁。

## 倦游思归

我最后一学期上课的教室，被安排在山上一栋高楼的九层，雄踞悬崖，面向大海，景观绝佳。教室的课桌原来都面海，透过落地窗，尽览壮丽美景。我怕学生上课分心，把课桌改为面向室内，老师讲台则面海。但这一改动却不断撩拨起我内心的乡愁，因为满眼是辽阔无际的太平洋，而大海的对岸正是我的祖国与家乡。到美国不知不觉已经三年多了，我们不断从一个城市移居到另一个城市，尽管当地人热情好客，却很难真正把异乡当故乡，仿佛闲云野鹤，长时间飘浮未定，难免倦游思归。UCSD虽然照常为我安排了下学期的课程，但我却辞谢了周、毕等老友的好意，终于在1993年6月3日离开美国，乘机前往日本。

促成我断然离开UCSD，有几个方面的原因。

最主要的是我已经接受台湾政治大学与台北"中研院"的联合邀请，任教并合作研究，便于顺道归国。其次是鲁斯基金已经正式通知，决定资助华师创建中国教会大学史研究中心，第一期资助12万美元。当时美元兑人民币汇率甚高，可以办很多事情，但前提是必须等我回校才能动用。当然，使我更为感动的，是湖北省社科联在我旅居北美期间举行代表大会，改选领导班子，居然仍然一致通过我连任主席，这是何等的信任与期待！我读中学时，豫让那句话"人以国士待我，我以国士报之"早已深深影响了我的一生。如此相知，如此担当，我怎能不归？

坦白地说，我在UCSD执教的最后一学期有点分心。一是忙于应付繁琐的入台手续，二是忙于清理在耶鲁选印的珍贵历史文献，整整有两大箱，需提前复印寄回，以免旅途遗失，导致将近一年的艰苦工作成果泡汤。三是忙于应邀顺道访日，预做学术准备和办理出入境方面的手续。这些都花费我不少时间与精力。

最先知道我去意已决的是周锡瑞，所以他也抓紧让我帮忙。最主要的是把叶娃父亲叶笃庄先生的回忆录初稿交我审阅。由于时间紧迫，只能粗阅一遍，并且提出若干改进建议。叶氏家族是晚清至民国期间天津的名门世家，笃庄兄弟这一代大多是我过去心仪已久的学界前辈，可以说是群星灿烂，聚集一门。所以我认为应该帮助他改写定稿，尽早出版问世。同时周锡瑞也可以在此基础上进一步深入研究，或许能产生一部家族史的佳著。他们都赞成我的建议，后来笃庄先生花了好几年时间修改，充实定稿，终于以《一片冰心在玉壶——叶笃庄回忆录》书名出版，获得广泛好评。而周锡瑞的《叶：百年动荡中的一个中国家庭》，更被中外学界公认为是家族史的创新佳著。他虽然是美国人，通过多年调研写作，已经融入了这个家庭，文字优美，情挚意长，颇能感人。

由于日本福冈县为宫崎滔天建立纪念馆与文献资料中心，由县长出面邀请我于6月6日参与大型学术活动，我必须提前办理出入境手续，所以又不得不向高彦颐请教。她闻讯后干脆承诺代为办理，而且很快就由日本驻旧金山的总领馆把签证寄来了，为我节省许多时间与精力。临行前她还再三劝我，千万不要在日本滞留太久，因为物价极高，开支太大。

在校外的美籍友人中，闻讯最早、惜别之情最为浓郁的是窦奠安夫妇。他们虽然已患癌症，但仍然非常热情豁达。5月28日晚，窦老亲自开车把我们接到一家中国餐馆饯行，并且邀请本市艺术博物馆宋玉作陪。宋女士也是癌症晚期，已做手术，大概是他们的病友，而且窦夫人早先也曾当过宋女士的家教。餐后又至其家茶叙，客厅陈设多为中国古董，墙上挂的亦为中国书法精品条幅，我们也赠送中国织锦并合影数帧。萍水相逢，亲如一家，但今后似难重逢。窦老畅谈往事，并答应把自己保存的当年全套《纽约时报》邮寄给我研究，可惜之后我行踪不定，失去联系，两老又不幸先后病故，这一美意未能实现。

我教过的学生也依依惜别，特别是Mark，除行前邀至其家饯行外，还偕妻带子（小凯文）开车把我们送到机场，一直看到我们顺利过关，并进入候机室才挥手告别。我们就这样满载友情，匆匆离开圣地亚哥，结束了三年多的美国访学之行。

## 再到扶桑

6月4日下午3时许到达东京成田机场。赵军来接，转火车到福冈，乘熊本日中友协汽车到大牟田（靠近荒尾）一家宾馆，直到10时始吃丰盛

图45 1993年6月5日在宫崎兄弟之家墓碑前与久保田文次（左二）、赵军（左三）、野泽丰（左四）、藤井升三（右一）、中村义（右二）等合影

日本晚餐，但已疲惫不堪。次日清晨，检阅会议文件，随即驱车至荒尾，与岛田虔次、野泽丰及东京辛亥革命研究会诸老友共进午餐。久别重逢，皆大欢喜。饭后参观宫崎兄弟宅第及资料馆，并参加为媒体举办的"历史对谈"。晚上又参加福冈县长亲自主持的盛大招待会，且有歌舞助兴。

6月6日上午，群聚文化综合会堂，会场布置气派盛大而又颇为雅致，以竹帘书"辛亥革命"四个大字，顶天立地，各据一方。大厅已坐满，逾五百人。首先由卫藤沈吉作长篇基调讲演，然后由我带头报告论文——《孙中山与宫崎兄弟》。报告者共8人，皆日本著名学者，听众讨论发言提问颇为活跃，说明当地民众对宫崎兄弟感念之深。但听众大多为中老年社会人士，青年学生似乎少见。

其后数日均为多处游览与老友聚会。

6月7日，友协职员井上小姐（据说是皇族后裔，确实落落大方）陪同众嘉宾参观阿苏火山。火山口浓烟滚滚，喷薄而出，如云浪汹涌，诚奇观也。我们与野泽丰等老友振臂欢呼，摄影留念。归途在路边乡镇小馆品尝日式BBQ，布置典雅，又有村野情趣。镇长好客，亲自陪同，餐后索字，书"火山壮丽，人杰地灵"。司机亦热情索字，书"滔天雄风，熊本奇士"，因九州人热情豪放，有古武士风，且对中国感情最深。

6月8日与友协秘书长谈资料馆宫崎资料及家族关系甚详。10时许乘火车至博多转新干线，下午2时许抵京都，狭间安排在职员会馆住宿。9日上午游岚山，中午参观金阁寺，下午在京大人文会馆演讲《关于孙中山研究的思考》。晚上在中国饭店接受隆重宴请，井上清、岛田虔次诸老辈学者俱来，许多友人都追忆当年与我们初见情景，这些年的思念，情深意挚，堪称海外知己。多人醉酒，井上清亦不能免，森时彦烂醉如泥，陈来幸敬酒泼我一身。此情此景，永驻心间。

6月10日，原在华师从我进修一年的清水稔来，陪同参观比睿山，海拔千余米，日本佛教发祥地也。丛林绝多，山下为琵琶湖，风景绝佳。中午在湖畔饭店顶层进和式午餐，色香味均属上乘。俯视湖光山色，心旷神怡。午后乘火车至神户，下车即由神户大学山口一郎与陈德仁馆长陪同参观孙中山纪念馆（移情阁）、跨海大桥博物馆。登塔顶旋转饭店餐叙，山口已荣退，拟在大连创办日语培训中心及图书馆，又谈对中国文化看法，包括鲁迅与《河殇》。

6月11日上午至三宫、人工岛、南京町（相当于中华街）、海港等处游览，下午乘新干线至东京，夜宿中国人经营的后乐饭店。6月12日下午在日本女子大学讲演《美国史学见闻》，介绍耶鲁、普林斯顿与UCSD的中国研究情况。晚间东京辛亥革命研究会欢宴，首先由野泽丰深情致辞，我亦恳挚答词。结束时由中村义致辞，怀玉答词，容应庚翻译，语言风趣，反应极为热烈。

后乐饭店原为蒋政府所建，中日正式建交后移交日中友协，由北京派人前来经营。房间狭小，管理不善，服务甚差，唯一的好处是处于城市中心，交通便利，便于办理护照延期，赴台签证，以及各方友人来访。但房租甚贵，每天需交32000日元以上，所以移居亚细亚文化会馆，为

图46 1993年6月7日，与野泽丰（左一）在阿苏火山前

亚洲学生寄宿之处，设备虽较简易，但接待热情，饭菜亦价廉可口。房租每天七千余日元，比后乐便宜很多，比美国的 Motor Inn 则贵一些，而且房间设备又不如后者。

原本以为很快可以乘机赴台，没有想到台湾当局对大陆学者入境仍然严格控制，甚至多方刁难。邀我访台，本来是台北"中研院"近史所陈三井所长主请，但多经周折仍未办成。幸好政治大学历史研究所的秘书李慧琼非常干练，经她多方奔走游说，终于经由"国科会"以"海外杰出人士"名义正式发出研究教授聘书。但是，时间花费甚久，"内审"即台湾本地学者审议，由李国祁教授主持，惺惺相惜，很快通过。"外审"即海外知名学者审议，由于正值暑假，成员很难聚齐，因此前后拖了两个多月。日本物价之高为欧美所不及，如果继续在东京住旅馆，实在不堪负担。幸好野泽丰慷慨相助，把他在大东京郊区的美杉台宿舍借给我们居住，不仅节省了一大笔美金，还充分享受了在日本的乡居之乐。

野泽丰的私宅在东京市区，听说房子很小，连放书都困难，更无法接纳宾客。不过他在荣休后，接受了骏河台大学的高薪聘请，住在一幢别墅型的小楼，房间较多，空间亦大，还有较大的庭院，正好可以接待关系亲密的学界友人。骏河台本来是孙中山创建同盟会的处所，后来高考培训学校纷纷成立，有人便以骏河台书院名义为中学高考学生创建了一所规模较大的补习学校。据说办学成绩甚佳，所以财源滚滚，人才济济，随即就在风景优美的美杉台买下一座大山，并且建起好些教学大楼与不同层次的教师宿舍。1993年该校尚属初创阶段，系科甚少，而且侧重于经济与法律。但对野泽丰则非常看重，每月薪酬为100万日元，免费提供前面说到的那一栋小楼，正好在校长官邸旁边。其实，野泽每周只有两个下午上课，无非住两三个晚上，其他时间仍然住在东京市内，因为他常用的书都在老宅，备课撰著都更方便，尽管他在骏河台大学教学楼上也有一间专用的设备齐全的办公室。

## 美杉台乡居

美杉台是一个面积很大的风景区，以满山郁郁葱葱的杉林得名。从东京出发，乘电车到饭能驿站，然后转乘汽车到美杉台。我们的住处离汽车站步行不过5分钟，到东京或去饭能市区都很方便。

6月23日，赵军陪我们到野泽宿舍。他正在上课，夫人在家接待，一见如故，叙谈甚久。邻居长谷川彰之妻（中国人，姓李）亦来会晤，表示以后可以经常关照我们。野泽下课后简易晚餐，边吃边谈，借助字典笔书，间用英语解释，沟通尚属顺利。夫人名后藤绫子，出身于名门世家，是儿童教育、福利方面的资深学者，退休后仍然通过电话为许多家庭义务咨询。她比野泽大12岁，原来是野泽表姐，前夫病故后，姐弟相爱成婚，因此她在我们这个四人临时组成的小家庭中，俨然是老大姐，特别是对怀玉关心备至，流露出若隐若现的母爱。后来才知道，她的唯一爱女英年早逝未及一年，她对怀玉的关爱中，也寄托着对亡女的思念。

当然她仍然把大爱洒遍千家万户，所以生活仍然充满阳光。每看到她独自坐在地上做针线活，边缝边唱，悠然自得，我们的内心都非常感动。

6月24日上午，野泽去学校上课，夫人独自守屋，我与怀玉出外熟悉环境，步行进儿童公园，至附近农协超市（英文简称SM，相当于我国小型农贸市场，但属农协经营，并非个人摊点），这是我们以后经常光顾的商店。又循公交路线经过江川（溪流）、饭能桥。沿途风景绝佳，路边有卖新鲜蔬菜之农户，价较廉，且无附加税。近午到达饭能驿车站，就近在附近规模较大的SM参观进餐，颇有美国一般SM的水准，且比东京SM便宜很多。边行边看，大体熟悉周围环境，直到下午4时半始归。晚餐相当丰富，夫人以蚕豆、南瓜、鲍鱼款待我们，清淡而有田园风味，不像中国待客之奢侈油腻。

6月25日，野泽夫妇回东京，我们生活自理，一切由野泽夫人安排，很是周到。邻舍长谷山彰夫人小李偕一位加拿大教授前来探视。晚上小李又抱幼女过来闲聊，这才知道，野泽早已为我们打印简单介绍，分发给他们，请他们多加关照。小李离得最近，又是上海人，所以也最热心，对我们帮助很多。长谷山彰本人也很热情，除课余串门外，还曾专门开车陪我们到大学本部参观。他当时还只是助理教授，听说后来转入庆应大学担任教授并当过校长。正是在这些邻居的帮助与指点下，我们逐渐融入这个社区，并且充分体验了日本老百姓的日常生活。我们充分享受了乡居生活的难得清闲，经常自己游山玩水，与普通老百姓接触交谈，了解其风土人情。但野泽怕我们乡居寂寥，已安排他的一些学生陪同我们参观附近历史文化名胜。

首先是日本放送大学浜口允之教授偕其夫（曾任农林省司长，多次访华），专程邀请我们到东京歌舞伎剧院观看《实义最期之死》。12时在剧院参观，并进和式午餐，下午又看著名的演员猿之助主演的《义盛物语》。两场戏，一餐饭，票价三万余日元，相当于300美元，可见在日本观歌舞伎之隆重。本来可以在剧院消磨一天，但浜口夫妇怕我们嫌歌舞伎不如京剧唱腔丰富多彩，让我们提前退场，登东京塔顶，眺望东京全城及横滨、千叶、神奈川等附近地区，东京湾亦历历在目，远处还可以看到富士山倩影。随后去胜闳桥双叶亭吃地道法国晚餐，器、食俱极精美，环境幽雅，音乐悦耳，诚佳地也，但价钱似亦不菲。事后，其他承值接待的日本学者都为之惊叹，认为只有浜口先生才能如此挥霍。据说日本司局长以上官员待遇甚为丰厚，即使退休金亦比教授高得多。

7月11日与久保田文次全家去历史名城镰仓参观神社，然后至市区观铜质大佛，下午游览横滨中华街，在中国料理菜香新馆进晚餐。全程均由明子（大学生）导游并服务，周到麻利，可见家庭教育有方。

7月28日久保田又独自陪同我们同游高丽（地名，现属日高市），原为高丽郡。唐朝与新罗联合灭高句丽后，其酋长若光率千余人来此归化，奈良天皇赐姓王，带来较高纺织、建筑工艺，与日本人相处甚洽。我们首先参观王墓及庙、高丽神社等遗址，继至平林寺，乃历史悠久修禅之处，宽宏幽深，诚名刹也。有源桂阁（大河内）家族墓，可惜到处寻找黄遵宪纪念碑未得。下午参观川越，进喜多院，内藏德川幕府第三代将军及其乳母的日常用物，漆器甚佳，其豪华不亚中国帝王。又至松江町、名田街步行漫游，多为百年以上老店，建筑保持原来面貌，不愧"小江户"之称。晚上到饭能市"我们的村庄"小酒店餐叙，农村风貌，文化气氛，顾客多为大学生，豪饮歌舞，热闹异常。9时许始与久保田告别。此为在日本印象最深刻的畅游。

乡居期间，学术交流活动也多，多半与辛亥革命与孙中山有关。

6月19日，尚未乡居，就参加了庆应大学举办的中日关系150周年讨论会，北京中国社科院近史所王庆成等一行亦来参加。6月21日，赵军又陪同NHK《宋庆龄》纪念片制片人来访，谈宋耀如与孙中山的关系、教会、会党、宋庆龄内心世界的变化（特别是晚年住在北京官邸）。同时也就南京大屠杀问题顺便访谈。22日又去日本女子大学参加茅家琦、严学熙学术报告活动。

乡居以后，不过两天，又去日本女子大学，听取久保田有关萱野长知家藏历史资料的报告。随后参加东京辛亥革命研究会例会，由小滨正子报告对上海精英与慈善事业的研究，我报告关于孙中山研究的新思考。晚上在附近日本小酒馆餐叙，这是日本皇太子在学习院读书时经常光顾之处，顾客多为学习院学生，热闹非凡。

6月28日下午到东京大学滨下武志研究室，与居蜜母女会晤，并一同去日本女子大学久保田处看萱野致居正的亲笔信14封。7月2日下午进城，应社会科学院研究会、《东瀛探索》邀请，在国际文化交流会馆讲演。7月17日上午至东神保町，与亚纪书房总编辑枣田金治会谈。下午参加滔天会例会，中村义讲黄兴，我讲孙中山，并与国民党元老商震夫人会谈。她是日本人，能讲流利英语，在美国生活多年，自言讨厌日本人讲英语古怪。晚上久保田、中村义、小岛淑男、藤井升三以"送别会"名义，在"桃园"酒叙告别，意即各自分头度暑假，暂时告别。此四人被我谑称"四人帮"，"桃园"豪饮喻三国故事"桃园三结义"，相知已深，终生不渝也。

7月18日为星期天，赵军陪同我们去西池袋的宫崎故宅，拜访宫崎蕗苳全家，其丈夫美智（入赘，改姓宫崎）、次子黄石、次媳、孙女（姿子）、孙儿（尚幼）等在座。家宴有吉田实（原朝日新闻社亚洲局局长）、川田（原日中友协事务局局长，现为滔天会负责人）、杨先生（中国新闻社东京分社社长）。蕗苳有乃父滔天遗风，热忱豪爽，待客以家制手工点心著名，正餐则无非是每人一盒外卖精致鳗鱼便当，点心则是多种多样，由媳妇不断送来。礼仪隆重，但气氛热烈，因为大家意气相投。吉田实曾长住北京，普通话非常流利，谈风尤健，信息亦多。大家从下午3时边吃边饮边谈，直至8时许结束，吉田举杯起立祝酒，放言"四愿：一、世界和平；二、日中友好世代相传；三、海峡两岸和平统一；四、中国现代化成功"。热忱感人，赢得满座掌声。

7月31日至东京大学学士会馆，参加中国经济史第九次年会，从市场、农业、工矿诸方面回顾80年以来日本学界研究情况，报告与讨论均极认真。最后要我发言，谈行政区划与经济区划的关系（市场角度）、机纱与农家手工业的关系，等等。晚至台湾餐馆欢聚，深夜始归。

8月5日，久保田陪同参加日本女子大学辛亥革命研究会"合宿"，这是利用假期，把外出旅游与学术交流结合起来的大型研讨会。地点选择在静冈县伊东市，住宿在和式宾馆光风阁。一进卧室，首先脱去正装，穿上浴衣，一派休闲风度。下午一时报告近代电信与"满洲国"问题。晚酒叙后，与藤井升三、小岛淑男、桑兵共住一室。久保田因鼾声较大，与其他鼾友另住一室。温泉浴男女分开，但都是大池共浴，袒身叙谈，更显亲切，日本人非常习惯，中国学者则有点拘谨，甚至借口不适，仍用住房浴室。

8月6日上午牟纳讲华盛顿会议，桑兵讲清末社会团体，我讲档案、公文利用应该注意的问题。晚酒叙，又要我讲话，于是结合自身体会谈和文汉读之类笑话，大家谈兴甚浓。

8月7日9—10时开总结会，每人都得发言，简短风趣，带礼貌性、建设性。我建议女子大学发表声明，解释"合宿"真实含义，以免我回国引起风言风语，引得哄堂大笑，圆满结束。会后，与久保田、桑兵、二女学生参观热海MOA美术馆，该馆建在高山上，宏伟精美，有国宝三件，珍贵文物多种，并且可看激光音乐表演。

我到日本次数甚多，但大多为短期访问，至多也就半个月。此次因入台手续羁绊，在日本乡间一住就是两个多月。不过并非浪费时间，既得休闲养生，又能体会日本普通老百姓日常生活，还参加各种学术交流活动，应该说是获益匪浅，并为去台湾讲学做好充分准备。

## 初到台湾

台湾"境管局"官僚作风严重，拖拖拉拉，直到8月23日才将"入台证"传真过来。其时正为学校开学前夕，机票非常紧张，日航票价又极昂贵，如此短的行程，两人竟交132 000日元，相当于1300美元。但也无可奈何，只得赶紧确认。天气预报27日有台风与暴雨，因此又赶紧预订出租车，久保田、赵军都为这些杂事忙得不亦乐乎！

8月27日果然是暴雨倾盆，路上已很少行人与车辆。久保田于上午9时许乘出租车来，顶着狂风大雨赶到羽田机场送行。但因为天气恶劣，航班推迟到下午将近2时50分始得起飞。幸升入高空后气流比较平稳，顺利到达桃园中正机场。由于是"国科会"正式聘请，所以轻松入境，办事人员也特别殷勤。朋园事先已获准在入境出口挂牌接机，所以未经任何检查，就乘汽车去台北。但此时正好碰上下班交通高峰，路上经常堵车，车行约2时许才到政大"学苑"宾舍，蒋永敬先生迎候，至附近餐馆晚餐，这是我第一次吃台湾名菜"三杯鸡"。边吃边谈，颇为欢畅。但一回"学苑"就发现隔绝四十多年的嫡亲表弟萧泰生等待甚久。由于已近子夜，小侄女竟在车中睡熟了。当年顽皮少年，如今已过中年，久别重逢，恍若隔世，又复畅述亲情，迟迟告别。

由于政大尚未正式开学，加之周末大雨，所以政大历史所只是派李素琼开车引导我们去熟悉商店、银行、菜场，并至政大校园粗略参观。下午清理行李，布置房间，好在如同正式宾馆，设备一应俱全，不费多少工夫。晚上，泰生接至其家，弟媳瑞珠准备丰盛晚餐，又复畅谈两家情况至半夜。泰生1949年志愿从军（家贫辍学），随军前往台湾，一直在特种部队接受严酷训练，由于勤奋苦学，已经提升至少校军衔，直至三十多岁才退伍成家，与瑞珠相爱结婚，一子一女都还年幼。他退役后在台北"中石油"工作,已担任人事工作,分管职工培训。他已经很善于接待工作,事先给准备一些信封、信纸、新台币零用钱与日常生活用品,使我一到台湾就感受浓郁的亲情。次日晚间,他又设家宴,与他妻子瑞珠、儿子承志女儿承宁谈到深夜。

8月29日是星期天,上午李国祁夫妇与蒋永敬来访,并同至南港"中研院"学术活动中心,参加张朋园举办的餐叙。同席者还有张存武夫妇、张玉法夫妇、熊秉真夫妇等。午后参观近史所及全院环境。这可以看作是与台湾学界交流的序幕。9月11日应邀参加台湾第二届中华民国史专题学术会议,与会者有来自四十多个单位的二百多名学者,台湾人士李元簇致开幕词,可见此会备受重视。闭幕式上我应邀作简短发言,这是第一次在台北公开亮相,反响比较热烈。

此后一直是与亲友聚会与参观游览,直至9月18日才正式上课。本来按照"国科会"所发聘书,我作为研究教授,每周只需在政大历史研究所讲两节课,但该校原"三民主义研究所"(已改名为"中山学术与国家发展研究所",简称"中发所")认为机会难得,主动邀请我每周也讲两节课,课程名称都是"辛亥革命与近代中国社会"。为节省我来回时间,都安排在星期六,上午8时为该所讲课,10时以后为历史所授课。台湾当时每周只休一天半,所以周六上午照常上课上班。

我教的是博士班,所以学生人数不多,"中发所"十二人,有两人为旁听生,其中一人为副教授,张亚沄所长亲自陪同并于课前为我介绍。历史所听课者有二十余人(包括旁听生),其中有一位副教授是从高雄"海军"学院专程赶来。正式选课的博士生多有年龄稍大的在职者,其中有位女生是锦绣出版社的副总编戴月芬,好学感人,以后为两岸学术出版交流做了许多有益工作。"中发所"的谢政瑜已在东吴大学任副教授,他不仅在"中发所"正式选修我的课,还陪着我听历史所的课,每周如此,从不缺课。每周有一个下午是我的辅导时间,他只要有空,也必赶来参加。问他何以重复听课，他笑着说："并不重复，内容似乎一样，但您在'中发所'侧重跨学科综合分析，而在历史所更侧重史事考订的精详，只有两相比较才能更有收益。"他在课余也与我多有交往，因此感情最深，推心置腹，无所不谈，包括台湾的选举政情，等等。

我的课主要采取讨论方式，而且明确以学生为主体，每周一个专题，由他们自行准备，轮流报告，自由讨论后我做总结，着重从研究方法与路径方面加以指导。同时在政大授课的中国近现代史研究的本地同行（包括南港等校外学者）有四五人之多，他们仍然沿袭传统的演讲方式。所以我的课堂显得生动活泼，学生觉得受益更多，其实我只是搬用在 UCSD 的教学方式。政大校园附近有一茶山，我们有时干脆把课堂搬到山上茶园，师生品茗论学，自由发挥，其乐融融，这也是在美国学来的经验。

我很快就与学生融洽相处，而校长和老师对我们则更为热情。开学不久就是中秋节（9月29日），上午10时张哲郎（历史研究所所长）陪同正式会晤张京育校长。晚上哲郎夫妇又与历史系主任阎教授陪同至校长家共度佳节。张京育是湖南人，与怀玉是同乡，所以更易交流，其夫人从东吴大学图书馆下班回来，即亲自下厨制作湘味菜肴。边吃边谈，先叙乡情，继谈两岸，各谈自己看法，大体上希望循序渐进，从经济文化交流入手，不宜急于争论国号乃至统一。京育毕竟是学者型官员，所以比较客观务实，且有统一愿望。谈兴渐浓，益增酒兴，阎教授海量，一瓶茅台大部分被他喝完，尽欢告别。后来才知道，国民党高层已经内定张京育接任陆委会主委，中秋团圆象征祖国统一，而亲自倾听我的主张，亦属任前热身。但毕竟都是书生所见，理想不敌现实。其时李登辉已成气候，对于两岸会谈预设重重障碍，任凭辜振甫、张京育等多么努力，也难以改变两岸对立的现状。

不过，校长、系所领导与众多教师、学生的热心关切与日常交流，却使我有宾至如归的感觉，很快就进入教师角色，潜心治学。

那些年，台湾高等学校经费比较充裕，所以学术会议甚多，而我只是唯一"长驻"的大陆学者，所以许多大学争相邀请，有些是参加研讨会，有些则是讲学或是座谈。

开学未久，就与政大历史所同事前往阳明山，参加台北"中国历史学会"第29届年会，借以会见台湾各地史学同行。9月22日，蒋永敬约同前往传记文学社，看望民国史大家刘绍唐。承蒙安排在宁绍小馆吃家常菜，饮正宗黄酒，张朋园、孙雅妮（孙中山侄孙女）等名流作陪，叙谈甚欢，深夜始归。《传记文学》号称"一人敌一'国'（'国史馆'）"，可见绍唐豪气。他热情赠我一套已出版的《传记文学》杂志合订本。

10月以后，学术交流逐渐频繁，几乎每周都有两三次，或开会，或私家宴请，均与学术合作交流有关。如10月3日，金陵大学学长吴天威来访，与蒋永敬、胡春惠在东北面馆"红高粱"宴请，主要就是商谈第三次中日关系史研讨会筹备事宜。10月5日至台北"中研院"近史所演讲《大陆辛亥革命研究情况》，并与陈三井所长商谈苏州商会档案整理出版问题。10月6日史语所王汎森与我电话长谈，也是围绕商会档案公开出版的问题。10月15日晚政大历史所迎新餐叙，邵玉铭教授时任联合报基金会负责人，乘机约我共商如何促进两岸学术交流。

11月15日，我与怀玉应东海大学邀请，前往台中参观该校校园、图书馆、路思义教堂，并逛夜市品夜宵。专题讲演《中国教会大学史研究状况》，该校亦为教会大学，所以听众兴味较浓，讨论热烈。东海大学是1949年中美绝交后亚联董利用原来资助大陆13所教会大学经费，在台中创建的一所综合性的大学。风景幽美，教堂建筑尤有特色。其顶层除布展13所原有教会大学校徽外，还保留13间象征性的办公室，纪念已在大陆消失的百年老校。东海之行是我到台北以外各地讲学的开始，由于有相同的根源，感慨颇深。张学良把自己的藏书全部赠送给该校图书馆（大多为明史相关典籍），睹物思人，可惜张学良当时还未完全恢复自由，无从会见。

11月24日，张哲郎亲自开车，陪同我与怀玉访中兴大学。上午9时许出发，经桃园、新竹、苗栗、南中、南投，直达日月潭，先后参观文武庙、玄奘寺、玄光寺、慈恩塔等景点，水光山色，云雾缭绕，一洗台北尘嚣。夜宿台中教师会馆，居处临潭，极为幽静。次日清晨，在阳台漫步，可见潭水泛光，层峦叠翠，云雾横移，恍若仙境。早餐后参观"九族"文化村（在南投县鱼池乡），私人经营，占地62公顷，群山环绕，错落有致，布置不俗，台湾少数民族，称为高山族，有其渊流与文化经济特征，堪称丰富多彩。下午到中兴大学演讲，以前因难得直接听取大陆学者见解，师生兴趣盎然。晚上历史系宴请，陈校长闻讯赶来敬酒，并且共商今后如何加强学术交流。

10月26日上午至彰化县鹿港，古老名镇也，台湾岛早年俗称一府（台南）、二鹿（鹿港）、三艋舺（今台北市万华老街）。参观天后宫（即妈祖庙），适逢外地代表结队前来献香，有舞蹈、舞狮、旱船等表演，鞭炮震耳，鼓锣喧天，诚巧遇也。随即参观鹿港民俗文化馆，结束此次台中地区之行。一路哲郎开车，并热心导引讲解，使我们获益匪浅。

1994年1月中旬，学期结束，我即将转移至南港。哲郎又复开车陪我们去台南旅游。1月19日清晨出发，中午到达，在成功大学进餐。下午去热兰遮城赤崁楼、安平古堡炮台、天后宫、孔庙等处游览，可见台南早年的辉煌。5时许去高雄。宿大通饭店。晚餐后逛夜市，步行爱河大桥，规模宏大，两岸景致亦佳，可惜河水有强烈臭味。次日参观"中船"高雄厂，哲郎弟任总厂长，亲自迎候。先看电视简报，再由公关课长讲解，导游全厂，有百万、三十万、十万吨级船坞，能造30万吨以上及1500个集装箱以上油船或货船，也能造巡洋舰。"中钢"、台械就在两旁，布局极为合理，惜尚未能自制主轮机，似不及上海江南造船厂。随即顺路去哲郎家乡——屏东枋寮，参观乡长候选人吴照雄竞选中心，并与吴合影留念。路经恒春食海鲜，然后至垦丁、鹅銮鼻最南端，巴士海

图47 参观乡长选举

峡、太平洋在此分野，风景绝佳。归来天已黑，与哲郎小学同学六七人餐叙，乡情甚浓，淳朴恳挚，与大城市有所差异。

1月21日晨起，至南港参观，由于台湾海岸地质结构不佳，山崩地陷经常成灾。哲郎家的老宅，现在已有半截陷入水下，这一片住宅区都显出破败迹象。但是天无绝人之路，由于农业科技的迅速发展，在内陆干涸得满是沙砾的河川荒地上，居然可以建起绿意盎然、果实累累的丰收果园。哲郎有个小学同学，原为中学生物老师，夫妇二人课余务农，利用工地出租的七分河川地，种植莲雾、芒果等，业已发家致富，任由我们随意采摘品尝。还有一位同学成就更大，廉价租用河川地千余亩，雇用农工三十余人，建成大木瓜园（亦有芒果），既有田野情趣，而且丰收在望，令人为之钦服。归程一路疾驰，晚9时许始回"学苑"宿舍。

哲郎是贫苦农家出身，勤奋好学，不仅读完大学本科，而且还出国留学。他主张祖国统一，多次热情接待大陆学者，努力推动两岸友好交流，表里如一，诚属可敬！

但出乎意料的却是号称蒋氏父子"文胆"的秦孝仪（以前是陈布雷）

对我们夫妻的热情接待。他原任国民党中央委员会副秘书长，后来虽调任党委会主任，但仍受高层重视。及至蒋经国病逝，李登辉上台，人事变动如大洗牌，他才被安排在台北故宫博物院当院长，从传统官场来说乃是一个闲差。不过他倒确实是文化素养较高，而且多才多艺，居然勇于接受新潮流，引用新科技，把原本死气沉沉的台北故宫博物院办得有声有色，颇有值得我们学习之处。我原先对他毫无好感，因为1982年4月两岸学者在芝加哥首次公开交流，他担任中国台湾地区代表团团长，仍然保持国民党官僚作风，而且处处设防，阻碍台湾学者与我们私下自由交往。当时我在美国学界欢迎宴会上恰好与他同桌，我知道他是湖南人，就顺口表示欢迎他回长沙吃火宫殿臭豆腐。他倒颇有乡情，笑着说："现在恐怕还不到时候吧。"会下我向胡绳团长报告这个情况，胡绳想了一下说："现在还不到时候？他并没有说不想回长沙呀！说明他还是有统一的愿望。"但由于他那种"忠于党国"的神情，我也不便与他继续接触。会议结束时连握个手都没有，就匆匆分别了。

此次来到台湾，我也没有想去拜访他，倒是他首先表示愿意会晤。政治人物到底老练，他请党史会主委李云汉在台北"中国历史学会"年会（9月19日）上转告，打算邀请我们夫妻参观台北故宫博物院，并邀几位友人餐叙。他毕竟是史学界前辈，情不可却，欣然允诺，但却未想到接待竟是如此隆重。

1993年12月24日，我有日记：

上午为历史系学生演讲《对历史系学生的希望》，本科生很感兴趣，提问甚多，可惜时间不够。匆匆与张哲郎、蒋永敬去摩耶精舍（张大千故居），赴秦孝仪宴。秦甚热情，亲自导游精舍内各处景点，环境、布置、藏品均精美绝伦，神仙世界，肴馔益精，湖南风味。餐后又至（台北故宫博物院）"琴棋书画欣赏"展馆参观，传统与现代科技结合，亦颇具匠心。

同席有张玉法、蒋永敬、张哲郎（三对）夫妇，李云汉则是作为"芝加哥老战友"（秦孝仪语）代表参与，11年来两岸均经历巨变矣。摩耶精舍在双溪头，是台北风景最佳胜处。大千死后成为纪念馆，归〈台北〉故宫博物院管理，陈设一切如旧，连大千生前最爱的几只长臂猿，依然精心饲养，不时大声长啸。厨师也是旧人，擅做川菜，因怀玉是沅陵人，改为湘菜。菜谱系秦孝仪亲自设计，亦属上乘工艺品，典雅大方，可以作为纪念。从这些细小处都可以看出，秦孝仪作为蒋氏父子近臣，思路是何等细密，办事是何等干练。摩耶精舍由于收藏珍品甚多，而又缺乏应有防护安全措施，所以一般不对外开放。秦孝仪对我们如此礼遇，实际上是向大陆释放一个信号，即期待回湖南探亲访友。果然，正如胡绳11年前的预料，"时候终于到了"，不久他就回到故乡，而且受到热烈欢迎。他的书法甚佳，所以到处留下墨宝，并且还应我所请，专门为武昌首义纪念馆题词留念。

## 从南港到香港

台北"中研院"本来是主请单位，可是经由"国科会"安排，我却偏偏被聘请为政大的研究教授，扎扎实实教了一个学期。因此我心仪已久的南港与近史所只能停留一个月，不过这一个月又是学术交流最为频繁的高潮期。

我在近史所正式访学是2月1日至2月27日，但因为王庆成（时任中国社科院近代史所所长）已先期到达，所以我从台南一回来即不断去南港开会或餐叙。1月24日上午出席庆成首次演讲会，并参加欢迎午宴。1月26日到《联合报》参加邵玉铭主持的座谈，主要是听取魏斐德报告美国对20世纪中国史的研究情况，并且约定2月4日下午由我与庆成主讲。这些活动，南港学者参加最多，晚上餐叙从6时到9时可以视为下午报告会上讨论的继续。1月27日晚，刘凤翰又在家中宴请庆成与我，蒋永敬应邀作陪。刘夫人是芜湖人，与我家亦有世谊，所以更加亲切，其女海若已成凤凰台的著名主持人。

2月1日上午正式向近史所报到，入住"中研院"学术活动中心。朋园亲自引导熟悉环境，并于下午带我去已安排好的个人办公室（研究员每人一大间，设备很齐全，此为一般高校所不及）。晚与庆成应邀参加哥伦比亚大学校友会举办的欢迎哥大校长的盛大宴会，并与随校长来访的老友黎安友及台湾李焕（湖北人）等政界人士分别叙谈。

其后两天，稍得安闲，抓紧写讲演稿。2月4日下午又去联合报讲演，介绍大陆20世纪中国史研究状况，并由庆成评论补充。晚上在凯悦饭店为庆成饯行，因他要回北京过春节。连日忙忙碌碌，我俩只能在会上见面，没有私下畅谈机会。次日凌晨，庆成很早便要到桃园机场登机，他不忍心喊醒我们，所以连握手告别都难，可见日程安排之紧凑。

春节已近，台北亲友多有应酬，朋园等也不断邀我"翘课"。三五人结伴悄悄溜出办公室，或登山远眺，或到酒店咖啡馆聊天，天南海北，无拘无束，敞开胸怀，这才是真正纯真的学术与内心交流。这些天，我与近史所的骨干成员几乎都有私下交流机会，因而我对南港学者群落的了解更为真切。

2月14日春节假结束，恢复上班，终于完成《"排满"评议》，交"国史馆"馆刊，并将《中国教会大学的历史命运》中文译稿修改完毕，交陈三井，供出版《郭廷以先生九秩诞辰纪念论文集》之用。2月24日上午在近史所演讲《中国教会大学的历史命运》，这可以看作是此次台湾访学的圆满结束。此外，我在紧张办理出入境手续的间隙，还大量采购书籍与全套小学历史课本。三井偶然发现我在"中研院"书店购买近史所的学术丛书，干脆送我一整套历年已出版的重要著作，这也是此行最大的收获之一。

2月27日下午，政大博士生谢政瑜、谢政道（两人非兄弟）、朴起徽（韩国留学生）专程赶来，同去"浙江京厨"餐叙。此店在曲折深巷中，门面很小，名气极大，因为老板原是蒋经国的"御厨"，类似北京北海公园的仿膳，但却没有那样的富丽堂皇。环境也很典雅，墙上挂满文化名士、达官贵人的题咏，加之食客盈门，更显得逼仄拥挤。政谕专门为我点了小蒋生前最爱吃的红烧肉，制作确实讲究，极为鲜美可口，可惜太甜，令人联想到一代人杰蒋经国何以死于糖尿病顽疾。这几位都是与我关系最为密切的学生，临行饯别，情意深浓，饭后又同去中正纪念堂看盛大灯会，与我们共同度过台北最后的新春良宵。

3月1日清晨，玉法前来送行，三井亲自驱车陪同去机场，表弟泰生也匆匆赶来告别。飞机准时起飞，我们满怀喜悦回归大陆。

很快重返香港。之所以说是"重返香港"，因为我在台湾访学期间已经回过一次香港。那次香港之行，主要是参加华师历史研究所与香港中文大学崇基学院联合举办的教会大学文献研讨会。

但在此前，我与香港友人一直保持密切联系，因为我所持的公务护照有效期，到1994年10月将到期，必须办理延期手续，才能在台湾合规居留。政大历史所胡春惠、朱惠明先生借出差机会，帮助我与华师香港校友会联络。正好华师校友会的秘书长钟森发在中国新闻社香港分社担任记者，与香港新华分社关系比较密切，就由他出面向新华社香港分社主管出入境签证手续的副主任张浚生求助。张浚生原任浙江大学党委书记，他对我这个"浙籍"老学者略有所知，所以慨然允诺，并且不要我亲自办理，这样就给我来往香港提供了极大方便。

12月8日飞港。崇基学院吴梓明开车来接，宿雅礼宾馆，与马敏、周洪宇、方燕及徐以骅、陶飞亚等国内学者会晤。晚上吴梓明邀Jessie、Martha共进晚餐，叙谈甚欢。12月9日研讨会开幕，我做长篇主题演讲，上下午热烈讨论。晚崇基学院沈宣仁院长欢宴，他是菲律宾归侨，基督宗教本色化的推动者，宽厚长者也，对两校合作交流期望甚高。10日继续讨论，有很多好的建议。晚与马敏、周洪宇谈校所情况甚详。

12月11日总结会，我再次做长篇发言，同行学者纷纷合影留念。下午至浅水湾、赤崁游览，又登太平山顶观全港夜景，8时许始进晚餐，倦极早卧。

12月12日为星期天，自由活动。校友会会长邓缵绪夫妇，携陈满棠、钟森发来邀华师代表同游西贡渔村，海鲜随买随享，颇有风味。饭后至科技大参观，该校坐山面海，风景绝佳，校舍宏伟，结构新颖。耗资40亿，全由香港赛马会出。晚至新界邓氏宗祠凭吊，此处为鸦片战争抗英民军指挥部，邓缵绪祖先多曾参与，后裔引以为豪。归途在路边村店食烤鹅，味道鲜美，老邓舌尖忆旧也！

12月13日与吴梓明商讨今后工作以及资料出版、目录等问题，都认为此次会议收获很大。14日与香港中文大学教育学院诸人共进早餐，并商谈合作交流，首选洪宇来教院访学。12月15日，吴梓明送至机场。下午3时到达桃园，但仍不免沿途堵车，晚6时许才回宿舍，不过此次来回均独来独往，没有惊动任何人，这是四年海外生活的一点进步吧！

时隔不过两个多月，3月1日下午1时许又复回到香港，陈满棠接至其旺角住宅，与庆生（已继任校长两三年）晤谈，来访校友不断。晚至星光大酒店聚会，四十余校友参加，情绪颇为高昂。此次来港，无任何正式任务，纯粹是访亲问友，游览休息，除校友会邓、陈、钟"三驾马车"外，其他新老友人杨克平、林兰民亦纷纷来访或接风。3月2日以后，连续访问尖沙咀、荃湾、新界乃至港岛中环银行区与筲箕湾平民区。尽兴畅游，这是我们海外四年最轻松欢悦的一周。

3月8日，满棠长子开车，森发亲自送我们到机场，11时50分起飞，下午1时半到武汉。汪文汉副校长、宋淑蕙外事处长，与明明、董昕等家人来接。喜气洋洋，终于结束漫游海外，真正回了家。

# 第十三章

# 老骥伏枥（上）

重操故业与我的"南巡" \ 潜心基督教史研究 \
香港半年 \ "211"预审活动 \ 1997，会师东京 \
重上庐山 \ 陪张朋园回贵州老家

## 重操故业与我的"南巡"

我于1994年"三八"妇女节回家，还是那座山，还是那个校园，但是时隔三年多，校园内外都有很大变化。

首先是学校领导班子，自1990年我去美国以后，就由王庆生代理校长，随即又由国家教委正式任命为校长。庆生本来就是华师党委重点培养的接班人，品学兼优，特别是在中国当代文学史学科建设方面贡献卓越，而且又有丰富的校、系两级党政工作历练，是很难得的高校行政管理干才。他与校党委书记戴绪恭在宣传系统又有多年共事关系，相处非常融洽。所以华师领导班子经调整后，我与郎郡诗都已退出，并增补汪文汉、孙启标两位年轻副校长，更显得朝气蓬勃，学校工作在教学、科研、后勤各方面都有很多革新与发展。

校园与周围环境也有很大的变化，广埠屯作为科技一条街（实际上也是大学城），道路拓宽，大厦林立，已显大气象，特别是维多利亚酒店的新建，也大为提升了外地客人接待的水平。当然，学校的接待开支也随之不断增高。过去我公费请客最爱点的麻婆豆腐已被视为寒碜与土气。现在的正式宴请，必须点海鲜与中外名酒，所以每桌至少要花两三千元。

当然，我最关心的还是历史研究所，回来第二天首先就是回所报到。三年多未来自己的办公室，积压书刊函件已成小山，但全所工作，仍然井井有条，稳步发展。我走后刘望龄首先接任所长，然后是罗福惠接手，他们都能独当一面，保持全国重点学科的优势地位，这三年期间先后在读的王杰、乐正、张富强、周洪宇、马小泉、宋亚平、游建西等都已成材，甚至成果累累。当然人际关系也有若干摩擦，唐文权正谋调回苏州铁道学院任教，却不幸因病英年早逝。刘望龄自己也离开华师，到广东社会科学院另谋发展，但情况已迅速好转。此外，朱英已脱颖而出，荣获霍英东优秀青年教师奖，已有学科带头人气象；马敏在普林斯顿、耶鲁等美国高校访学两年多，已经先我回校，更为增强骨干力量；加上几位年轻教师王奇生、何建民和许多研究生都勤奋好学，迅速成才。全所仍然焕发青春活力，使我感到非常欣慰，也大大增强了谋求学科新发展的信心。

不过我首先还得面对这堆积如山的书刊和信件。书刊还比较好办，粗略选择，就将大批剩余可用者送交资料室处理。信件就比较麻烦，因为其中有些必须留存，甚至还有急需我答复或处理的事项。其中最难办的是一个历史系学生的姐姐，年纪很轻而精神已经失常，三年之间前后给我写信一百余封，而且每封信都写得很长，文字倒很清顺，但思维却如乱麻，真是剪不断，理还乱。从心理障碍的角度来看，很可能是小学或中学时代受过一个不良教师的严重性骚扰，始终摆脱不了这个伤痛的阴影纠结，因此把我当作可以求助化解、倾诉心曲的长者。却不料我一去三年多，从未回过一封信。我并非缺乏同情，而且眼前自己的本职工作必须抓紧开展，实在无法也不知应该如何回应，只有把这一大包信全部寄给我的女儿章明明，因为她已从事心理咨询事业，正好可以作为个案研究并研究治疗方案。

我花费好几周时间清理自己的办公室，总算是为重操故业恢复了窗明几净的治学与办事的空间。随后我就打开海运回来的十大箱书籍、稿件与大量复印历史文献，初步分类、上架、收藏，然后才能有条不紊地潜心治学。但是也很难专心一致，因为校内外还有很多应酬与演讲邀约，幸好我已无校务之累。整天忙忙碌碌，虽然还未至昏天黑地，但已几乎没有一天安宁。4月底以前基本上就是如此情况。

5月1日，雅礼协会负责人来访，耶鲁大学东亚研究委员会主任戴慧思（Deborah S. Davis）随行。他们专程前来历史研究所与新建未久的中国教会大学史研究中心考察，结果非常满意。回美未久，鲁斯基金资助的第一批4万美元就到位了，这在当时是一大笔经费。不过由于当时校部规定"计划外经费"必须上缴10%，甚至还有挪用情况，我们只能委托雅礼协会代为保管。因为这笔经费指定只能用于中国教会大学史研究之用，而且必须由我全权管理。当时学校经费仍然困窘，对于我们中心不仅没有任何资助，反而看成一笔意外的"财源"，我们不得不保持对外的起码诚信，中心成员没有从这项资助中获取任何酬劳。

鲁斯基金落实以后，我们就可以放手开展研究了。我因为回来这一个月过于劳累，也想暂时休息一下。恰好深圳和海南的校友又热情地邀请我去特区看看改革开放的新变化，我便借此了解一下隔绝已有三年多的社会转型。

5月6日下午，我与怀玉飞抵海口，肖文杰、曹琼夫妇来接。晚欢宴，王国华、胡万福等陪同，他们都是在1989年以后离开华师到深圳、海南一带下海创业有成，大家都有说不完的辛酸与喜乐。

5月7日上午，参观海口市容，已经初具现代化雏形，满街都设电话亭，此亦武汉等内地大城市所少见！中午品蛇宴，宋亚平亦来，他取得博士学位后，应聘来海南省洋浦管理局，已担任办公室主任之职，为局长江上舟得力助手。晚上胡万福又复宴请并陪同参观夜市，热闹异常。

8日开始出游外地，国华开车，马敏陪同。首先到文昌，参观孔庙，品尝文昌鸡饭。此地虽说是宋庆龄家乡，但仍然贫穷落后，不过文昌鸡饭已名扬于外。

9日去三亚，夜宿海军基地，部队亦涉足旅游，当然是非核心区。10日市委统战部副部长易某陪同游览天涯海角等景区，尚系初步开发，游客虽多，但设施、服务仍显不足。不过相比我首次来海南开门办学，已无荒郊野外之感。易某已在我所取得硕士学位，曾参与《中外近代化比较研究丛书》的编撰，他所写的那本关于自由思想的著作，颇得好评。

由于三亚已经名扬中外，他确实接待许多名人，包括我们都敬仰的于光远，据说此老也爱清静，宁可坐在偏僻海边闲聊观景，也不愿到酒店舞厅凑热闹。有次他与易某正聊得高兴，突然有一群女孩来兜售珍珠饰品，死搅蛮缠。这群村姑很多是波斯人后裔，天生的做生意胚子。易某知道波斯人的厉害，苦苦劝说她们离开，于老倒非常淡定，买了好些串项链与手镯。和颜悦色把小姑娘们打发走了。易某苦笑说："这些都是假的，塑料做的。"于老大笑说："旅游地点，何必管什么真的假的？我于光远带回去，假的也变成真的，意义就不相同了。"于老一生追求直率，但在游乐场合却又如此豁达与洒脱，并且体现出对社会下层少年的关爱与同情！

11日驱车过五指山，中部山区仍然贫穷落后，但公路沿线亦有少数集镇小型土产店兴起，有些农村妇女也能用普通话与顾客应答如流，甚至把业已下海能言善道的王总（王国华）挖苦得面红耳赤。可见商业化大潮无孔不入，山区也开始波及。晚间到达洋浦，这是我们着重考察的地区。由于亚平已经执掌枢要，而且还邀请马敏参与创建北部湾研究所，襄赞江上舟共谋洋浦开发大业。

12日整天参观洋浦港，主要还是考察广阔的熊谷组工地现场。晚上管理局正式宴请，江上舟局长亲切交谈并陪同为该局中层以上干部讲演。江上舟是清华背景，改革开放后的首批公派留学生，在瑞士苏黎世高等管理工学院扎扎实实攻读8年，获得博士学位后立即回国效力，并且成为10万人才下海南的首批人员。他曾担任三亚市副市长，为三亚成为中外闻名的度假区做了很好的奠基工作，然后又调任洋浦开发区管理局首任局长。他是有战略思维的科学家，不同于一般只有工科思维的技术人才。管理局的正式编制只有60人，其中有8位博士，还有不少硕士，都是通过公开招聘的年轻英俊。但多数中层干部还是海南本地人，熟悉情况且吃苦耐劳，但文化程度较低。因此他非常重视干部培养，除邀请专家学者讲学外,还与我们历史研究所联合创办了硕士课程班。他对宋亚平特别倚重,因为亚平在农村长大,又关心三农问题,善于与乡镇干部及广大农民打交道,而这是洋浦开发初期最艰巨的任务。马敏从美国回来,也成为"闯海者"一员,与宋亚平密切合作,共同襄赞江上舟的工作。我与江上舟虽然不是一代人,然而都有多年在海外访学与工作经验,因此一见如故,且有很多共识。

洋浦为"特区中的特区",享有更多的自主权利与革新空间,正好可以发挥以江上舟为代表这一代"闯海者"筚路蓝缕的聪明才智。但洋浦确实一穷二白,正如一首歌曲所云:"只有石头和仙人掌",即以熊谷组那一大片工地来说,几乎是寸草不生,满眼荒芜。特别是既无地下资源而水质尤差,长年在此工作者连头发都会枯黄。但正因为地广人稀,邻海且有深水港口,最适于开发大型化学工业,特别是对石油提炼的上、中、下游全面开发,可以弥补海南缺乏大型现代工业之憾。但海南省政府财政困窘,没有任何经费支持,民间资本对洋浦又望而生畏,所以举步维艰。幸好江上舟在三亚曾经建立全国第一个土地交易中心,公开拍卖公有土地,盘活土地市场,解决城建经费困难。经省政府上报中央,这个规模宏大意义深远的项目得到批准,并且迅速与熊谷组达成出租70年的协议。我们参观时只见工地繁忙,热火朝天。

2月13日上午我们离开洋浦回到海口,下午应邀到海南大学讲演,见到周伟民、唐玲玲夫妇和曹锡仁,这也是一批早期"闯海者",而且已经为海南文化教育作出贡献,我戏称他们为"当代苏东坡"。其后周氏夫妇终身投入海南地方史、民族史研究,其成就、其影响已经远远超过短暂流放的苏轼。

14日向家英陪同游火山口,死火山,风景绝佳,但缺乏阿苏火山那种喷吐欲发的气势。中午品尝当地东山羊肉,细嫩且无膻味。向家英原为我校城市经济系总支书记,现在也成为"闯海人"之一,负责在海口办"硕士课程班"。城市经济系是我校高秉坤教授最先创建，最初是房地产经济专业，然后扩大独立成系。高秉坤富有首倡精神，她曾办市长培训班，颇得各界好评，因为改革开放以后各大中城市都把房地产作为经济起飞的重中之重，她也因此声誉鹊起，并且结识全国许多市级官员。向家英在海口的开门办学，也受到其他各系的欣羡。

15日飞深圳，夜宿郭国灿家，校友会原本已安排宾馆，但国灿执意要在新居接待我们。他是湘潭大学高材生，在武汉大学获哲学硕士学位，随后又经委托培养转入华师随我专攻中国近现代史（思想文化方向）研究，天资聪颖，勤奋好学，是我最喜爱的年轻的弟子。他很小就父母双亡，主要由哥哥带大，并靠公费受到良好教育。我们本来很想让他留下工作，但湘潭大学与他已有委托培养合同，学成必须回校工作。我们不愿得罪兄弟院校。结果他也不愿回湘潭，通过招聘前往深圳，不过却被分配到市政府工作。我为此感到极大遗憾，他却随遇而安，想先成家立业，然后再徐图转入大学或研究机构工作，而业余仍然可作学术研究。他的悟性甚高，写作亦属快手，所以很受领导重视。他的宿舍是升迁后分得的一个完整套间，也是他结婚的新房。他把主卧室让给我们，是为向师父、师母报恩，同时也是让我们亲眼看他的小日子过得还不错，让两老放心。国灿写作虽佳但却不善言辞，他的内心感情却是很诚挚的。

16日整天游览锦绣中华与民族文化村，据说我所在读博士生游建西原来在深圳工作，也曾参与过这些大型旅游景点的策划。我的观感是，比台湾同类景点规模更大，内容更丰富多彩，布局建设也更具匠心。

17日早晨与若干校友共进早餐，随即参观市容，大厦林立，道路宽广，已略有国际大城市气象。在一处十字路口，竖立大型邓小平肖像，目光坚毅，手指前方，而标题是："不改革开放就是死路一条。"振聋发聩，使人感到改革开放并非一帆风顺，任重道远，来日仍然大难也。中午校友会盛大欢宴，出席人数很多，多年未见，叙谈甚欢。饭后乘坐电船到珠海，香华小学教导主任陈青来接，顺路游览滨海中路，风景优美，已有现代化城市风貌。晚饭后登珠海大桥观赏夜景，尤为赏心悦目。

18日上午参观香华学校，该校是珠海市香洲区与华师合办的一所新型小学（含中学部），私立性质，经费全部自筹，因而也享有更大革新的自主空间。校长唐昌宪，原来是华师校办副主任，教师从华师附小、附中抽调一部分骨干，并且从全国各地招聘许多优秀教师。学费收得较高，但家长乐意交纳，因为当地文化教育比较落后，父母一辈子种田和捕鱼，很多是文盲。改革开放后家庭富裕起来了，宁愿多出学费进名校，而不愿进一般公立街道小学。唐昌宪有较丰富的行政管理经验，加之又是文章高手，善于总结经验教训并理解新的教育理念，所以香华已经成为有口皆碑的一面旗帜，良师云集，生源猛增，一片兴旺景象。陈青是唐校长得力助手，因为唐出外开会，她便代理一切。她对我们分外亲切，因为其父是我们历史系1957年毕业的校友，她算是地地道道的华师二代。她在华师读生物系，因为品学兼优，被湖北省组织部选拔作为"第二梯队"重点培养。但她却厌倦仕途，宁可教中小学，所以便自愿随从唐昌宪"闯海"，白手起家，筚路蓝缕，成为创办香华的元老。看到她如此干练豁达，朝气蓬勃，我们这些老华师人更增添了后继有人之感。当天下午，陈青亲自送我们到广州，由中山大学接至学校招待所住宿。

19日晨，与老友胡守为、林家有等在康乐园饮茶，畅述各自近年情况。下午守为邀同去东莞参加袁崇焕故居修复论证会，顺便游览市容，了解以来料加工崛起的小城市。各地农民工云集，政府也为他们提供许多福利待遇，一片兴旺气象，果然名不虚传。

20日上午在中山大学校园参观，重点是侨商姚美良捐建的永芳堂，作为孙中山纪念馆与中国近代史研究中心，规模宏大。门前广场有近代历史名人塑像，庄严肃穆，令人生羡。这也是改革开放后的开风气之先，姚美良是热爱祖国的成功侨商，他与我们这些同行学者共同举办过许多大型学术会议。

21日上午在广东省社会科学院演讲，中午在海鲜舫与张磊、黄彦、张南生、方式光诸友及望龄、王杰等欢叙。22日与表弟肖铭荪夫妇逛友谊商店，晚上与华师校友近二十人餐叙。

23日参观越秀公园、白天鹅宾馆、花园酒店，中午社会科学院哲学研究所在新建"63层"顶楼宴请，俯瞰全市，张富强陪同。他从华师历史所毕业后，分配到广东社会科学院历史研究所，后转哲学研究所任副所长，随后又创建法学研究所。果真年富力强，干哪行像哪行，适应性强。

下午5时至机场，桑兵夫妇、莫世祥、张富强等送行。晚9时返家，结束华南之行。此行前后将近一个月，有人戏称为"章老南巡"。一介野叟，何敢言"巡"？我倒认为是帮助我"洗脑"，重新认识并融入中国社会。我仍然是虚心接受再教育，活到老学到老。在海外把自己当成超龄老留学生，虚心学习先进文明的长处，回国后又虚心感受改革开放这些年的新气象，当然也包括许多深层的困难与弊端。此行接触许多在特区筚路蓝缕的先行者，他们每个人都有自己艰难创业的故事，从打苦工起家的工商业者，到远见卓识埋头苦干的政府官员，都是我学习的榜样。我从他们身上看到中国的未来，因而吸取了力量，增强了信心，回校以后立即转变角色，重操故业，而又锐意创新，争取在晚年再次焕发青春！

## 潜心基督教史研究

我在海外博览典籍，搜集大批历史文献，并且争取一大笔经费，回来后的当务之急首先就是正式开始基督宗教研究，包括学科建设与人才培养。

但是应该从何着手？教书育人、建立梯队，在学校比较容易处理，研究没花国家经费，中心更属完全自主。问题是研究成果如何出版问世。当时政府部门对基督教研究仍然敏感，社会上对此也有许多成见，甚至我们历史所内部也有人未能理解，认为是分散了精力，影响了重中之重的辛亥革命研究。我回国不到半年，就引起有关部门的注意，因为海关发现海外给我寄来函件与书刊者，很多都是与基督教有关的研究机构与教会团体。他们派人到华师来调查，却又不愿惊动我这个主任。我认为这不是一种正常关系，应该光明正大地客观调查，希望他们能与我直接对话，因为最了解情况的是我这个创建者。幸好武汉市国安局长曾任市团委副书记，比较了解我这个青年工作的老前辈，他亲自来中心与我单独对话沟通。我向他详细解释，我们的经费主要来自鲁斯基金，它是一个面向世界的主要赞助人文社会科学发展的学术性基金会，既非营利机构，更不干预政治，所以国家教委已将其列入国外友好团体。其他与我们关系最为密切的亚联董与雅礼协会，更与国家教委有长期合作交流关系，面向整个中国大学，也并不是只支持我们一家。我着重解释海外寄给我的主要是学术著作和历史文献，是我们学术研究所必需。这个局长想必已经做过多方面了解，他主动表示理解并提供力所能及的帮助：一、向海关检查部门办一个专门户头，保证不会扣押；二、提供出国签证的方便，最快的只要两个工作日。这两项承诺后来都实现了，我们中心可以说是因祸得福。

湖北省政府各部门中对我们最重视的是民族宗教事务委员会（简称民宗委，属统战系统）。他们对国家宗教政策能够正确理解，并且希望基督教能够像佛教、道教等本土宗教那样健康发展。他们支持城乡教堂的恢复与重建，但却为神职人员的稀缺而担忧，唯恐乡村人数众多的基督教信徒因宗教狂热而被少数人利用，甚至走上歧途变成邪教。因此当我们与香港中文大学崇基学院合作在中南神学院举办硕士课程培训班时，他们立即以部门名义发布"红头文件"，并且专门派两位处长听课进修。合作颇有成效，与嘉鱼、崇阳当地民宗委干部关系也很融洽，武汉市基督教三自爱国会负责人刘年芬大姐等曾亲自陪同我们参加两县教堂重建，目睹众多信徒自发筹款，献工建堂开堂的热烈盛况。但神职人员仍然稀缺，滥竽充数者比比皆是，因而更加增强了我们与神学院合作办班培训的紧迫感。

但是风云难测，一起与我们原本无关的小事却牵累了我们，从而使中南神学院的培训班无疾而终。

导火线是湖南有位年轻女教师到香港建道神学院短期进修，带回一本香港学者写的有关"三自爱国运动"的小册子。她对"三自爱国运动"的来龙去脉缺乏了解，认为此书写得比较好，就送给当地"三自"爱国团体了。没有料到此书介绍了50年代初期即抗美援朝时期，"三自爱国运动"某些人在控诉美帝罪行过程中，对西方教堂与传教士颇多夸大失实的话语。中央相关单位举报揭发。由于此书作者亦曾参与中南神学院培训班教学工作，所以我们也受到牵连。中共中央办公厅与统战部非常重视，立即派两位处长前来查处。本来此事应该由我负责，可是他们又不愿触动我，偏偏绕开我找那些参加培训班工作的年轻教师个别谈话。不过调查者毕竟是对基督教有相当了解的学者型官员，态度比较客观和慎重，仅以中南神学院培训班的停办作为结案。

不过这场有惊无险的风波，毕竟提醒我们必须认识社会的复杂性，我经过慎重考虑，决定利用关于南京安全区国际委员会的大批原始文献，首先以研究南京大屠杀为突破口，公开出版若干重要成果，打开多年以来基督宗教研究的沉闷局面。我自认为是迂回战术，从正面来讲，是维护历史真相，揭露日本军国主义掩盖滔天罪行的卑鄙谎言；而从侧面来看，则是为客观理性地研究外国传教士提供一些空间。说到底就是能够减少不必要的麻烦，让研究顺利开展。

南京大屠杀资料的广泛收集与初步整理，已经在海外完成。而文献保存者、南京安全区的创建者与国际委员会的最后一任主席，正是我在金陵大学历史系学习时的业师，我对他的生平业已非常熟悉，对他相关的重要伙伴（包括中国人如杭立武等）也有相当的了解，因此我对自己研究成果的学术水平具有较大信心。1995年是抗战胜利50周年，出版一本带纪念性的有关南京大屠杀研究的学术著作实乃大好时机。所以我在1994年的"南巡"回来后，9月一开学，即与湖北人民出版社商定在1995年9月提交《南京大屠杀的历史见证》书稿，以纪念南京大屠杀50周年。在封面设计中，我埋下一个伏笔，即加上总标题"贝德士文献研究系列之一"，意在为南京大屠杀以外的教会史研究预留空间。

1994年最后一个季度，我排除一切杂务干扰，定下心来撰写书稿，终于在香港讲学期间修改定稿。然而，尽管我用心良苦，湖北人民出版社两位校友（副总编陈金安、责任编辑刘苏）也尽了极大努力，但省出版局与宣传部门鉴于当时的中日关系，仍有很多顾虑，因而对我寄予过高期望的这本书作了低调处理，不仅版面逼仄，连纸张也很差，更没有做任何宣传介绍。省报、市报更没有任何反应。只有《光明日报》驻汉记者夏斐，热情推荐并且用了"好评如潮"等溢美之词。不过此书在出版以后，在学生中间确实是引起极大轰动，我在华师、华工两校曾应邀签名售书，都有众多学生购买并加以鼓励，而武大有些博士研究生更把我视为反对日本军国主义的导师。

## 香港半年

我过去虽到过香港多次，但主要是途经或开会，均属短期逗留。此次专程去港，则是作为香港中文大学崇基学院"黄林秀莲访问学人"应邀前往讲学，随后又由亚联董资助，与该院学者合作研究中国教会大学史，所以在香港访学前后有半年之久（1995年1月15日到1995年7月26日）。

黄林秀莲女士1950年毕业于上海沪江大学，同年来港，先后在香港中文大学与香港大学任教与研究，有卓越贡献，且全家热心教育与公益，特别是在崇基学院设立多种基金助学兴教。"黄林秀莲访问学人"规格较高，于1992年正式启动，每年只邀请一二位国际知名学者做若干次公开演讲，在我之前已邀请过杨振宁、千家驹等学界前辈。我不知深浅，贸然接受邀请，去后才知道，正式讲演虽然只有几次，但交流活动则非常密集，甚至一日三餐都要采取各种方式交流，两周下来，疲惫不堪！

请看其访问日程安排：1月15日抵港；1月16日欢迎茶会，院长晚宴；1月17日黄林秀莲女士晚宴；18日校园生活午餐会演讲《海外旅程》；1月19日探访神学组（相当于系）并演讲《我与教会大学史研究》；1月20日周会公开演讲《历史寻踪》；1月21日周年教育研讨会"知识分子与中国社会"；1月23日探访崇基学生会，演讲《吐露夜话，孟浪少年游》；1月24日，会见大学校长（高鲲）；1月26日学院欢送晚宴。

崇基学院早就精心准备，一周以前海报与大幅红布标语已从山上校园悬挂到山下火车站。活动如此密集，然而有条不紊，忙而不乱，每个环节毫无差错。周会公开讲演规模最大，院长与资深老师出席，听讲学生有2000人之多，热情活跃而又井然有序，这在香港高校中算是难能可贵。每项活动与演讲都有记录，最后经过整理编辑，正式排印成纪念册，图文并茂，生动活泼，全部都是学生自己制作。学工部只有徐志宇先生与伍慧明两位老师具体参加，统筹会务，联络调度，绝不随意干扰学生自主活动。这样高度的学生自治给我留下深刻印象，同时也想起自己过去的大学校园生活，我对香港的再认识就从这里开始。

此后半年，我在香港主要是做两件事：一是撰写两本有关南京大屠杀的著作，一是与崇基学院、浸会大学的宗教系及若干有代表性的神学院广泛交流，并寻求今后的合作，共同推动两地基督教史研究。

首先是抓紧撰写完成《南京大屠杀的历史见证》，并于3月22日提前寄给湖北人民出版社。随后是香港三联书店李安（素娥）编辑于4月22日来访，正式约定编译出版一本纪念抗战胜利50周年的书籍。李安是代表美籍华裔女导演汤美如向我邀约的，因为美如在拍摄一部揭露日本在华大屠杀与强抓慰安妇罪行电影时，收集了许多珍贵史料与照片，并且亲自到日本、韩国调查真相，很想把这些原始资料编译出版，公之于世。但她出生于香港，又长期住在美国，中文比较生疏，可能由于邵子平等老友介绍，不远万里向我求助。我看过这批资料，而且已经写过一本书稿，感到义不容辞，便满口答应了。李安从此奔波于港岛与沙田之间，把美如一批又一批照片与文字材料转交给我，然后由我初步编译成初稿，最后由她汇总，精心重新组织定稿，美编则是由一位在香港城市理工大学美术系任教的女老师担任，她通读全稿，理解颇深，并且满怀创作激情地设计了雄浑悲壮的封面与版式。我与李安合作非常流畅，也极为辛苦，她往往都是晚上下班后来到我住处，背着沉重的书包，从山脚火车站爬到山上我的宿舍，与我反复推敲总体结构，乃至逐字逐句推敲文字，直至深夜才返回港岛。其时香港城乡治安甚好，一个年轻妇女，又背沉重的书包，在深夜独自走在寂无行人的山路上，连续两个月未出任何意外，真是老天保佑。

皇天不负有心人，7月初香港举办盛大图书展览，开幕式上进门第一排正中摊位，香港三联版图文并茂的新书《南京：1937.11—1938.5》赫然在目，引起各界人士的密切注意。在此前后由于《星岛日报》《南华早报》等媒体相继采访并详细报道，收藏在耶鲁大学神学院图书馆的卷帙浩繁的"贝德士文献"逐渐成为世界各地南京大屠杀关心者（特别是研究者）关注的焦点。

当然我在香港也花费很多精力从事基督教历史研究的广泛交流。首先是从崇基学院宗教系、神学组开始，参观座谈，演讲《基督教与五四运动》。随后前往长岛，参观建道神学院，演讲《中国教会大学史研究》，并与梁家麟、邢福增商议今后合作问题。崇基校牧陈剑光是生物学专家，长期研究营养问题，与我亦很投缘，曾专门邀我去沙田第一城，在越南餐馆畅叙。不久，他就辞去校职，远赴大陆西部山区扶贫。

2月28日随崇基学院参观天主教香港教区档案馆，夏直龙主任还专门为我们讲解这批档案文献以及保管技术。3月16日应邀参观规模较大的信义宗神学院，该院是1949年从武汉市瀍口迁来大围。肖院长因此对我们特别热情，亲自陪同参观，并与全体师生共同午餐，随后又去肖宅茶叙。4月10日，李志刚牧师亲自陪同去道风山参观并详尽介绍香港教会、教堂情况。4月20日，在香港中文大学中国文化研究所与刘小枫教授单独交谈，共商基督教研究合作问题。5月12日前往珠海，在胡春惠家与李志刚牧师长谈香港教会、教堂历史。5月18日应香港中国内地会（China Inland Mission，简称CIM）戴德生后裔戴绍曾邀请，前往餐叙，谈内地会1949年以后如何从中国转向亚洲。我向他报告内地会在庐山原址仍然保持原状，庐山图书馆还收藏了他就读过的美国学校大批图书。我们约定以后同登庐山，参观内地会历史遗址，并帮助整理庐山图书馆保存的那几万册传教士临别赠送的宝贵图书。7月5日回汉前还抽空参观中国神学院，何崇光牧师已回港任教，并书条幅赠我作为挚友纪念。

我在香港期间，还有一个意外收获，那就是应邀参加香港客家社团崇正总会的春茗。这是一个具有爱国传统的民间社团，成立于1921年，并由张发奎、薛岳、胡文虎等热心倡导，一贯促进客家人内部的团结，并进行客家学术研究，增强客家人对中国的国家认同。曾经担任会长兼理事有40年之久的老会长活动能力很强，他早在1992年就举办过空前盛大的全球客家恳亲大会，并且召开客家文化的国际研讨会。香港回归前，崇正总会已经与北京建立联系，不仅支持香港回归祖国，而且利用其特殊地位努力促进两岸交流合作，谋求全中国的统一。

香港虽然长期被英国割占，但传统文化习俗仍然保持甚多，比如所

图48 1995年1月应邀赴香港中文大学崇基学院访学,在欢迎茶话会上致辞

谓"春茗",即春节后的会餐团聚联谊活动,一直可以延续到3月。1995年3月的春茗气氛更为热烈,因为他们居然把台湾"中华旅行社"社长(实际上是台湾海基会的一个处长)请来作为台湾代表,又把我作为代表大陆嘉宾,让我们结伴逐席巡回敬酒。台湾这位处长(似乎姓黎)是武汉人,1949年随父母迁居台湾,因此他对我又多一分家乡情谊。当然他事先必定已做过许多了解,知道我曾在台北教过半年书。此人可能确实有祖国统一愿望,因为他在此前另一次大型民间春茗活动中,与中国旅行社的一位处长,共同登台合唱台湾与大陆的流行歌曲,两人勾肩搭背,象征两岸同胞连心。我感到此人似乎还有几分天真,其言行已超过台湾"陆委会"的底线,果然不久他就被调回闲置了。不过此次春茗倒使我结识了一批香港的客家人士,特别是像刘义章这样的客家文化研究者,他是香港中文大学的历史系老师,又兼任崇正总会客家文化研究中心主任,我们至今都保持着友好联系。

此外,我与香港的中国近代史研究会也有许多交流,特别是在孙中山与辛亥革命研究方面关系更为密切。这是由于王德昭先生在香港期间

图49 贝德士

最先与我结识，而且是一见如故，相知甚深。他的一个得意门生林启彦以及女婿（外籍）也研究中国史，他临终前一再嘱我多多关照这两位年轻学者。香港的中国近代史研究会挂靠在浸会大学，因为其历史系林启彦等四五位老师，都年富力强，在日本、美国、法国受过良好史学训练，实力比香港大学、香港中文大学都强。当时黄文江还在中文大学攻读博士学位，曾邀请我们到崇基礼拜堂参加他的婚礼，他不久也加入浸会团队，所以我与浸会关系更加密切。辛亥百年庆祝期间，他们特别安排会议，授我终身贡献奖，实非偶然。

我于1995年7月底离港返汉。8月中旬，为纪念抗战胜利50周年，台北及时举办了大型学术研讨会，大陆学者应邀参加者有31人之多。开幕式上安排了两位主旨讲演者，台湾是蒋永敬，大陆是我，或许不仅我俩年龄最大，而且还都算得上抗战老兵。我的讲题是《尊重历史，超越历史》，稍后又宣读了论文《让事实说话——贝德士眼中的南京大屠杀》。

我呼吁应该超越党派成见，停止相互攻讦，共同维护历史真相，反击日本军国主义歪曲历史的谎言。与会学者纷纷赞同，台北《"中央"日报》《联合报》等当地报刊乃至"美国之音"都及时报道。《"中央"日报》且以"尊重历史，超越历史"作为通栏显著标题。"美国之音"则误认为我是大陆代表团团长，但我们确实都以个人身份参加，根本没有什么团长，无非因为我在台北教过书，对当地情况甚为熟悉，所以大陆年轻学者对我比较尊重而已。经过台湾这次盛会，"贝德士文献"更为国内外学者所认识，我自认为是在继续做老师生前的工作。

## "211工程"预审活动

我从香港回汉以后，1995—1996年新学年随即开始，华师的治学育人工作一切如常恢复。但是"211工程"即21世纪建成100所一流大学的评选，又耗费我许多精力与时间，国家教委调集我们这些老校长从事预评，分头对若干所申报大学进行三天左右的全面考察并做出评估。这次评估当然不是最后定案，但至少是入围的必经关卡，因而为许多重点大学所力争入选，华中师大也理所当然成为预选对象之一，因此校领导极力劝说我参加国教委一级的评审组，因为可以就近掌握若干上级领导的意向。我因为已经在国外访学四年，自觉有所亏欠，所以答应参加。不过国家教委负责分管预审工作的副主任韦钰，原任南京工业大学校长，与我是广义的南大校友，她对我们这些前辈学者比较尊重，平易近人，作风民主。她的助手陈小钰对华中师大颇有好感，评议组成员更有许多气味相投的同龄人，所以相处十分融洽，对我来说也是一个重新了解国内高教现状以及与同行相互交流的大好机会。

我前后参加过三所高校的预评，日记本上有简单记述。

第一次是北京师范大学。1996年1月17日报到，晚上开预备会。18

日上午开幕式，然后参观，晚看话剧《周君恩来》。19日继续参观，然后专家组内部评议。20日上午评议组继续内部评议，形成共识，然后与学校领导正式交换意见。下午结束返汉。

第二次是四川联合大学。工作流程大体相同，但进度较快。4月18、19两日主要是参观与内部评议，20日上午很快就宣告结束。

第三次是华东师范大学。四川联大评议刚刚结束，第二天（21日）早上就飞上海，22日报到，上午除在校内参观外，还就近游览了徐家汇老市区。23日继续校内参观，晚上看师生文艺演出。24日继续参观并内部评议，晚上去浦东新区与东方明珠等处游览。25日上午正式结束。

评议组成员大多已参加过好些次预审，所以都习以为常，非常老练。只有我是初来乍到，而且又是出国多年，所以处处皆需指点，向他人学习。不过我与北师大、华东师大两校过去交往特多，情况特别熟悉，所以评议意见比较中肯，因而也颇受国家教委重视。比如我在四川联大评议时提出的一点小意见，即一所国家级的重点实验室墙上挂钟竟然电池耗尽，停止工作，在管理上虽属小瑕疵，但却体现出缺乏科学严谨。当时评议组成员知道我是"避重就轻"，不料一到华东师大校部就看到为预评所办黑板报上就有一篇短文，说是"预审无小事"，专家连办公室墙上挂钟停摆都未漏过，可见是多么严格云云。我们都相顾一笑。

北师大的评估最为顺畅，因为他是师范类大学的第一名，属"211工程"学校当然之选。四川联大则争议太多，因为很多人包括评议组成员都反对四川大学老校改名。川大副校长隗瀛涛就是公开反对的带头人。隗校长是我合作已久的老友，他抢在我正式报到之前，邀请我参加他的60寿宴，酒后尽吐真言，阐述反对更改校名之受气。（其实没有几年之后，四川联合大学又改回四川大学旧名，真是既有今日，何必当初？）评议组召集人母国光（原南开大学校长）心知肚明，干脆避开争议点，照章办事。只有宴会上畅饮泸州大曲与五粮液时兴高采烈，妙语连珠。随后到华东师大，校方干脆安排保卫处人员，严密封锁我们住处，防止有异议者私下向我们有任何申诉。

其实我们评议组成员很多都是反对"拉郎配"式的高校大合并的，只是为了维护本校权益，才不得不应此公差。母国光的应付比较明显，还有比我更初来乍到的同济大学民选校长吴启迪，她的丈夫江上舟与我亦属深交，也有许多看不惯的情绪流露。除领导部门的行政命令强势作风以外，风气的败坏亦令人担忧。80年代也有许多评议活动，但学者的直言无隐至少未受限制，特别没有什么曲意逢迎，变相贿赂。但90年代评议组俨然成为钦差大臣，除美酒盛馔外，每人都会收到各种比较贵重的礼品。当然，其中有些确系代表本校学术水平者，如川大博物馆的精美拓片，华东师大中文系校友名著系列等，但也有若干过多的赠予。这种曲意逢迎在80年代经常为真正的学者所深恶痛绝，甚至干脆将其排除在评选之列，而现在则习以为常，彼此彼此。

以学者为主体的评议组，表面上很风光，其实也无非是一个过场。我们华师的申报一直被韦钰等看好，我们也很天真地自认为是稳操胜算，而结果却很快落榜。理由很简单，就是预评通过名单中师范类院校太多，这简直难以自圆其说，申报的师范类院校一共也只有那么几所，而综合性与理工大学多了几倍，为什么要教委把师范院校的"211"位置让出来，却把一些水平较低的学校塞进去？连国家教委主任朱开轩都为之意外。

## 1997，会师东京

我的南京大屠杀研究，在香港期间虽然引起海内外关注，但真正发挥其学术效应则是在1997年，当时世界各地南京大屠杀研究者云集东京，举行盛大集会，纪念其60周年，声势浩大，内容丰富，影响深远，因此我称之为"会师东京"。这是一场与日本右翼势力的面对面交锋，也就是对日本军国主义的正义讨伐!

由于国际局势的微妙变化,南京大屠杀研究突然时来运转,成为国内外一致的热门话题。由于我最早公开介绍并利用尘封已久的"贝德士文献",为揭露日军南京大屠杀滔天罪行提供铁证,所以成为许多国内外媒体争相采访的对象。特别是新华社为此发表一千多字的详尽专访,一百多个国家和地区的报刊都转发消息,或给以热评。我从来做事不求人之所知,但求心之所安。史学研究自古以来就是比较寂寞的文字生涯,没有鲜花,没有掌声,青灯古卷,甘于清贫,此乃众多真诚史家之本色。一旦置身于热闹场合,纷纷扰扰,反而心烦意乱,不知何以安身立命。特别是1997年国庆节以后,各地新闻记者纷至沓来,家中电话机、传真机响声不绝,真是家无宁日,寝食难安,血压一度升至200/110。其时我已受到日方邀请,决定前往参加南京大屠杀60周年纪念大会,并发表主题演讲。但是连应有的出访准备工作都还没有理出头绪。下面是我当年的简单记录。

12月1日(星期一)

上午至所,处理杂事,准备湖北电视台采访。下午校阅《实斋笔记》清样。晚,北京电话,访日签证尚未得。急以传真告日方邀请人(田英夫众议员)。

12月2日(星期二)

上午湖北电视台来四人,采访有关南京大屠杀情况,中午始告辞。下午续看《实斋笔记》校样。

12月3日(星期三)

上午去商店购出访衣物。下午北京电话,签证已得。《长江日报》、武汉电视台约周五采访。

12月4日(星期四)

抽空写关西大学（顺访）演讲稿，交打印。

12月5日（星期五）

武汉电视台上午采访。《长江日报》《武汉晚报》亦来采访。下午续看《实斋笔记》校样。

12月6日（星期六）

王奇生自北京归，带来访日签证，传真给南京（侵华日军南京大屠杀遇难同胞纪念馆），因系统一购买赴日机票。《长江日报》、武汉电视台今日均发"贝德士文献"消息，篇幅虽大但不够确切，抢新闻之过也。

12月7日（星期日）

上午清理访日相关资料。下午接待新华社湖北站记者采访，邵子平亦在座并介绍北美南京大屠杀纪念与研究情况。

12月8日（星期一）

上午至所，寄出《实斋笔记》清样。下午《长江日报》小朱来，取走贝德士照片两张。香港《南华早报》电话采访甚久。接新华总社传真，核对外发电讯稿。

12月9日（星期二）

上午与邵子平去省社科联参加纪念南京大屠杀六十周年座谈。下午日本TBS、中文时报通讯社相继电话采访。正整理行装，《北京青年报》又来电话采访。

12月10日（星期三）

上午中央国际广播电台电话采访。江苏人民出版社杨副总编电话约书稿，将来汉面谈。10时20分去机场（赴日）。

由此可见，12月上旬是多么忙碌紧张，连去机场前几分钟都还有电话商谈。

12月10日下午1时30分准时抵沪，因为是明天早上去东京的航班，故当晚借宿东航招待所。但刚进房间,行李还未放好,便听见有人敲门。开门后看见两个陌生人并肩而立,本以为是敲错门,他们却彬彬有礼地问道:"请问您是章开沅先生吗?"我略显惊讶,他们连忙递交名片并自我介绍是日本TBS上海支部的负责人与资深记者,原来又是有关南京大屠杀的采访。他们不无遗憾地说:"原来想在机场出口处接你,顺便到TBS休息然后访谈,没想到竟然迎面错过。"我想,他们大概认为我既当过大学校长,又逾古稀之年,一定会有秘书之类伴随,却未料到我竟独自拖着旅行箱匆匆走出机场。当然他们不愧为老练的资深记者,采访颇为顺利地结束,当然也是不想使我旅途过于劳累。晚间,怀玉又从家中打来电话,香港无线电视台也要来汉采访,只有苦笑婉辞。

12月11日上午9时10分乘东航班机起飞,东京时间12时40分到成田机场。会议事务局长上彬聪先生亲自到机场迎接,同机到达的还有国家第二历史档案馆、江苏省社会科学院的代表以及南京大屠杀的幸存者伍正禧。投宿旅社就是我1993年暑假住过的后乐宾馆,所以环境比较熟悉。

晚宴接风实际是工作餐。主要是让我们(伍正禧、孙宅巍、胡菊蓉与我)同几位翻译会晤,讨论演讲稿中某些词句的译法。为我做主题讲演翻译的是鹿野裕实子,原姓李,从中国到日本留学,结婚后改从夫姓,据说是水平较高的口语翻译人才。为我做学术报告翻译的则是正在攻读中国史博士学位的藤井小姐,中文也相当流利。由于我在文稿结尾曾引用一位死于海上的少年学生兵(日本老辈学者称之为"海神的一代")的遗诗:"为什么日本人的死,只有日本人悲伤?为什么别国人的死,只有别国的人悲伤?为什么人类不能同欢乐、共悲伤?"这首短诗写于被盟军炸沉所乘舰船之前。藤井与鹿野都认为此诗感人,但苦于不知道日文原诗,唯恐从中文回译有失原意。我手头无此原诗,只好求教于原诗的提供者东京大学田中正俊教授,藤井自告奋勇立即回去联络。

回宾馆后，东京中文《时报》记者徐静波赶来采访，他对我的研究工作兴味甚浓，决定作系列介绍并转载《南京大屠杀的历史见证》一书的部分章节。谈甚久，逾子夜始就寝。

12月12日（星期五）上午稍得余闲，我主动担任向导，陪同初次来日本的南京朋友出外散步。有人不无担心地问道："会不会有安全问题？"我说不会，因为我自1991年参与北美对日索赔会以来，不断就南京大屠杀问题公开批判日本军国主义，而且好几次重来日本都是独来独往，从未遭到任何人身袭击。伍正禧老人已是望八之年，他第一次出国，又将在国际大会上控诉侵华日军南京大屠杀罪行，其心情的兴奋可想而知。我们都劝他抓紧休息，注意保养精力。

当天下午，上杉开车送我们到日本国会议员会馆，在田英夫众议员的办公室举行新闻发布会。到会记者甚多，会上主要由拉贝的外孙女莱因哈特夫人（Ursula Reinhardt）与伍正禧发言，并由上杉协同回答记者提问。我与哈特夫人是第一次见面，当她获悉我是贝德士教授的学生时感到非常高兴，因为日军占领南京时她与外祖父住在一起，曾多次见过贝德士，而且知道贝德士与拉贝等外籍人士一起从事南京难民救援工作。她把丈夫也介绍与我相识，并且一起照相留念，因为我们都在为南京大屠杀提供历史见证。

当时还有一个小小插曲。由于新闻发布会上我没有指定的发言任务，上杉悄悄问我，能否接受《赤旗报》的专访。我从1979年以来，历次访日都未曾与《赤旗报》有过任何接触，也不了解他们现时的政治态度，但还是爽快地答应了。上杉把此项采访另行安排在国会议员的休息室，《赤旗报》的记者古庄智子属于该报社会部，是一位娇小玲珑的日本年轻女记者。由于她不知道我对《赤旗报》的态度如何，起初多少有点拘谨。我便借用列宁的话说："有《国际歌》的地方就有我们的同志，我们都是为共产主义的理想而奋斗啊！"旁听的人都笑了起来，她的表情也顿时变得轻松愉快，所以采访进行得非常顺利。会后，《赤旗报》发表了她的专访，新华社《参考消息》立即转载。上杉聪与我也是萍水相逢，只知道他是日本战争责任资料征集会的事务局局长，专门负责接待我们四位中国代表，完全是尽社会义务，他另有自己的本职（好像也是律师）。他的友善、干练、细致，给我们留下极为深刻的印象。

12月13日（星期六）整天都在新大久保驿附近的劳音会馆开会。上午10时，纪念南京大屠杀60周年东京国际会议正式召开，参与实行委员会（相当于我们所说的组织委员会）的团体有：南京事件调查研究会，南京大屠杀60周年全国联络会，亚细亚、太平洋地区战争牺牲者追思铭心会，中国归还者（即遣返日军战俘）联络会，中国人战争被害者索赔会，中国人强制劳动研究会，历史教育者协议会，日本战争责任资料征集会等。实行委员会代表为藤原彰（南京事件调查研究会），副代表二人为田中宏（中国人强制劳动研究会）、荒井信一（日本战争责任资料征集会）。会议组织工作做得非常充分，劳音会馆（相当于我们的总工会大楼）广阔的会议厅挤满了热情的听众，主要是以市民为主的日本各界人士（也包括少数倾向于右翼观点者），以及来自世界各国的客人。会场情绪始终高昂，议程紧凑而有序。由于预防右翼势力捣乱，会场内外都可以看到戴有袖章的志愿保卫人员警惕地巡视着，更为会议增添了若干战斗气氛。

会议由田中宏教授主持，首先是莱因哈特夫人作为嘉宾致辞。由于《拉贝日记》的中、英、日文版相继付梓问世，所以她也成为会场内外的耀眼明星。她比较详尽地介绍了外祖父日记撰写、保存与公开的经过，以及自己对于南京大屠杀的认识。她充分肯定了《拉贝日记》的中文版，却对日文版进行坦率的批评，认为不仅删节过多而且损害了日记的某些原意。她的发言较长，但由于讲述的正是举世瞩目的南京大屠杀历史实录，所以仍然备受关注与欢迎。

第二个议程是基调报告，由我与德高望重的藤原彰教授分别代表中日双方发言。我的报告题目是《一个中国学者对南京大屠杀的认识过程》，没有采取慷慨激昂的愤怒声讨方式，而是以比较平静客观的学术态度，讲述自己对于南京大屠杀这段历史，如何由缺乏认知，经过查阅南京安全区国际委员会原始档案，终于了解历史真相的心路历程。并且深入分析日本军国主义及其狂虐残暴性格形成的社会历史文化根源。我严正批判了右翼分子千方百计推卸侵略战争责任，掩盖乃至歪曲历史真相的无耻行径。并且郑重声明："严酷的现实教育我们，不能忘记历史，也不容许篡改历史。而作为历史学家，更应捍卫历史的真实，历史的尊严。"

我站在高高的讲台上，密密麻麻的众多日本听众，聚精会神而又寂静无声，我蓦地产生一种感觉，仿佛现在不是自己在说话，而是所有中国历史学者、中国公民和我们伟大而又曾经苦难深重的祖国在说话。尽管没有受到任何授权与委托，然而自觉应该利用这个讲台，把我们民族的正义声音传播到全世界。我从心底深处感激鹿野裕实子，她对我的讲稿内容理解得那么深刻，情绪节奏把握得那么准确，翻译真说得上是珠联璧合、丝丝入扣。我不懂日语，但从听众的眼神与情绪反应可以看出她的翻译功力，及其所促成的讲演者与异国听众之间的流畅沟通。看着她以娴熟的纯正日语不徐不疾、抑扬顿挫地讲述，还有她那安详的神态与秀丽风采，我觉得这可能是会议组织者（主要是上杉聪）精心安排的表征。

最后，我引用了两位死者的话语作为结束。一是贝德士老师在那些苦难岁月说过的一句话："给全球以和平，给人类以慈悲。"另一则是那个死于少年的日本士兵的俳句："为什么日本人的死，只有日本人悲伤？为什么别国人的死，只有别国的人悲伤？为什么人类不能同欢乐、共悲伤？"当鹿野翻译完毕并致谢之后，听众仍然专注地看着我们，仿佛报告尚未结束，但随即全场爆发长时间的一阵又一阵热烈掌声，直到我多次鞠躬致谢后走下讲台。

接着是藤原彰报告，他可能是想把更多的时间留给外国代表，只是作为东道主简要地阐明了会议宗旨与殷切期望，并且诚恳地点评我的发言是"忠言逆耳，切中要害"（用中文讲）。他那朴实忠厚的长者风度，赢得了众多听众的高度尊敬。

第三个议程是证言汇集，由中国的伍正禧作被害者证言，日本原士兵东史郎作加害者证言。伍正禧是土生土长的南京人，1937年冬天全家被日本侵略军杀害，只有十多岁的他幸免于难，但身心也受到严重伤害。他陈述着一幕又一幕亲眼所见的日军烧杀淫掠的残暴情景，讲到悲愤之处不禁痛哭流涕，翻译伴随着哭了，许多听众也哭了。报告结束时，老人瘦长的身躯屹立在高高的讲台上，仿佛一尊象征民族深重灾难历史的雕塑，台下则是如同潮水汹涌般的掌声与充满深情眼神的海洋，人们都沉浸在悲愤的回忆之中。接着是我今年暑假在南京已经熟悉的东史郎的慷慨陈词。他作为当年侵略中国的日本士兵，以亲身经历与所见所闻的确凿事实，揭露了日军在南京的大屠杀与其他各地的暴行，触目惊心，惨绝人寰。他以沉重的心情坦诚地表达了自己的痛悔，并且义正词严地声讨了军国主义的战争罪责，特别是愤怒地驳斥了右翼分子对自己的恶毒攻讦与诬陷。他虽然已是八十高龄，但身躯依然壮实，鹤发童颜，行动矫捷，声如洪钟。他已经实现了自我超越，不再仅仅只是一个沉痛悔罪的老兵，而已成为一个伸张正义、讨伐邪恶的勇猛战士。看见他那飘动着的银发，挥动着的双臂，怒火中烧的愤怒神情，全场听众都激动起来，掌声与呼号把纪念大会推向新的高潮。我在台下亲眼看到一个也有八十多岁的老兵昂首挺胸站立起来，大声用当年军中的粗话痛斥现今日本政府迟迟不肯为侵略战争真正认罪。

下午进行第四个议程，探究南京大屠杀日本的罪责，有三位报告人：一桥大学教授吉田裕、南京紫金山天文台原研究员刘采品、长期旅德的日本新闻工作者梶村太一郎。梶村主要是对《拉贝日记》有关情况作补

图50 与揭露南京大屠杀罪行的前日本士兵东史郎合影（摄于1997年）

充介绍，因为他与拉贝亲属很熟悉，此次又是莱因哈特夫妇的旅伴兼翻译。刘采品是中国台湾人，原来在日本学习与工作，曾有一段时间回到大陆并在紫金山天文台工作。她热心快肠而又极为活跃，为揭露日本侵略罪行与索求赔偿到处奔走呼号，做了许多卓有成效的工作。由于兼通中、日、英三国语言，所以她的发言很容易产生强大的感染力。最后她指挥大家齐声咏唱《松花江上》，那苍凉而又低沉的歌声把大家引向山河破碎、满目疮痍的悲惨岁月，因而更加增添了对于日本军国主义及为之招魂的历史伪造者的愤恨。此时此刻，台上台下，各国友好人士的心都紧紧联结在一起，形成一股无坚不摧的浩然正气，弥漫于会场内外、天地之间。

散会以后，与会者迅速在会馆门前集合，手提特地从南京制作送来的灯笼，列成长长的队伍到大街上游行，为当年惨死于日本侵略军制造的人间地狱的众多中国受害者悼念哀思。游行队伍浩浩荡荡经过好几条大街，一直走到熙熙攘攘的闹市新宿才宣布解散，沿途许多行人止步围观并表示热情支持。

12月14日（星期日）会场转移到靠近永乐町的星陵会馆，由于整日都是学术报告与讨论，到会人数显然略有减少，但仍有大批并非研究者的热心市民参加。会议分三组相继进行。第一组有宇都宫大学笠原十九司教授，题为《近京近郊的大屠杀真相》；华中师范大学的章开沅，题为《南京大屠杀与外国人》；南京事件调查研究会的小野贤二，题为《山田支队的南京大屠杀》。第二组有江苏省社会科学院研究员孙宅巍，题为《南京大屠杀的规模与人数》；日本斋藤丰律师，题为《南京事件受害样态与国际法之违反》；中国第二历史档案馆研究员胡菊蓉，题为《南京大屠杀与南京军事法庭》。第三组则有出版劳联的俵义文《南京大屠杀与教科书问题》等报告。

笠原十九司也是著名历史学家野泽丰的学生之一，多年来一直潜心研究日军侵华暴行，已经成为洞富雄、藤原彰之后的学术中坚，据说每年都有一本有关南京大屠杀等专题研究的新著问世，同时还参加许多维护历史真实、反击右翼谬论的正义斗争。小野贤二并非史学科班出身，他另有自己的社会职业，主要是出于良知驱使而年复一年地从事南京大屠杀的实证研究，据说他曾走遍南京城墙，可见其调查考订之严谨与勤奋。他与笠原对于南京大屠杀真相的总体把握与细节陈述的一丝不苟，赢得听众的交口赞誉。孙宅巍是研究南京大屠杀的中国重量级学者之一，胡菊蓉则是在相关档案堆中潜心多年的研究者。尽管有个别日本学者对南京大屠杀死亡总数等问题有所质疑，他们都能提出充分论据以相回应。由于讨论相当热烈，会议延迟了一个多小时，终于在和谐的气氛中圆满结束。

对于南京大屠杀60周年，右翼分子自然不会无所动作。第一天他们曾出动二十多辆宣传车，以高音喇叭鼓噪干扰会议进行，同时组织游行队伍围聚在会场周围，到处都插着充满军国主义色彩的标语旗帜，气势汹汹，颇有蠢蠢欲动的姿态。但会议的组织者对此早已司空见惯，立即

图51 手提灯笼，准备参加东京游行示威

设定纠察线阻止他们进入会场，并且配合维持秩序的警察防止他们蓄意挑起冲突。过了一段时间，宣传车不见了，高音喇叭不响了，只剩下为数不多的"群众"，懒洋洋地守护着他们的标语与旗帜。会间休息时，我们好奇地出去观看，会议安排的纠察线早已撤除了，只有右翼标语、旗帜与为数不多的"群众"还留在原地。我拿出相机为他们摄影留念，他们也毫无反应。陪同我们出来的会议工作人员笑着说，这些人都是出钱雇来的，真正的右翼骨干早已回去喝茶聊天了。这就是中国人常说的"见怪不怪，其怪自败"，我们都会心地微笑了。

会议期间，正好日本辛亥革命研究会在樱极园举行"忘年会"，我也利用晚上时间应邀参加。新老友人欢乐团聚，野泽丰教授在致欢迎词时充分肯定了我的南京大屠杀研究。但轮到田中正俊讲话时却出现了尴尬，他过于激动地说，人们正在东京沉痛哀悼南京大屠杀，我们却在这里欢度新年，真是不好意思！我唯恐因为自己的到来而使举座为之不欢，幸好大家对田中先生的内心隐痛非常理解，况且南京大屠杀毕竟是60年以前的往事，纪念活动与欢庆新年只是巧合，并非互不相容的对立事物，所以"忘年会"仍然延续到深夜才尽欢而散。

纪念会闭幕以后，伍正禧老人应邀到外地巡回演讲。12月15日（星期一），笠原十九司抽空陪同孙、胡与我参观皇居、NHK（日本广播公司）、海洋公园，以及东京国际审法庭等相关历史遗址。晚上在东京湾海滨花园餐叙，夜景如画，谈兴益浓。回宾馆后"龙影"记者又来采访，《时报》徐静波亦电话送别，并说"美国之音"已播放有关"贝德士文献"的消息。

次日，我应邀赴关西大学讲学，听说大阪右翼分子在12月13日举办规模更大的游行示威，气焰甚为嚣张，在学术研讨会上亦多次挑衅云云，可见对日本右翼势力的活动能量未可轻估。

12月18日从大阪回国，此后数周又困扰于海内外媒体过于频繁的采访，忙忙碌碌又结束了一年。

## 重上庐山

早在1994年7月27日，我与怀玉从香港回校不久，就在何建明夫妇陪同下，匆匆赶往庐山。起因是这年暑假，华师信息管理系（原图书情报系）92级一批学生前往庐山图书馆实习，在协助清理西文藏书时，偶然发现一本书中夹有一张蒋介石与宋美龄庐山避暑的生活照片。馆方认为是重要发现，新华社也准备作为新闻发布。他们知道我曾在台北任教，遂邀请前往鉴别考证。我对这张照片毫不在意，因为以前在台北阳明山庄所见实已太多，倒是该馆所藏三万多册西文藏书对我更具吸引力。

这批西文图书主要是1949年从原牯岭图书馆接收过来，原有六万多册。由于几经转移，人手又少，无法整理陈列。直到1961年12月，该馆才邀请九江师专英语教师协助整理编目，其间断断续续，1963年才初步编印一册目录，而实际工作只有半年，并且是利用业余时间，因此分类差错甚多。他们从六万多册西文藏书中挑选了1126册（其中包括326册复本），编成《庐山图书馆藏英文文献目录》。这本来可以作为我们继续清理的重要依据，但进馆一看便知光靠我们四人很难着手。因为经过"文革"，多年无人过问，且从未上架陈列。华师少数学生的所谓"清理"，无非是限于估堆儿式地将部分散乱的图书放置在书架上而已，很难与已有目录编号逐一校对。还有很多珍贵图书胡乱堆积在地上与书架顶端，所以我们只能随机抽样检阅。

我们最感兴趣的是西文宗教书籍，其中有多种文字和不同年代版本的《圣经》，仅英文版收入《目录》的就有二十余种，其他还有德、法、意、瑞典等文本，大多出版于19世纪60年代至90年代。19世纪初以来，为研究与宣讲《圣经》，编撰的各种大百科全书（相当于我们所说的大辞典）、《圣经》疏解、《圣经》研究，以及其他各种神学专著，数量之多更属惊人，为国内一般图书馆所少见。

这些书虽然经过半个世纪乃至百年以上的沧桑，霉变虫蛀痕迹随处可见，但由于纸张与印刷均属上乘，而精装封面特别坚固，80%左右都保存完整，只要改进保存条件，重新整理、编目、上架，即可供海内外学者鉴赏与利用，并为庐山增强历史文化氛围。但当时庐山管理局属九江市，只是一个县级单位，庐山图书馆编制既少，经费更为支绌，这些年只能安排一位女馆员负责保管，并做点力所能及的修补装订工作，进度很慢，而藏书仍然继续遭受潮湿与虫蛀的危害。我们极为焦虑，馆长姓徐，是复员军人，是对越自卫反击战中的战斗英雄，受到严重伤残，他非常想有所作为，与我们一同向庐山管理局汇报并建议抢救与整理、开放、利用，因为这也是庐山宝贵非物质文化资源。但言者谆谆，听者藐藐，局领导力不从心，反应极为冷淡。当时中共江西省委书记提出"打好庐山牌"的口号，媒体也纷纷发力，我们曾寄予厚望，但还未落实，书记很快就进京了，庐山之事只能搁置一边。

我无可奈何，只有向海外基督教人士方面寻求援助。1995年，我到香港崇基学院讲学,正好内地会创建人、戴德生的曾孙戴绍曾主动邀我叙谈教会史研究,我趁机介绍庐山图书馆西文基督教藏书状况,希望他能关心并谋补救。他出生于中国,幼年曾随父母在庐山避暑,以后就读于烟台美国学校,1948年又随校南迁庐山,该校图书亦全部保存在牯岭图书馆,因此他很想到庐山追寻历史踪迹。1995年暑假,我从香港回校不久,他与夫人就邀我同去庐山,并且带有内地会总部建筑工程的蓝图。我们上庐山循牯岭正街,一直走到西式别墅群的尽头,按图索骥,逐个对照,终于找到一处较大建筑群,且有大厅与广场,正好与图纸吻合。门口有简单标识,介绍其祖父 James Hudson Taylor(1832—1905)。戴绍曾异常惊喜,抚今思昔,流连忘返,并且摄影留念。

内地会已不存在,戴绍曾现在的经济实力已经有限,为了抢救这批图书,他曾经介绍一位英国金融家 Dr. Rowen 来华师访问,并和我同去庐山图书馆参观,顺便也到若干景点游览。最后曾在图书馆开座谈会,Rowen 也提若干合理建议,但却没有任何实际资助意愿。他是 AEI 的掌门人,专门为世界著名高校,如牛津、剑桥、哈佛、耶鲁等,代理大额基金储存并投资稳妥理财产品。由于世界金融萧条,所以也有支绌之感。他热情健谈,无论是在船上还是在山上,总会与我热聊甚久。他曾想让我把华师的基金交由 AEI 理财,但当时华师仍然很穷,哪有多少现金可以存在外国银行生利?Rowen 这个老头倒是不怕忙累,苦中作乐,很有风趣。我说:"你很像中国东北人。"他问何以如此说法,我说东北冬季严寒,农村无事可做,躲在家中猫冬,多半是聊天消磨时光,所以很多人都能言善辩,有些且成为著名的相声、小品演员乃至节目主持人。Rowen 是爱尔兰人,地处英伦三岛北端,所以也有语言天才。他哈哈大笑,并点头称是。

Rowen 无功而返,戴绍曾自然非常失望,但又不愿食言,只能邀同另外一位英国牧师,两对夫妇同上庐山,为图书馆当义工,认真清理这批西文藏书，并且重新分类上架。同时他们也自费买来两部干燥机，尽可能降低储藏室湿度。他们顾不上游览，整天埋头工作，真心实意为这批宝贵藏书作出贡献。可惜有天夜晚，英国牧师胃溃疡突然复发，不仅非常疼痛，而且有溢血流出。山上医疗设备很差，深夜根本找不到医生，他们也不愿惊动别人。我们闻讯探视，只见牧师闭目安静躺在床上，戴绍曾边按摩边诵经祈祷，未用任何药物。第二天，情况居然有所好转，我们赶紧连夜乘船，次日清晨到达汉口。两对英国夫妇改乘飞机返港，我们就在汉口码头上依依惜别，但未想到这就是最后的诀别。

但我们仍然没有放松自己的努力。1999年8月18日至20日，借助鲁斯基金邀集十余位中外学者（包括意大利、瑞典、美国及中国台湾地区）上庐山具体考察遗址与藏书。寄宿西湖宾馆，依山西湖，云雾缭绕，仿佛仙境，成为避暑胜地。当然，重点仍然是考察藏书，中外学者各有自己的收获，如瑞典学者Fallman对循道会历史文献就极为重视。最后开座谈会，一致认为应该加强保护、整理、陈列、利用，形成文字纪要，供管理局参考。此次学术旅行，大家都很满意，归途船上自发联欢，意大利学者Fartica带头引吭高歌，不愧来自美声之乡，其他中外学者也多唱本国歌曲，叙谈甚欢，直至夜深。此会似乎有一定影响，除到会者此后交流不断以外，罗马教廷图书馆不久就正式来函，要求与我们建立馆际交流关系，甚至俄国东正教开国际学术会议，也热情邀请我们参加。

庐山图书馆的西文藏书，至今仍然有待于改善保藏条件与开放利用，对此我至今仍有壮志未酬之感。2015年与怀玉、马敏、田彤，在张艳国陪同下再上庐山，或许这是最后一次登山，距我与怀玉1957年新婚蜜月已有58年。当年我俩游仙人洞，曾在"纵览云飞"悬崖边合影，身后的那棵小松树已经长成茁壮高大的迎客松，且已有铁栏围护。古人云："树犹如此，人何以堪？"我曾说："我比马歇尔上庐山的次数还多"，但究竟多几次也说不清。幸好庐山图书馆电视屏幕上已有显示，前后一共10次，比马歇尔多两次，而且每次都有所奉献。

## 陪张朋园回贵州老家

我与张朋园神交已久，年岁相若，情投意合，加之英文名字他是 Zhang P. Y. 而我是 Zhang K. Y.，往往被外国学者误以为是兄弟，而且是虎兄虎弟（都属虎）。我们都研究中国近代史，而且对张謇都曾长期深入探讨，只是两岸隔绝已久，几乎毫无所知。直至"文革"结束前后，为撰写《辛亥革命》（三卷本），经常到北京图书馆借阅所谓"海外新书"，那时也只有北图一家经由图书进出口公司购买台湾论著，才知道朋园对张謇、梁启超、立宪派都有多年学术积累，颇多堪称开风气之先。特别是他对张謇的理解，多有与我相契合之处。所以1981年筹备公开纪念辛亥革命70周年学术讨论会，我就把朋园作为港台地区学者首选邀请对象之一。其时朋园正好作为交流学者在美国潜心研究，1978年春亚洲学会举办大型年会，主办方原拟邀请我出席并预定高慕柯、朋园等3人组成接待小组专门办理此事。我已接受邀请，但国内逐级呈报，手续相当繁琐，最后经过教育、外交两部会签并经中央主管外事的领导批准。但批文下达时，亚洲会议已经开幕，怎样也难以赶上会议讨论。投桃报李，1980年我致函朋园，热烈邀请他前来武汉参加盛会，但他在台湾有公职身份（"中研院"是台湾当局主导的科研机构），碍于禁令，只能婉辞。

形势总是比人强，随着政治局势的变化，台湾当局终于放宽了前往大陆探亲访友的限制，而朋园与我通信更为频繁。经由我介绍，他与时任贵州师大校长的吴雁南取得联系，并且很快就通过户籍档案找到他的一个哥哥。1996年是虎年，正好吴雁南来我校参与主持研究生论文答辩，初步拟定邀请我陪朋园回故乡探亲，并且欢度70岁生日。同年9月下旬，我们应邀前往贵阳。贵州师大非常热情，而且报到后的第二天就可以游览。兵分两路，一路由雁南夫妇亲自陪同，就近参观花溪、黄果树大瀑布、龙宫岩洞等名胜，此为大队伍。一路由深圳赶来的游建西偕贵州省社会科学院两位苗、瑶族年轻学者陪同，外客只有朋园与我，长途跋涉前往黔东南山区专程参观大苗、瑶寨。其所以如此，因为朋园虽然出生于花溪贫苦农户，但由于当年民族隔阂，与当地苗胞很少近距离接触。以后他主持《中国近代化区域研究丛书》，并亲自撰著湖南地区一卷，但仍以未能亲历苗疆为憾。游建西本人就有苗族血统，而且对苗疆文化研究有素，难得三位苗、瑶年轻学者引导，此行内容极为丰富。

9月23日，我们驱车从贵阳出发，经麻江、凯里，直奔雷山县西江千人大苗寨。时已黄昏，但寨民云集，列队欢迎，以鼓乐、鞭炮欢迎贵宾。我们一下车即有村民执牛角杯分别敬酒，随即进入一毛姓农家吊脚楼休息。这家客厅甚大，晚间有百余人参与欢宴，有好多条长桌聚集一堂，边欢饮，边歌舞。最后也要贵宾演唱，我早有准备，吟唱少年时代学会的四川民歌《高山上一树槐》，歌词是"高高山上（哟）一树（喔）槐（哟喂），手把栏杆（噻）望郎来（哟喂），娘问女儿啊，你望啥子（哟喂），（哎）我望槐花（噻）几时开（哟喂）"。虽是汉族民歌，但与西南少数民族男女对歌相近。朋园毕竟是贵州本色，即兴创作，引吭高歌，也是以男女对歌为主题。其中有一句最为精彩："恨不早来二十年"，与京剧《还珠吟》中的"恨不相遇未嫁时"异曲同工，赢得全场喝彩。深夜返雷山县城，明月高照，山峦已为云雾缭绕，苗寨隐约可见，如梦如幻，终生难忘！

雷山县政府对朋园非常重视，领导干部亲自主持座谈，讨论贵州（特别是山区）如何脱贫。朋园说："贵州山多土瘠，交通不便，地下资源也不丰富，所以过去百年的近代化，主要是靠鸦片一项财源。现在兴修公路、铁路仍然有待于时日，当务之急是利用药材之类轻便物资的开发，还有旅游业也可以增加财政收入，一定要有自主更生的精神，不能光靠中央扶贫。"朋园的发言出自肺腑，大家都认为很有道理。我则应邀题词：

"山清水秀，人杰地灵"，亦为贵州崛起打气。我还谈起参观千人苗寨的观感，苗寨景美，然而高寒土瘠，是历史上千百年大汉族主义的结果，内心甚感歉疚，并且起立鞠躬致意。陪行在座苗疆学者与干部都出乎意外，他们说："王阳明在龙场驿讲学三年（1506—1509）都没有为此道歉，只有章先生来贵州不到一周就真诚致歉。"

其实1982年，我应邀去新疆大学讲学，亦曾向维吾尔族等少数民族表示过歉意，因为我的祖先有两代人随左宗棠西征，虽说是保卫祖国领土之主权，但也难免有欺压报复之举。新疆大学维吾尔族师生也很感动，他们安慰我说："那些已成过去，民族纷争只是一面，还有更重要的民族融合的一面。我们看你就很像新疆人，或许有维吾尔族血统呀！"他们不仅赠我小花帽，并且为我制作一张大名片，前面加上很多吉祥语，最后的姓氏居然是买买提。此后，我一直提醒应该清除大汉族主义，多元一体才是民族团结的根本。

朋园对此行非常满意，因为除欢度70寿诞以外，他的哥哥已离开花溪棚户区，迁入市内一套两室一厅的楼房，同时也作为长辈坐在寿宴的首席，大家纷纷向他敬酒。当然他最留恋的还是西江千人大苗寨，在月夜的山景与欢乐的人群中，蕴含着多少剪不断理还乱的乡愁呵！

# 第十四章

# 老骥伏枥（下）

《张謇传稿》重见天日 \ 东西文化交流基金创建始末 \
余传韬与《陈诚日记》\ 关西巡回演说 \ 文明危机与世纪之思 \
与池田大作对话 \ 追踪樱花之旅 \ 漫游北海道 \ 容闳研究与珠海情愫

## 《张謇传稿》重见天日

《张謇传稿》于1963—1965年间写成。未想到，由于政治形势急剧变化，学术界的大批判连篇累牍，该书责编审阅后，竟然密密麻麻贴上许多签条，要逐一"降调"并加强批判，同时要求将书稿从40万字压缩到20万字以下，以示对张謇的鄙薄。我反复审视退回的原稿，啼笑皆非而又无可奈何，因为如果按他们的意见修改，《张謇传稿》就变成《张謇批判》了。

"文革"一开始，南通市就对张謇大批判，张謇墓园遭到破坏，雕像亦被推倒毁损。倡导研究张謇的党政领导与学界人士都受到严厉批判，我也受到株连，成为名副其实的"资产阶级孝子贤孙"。我唯恐"抄家"发现这摞厚重书稿，可能作为重大罪证，赶紧用油纸包扎，掀开破旧的地板将它藏起来。以前我记错了，曾说是被抄走以后落实政策发还云云，与事实显然不符。虽然后来我也被"抄家"，这部书稿总算幸免于难。但因研究陶行知与中外近代化比较，一直未能重新修改这部旧稿。

其时张謇研究已是形势大好。南通市在1984年正式成立张謇研究中心，1985年8月为张謇铜像重立举行隆重庆典，我也应邀参加，并且有幸与张謇兄弟的众多海外后裔欢晤，特别是与嫡系柔武、绪武姐弟一见如故，成为莫逆之交。我再一次认真考察了张謇的出生地、故居、博物苑与其他相关遗址，尽可能追寻我对张謇已有与未曾有过的历史感觉，终于唤醒了我重新修改旧稿的冲动。好像就是在这一年，南京大学历史系与南通张謇研究中心商定在1986年为纪念张謇逝世60周年举办一次国际学术研讨会。中华书局老友李侃、陈铮则乘机敦促我修改旧稿，列入《中华近代文化史丛书》出版，因为上海人民出版社好像已忘掉此事，原订合同已经失效。

为了认真对待，我除利用每天早上4至8时的黄金时间修订书稿之外，还于这年秋天请假15天到南通最后定稿。我与南通旧友曹从坡、穆煊等虽已相交二十年，却以这次在南通相聚时间最久，交流最为频繁。从坡由于年过六十，已不再担任市长职务，改任南通医学院（现为南通大学医学院）院党委书记，但仍然那么儒雅而又干练，并且更加致力于推动张謇研究。他把我安排在啬园附近一所职业学校的招待所，环境幽美安静，且离南通图书馆很近，便于借阅相关文献资料进行必要的核校。职校对我照顾备至，宽敞明亮的两层小楼只有我一人寄宿，客厅周边摆满盛开的菊花，我在楼上推开后窗便可看到大片农舍与菜地，稍远林木葱茏处便是张謇永远安息的墓园，几乎朝夕随处可以感觉到张謇的存在。每当夕阳西下，游人稀少，我必到墓前静坐，与传记主人公进行心灵对话。这可以说是我一生最佳写作状态，也可以看出从坡与我相知之深与用心之细密精微。

由于交稿时间紧迫，我不可能对旧稿作较大的变动，所以修订工作着重于两点：一是对引用原始资料重新加以核对，一是对张謇其人的解释力求有所深化。张謇是过渡时代、过渡社会中的一个过渡性人物，他一生发展变化既有纵向的攀升，也有横向的演变。我主要是运用社会学关于群体研究的理论与方法，说明他如何从一个普通农家子弟经过科举成为士人群体的成员，又从士人群体的低层逐步攀升到高层，然后又从士人群体向绅商群体演变，终于进入新兴资产阶级的行列，而又保留那么多旧士人的习染。我在80年代中期不断强调必须提升社会环境与社会群体的研究，甚至还大胆杜撰了一个所谓的"历史社会土壤学"。对于《张謇传稿》的修订，就是带头在这方面有所践行。

中华书局老字号言而有信，责任编辑刘德麟尤其一丝不苟，此书果然在1986年出版，装帧与版式典雅而又朴素大方，符合传主气质。书名修改为《开拓者的足迹——张謇传稿》，亦契合时代潮流。恰好张謇国际研讨会因故推迟到1987年举行，我这本被冷落二十多年的传记当场赠送给到会中外学者，很多人连夜阅读。日本北海道藤冈喜九郎与我一见如故，因为他也是长期从事张謇研究的资深学者，而且中文素养特高，能够阅读艰深的中国古文。他早在1985年已经出版专著《张謇与辛亥革命》，显示其征引之广与理解之深。他利用会下余暇通读我的新著，并且与我多次晤谈。他认为张謇就是一位革命家，观点虽然与我有所不同，但认为我利用大量原始文献，如《张謇未刊函电》《来函汇集》《近代史料信札》（即《赵凤昌藏札》）等等，在日本很难见到，而且也非一般日本学者所易解读，便自告奋勇愿代为译成日文出版，让更多日本读者共享。我深信他对张謇史料之熟悉与研究之精深，必定能把拙著准确地介绍给日本学界，所以当即欣然同意，但并没有签订任何文字协议。藤冈回国以后，在一年多时间不断与我通信，商讨某些诗文的翻译细节，经由他的不懈努力，这本传记终于由东京东方书店在1989年10月出版，在日本学界引起很大关注。

此次张謇国际研讨会，不仅在中国是首届，在国际上亦属发端，国内外对张謇研究有素的知名学者踊跃参加，论文大多言之有物，不乏新见，可以说是20年来张謇研究的一次大检阅。我在大会上做主题演讲——《我对张謇的再认识》，除对既往"左"倾思潮进一步清理外，特别强调了张謇在谋求南通地区经济文化发展的过程中，具有相当自觉的总体协调（即整体性战果），正好与当时吴承明提出的"南通模式"相呼应，所以引发热烈讨论。此次会后出现了小小的"张謇热"，报刊上发表相关论文明显增多，海内外很多研究生都选择张謇研究作为学位论文。在此期间，我也曾发表过一系列论文，如《张謇与中国近代化》《对外经济关系与大生资本集团的兴衰》《张謇与近代化模式》《张謇与中法银行》等，或多或少对"张謇热"有所贡献。

1990年我辞去校长职务，前往北美、日本、中国台湾地区等高校访学近四年，研究重点转向教会大学史与南京大屠杀。回国后又忙于整理出版从海外带来的一大批珍贵历史文献，只有把张謇研究搁置一边，遂成为这方面的落伍者。直至1998年绪武专程来汉敦促我重新修订《张謇传稿》，出版一部更为完整成熟的《张謇传》，我才决定重操故业。我挤出时间认真阅读《柳溪草堂日记》《张季子九录》等系统资料，根据新的认识拟定修改构想并做部分笔记，然后再着手全书修改。毕竟是轻车熟路，进展比较顺利，到2000年1月已有十余万字修订稿。1月下旬按惯例去广州女儿家避寒，为了利用寒假做进一步修改，我把这十余万字已成稿放在随身携带的旅行箱中，不料逢上春运高峰，广州火车站人潮涌动，秩序混乱，出站后居然被人从背后把衣箱抢走。真是人海茫茫，叫天天不应，叫地地不灵，顷刻之间手稿就消失了。当即向公安局报案，随后又多方打听，但此类盗窃案件多如牛毛，警方怎么管得过来？为了安慰比我更着急的家人，我只好强颜欢笑，戏称："大概是稿子写得不好，老天有意让我重写吧。"

女儿明明在华西建筑工程学院（广州大学前身之一）宿舍阳台为我布置简易书房，让我得以专心重新补写这十余万字失窃书稿。幸好广州温暖如春，窗外依然是树绿花红，工作效率很高，很快就补写完毕。回武汉后又继续日夜赶写其余部分，终于在7月中旬把全部新稿提前送达中华书局。

此次全书修改的重点是对张謇内心世界的深入发掘，因为已出版的《张謇传稿》虽然为读者提供了社会群体角色转换的视角，但却未曾充分展示其心理变迁与精神世界。我认为，历史人物传记不应停留于社会学的类型区分，也不能满足于事迹的缕述与功过评论，更重要的是努力写出一个有血有肉，有性格有灵魂的人。张謇虽然是一位重在实践的企业家，但是也有极为丰富的思想情操，完全可以称之为性情中人。他留下的大量诗文函札，为我们展示其精神世界与感情世界提供极大方便，可惜由于我们过去发掘不够，因而就使我们容易遗漏传主生命中极为珍贵的一些内容。

修改稿对于张謇早年的成长，特别是在庆军八年的军旅生涯有所增补，主要是借助台北影印版的《柳溪草堂日记》。庆军幕中的事务并非十分繁重，但由于吴长庆函电来往的那些对象不乏高层重要人物，这些对于涉世未深的年轻张謇来说，当然是增添社会阅历的大好机缘。特别是壬午之役对于张謇的磨炼与考验，更值得我认真考究。人才仿佛是璞玉，必须经过反复琢磨才能显示其美质。朝鲜局势的紧急而又复杂，正好为他的舞台亮相提供了时运。张謇当年是个文人，居然能够协助主帅料理军营前敌事务。在此以前，他从未出过国门，此时竟能够与朝鲜朝野各方人士从容应对周旋，并且赢得很高声望。张謇当年并不缺乏眼力敏锐的伯乐，他们已经对这个青年才俊在朝鲜显露的亮点寄予厚望，而我们后世研究者如果不以浓墨重彩书写壬午之役中的张謇，那倒真是有愧前贤。

对于张謇的科举生涯，过去的叙说多半偏于负面，仿佛都是虚度时光。其实，正是这二十多年科场反复磨炼，对他的一生学业基础、文化素养乃至思维能力都有深刻的影响，屡经挫折又增强了他的毅力与韧性。其后张謇从科举的迷恋中幡然醒悟，转而以全部身心投入兴办新式教育，岂不正是由于他受科举之害最深，所以对其积弊了解最切，谋求革新才最力？

当然，要写的内容还有许多许多，诸如水利、盐政、城市规划、慈善事业，乃至宗教思想、书法艺术、工艺美学、戏剧改革等。对于张謇这样丰富多彩的人生来说，传记似乎永远都显得挂一漏万，贫乏单薄，而这就是几代历史学人难以弥补的遗憾，也正是张謇研究长盛不衰的原因之所在。我很高兴地看到国内外越来越多的人对张謇研究产生浓厚兴趣，有些人并非专业历史学者，而是从不同学科与张謇人生的不同侧面切入，同样有许多重大创获。比如吴良镛学长经过长期研究，提出南通是中国现代化第一城的理念，就是从城市规划的角度，并且从整体论证张謇对南通建设的现代化典范创作。良镛虚怀若谷，曾问我此说能否成立，我说当然可以，过去中国政府把南通称之为模范县，实际上就是对南通城建现代化的极大肯定。但是，只有你这样的建筑学与城市规划大家亲自进行详尽论证，才更加提高了"第一城"之称的学术意义。

我更感到高兴的是张謇研究早已超越学术范围，并且成为一种精神力量，有助于动员全社会的力量，加强南通经济、文化的稳步发展。我在21世纪初就倡导"以张謇精神来研究张謇"，很快就为南通政府与社会各界人士所认可，就是不要把研究停留在华而不实的文字宣传，要学习张謇务实直言的美德，扎扎实实把自己的家乡建设得更加富饶、美丽、祥和、幸福。我提倡"参与史学"已久，而以在南通地区的奉献最见成效，这也正是我非常热爱南通的原因之一。

## 东西文化交流基金创建始末

由我命名的东西文化交流基金的构想，最早起于科研处处长石挺。石挺毕业于华师英语系，留校在科研处工作，成绩斐然，脱颖而出。他曾经受学校选派去奥古斯塔纳学院担任中国语言文化教学工作，对于我在海外学术界的影响更有亲切体会。因此，他曾建议创建该项基金，并在科研处历年结余经费中预留一块（大约十二万元），作为储备。20世纪末，何建明到香港开会，遇见台湾学者王成勉等，他们也建议华师创建由我命名的学术基金，推动人文学科，特别是基督宗教研究。当时，马敏已担任华师主管科研的副校长，也非常热心并且亲自推动创建工作。我虽然一贯低调处事，没有任何惊世骇俗之想，但只要对学校学科建设发展有好处，亦属义不容辞。

从2000年元旦开始，马敏亲自带队，何建明具体联络，我们在深圳校友会协助下正式宣传了此项计划。尽管年关期间，未能及时募集捐款，但既已公之于世，只能放手一搏。我们首先利用复旦大学与上海大学举办研讨会的机会，与徐以骅、陶飞亚等热心人士认真论证探讨推进办法，然后正式成立了理事会并拟定了章程与管理机构。第一批资金是我们个人带头捐献的，虽然为数不多，但却感动了很多老师、学生与海内外校友。学校虽然没有任何正式拨款，但是各部处都采取资助我们举办各项重大活动的办法，帮助我们节约了许多基金的开支。我们就这样集腋成裘、小打小闹办成了一件大事情。

我们的基金正式创建于2001年，持之以恒，惨淡经营，至今已经历时十余年。其间开展了许多东西文化交流活动，其中最为重要的就是每年举办高规格学术讲座。我在首次讲座献词中已经宣布："现今的世界是一个科技、物质文明高度发展的世界，同时也是一个人文精神与伦理道德严重退化的世界。世界动荡不安，人间仍充满冲突与苦难。举办这个讲座，目的就是为各个国家、各种文明，提供一个平等、友好对话的平台，通过交流为重建中国精神文明与世界文明略尽绵薄之力。"

讲座得到海内外学界人士的多方面支持。2002年，首次应邀主讲的是美国著名的中国基督教史专家鲁珍晞教授，她的博士学位论文《中国教会大学史》，至今仍被世界各国同行学者公认为奠基之作。我与她有一个共同的良师，就是贝德士教授。贝德士是我在金陵大学历史系的业师，而鲁珍晞在撰写博士论文时也曾多次求教于贝德士。贝德士在中国执教了30年，1950年回美国后仍然从事中国近现代史与基督教史的教学与研究。他最大的遗憾是未能在有生之年完成《新教奋进在中国社会60年》那部气象宏大的巨著。我认为，我与鲁珍晞及其他同行正在继续做贝德士老师没有做完的工作，包括学术研究、文化交流以及构建和谐世界的追求。

图52 2002年10月19日与应邀前来华师讲学的鲁珍晞教授（左二）合影

  2003年10月正逢我校百年大庆，刚刚获得法兰西院士荣衔的巴斯蒂教授应邀来校作为期一个月的学术交流。她参加了校庆各项重要活动，做了4次正式专题演讲，并且与众多师生广泛接触交流。此外，还深入新生事物农民工子弟学校调查研究，并且在参观三峡大坝途中与普通农民家庭晤谈。正如法国驻汉总领事在讲座上献词所说："章开沅教授与巴斯蒂教授的合作，是中法文化交流的一个典范。"巴斯蒂也认为，这是她历次访华收获最大的一次。紧接巴斯蒂的讲座，我们的老朋友安德逊教授，也为历史文化学院师生作了一场题为《伯驾与西方医学在中国的传入》的精彩演讲。可以这样说，我们的大型讲座活动，为百年校庆增添了学术光彩。

  2004年的讲座归属欧洲比较年轻的杰出学者，比利时钟鸣旦院士围绕"东西文化相遇"这个主题做多次专题讲演。特别是为艺术系科师生讲的《礼仪的交织》，由于很多理念与方法的创新，又大量运用多媒体演示，听众情绪极为高涨，提问互动异常热烈。此外，我们还结伴参观了历史悠久的长春观，谒见了仙风道骨、长髯拂胸的高龄长老，随后又游览了道教圣地武当山，这可以看作是基督教与道教之间的多方面沟通与对话。

2005年的讲座归属于一位中国学者，香港大学梁元生教授。他深沉的思考与隽永的语言，做了《求索东西天地间：近代东亚知识分子的困惑与追寻》《城墙和海水——近代沪港城市文化的发展与比较》两场讲演。我与他初识于1982年芝加哥亚洲学会年会，1995年我作为"黄林秀莲访问学人"在香港中文大学讲学，与他又有半年之久的同事之雅。我们共同见证了香港回归前本地知识分子微妙的心路历程，而回归后又在中国教会大学史研究领域密切合作。他长期在美国求学与执教，当时香港仍在港英政府管治之下，因而内心深处常有挥之不去的漂泊感。像他这样真诚的知识分子，在回归前后的香港思考近世中国几代知识分子的心路历程，应当具有重要的参照意义。

2006年的讲座迎来另一位法国杰出女学者白吉尔教授。她讲演的题目是《官督商办企业与中国资本主义发展》，属于她最娴熟的社会经济史领域。白吉尔风采如昔，但岁月已逐渐消磨了当年那种逼人的英锐之气。她回法国后曾来信说："我发现中国更年轻了，你们也更年轻了，到处充满勃勃生机。我决心重新规划自己的晚年。"看来，她已再次焕发了学术青春。与巴斯蒂一样，她与我也有三十年以上的友谊。如果说，1981年武昌纪念辛亥革命70周年学术会议上，我们是"不打不成相识"，紧接着一起参加东京辛亥革命讨论会时我们已经成为求同存异的学术伙伴。此后，她为我们搜集法国政府档案中有关辛亥革命的资料，花费好些年的时间与大量精力、财力。我们近年出版的八卷本《辛亥革命史资料新编》，她与日本的久保田文次、以色列的史扶邻，都是贡献最大的外国学者。

2007年、2008年两次讲座，分别由美国的王国斌教授与中国台湾地区的王成勉教授担任。国斌与我初识于1979年深秋，当时他正在哈佛东亚研究中心攻读博士学位，论文题目是《清代湖广地区的粮食问题》，因苦于海外资料不足，希望我们帮助他到武汉等地查阅相关历史文献。现今他已成为正在崛起的"加州学派"领军人物，在研究方式与学术理念方面都有引人瞩目的创新成绩。他的讲演帮助我校师生直接了解北美史学发展的热点前沿，引发浓烈的探讨兴味。成勉与元生一样，都是与我初识于1982年的芝加哥会议，后来又成为我们共同研究中国基督教史的最密切的伙伴。他为我们基金的筹建，特别是东西文化交流研究中心的建设，提供了令人感动的长期无私援助，仅以历年捐献的私人书刊及复印文献就不计其数。他演讲的特点是非常注意指引治学门径，使学生得到多方面的启发。

2009年讲座由英国杰出的中国基督史研究者狄德满教授担任。他也是我们经常在相关学术会议上交流的密友。特别是他从伦敦大学退休，加盟牛津基督教研究中心以后，我们之间的合作更为紧密。他与巴斯蒂教授一样，在我校交流的时间都有一个月以上。除围绕"西方学术界对义和团运动起源研究的述评""中国基督教的不同生态和研究中的同质化"两个主题作系列讲演外，还抽出时间与众多师生不拘形式交流。他的治学严谨与工作认真，给我们留下极其深刻的印象。

2010年讲座由新加坡著名宗教哲学家钟志邦教授担任。他也是我们基督教研究的同行好友，现在还兼任总统宗教理事会的重要职务。他是个大忙人，经常奔波于中国乃至世界各地，来访时间虽然只有五天，但日程却排得满满。除原定两个专题以外，还临时慨然接受我的建议，增加一次大型时事报告《中国与东盟的外交关系》。钟志邦是性情中人，学识渊博，阅历丰富，思想活跃，语言风趣，受到众多学生的热烈欢迎，他的到来更为增进了讲座的吸引力。

紧接着钟志邦讲座的是美国的著名社会活动家柯白教授，也来校做题为《21世纪的中国与美国：快速变化中的希望与忧虑》的专题报告。他原本是历史学者，以研究四川军阀见长，在华盛顿大学西雅图分校任教，并兼任《亚洲研究》杂志主编。1979年秋天，他联络美国十一所著名大学的东亚研究中心（或中国研究中心），共同邀请我与武汉大学的萧致治教授赴美访问，堪称"文革"后中美文化学术交流初期的一件盛事。但他随即离开学校，转而专门从事促进美中经济交流，曾长期担任美中贸易委员会主席，为此奉献了长达30年的精力与智慧。他经常来往于太平洋两岸，可是由于各自职业的区隔，我们很难见到一面。直至前些年他退休以后才与我恢复通信联系，并且慨然允诺为讲座效劳。他以历史学家的眼光与三十年的亲身经历，加之又是美国屈指可数的知华派，对美中关系的发展变化条分缕析，自然是得心应手。他在自己博客上发表一篇题为《为人生完整而寻求真实友谊》的短文。其结尾说："真正的友谊不是执念，不是分秒做伴或同进同出的要求，不囿于架构在同个时空。我更愿意用意念来称呼这样的感情，有着刻骨铭心的力量，坚实可靠的厚度。她平淡、真挚而隽永。相契的灵魂的碰撞，产生的不是火花，而是惊魂照影。发生的是物体遇到光源有了影子一样，再不分离。没有过多的色彩矫饰，没有文过饰非。正如清水般，毫无杂质，也最难得。在柯、章二人之间，正存在着这般难得的友谊。"我历来服膺"君子之交淡如水"，也深深理解"海内存知己，天涯若比邻"。如果年轻的朋友能从东西两位长者的身上，看到真正友谊的体现，也就足以告慰于这十年来为讲座而热心尽力的众多中外朋友了。

自2011年以来，又有十六位海内外知名学者应邀前来讲学，他们分别是加州大学圣地亚哥分校周锡瑞教授、亚利桑那州立大学麦金农（Ronald I. Mckinnon）教授、加州大学伯克利分校叶文心（Wen hsin Yeh）教授、哈佛燕京学社社长裴宜理（Elizabeth J. Perry）教授、台湾"中央大学"讲座教授汪荣祖先生、美国凡萨学院终身教授刘皓明先生、台北"中研院"黄一农院士、耶鲁大学神学院司马懿（Chloe F. Starr）教授、香港圣公会明华神学院魏克利（Philip L. Wickeri）教授、香港理工大学人文学院院长朱鸿林教授、南京大学学衡研究院院长孙江教授、北京师范大学文学院方维规教授、美国国会图书馆原亚洲部学术研究主任居蜜博士、哈佛大学费正清中国研究中心主任宋怡明（Michael A. Szonyi）教授、剑桥大学东亚研究所方德万（Hans van de Ven）教授以及台北"中研院"历史语言研究所特聘研究员王汎森教授。

"环宇岂无真知己，海外偏留文字缘。"这是我套用清人黄遵宪的诗句，对晚年人生的自我写照。我在上面缕述讲座十年往事，大体上可以作为这两句诗的印证。我认为，东西文化交流不仅需要学理上的深入研究，而且更需要众多有心人参与，做切切实实的工作。交流贵在交心，要真正用心来做，不要老是想谋个人名利。这些话也许不合时宜，也许多少有些超越学术范畴，但学术交流本来就属于广义的文化，是一种文化互动，更是一种精神境界，难道不应多保持一点纯净与高尚吗？讲座之所以成为公益事业，道理正在于此。

## 余传韬与《陈诚日记》

余传韬与我可以说是世交，因为我舅舅徐叙贤是他父亲余家菊的学生。我不知道舅舅是否参加过青年党，但他一毕业就在福建崭露头角，从中学校长到进入省教育厅工作，并且成为陈仪首批参与台湾接收教育事业的骨干之一，则显然受惠于恩师的人脉。但我与传韬开始接触，则是在1995年8月15日在石门峰参与纪念抗战胜利50周年大型活动。我们年龄相若，有许多相似的经历，加之上述世谊，所以一见如故，特别亲切。记得同时结识的还有同是黄陂望族的田长焯，他则是我舅母喻耕葆的同乡，而且在台湾还是近邻，并且共同参与北美华人协会的创建活动。

他们的乡情都特别浓郁，传韬对黄陂余家大湾的经济、文化、教育发展非常关心，特别是对贫困学生的资助，年年不辍，培养出一批青年才俊。长焯除为乃弟田长霖在石门峰落叶归根外，还预定了好几块墓地为家人备用。当然他的最大贡献还是为华中科技大学（原华中工学院）建设飞机制器专业，现已正式建立航空学院。传韬与我们合作更为密切，因为都热心于教育事业。他除在我校研究生院设立余家菊、陈辞修两个奖学金以外，还请教育学院的余子侠教授编辑出版了《余家菊文集》。随后，又委托我设法公开出版了《陈诚日记》抗日战争部分（即《陈诚回忆录——抗日战争》）。

《陈诚日记》的重要价值自然不言而喻，我最初是代为委托南京大学张宪文经手此事，因为南大是民国史研究重镇，而江苏人民出版社又很感兴趣。但不久他就打退堂鼓，说是上级不同意出。传韬颇为失望，希望我能出面，另行设法出版。我也只能死马当活马医，找到在江苏人民出版社担任编辑的校友帮忙，并且说明出版此书的重要意义。这个年轻人十分机灵，他知道江苏人民出版社的难处是卡在宣传口，所以直接把此书推荐到中央统战部，说明有助加强交流，改善两岸关系，居然获得中央领导的认可。江苏人民出版社很快就答应公开出简体字精装版，但是要求我必须亲自为其写序。我心里明白，这是要我对出版《陈诚日记》负责，万一出了纰漏，他们可减轻罪过。短短一篇序言，我整整花了两个星期才正式交稿，真是苦思冥想，字字斟酌，以期让两岸朝野人士都能接受乃至满意。果然，出版以后好评如潮，海外人士多有认为中国出版政策可能有所松动，而台海两岸的有识人士则希望这是两岸关系进一步改善的标志。但是有些人似乎认为我有什么政治背景，至少有相当干练的活动力。其实我根本没有什么特殊活动，更没有任何政治背景。我一贯遵循周恩来在外事工作提出的信条："言必信，行必果。"无非是受人之托，忠人之事，而又逢上这么好的机会而已。

传韬对华师情有独钟，可能渊源于华师前身之一的中华大学。其父余家菊先生与恽代英同时就读于中华大学，并且都以成绩优异留校工作，分别担任附校高中部与初中部主任。他们志同道合，情同手足，并且共同参加少年中国学会的创建。以后虽然内部分化，分道扬镳，但友情仍然永存。家菊始终以代英早逝为憾！余家菊不仅中华情结甚深，而且一直为母校施教育才，几乎成为中华大学的护法神。因此，传韬对矗立在华师校园的中共早期英烈恽代英雕像，不仅没有反感，反倒勾起其许多往昔的回忆。每年春秋两季，即清明与中秋，他必回黄陂余家大湾祭扫，与亲友团聚，同时也必定来华师亲自发放奖学金，并与研究生们热情交流，亲切如同家人。

其后，由于台湾政局变化，国民党陈腐退化，而"台独"势力日益嚣张，他与陈诚其他亲属为保存数十年的陈诚家藏档案文献（旧称"石叟文献"）的前途深感忧虑。他们可能已经把华中师大视为这批珍贵文献的最佳归宿，但是却从未向我吐露口风。直到2011年，他为发放奖学金来访，突然随身带来五大箱文献资料，直接置放于我的办公室。坐定后他才缓缓与我商量，是否可以捐献给华师图书馆永远保存。我颇觉突然，他却淡定如常又去办其他事务了。我把五箱打开一看，竟然是全部"石叟文献"的原件，而且已经整理分类，并有详细目录。1979年我首次访美时就知道"石叟文献"数量之大与价值之高，可惜没有机会亲自检阅，没有想到现在居然被陈诚家人亲自送到我的办公室来。传韬可能是太相信我与华师，但我却很难抑制内心的紧张，因为当时文物盗窃之风已经席卷全国，而有些犯罪集团信息之灵通与手段之狡猾更是防不胜防。况且这不是一般文物，应属国家一级文物，我自觉责任重大，必须妥善处理。我表面不动声色，只找刘莉与徐炳三私下密商，决定暂不吐露任何口风，甚至连马敏（分管图书馆的校长）都不告诉，更不宜打电话联络。我的办公室因为物业管理每天需要做清洁，可以自行打开，所以最不保险，只有暂放在徐炳三的办公室最为隐蔽可靠。当晚真有点担惊受怕，直到第二天上班，看见五大箱完好无缺，我这才紧急约见（避免打电话）马敏，共同商量如何处理。最后决定由华师接收这批档案文献，并且放在新建图书馆的珍稀图书文物收藏室，因为它保持恒温恒湿，而且警戒设施与管理制度一应俱全。为了尊重传韬（亲属代表）的自主选择，我们立刻邀请他来到新图书馆的九楼茶室品茗议事。传韬来后首先参观藏书室，对相关设施深表满意，然后到茶室临窗远眺，华师满山绿荫尽收眼底，宾主不禁同声称赞风水宝地，辞修先生地下有知，当可感到无比欣慰。

传韬并不希望这批文物仅限珍藏于书库，反而期盼更多为学界展示利用。华师图书馆尊重陈氏家属的盛意，除设立专柜展示外，还利用电子版图片布置大面积专栏于学生阅读休闲空间的墙面。此外，我们还把电子版复制成光碟，分别赠送给湖州民国史研究院、湖州民国文化展览馆，让更多社会公众共享这批文物的鉴赏价值。

但是我们一直是低调处理此类事宜，并未做任何公开宣传，这并非有什么政治忌讳，而是唯恐上级档案部门或图、博单位恃势将其上调。记得有次国家图书馆一位副馆长打电话问及此事，我如实禀报，令他非常羡慕，连说："这样好事怎么都被你们碰到了。"他还问："你们付了多少钱？"我回答："没有花一块钱，连运费都是陈诚家属自付，他们还在我们研究生院设立两笔奖学金。"但我仍坦率告知内心忧虑，唯恐北京要我们上调。没想到他竟然哈哈大笑："你的顾虑是多余的，因为新的文物管理法明确规定，捐赠文物的归宿处所，由捐赠者自行决定。你们双方既已签有合同，只要公证一下就可以了。"我这才放心大胆地公开介绍"石叟文献"回归大陆、珍藏我校的来龙去脉。

江苏人民出版社的兴致仍然很高，很快又决定出版《陈诚日记》建设台湾部分（即《陈诚回忆录——建设台湾》），并且再次要求我写序。此次我倒是轻车熟路，如期交稿。这部日记出版后，又引起朝野各方关注，据说当时的中央主要领导人特别推荐其中有关"民生第一"的理念以及以经济建设为中心的相关记述。我倒是对陈诚晚年与蒋氏父子的微妙关系更感兴趣，功高震主，明升暗黜，陈诚60岁生日与胡适、傅斯年等少数好友去中南部休闲，都引起老蒋的嫌疑与不悦，可见其处境之艰难。他的日记虽然在大陆已公开出版两部，但其余两部仍然遥遥无期。白云苍狗，政局变幻，徒令学人惋惜！

## 关西巡回演说

1999年以前，我主要是参加历年在东京举办的有关南京大屠杀的纪念与学术活动，直至2000年12月我才首次参与关西地区的活动，并且对这些活动的组织者与工作人员有所了解。东京的活动多半由学术界、法律界与某些政党人士举办，而关西地区此类活动的主要成员则很多是普普通通的老百姓，因而也使我更受感动。

（一）大阪—冈山

应南京铭心会与旅日华侨中日交流促进会等日本民间团体的联合邀请，我于2000年12月6日中午从上海飞抵大阪。旅日华侨作家徐桂国（笔名墨面）与日本友人黑田等接至新大阪会馆。晚间，促进会负责人林伯耀、铭心会负责人松冈环等在重庆川菜馆宴请，日军南京暴行受害幸存者陈文惠（81岁）、彭善荣（80岁）与南京市对外交流协会副秘书长周涛亦在座。

早在1997年12月，为东京举办的纪念南京大屠杀国际学术会议，林伯耀负责与我联络，曾多次通信与电话交谈。但是只闻其声未见其面，因为他当时是大阪地区各项活动的组织者之一，而我却一直滞留在东京。见面之后才发现他颇有传统西方绅士风度，长身玉立，彬彬儒雅，讲究礼仪而无俗套，语言亦简练明快，不愧为旅日华侨杰出领袖人物之一。

松冈环则是我心仪已久的日本女性社会活动家。她是这次关西地区活动的主要策划者与组织者，而我则是经她首先"点名"邀请到关西来的。可能是因为她在1997年12月东京会议曾听过我的主题讲演，认为可以帮助她对付关西地区相当猖狂的右翼势力的挑战吧！

由于照顾多位高龄中国客人的休息，席间并未详谈。

次日（12月7日）上午，林伯耀偕儿子、儿媳妇与尚在襁褓之中的孙子前来探视。稍稍叙谈之后，就让我们几位来自中国的男士随意逛街，他们一家人却留下来陪同南京暴行受害幸存者陈文惠女士叙谈。事后我们才知道，陈文惠曾遭侵华日军轮奸，由于传统观念束缚尚有若干心理障碍，所以林先生是利用这宝贵的两个小时，为陈女士做细致的思想工作。中午我们回到旅馆，只见陈女士与林伯耀三代人已经亲如一家，而且显得神情颇为开朗。但是，为什么林夫人没有来？我不好意思问，也幸亏没有问，原来夫人患有癌症，因身体虚弱只得在家休息。看到林伯耀那样安详而又专注的神情，我们更加增添了敬佩之情。

此后工作节奏十分急促，匆匆午餐即驱车前往大阪府行政大楼新闻中心举行新闻发布会。到会有十余家新闻媒体（包括东京几家大报）的记者，并有电视台现场录像，可见当地政府与社会各界相当重视。林伯耀作简单介绍后，我们作为主要演讲人相继自我介绍并回答提问。记者都非常认真，据说亦有倾向于右翼势力者，但亦恪守新闻业者本分，整个会场气氛尚称和谐热烈。

下午4时许兵分两路，黑田陪同我与陈大姐乘新干线前往冈山，周涛与彭善荣则由竹口陪同前往金泽，然后转赴东京。黑田亦为铭心会骨干之一，是个淳朴贤淑的家庭主妇，像做自己日常家务一样默默地参与各项社会公益活动。由于语言不通，车上只能以微笑示意或简单手势沟通，但可以看出她随时都在关注我们旅行的安全与舒适。

车程约1小时，下午5时许到达冈山，这是我们此次巡回演讲的第一站。刚下车便看见一位青年跑过来迎接，黑田似乎与他比较熟悉，稍作寒暄便让我们与他直接用中文交谈。原来此人是日中友协全国青年委员会事务局局长、冈山县日中友协青年委员会委员长横见幸宪，曾多次率团访问中国，并且能说一口流利的普通话。我一接过名片便产生了亲近感，因为"文革"前我曾参与全国与省市两级青联活动将近十年，就业余社会活动而言可以说是同行。但是我们顾不上叙谈，匆匆出站便赶往国际交流中心会议室。有些听众早已进入会场，我们刚进门便有一位女士交来一纸传真，原来是冈山大学石田米子教授发给我的。我们原来期望今冬在冈山或东京再次相晤，不料此次大型纪念活动的组织者却把她安排为东京性暴力国际法庭的审判员，而我却又在同一时间来冈山演讲。她为此感到歉疚，并说会场中许多人都是她的朋友。想到我们虽然分别多年，但此时此刻在东京和冈山两地分别从事的正是同一正义斗争，心中更增添了友谊的温暖。

开会后首先由陈文惠控诉侵华日军性暴力罪行。与一般受害者的控诉不同，她的发言表面上比较舒缓轻柔，没有大声怒斥，也没有涕泪纵横，仿佛是老祖母冬夜对儿孙倾诉遥远的往事。然而她内心郁积的怨恨、悲愤、哀伤，却又是每一个听众都能感受到的。一个无辜的而且已经怀孕的柔弱少妇，惨遭多名日军士兵奸污，在生理和心理上都留下终生难以愈合的严重创伤。这悲痛而又屈辱的往事如同梦魇一样始终伴随着她，而且也使她的家庭蒙受着数十年难以摆脱的惨淡阴影。如今她勇敢地站出来了，就在六十多年以前发动侵略战争的日本，就在这么多善良的日本老百姓面前，堂堂正正地揭露侵略者在南京的滔天暴行，以血淋淋的亲身经历驳斥日本军国主义及其继承者的谎言……全场寂然无声，然而每一个人又都是心潮汹涌。老人结束了发言，在掌声中徐徐走下讲台，于兴奋中略显疲乏，毕竟是82岁高龄，毕竟是首次走出国门，毕竟是第一回在这么多外国人面前倾诉自己数十年埋在心头的悲惨往事啊！突然，一位日本女学生站了起来，跑过去紧紧拥抱着老人。她说自己从小就崇拜周恩来，热爱中国，非常痛恨当年日本侵略战争的侵华罪行。她紧紧搂住中国老祖母哭了，一直强忍住悲痛的陈文惠也哭了，会场突然爆发一阵又一阵深情的掌声，许多人都情不自禁地与我们紧紧握手并且毫无掩饰地流下眼泪。

我由衷地感激为我们翻译的王芳女士，她正在冈山攻读博士学位，学业很忙而且又住在另一个城市，却抽出宝贵时间赶来帮忙。如果没有她的娴熟而又准确的口译，陈文惠老人的控诉是很难取得应有效果的。接着由我作题为《美国传教士眼中的南京大屠杀》讲演，包括四个部分：一、耶鲁藏档文献简介；二、我怎样发现这批文献；三、文献的可信程度；四、到底是谁在制造谎言？此时此刻作学术性演讲是颇有难度的，因为到会的有许多普通市民；但会议的准备工作做得很周到，讲演稿已经全部译成日文，加之王芳的翻译又非常流畅而富于感情，所以也获得热烈反应。有些听众说，原来很难相信会出现南京大屠杀这样残暴的行为，现在才认识到这是千真万确的历史。

散会以后，黑田独自回冈山，横见邀了几个朋友陪我们上街品尝日式火锅，边吃边谈，颇为相投。冈山日中友协的骨干多系中青年职工，如公司、邮局职员等，他们都是业余社会活动积极分子，自觉奉献而且相当干练。横见自己也另有职业，并非脱产的社会活动家，只不过他似乎有政党背景，将来很有希望成为新生代的政治家。饭后互相告别，王芳还得深夜独自回寓所，我们则借宿当地的皇家旅馆（Royal Hotel）。

12月9日8时许，横见与一位邮局职员柴田正人开车接我们到附近一家西餐馆吃正规早餐。横见笑着对我说："我已经拿到你的履历。"原来他也是个网迷，昨晚从河南大学马小泉个人办的中国近代史网站上看到有关我的资料并且打印出来。他或许认为我在美国工作多年，大概已经习惯于西式食品吧。餐后驱车去儿岛（Kojima）看海景，海上有濑户大桥把本州与四国联结起来。濑户内海风平浪静，从山上远眺可以看见对岸四国的影子，阳光灿烂，枫叶流丹。由于并非假日，游客比较稀少，海边显得特别安静幽美。只有像陈大姐和我这样经历过战乱的人，才真正懂得和平的可贵啊！我的耳边仿佛又传来60年前祖父悲愤的话语："乱世人不如太平犬。"当时他也生活在日军占领下的江南地区。

我们尽情享受海洋与山林之美，附近幼稚园的两位女教师带领二十多个幼童在海边草地上野餐。孩子们三五成群，有滋有味地吃着从家中带来的便当。我想为他们照几张童年稚趣的合影，热情的年轻老师马上把孩子们集合起来，坐成三排，并且教他们用中文高呼："欢迎！谢谢！"我举起相机正准备拍摄，不料有个幼童兴奋地向我扑来。我只好急忙后退，老师好不容易让他们再次排列坐好；但正当我重新举起相机时，又有几个孩子嬉笑着向我扑过来，结果这群欢笑的孩子都奔跑着向我扑近。我带的相机没有广角镜，加上自己技术水平太低，所以只能急速后退；没想到背后草地上崛起一块不太高的岩石，由于后退过急竟使我被绊倒。幸好有惯性冲力助我仰身越过岩石，而且是臀部首先落在草地上，否则真有可能当场"光荣"了。最可笑的是在这样危急关头，我还把相机高高举起，唯恐损坏里面的胶卷，因为妻子最喜欢看我在海外拍的儿童生活照片。

等到横见与女教师满脸惊惶飞奔过来，我已经安然站立起来，并且装出若无其事的模样（其实臀部已开始有明显的痛楚感觉）。由于已经时至中午，柴田开车急驶下山，到海边一家古老乡间小店品尝当地渔民家常吃的汤面。下午又至仓敷市美观街（即步行街）参观，古色古香，溪流清澈，恍若我国江南水乡。横见中学时代在此度过，故流露乡情尤浓。

（二）神户—大阪

12月9日上午横见陪同我们乘新干线去神户，车行约一时许。到车站迎接者为当地"小阳春"餐馆老板林太太，横见交接后即兴辞归去。"小阳春"属于小吃店一类，离火车站不远，位于一个十字路口的立交桥下，所以生意比较兴旺。林太来自中国台湾，在神户已侨居多年，亦为揭露二战期间日军暴行活动的热心支持者。"小阳春"等于是此类活动的一个接待站或联络点，经常为过路相关嘉宾提供食宿。简单午餐后，林太就把我们安排在邻近一家小旅馆稍事休息，并且安排我们自己参观美观街，即通常所说的"南京町"。因为是周末，所以人潮汹涌，我们无非走马观花而已。

晚上六时半在神户学生青年会做第二场演讲，会议的主持人（司会）为神户·南京铭心会事务局局长飞田雄一，他的社会职业是神户学生青年会 (Kobe Student Youth Center) 的馆长，相当于我国青年会干事长。飞田身躯瘦长，谦恭文雅，是一个虔诚的基督徒。会馆是一幢简朴的小楼，每间房都充分利用，为青年学生举办各种课余活动，其间也设有小书店与若干展览室。由于圣诞节将近，已经预先布置圣诞树与彩灯，许多学生正在自行排练文娱节目，僻处山林的小楼倒也充满生气。飞田说早已在东京认识我，并且交给另一日本学者阪元女士刚从东京发给我的传真，但因相别甚久我一时想不起何时与她相识，内心颇感歉疚。

会议首先由神户·南京铭心会副代表林同春（旅日华人侨领）致开幕辞。接着放映南京大屠杀的现场纪录片（马吉牧师制作），由林伯耀亲自讲解。然后是陈文惠的证言与我的讲演，翻译由林伯耀的儿媳妇担任，儿子则负责开车接送，基本上又是全家动员。最后由神户·南京铭心会副代表佐藤加惠致闭幕词。听众多数为日本中学老师，他们反对日本文部省的错误历史教科书，是为了正确引导青少年而来听讲的，所以态度特别认真，所提问题也比较多。会后有二三十人结伴到"小阳春"与我们餐叙，席间把酒畅谈，坦诚交流。这些人虽然年龄、职业与政治倾向不尽相同，但在维护历史正义、促进中日友好方面却有共同语言，加上又是周末，第二天不用上班，所以酒兴与谈兴俱浓，直至深夜始尽欢而散。

（三）大阪—京都

12月10日上午，林伯耀亲自开车送我们前往大阪，同车者尚有《慰安妇：日军性暴行》大型摄影画册的摄影师张国通。张先生来自平顶山，是平顶山摄影家协会副主席，兼中国慰安妇问题研究中心特约研究员，与我们有许多共同话题，一路交流各地相关信息。途中到神户人工岛参观，张国通陪陈大姐随意游览，我则与林伯耀坐在凭窗眺海的长椅上闲聊。林家祖籍福建，旅居日本已有好几代。伯耀原来攻读高科技专业，毕业后曾想回祖国工作，但因政局变化未能成行，又因专业涉及国防性质难以在日本谋职，于是毅然转行经商，并且利用业余时间（其实包括许多"业内时间"）从事公益活动，其中最大一项工作就是揭露侵华日军各种暴行，努力为受害同胞讨回公道并索取赔偿。他在12月22日晚还将出席在神户学生青年会举办有关"花冈事件"的紧急讲演会，对于此前不久日本法院的裁决发表评论。"花冈事件"虽然首次通过诉讼获得部分赔偿，但他对于裁决仍然很不满意，因为日本政府自身并未直接承担责任并表示歉意。他感慨地说："我为'花冈事件'参与斗争二十多年，知道这一裁决来之不易，但毕竟还是原告与被告之间的某种妥协，我们还要继续辨明是非、讨回公道。"他的语气于平和中显示风骨，胸怀坦荡，大义凛然，不愧为中国男子汉。

车进大阪市区，大雨已成倾盆之势，匆匆闯进一家中国饭店吃快餐，随即冒雨前往设于部落解放同盟的会场。大阪是铭心会的主要根据地，因此松冈环与她率领的娘子军（主要是中小学与幼儿园教师，还有一些急公好义的家庭主妇），便成为此次活动——"1937—2000年世界见证"的骨干。大阪见证会由纪念南京大屠杀60周年大阪实行委员会主办，松冈环是这个委员会的事务局局长，同时又是日本纪念南京大屠杀60周年全国联合会的负责人。她亲自主持此次活动，使大阪成为我们关西之行的重头戏，而听众人数之多也远远超过其他几个城市，整个报告厅挤得满满的，还有若干小会议室（或教室）也坐着许多旁听者。

会议于午后1时开始。首先观看大型《南京大屠杀实录》录像，接着由马吉牧师的儿子大卫·马吉（退休银行家）和我讲演，大卫主要是介绍其父的拍摄经过以及影片拷贝流传情况，我则仍然讲《美国传教士眼中的南京大屠杀》，墨面以地道而又流畅的日语为我翻译，配合默契，声情并茂，为此行几场演讲中效果最好的一次。然后由陈文惠代表受害者、东史郎代表加害者提供证言。陈文惠经过冈山、神户两次锻炼，讲话已有明显进步，在如此众多听众面前慷慨陈词，丝毫也不怯场。东史郎因做心脏手术未能前来，改为播放为他专门制作的录音带，老人声若洪钟，气壮山河，会场鸦雀无声，最后又是突然爆发持续不绝的热烈掌声，会场情绪高涨近乎沸腾。

　　会后松冈环、林伯耀等率队持伞冒雨上街游行。我本来想参加徒步游行，但松冈环等可能考虑我与陈文惠年老体弱，或者是从安全角度着眼，让我们坐一辆小巴随行。大雨虽已渐止，但街上行人仍稀，只有游行队伍缓缓走在倒映着霓虹灯光的宽阔马路上。由于事先已向市政府备案，队伍的首尾与两侧都有警察维持秩序，所以沿途通行无阻，川流不息的来往车辆都得暂时让路。喧闹的市区显得异样平静，只有松冈环不时振臂高呼口号和游行者的应和声在夜空回旋，显得悲壮而又略带寂寞。

　　其所以有寂寞之感，不仅是由于沿途行人的稀少，而更重要的是没有出现预想的右翼势力猖狂挑衅。大阪是右翼势力比较集中的城市之一，1997年12月我在东京参加纪念南京大屠杀60周年活动，就听说大阪的右翼势力相当嚣张，出动许多宣传车与暴烈分子公然辱骂并阻挠大阪市民的集会与游行，甚至还扬言要松冈环的脑袋。但也正因为如此，铭心会组织的游行队伍群情更加激愤，参加者越来越多，沿途应和者也愈益群集。至今人们还传诵着，当时松冈环如同冲锋陷阵的勇士，昂首挺胸走在队伍最前面，频频振臂带领高呼抗议口号，并以犀利而带有鄙夷的眼光投向猖狂的右翼挑衅者。可是今晚的游行却一直未见对手，不知他们隐藏在何处咬牙切齿窃窃私语，而大雨又减少了沿途围观的群众。游行在寒风微雨中结束，大家热情告别，互慰辛苦，只剩下铭心会的少数骨干陪同我们在一家和式小饭馆吃真正的晚餐。

大家辛苦一天，总算得到这片刻的松闲，所以都畅饮欢叙。但我却突然感到腰部疼痛难忍，这是两天前在濑户大桥海边摔跤留下的祸根。前两天由于工作节奏极快，忙碌中竟不觉疼痛，即使偶尔感到隐痛，吃两颗止痛片就对付过去了。今天由于中午淋了大雨，会场又因暖气不足而较冷，所以诱发了扭伤发作，不断吃止痛片也难以缓解。起初我还勉强忍住以免让大家扫兴，后来因害怕影响明天去京都的演讲只得据实相告。时已夜深，附近又无医院，大家都束手无策，我也只好强颜欢笑装出无所谓的样子。但为我们开车的铭心会秘书长，一位幼儿园女老师，却毅然出外为我买伤痛膏药。她很久没有回来，又是孤身一人，大家都不大放心。但过了大约半个小时她终于回来了，买来一大包日本人习惯用的跌打损伤膏药。她说附近商店都关门了，只得开车到较远的闹市，找了好几家药房才买到。我非常感谢，回住处以后在澡盆热水中泡了很久，然后贴上这冰凉的带有薄荷与松节油香味的膏药，暂时感到轻松多了，居然美美地一觉睡到天亮。

12月11日上午稍得休息，我又乘机在热水中泡了半个小时。下午徐桂国的姐姐翠珍陪同部落解放同盟大阪府联合会浅香支部副支部长山本干夫前来。翠珍没有弟弟那么高大，保留着江南女性的纤秀，衣着朴素而自有韵致。她在山本所在的支部办公室任美工，名片右上角那一丛小花图案显得异常素雅。他俩陪同我们乘新干线前往京都，由于语言隔阂，车上只有翠珍与我们叙谈。通过她的介绍，我才知道部落解放同盟是一个全国性的人权组织，许多地区都有分支机构，其宗旨主要是争取与维护那些历来被视为低贱等级的弱势群体的平等权利，当时他们正在为推动国会通过"部落解放基本法"而举办各种普及人权知识的群众性讲座。相对而言，旅日华侨、华人也是社会中的弱势群体，所以与部落解放同盟有许多共同语言，也有若干共同活动。正因为如此，旅日华侨中日交流促进会与铭心会倡导的有关南京大屠杀的各种纪念活动，历来都得到该同盟的大力支持。

火车很快到达我很熟悉与喜爱的京都，然而此次我却没有惊动那些与我相知甚深的京都学术族群，而把自己的时间与精力全部交付给另一个陌生的草根族群——铭心会与部落解放同盟。京都比大阪更冷，朔风呼号，滴水成冰，幸好京都府部落解放同盟大楼暖气充足，否则我腰部疼痛会更为加剧。

京都的纪念活动由东史郎诉讼后援会主办，部落解放同盟京都府联合会与部落解放京都地方共斗会议协办，而具体张罗一切的则是我三年前在南京相识的山内小夜子。小夜子既是东史郎诉讼后援会的事务局局长，也是京都地区铭心会的负责人。据我所知，小夜子与松冈环是关西地区两位杰出的女性社会活动家，她们都为同一目标作出无私奉献，然而却又显示各自不同的风貌与个性。松冈环堪称巾帼不让须眉，身体结实而又精力充沛，快人快语，风风火火，带头冲锋陷阵。小夜子则是东方式的窈窕淑女，娴静斯文，貌似柔弱，然而却蕴含着内在的坚毅与勇气。如果说松冈环是以勇猛的气概使群众钦服，那么小夜子则常以仁慈的心灵感染着他人。小夜子似乎少言寡语，然而人们却可以从那略带忧郁的眼神中察觉她内心燃烧的纯洁火焰。她在本愿寺工作，所以更带有佛教徒的虔诚与修养。

会议由小夜子亲自主持。首先是加害证言，由于东史郎仍然在病中，所以改为观看录像，他那雄狮一般的勇猛形象与黄钟大吕之声，顿时使会场情绪高涨起来。接着是被害证言，由小夜子与陈文惠以对谈方式进行，主持人的循循善诱引发了老妇人更多的细节回忆与悲愤之情。在舒缓的节奏中，她详尽地叙述当年怀孕七个月仍遭五个日本士兵轮奸的惨痛遭遇，以及亲眼看见父亲被杀，还有众多难民逃避到长江边时被日军扫射的悲惨情景，整个会场气氛转为压抑与沉重。接着由我就南京大屠杀作总体性的讲演，结束时我把《天理难容——美国传教士眼中的南京大屠杀（1937—1938）》这本书送给小夜子，并且相互紧紧握手，会场再次爆发长时间的掌声。在自由发言时，一位日本资深记者站起来说，在研究南京大屠杀的中国学者中，章先生花费这么多精力做实证工作，令我们感到十分钦佩。

关西巡回演讲就这样画下了圆满的句号。散会后在和式饭店畅饮尽欢，然后回新世纪旅馆寄宿。可能是由于佛教界经费比较充裕，住房的豪华令我们惊讶而又不安，因为这毕竟增加了民间接待团体的负担。但是我在如此舒适的环境中却难以成眠，因为晚餐时间大家谈得很高兴，两小时的盘腿而坐再一次诱发腰痛，甚至两腿也难以弯曲，热水浴与止痛片都无济于事。幸好起床早餐后疼痛稍有缓解，赶忙向陪同前来的山本说明原因，取消上午游览日程，匆匆回到大阪。京都是我多次访问过的美丽城市，所以本来无需再次游览，但遗憾的是辜负了小夜子的盛情，未能与她当面告别；因为她上午要去医院体检，只好安排在中午为我们饯行。回国不久，小夜子在寄给我的新年贺卡上以俳句表达了当时惜别之意，书法娟秀，言简意深，风格一如其人。

12月12日上午回大阪，仍住新大阪弥生会馆。热心的周涛为我做颇为熟练的穴位按摩，墨面则急忙到医院向骨科专家请教并带回膏药，我经过一番传统治疗居然渐趋好转。下午松冈环陪同南京客人参观大阪城，我因以前已经去过便留在会馆休息。晚间林伯耀、松冈环以日式涮牛肉饯行，关西大学陶德民教授亦赶来探视，盛情感人。饭后，林伯耀还亲自陪我们到附近火车站商业区参观日本各地土特产并购物，尽情享受大阪温馨之夜。

12月13日回国，关西之旅结束。

（四）尾声

我们这次为期一周的巡回演讲，仅仅是铭心会与旅日华侨中日交流促进会等友好团体纪念活动的一部分。据我所知，在我们回国以后，2000年12月22日林伯耀又在神户学生青年会就"花冈事件"举办紧急讲演会。2001年2月8日龙谷大学教授田中宏也在神户学生青年会就中国人强制劳工问题对相关外务省报告书进行批判。与此相呼应的是，中国人战争被害者索赔会等团体也在东京展开一系列活动。2000年12月10日举办"平顶山事件"诉讼第12回口头辩论的裁判报告集会，12月17日举办李秀英名誉毁损诉讼第1回裁判报告集会（报告人：笠原十九司、俵义文），12月24日举办强制劳工新潟诉讼第1回口头辩论，2001年1月13日举行刘连仁第1次诉讼第16回口头辩论审判报告集会，1月20日举办遗弃毒品、炮弹被害事件第2次诉讼第6回口头辩论裁判报告集会，1月31日举行遗弃毒品、炮弹第1次诉讼第11回口头辩论裁判报告集会，2月22日举行中国人"慰安妇"第1次诉讼第16回口头辩论，2月25日"平顶山事件"诉讼第13回口头辩论，3月3日举行中国人"慰安妇"第2次诉讼第14回辩论，3月10日举行强制劳工第2次诉讼第6回口头辩论，3月16日举行强制劳工长野诉讼第6回口头辩论，3月23日举行遗弃毒品、炮弹被害事件第2次诉讼第7回口头辩论……几乎每个月都有两三次与军国主义右翼势力抗争的公开活动。这些日本友好人士虽然为数不多，但却年复一年、月复一月、日复一日地为中国受害者讨回公道，向全世界发出正义与和平的呼声，实在令我刻骨铭心（借用铭心会的话语）。

精力充沛的松冈环及其娘子军，刚刚送走我们，又忙于组织第5回神户·南京铭心会访华团，预计2001年8月13—18日进行。如前所述，访华团的成员有许多中小学乃至幼稚园老师，她们本来对南京大屠杀之类日军暴行也不甚了解，但由于曾经到南京参观侵华日军南京大屠杀遇难同胞纪念馆，馆中那些由实物、图片所展示的血淋淋的历史图景使她们的心灵受到极大震撼。回国以后，她们受良知的驱使，开始在课堂上说明日军侵华暴行的历史真相，却引发一些天真无邪的少年儿童的质疑：

"老师讲的历史为什么与课本（指文部省掩盖日军侵华暴行的部分教材）不一样？"老师耐心给以解释，带领学生参加铭心会访华团组织的中日学生联合夏令营；除参观侵华日军南京大屠杀遇难同胞纪念馆及其他历史遗址外，还参与向受害者或其遗属取证等极有意义的活动。这些活动吸引了越来越多的中小学生，甚至有些家长也连带受到强烈感染，陪同子女一起访华参加纪念活动。1997年8月中旬，我在侵华日军南京大屠杀遇难同胞纪念馆参加过中日学生夏令营的授旗仪式，与这些日本中小学生亲密交谈，并且为他们拍下若干照片。同年12月13日，我在东京纪念南京大屠杀60周年大会的会场，居然与四个月前曾经交谈过的两个中学生重晤，他们这次都是随着父母来参加大会的。此次关西之行，我又看到了年前在南京见过的若干熟悉面孔。他们正处于幸福的童年，理应享有更多的欢乐与生活情趣，但他们却如此专注地关心着中日友好与世界和平，为与他们本无直接关联的六十多年前的一段历史公案寻求公正的结论，他们稚嫩的心灵能够承受如此的历史重负吗？看着他们那一张张花朵般灿烂的小脸，还有那清澈如水的眼神，我的内心流泪了，流血了。

松冈环本来是出于良知驱使而采取个人行动，结果却在关西地区引起越来越大的连锁反应。神户、大阪、冈山、京都、名古屋……这些城市的零散正义斗争逐渐聚集起来。如果说这些斗争原本是分散的珍珠，那么铭心会便是把许多珍珠串联起来的丝线，至少是若干串索之一。"心事浩茫连广宇，于无声处听惊雷。"普通老百姓似乎是沉默的群体，然而觉醒起来的人民却蕴藏着无穷无尽的力量。历史上的最强者是谁？不是帝王将相，不是英雄豪杰，是数以亿万计的广大人民群众。百姓似水，"水能载舟，亦能覆舟"，这层道理连一千多年以前的那位明智的中国皇帝都悟透过。而且百姓又不是一般的水，那是无边无际的大海，一旦风起潮涌，潜藏海底的雄伟能量尽情宣泄，任何逆历史潮流而横行霸道的强者都会面临灭顶之灾。希特勒、墨索里尼、东条英机……这些所谓强人，不是一个一个被牢牢钉死在历史的耻辱柱上吗？他们曾经建立的昙花一现的强权统治不是消灭于俄顷吗？松冈环个人的力量毕竟是有限的，但是她既然是伸张正义，争取和平，便赢得越来越多老百姓的心，这些联结起来的日本人的心，又是与中国人、韩国人、朝鲜人、缅甸人、印度人、巴基斯坦人、孟加拉人、斯里兰卡人、菲律宾人、马来西亚人、新加坡人、印度尼西亚人，乃至世界各国人民的心相连相通，必将形成一股无与伦比的伟力，一股汹涌澎湃的潮流。这也就是林伯耀、松冈环们能够经常满怀信心奋勇前进的原因之所在。

2002年8月中旬，松冈环再次率铭心团来华访问，从她个人来说这是第十七次访华。如果从1987年算起，她几乎每年都要来中国一两次，正如人们所说的那样："或参与南京大屠杀史研究会，或采访南京大屠杀幸存者，南京城的大街小巷和郊区的农民家庭都留下了她的身影和足迹。"此次访华日程增添了武汉，她很早便来信联络，要我再次为访华团做报告。不巧当时我正好去汉城开会，只好委托与我合作研究南京大屠杀的刘家峰博士与武汉大学历史系博士生朱长义共同接待，同她们一起座谈侵华日军在武汉的各种暴行。她们的真诚与执着使年轻一代的中国历史学者深受教育，同时对于武汉地区的侵华日军暴行研究也是有力的鞭策。离开武汉时，松冈环代表访华团托刘家峰转交我两件礼物：一是她编著的新作《南京战·寻找被封闭的记忆》，一是全团成员在一幅红旗上的签名题词。

《南京战·寻找被封闭的记忆》一书的副标题是"侵华日军原士兵102人的证言"，是铭心会与旅日华侨中日友好促进会等社团自1997年秋开始分别在东京、名古屋、大阪、广岛等六个城市设立"南京大屠杀情报热线"，千辛万苦追寻曾经参加过侵华战争的老兵，激活曾在他们头脑中封闭半个世纪以上的记忆而成的证言文字，此项工作难度之大与用力之勤可想而知。此书由日中和平研究会策划，东京社会评论社于2002年8

月15日出版,松冈环带着刚刚问世的心血结晶作为访华珍贵赠礼。此书开头有日本平和学会内海爱子的序言,正文第一部分是松冈环有关士兵调查情况的介绍与分析,第二部分是林伯耀有关南京大屠杀历史背景的论述。第三部分证言乃是本书的主体,内容包括:一、南京沦陷前扬子江一带的集体屠杀;二、南京沦陷前后——城内与城门附近的屠杀;三、陷落后的继续集体屠杀;四、中国女性遭受的性暴力;五、"征发"、放火、强制劳动。这本书一出版就备受日本各界关注,据朱志凌介绍:"当《南京战·寻找被封闭的记忆》日文版在日本出版后,不到三个月的时间,由于其真实可信,日文版已加印七次,很快在日本销售一空。日本右翼势力气急败坏,赤膊上阵,攻击松冈环和书中作证的原士兵,骂他们是日本的'卖国贼'。就连播出松冈环提供的采访录像带的朝日电视台也受到了攻击。而右翼的所作所为并没有削弱该书的影响力,同样,朝日电视台的节目也在日本赢得了高达2000万人次的收视率。日本右翼势力的猖狂并没有压垮松冈环女士执着的信念,她觉得四年倾注了心血的调查,很忙碌也很充实。因为留下了原士兵们被封闭的记忆的记录,是战胜了"大山似的困难"(《中华读书报》2002年12月11日)。

精诚所至,金石为开。松冈环啊,松冈环!你真是一个坚强刚毅的"金刚环"(两年前在大阪告别时我给她的评语)。

红旗上留下以松冈环为首的铭心会访华团二十几位成员的签名与题词。例如:

松冈环:历史应该明确无误。

崎山昇:被害者的痛苦铭刻在心,因而发誓反对战争。

高地良由经:珍重生命,珍重历史。

新海智广:为了创造美好的未来,目光也应注视过去。

高口悦子:让历史真相永远流传。

木村司:从正视事实开始。

高实康稔：让历史共识成为日中友好的基础。

森一女：侵略军靴的声响，被高扬的反战呼声淹没，不忘南京。

浅田义信：反对"有事法制"，日本正在再次走上战争之路。

黑田薰：日本市民发誓不再拿起侵略的武器。

桥场典子：所知道的事情，所讨论的事情，不能忘却，不能回避，这是历史引发的沉重感受。

长崎门更月：战争、武力，什么问题也解决不了，和平友好应是我们现在的追求。

森正义：坚决反对战争。

增田实：给世界以和平。

……

锦旗正中集体署名与题词是——日中友好之翼，铭心会南京："前事不忘，后事之师。"

## 文明危机与世纪之思

我对人类文明危机关心已久，1989年春天，我在香港大学举办并有两岸学者参加的"章太炎、黄侃研讨会"上发表《〈俱分进化论〉的忧患意识》一文，已经明确指出章太炎在1906年对风靡一时的进化论进行深刻反思，他对"善恶俱进"的担心，"已经不再是传统士大夫那种古老忧患意识的简单重复，它突破了宗庙社稷、王朝系统的狭隘框架，也超越了忧国忧民、愤世嫉俗的固有格局，而是把自己的视野与思路引向更为广阔的空间与更为久远的时间。他关心的不仅仅是自己的民族与国家的命运，而且是整个文明、整个人类乃至人类栖息于其上的地球，地球运行于其中的宇宙的发展前景"。

海外游学近四年，更增进了我对文明危机的全球视野，所以回国之初即大谈人文精神,倡导人性复苏。但我最早形诸文字的却是在香港一次"基督教与儒学对话"的例行年会,人数不多,实为座谈,我也只交了一篇简短的发言提纲,未想到立即引发香港学者的关注,梁元生甚至打趣说:"应该让章开沅当文化部长。"回校以后,我正式写成论文——《文化危机与人性复苏》。以后发表在台北举办的两岸教会史研究现状研讨会,作为主旨演讲,会后由《宇宙光》杂志出版社结集出版。2001年,又由江苏人民出版社收入《我的文化观》一书。

1997年暑假,在南京举办的全国陶行知研究骨干培训班上,我做《新的时代,新的课题》主题报告,又简要介绍了上文的主要精神,向遍及全国为数众多的"小陶子"们呼吁:"时代呼唤人文精神,精神文明急需健康发展,而关键乃在于人类的自我完善,在于培养一代比一代更为健全的新人。在新的条件下,所谓新人至少应该善于处理三种关系:一、人与人的关系;二、人与自然的关系;三、人与电脑的关系……我们要像陶行知那样,永远走在时代的前面,走在教育改革运动的前沿,行其所知,行以求知,切实履行现今天降之大任,在实践中丰富与发展陶行知教育思想。我想,这就是此次陶行知研究骨干培训班意义之所在。"此时,正好国家教委组织相关学者编写《面向21世纪我的教育观:高等教育卷》,我在索菲亚大学百年校庆大会上的讲话《着眼于培养21世纪的新人》被收入,因为我的教育理念就是来源于陶行知的教育思想,我们华师走的就是晓庄道路,社会即学校,生活即教育,努力培养真、善、美的大活人。同年秋,我在华师为中南神学院举办的宗教文化研究生课程开学典礼发表《世纪之思》的演讲,我说:"作为20世纪人类的一个成员,自己也有负罪感,对后世不好交代。前50年有两次世界大战,死了许多人,后50年世界大战没有了,但局部战争不断,而且仍然用高科技杀人。科技的发展不一定都是人类的福音,当前人类最大的危机是精神文明的缺失。无论走到哪里都可以见到,单纯的物欲追求导致许多社会问题，资源浪费、自杀、吸毒、犯罪，还有环境污染，等等，人类还在自己毁灭自己。"我呼吁："全球有识之士不分信仰，不分主义，不分党派，不分国界，携手起来，采取一切健康有益的精神资源，建设新的人类文明，挽救全人类！"

20世纪是一个什么样的世纪？21世纪的新人究竟如何培养？人类文明应该何去何从？这些都是我在世纪转折年头苦苦思索的问题。2000年被称为千禧年，人云亦云，仿佛新世纪一来，天降吉祥，国泰民安，一片盲目乐观情绪。作为历史学家，我觉得有责任引导社会进行理性思考，对新世纪和新时代进行深刻的理性思考，不能像小孩过年那样陶醉于太平盛世的酣梦之中。2001年，我在台北举办的"20世纪的世界与中国研讨会"发表《时间变迁与宗教发展》，更为明确地宣布："21世纪已经来了，许多人都曾热衷于鼓吹新的千禧年的光明前景，我倒是更为深切地沉浸于世纪末的隐忧。当今人类文明（包括西方与东方）的最大缺失，就是重物质轻精神，重科技轻人文；而道德沦落与社会（包括国际社会秩序）失序，乃是弥漫全球的严重灾害。高科技的迅速发展，固然给人类带来物质生活水平的空前提高，但金钱追逐与利己主义的泛滥（包括个人、集团、国家等不同层次），也为人类带来无穷无尽的灾难，例如战争残杀、环境破坏、资源浪费、毒品流行、犯罪率增高、贪污腐败成风，等等。许多高科技的成就正在被某些人用于作恶，乃至威胁整个人类的生存。在这样的紧要关头，世界上一切有良知的人们应该迅速奋起，加强沟通，增进理解，寻求合作，发掘基督教与其他优秀宗教在内的文化遗产中有益的精神资源，营造人与人、人与自然和谐共处的新文化，共同挽救整个人类的沉沦。"

同年，在香港浸会大学举办的纪念辛亥革命90周年研讨会上，我做题为《珍惜辛亥历史遗产——以世纪意识为例》的演讲，认为"世纪"一词是辛亥那一代先驱者从海外引进的，而他们的世纪意识从一开始就与深层的忧患意识结合在一起，即所谓"国家兴亡，匹夫有责"。也许我们对世纪的了解比前人更多，而由于大众传媒的发达，"世纪"一词早已是家喻户晓。大约从1999年以来，全国乃至全世界都弥漫着日益高昂的世纪鼓吹，当然其中大多是对新世纪美好未来的企望，但也夹杂不少政治权谋与商业炒作，于是出现了"世纪热"，出现了"世纪话语权威"，甚至形成了世纪迷思，时间量度转化成为价值标准。这种浅薄的千禧年狂热极其深远，又是百年前那一代首先在中国宣扬世纪意识者所难以想象的。今昔相比，我总觉得现今流行的世纪话语，缺少几分当年的真诚，更缺少当年那么深沉的忧患意识与强烈的自我鞭策。不过事实是最好的教师，正当许多人纷纷把新世纪挂在嘴上，映在荧幕上，涂在招牌上时，无论在世界还是在中国，都出现一系列令人震惊的事件。当代"八国联军"侵占科索沃，以高科技为手段的狂轰滥炸，殃及我国驻南斯拉夫大使馆。纽约世贸大楼的轰然倒塌更象征着恐怖主义浪潮严重威胁着全球人类。人类心烦的事还多着呢，环境污染、资源浪费、艾滋病蔓延、吸毒与犯罪率猛升，还有那挥之不去的世界金融危机与经济萧条的阴影……全球化使我们可以分享现代文明的福祉，全球化也使我们必须分担现代文明的灾难，任何一个国家都与世界连成一体，任何一个国家都难以独善其身！因此，我们在考虑21世纪中国的命运时还必须同时考虑全人类的命运。

"治学不为媚时语，独寻真知启后人。"有担当的人文学者更应该勇于发出自己的正义呼声，所以我此后转向更为频繁的国际对话，而首先就是与日本创价学会的池田大作先生长达近两年的对话。

## 与池田大作对话

我很早就仰慕池田先生，但有机会与其相遇并开始对话，是在2005

年12月13日。初冬晴好的天气，牧口纪念馆周边为群山环绕，远处可见富士雪峰，树林五彩斑斓。我们一见如故，从握手开始便敞开心扉，通过对话而逐步相知。

不到一年时间，我发现我们的国籍虽然不同，但彼此的经历与思想都有许多许多相似之处。

我们都是在战争中长大，而且饱经战祸苦难的那一代人。

我们都曾少年辍学，在社会底层从事卑微劳动，因而从小就同情劳苦大众。

在二战后期，我们都曾服过兵役，但却没有打过仗。对于日本发动的侵略战争，池田先生秉承创价前辈的良知，旗帜鲜明地反对不义战争，在这方面我们的心灵又是相通的。

我们都爱好文学，崇敬鲁迅；我们都敬仰孙中山、周恩来；都喜欢汤因比，都认识到树立正确历史观的重要性；还有其他许多相同或相近的志趣……

我们是幸运的，因为在人生的漫长道路上都曾得到良师的导引，特别是他们为世界和平与社会公正而奋斗的崇高精神，已经成为我们终生的指路明灯。

把生命作为价值核心的牧口常三郎先生，坚决反对日本对中国与亚洲的侵略战争。并且于第二次世界大战爆发之年创立创价学会，最终在1943年被捕入狱，1944年以大无畏的英雄气概病死于狱中。当时，已经发展到三千余人的创价学会，在军国主义的白色恐怖下几乎濒于瓦解。与老师同时被捕入狱的学会第二任会长户田城圣先生坚强不屈地活到日本战败之年，并且在狱中读完《法华经》，进一步理解"佛即生命"。出狱以后，他重新振兴创价学会，并且在1956年的机关杂志《大白莲华》上宣布自己的"协作与共存"理念："不能为了日本民众的幸福而牺牲其他国家民众的幸福，也不能为了美国民众的幸福牺牲日本民众的幸福。

图53 2007年春在创价大学与池田大作交流

要实现一个世界人民都能幸福快乐繁荣的社会,在这样的社会中,每个人也都能幸福快乐"。1957年,即户田先生逝世的前一年,他面向5万青年庄严地发表《禁止原子弹宣言》,这可以看作是创价学会从事和平运动的源头。

池田先生接任第三代会长以后,把创价学会发展与促进世界和平更为紧密地结合起来。他认为:"我们要超越国家和体制的壁垒,播种和平与友谊的种子。希望通过这对话,通过信义之心,将这个割裂的世界连接起来。"他是这样想的,也是这样做的,满腔热忱,不辞辛苦,走遍世界各地,到处播种和平与友谊的种子,呕心沥血为人间增添祥和。创价学会如火如荼地蓬勃发展,特别是创价学会国际组织(SGI)的正式成立,标志着创价学会已经成为世界和平运动的强大支柱。青出于蓝而胜于蓝。池田先生为促进世界和平伟业而作出的贡献,已经极为出色地实现了老师当年的遗愿。

尽管我为世界和平所作的贡献不能与池田先生相比,但也有一位深受人们崇敬的老师——贝德士博士。他于1897年出生于美国俄亥俄州一个传教士家庭。1916年在本地哈莱姆学院本科毕业，随即得到罗德奖学金（Rhodes Scholarship）到牛津大学专攻近代史，1920年以优异成绩获硕士学位。就在这一年自愿接受教会派遣，来到中国南京金陵大学工作，直至1950年离华返美，前后有30年之久。1946年至1948年，我曾就读于金陵大学历史系，有幸得到他的教诲与关切，给我留下颇为深刻的印象。

但是，贝德士老师对我的重要影响，并非在他生前而是死后。1988年夏季，我利用学术休假前往耶鲁大学神学院图书馆查阅中国教会大学历史文献，无意之中突然发现贝德士博士的档案全宗，其中竟然包含他保存的1937年12月至1941年有关日军在南京大屠杀罪行的大宗实录。正是透过这些充满血泪与悲愤的文献，我才真正认识了自己的老师。

1937年7月抗日战争全面爆发，金陵大学于11月全校西迁。贝德士其时尚在日本访问，奉校长之命赶回南京以副校长名义守护校产。他是南京安全区国际委员会的创建者之一，随后曾任该会主席。当日军在南京大肆烧杀淫掳时，他和二十余位外国人士组成的小团体，还有一些与他们同样勇敢献身的中国同事，夜以继日地从事救援工作，把难民接收到安全区，千方百计为他们谋求住所与食物。他们不顾个人安危，努力救援那些在恐怖浪潮中历经苦难的受害者，常常在日军刺刀与华人受害者之间，用自己的恳求、争辩乃至身躯去保护难民。贝德士的信念是："宗教信仰认为善事是由于其自身的原因而值得去做，即令是在一个邪恶统治的世界。"他曾在南京最为混乱而又悲惨的日子里，对远处的友人倾诉心曲："我同其他人一样明白整个局势的严重与黑暗，在这里很难找到公理与正义。个人自身的问题早就有了回答。基督徒努力履行自己的职责，用不着为自己的生命担忧，只会为自己难以满足巨大的需求而感到愧疚。"

贝德士是真诚的基督教和平主义者，他的感情是超越国界的，他热爱中国人民，也热爱日本人民，当然也热爱美国与其他各国人民。他希望中日两国之间友好相处，更希望世界各国之间友好相处。他在日军残暴统治的人间地狱——南京，向全世界发出悲壮的宣告："给全球以和平，给人类以慈悲。"（Peace on earth, goodwill to man.）他反对战争，但不是不分是非地笼统反对战争，而首先反对的是以强凌弱的侵略战争。1937年夏，是他在日本最早发出日本侵华战争迫在眉睫的信息；1938年初，又是他最早向全世界揭露日军在南京大规模屠杀中国平民的惨痛信息。还是他在1946年东京审判中作为证人为南京大屠杀的受害者仗义执言。他面对暴力而无所畏惧，鼓励人们："勿被邪恶征服（Be not overcome of evil）"，而且还要努力"以善胜恶（Overcome evil with good）"。正是这种伟大的精神力量，鼓舞着国际委员会这个小小的群体，为援救数十万南京市民而与日本侵略者进行不屈不挠的抗争。

贝德士不仅坚决反对日本侵华战争，而且还严厉谴责本国（美国）政府对日本军国主义的纵容乃至支持。他在1938年11月给友人信中诉说内心的悲愤："南京城内美国和平主义者生活的严峻特色之一，是连续几天亲眼看见成百架轰炸机群飞过的情形，有些载着美国装备，而且几乎全部灌满美国汽油。江面上连绵不绝的（日本）军舰是用美国汽油驱动的，公路上数以百计的军用卡车也是通用公司和其他美国厂家制造的。加上获悉其他在美国的和平主义者正在谴责美国政府因害怕得罪法西斯国家而断然反对通过国际合作走向世界政府蹒跚的第一步，反对取消与侵略者的经济伙伴关系，从而使世界上的弱国横遭蹂躏。难道善意对于他人还有什么胜于强权的实际意义？富国应该为大家的公益做经济调节，而不应以武装的贪婪掠夺他们弱势的邻居。"

正是贝德士老师留下的宝贵遗训，特别是他那崇高的人格魅力，指引我坚持不懈从事揭露历史真相与维护世界和平的正义斗争。1988年以来，我参与北美对索赔会的创建及其举办的各项活动。1991年以来，我更花费大量时间与精力研究日军南京大屠杀罪行，不仅出版了许多重要论著，而且还多次应邀前往日本，与日本及其他各国众多有良知的人士一起，揭露日军战争罪行，维护二战历史真实，通过多种形式反对侵略战争，争取世界和平。每逢参加这些活动的时候，我都仿佛听见贝德士老师的呼唤："给世界以和平，给人类以慈悲。"

我曾多次强调：我们回忆充满恐怖与罪行的往事，绝不是为了复仇，而是为了寻求真理与伸张正义；同时也是为了汲取历史经验，用以教育人民，特别是教育青年一代。在21世纪的今天，和平与发展虽然已经成为时代的主旋律，但是战争的根源仍然存在，大大小小各种各样的战争在许多地区仍然连绵不绝，人类仍然在自相残杀，而迅速发展的高科技更不断推进这种残杀的程度与规模。因此，用历史来教育人民，唤醒亿万人民反对侵略战争并努力消除战争根源，乃是我们理应承担的时代使命。

正是这种共同的使命，驱使我与池田先生殊途而同归，由相遇而相知，携手合作为维护世界和平与社会公正而奋斗。我想，这不仅是两位老人之间友好结交的故事，也是我们共同举办这次研讨会的背景与宗旨。

我与池田的首次对话是在2005年12月13日，这正是68年前日本侵略军攻陷南京并进行大屠杀的纪念日。上午在八王子创价大学隆重举办授予荣誉博士学位典礼。仪式简短然而气氛极为温馨，由学生致辞并唱歌，诚朴可爱。中午与校领导餐叙，无非是每人一盒较精致的便当，谈话亦简明扼要，无非寒暄而已。餐后即会见池田大作，两人一见如故，随即宣布会谈开始，主要是个人自我介绍家世、童年以及青年时代的成长经历与恩师等等，会前发有简单的提纲，但餐叙非常随意，没有任何空洞套话。晚上与校长在风景秀丽的莺啼园畅饮欢叙，菜肴十分精致。

此次正式会谈原定只有一个半小时，但实际上延续了两个多小时，而事先事后都有一系列的准备与后续工作。我的会谈对象虽然只有池田，但他背后有一个团队支撑，根据我的多次接触，主要是创价学会国际部的几位骨干，其中还有一位来自中国的大学女教师（已嫁日本学者，且已入籍）。这次正式会谈以后，考虑到我与他因年事已高且未退休，为减少来往奔波，干脆通过电子邮箱，采取网上交谈方式，并且每次都有主题与简单的说明。经过一年多的频繁交流（包括电话、邮件），终于圆满结束。全部文字材料交日本第三文明社连载（每月一期）刊出，总共12章，然后结集出版，名为《人間勝利の春秋——歷史と人生と教育を語る》。内容为："战争时代与青春"；如何面对历史；逆境之下彰显师徒情谊；青年是未来的希望；"大学使命"与"建校精神"；教育是"价值创造"的圣业；通过文化交流缔结友谊之心；实现和谐友好的亚洲；日中邦交正常化提议以来40年；与青年共创未来；走向"人间革命"的征途；展望22世纪。第三文明社的月刊，是创价学会的机关刊物，以多种语言出版，发行遍及世界。

但是，用这样的方式也很难全面而准确地记述对话的内容。首先，它是面向为数众多的各界公众，有些比较艰深的对话只好大段删节；其次，刊物是创价协会下属单位，编辑者自然更多注重宣传池田的思想与话语；第三，刊物本身篇幅就有限制，因此也存在某些因删节过多而有损对话原意之处。正因如此，金庸与池田对话后，干脆由《明报》出版社自行编辑出中文版。我在中文版中也有所补救，并且借出版完整文集时，把被删节的若干内容也收入以供读者参考。

总的来说，此次对话相当融洽圆满，而且还有许多意外的收获。一是与涩泽荣一的曾孙雅英结识。他抢先在12月9日把我们接去飞鸟山参观规模宏大的涩泽荣一纪念馆与博物馆，共同商讨如何加强涩泽荣一研究（与张謇研究相结合），并且初步议定在华师设立涩泽研究中心。雅英还接受我们邀请，2006年10月来武昌参加纪念辛亥革命95周年研讨会。二是我们在千叶开会时与宫崎蕗苳母子重晤，会后又专程去其西池袋住宅参观家藏珍贵历史文献，并商定由我负责出面谋求在中国出版。三是日本大学小滨教授在14日也邀请我去为学生演讲《文化危机与人性复苏》，由于有华师日语系李俄宪教授陪同且亲自翻译，所以效果甚佳，会场坐得满满，许多学生自己带着椅凳挤着坐，据说前所未有。最有意思的是有位热心研究南京大屠杀的老师以为我一定会揭露日本军国主义罪行，竟带着二十多位年轻学生从埼玉赶来，却未想到我是在大讲对话交流，共同挽救人类文明危机。会后大家相顾大笑，不过也觉得有新的启发。

此次出访完全是个人学术交流，没有任何其他背景。虽然循例出国访问必须经过教育部外事局批准，但主要是利用纪念同盟会成立100周年，经由千叶大学发出邀请而成行的。最初住在千叶大学，会后才由创价大学安排住在新宿王子饭店。而此前与创价大学交流，则主要是由武汉大学陈锋策划运作，因为他已经担任创价客座教授。他首先是与马敏商议，经过我与池田双方同意后，才促成此次具有深远意义的对话。因为我曾任校长，中国驻日使馆曾在会谈前夕（12月12日）由教育参赞出面宴请我与马敏，也无非是礼仪性叙谈，丝毫没有涉及我们个人与学校的交流活动。不过由于我提交的论文讲的是百年以后看同盟会的成立，自然会涉及中日关系，而我最后又脱离讲稿，加上一段即兴发言，大意是中日两国必须和平相处，"合则两利，斗则两伤"。恰巧是这段话引起池田关注，因为他一贯都是促进中日友好交流的，并且经常提到周总理当年对他的亲切嘱托与期望。创价学会虽然是一个带有宗教性的团体，但池田本人却始终参与日本的政治活动，据创价学会国际部人士透露，他在与我会谈之后，当晚就去拜访时任首相的安倍，认为中日两国朝野都有改善两国邦交的愿望，希望自民党能够顺应民意，破解双方长期对抗的僵局。安倍当时表示愿意有所作为。池田随即拜访时任驻日大使的王毅，希望把这个信息转达给北京，于是几经双方政府反复磋商，最后促成温家宝的"破冰之旅"。

创价学会国际部人士的叙说难免有溢美之言，但池田从青年时代开始就反对日本军国主义侵华战争。"二战"以后，日本追随美国，继续敌视中国，他作为创价协会第三任会长，不畏右翼势力的猖狂攻讦，公开呼吁日中友好，恢复正常邦交，这些也是人所共知的事实。至于我在纪念同盟会100周年之际讲的所谓"八字真言"（即"合则两利，斗则两伤"），那也是我一贯的想法，并非信口开河，但也绝无他人授意。

## 追踪樱花之旅

2006年中日两国关系明显有所改善，民间交流更趋频繁。暑假期间，我专程到关西大学接受荣誉博士学位。华师的池田大作研究所正式运行，并且在10月中旬举办了池田思想的研讨会，会后还出版了论文集。同时，湖北省举办纪念辛亥革命95周年国际学术研讨会，除了日本学界老友以外，还有涩泽雅英与宫崎蔟苓母子都作为日本友好人士后裔参加。会后雅英又亲自参加了涩泽荣一研究中心的揭幕。这一年我正好80岁，颇有迟暮之感，曾经偶然流露过遗憾，因为我虽然经常访问日本，可惜却错过樱花盛开季节。言者无意，听者有心，创价学会前来开会的代表立刻把这个信息透露给池田。池田非常重视，提议按照过去惯例，对话录正式出版后必请国外对话者到日本与池田再正式会晤一次，可以由创价大学邀请章先生参加春季开学典礼。雅英得知后，也表示可以联合邀请，让章先生在有生之年把樱花看个够！华师领导当然乐观其成，当即决定委托外事处经办此项活动。

这就是我们自称的"追踪樱花之旅"。

创价大学为我们做了精心准备，连开学典礼时间都选定在樱花最为盛开的一天。我与怀玉在曾支农（华师校友，毕业于东京大学，获博士学位，已定居日本）陪同下，于2006年3月30日早晨出发，11时到达上海。上海校友有专人来接，乘磁悬浮快车至浦东干部培训学院，餐叙并参观校园。下午2时许又乘磁悬浮至国际机场，东京时间晚8点25分到达成田机场。创价学会、第三文明社代表偕李俄宪（正在创价大学访学）来接，若江老校长代表池田在王子饭店大厅迎候，并朗读池田欢迎词，盛情感人。

3月31日上午，支农、俄宪陪同出游，樱花大道沿途花朵浓密似云。至靖国神社，游人更多，有各色小摊（全国各地前来），并有民间歌舞表演。中日友协亦设有摊位，售卖其出版书刊、画报。摊主为该区日中友协事务局局长，热情款待并赠送周恩来纪念刊及其他相关图片。此乃樱花之旅的开始。

当天下午，与第三文明社大岛社长、平木滋编集长商讨对话录结集出版事宜，拟于明年分12期连载完毕。第一章已译中文稿，交我审阅。晚上创价学会驻北京代表高桥以和式料理宴请，老友相聚，叙谈甚欢。

4月11日上午，阅对话录第一章中文译稿，11时久保田文次夫妇来，邀至附近"京办怀石"餐叙，详叙最新资料收获及宫崎家藏文献出版事宜。下午第三文明社专访并制作录像，主题仍为对话问题。晚餐品尝鹿儿岛牛肉火锅，并品评西乡隆盛及西南战争，谈兴甚浓，深夜始散。

4月2日去八王子，在啼莺庵午餐。园内外樱花灿烂，菜肴精美，尽显日本料理之风雅。餐后在创价大学行政楼小憩。下午2时至演讲大厅，参加开学典礼，另一对话人是巴西哲学家，亦被授予哲学荣誉博士学位。池田亲自为新生讲演，亲切如同家人，师生互动异常热烈。会后池田夫人与怀玉单独晤谈家常，以姐妹相称。随即参观校园内之东京富士美术博物馆，主题为"文豪视野与印象派画展"。晚上由高桥等陪同至昭和馆（森林饭馆）品日式中华料理，共同庆祝新学期开始。

以下是我在创价大学所作的春季开学祝词：

我对樱花情有独钟，特别是希望有机会在日本亲眼观赏樱花节的盛况，非常感谢创价大学与第三文明社为我与内人提供此次良机。

曾经在名古屋大学进修过的李雪梅女士，以诗一般的语言吐露自己观樱的感悟："樱的海洋是由一朵朵的花、一片片的瓣所组成，而一个个的日本人，从一朵朵的樱花里、一片片的花瓣上，潜意识地、隐隐约约地看到了自己，因而从内心的深处，萌生一种难以名状的感动、认同和共鸣。在樱花盛开的季节里，日本人会成群结队去看樱、去赏樱；人的潮、花的海，那花就是人，那人就是花。让人很难说清哪里是花，哪里是人。"（《日本，日本人，日本文化》）

李女士认为日本人与樱花之间有一种"绊"，即血缘一般的纽带与情结。我理解这种诠释，不懂樱花就不懂日本人。

记得抗战胜利后，我从中国军队退伍回到老家。由于老家房子既大又多，战时曾被日军强占作为营房，战败匆匆撤走之际在仓库中遗留一些乱七八糟的废弃物品。有一天，我的弟弟好奇，居然翻检出一台唱机与几张唱片。唱片已经旧损不堪，但有一张是李香兰大约在南京慰劳军队唱的歌，总算能听得清楚。歌词早已记不全了，只有一句却始终嵌入我的心中："生命如落花，睁开眼在战场，梦里回了家。"因为这一句反复出现好几遍，而且音色略显凄凉，具有较大的感染力。尽管战争有正义与非正义的区分，但作为也是退伍军人的我，对于日本士兵这种思乡之情与无奈之感，多少能够有所理解，而且确信那"落花"一定就是樱花。

樱花盛开固然是美，落英缤纷同样也是美，甚至在某种意义上更美。据说周恩来总理在中日恢复正常关系以后，曾想到日本观赏樱花但终于未能如愿。随后由邓颖超女士代表他实现遗愿，可能到日本时已错过樱花的盛期，但她却对遍地厚积的樱花赞不绝口，"壮美"两字正好点明了樱花的精魂。

在我的记忆中，晚清诗人对"落花"之壮美最为赞叹的当数龚自珍。

其佳作《西郊落花歌》一扫惜春伤逝之类陈词滥调，以雄奇昂扬的诗句赞美落花："如钱塘潮夜澎湃，如昆阳（今河南叶县，以昆水之北得名。公元23年，刘秀歼灭王莽主力军于此）战披靡；如八万四千天女洗脸罢，齐向此地泼胭脂。"诗人瞑目观照，神驰"落花深四寸"的西方净土，并且引吭高歌："安得树有不尽之花更雨新好者，三百六十日长是落花时。"我不知道他是否见过樱花，但我认为这首绝妙好诗最适合于咏叹樱花。

当然，我们不应忘记，他在《己亥杂诗》中尚有佳句："落红不是无情物，化作春泥更护花。"这已经是从生命意志或生命冲动的角度，把落花的壮美提升到更高的思想境界。

我们也难以忘记，池田大作先生在第二届特别文化讲座《谈革命作家鲁迅》的精彩开场白："'寒凝大地发春华'，这是鲁迅先生的诗句。经受了冻结大地的严寒，春花怒放。人生、社会也如此。跨越重重考验，青年一代绽开胜利之花，灿烂馥郁。阳春三月，对于我们是特殊的月份。在可爱的创价大学、创价女子短期大学及创价学园接受熏陶的年轻英才们茁壮成长，3月份毕业，振翅起飞。"

当然，阳春三月作为特殊的月份，也因为新生是在此时入学。我和你们一样，一进校门便看见创价大学的美丽校园，特别是那满山遍野的灿烂樱花，到处都洋溢着人性的温馨，蕴含着生命的意义。到创价大学就是接受人本教育，就是寻求生命的意义，这与我之服务终身的华中师范大学的宗旨正好相同。

同学们，希望你们珍惜在校学习时间，不仅学知识、学技能，更重要的是学做人。你们仿佛是雏鹰，抓紧锻炼自己的身心，养精蓄锐，蓄势待发，我们和在座的所有老师们一样，期待着你们未来的振翅高飞。

祝创价大学兴旺发达，成为覆盖全球的一流大学。

祝我们两校之间与两国之间永远和睦相处，友谊长青。

让我们共同努力，实现陶行知先生与创价大学三任会长的共同愿望：

爱满人间。

4月3日，晨起，烟雨蒙蒙，山林如洗。为池田与创价题词："大雪无痕，大道无形。上善若水，泽润众生。""沧桑易使乾坤老，风月难消千古愁。多情唯有是春草，年年新绿满芳洲。"

11时离开昭和馆，大雨中驱车过浓密森林，别有一番豪情。下午去创价女子大学，学生列队热烈欢迎，又复开大会为怀玉授最高荣誉奖，表彰怀玉为教育与家庭的勤劳奉献。学生年轻可爱，携手为怀玉76岁生日齐唱"Happy birthday to you"。怀玉致谢，并勉励女生自强独立，乘风破浪，勇于进取。颇得师生认同，长时间热烈鼓掌。

授奖仪式结束，回京王饭店稍事休息，晚上又为怀玉在中餐馆举办"生日会"。创价学会新任理事长、女校校长、第三文明社编辑长与高桥等出席，无蛋糕而代以面制精美寿桃，怀玉简单致辞答谢，并将田彤精心制作的《金婚吟》纪念卡分赠日本友人。池田夫妇亦托理事长代赠其伉俪合影。

4月4日上午在宾馆休整，下午专程去女性会馆参观。此馆乃池田为夫人所建，借以表彰其终身勤劳仁慈，陈列文物、照片甚多。随即访问民主音乐协会，亦为池田所建，富丽堂皇，可以举办大型音乐会。楼上有钢琴博物馆，从最原始的简易钢琴到百余年来世界各地各种名琴，琳琅满目，美不胜收。北京中央电视台正在此馆拍摄纪录片，当场也对我们进行访谈。馆长亲自讲解，非常希望与中国友好交流，特别是期盼与华师音乐系对口交流。参观结束恰逢大风雨并明显降温，只好在车站附近"信州"荞麦面老字号避雨御寒，每人一大碗鸭汤荞麦面，热气腾腾，全身舒泰。

4月5日上午，怀玉、俄宪用电脑整理近日大批照片，我独自检阅池田所赠各种书刊。下午3时，池田派人来做对话电视，会谈1时许，一气呵成，因已有文字交流基础，并非即兴发言。晚上创价又在宾馆44层楼以正统法国菜宴请饯行，因明日即改由涩泽财团接待。

4月6日上午整理行李，中午创价协会理事长一行前来送行，若江老校长又亲自宣读池田告别词。午餐后又派车送至赤坂王子饭店，这是最老的王子饭店，凭山而建，气势雄伟，是涩泽雅英为我精心安排的住所。下午与怀玉外出到御河边散步，樱花犹盛，杜鹃嫣红，两相辉映，景色绝佳。4月7日上午逛电器超市，下午休息。晚至御河边小街香港饭店食泡菜、皮蛋凉拌豆腐、清炒竹叶菜等清淡菜肴，略变换口味。归途毛毛雨，持伞徐行，御河边花径曲折，樱花夜景更美。

4月7日，中国使馆教育处吴明（原华师外事处人员），邀至其家午餐并游览市容。回宾馆晚饭后，又复去御河边散步，尽情享受樱花夜景，颇有"暮春三月，江南草长，杂花生树"之诗意。

4月9日上午，雅英偕小松、木村、井上、于成来访，在王子饭店老馆客厅正式会谈。商讨共办学术讲座，翻译《涩泽荣一年谱长编》等事甚详。雅英对"涩泽荣一学术讲座"期望甚高，并愿亲自出面，邀请世界各国一流学者演讲，地点在关西与华师两所大学轮流举办，希望能成为共同维护亚洲和平并建立亚洲共同体的平台。旧馆为昭和年代建筑，古旧典雅，环境亦较新馆幽静。但入住率低，不如新馆熙熙攘攘，可能价格差异使然。雅英乃世家子弟，怀旧显阔常不惜工本。中午又是正统法式午餐，精美量少，聊以果腹，但服务规格则一应俱全。下午支农陪同去上野公园，樱花盛期已过，但残樱依然壮观，且多贵重品种，如八重樱、垂樱等，依然缤纷灿烂。惜春寒料峭，未能畅游。

4月10日，天气晴好，上午驱车直奔飞鸟山公园，此地原为涩泽家旧宅。与雅英、小松、井上等商讨联合巡回展览计划。地点初步确定为密苏里、关西、华师三所大学，南通博物院与南京大学商学院，以人物为主，社会背景为辅，涩泽荣一为主轴，辅之以各地历史人物（如张謇、张之洞等），经费共同分摊。并推华师为大陆各地协调，5月在武汉正式讨论，然后涩泽财团派专人去南通、南京等地考察。7月在东京召开一次各参展单位承办人会议，商谈结束，由井上馆长亲自陪同参观涩泽荣一纪念馆、青渊文库（藏书楼）、晚香庐（荣一住宅，取自"菊花晚节香"诗句）。园林青葱、八重樱盛开怒放，雅英自豪云："飞鸟山樱花不逊于上野。"

4月11日，晨起至千代田区附近街道散步，樱花尚未落尽，杜鹃、丁香接踵盛开，树林苍翠欲滴。忽见巍峨山坡上的大久保利通悼念碑，盖此地近皇宫，大久保就是在这里遇刺身亡。区教育局有文字说明立碑意义。下午支农参与迎接温家宝总理访日，系使馆安排，作为旅日华人青年代表。飞机到达时大雨骤至，天昏地暗，故电视报道亦不多。想必中日关系依然乍暖还寒，破冰不易，融冰更难。晚间井上开车来，把我们接至地铁站附近"吉祥"牛肉馆，在建筑最高层，可俯览东京市区夜景。涩泽夫妇迎候，行传统跪拜礼。怀玉反应敏捷，回礼如仪，我则膝盖僵硬，跪下几乎倾倒。菜肴精美，岩手牛肉尤柔嫩，下锅略涮即食，胜于东来顺多矣，可见农业改良空间之大，仅牛肉即有神户、岩手诸精品，据说最佳应属鹿儿岛。席间，支农匆匆从机场赶来，衣履尽湿，似已饿极，边进餐边谈接温盛况（可惜大雨倾盆）。涩泽谈兴甚浓，谈日本官本位，官强民弱，腐败已成痼疾。他曾在美国执教多年，对西方市民社会理解颇深，希望华师、关西等校加强研究，所言深得我心。怀玉赠涩泽夫人南京织锦，上有古代建筑、儿童嬉戏图像。夫人仔细欣赏，爱不释手，她正习工笔画，可资琢磨也。涩泽赠我荣一手书《论语》木刻本，亦属上乘。夜深告别，依依不舍，此为东游最温馨之夜。

4月12日，支农驱车，游东京湾人工岛，工程甚大，形如舰船，布局井然，多依功能分区。午餐为和式定制盒饭，颇精致，价廉物美，方便顾客。登高望远，可见八幡制炼铁所双高炉。撞祈福钟，为太平洋两岸儿孙祷祝平安。流连忘返，近暮始归。晚上日本经团联在王子饭店老馆举办盛大宴会，欢迎温家宝总理一行。周围戒备甚严，但宾馆内外自由通行，丝毫不影响市民与外来旅客之正常生活。少数几辆右翼宣传车呼喊反华口号，但行人毫无理睬。我们出宾馆到附近小街晚餐，又见新大谷饭店（温家宝总理及中国代表团住所）门前高架桥下，有二十余名中年妇女聚众叫喊但无人理睬，很像是被日本右翼分子临时雇用。回宾馆看电视，温家宝在国会演讲，大方得体，情理并重，受到热烈欢呼。中国新一代领导人平易近人，生动活泼，特别是参与棒球等体育运动，俨然投球老手，更喜得日本青年的喜爱。看来中日破冰已经在望。

4月13日，晨起偕怀玉登40层（顶层）进早餐，视野开阔，东京美景尽收眼底。早餐为和欧合璧，异常讲究。上午收检行李，支农来介绍温家宝近日活动细节。午餐后离开王子饭店，迁居AI City宾馆，车站附近，便于开始长途旅行。关西大学校长河田悌一托友人送其新著《本の風景》，系鉴赏中国书法的散文集，居然把我去年草写的"寒雪梅中尽，春风柳上归"（李白诗）收入，涂鸦拙品，贻笑大方矣。

4月14日，上午8时许，俄宪陪同至指定车站集合，9时乘游览车从Sun Rise Tr.（保朝日旅行社）出发。同行共31人，大多为华人，且多来自大陆的游客。导游内田江章，曾在北师大习汉语两年，发音堪称字正腔圆，沿途讲解老到。天气特好，云淡风轻，车流络绎，高速不速，正好风景如画，可以从容欣赏。车程约一时许，即可见富士山顶峰。随即进入山口，富士依偎身边。车从静冈穿过长距离隧道，直达山梨，真正是绕富士环行，前后左右、上上下下，一览无余。惜五合目以上仍然冰雪封路，只能在四合目下车游览。富士高峰，冰清玉洁，空气清新，顿觉超凡出世。午后下山，又复经原路绕富士环行，多处仍可饱览富士山倩容。随后在山脚乡村野店进餐，茅草木屋，长条桌凳，粗陶餐具，尽显原始纯朴，并有热腾腾火锅宽面条佐餐，正好疗饥休息。此处亦属富士山区景点，名字为"富士箱根国立公园河口湖畔'河口湖庄'"。山区高寒，东京樱谢几尽，本地山樱仍然怒绽，蔚然可观，山光湖色，别有情趣。随后又至"忍野八海"景点观光并购土产，游人如织，商品亦丰富多彩。摊贩日妇多习商业简单汉语，盛情兜售，但举止合度，并非强求。下午4时至圣山中湖温泉"红富士の汤"，是为开放式温泉，露天泡浴，且可观富士山景，与大自然融为一体。5时乘车离去，沿途又有富士倩影时时显现。近7时抵新宿，游客过半下车，7时半抵达终点东京站，正式解散，游客与导游司机郑重行礼惜别，直至8时始回到住处。今日之游快哉！

4月15日全日休整，俄宪电脑演示全部照片，量大且多佳品。下午旧友袁玉英从三重赶来。叙往事甚久，怀玉赠以湖州丝巾。晚间俄宪介绍涩泽交流项目细节，以及关西大学从两所合作发展为两校合作的建议。

4月16日早餐后俄宪辞别，回创价大学工作，支农亦回旅行社料理业务，派日籍职员高田早苗陪我们去浅草。雨渐大，但游客仍多，惜民间工艺品已不如1993年暑假丰富。下午大雨降温，急乘地铁至三田，转出租车回Jal City，起步价而已，早苗导游之功也。晚，陶德民电话，为关西大学申报科研基地落实事（文部省指定我为终审），又复商讨涩泽18日会晤事宜。

4月17日，小雨，上午写备忘录，准备与涩泽晤谈。怀玉为北海道旅行做准备，中午早苗陪我们去另一条小街吃快餐，有A、B、C三种套餐选择，店面甚小，顾客蜂拥而至，连楼梯过道都站满人，而秩序井然，进餐简便，流动率甚高。食品无非一主菜，一沙拉，一酱汤，但可口且量足，价廉物美。一切皆为顾客方便，节省时间、精力与金钱，是以生意火爆，享誉于外。饭后闲逛，早苗仔细解说，对了解日本基层民情颇有收获。下午休息。赵军夫妇先后冒雨赶来探视，晚上在二楼龙门餐厅吃坐桌自助餐，无需起立取菜，点击电脑即可送来，亦为一种便民措施。

此为淮系中华料理，清淡雅致。怀玉胃口大开，谈兴尤浓，深夜始散。

4月18日，上午驱车一小时至西池袋宫崎故宅，黄石出迎，蕗苓门口伫候，情挚意深。他们已为检阅文物作充分准备，取出许多以前未曾看过的珍品，希望能在中国完整出版，让世人共享。黄石夫人不断送来精致茶点，神态一如往常，惟第三代（一子一女）均已工作，家务业已轻松。儿子在电视台担任记者，成为"空中飞人"，孙女幼时极为可爱，现已在国土资源厅上班，因此两人均未能与我们见面。12时半兴辞，陶德民开车接至上野公园"东方红"中华料理店进餐，樱花已残，园内人稀安静，据说樱花盛时一座难求。德民主要是通报关西大学向文部省申报COE项目（相当于中国人文社会科学的科研与人才培育基地）进展情况。我因为教科书问题批评日本文部省数十年，但文部省却同意我为最后终审的两位资深学者(referee)之一，总算比较开明。下午2时40分，与雅英、小松、木村等在宏敞的车站咖啡厅商谈布展与交流诸事，依依惜别。

4月19日怀玉偕早苗又去上野游览并购物，我整日审阅关西大学申报材料，严谨、扎实、细密，体现名牌私立大学的优良学风与管理资质。该校提出"文化交涉学"的理论框架与本校特色，相当于中国过去的中西交通史，从"1对1"已发展成为"N对N"的文化交流（多元交流），特别强调交流过程与社会效应的复杂性与互动性，确有可能开辟一片学术新天地。团队成员大多学养丰富，各有成名专著，且有国外一流学者参与。最可喜者，首席科学家并非日人，而是众望所归的陶德民，可见关西的国际化眼光胜于关东。

4月20日上午，怀玉整理远行衣物，我草拟COE项目终审参考资料评估意见，字斟句酌，无一字不落实处，自觉大气得体，颇具全球视野。下午去椿山庄（原山县有朋府邸），正式宴请野泽丰，感谢他对华师与我们个人的关怀与帮助。随后支农陪怀玉买最新一代手提电脑（秋叶原电器商店，规模极大，品种齐全），7时许满载而归。

4月21日上午，行李装箱，邮寄书刊。12时吴明开车来送去机场，下午2时20分起飞，4时40分到达札幌机场后又乘车，车行约一小时到达札幌万丽酒店（Renaissance Sapporo Hotel），宽敞明洁，不逊东京。司机为日本人，华语娴熟，曾在北京新大谷分店工作16年，沿途热情讲解。老友藤冈喜太郎偕祖丽菲娅·买买提在大厅迎候。买买提来自新疆农业大学，已在北海道大学取得博士学位，平时与藤冈较熟，义务充当翻译。晚上到市区著名海鲜餐馆，品尝以清蒸大蟹为主菜的北海道大餐，蟹之体量极大，置于米饭上（类似文昌鸡饭）蒸，鲜汁融入洁白米饭，晶莹喷香。餐具备有大型剪、钳，亦体现北海道人之豪迈大气。深夜始回餐馆，顾客以华人居多，故服务员多能华语交流，华人尤以新疆来者居多。

这是初来日本北部边疆的第一个夜晚，企望已久的北海道之旅就此起步。

## 漫游北海道

4月22日，晨起，窗外即见雪山美景，运河潺潺流过，野鸭漫天飞翔。检阅北海道旅行资料，上午9时出发，沿途山峦起伏，积雪未融，颇有林海雪原情趣。车停于小樽，游览朝里川水库湖，有滑雪场地，游客多在峡谷及冰封湖上摄影留念。小樽原为贸易港口，衰落后改为历史文化游览景点。运河码头古老仓库建筑保存完好，新建筑力求与老港口情景协调。居民多以玻璃与制镜等手工艺谋生，产品琳琅满目。中午即在老旧仓库内进餐。下午游洞爷湖，遥望昭和新山（火山），犹有烟雾泄漏。驱车至湖边，距新山更近，登坡端详，此为距火山口最近之考察。司机笑云："不知何时何处火山又会大爆发，因新山仍然继续升高。"下午4时半返程，车程约两小时，藤冈与北海道其他友人已在宾馆三楼花城饭店迎候。藤冈作为长者首先致辞，回忆1978年初识于南京以来长期合作研究张謇之经历，并携来往函札作证，挚情甚为感人。余亦致辞答谢，盛赞北海道开发之成功以及北海道学者各方面之卓越贡献。菜肴为传统和式，且多本地风味。服务员均着和服，淡雅大方，服务殷勤。参与宴会者除日本友人之外，尚有两位新疆女学生充当义务翻译，而且都姓买买提。我在1982年新疆大学讲学时，历史系维吾尔族师生为我制作维吾尔语名片并赠姓买买提。于是三位买买提在北海道巧遇，合影留念。最后全体合影，怀玉与北海道大学张謇研究专家西川博文夫人互赠礼品，尽欢而散。

4月23日上午，怀玉偕支农去商店参观，我留宾馆准备讲演腹稿。下午2时藤冈来，同去北海学园商科大学东亚研究所及附设中国社会科学院北海道研究中心。为一二年级本科生讲演《中日关系展望》，听讲者挤满大教室，临时还不断增加座椅。西川与川端俊一郎共同主持会场，学生情绪饱满，提问也很热烈。会后与所内研究人员座谈，气氛更为轻松活泼，从小姐、爱人等称呼，直至谈及日本与中国（包括台湾地区）风土人情文化差异，不时哄堂大笑。晚6时与所内同仁在"忘梅亭"聚餐。和式菜肴，包间以"大雪""羊蹄山"等命名，均有当地风采。8时许，尽欢而散。

4月24日上午10时，藤冈陪同前往北海道开拓纪念馆，该馆设于森林公园内，建筑雄伟，且有高耸之纪念碑。由主任学艺员（近现代史）寺林仲明讲解，介绍颇为热心，展品也非常丰富，可惜三层展室琳琅满目，只能走马观花。中午在"味之时计台"（连锁店）品尝北海道拉面，号称拉面的"战国时代"，争奇好胜，此为其中最好的一家。门面虽小，但墙上贴满各国名流签名，其中不乏欧美总统、总理等高层人物。拉面味浓醇美，胃口大开。下午前往市中央区北海道总务部法制文书课文书馆，相当于道级档案馆，由总括文书专门员山田博司引导讲解。此次接待准备非常充分，首先分别介绍公私文书相关部分，编目与陈列一目了然，且可随时电脑检索。我最关心的重点是外籍劳工（华工）参与北海道开拓的相关文献，如招聘、申请、批准、合同、土地领取等等，还有刑事、民事诉讼资料，均有研究价值。最后，他们还把张謇《东游日记》中所涉及的人员与事件，集中供我逐一阅读。因分量太多，只能匆匆浏览，怀玉急用新购数码相机重点拍摄备用。此为北海道之行意外收获，宾主皆大欢喜。山田又请馆长神信前来晤谈，期望我们以后能驻馆长期研究。

4月25日，上午10时藤冈偕一新疆留学生来叙谈甚久。中午驱车前往新千岁机场，下午3时30分起飞，5时抵羽田国际机场，吴明、早苗来接，路途甚远，晚8时始抵东武成田假日旅馆。

4月26日匆匆早餐，乘旅馆公交至成田国际机场，东京时间11时起飞，北京时间下午1时许抵浦东机场，上海校友会负责人在机场迎候茶叙，下午近4时始起飞，因能见度低，近晚始回华师，寻踪樱花之旅圆满结束。

我在日本自南到北，循"樱花线"一路游览，不仅常与樱花相伴，而且与张謇形影相随，脑际经常浮现他的踪影。因为他在1903年从4月27日启程到6月6日回到上海，整整在日本考察70天，并且留有癸卯《东游日记》详细记述。张謇似乎错过樱花盛开季节，他也没有赏樱的闲情逸趣。我虽有足够时间饱餐樱花秀色，但到北海道只看见少数几处樱树初绽花蕾。但他在北海道肯定看不到我所见的那么多宝贵档案文献，因为当时属于初期开拓，还缺少现代化的城市建设与市政管理。不过张謇也看到许多当年尚健在的早期中国移民，其中成绩最为卓越的是山东日照农民许士泰。许于光绪元年（1875）移民札幌郡丘珠村，是黑田青隆在烟台招募的10个拓殖工人之一。由于开垦成绩最大，先后受兴农产会长总裁赏以银杯及白桃绶名誉章，且将其事迹奏报天皇。许士泰虽已成为勤劳致富的名人，依然"状朴拙，口讷讷"，保持乡农本色。张謇不胜感慨："世不必读书治政治家言方为人才，凡能平地赤立而发名成业者，真人才也。莫为之前，虽美弗彰……夫置一许士泰于烟台苦工之间，何异恒河沙数中之一沙。有人焉，簸之扬之，而许士泰见矣。今中国人中若许士泰者何限？十百千万倍于许士泰者亦何限？其视政府，若九天九渊之隔绝，当其一詈而一嘲，十百千万倍于许士泰者也。抑闻闽粤之行，佣工经商于南洋诸岛间者，以数十百万计，问闽粤有司有可稽之籍否？一许士泰，又宁足论其幸不幸哉。"

札幌之行给张謇留下深刻印象，他赞叹说："札幌街衢，广率七八丈，纵横相当，官廨学校，宏敞整洁，工厂林立，廛市齐一。想见开拓人二十年之心力。"惺惺相惜，因为他也是一个开拓者，甲午战后即已酝酿成立通海垦牧公司。光绪二十七年（1901）正式启动基建工程，艰难困苦，难以想象。所以他把北海道的拓殖视为榜样，从中看到前景，看到希望。他的牢骚来自中日两国的社会制度与政治体制不同，北海道的开发，政、商、学，举国一条心，所以二十年即大见成效，而在通海则缺少政府的关切与支持，障碍重重，天灾人祸，虽十年仍然步履维艰！因此，他从日本回国以后，更加热心提倡立宪，主张加强政治体制改革，实现官、绅、商、学之间的良性互动。苏北沿海滩地的开发，张謇吃尽苦头，功不可没，这是他留给通海地区后人的又一笔丰厚遗产。

## 容闳研究与珠海情愫

容闳是中国近代史上一个极其重要的人物，但过去很少人深入研究，因为他长年旅居美国，缺少足够的文献资料可供进一步探讨。我在1981年秋应邀前往东京参加纪念辛亥革命70周年的国际学术研讨会，正巧容闳堂弟星桥的孙女应萁正在东京大学攻读博士学位，并且接受日本历史学会委托，负责照顾我们几个大陆学者。我们会下接触较多，而且一见如故。随后她到新加坡大学历史系任教，从此书信往返与会上见面不断。她曾赠送我容星桥的相关文献，希望我能够研究容闳与留美幼童，但也因为资料不足,迟迟未能正式研究。

直到1988年我有幸在耶鲁大学图书馆档案部看到馆藏极为珍贵的私人文献,包括容闳藏件(Yung Wing Collection)、卫三畏家文献(Williams Samuel Wells Family Papers),还有耶鲁大学1854级档案,三者共35件,177页。这批资料虽然数量不算很多,但我已大喜过望,因为它至少可以弥补1849—1879年间容闳两次到美国学习与工作记述之严重不足。我从此开始把这些原始文献与原先出版过的《西学东渐记》对照阅读,初步感到颇有收获,认识到容闳不仅是热心西学东渐,而且也为东学西渐付出很多努力。

1990年暑假,我辞去校长职务,远去美国从事研究与教学,自然无暇专门研究容闳。不过,1991年我在耶鲁大学埋头研究卷帙浩繁的贝德士私人文献时,却与专门研究留美幼童史的专家高宗鲁先生偶然相遇并且成为相见恨晚的挚友。那是在1991年11月8日,我应邀前往弗吉尼亚大学参加美国汉学家举办的年会,在纽黑文机场候机。这个机场航班很少,旅客不多,所以候机室很狭小,我进入时只见一位旅客看报,未敢打扰,悄悄坐下休息。但突然发现他看的是《人民日报》海外版,可能视力不佳,几乎是贴着脸认真阅读。我有点好奇,打破沉默:"请问您是大陆来的吗?""啊,不是,我原来从台湾来的,已在美国任教多年。"他坦然回答,显然带有山东口音,我们就这样认识了,高宗鲁是经济学者,但对历史很有兴趣,因为纽黑文离康州首府哈特福德(Hartford)很近,他经常去参观留美学生监督署,并且访问首批留美幼童的后裔,搜集了不少他们当年的来往信件。这样我们的交谈便有许多契合点,他也是参加美国汉学家协会的年会,所以便欣然结伴同行。开会期间由于分别参加历史、经济两个组,而且又没有住在一起,所以很少接触。但回程我们与另外一位来纽黑文的李大陵教授(台湾学者,研究辛亥革命)结伴同机。未想到气候极为恶劣,狂风暴雨,电闪雷鸣,航班推迟近半小时,到华盛顿机场后才知道原定到纽黑文航班业已取消，只得改由纽约转机。飞机起飞后仍然大雨倾盆，气流湍急，机上旅客相顾惊惶，总算平安降落，已是夜深，幸遇机场热心人员代为呼叫出租车，把我们送回住处。此后我与宗鲁、大陵交往渐多。特别是怀玉与小女儿来耶鲁后，他们更为我家人团聚欣慰，曾邀请陈英士之孙陈泽祥（法学教授）同来在海边亲切餐叙。

我本来准备请宗鲁带领，去哈特福德参观并查阅留美幼童相关遗址与档案文献。但由于好友周锡瑞应聘到 UCSD 担任教授，并招收中国近现代史首届博士生，他热邀我为其学科建设合作交流，以期实现后来居上。因此，我缩短了在耶鲁的原定计划，提前于 1992 年春天赶往 UCSD 任教。行前，宗鲁又与大陵为我们在家中饯别，并殷切嘱我回国后帮助他在大陆出版他已整理的大批留美幼童信件。不过当时大陆对容闳及留美幼童这段历史比较漠视，托人多方联络都没有结果。

珠海并非我的故乡，但自从我 1997 年在上冲购屋避寒以后，珠海市区镇相关领导对我非常热情，经常前来嘘寒问暖，并且就城镇历史文化资源开发问题有所咨询。最初着手的是唐绍仪故居的修复与纪念馆的筹建，我曾为唐家镇提供唐绍仪手书《山田良政墓志铭》原稿影印件。随后主要是与市委宣传部共同策划容闳研究、留美幼童研究、韦卓民研究以及筹建韦卓民故居纪念馆等等，关系越来越亲密。我曾经住过的上冲村属香山区前山镇，原名上涌，乃是海边一个渔村。此村居民对我们两个老人非常热情，所以我常自称"上冲村民"。碰巧，此村与韦卓民祖居之翠微村遥遥相望，不过翠微村以多出文化名人著名，而上冲则是一般贫苦渔民而已。就是这样，年复一年，珠海的官员与平民百姓都热情接纳了我，而我也逐渐对珠海滋生了乡土之情，俨然已经融入这座城市。

直到我于 1994 年回国，每年冬天必到珠海避寒。我是个闲不住的人，各地热心校友又很多，经常议论如何帮助珠海经济、文化崛起。问经济，我是外行，倒是文化学术方面，我有些具体建议。珠海原属香山，与澳门毗邻，明清以来早已成为中欧文化交流之走廊。辛亥革命前后更是大放异彩，所以在文化与学术两方面都大有可为，而首先可从历史人物研究着手，特别是唐绍仪与容闳都有保存完整的故居，可以抓紧建纪念馆并加强研究。珠海市、区、镇干部对文化强市倒也颇为热心。所以唐家镇的领导很快就主动找我商量，我除提供必要咨询外，还捐赠了山田良政纪念碑上唐绍仪亲笔题字拓印件。但乡镇一级政府资源有限，所以迟迟难以有所进展。倒是一谈起容闳，市委宣传部非常热心，除加强容闳故居的维修与文物征集，并且在珠海召开一次容闳与中国近代化研讨会。

就在这年暑假，亦即容闳毕业144年之后，耶鲁大学历史系与哈特福德的相关社团邀请容闳和首批留美幼童的后裔四十余人，隆重纪念聚会。这样，就更加引起珠海市领导对这次研讨会的重视，接待规格很高。全国各地来了许多专家学者，还邀请了若干港台地区乃至海外知名学者，其中就有与容闳有血缘关系的容应萸教授及其他亲属。我为会议提交论文《耶鲁馆藏容闳文献译述》，由于是首次公布，引起了海内外学者的高度关注。不过到会者对容闳真正有研究者并非很多。这次会从表面来看，还是中规中矩，不过毕竟是开了风气，引起海内外学术界乃至当地各界人士对容闳其人其事的重视。特别是市委宣传部部长黄晓东本人就崇拜容闳，并研究容闳，甚至亲自参与撰写容闳传记。加上他又是市委常委，在市领导中有较大话语权，所以容闳研究首先就在珠海大热。宣传部副部长徐慧萍，是从贵州"珠漂"的先行者，具有较高文化修养，并且精明干练，她与黄部长密切配合，成为有关容闳研究的共同策划者。现在与我初到珠海时有了很大变化，过去是我主动找当政者提建议，往往得不到应有的理解与实际支持，现在却是珠海市领导通过宣传部，经常主动来找我共同谋划如何以容闳研究为突破口，一步一个脚印地谋求珠海地区文史研究的更大发展。经过反复讨论，形成共识，就是以容闳研究为依托，首先倡导首批留美幼童研究，然后再扩为中国留学史研究，争取在东西文化交流史领域形成珠海的领先优势。

珠海毕竟是改革开放较早的特区，所以办事效率甚高。2010年为纪念容闳幼童留美计划正式启动140周年，又举办规模更大的国际研讨会。根据我的建议，特别邀请宗鲁作为首席嘉宾，我们又复重逢，并且共同推动容闳与留美幼童研究，人生难得有此幸运，快何如之！这次研讨会由于国内容闳研究已有一定的积累，加上澳门基金会与香港博物馆的关注与大力支持，整体学术水平有了明显提高，与会代表还专门前往澳门、香港参观容闳曾经就读过的学校与毕业后行医的遗址。国家档案馆也极为重视，所以会议期间同时举办的图片及文物展，内容充实，蔚然可观。此次会议的成功，除宗鲁的贡献以外，香港历史博物馆总馆长丁新豹与澳门基金会负责人吴云良都功不可没，而且与我们内地学者从此成为志同道合的挚友，彼此密切的合作一直延续至今。

但是宗鲁却过早离开人世，容闳与幼童研究，还有很多事情需要他来指导帮助。不过，他总算在生前也已经得到两岸和港、澳地区中华同胞的高度理解与真诚推崇，并且亲眼看到他开辟的这个学术领域正在欣欣向荣。一路走好，宗鲁老哥！

珠海的既定方略，大体上按部就班，从容闳研究到幼童研究，到留学史研究，再扩大到珠海文化乃至香山文化研究，稳健而又积极地向前推进。我们华师对此也越来越有兴趣，因为我校前身华中大学的老校长韦卓民就是香山翠微人（现珠海市香洲区前山街道翠微村），而且他们家的老宅保存得还比较完整。韦先生是学贯中西的一代宗师，在国际上享有极高声誉，因此也算得上珠海杰出历史文化名人之一。因此，我校与珠海市及澳门基金会利用第二届珠澳文化论坛的名义，举办了一次韦卓民与中外文化交流国际研讨会。我们于2010年8月14日乘高铁到达珠海，被安排在市委规格最高的外招石景山宾馆，由徐副部长负责全陪，可见对此会的期望甚高。

8月15日上午开幕式，大会发言，精彩尽现。特别是华师哲学系高新民教授，长期协助曹方久教授整理韦卓民珍贵遗稿，最受推重。珠海和外地媒体云集，分别专访并做电视直播。当天下午，中央电视台又作专门访谈，着重讲解韦卓民在哲学与教育两方面的卓越贡献与国际崇高声望。

此次会议对珠海地区的文化思想史研究的学术水平更有所提升，因为会议论文与参与人员多数都具有较高水准，有些论文还可以称得上名篇。珠海社会各界这才公认翠微村还出生过韦卓民这样一个国际文化名人。此前，珠海的房地产商人已经懂得打历史文化名人牌，利用学区优势创办一所容闳学校，不惜成本，精心打造，居然成为当地一所高层次的名校，而校长就是华师的年轻杰出校友程青。她因为参与创办香华学校脱颖而出，被评为珠海杰出教育家，因而又借容闳学校大显身手。她将容闳作为青少年终身好学向上的伟大榜样，把小学办得有声有色，不仅校园秀丽，建筑典雅，图书仪器设备齐全，而且还建立了自己的广播电视台，训练了一支精干活跃的小小记者团。我们纪念韦卓民开会期间，小记者们前来采访并制作影像视频，赢得中外学者的称赞。会后程青经我介绍，率团去容闳母校耶鲁大学参观相关历史遗址，复印档案文献，也得到耶鲁校方的热情接待与协助，这样又更加提升了容闳学校在珠海的声望。

容闳学校"无中生有"的成功经验，引起其他房地产企业家的浓厚兴趣，所以很快就有房地产商人，经过珠海容闳研究会秘书长杨毅的介绍，找我商议建立韦卓民纪念学校，并且争取保留韦氏故居，建立博物馆，这些连锁反应，更加促进珠海与华师的密切合作，直至现今仍旧绵绵不绝。

2017年港珠澳大桥建成，珠海成为大湾区重要组成部分，获得前所未有的腾飞良机。正是在这样的大好形势下，政府与社会有识之士，决定利用从容闳到留学史研究这样的优良基础，在大桥桥头附近建一座规模宏大的中国留学博物馆。尽管我多年以来关心容闳、唐绍仪、韦卓民等纪念馆的完善与筹建，但确实没有建立一所中国留学博物馆的宏图大略。但是珠海仍然没有忘记我这个风烛残年的"上冲村民"，再一次召唤我回珠海共商大计。

2017年正当我为芜湖故乡奔忙之际，11月22日突然收到珠海留学博物馆"学术立馆"秘书处的邀请函，并且寄来《中国留学博物馆"学术立馆"规划》（征求意见稿）。我通读厚厚一大本"学术立馆"规划，受到很大鼓舞，而且认为从珠海来讲是当仁不让，而对我来讲则是义不容辞。

规划研讨会于2018年2月25—27日举行，其时我正好还在广州女儿家中避寒。23日下午，珠海派车来接我与怀玉，同车还有中山大学吴义雄与远道而来的江苏师范大学周棉，都是研究中国留学史的权威。6时许入住珠海平沙影视文化小镇——保利文化集团下属的4号摄影棚别墅区。晚上与珠海市大成中天文化发展有限公司董事长载仁高娃（蒙古族女子）、总裁鲍海鸣与徐惠萍（中国留学博物馆筹备中心主任，女）餐叙，此三人乃整个"学术立馆"筹建的领导核心，志趣相近，意气相投，坦诚务实，大家甚感融洽。

25日上午开幕式，我作为博物馆总顾问在大会发言，主旨可以概括为一句话："把博物馆建成中国留学族群寻祖认宗、回报社会的圣地。"依然是过去在中国留美学者历史学会年会的固有理念——落叶归根与落地生根并重，而关键是都要有"根"。开幕式结束后，各大媒体密集访问，再次重申此义。下午休息，怀玉发微信向亲友报道会议盛况，晚上就把主旨发言那句写成给博物馆赠言。徐惠萍通过多家媒体发布，在海内外引发热烈反响，中国旅日教授协会首先正式表示热烈支持，参会学者与工作人员也深受鼓舞。

其后连续两天都是各展区学术规划的分别报告与研讨。我因年老体衰，不耐久坐，大部分时间都在别墅后花园区休息。别墅卧室与大厅表面富丽堂皇，古色古香，但全部都是假的，仅供拍电影所用，倒是花园全都是真的，布置得宜，设施齐全，自然风光。我们专用的餐厅叫"蒙古包"，也是真正的豪华，铺着毛毯，挂着兽头，各种蒙古族文物，都是珍贵的真品，可供仔细观赏，流连忘返。载仁高娃身高体壮，典型马上英雄，豪爽而又干练，她与鲍总私下向我们详细追忆了几年来的曲折艰辛。

27日上午在卧室接受博物馆内部专访，录像之认真不亚于正式拍片。下午集体乘车至博物馆预留的三万余平方工地参观，并且在夕照中漫游海滩，观赏新建成的港珠澳大桥风景。晚餐在海边白石和式餐厅品尝厨师现场制作的烧烤荤素食品，并临窗观看大桥港湾美丽夜景。饭后又乘车沿途漫游，深夜始归。次日返回广州。居蜜发来电子邮件，热情支持留学博物馆筹建，我立即转发给徐惠萍，因为居蜜一家三代都是留学生，又在美国国会图书馆远东部工作，将来可提供多方面的帮助。博物馆筹备团工作抓得很紧。他们在11月17日利用容闳诞辰190周年举办一次国际研讨会，有许多中外学者参加，同时举办容闳年谱展览，以四百多张照片全面展示容闳波澜壮阔的一生。此外还出版了《先行者容闳》大型传记。在此期间又邀请对容闳研究有素的雷颐，在容闳文化大讲堂作首次精彩演讲。其目的都是普及历史知识，吸引社会上更多的人关注并支持博物馆的筹建。

但不久以前徐惠萍曾来信说："不过现在要做成一件事真的好难，比预想中的要难得多，工作中的遗留问题一直没有得到解决。"所谓遗留问题就是市领导新班子对前任的原有规划不够热心，而各相关群体对于大桥桥头这块宝地争夺甚为激烈。但是我们并非无可作为，我相信正义的事业，顺乎民意的大型文化建设，终究会克服重重困难，一座雄伟的留学博物馆必将矗立在留学之乡珠海。不过从华师的角度而言，我们还有一个未了之愿，那就是韦卓民故居的修复与纪念馆的筹建，我仍然继续呼吁，但愿景的实现尚有待于后人。

# 附录

《珠海特区报》2010年8月15日《文化周刊》整版刊登长篇报道《珠澳文化论坛打造"理论粤军"——首届硕果累累 本届跃上台阶 韦卓民成新亮点》，兹摘录三个部分，即：珠海首次专题研究韦卓民；"近代中西文化走廊"概念横空出世；从"中西文化交流"到"东西方文化交流"。从中可以看出华师同仁在珠海多年辛劳介绍阐释的客观记录，只要华师与珠海精诚合作，韦卓民故居的修复与纪念馆的筹建必定可以圆满实现！

### 珠海首次专题研究韦卓民

如果说第二届珠澳文化论坛在宏观领域的研讨，仍定位于两地近代的文化交流上，那么在这一宏大背景下对历史人物的微观考量，则成为本届论坛的一大特色。本届论坛开幕当天的研讨主题是"韦卓民与中西文化交流"，这是珠海首次专题探讨韦卓民的历史文化研讨会。

早在首届论坛上，章开沅教授在接受记者采访的时候就曾多次提及祖籍珠海的华中师范大学前身原华中大学校长韦卓民。基于韦卓民的个人成就及其在中外学界的影响力，章开沅建议珠海像研究容闳一样对韦卓民先生进行研究、整理，丰富珠海本地历史文化资源。

《文化周刊》记者获悉，本届论坛已经收到专家学者提交的有关韦卓民的论文达19篇，分别从教育、哲学、宗教学等领域探讨韦卓民思想的意义。

## "近代中西文化走廊"概念横空出世

2009年9月26日、27日，首届珠澳文化论坛在珠海召开，论坛的主题是"珠海、澳门与近代中西文化交流"。"近代中西文化走廊"这一历史概念的提出，成为首届珠澳文化论坛在学术研讨上最掷地有声的成果，引起了与会专家及学术界的重视。

珠海与澳门是一对"孪生兄弟"。现代考古研究表明，珠海后沙湾、草堂湾等处的新石器时代遗址与澳门路环黑沙遗址属于同一时期的史前文明遗址，两地在约六千年前就已经共同孕育出人类文明的曙光。"……伴随着澳门的开埠，近代西方文明开始从这片土地源源不断地传入——形成了'澳门－珠海'这一段独特的东西方文化交流走廊……"诚如珠海市委书记、市人大常委会主任甘霖在首届论坛开幕式上的致辞中所说，珠海和澳门之所以能担当起"近代中西文化走廊"的重任，澳门开埠是一个关键的机会，也是珠海在近代史上屡创奇迹的辉煌起点。

首届珠澳文化论坛上，与会专家学者们纷纷认为，"近代中西文化走廊"这一历史概念在中国近代文化交流史上具有非常重要的意义。著名历史学家、华中师范大学前校长、资深教授章开沅指出，"近代中西文化走廊"历史概念的提出，具有极为深远的文化学术发展战略意义，他同时强调把珠海与澳门看作"近代中西文化走廊"，具有充分的历史根据。章教授在为《珠海、澳门与近代中西文化交流——"首届珠澳文化论坛"论文集》(2010年7月第1版，社会科学文献出版社出版)所作的序中写道，"……澳门接受欧洲文化影响，远远早于香港；而珠海本来就是香山与香山文化的主体，而作为行政区划变更后新设的中山市，其初始无非是岐关。人杰地灵，中山受惠于历史伟人甚多，但却不免使珠海受了委屈。"因此，章教授指出，岭南文化在近代又因为区位优势而开风气之先，成为接受西方文化的起点。正是由于过去的边缘地位，岭南文化除了自身固有的区域文化生态以外，对于异国异质的先进文化，必然具有较大的开放性与包容性。章教授认为，对于珠海、澳门地区的文化生态与发展趋势，也应该作如是观，故此，应该尊重历史，珍惜历史，从既有丰富的历史资源中发掘"近代中西文化走廊"的真谛。

"人类已经到了应该重新思考如何共同生存的时候了，以交流代替冲突，以互利代替牺牲，这或许是我们探讨澳门和珠海在人类文化交流史上与众不同的意义所在。"中山大学近代中国研究中心主任桑兵说。

从专家的种种言论可以看出，首届珠澳文化论坛的成功举办，"近代中西文化走廊"历史概念的横空出世，论坛已经彰显出作为珠澳文化互动与合作平台的作用。主办三方均希望每年定一个主题，每年举办一届珠澳文化论坛，逐步把论坛打造成为面向全国的较高水平的学术论坛，有力实践省委全会提出的打造"理论粤军"的要求。

## 从"中西文化交流"到"东西方文化交流"

在首届珠澳文化论坛上，来自国内外及港澳台地区的近五十名知名学者，对珠海、澳门的历史文化资源进行了深入的剖析和系统的挖掘，从不同视角总结回顾了两地在中国近代史、近代中西文化交流史上所扮演的重要角色，深刻揭示了这一地区在承接西方文明、传播中国文化的过程中所发挥的重要作用。除了学术交流上的成果颇丰，论坛本身所产生的凝聚力、辐射力也牵动着各地专家。首届珠澳文化论坛闭幕式上，珠海市委常委、宣传部部长黄晓东宣布：2010年，将举办第二届珠澳文化论坛，并将其中一天的会议议程移师澳门进行。

从容闳研究开始，到留美幼童与留学教育研究，到首届珠澳文化论坛上"近代中西文化走廊"的区域文化与中西文化交流研究，珠海在历史文化研究建设上一步提升一级台阶，历史视野在不断拓宽。章开沅教授说："珠海的历史视野从容闳研究到留学文化研究，再到现在的中西文化走廊研究，这是一个战略性转折。"而今天开幕的第二届珠澳文化论坛的研讨主题，正体现了这一转折。

记者8月13日从论坛主办方之一的珠海市委宣传部获悉，第二届珠澳文化论坛的议程将跨区域进行——15日在珠海开幕并进行首场大会主题发言，主题是"韦卓民与中西文化交流"；16日移师澳门继续研讨会的余下议程，主题是"珠海、澳门与近代中西文化交流"，与会的代表48人，其中27名教授。记者获悉，与会的代表不仅有来自我国内地和澳门的著名大学及研究机构的专家学者，更有来自德国、日本、美国的汉学家、教授、学者。其中来自内地的包括前面提及的章开沅教授、华中师范大学校长马敏教授、复旦大学历史地理研究所周振鹤教授、上海社会科学院宋钻友研究员、澳门历史学会陈树荣理事长等，以及著名汉学家、原日本京都大学教授、现中山大学亚太研究院院长滨下武志教授，日本关西大学文学部陶德民教授，德国慕尼黑汉学研究所普塔克教授等等。

至8月14日止，本届论坛已经收到与会代表提交的论文共46篇。从这些论文的内容看，与会代表们关注的历史领域明显扩大，从首届珠澳论坛上大家关注的珠海、澳门地区中西文化交流现象，扩大到关注近代珠海、澳门与上海、香港以及日本、东南亚等泛亚太地区的关系，从"中西文化交流"向"东西方文化交流"过渡。正如章开沅说，他本身便是这种过渡或曰转折的见证人之一，从首届珠澳文化论坛上他捕捉到了一个清晰脉络，"过去是容闳，就容闳谈容闳，后来把容闳研究扩大为留学文化的研究，提升了珠海的城市品位。"

# 第十五章

# 辛亥百年

筹备纪念辛亥革命100周年 \ 神户、东京之行 \
2011：辛亥百年，全年无休 \ 告别辛亥革命研究

## 辛亥革命100周年

辛亥百年对于中国乃至全世界都是令人瞩目的大事，作为辛亥革命研究者自当精心准备。不过以往每十年一次的大型国际学术研讨会，多半是在学术研究范围以内选定一个主题，而此次盛会则明确引导成为对于辛亥革命的全面反思。

我历来重视反思，"文革"以后，在新的历史条件下我更重视反思，对过去许多的成见都重新再认识。特别是在1989年以后，辞去校长职务，旅居海外将近四年，我更如天马行空，进行学术乃至整个人生的理性反思。在美国我讲得最多的就是"中国史学寻找自己"，在日本大讲"孙中山研究寻找真正的孙中山"，而1991年秋天提交给国际学术研讨会的长篇论文《辛亥革命与"只争朝夕"》，则是以社会心态为切入点，全面系统地对辛亥革命进行深刻反思。

当然，大量纪念辛亥百年的准备工作，都是1994年回国以后着手的。特别是2006年，即辛亥革命95周年，湖北省、武汉市主要领导与相关研究机构一致认为，此乃可以作为辛亥百年纪念之预演，不仅抢先隆重举行各项纪念活动，并且在历史遗址的修复与纪念场馆乃至城市建设方面做了大量的前期工作。而从省社科联来说，作为全国大型纪念性国际学术研讨会的主办单位，历来都强调学术质量乃是各项准备工作的重中之重，因此在资料整理与论著编撰两方面都做了全面的整合与布置。而华师、武大与武昌首义纪念馆遂成为学术准备与展示的主要承担者。

从华师的角度来看，最有学术价值的是一部《辛亥革命史资料新编》的未刊稿。这原本是中华书局在20世纪80年代委托我主持的一套大型史料汇编，但由于书局积压大型书稿太多，迟迟未能出版，一直保存在我办公室的书柜中。其间我虽出国近四年，但从未有人翻阅，所以保存极为良好。这部书稿不仅有我们自己多年在国内外辛勤搜集的大批珍贵原始资料（包括手稿、影印与微缩胶卷），更为可贵的是外国学者久保田文次、白吉尔、史扶邻专门为我们搜集的日、法、英等国原始档案文献，绝大部分都是未经过任何学者利用的珍稀史料。我乘此机会把这部书稿取出，与罗福惠、严昌洪等共同重新检阅校补，改由湖北人民出版社付印。正好国家清史编委会业已展开工作，并且首先抓紧编辑出版相关档案文献，所以立即把此书列为清史文献资料大型丛刊之一种，加快了出版问世的步伐。

这部大书的编辑出版，可以说是当代国际学术合作交流的一个范例，我与几位外国学者没有签订任何合同，只是口头或书信约定，大家就分头认真办理。白吉尔花费精力最多，她自己亲自在档案馆认真查阅选定，并且请了一位香港博士生协助影印整理，资料整整有好几个大纸箱，经由中国驻法大使馆代为运回，连运费都未收取，助理的工资也是白吉尔用自己的经费支付的。久保田为此项工作花费了整整一年学术休假。至于史扶邻，虽已回到以色列大学任教，但几乎是独自到英国埋头查阅，工作量也是很大。与此同时，久保田还为我们经常与宫崎滔天、梅屋庄吉两家后裔来往磋商其家藏文物照片在中国武昌、北京等地布展乃至编辑出版问题，为整个辛亥百年庆典增光添彩。

我们全所同事更是全力以赴，日以继夜参与《辛亥革命百年纪念文库》的编辑出版，作为对辛亥百年庆典的集体献礼，同时也精心编撰自己的论文，争取能够参与国际研讨会，真是精彩纷呈，硕果累累。而我自己花费时间与精力最多的，却是作为全部学术活动导向的主题演讲。我一直主张不要把辛亥百年大庆办成一个徒有其表的嘉年华，必须借此引导有识之士对辛亥革命作全面深刻反思，但是反思什么？如何反思？并且怎样用精练的话语来画龙点睛，发人深省？一连串问题却不是那么容易落实。不过有天偶然翻阅孙中山的《民报》发刊词，其中一段话令我豁然开朗，立即醒悟。"十八世纪之末，十九世纪之初，专制仆而立宪政体殖焉。世界开化，人智益蒸，物质发舒，百年锐于千载，经济问题继政治问题之后，则民生主义跃跃然动，二十世纪不得不为民生主义之滥觞时代也。"

"百年锐于千载"这六字真言说得如此精准，很难找到别的话语替代。这是孙中山对同盟会成立以前那100年世界历史变化的绝妙概括，其实也同样适用于辛亥革命以后这100年的世界历史变化，因为20世纪的"世界开化，人智益蒸，物质发舒"等等，其变化幅度之大，速度更快，更远远超越辛亥前那一百年，只有透过这前后两百年世界历史变化，才能更为深刻理解并反思辛亥革命。"人事有代谢，往来成古今。"我们经历了大半个20世纪，并且有幸进入了21世纪，那么未来的100年世界如何？中国如何？人类文明的命运如何？我们又不能不认真考虑。恐怕仍然是"百年锐于千载"，其变化幅度之大，速度之快，又将超过前此两百年，而且其风云变幻与错综复杂，更难想象与预测。

研究辛亥革命需要考虑"三个一百年"。我向全国乃至全世界发出最为恳切的呼唤，这已经超越于学术，乃是整个人类所必需的反思与内省。我借助各种会议，特别是海内外多种媒体的密集采访，把我这样掏心窝的呼唤，传播到全世界，并且立即赢得许多有识之士的赞同与鼓励。

最早对我采访有关辛亥百年专题的是台湾与香港地区媒体。就我记忆所及，2010年9月间，台湾中天电视台与香港凤凰网就有记者组前来访谈并制作正式播放的视频与文字刊布的新闻稿。紧接着便是香港《文汇报》也以头版整整一版发表我对辛亥百年的全面反思。随后我又分别在华师研究生院与湖北省图书馆做大型讲演，正式发表有关"三个一百年"与"以大中华视野全面反省"的相关思路。正是根据这些采访与演讲，我亲自整理成文字稿，发表在华师学报上以供更多读者阅读。与此

图54 2011年6月在香港作辛亥百年演讲筹备纪念

同时,《财经》杂志与中华书局《文史知识》也派资深记者访谈,并以很大篇幅报道。特别是《财经》记者马国川精心撰写《章开沅:革命不是制造出来的》,对我的相关思路作更为详尽的阐述。随后他又根据我的建议,向海内外相关学者进行专访,汇集成书——《告别皇帝的中国》,影响比较深远。

2010年暑假,太平洋暖湿气流笼罩武汉,气温经常在38℃以上,有时甚至达到41℃—42℃。但是我们全所同事仍然日夜奋战,这是一个空前绝后忙碌的暑假呀!多数人是忙于赶写论文并编辑《文库》,而我们辛亥革命研究中心的人,还得花费大量时间与精力为中央电视台与上海电视台审阅《百年辛亥》与《大辛亥》电影脚本,并参与部分拍摄工作。此外还得随时应对省市乃至辛亥革命相关文化场馆的咨询乃至会议讨论。8月上旬,香港《文汇报》利用与武汉市在港举办中山舰打捞出水文物公开展览的机会,专门邀请我与几位同事前往参加,并且指派首席记者杨先华对我进行有关纪念辛亥百年的专访。由于正副总编辑都是华师老校友,所以在8月8日《高端访谈》专栏,以"辛亥百年反思三民主义,民权乃核心"为通栏标题,全面系统而又生动活泼地介绍了我的主要见解。总之,无非是东奔西跑,不断地讲,不断地写,几乎忘记自己属于一个84岁心血管病晚期的高危患者。

秋季开学以后,正式上班更进入大忙。10月9日辛亥革命网在武昌起义纪念馆正式开通以后,几乎每天随时都要发布新闻,当然我们的相关理念与导向,新华网、谷歌与凤凰网都及时转发重要消息,这样便更加扩大了武汉地区辛亥百年筹备活动的影响。

## 神户、东京之行

10月30日,我与怀玉偕朱英应神户孙中山研究会邀请,参加当地举办的"神户论坛2010——致辛亥革命一百周年寄语"盛大庆典。神户市与兵库县政府对于此次活动非常重视,安排我们住宿于港口宾馆,面向大海,风景绝佳,金冲及等老友都来了。

图55　2010年10月"神户论坛"会后合影

10月31日上午，参观移情阁（孙中山纪念馆），途经神户女子高等学校，即孙中山当年发表著名的《大亚细亚主义》演说的旧址。下车瞻仰，不胜感慨。孙中山纪念馆布展内容极为丰富，有许多难得一见的文物及照片。中午在神仙阁与小岛淑男、藤井升三、山田辰雄、中村哲夫、伊原泽周等学界人士欢聚餐叙，会议主办方之孙中山研究会理事长原俊民（兵库县原知事）、陈来幸及嘉宾五百旗头真（防卫大学校长）等作陪。下午在兵库县公馆正式开会，社会各界人士踊跃参加，情绪十分热烈，金冲及与我做主题发言，朱英、泽周、藤井、中村等作专题报告，自由发言也滔滔不绝。晚上又在"第一楼"饭店举办大型酒会，学者各界人士欢聚一堂，气氛极为友好。

11月1日至京都观光，游东山高台寺，风光绮丽，红叶初现，并领略传统茶道技艺。下午参观人文研究所，与森时彦、江田宪治等学者交流并共进晚餐。

11月2日乘新干线，经名古屋至半桥驿，访问爱知大学，重点是参观东亚同文书院中心及山田纯三郎资料室，顺便与主任商讨明年10月去武汉布展事。随即乘新干线至东京，参观涩泽荣一资料馆，并与馆方商讨武汉布展事。晚与华人学者餐叙交流，入住圆顶酒店（Tokyo Dome Hotel）。

11月3日整天参加在东京举办的"孙文的理想与东亚共同体"研讨会。我们上午参加陈来幸主持的"辛亥革命前夜以来一百多位支持革命的日本经济人"分组讨论，有赵军、川岛真、朱建荣、小坂文乃（梅屋庄吉外孙女）等人宣读论文。中午赵军邀集部分中国学者餐叙，下午继续在茶室闲聊，略得休息。不料又在走廊巧遇前首相福田康夫，承蒙垂询片刻并合影留念，晚间由小坂家做东，在松本楼举行大型酒会。两位前首相福田、村山富市偕同参加，到会者有各界人士百余人。福田致辞云："我们始终维护并推进日中友好，不为困难屈服，一定战胜困难，携手前进。"赢得全场持久掌声，气氛极为热烈，这是我们此次日本之行最难忘的夜晚。

11月4日晨6时，从宾馆出发，孙中山研究会会务局局长片山亲自送至机场，进过简易早餐，代办一切手续，直至将我们送进安检，方才握手惜别。他是一位退休高级公务员，已66岁，但仍然精明能干，全心全意从事日中学术文化交流。他在会前就曾多次来北京、武汉、广州等地联络，我们到达神户后，他又全程陪同，热情周到，直率坦诚，以后长期与我们保持密切联系，是神户地区与中国交往的重要中介。

12月11日，梅屋庄吉家藏有关孙中山与辛亥革命的珍贵文物在武昌起义纪念馆正式展出。日方代表有早稻田大学前总长西原春夫、长崎县现任副知事藤井健等十余知名人士前来参加开幕式。我在会上代表武昌首义纪念馆讲话，大体上可以概括为"一个家族，四代人，一百年，始终如一地坚持维护日中友好"。我还特别夸奖小坂文乃聪明能干，事业有成，象征着青年一代日中友好的继承者前途无量！中日听众均为之动容，藤井健当即表示长崎与神户有意愿与武汉结成友好城市。

## 附录
### 理想与现实
#### ——孙中山的亚洲梦

孙中山出生于落后而又封闭的农业宗法社会，因此在12岁以前对国境以外的世界所知甚少。直至12岁前往夏威夷，"始见轮舟之奇，沧海之阔，自是有慕西学之心，穷天地之想"[1]。这才知道中国之外还有这么一个无比广阔的世界，特别是近代文明已经高度发达的西方世界。

---

[1]《复翟理斯函》，《孙中山全集》第1卷，中华书局1981年版，第47页。

由于地域和亲缘关系,孙中山直接接受的又是美国教育,所以早期很自然地比较敬仰西方。他努力学习西方,以美、法为榜样规划中国革命的前途,并且把革命的运营主要寄托于欧美,特别是当地侨界人士的帮助。辛亥革命爆发以前,孙中山亲自领导的起义都局限于华南沿海,正是这种历史背景使然。

但是西方离中国较远,中国毕竟是亚洲的一部分,孙中山的眼光与思维不能不回归于亚洲。

一、回归亚洲

1896年是关键的一年。这年10月,孙中山在伦敦被清朝公使馆诱捕获释以后,旅居英国半年以上。通过广泛阅读政治、经济、法律、军事、外交等各类书籍,结合参观访问调查研究,并且与流亡伦敦的欧洲各国社会主义或民粹主义人士多方交流,他对西方世界有了更为深切的认识,并且产生明显变化。他不再把西方世界看作完美无缺的理想天地,对欧美资本主义发展的弊端及其严重的社会危机具有清醒的理解。特别是由于他先后在美国与欧洲的宣传鼓吹,并未取得预期的切实援助,他必然要把眼光逐渐转向与中国关系更为密切、处境更为相近、文化更为互通的亚洲,而首先就是明治维新已经取得成功的近邻日本。

1897年8月,孙中山经由加拿大前往日本。孙中山在日本的最大收获是结识宫崎兄弟与平山周等友人,并经过他们获得犬养毅等重要政界人士的初步理解与协助。宫崎滔天鼓吹大亚洲主义:"中东合同,以为亚洲之盟主。兴灭国,继绝世,用其方新之力阻遏西势东渐之凶锋者,天理人心之所会也。"[1]孙中山赞成中日联合,赞成亚洲各被压迫国家联合,共同阻遏殖民主义"西势东渐之凶锋"。但他明确表述自己的革命志向是

---

[1]《与宫崎寅藏等笔谈》,《孙中山全集》第1卷,中华书局1981年版,第181页。

"为了亚洲黄种人，更为了世界人类"[1]。这又与日本军国主义者宣扬利用的大亚洲主义存在着根本区别。1899年孙中山与宫崎等日本友人，协助菲律宾革命者购买并运送枪械，可以看作是孙中山亚洲主义的首次演习，尽管由于"布引丸"的沉没而未能成功。

孙中山回归亚洲，落脚日本，最大的收获就是结识数以千计的大批从中国各省前来留学的爱国进步青年，特别是与为数甚多的革命精英肝胆相照，共同推动若干主要革命小团体的联合，建立了最早的全国性的革命政团——同盟会。涓涓细流，汇成江河，各地零散的起义策划，从此开始形成蓬勃发展的全国革命运动。正如孙中山以后回忆所云："及乙巳之秋，集合全国之英俊而成立革命同盟会于东京之日，吾始信革命大业可及身而成矣。"[2] 同盟会的成立，宫崎滔天等日本友人从多方面赞助乃至参与。末永节致贺词说："建三色之旗，击自由之钟，端于孙君与诸君是望。异日者，亚东大联盟，其起点于今日之会乎？"[3] 似乎是提醒，同盟会的创立乃是大亚洲主义的发端。

当然，这并不是少数日本人的自作多情，而确实已见诸若干亚洲国家先进人士的共识。1907年4月，中、印两国部分革命先驱在东京发起成立亚洲和亲会，据当事人回忆亦可称为东亚亡国同盟会。由章太炎撰写的《亚洲和亲会约章》宣称："先以印度、支那三国组织成会，亦谓东土旧邦，二国为大，幸得独立，则是以为亚洲屏蔽……一切亚洲民族，有抱独立主义者，愿步玉趾，共结盟誓，则馨香祷祝以迎之也。"[4] 除印度外，在此前后还有菲律宾彭西、越南潘佩珠等爱国志士，都曾拜访孙中

---

[1] [日] 宫崎滔天著、林启彦改译注释：《三十三年之梦》，花城出版社、生活·读书·新知三联书店香港分店1981年版，第123页。
[2]《孙中山全集》第6卷，中华书局1985年版，第237页。
[3]《纪东京留学生欢迎孙君逸仙事》，《民报》1905年11月25日。
[4] 汤志钧：《关于亚洲和亲会》，《辛亥革命史丛刊》第1辑，中华书局1980年版。

山寻求教益与援助。孙中山亦曾向潘佩珠表示:"中国革命党成功之时,则举全力援助亚洲诸被保护国同时独立,而首先着手于越南。"[1]

同盟会的成立,不仅初步奠定了孙中山全国革命领袖的地位,而且还使其成为亚洲其他被压迫国家爱国志士景仰的先驱。

二、亚洲梦想

孙中山是近代中国政治领袖中堪称世界公民的第一人,无论是多次策划武装起义期间,还是在民国肇建以后,始终都密切关注世界潮流,并且赋予"天下为公""世界大同"以新的时代寓意。他不仅终生抱持以三民主义为蓝图的中国梦,而且还怀有区别于霸权主义的王道世界梦与亚洲梦。

特别是在他的晚年,由于十月革命与五四运动的影响,促使孙中山对于世界与亚洲的认识出现新的飞跃。他不仅继续谋求本民族的独立、平等与富强,而且还更为热诚地呼吁建立一个和平、公道、合理的世界新秩序。他不再是简单地以地区与肤色划分世界,而是把整个世界区分为压迫民族与被压迫民族两大阵线。前者是帝国主义列强,后者是包括中国在内的殖民地与半殖民地国家与地区,是所谓"受屈人民"。但是,压迫民族中的多数劳动民众也属于"受屈人民"。俄国本来是压迫民族,但由于经过十月革命,废除帝国主义,实行社会主义,因此也站在世界"受屈人民"一边。孙中山认为帝国主义是世界上民族压迫与民族歧视的总根源,被压迫民族应该与压迫民族中的"受屈人民"联合起来,特别是与专为"受屈人民"打抱不平的苏俄合作,共同反对帝国主义。孙中山把这种反帝斗争称之为民族主义,是不可逾越的一个历史阶段。但民族主义并非终极目标,它只是走向世界主义的基础。世界主义的真精神就是反对强权,就是"不讲打"的好道德。最好是以俄国人民作为欧洲

---

[1] 《潘佩珠年表》,转引自陈锡祺主编:《孙中山年谱长编》上册,中华书局1991年版,第357页。

世界主义的基础，以中国人民作为亚洲世界主义的基础，然后扩而大之，才能实现整个人类的世界主义。可见，"世界大同"才是孙中山的理想世界，也是他终身为之奋斗的终极目标。

孙中山晚年的世界主义，不仅是一种政治设计，而且是一种道德诉求，或许也可以说是向东方传统文化的回归。1923年他在《致犬养毅书》中建议日本应该"联苏以为与国"，认为"夫苏维埃主义者，即孔子之所谓大同也"，并且引征《礼运大同篇》那一整段经典话语作为印证。他借用传统的语言描写未来的理想世界，力图以古老的王道与霸道词汇来区分东方文化与西方文化的本质差异："东方的文化是王道，西方的文化是霸道；讲王道是主张仁义道德，讲霸道是主张功利强权；讲仁义道德，是用正义公理来感化人，讲功利强权，是用洋枪大炮来压迫人。"[1]

孙中山向东方传统文化回归，反映了19世纪末和20世纪初先进人士对于西方工业革命以来历史进程的深刻反思。第一次世界大战以后，人们痛定思痛。施本格勒在《西方的没落》中，明确指出西方已经处于机器控制之下，金钱主义与享乐主义成为时代特征，因此无可避免地走向堕落。因此有些中外思想家就主张以东方的道德来弥补西方文明的缺失。孙中山也是这样，越来越觉得西方世界的长处无非是科学技术与物质文明的发达，"但是说到他们的新文化，还不如我们政治哲学的完全"。他所推崇的"最有系统的政治哲学"，就是《大学》早就说过的"格物、致知、诚意、正心、修身、齐家、治国、平天下"。他把道德范畴与知识范畴联结起来，认为应该先从个人的求知、内省、自律做起，完善自我修养与文明素质，然后才谈得上齐家、治国。而其最终理想是："用固有的道德和平做基础，去统一世界，成一个大同之治，这便是我们四万万

---

[1]《对神户商业会议所等团体的演说》，《孙中山全集》第11卷，中华书局1986年版，第407页。

人的大责任。"[1] 或许也可以说，这就是"平天下"新的时代诠释。

当然，孙中山并非认为，这一伟大理想单凭中国四万万人便可化为现实。必须要有更多的外来援助，而首先寄予殷切期望的便是苏俄。对于已经跨进列强门槛的亚洲近邻日本，尽管它已经不再属于"受屈人民"，但是孙中山仍然进行苦口婆心的争取与规劝："你们日本民族既得到欧美的霸道的文化，又有亚洲王道文化的本质，从今以后对于世界文化的前途，究竟是做西方霸道的鹰犬，或是做东方王道的干城，就在你们日本国民去评审慎择。"[2]

三、路在何方？

孙中山的亚洲梦诚然真挚而又美好，然而毕竟与现实相距甚远。

他不幸过早病逝，没能看见自己一手促成的国共联合大好局面迅速破灭，更没能看见其后苏联的异化，逐步成为争取世界霸权的一极。

他对日本的期望，主要寄托于日本国民的觉醒与"评审慎择"；但是孙中山逝世后的日本却在霸道的歧途上越走越远，1931年9月18日，关东军悍然侵占中国东三省；1932年更炮制所谓"满洲国"。而"五一五"事件的爆发，连比较温和的犬养毅首相都被军部狂热分子杀害。政党政治完全终结，"举国政治"以军部统驭全部国家机器，作为弱势群体的日本国民哪有任何"评审慎择"的自由？1937年日本发动全面侵华战争，并且与德、意法西斯相勾结，掀起第二次世界大战，可以说是把"霸道文化"演绎得淋漓尽致。

第二次世界大战结束以后，人类并未享真正的和平与安宁。世界仍然是分裂的，从两个阵营到美苏争霸，冷战长期延续而局部战争更是烽火连绵。作为战败国的日本，处于美国占领之下，外交政策唯美是从。

---

[1]《三民主义·民族主义》，《孙中山全集》第9卷，中华书局1986年版，第253页。
[2]《对神户商业会议所等团体的演说》，《孙中山全集》第11卷，中华书局1986年版，第409页。

特别是在1950年朝鲜战争爆发以后，日本完全沦为美国反对新中国的亚洲基地，并且两相勾结，长期支持台湾与大陆的分裂。即使是在1972年日中两国恢复正常邦交以后，由于某些反华势力的恶意操纵，从历史到现实依然是风波迭起，争论与对抗从来未曾停息。

孙中山早年曾经寄予无限期望的日中共同推动亚洲走向民族解放与和平民主，难道竟是无从实现的幻想？

我不这样认为。历史毕竟在不断前进，形势总是比人强。尽管"二战"与其后连绵不绝的局部战争，给亚洲人民带来极大苦难，然而亚洲各国人民终于经过英勇抗战赢得独立与进步，同时在所谓"四小龙"经济起飞以后，相继进入经济发展与社会转型的快车道。今日之亚洲再也不是过去那样任人欺凌的"病夫"，而多是充满青春活力、欣欣向荣的新兴国家。

世界早已进入全球化时代，区域整合乃至全球合作已经成为无可阻挡的总趋势。还是孙先生那句话说得经典："世界潮流，浩浩荡荡，顺之者昌，逆之者亡。"顺逆之间，何去何从？明智之士，一眼可知。其实，孙中山对理想与现实之间的距离看得很清楚，他认为被压迫民族只有首先恢复民族的自由平等，然后"才配得上讲世界主义"。"所以我们以后要讲世界主义，一定要先讲民族主义，所谓欲平天下者先治其国。把从前失去了的民族主义重新恢复起来，更要从而发扬光大之，然后再去谈世界主义，乃有实际。"[1]

但是，更为可贵的是高瞻远瞩，他的天才预见已经提供了解决当前世界和亚洲一切国家之间重大纷争的可行思路。路在何方？路在脚下。简而言之，就是要正确处理世界主义与民族主义之间的关系。不过时至今日，恢复从前失去的民族主义，对多数国家与地区来说已经不再是头

---

[1]《三民主义·民族主义》，《孙中山全集》第9卷，中华书局1986年版，第231页。

等大事，倒是民族主义的过度"发扬光大"，加深了世界与亚洲各国的冲突与纷争；而少数发达大国假借世界主义之名推行霸权主义之实，任意侵犯弱小国家的领土权，造成数以千万计人民生命财产的严重损害。这种"发扬光大"当然与孙先生的原意背道而驰。孙先生认为一个民族只有摆脱外国殖民主义的压迫，恢复固有的独立与主权，然后才有可能与他国平等相待共商世界主义之大计。过去有些人攻击孙先生是空想主义，其实他何尝如此，他当年有关世界主义与民族主义之间关系的阐述，非常务实而又缜密，可以说是现今所谓"全球地方关系"（global local relationships）或"全球地方化"（glocalization）类似思考的发端。

物极必反，否尽泰来。现今人类的文明危机已经空前深重，正如当代有识之士所言，经济增长、政治对抗与人性施恶三方面都已达到极限，而三者纠结所产生的恶果已经遍及全球各地社会生活各个方面。人类正在毁灭自己生存的环境，从而也有可能最终毁灭自己。但是，我们不应悲观，更没有理由绝望。正如《国际歌》所反复咏唱："从来就没有什么救世主，也不靠神仙皇帝，要创造人类幸福，全靠我们自己。"人类自己造成的罪过，只有靠人类自己的觉醒，靠自己来救赎。

我与池田大作先生对话时曾说过，我不仅看到黑暗，更看到光明：

看到世界上反对霸权主义与反对战争的人越来越多；

看到要求社会正义与公平的人越来越多；

看到不畏艰险，在世界各地扶贫的人越来越多；

看到热心环保的人越来越多，"保护环境、节约资源"已经成为全人类最大的共识，成为越来越多的有识之士的终身奉献；

看到以人类公益为宗旨的NGO越来越多，越来越走向成熟，并且逐步超越国界。这是社会进步与人类文明最终希望之所在。

其所以有这么多光明，就是因为人类文明在恶化的同时也正在进化，而进化正是出于对恶化的清醒认识。就现今世界的严酷现实而言，环境的破坏与资源的浪费已经成为全球一体化的最大公害，任何一个国家与地区都不能置身其外，而且也只有通过全球一体化的共同努力，才能逐步求得改进与化解。我把这些人类共同利害关系比喻为"最大公约数"，它们是人类最好的老师，也是人类的最大凝聚力。越来越多的有识之士正在认真考虑如何正确处理人类整体利益与国家利益之间的关系。长期被视为神圣的国家主义与民族主义，必须经受全球一体化的人类公理的重新评判，才能有助于人类公害的去除与人类公利的谋求。

无可讳言，现今全球化占支配地位的仍然是资本主义市场经济。市场经济的原始动力，无论从个人、集体乃至国家而言，都离不开利益的追求。因此，至少在市场与资源两方面都避免不了利益争执，而国家之间的利益冲突激化便会引发战争。经过20世纪两次世界大战惨痛的教训，现今多数国家领导人主观上也许并非愿意诉诸战争，但所谓国家利益往往容易淹没政府甚至民众的理智，所以此类战争何曾有一日停息。国家利益诚然是客观存在，正当的合法的国家利益理应受到必要的尊重与维护；但国家利益的排他性也是客观存在，许多国家利益之争乃是历史的负面遗产，剪不断理还乱，很难在一两代人之间化解。但是，超越国界的严重人类公害，却等不及一两代人的拖延，必须各个国家政府和人民迅速联合起来自我救赎。也许中国公民社会尚未发育成熟，然而世界公民社会已在形成之中。不管个人主观上是否自觉，我们自己已经厕身在这个新兴社会之中。只有这个包容最广的社会，才能最终决定21世纪乃至22世纪的人类文明走向。

一部人类文明史，就是人类不断改造环境并且在改造中完善自己的历史。如果说，是人的第一次觉醒，在发现世界的过程中首先发现了自己，终于走出中世纪的黑暗，进入近代工业文明。那么，当前这个绚丽烂熟而又病入膏肓的现代社会，又必然会出现人的第二次觉醒，重新认识世界并认识自己。也许在不久的未来，全球公害激发人性复苏，在共同防治公害的奋斗中产生的新的自我觉醒，促成世界公民新的"公德"诞生，那才是全球之幸，人类之幸。我们这代人虽不能至，心向往之。

孙中山设计的走向世界大同之路，过分强调了以中国"固有的道德和平做基础"，显然有失偏颇。然而他把问题的症结归结到人的自我完善，特别是建立共同的核心价值观，这个思想至今似仍可以沿用。需要修改的是，应该把中国的固有道德，扩大到世界各国道德的优良成分，作为新的世界公民道德构建的基础。但新的普世核心价值的形成，必须立足于当前的世情与国情，而最主要的则是对于整个人类命运的关心与责任。

也许这依然是梦，但我总觉得梦想成为现实并非遥遥无期。

## 2011：辛亥百年，全年无休

元旦就开始为纪念辛亥百年外地出行着手准备。次日中雪，怀玉依然井井有条，行李齐全，无愧长途远行老手。1月3日乘机到达广州，4日又乘直通车到达香港红磡，入住沙田凯悦宾馆。2011年辛亥百年纪念的大型学术活动，从大陆地区来说，竟然是从香港、澳门开始。

说起来也是顺理成章，孙中山革命思想的形成与就业的开端不就是在香港与澳门吗？而香港中文大学的医学院追本溯源，又是孙中山曾经就读数年的母校，所以中文大学迈出第一步，主其事者就是其下属的医学院。院长陈志辉虽是医生，但人文素养相当深厚，不仅医人且谋医国，与孙中山俨然一脉相承。他当晚就在我最熟悉的崇基学院教工俱乐部，以我最喜爱的贵妃鸡款待，一见如故，意气相投，当时我就听说他是香港中文大学接替高锟的下一届校长候选人。

1月5日上午至逸夫书院，参加逸仙楼揭幕典礼，10时开研讨会，我报告《百年锐于千载》文，扼要介绍有关"三个一百年"的思考。中午沈院长又复正式宴请，并参观校园。

1月6日迁居港岛老街太平洋酒店，连续两天与华师校友会及高教联负责人聚会，并集议6月、8月两次以香港学生为主体开展纪念研讨活动，华师给予全力支持。

1月8日上午至港大，简单开幕式后即为学术报告会。我的讲题是《孙中山的亚洲梦》，听众甚为踊跃，提问甚多。晚赵令扬邀集香港旧交聚餐畅叙，香港之游结束。

4月14日9时30分出发，当地时间15时50分到达仁川机场，新罗大学原校长李炳华亲自接机，前往Lotte宾馆。晚上"亚洲论坛"金会长（前劳工部长）宴请，裴京汉陪同兼翻译，畅聊亚洲问题（演绎新"三国演义"）。金会长属民主党高层人士，爽直热忱，意气相投，一见如故。

4月15日晨6时50分裴京汉来，同至二楼会议室。7时"亚洲论坛"各界代表50余人共进简单早餐。餐毕由我主讲《辛亥革命与今日中国》，提问甚多，情绪热烈，纷纷交换名片，期待保持联系。会后接受《朝鲜新闻》、韩国《中央日报》联合采访，连续频繁交流，应接不暇。近午稍得休息，在附近京宝饭店匆匆吃中华料理。饭后前往国会图书馆，首先拜会馆长，然后与国会民主党党首丁世钧（下届总统候选人）正式会晤，并由其主持大会，我发表长篇演讲《辛亥革命与亚洲未来》，纪念辛亥百年与朝鲜"三一"运动92周年。提问甚多，且更有深度，因听众主要是国会议员。会后参观国会图书馆，讨论今后加强合作交流。巧遇韩国著名画家，其妻为诗人，热情合影，并赠画作留念。晚上国会图书馆举办盛大宴会，服务员宫妆打扮，颇似电视剧《大长今》服饰，连菜谱都很近似宫宴。谈兴甚浓，20时始散。倦极早卧，因一整天活动过于密集，而且气氛又始终热烈，八十老叟颇感疲惫。

幸好第二天（16日）安排旅游，比较轻松活泼。8时许与金会长、李校长共进早餐，叙谈告别。10时30分，"亚洲论坛"执行会长河政宇来，驱车至水原，沿途热心介绍正祖王城等历史遗迹。他是民主党未来之星，也是水原市长的竞选人，年富力强，朝气蓬勃而又和蔼可亲。中午食传统牛骨汤，鲜而不腻，但碗大量足，不像有些日本料理的虚有其表。下午畅游宏大王城，城廓修复良好，博物馆则小而精，讲解主要靠耳机，活动内容丰富多彩。宿新式宾馆——华美达酒店（Ramoda Plaza Hotel）。河会长夫妇携二子一女共进晚餐，小孩彬彬有礼，均穿新衣，幼女穿着更为光鲜，逗人喜爱。夫人为其大学同学，有自己的事业，但支持丈夫参政，谈吐颇有见地。畅叙甚晚始依依惜别。

  4月17日为星期日，10时河政宇仍赶来送行，曾在华师进修的李惠源博士接至首尔延世大学宾馆，此校亦教会大学，并与我所早已合作交流，所以热情接待。中午简易石锅饭，下午惠源导游贞洞老街，参观俄国使馆、长老会韩国创始人Underwood住宅旧址。

  4月18日，晨起，宾馆早餐韩式、西式两种，清洁雅致。惠源开车导游校园看Underwood住宅改建的展览馆，收藏丰富，琳琅满目，下午惠源陪同市场购物。

  4月19日6时出发，李校长穿工作服前来送行，帮忙搬运行李，如同普通百姓，可见平素风范。9时15分起飞，北京时间11时5分到达武汉天河机场。

  此行未惊动学界友人，因时间非常匆迫，但交游面则扩大到政商两界，更贴近社会内层，有很深的印象。特别是以金会长为代表的政界上层人士，继承金大中传统，热心促进中韩友好与亚洲团结，并且决定10月来湖北参观三国赤壁，以行动演绎新三国演义，热忱可感。所以回校第二天就找朱英所长商量，经由学校出面，正式向韩国"亚洲论坛"发出邀请。韩方也非常认真，6月就正式来函，说是已决定在10月组团来武汉开座谈会，并且前往嘉鱼赤壁体验三国文化。果然，10月24日，金会长亲自率领20余政商学界高级代表人士来汉。10月25日在我校举办有关中韩合作交流的座谈会，韩国驻汉总领事也前来参加。双方发言热烈，坦诚务实，有许多好的建议。会后由外事处委托旅行社安排参观赤壁及相关三国遗址。据说接待周到，而韩方人员兴致犹浓，所以彼此都感到收获超乎意料。

此后，我所与韩国交流越来越多，项目涵盖许多方面，特别是韩国驻汉总领馆，对于我校韩语系的建立与发展非常关切，提供教学与就业的优惠，使之后来居上。也正是在2001年10月10日金夏中出任驻华大使，曾专程来汉访问我校。他是一个学者型的外交官，酷爱中华文化，认真推动中韩友好合作，并就亲身见闻写成《龙的腾飞》一书，客观生动地介绍中国改革开放后的欣欣向荣。我曾发表读后感，誉之为黄遵宪式的学者外交官。他亲自致书感谢，谦称愧不敢当，无非是步武前贤。此后经常书信往返，承其馈赠精致红参等礼品。

回想起来，我在韩国人气甚旺，首先应该受惠于闵斗基，因为他在汉城大学首创东洋史学科，教书育人，在政学两界事业有成者为数甚多，有"闵家军"之称。加上汉城大学又是名气最大的高等学府，毕业学生在很多部门都担任要职，所以我到处都受到闵氏门生的照顾。比如1991年中韩尚未正式建交，而我却应邀赴韩开会与讲学，只凭一份护照与邀请信，就在韩国驻纽约领事馆办成护照，那位主管领事就是闵老师的得意门生，他与我叙谈甚欢，丝毫没有既往那种敌国仇意。此后我的《离异与回归》旧作，2008年在韩国岭南大学出韩文版，译者孙承会教授也是闵斗基早期的弟子。

我在海外演讲，虽然离不开"百年反思"与"亚洲梦"两个主题，但是经常根据国际形势与听众状况，不断变换侧重点。在神户，我侧重孙中山有关"大亚细亚主义"的演讲，演绎"王道"与"霸道"的区别，敦促日本不要再当西方列强的鹰犬，维护和平，携手共建繁荣祥和的新亚洲。这正好与东京会议"东亚共同体"的呼吁相应和。随后韩国新罗大学校长专门邀请我与怀玉前往访问,并作有关孙中山与辛亥革命百年的演讲,我更进一步发挥,期望首先由中日韩演绎东北亚新"三国演义",谋求亚洲的和平与繁荣,以促进整个世界的祥和与幸福。

从韩国回来以后,几乎每天都在为辛亥革命百年纪念操劳。6月以后各项筹备工作更为紧迫。6月5日受教育部委托,主持规格甚高的专家评审组,讨论建立武汉首义学院(以华科大武昌分校为基础)。6月9日又去香港参加浸会大学举办的研讨会,并且还抽空去凤凰卫视专题部做武昌首义电视访谈节目。

6月13日回到广州,顺道在中山大学讲演《百年遐思》。6月20日再去香港举办"中山舰历史文物展览",并且分别接受《文汇报》与凤凰卫视专题访谈。

7月16日,尽管学校已放暑假,仍应国家图书馆邀请,在部级领导干部"历史文化讲座"上讲演《百年锐于千载——辛亥革命反思》。

对于辛亥百年的反思,有两层含义:一是反思辛亥革命百年以来的历史,一是反思百年以来的辛亥革命研究。

早在1990年,我在海外即已开始这种反思。为纪念辛亥革命80周年撰写的《辛亥革命与"只争朝夕"》着重从社会心态转变的角度,探讨辛亥前后逐步形成的历史紧迫感,以及其后衍化而为急于求成的民族潜在心理,如何影响近百年中国历史进程。10年以后,为纪念辛亥革命90周年,又撰写《珍惜辛亥革命的历史遗产——以世纪意识为例》,对20世纪以来两次"世纪热"或"世纪迷思"进行对比。发现当今中国世纪话语已经逐步形成意识形态,时间量度转化成为价值标准,乃至衍生过高的幸福预期。我颇为感慨:"这种浅薄的狂热及其影响之深远,又是百年前那一代在中国宣扬世界意识者所难以想象的。今昔相比,我总觉得缺少几分当年的真诚,更缺少当年那么深沉的忧患意识与强烈的自我鞭策。"可惜我的"盛世危言"被淹没于新千禧年的举国狂欢。

2010年岁尾，纪念辛亥革命百年的热潮提前涌现，日本率先在神户、东京两地举办"寄语辛亥革命百年"等系列活动。2011年初，香港中文大学与香港大学又先后举办纪念性学术论坛。为了应对海内外各界人士的询问，我抓紧撰写了《百年锐于千载——辛亥革命百年反思》一文，大体上勾勒出自己对于历史本身及其研究两重盘点的思绪。

## 百年锐于千载
——辛亥革命百年反思

### 一、中山学说的历史价值

早在上个世纪90年代之初，我在北美旅居3年期间，已经思考"中国史学寻找自己"的问题。1993年6月到日本京都大学演讲，又提出孙中山研究也有"寻找自己"的问题。所谓"寻找"，有三重含义：寻找真实的孙中山；寻找自己的研究方法和风格；寻找对孙中山新的理解。

1. 人无完人

孙中山并非十全十美，在辛亥革命期间，有重要贡献，也有不少错误，甚至严重过失。比较明显的是他始终坚持海外"输入式"的少数志士潜入沿海城镇举义的僵化模式，1911年春黄花岗起义全军覆没，精英伤亡殆尽。再则，武昌起义前，同盟会已呈分裂态势，孙中山自控南洋支部，光复会重新独树一帜，长江中下游革命骨干另立中部同盟会，原有同盟会总部形同虚设。

民国肇建以后直至护法战争，孙中山也不是没有这样或那样错误。但如果因此就断言孙中山"一无是处"，我却期期以为不可。评价伟大历史人物，主要应客观考察他比前人多做了哪些工作，为社会进步有多少推动；而不是专门挑剔他比后人少做了哪些工作，比现今有哪些不足。我历来提倡治史必须"设身处地"，然后才谈得上"知人论世"。

2. 中山的问题意识与示范功效

（1）他没有把西方现代化看作完美无缺的样板，更没有机械地照搬西方政治模式，而是在总结既往百年世界历史的基础上，对西方的先进文明有所选择"因袭"，更有所斟酌"规抚"，从而才完成新的"创获"——"三民主义"与"五权宪法"历经千辛万苦，终于领导中国人民推翻君主专制，肇建民主共和，开辟了中国历史的新纪元。

（2）我们钦佩孙中山，因为他在伦敦总结19世纪百年历史并思考人类文明走向时，并无任何具有实力的社团作为依托，主要是时代使命感与社会责任感督策使然。他的心与祖国，与受苦民众联结在一起，同时也与世界各地善良的同情者联结在一起。他把祖国命运放在世界命运中间认真思考，并且像耶稣背负十字架一样，心甘情愿地承担起"天下兴亡，匹夫有责"的沉重课题。

（3）中山晚年对世界主义，特别是世界主义与民族主义之间关系的思考，如"王道""霸道"的抉择，"民族主义"与"世界主义"的关联，都有许多深刻的前瞻性的探究，堪称与现今后现代的"全球地方关系"（global local relationships）或"全球地方化"（glocalization）一脉相通。

孙中山是伟大的爱国主义者，又是伟大的国际主义者，从革命一开始就谋求国际合作，而且晚年还更为热忱地呼吁建立一个和平、公道、合理的世界新秩序。他应该是近代中国最高层政治领袖中堪称世界公民的第一人。

孙中山以"恢复中华"作为自己革命生涯的发端，但是从来没有把民族主义的范围局限于中华，更没有以此作为终极目标。他认为民族主义乃是世界主义的基础，因为被压迫民族只有首先恢复民族的自由平等，然后"才配得上讲世界主义"。并且期望以俄国人民作为欧洲世界主义的基础，以中国人民作为亚洲世界主义的基础，然后扩而大之，才能实现整个人类的世界主义。

## 二、时空转换中的三民主义

民族主义：过去的研究多半侧重于"排满"问题的实质探讨，而有意无意冷落了"五族共和"的阐析。应该承认，孙中山及其后继者，在"中华民族多元一体格局"的形成方面也有不同程度的贡献，至少我们在中华民族作为国族的总体观念上与前人是一脉相承。1949年新中国成立以后，我们在增进民族平等、团结，发展民族地区经济、文化，乃至促进少数民族内部社会革新等方面都取得举世瞩目的辉煌成绩。这些都可以说是对于辛亥革命遗产的继承、发展与超越。

民权主义：辛亥革命仅仅是开启了共和之门，迈出走向共和的第一步。就以孙中山自己为例，他对五权宪法的创建寄予很高期望，曾经明确揭示："以三民主义为立国之本原，五权宪法为制度之纲领。"但是，对于这个理念懂之者不多，应之者甚少，连孙中山自己也还缺乏相关的架构设计。直到1920年在广州召开非常国会并就任非常大总统之后，孙中山才逐步把五权宪法从抽象理念形成完整的国家体制框架。

但是，自五权宪法倡议以来，孙中山却未能在生前实施自己的方案；自国民党定都南京以后，所谓"五权分立"的推行也是举步维艰，其后更逐步演变得荒腔走板。应该说，"五权分立"的立意还是积极的，即为了防止西方议会、政党政治的弊端，将考试权从行政权分出，纠察权从立法权中分出，借以寻求更为完善的权力相互制衡。国民党内外三民主义、五权宪法的服膺者也并非都是虚应故事，其中确实有些忠贞之士满心期望通过五权宪法的实施，把中国引向民主与法治的进步道路。但是，任何良好的民主政治设计，都改变不了国民党政府"党治""军治""独治"的严酷现实，"五权分立"的政治架构只能空有其表。这种披"五权宪法"外衣的威权统治，在1949年以后随着国民党的失败而转移到台湾。直到蒋经国在临终前解除了党禁、报禁与戒严，才结束了蒋家王朝的威权统治……

辛亥革命的功绩并不限于"第一枪",更重要的是迈出民主政治的第一步。辛亥革命所确立的民主共和国与现代国家的基本原则(以人为本、依法治国、人民治国)直到今天仍是社会进步的尺度与目标。

民生主义:孙中山师法亨利·乔治与约翰·穆勒,同时又从中国传统的大同思想以及均田、公仓等方案中受到启发,提出"平均地权"以谋防止资本主义贫富两极分化的弊害。孙中山自信"可举政治革命、社会革命毕其功于一役",过去曾被讥评为徒托空言,其实他和他的后继者在这方面还是做过多方面的探索与讨论,积累了颇为丰富的经验教训。"民生"一词,从经济而言,涵盖发展与分配两个方面,这就是孙中山所说的"欧美强矣,其民实困"。20世纪初始,中国资本主义还处于极为幼弱时期,1905年提倡"节制资本"诚然是"睹其祸害于未萌",但现今对于中国而言……双轨制经济并存衍生的权钱交易,更使这种"祸害"愈演愈烈。因此,"民生"一词遂成出现频率最高的词语之一。

孙中山及其后继者设计的多种具体方案,很难解决当前社会深层转型的复杂问题,但"一手抓土地流转(平均地权),一手抓投资调控(节制资本)"的思路仍然可以对我们有所启发。

### 三、必须纵观辛亥革命上下三百年

这是由于对辛亥革命的背景、起因、进程、后果、影响,需要进行长时段的纵横考察,才能谈得上是对其本身以及历史遗产的真正盘点。

"三个一百年",即100年历史背景,100年的历史本身,都需要通盘研究,同时还要进行未来100年的展望。辛亥革命不仅仅是一个伟大的历史事件,它更是一个伟大的社会运动;并非起始于辛亥这一年,更并非结束于辛亥这一年。像任何历史上发生过的社会运动一样,它有自己的前因,也有自己的后果,而前因与后果都有连续性与复杂性。我们不是辛亥革命的当事人,没有任何亲身的经历与见闻;但是作为后来者百年以后看辛亥,可能对当年的若干重大问题观察得更为客观、全面、深切,其原因就在于我们探索其前因后果的连续性与复杂性，具有更多的方便条件。

放开历史的视距，辛亥革命的历史遗产的正负面影响才有可能讲透。譬如"共和国观念从此深入人心"一类话语讲得最多，似乎已经讲够，但实际上却未讲透。何谓"共和国观念"？何谓"深入人心"？"共和国观念"因人而异，不同人群有各自不同理解。与此相关联的是，"共和国观念"在部分精英群体中可能确实"深入人心"，但是对于众多草根民众来说，即使肤浅理解已属难能可贵，又怎么谈得上是"深入人心"？如果真是全民都"深入人心"，中国的民主与法治早已实现了。"共和"一语又不仅仅是观念，它还有一整套政治架构，包括制度、机制及至礼仪、服饰等等，都与帝王专制有明显差别。民国初年，除袁世凯因复辟帝制自取灭亡外，北洋政府其他执政者即令是虚应故事，也或多或少折现出时代的进步，不然何以当时的首都竟然成为新文化运动的摇篮，其影响不仅遍及全国，而且影响整个历史进程。"无量金钱无量血，可怜购得假共和。"作为当年的革命志士，他们历经失败，以诗词宣泄极端悲愤，这是可以理解的，但是作为对整个辛亥革命的评价则未免失之于情绪化的偏颇。在世界近代历史进程中，形势总是比人强，革命的绞杀者因应形势而在某种意义上被迫执行革命"遗嘱"的先例，并非凤毛麟角。

我尤为强调历史的延续性与复杂性。孙中山说同盟会的成立曾使他感到革命可以"及身而成"，但直到临终他还在念叨："革命尚未成功，同志仍须努力。"革命并未在孙中山生前及身而成，但革命也并未在孙中山身后猝然终止。以历史的广角镜来看，辛亥革命开辟的走向共和之路，至今我们继续在走。我们不能把眼光局限于革命，共和的追求不仅限于革命，更多的还得靠后继者锲而不舍地追求与实践。我主张将海峡两岸及香港、澳门作为一个整体，来研究辛亥革命以来的中国民主进程。因为中国这几个地区虽然历经分合、背景各异，但是毕竟都承载着辛亥革命的遗产与影响，都在不同条件下探索并实行孙中山揭开序幕的民主共和之路。

辛亥革命的负面因素，就其大者而言，主要有两方面：一是由于当年的狂热宣传，以及其后革命者或自认是革命者的意识形态营造，也还有我们这些辛亥革命的研究者长期因袭成见，革命从手段提升为目标，乃至衍化为至高无上的神圣。二是为鼓动民众推翻清王朝而狂热地鼓吹"排满"，显然对早已存在的大汉族主义或汉族中心主义有所助长，尽管其后从"排满"转为"五族共和"，辛亥革命领导人及其后继者为中华民族的认同与整合做了大量有益的工作，但大汉族主义的意识已是年深日久，很难在两三代人的时间里彻底清除。我近年来不断提倡"新黄帝观"，即给始祖文化符号以更具包容性的诠释，以此更为增进全中华民族作为统一国族的认同，可能也更符合孙中山"五族共和"的积极意蕴。

至于未来的100年，需要扩大视野，把中国置于全球化及至整个人类文明走向的大背景中来考察。一方面珍惜中山学说的前瞻性，如有关民生主义、世界主义与民族主义的关系等有关思路；另一方面更要勇于面对当今及今后中国乃至整个人类面临的新问题，特别是在多极化国际新格局中的和平发展与大国责任、环保问题、能源问题，都涉及人类文明的生死存亡，是自我毁灭，还是自我救赎。任何一个国家的问题都是世界的问题，而面临每个世界重大问题，任何一个国家都难以独善其身。因此，更需要国与国之间、地区与地区之间、民族与民族之间的对话、交流、沟通，以全球大局为重，从共同利害抉择中求同存异，或曰寻求易于导致趋同共识的最大公约数。

物极必反，否尽泰来。我深信日益严重的世界公害，必将转化成为世界公利，成为人类最好的教师，让大家从人类中心主义与科技决定主义导致的文明沉沦中觉醒过来，再一次追求人的发现、人性复苏、人与人和谐相处、人与自然和谐相处，共同战胜自然灾害以及自身错误酿造的各种人祸，营造一个共享文明福祉的幸福新世界。

此次讲演由于田彤准备了电视课件，所以效果特别良好，听众水平较高，提问与自由发言都胜于一般的公众讲演。

10月8日，应邀参加宋庆龄基金会在北京举办的宫崎家藏历史文献图集的新闻发布会，与久保田文次、宫崎蕗苳母子等老友重晤。10月9日与久保田同回武汉参加纪念辛亥革命一百周年的国际研讨会，此为辛亥百年庆典的巅峰与结束。

## 告别辛亥革命研究

纪念辛亥百年的国际学术研讨会，准备甚早，而且很充分。可能正是因为如此，我们这些一线当事者，反而产生"审美疲劳"症状。激扬文字，学术智慧乃至交流热情，仿佛均已耗尽，很难再说什么"最佳竞技状态"。我只能向上级主事者保证："绝不坐轮椅进会场。"这可能不是少数人的感觉，我发现有些中青年学者也在不同程度上显示出疲态。

同时，正是由于中央特别重视，中国社会科学院一反过去数十年的谦虚——"与地方社会科学院不存在上下级领导关系。每十年一次的辛亥革命国际研讨会，主要是委托湖北方面具体筹备，全国政协的所谓领导形同虚设"。此次研讨会，本来也是由中国史学会与湖北社科联共同举办，并且推定我与金冲及为双主席，会议正式对外文件及邀请信均由我俩署名，后来改由中国社会科学院统筹办理全部会务，我与金冲及的双主席悄然消失。我与冲及都是一介穷儒，自然不会计较这些名分，但"不在其位，不谋其政"，乐得稍有清闲。

过去中国史学会秘书长（近代史研究所科研处原处长）王玉璞是中国社会科学院与湖北省社科联之间的主要联络人，多次协办过重要的辛亥革命与孙中山国际学术研讨盛会，思路细密，干练踏实，有"学术会议专家"美称，可是这次却由于中国社会科学院人事变动，所以很多安排不尽妥当。总之我们这些"老先生"理所当然交班，从主人变成客人，而且由于两三年连续奔波于海内外各地，心力交瘁，兴趣索然，也只能把这次盛会当作海内外老朋友的难得一次再聚会，因为好几位共同推动辛亥革命研究的老战友，均已先后逝世。野泽丰先生是在前一年（2010年）逝世，我们乘日本学者正好来得较多，在研讨会闭幕式之后举办了野泽丰教授的追思会，时间虽短，然而发言精粹，情真意挚，影响深远。

其实早在纪念辛亥革命90周年国际学术研讨会上闭幕词结尾部分，我已经郑重宣告这个意义上的告别：

这次会议已经圆满结束，但21世纪的辛亥革命研究却刚刚开始。辛亥革命的内容极为丰富，影响极为深远，课题极为众多，对于研究者具有永恒的魅力。辛亥革命研究在20世纪已经享有风光，辛亥革命研究在21世纪必将再创辉煌。这次会议虽然很难说在学术上已有重大突破，但至少可以说正在孕育着重大突破。一代新人正在茁壮成长，许多很有意义的课题正在研究之中。我们深信，十年以后，即辛亥革命一百周年，必定会有一批具有重大突破意义的论著问世，并且为辛亥革命研究开辟一个新纪元。

从20世纪70年代末开始，我们所做的重要工作之一，就是把世界的辛亥革命研究引进中国，同时又把中国的辛亥革命研究推向世界。二十多年来，中外学术交流已经蔚然成风，中外辛亥革命研究者相互理解，相互支持，已经结成极为深厚的友谊。我们将永远记住那些可亲可敬的名字，小野川秀美、岛田虔次、山口一郎、闵斗基、韦慕庭、黎澍、刘大年、胡绳、陈旭麓、林增平、李时岳……还有那些仍然健在却未能到会的长者，如卫藤沈吉、田中正俊、白吉尔、史扶邻、高慕轲、齐赫文斯基、陈锡祺、李侃、李国祁、张朋园……辛亥革命研究能有今天这样的巨大成就，新一代学者群能有今天这样欣欣向荣，都蕴含着他们数十年如一日的辛勤劳绩。

我们还要特别感谢野泽丰教授，他以八十高龄自费独力为我们编印了《近邻》杂志第39号——《辛亥革命90周年纪念特集》。对于一个久病体弱的老人来说，这需要多大的勇气与毅力！他还为华中师范大学辛亥革命研究中心捐赠大批珍贵图书，设立了"野泽丰文库"，并节衣缩食提供了野泽丰奖学金，鼓励中国年轻一代努力攀登史学高峰。此外，为该中心捐赠大批图书的还有岛田虔次、刘子健、弗里德曼等日、美学者。我们把这些都看作是中外辛亥革命研究者永恒友谊的象征，他们的关爱将永远惠泽中国后世学人。

谨以十六字俚语结束我的发言："已逾不惑（从世界范围来说，辛亥革命研究在二战以后的兴起，大多始于20世纪60年代初，至今已40年矣），渐进知天，辛亥学脉，世代绵延。"

昨天，蒋永敬教授已经与我相约十年后再次聚会于武昌，野泽丰教授也表达了类似的想法。这可能是许多年长者的共同心愿，我们衷心希望这些心愿能够实现。但是，有一点可以肯定，主持操办辛亥百年盛会决不会再是我们，而是在座与不在座的前景更为灿烂的年轻一代学者。

但愿人长久，千里共婵娟！


当然，辛亥百年的重大活动并未完全停止，除10月26日、27日两天韩国"亚洲论坛"前来开会并参观赤壁遗址以外，11月2日我还与朱英前往新加坡参加一系列纪念孙中山与辛亥百年的密集活动。

11月2日晨6时出发，我与怀玉、朱英一行三人乘机经广州，于下午3时许抵达新加坡，由晚晴园工作人员接至泛太平洋宾馆，面海景佳，服务上乘。晚主办单位举办欢宴，与林家有、杨天石、吴义雄、赵立彬等好友欢聚。晚餐眺览海洋夜色，难得享此休闲。

11月3日，集体乘车参加"辛亥革命：孙中山、革命志士与新世纪展望"国际学术研讨会。此会主办单位为晚晴园新加坡孙中山南洋纪念馆、新加坡国立大学中文系、台北"国父"纪念馆。两岸知名学者参加者不多，但新加坡与马来西亚学者与华人热心参加，每次开会听众都非常踊跃。开幕式简朴而又隆重，我应邀做主题报告《孙中山的亚洲梦》。但未能参加下午小组会，因校友严春宝（海南师范大学南海区域文化研究中心研究员，曾在我所进修）热情陪同，我们游览了海边著名景点。

11月4日上午又抽空游览牛东山、小印度（类似欧美的唐人街，为印裔市民聚居之地）等处。下午参加大会讨论，我与林家有、张宪文等坐台上，类似圆桌会议，应对听众提问与自由发言。杨天石由于听力退化，已很难交流，但大会发言仍很精彩，无愧大家气象。只有张宪文成为民国史争议的焦点，仍为党派成见所困扰。

11月5日，会议安排文化参访，上午至金钟饭店、同德书报社追寻孙中山历史踪迹。中午在晚晴园进餐，参观孙中山与辛亥革命文物图片展览。其中以国外当年新闻媒体相关报道收集最为齐全，多有过去我们所未见者，并以大型视频显示，更加引人瞩目。新加坡政府对晚晴园旧址十分重视，早已拨给大片土地，在当地华人热心支持下，成为一处建筑规模宏大、保存完好而园林布置幽美的著名景点。马来西亚的华人虽属少数民族，但中华情结似乎更为浓郁而奔放，因为新加坡华人为多数，李氏家族及所创政党长期执政，不能不对中国（特别是大陆）有意显示某些"疏隔"，而大马华人则是弱势族群，尽可把辛亥革命百年当作自己的节日，尽情宣泄狂欢。他们来人甚多，与我们情同家人，并且赠送许多自己制作的历史纪录片与书刊，这更增添了我对"三个一百年"倡言的信心。

晚晴园之会，对我来说似乎是辛亥百年庆典的一个结束，其实并非如此。因为10月29—30日，哈佛大学中国（北岸）学社主办、费正清中心协办的辛亥百年论坛，原来也邀请我参加，虽因疲惫未能成行，但仍做视频祝贺，并以《辛亥百年遐思》聊以致意。因为该学社类似耶鲁大学的两岸协会，都是一群意志发舒、朝气蓬勃的年轻学者、学生，我不能不给以热情回应。此会结束以后，编辑出版了《不确定的遗产：哈佛辛亥百年论坛演讲录》。论文作者除余英时与我以外，还有柯伟林、张朋园、杨天石、杨奎松、黄克武、罗志田、王奇生、冯天瑜、朱英等。此次会议有400个中国留学生参加，可见声势更加大于国内研讨会。不过哈佛有学术自由的传统，他们不满足于"中国人讲，中国人听，中国人一起喜怒哀乐"的单纯中国人会议，或仅限于两岸之间的对话。他们在11月5日又召开了一次研讨会，组织了"不要成为一个简单化的二元对立的台北跟大陆对话"，除美国人以外，还邀请了日本人参加，而且更强调辛亥革命所呈现的晦涩性与多元性的一面。哈佛这样热心投入，自然更吸引了全美乃至全世界对辛亥百年的关注。

与此相呼应的是，马国川精心制作的《没有皇帝的中国：辛亥百年访谈录》，由香港牛津大学出版社出版。访谈对象包括周有光、李泽厚、余英时、许倬云、杨天石、章开沅、朱维铮、萧功秦、袁伟时、雷颐等。尽管也是中国人自己的对话，但同样显示了辛亥革命本身及其研究的复杂性与多样性。106岁的神奇寿星周有光为此书写的序言只有寥寥数行："人类历史演进的轨道：文化从神学思维到玄学思维到科学思维，经济从农业化到工业化到资讯化，政治从神权统治到君权统治到民权统治（民主），世界各国都在这同一历史跑道上竞走，中国不是例外。审视不是例外。审视中国在这条跑道上已经达到什么程度，是每一个知识分子的历史责任，这就是本书的目的。是为序。"

老前辈仿佛是考官提问，吾等后辈访谈者则是考生交出答卷，五花八门，各抒己见。其中还包括另一位百岁老人刘绪贻的代跋——《辛亥革命之我见》，很多看法难免歧异，但这种反思往往比主流书刊更引人入胜。正如香港中文大学原校长金耀基所写序言《重思、反思辛亥百年》所坦率指出，马国川的"基本兴趣与观念，不止在探求辛亥百年的历史真相，更在为处在社会大转折点上的今日中国，寻求历史方向性的道路"。全世界有这么多中国人，特别是有历史责任感的知识分子，共同重思反思辛亥百年，令我深感欣慰，并更受鞭策。

我在2011年忙忙碌碌之后，确实是告别了辛亥革命研究，因为心力交瘁，不能不告别许多终身研究的课题，如告别张謇研究、南京大屠杀研究等等。我是一个非常务实的人，也是一个很舍得的人，绝不徒挂虚名，欺人欺己。

# 尾声　把学问写在大地上

我最早萌生隐退之意是在1987年，当时我已年过花甲，按照离休政策可以回原籍养老。我的原籍是浙江，连女儿也自认为是浙江人，次女雪梅还自己选择考进浙江大学光仪系，父女心思相通。

其实，我之前没有去过祖籍吴兴（今湖州），在章氏聚居的获港没有任何近亲，连"坟亲"（守墓人）解放后也完全失去联系。但我落叶归根时，仍把获港视为首选之地，因为童年时代所受的家庭教育就是如此定位。虽然家人迁徙外地已逾五代，但始终被视为浙商，而我们几代人都保持浙人风俗习惯，连写字都必须师赵（赵孟𫖯），把寓地视为侨居，没有任何归宿感。因此，我决心离开湖北，回到获港安度晚年。

正好这年暑假中国陶行知研究会在南京举办全国"陶行知研究骨干培训班"，学员有两三百人。我与胡国枢都是"陶研"会副会长，所以再次聚会。他与我同乡又同行，所以早已成为知心朋友。他一直在浙江省社会科学院历史所工作，并且任所长多年，又是高级民主人士胡愈之的侄儿，所以与浙江省的党政领导都有所交往。他理解我的内心隐秘，决心促成此事。南京会后他亲自陪同我去获港寻根，同时也向省政协王主席汇报,希望能对我有适当安排。

那时荻港仍属于菱湖镇,经济、文化发展仍很缓慢,但也正因如此,保持原来风貌也就更多,连汽车都难以通行,从外地到荻港,主要是靠机帆船在密密麻麻的芦苇荡中缓缓通行。在菱湖镇镇长的关怀下,我们很快找到一位热心帮助章氏家族从外地回来寻根的邮递员。他自己绘制了一张荻港简图,并且按图索骥,很容易就找到两位族人,都是"宗"字辈,十六世,与我父亲同辈,而且已退休回乡。他们热心引导我们游览全村,并且讲述许多有趣的故事,但是使我触目惊心的是荻港已失去过去的繁荣,整个村落已陷于贫穷,连接待外地游客的"荻港大饭店"也显得破烂不堪。

我这才领会到近乡情怯,这就是清末民初曾经经济繁荣、教育发达、人才辈出的荻港吗?我想起自己的曾祖父维藩公,他虽然生于太原,长于兰州,少年从戎,在左宗棠率领下转战新疆各地,活脱脱一条西北汉子,但甲午以后却急流勇退,弃仕经商,在事业有成的晚年热心于认祖归宗,并且在诗文中流露出浓郁的乡愁。其遗著《铁髯诗草》收有《北固山人寄赠西湖图帐檐赋此以谢》诗句:"一幅吴绫远寄将,龙眠妙笔胜倪黄。知余时作思乡梦,为画湖山旧草堂。""相约蒹葭白露天,六桥三筑共留连。何修结得犹龙侣,杖履追随亦是仙。""同官同志早悬车,更得同骑湖上驴。四世同堂同叙乐,两家佳话有谁如?""我家昔住圣湖东,烽火频惊草阁空。愿构孤山三架屋,四时常作主人翁。"诗中提到四世同堂,实指我大哥开平(曾长孙)生于1919年,而维藩公卒于1921年,可知此诗应当写于1920年左右。维藩公归隐故乡的愿望未能实现,只有其骸骨安葬于杭州保俶塔下的章家园墓地。他遗留有13枚图章,其中一方为"苕溪渔隐",至今仍保存在故乡美丽如画的荻港渔庄附设的历史文化博物馆中。

当时我确实很想在有生之年为曾祖父实现他的归隐故乡之梦,正好

图56 2016年10月寻根芜湖，与妻女合影于儿时住宅

省政协王主席求贤若渴，立即与教育厅商定，初步方案是让我接任浙江师范大学校长，并且委托一位统战部副部长请我吃饭，正式告知我即将向湖北省政府发商调函。我立即答应，决定一回武汉就正式辞去华师校长职务。但这个美好愿望终于未能实现，湖北省乃至教育部都不批准我辞职，只得继续坚守岗位，直到1990年，终于主动辞去校长职务并且远去北美访学，因而谈不上服务乡梓。

但是故乡并未忘记我这个流落在外的老乡亲。2000年秋天，湖州市举办首届以"笔墨江南"命名的文化节，各项活动内容丰富而又精彩，其中"湖笔文化高级论坛"还邀集若干外地乡亲，包括金庸、吴小莉等。我应邀发表《湖笔文化与章氏家族》讲演，这可以说是我首次在家乡公开亮相。湖州市委副秘书长劳红武负责全程安排我的活动，她是湖州师院的校友，因此对我这个师范大学校长特别关切。会后，我专程回荻港拜会乡亲，菱湖区委书记倪玲妹亲自接待。她虽然是村干部出身，但经过多年磨练，已经成为一位具有较高文化素养与政治头脑的优秀干部。她在菱湖地区工作多年，从村到镇到区，摸爬滚打，对荻港非常熟悉，特别珍重章氏家族的辉煌历史。尽管菱湖依然贫穷落后,她却非常注意古建筑及相关文物的保护,几乎是全部封存原有村落,虽一砖一瓦、一草一木,均妥善保存,不容许任何眼光短浅的开发。湖州文化节以后,市领导已明确以历史文化节为重中之重。我的回乡真是如鱼得水,正好可以在文化城建与历史旅游方面发挥咨询作用。何况倪玲妹高瞻远瞩,且具足够胆识,所以一见如故,决心共同把荻港建设成为现代化而又古色古香的文明古村,并且以民国历史文化为特色,构建文化历史旅游为脱贫的突破口。她把我安排在虚有其名的"荻港大饭店",并且邀集村委主要干部与我共进午餐。"大饭店"虽已破旧,但家乡的菜肴却非常可口。玲妹一入席就笑问:"章校长大概是第一次与村官吃农家饭吧?"我却故意叹口气:"但我过去却有好些年想见村官而未能呀!"我坦陈自己以往那些落魄岁月,顿时化解了"城里人"与"乡下人"的隔阂,而乡情迅速让我融入荻港人当中。在当地人的心目中,我就是荻溪章氏第十七世的一个村民。正是以此为起点,村委书记吴瑞春与副书记章金财就成为我生死不渝的知交与战友。

倪玲妹慧眼识珠,她还刻意培养一位青年创业典型(尽管当时还没有这个称号)徐敏利。这是一个只读过高中的小村姑,她与妹妹弟弟携手合作,勤劳致富。最早是随潮流经营石油加工,后因污染严重,政府断然禁止,并且多方面资助他们转行。倪玲妹把环保与历史文化旅游结合起来,鼓励徐敏利从事美化荻港的旅游业,除提供两百亩水田外,还在融资上提供方便,村干部更是大力支持。他们共同努力,精心设计,终于很快就创建了一个诗情画意的"荻港渔庄"。由于离上海很近,那些逛腻了周庄之类老景的游客,很快就发现了这个保持更多传统文化与村野风光的新去处。经过舒乙等文化名人的品题,吸引了许多京沪名人前来度假。当然,我们华中师大近代史研究所经常利用假期旅游、开国际研讨会等方式,不断扩大荻港在国内外的影响。荻港渔庄借用了"荻港渔隐"的历史文化遗存，把维藩公的"苕溪渔隐"图章存列于附设的博物馆，并且请我在风景绝美的一个餐厅包间书写"清芬堂"名，陈英士等海外后裔很多都曾来此寻根。荻港渔庄一举成名，敏利迅速从一个多少有点害羞的小村姑成长为一个勇于开拓的智慧型企业家。她不随波逐流，追求庸俗的时髦与西化，而是扎根于本土文化，把室内现代化设施与传统的园林建筑结合起来，特别刻意保存桑基鱼塘，并申报世界农业文化遗产一举成功，更使这处景点声名远扬。联合国粮农组织曾在此举办国际会议，推广桑基鱼塘的稻植、养鱼与蚕桑之间的良性循环，认为可以在第三世界后起国家大力推广。渔庄重视科技改良，设有二十余人的"院士专家工作站"，覆盖农林养殖乃至食品加工许多学科，这更提高了渔庄的水平与效益。

　　湖州文化节揭幕以后，倪玲妹很快就被提升为副市长，聪明才智有了更大的挥洒空间。她利用荻港章氏的历史资源，通过十七世罗伯特·章的牵线，率团前往瑞典访问一座城市（即罗伯特·章的老亲王继父的昔日封地），并把该市与湖州结成姐妹城市，在经济、文化上加强交流。玲妹此行由湖州市外办副主任张建智陪同，此人系湖州奇才，原习中医，但酷爱文史，又善于交际。进外办以前，曾历任湖州市驻杭州与上海办事处主任，与当地文化名人多有交往。他醉心于红学研究，与当代红学专家颇多交流，而对当代文学（特别是诗歌）也有独到见解。他与我结识最早，对发掘荻溪章氏家族历史大有建树，所以成为玲妹得力助手，而荻港村受惠最大。他参与到日本访求嘉业堂藏书，与北京的中国政法大学合编《沈家本全集》，以及为著名诗人徐迟建纪念馆开研讨会，都可以说是大手笔。他对民国湖州史研究最为关切，促成湖州市民国文化陈列馆与民国史研究院的建立，同时还以德清县图书馆为依托，业余创办了一个以红学研究为主体的同仁刊物，受到许多海峡两岸同行学者的赞誉。

　　正是在这些有识之士的关心与帮助下，荻港这些年蒸蒸日上。正如章金财2019年新春来信所述:"最近获港家乡由湖州市人民政府主办湖州南浔节第十届鱼文化节,领导、专家、新闻媒体及参与村民、各方游客,有数千人,热闹非凡。进行多场桑基文化论坛、讲座,整个渔庄都是浓浓的鱼文化气息,祭鱼神的歌舞,鱼的菜肴,鱼的书画。大家参观获港的世界重要农业文化遗产——桑基鱼塘,已获联合国粮农组织评审通过,湖州与获港荣获第一张世界级名片。"而2017年清明节前后,获港又正式成立乡贤会,由老书记吴瑞春与我担任名誉会长,家乡在村治方面也进入一个新的境界,而且赢得海内外众多乡亲的眷念与支持。

芜湖是我的生地,自然也是我感恩图报的重点,但是由于种种客观原因,迟迟未能表现为行动。直到2016年10月下旬,老家益新面粉公司修复,芜湖市政府邀请我回去参观才实现夙愿。此行我已撰写《寻根芜湖》一文,现转录于下:

## 寻根芜湖

丙申深秋,烟雨江南,偕妻携女,重访芜湖。我的出生地益新面粉公司,业经安徽砻坊科技发展有限公司修复,并将原厂房26亩地块用以保护和传承芜湖历史。据媒体报道,已正式成立大砻坊工业创意文化园,"园区建设将采用'以旧修旧'的改造方式,将商业融于创意,以创意带动商业,以文化主题打造项目形象,在建设过程中,设计方将对项目地块进行古建筑修缮和装饰,新建工业设计创业园,建设文化广场、道路修整、园林景观等相关配套商业措施。"

百年老厂获得新生,大砻坊终于迎来"历史的传承,荣耀的回归",文化园即将用高科技手段展现芜湖近现代工业的诞生、成长、困惑、反思、新生以及可持续发展的过程。对于一个在这块热土出生并走出去的浪迹游子,对这一连串消息能不怦然心动?于是一家四口,分别从武汉、广州和美国宾州三地出发,到芜湖会齐,共作寻根之旅。

承蒙安徽师大李琳琦、房列曙、沈世培、操伊芬诸乡亲的热情接待与周密安排,在三天之内探访了益新老厂所在的大砻坊文化创意园,顺道前往马鞍山市凭吊了维藩公创办而我曾随父母居住过的凹山铁矿遗址,并且在芜湖市区寻访了文庙与即将修复的芜湖古街。

往事并非如烟,童年回忆犹新,旅途影像留痕,愿与校内外友人分享。

一、老厂新生

10月24日,连绵秋雨停止,我们在安徽师大李琳琦、房列曙诸老师的陪同下,前往益新公司旧址。下车后扑面而来的是一片生机勃勃的新气象,工厂主楼已全部修缮完毕,并且利用原有仓库改建六座楼房,此外还建有一座红色新楼。园林与道路井然有序,已有若干文化、科技企业入驻,青年企业园更显露出蓬勃朝气。电子屏幕上闪现"热烈欢迎章开沅先生重回故里,文化寻根"。创意园总经理彭丽俊女士与电视台、《芜湖日报》等新闻媒体的记者早已等候多时。

没有任何刻板礼仪,热情握手,略作寒暄以后,彭总亲自陪同我们走进面粉厂大楼。厂房外墙残破处全用旧存青砖修补,连厂房内的地板、楼梯,也是用原有材料,保持旧时风貌。这就是我朝思暮想的当年嬉戏之地啊!抚摸着一楼大厅的白松木廊柱,一遍又一遍,那感觉仿佛又回到童年。然后循着曲折的木质楼梯逐级登上二楼、三楼、四楼,心潮汹涌,热泪盈眶,多少往事再现眼前。我们站在四楼的大阳台,看到滋润着我金色童年的青弋江,还有那袁泽桥,以及我曾经多么喜爱的芜湖人旧时称为"河南"的对岸,抚栏远眺,浮想联翩,久久不忍离去。彭总再三说她最喜欢那屋顶的拱木结构,我则坦率承认这是我平生第一次得以从容鉴赏此处吾家旧物,因为过去机器运转时严禁儿童登上顶层。

走出厂房,重新回首端详,厂房整体风貌依旧,那色彩,那质感,那风格，一切的一切，虽有修补痕迹，仍留沧桑印记。连同那欧洲中世纪装饰的路灯、窗户护网的图案，都是我所熟悉的原来模样。这就是"以旧修旧"，增添了"修旧如旧"的视觉美感，对于苛刻的历史学家来说，亦为难得一见的成功佳作。厂房预定建成为工业博物馆，但现正忙于招商引资等迫切任务，顾不上征集历史文物，整个大楼仍然空空荡荡。

由于我们活动日程紧凑，彭总只能带我们参观已经运营的大砻坊青年创业园，在其宽敞的创客咖啡屋休息。她简要介绍，本园将成为芜湖新的地标，并以其具有特色的历史文化氛围吸引社会各界人士的注意。目前已入驻安徽协同创新设计院、安徽省生物肽产业研究院、安徽鸿昇3D技术应用研究院、安徽再制造工程设计中心等行业知名公司，并搭建安徽省工业设计中心等四大共性技术平台。现今入园注册企业有41家，已获省部级科技奖6项，设计大赛一二等奖28项，承担国家、省市科技计划12项。最可喜的是带动青年就业563人，其中博士22人，硕士34人，大专以上学历者占比达85%。

彭丽俊自己就是当地青年创新的领袖人物，她和精悍的团队在短短两三年取得这样骄人的成绩，实在可喜可敬。所以我临别时感叹："长江后浪推前浪，一代新人胜旧人。"益新的厂训就是《大学》章句："苟日新，日日新，又日新。"维藩公地下有知，必将抚髯笑云："老夫后继有人矣。"我赠以老照片集，上面有益新公司与凹山以及维藩公照片。大家都忙，匆匆午餐后，依依惜别，相约后会有期。文化园仿佛就是我在芜湖的家，九十老翁默默祝福这些前途无量的70后、80后、90后，让我们共同促进文化园迅速发展，期盼芜湖再创新的更大辉煌。

二、铁矿转型

10月25日虽是阴天，但能见度甚佳，房老师与刘院长陪同我们前往马鞍山市，探访维藩公于民国初年正式开采的凹山铁矿旧址。

此矿原属当涂县，解放后由于创建大型钢铁厂，改属马鞍山市。其实离芜湖很近，车程一个多小时即已到达。在高速公路出口处，早有市政府接待处人员等候，他们乘小车前导，不一会儿就看见我曾梦魂萦绕的幼年住处——凹山。与我的记忆完全不同，当年这里一片荒凉，交通极其不便，现在却是盘山公路环绕，汽车络绎不绝，沿路都有村落人家。走进凹山，迎面可见高大彩色的《马钢南山矿业公司凹山采坑简介》。原来曾经号称"马钢粮仓"的南山（含凹山、东山等）矿区历经数十年几代人的开采，在奉献2亿吨铁矿石资源之后，已于2011年5月开始进入地质环境治理阶段。据说，明年年初，南山铁矿即将正式宣布关闭。原始矿体出露最高处为海拔175米，向下延伸至地下214米，为少有的优质富厚的露天铁矿之一。而今只留下一个巨大的深坑（俗称天坑），海拔45米封锁圈已形成东西向长1200米，南北向长980米，垂深255米的巨大碗形凹陷。

我们有生以来第一次看到这样规模宏大的露天矿坑，与南山职工一起在坑边合影，缅怀先辈筚路蓝缕、披荆斩棘的开辟之功。随后到南山公司参观矿史展览馆，朱青山经理亲自为我们讲解矿山从1917年至今的历史进程。他是一个典型的北方汉子，曾在内蒙古生活、工作十余年，更增加了刚毅与豪爽的气度。他热爱矿区这片热土，与全体职工日以继夜地努力采掘，为马钢源源不绝地提供"粮食"，创造了极其辉煌的业绩，而今将亲手为公司画上句号。他待我们如亲人，对早期的凹山开发史如数家珍，对凹山的每个角落也了如指掌。他断言曾见过我幼年住过的房宅，以及我父亲当年的办公处所，他所描绘的与我带去的老照片正好相符。他和南山铁矿一样，见证过自己的辉煌，而又将诀别自己终身从事的采掘伟业。但他毫无伤感，坦然说："这是必经之路，与人生一样。最初是从手工开采转变为机械开采，随后是开采与冶炼合为一体，现在则进入地质环境治理的尾声。但这不是结束，而是新的开始，我们将以这巨大的采坑为起点，转型为保护并优化环境的历史文化旅游企业。从破坏环境的采掘开始，转变为可持续发展的环境保护工作，这岂不是又一次华丽的转身。"我看见他坚毅的眼光，以洪亮的声音立下誓言，仿佛是一个带领千军万马冲向另一个战场的将军。凹山啊，凹山，你历经百年沧桑，终于又获得新生命！我向朱经理赠送新编家谱、宝兴铁矿公司创办阶段的原始档案复印件以及若干我幼时在矿山居住时的老照片，借以帮助他们建立更为充实的矿史博物馆。

由于他们工作繁忙，我们不敢久留，大家共同品尝当地菜肴之后便依依惜别。车行渐远，我看见朱经理仍然伫立在公司门口，放目远眺，若有所思。别了凹山，但愿您千秋万世，青山永在，绿水长流！

三、市区掠影

芜湖坐落于长江与青弋江交汇处，是皖南历史名城，风景相当秀丽，如镜湖细柳、双流夕照、马仁云壁、天门云浪等等，合称"芜湖十景"。这些都是往昔家人旧游之地，而晚年常闪现于梦魂之中。由于此次行程短促，来不及从容品玩，就连我们寄宿的铁山宾馆所在地的十景之首——赭山晴岚，也来不及观赏。幸好小女雪梅游兴甚高，黎明即起登山，在顶峰处摄得美景数帧，聊补此游缺憾。

芜湖城里人历来讲究吃早茶，习惯一如武汉的"过早"。但武汉户部巷的"过早"虽然人头攒动，但毕竟过于大众化，且行且吃，无非充饥，犹如美国人吃热狗。芜湖早茶讲究点心精致与环境幽美。我们忙里偷闲，曾经在参观途中专门到老字号"耿福兴"重温早茶。一进门就是流水潺潺，小桥玲珑，俨然江南水乡缩影。进入楼上明亮包间，迎面粉墙上只有一幅大型水彩画——《镜湖细柳》，画风宛如倪瓒，别无其他繁琐装饰，朴素如美丽村姑，无需略施脂粉，而又蕴含内在的风雅。而点心的精美，如我熟悉的汤包、干丝、萝卜丝饼乃至油炸臭豆腐等等，其造型与口味，较之南京夫子庙、上海城隍庙、长沙火宫殿等美食，有过之而无不及。

从美食街到大砻坊，顺路参观了即将修复的芜湖古街，其主体建筑文庙（即孔庙）已经修竣完好，近大门处的墙壁前，陈列历代古老的大型石碑，实为难得之宝藏。其他已拆等待重建的旧筑材料，虽一砖一瓦、一柱一石，都分类编号妥善保存，足见"以旧修旧""修旧如旧"的决心与细致。我们在文庙前摄影留念，因为这是我章家将近十个孩子就读的襄垣小学旧址。小学经当地绅士们同意，借用孔庙若干空闲房屋，甚至连明伦堂都成为大礼堂。1937年7月，我家有四个人同时毕业，记得毕业典礼就是在明伦堂举行，教务主任程老师亲自指挥我们高唱电影《桃李劫》中的毕业歌，其中有一句"同学们，大家起来，担负起天下的兴亡"。当时师生热血沸腾，现在回想犹可催人泪下。不久我就离开芜湖，浪迹四川，颠沛流离，而又终于投入革命洪流。

此次寻根之旅，得到安徽师大无微不至的关切。因此，我们作为兄弟院校的成员，参观了其花津新校区。空间宽阔，布局合理，绿化到位，建筑则多有徽式元素。给我们印象最深的是宏大的博物馆，收藏丰富，颇多珍品，有些堪称上乘。馆长亲自引导，并详细讲解，如数家珍，使我们获益匪浅，实足以为安徽师大更增光彩。感动之余，题词留念，"琳琅满目，国之瑰宝"，聊以铭记。

整个行程也得到芜湖媒体的关注与鼓励，特别是芜湖电视台的王毅萍女士与《芜湖日报》的郭青先生出力最多。电视台制作的视频，简要流畅，概括全貌。郭青的美文《近乡情怯》，图文并茂，感人至深。这两件作品均已在网上多有传播，受到读者热烈称赞。看到家乡年轻一代人才济济，奋发有为，我们非常欣慰。老爸执笔，老妈配图，两女摄影，均有贡献。全家动员，刊发此文，以示对故乡各方人士衷心的感谢与祝福。

此次活动加强了我与芜湖市、银湖区政府与大砻坊工业创意文化园之间的联系，共同为此处事业与景点的营造出谋划策。2018年5月22日，我与怀玉在马敏、彭南生、田彤、涂文学等陪同下，再次回乡访问并捐献一批文物。当天下午入住芜湖老家附近的安达馆，与近亲开和、开锋堂弟及堂叔学治等夫妇会合。晚上由安徽师大宴请，叙谈甚欢。

23日上午在安徽师大举办工业文化研讨会，房列曙教授、彭南生、马敏与我都作了重点发言，讨论也很热烈。我当场捐献维藩公大幅遗像及家用大牛皮箱一口，此箱系民国初年维藩公在自家所办家具厂为我父母结婚定制的，至今保存完好。下午参观芜湖市博物馆，市长与市委宣传部段部长亲自接待。重点参观该馆保存的维藩公信札及相关文献，我2016年捐献的宝兴铁矿公司创建期间的档案文献已正式布展。参观后，段部长、徐蕾馆长主持座谈，共商下一步合作交流，我提出"一个家族，两个荻港"的资源整合。因为维藩公祖籍是湖州荻港，而最大的产业凹山铁矿在当涂荻港，如"两港"（包括南山铁矿管理局）紧密合作，可以成就历史文化浓墨重彩之一页。段部长亦出身芜湖世家，她的伯父段开源是我在国立九中时同班好友，由于名字相近，又都爱好美术，交往尤其密切。她非常重视历史文化资源的发掘，对芜湖市博物馆的充实提高更是亲自过问，她的关心为我校企业文化研究与荻港章氏研究扩大了空间。会上初步商定2019年11月在益新面粉厂旧址举办清芬堂一系章氏族人宗亲会，同时与安徽师大联合举办纪念章维藩先生诞辰160周年研讨会。

随即去益新旧址参观，途中就近绕道至宝兴铁矿桃冲历史遗址游览，铁路矿车保存原貌，且保留办公楼（两层）一座，与我童年记忆同一格局风貌，亦属难能可贵，且引发许多家族旧事回忆。傍晚参观益新面粉厂，工厂区已招商引资，开发利用，生气勃勃，焕然一新，我们这些清芬堂的子孙目睹祖屋，感慨万千。

5月24日去马鞍山看巨大开采矿坑。因此处铁矿质优量大，且为露天开采，所以碗形矿坑面积甚广。此处已成为旅游景点，命名为"功勋

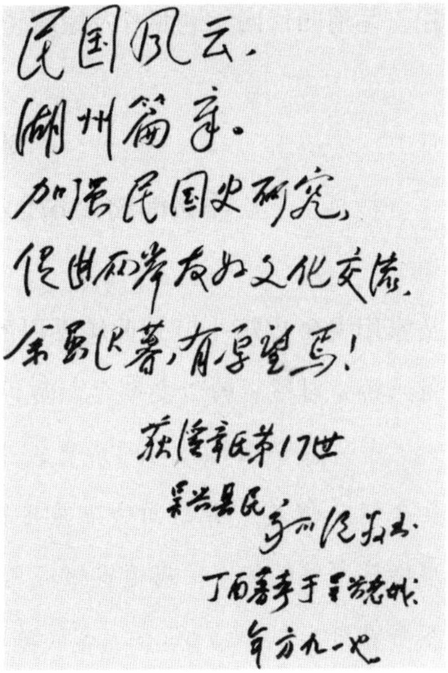

民国风云。
湖州篇章。
加强民国史研究，
促进两岸友好文化交流。
余虽迟暮，有厚望焉！
荻港章氏第17世
吴兴县民 章开沅
丁酉春季于吴兴老城
年方九一也

图57　2017年春于湖州荻港留言

矿坑”，而且把当年家父穿工服戴安全帽手扶矿车的老照片放大展示。朱青山总经理已成志趣相投的战友，所以相见即热情拥抱，职工均极感动。下午去宣城寻访曾祖父踪迹，由当地著名酒厂老总出面接待，住徽式风格、朴素典雅的敬南山宾馆。

25日上午参观酒厂，规模极大，傍山依水，布局俨然是连绵园林，风景之美，国内少见。酒厂设备先进，管理严格，可以看到整个生产流程而所用工人甚少。随后游览敬亭山及大寺。中午在太白楼欢宴，又复品尝宣酒精品。酒厂老总对维藩公在宣城任职史事了解颇多，并愿协同举办其诞辰160周年纪念活动。下午到南京，途中倾盆大雨，幸好已进入地铁南京南站，随即转动车回校。

芜湖市对于我们此行与相关建议非常重视，段部长委托文化委主任张敏、博物馆徐蕾馆长一行五人，于6月27日专程回访，商议维藩公诞辰160周年纪念活动以及相关文物征集项工作。我赠送维藩公自书履历原件、芜湖四代同堂老照片及家藏《诸子集成》一套。

# 附录一
## 益新面粉公司创办人章维藩事略钩沉

芜湖金马门外，青弋江边，至今还屹立着一座古老厂房。这就是益新面粉公司遗留的历史纪念，而其创建者章维藩就是我的曾祖父。

有关益新面粉公司的历史，上海电视台已有《章维藩》专题影片详尽介绍。但是，益新面粉公司并非维藩公毕生事业的全部，有关他本人事略最完整的记述，应是我祖父兄弟三人（兆奎、兆彬、兆森）撰述的《赣岑府君行略》，已收录于《荻溪章氏家乘》1924年的增修本。现将此文转引如下：

府君讳维藩，字干臣，一字赣岑。生而岐嶷，读书目十行下。幼侍我王父宦游齐鲁晋陇，间习韬钤，好驰马。弱冠从明公镜泉于新疆，时天山南北路尚未肃清，回汉羼杂，动生龃龉。明公倚府君如左右手，事无洪纤，悉以咨之。府君亦殚智竭虑，于剿抚事宜，洞悉无隐。哈密等城设屯垦等善后，府君综其大纲，为百年闳远之计。左文襄公督师出关，谂府君贤，委以转运军实，往来冰天雪窖之中，飞挽储糈，士马腾饱，其坚忍勤勚有人所不能胜者。光绪初元，文襄凯旋，叙府君劳，以知州上荐，拣发安徽。我王父亦归自西北，改官江宁，一江上下，府君岁时觐省。九年（1883），王父怡棠奉差津沽，积劳遽卒。府君奔丧，扶柩旋里，茹哀毁瘠，倍蓰常人。服阕补无为州知州。光绪中叶，民教隔阂，微嫌构衅，率酿成巨案。教民恃外人庇护，欺虐平民，官吏之选懦者，心知其非而无以救正之。府君于民教讼事秉公决谳，据理力争，其黠者诡词以诉于领事，府君不为动。刘忠诚公（刘坤一）督两江，派员覆按，悉如府君所拟，士绅横被罗织者，保全无算。忠诚尝判牍尾，谓视事如家事，非溢美也。前州牧因公亏帑，实则吏胥因缘欠缴灾费。府君严饬呈缴，不稍宽假，乃请革除灾费，永著于令，而地方岁入增收巨万。治无为三载，如兴学校，除蠹役，固江堤，捕蝗蝻，百废俱举，为皖南北循良之最。先后调权怀宁、宣城，莅官一载，皆如治无为。时我王母迎养官舍，府君于治事之余，温凊无阙。年方三十有九，即毅然陈情乞养，时论高之。府君于任内保奖，得江苏选缺题奏道，赏戴花翎，加盐运使衔。嗣遭王母丧，昕夕哀慕，益无意仕进。府君目击海通后舶来品物充塞我国，每岁输出金钱无虑数千万，而民生饮食之需亦仰给于他国，于是创设益新面粉公司于芜湖。芜湖绾毂长江，产麦既富，转运便捷，经营数年获利丰厚。时朝廷未设商部，海内号称公司者偻指可数，府君首先倡导实业，正为开风气助民生也。乃毁于祝融，折阅几尽，有劝以破产停办者。府君奔走号召，锐意恢复，绵历十载，卒底于成。农工商部尚书某雅重府君，奏任员外郎，婉谢不出。政变后，府君复于安徽当涂县勘得铁矿，创设宝兴公司，鸠工开采，规模宏大。举凡兴厂宇，聘矿师，筹运销，百端填委，一身肩之。寅而起，戌而息，削治函牍，延接宾友，无旷事，无倦容。欧美诸国来参观者咸叹服。又以运砂出口不便，特请开辟采石矶为输运矿砂专埠，设电报，筑铁路，惨淡经营，不遗余力。居皖四十余年，赒恤族姻，赀无匮困，遇人之急，见义勇为，人尤称道之。辛酉七月微疾卒，年六十有四，授资政大夫。我母氏沈，先十二年而卒，封夫人，合葬于钱塘西溪章家园。

此外，我还保存维藩公亲笔书写履历一纸，亦可与上述行略对照参考，全录如下：

盐运同衔调署安庆府怀宁县事无为州知州章维藩谨禀呈：今开卑职现年三十六岁，浙江归安县人，由监生报捐州同分发安徽试用。光绪二年（1876）投效西征大营，于新疆南北路一举荡平案内，蒙前陕甘爵阁督部左保奏。光绪六年（1880）正月三十日奉上谕，署以知州仍留安徽补用，钦此。复因办理哈密屯防，蒙保随带加二级。六年六月请咨引见，十一月十八日到省，期满考验，以繁缺留省补用。七年（1881）接奉前陕甘爵阁督部左札知，前在甘肃剿办番匪出力，奉旨赏戴蓝翎，钦此。嗣于江皖赈捐案内，捐换花翎，并加盐运同衔，奉给部照。历蒙委办抚署、藩署文案。九年（1883）四月丁父忧，十一年（1885）服满起复回省，十二年（1886）正月奉委省城牙厘局提调。十五年（1889）十一月蒙抚宪沈保荐，奉旨嘉奖，十六年（1890）七月题补无为州知州，十月二十三日接印。十九年（1893）二月接奉行知调署怀宁县知县，遂于五月二十一日交卸无为州印务，七月十二日接署怀宁县事。现供今职，须至履历者。

维藩公在安徽任地方官多年，政绩如何，已难于查考，只有最后离任前地方人士赠送的万民伞，直至抗日战争爆发还完好保存在老家楼上储藏室内，曾给我童年记忆留下深刻印象。最近，偶然在网上检索到《季群心专栏·无为网》，载有作者从《濡须笔记》中摘录的若干与维藩公相关的楹联文字。

其一是清代方澍撰联赠予新任知州章维藩：

"地重米襄阳，至今绣水清冷，如见冰心映秋月。"（上联）

"家邻包孝肃，共此巢湖灌注，须教铁面带春风。"（下联）

此联似可看作当地士民对他就任知州的殷切期望。

其二是维藩公自撰联：

"且莫论官事输赢，但为来跪公堂，应知有耻辱。"（上联）

"愿力诫吾民争讼，纵令不倾家产，也费些功夫。"（下联）

此联似可看作维藩公对当地士民期望的回应，表明爱民息讼的意愿。以上二联据说都悬挂在无为州城隍庙，现在恐怕已难以追寻。此外，维藩公还自书前任州牧所撰联悬于知州衙署："袍笏呼来先拜石，管弦麾去独听松。"这不仅表明对前任劳绩与政风的尊重，而且还显示两任知州共同具有的风雅与清高。当然，如此情趣自难长期厕身于当时业已极端腐败的官场，这已经透露出作者即将弃仕从商的消息。

作为维藩公的后人，我们深深感谢《季群心专栏·无为网》，因为他们的细密钩沉，居然在《梅缘梦记·肥西篇十七》一文中，发现晚清抗法、抗日名将刘铭传故居大潜山房中亦悬有维藩公书赠对联。原文是："正厅后有章维藩为刘铭传退隐而撰赠之悬联：'提英雄三尺剑，横扫中原，撑南天柱，掌北门管，銇东国戕，挥西土矛，更欣万里留题，处处新纱笼妙句。'（上联）'披居士六朝衣，来寻旧宇，策韩王蹇，睹谢傅棋，吟梁父辞，顾周郎曲，尤幸九重眷宠，年年优诏问元戎。'（下联）"

此联充分显示作者对爱国将领的尊重与期望。维藩如何与刘铭传相识与结交，现在尚未发现任何文字记载可供稽考，但"吟梁父辞，顾周郎曲"一语却引发我的一丝半缕回忆。因为在芜湖老宅客厅里，曾经常年悬挂一幅楷书中堂，那是林则徐赠送给节文公（维藩的祖父）的纪念品，其中就有"顾曲周郎"之类词语。这件条幅于1949年以后又由家父送交给我保存，却不料"文革"初期惨遭焚毁。维藩公大概从幼年开始就在书房中反复观赏这幅珍品，濡染既久遂铭刻于心，他既仰慕先贤的忠贞之气，更怀念林则徐与节文宾主之间的深厚情谊，而尤其重视人与人之间的相互理解。至于节文公与林公之间从亲密共事到生离死别，简直可以编写一部传奇，非本文所可缕述。

维藩公虽然历经征战，以后又长期经商，但终身雅好诗文，曾辑录《铁髯诗草》，可惜现今已无法查寻。幸好获溪章氏族人文风颇盛，民国初年间族人乃炜公多方搜集，选录获溪章氏历代诗作，"凡百有十人，诗都一千六百五十首"，精心刻版印行，书名《获溪章氏诗存》，其中与我家（清芬堂一支）关系较密切的有实庵（节文，维藩之祖父）六首，怡棠

（棣，维藩之父）四首，赣岑十五首，叔振（世恩，维藩堂弟，手足之情最深）三十八首，多少可以反映家世源流及几代人的人生轨迹。维藩与世恩自幼随怡棠公宦游陕甘乃至新疆，在军营中长大又服役于军旅，所以诗作颇堪视为少年纪实。其中以世恩早年诗作最佳，兹录一首如下：

《题嘉峪关城楼》："跨马按吴钩，闲为出塞游。河分中外险，日照古今愁。败鼓余残垒，悲笳动戍楼。男儿须努力，几辈此封侯。"此诗未注写作时间，但可断定是在同治十二年（1873）左军收复肃州（今属甘肃省酒泉市）以后，因为同治十三年十月左宗棠奉旨督办西征粮饷转运事宜，并将粮台移至肃州。怡棠公本来常驻兰州，具体筹措粮饷事务，必然会随粮台与西征军大本营同时推进。维藩、世恩因此随父进驻肃州，嘉峪关位于城西，相距不过十余里，军营少年习惯于骑马佩剑，登雄关而眺望，指点江山，意气方遒，颇有建功立业之想。

《荻溪章氏诗存》所收维藩诗，多为随左宗棠南归之后所作，其中《自题娱亲课子弄孙图》可视为晚年家庭生活的自我写照。诗云："抽簪归隐一身闲，俸有余钱且买山。莫谓辞官时太早，愿留岁月侍慈颜。""版舆曾到濡须城，为访官声询庶氓。常说和丸酬素志，箕裘尚不堕清名。""两儿鲁钝实堪嗔，诗礼时劳训诫频。差喜一般天性好，也知温情学双亲。""平生那有仓山福，况与文章少凤缘。一事应教袁老羡，抱孙甫届四旬年。""两儿"指兆奎、兆彬，"鲁钝"实为谦语，其实兄弟两人文化底蕴都较深厚，兆奎（我的祖父）诗文书法甚佳，虽然厕身实业，仍经常吟咏自娱。"抱孙"指我父亲学海的出生，由于是长房长孙，而且聪明伶俐，是维藩公的至爱。父亲四岁时即逢生母病逝之丧，维藩公亲自抚养教育，甚至长途出差京、津乃至山东等地，都携带同行。这些旅行虽然使少年学海增长社会阅历，眼界为之大开，但却耽误了应有的正规教育。他的几个堂弟（兆彬有四子）都上过新式大学乃至出国留学，只有他没有任何正式学历，直至娶妻生子多年以后，才在上海立信会计学校接受函授教育,总算有了自己的新式专长。记得我上小学三年级时,晚上我做作业,他也埋头从事自己的功课。

维藩公豁达大度,心胸开阔。有诗《示奎儿》为证:"闻儿抱恙倍添愁,握管叮咛语未休。危局支持原不易,常怀得失亦徒忧。事终有济唯迟早,人到为难莫怨尤。涤虑洗心兼养气,自然诸疾立时瘳。""炎凉世态静中看,荣辱无惊随遇安。岂有榛芜能碍路,且将藜藿免加餐。艰辛历遍心愈壮,横逆来时量要宽。白发天涯劳怅望,迅驰尺简当承欢。"此诗大约写于1909年益新面粉厂严重火灾之后,亦即《赣岑府君行略》所云:"乃毁于祝融,折阅几尽,有劝以破产停办者。府君奔走号召,锐意恢复,绵历十载,卒底于成。"当厂房设备全部焚毁之际,全家老小惶惶不可终日,作为长子的兆奎更是焦虑生病,但维藩公仍然不屈不挠,除动员家人提供金银首饰典当贷款外,并且到沪、京、津各地筹集资金,终于得到原两江总督且已退休的周馥等知交的解囊相助,就在原址重建新厂,扩大厂房并且从英国购回新式制面机器。经过十年苦心经营,益新公司不仅获得新生,而且还成为芜湖乃至皖南的龙头产业。

周馥(1837—1921),安徽建德人,号玉山,在维藩公来往函件中被称为玉帅。曾经襄佐李鸿章办理洋务达三十年之久。李鸿章死后奉命署理直隶总督兼北洋大臣,嗣后曾历任两江、闽浙、两广总督。1907年曾与湖广总督张之洞、直隶总督袁世凯联名奏请预备立宪,但也就在这一年以年迈乞退归隐。维藩不知何时与周馥结识,很可能是在这位原顶头上司两江总督退休以后。我只记得他曾在青弋江边筑有小型别墅一座,离我家大门不远,家人通常称之为周公馆。周馥死后这座房屋已转让(或赠给)我家,遂改称小公馆,抗战前我的外婆曾经住过一段时间。

周馥不仅帮助益新面粉厂重建,还与章家成为通家之好。周公馆经常是委托维藩公照管,而且他的儿子周学熙还曾与维藩公联手谋求开滦煤矿公司与宝兴铁矿公司合作,就近在秦皇岛设立现代化的开平钢铁冶炼厂。维藩公雄心勃勃，1919年正好我的大哥出生，是为四世同堂，遂取名开平，而"开"字便成为荻溪章氏清芬堂第十七世的班辈共称，可见他对于采矿转向冶炼的抱负。可惜由于开滦的毁约，这一雄伟计划未能实现，维藩公于1921年怀憾病逝，而周馥也是在这一年去世。

维藩公的另一极大遗憾是未能叶落归根终老于故乡，有《北固山人寄赠西湖图帐檐赋此以谢》诗为证："一幅吴绫远寄将，龙眠妙笔胜倪黄。知余时作思乡梦，为画湖山旧草堂。""相约蒹葭白露天，六桥三竺共留连。何修结得犹龙侣，杖履追随亦是仙。""同官同志早悬车，更得同骑湖上驴。四世同堂同叙乐，两家佳话有谁如？""我家昔住圣湖东，烽火频惊草阁空。愿构孤山三架屋，四时常作主人翁。"北固山人似为过去浙籍同寅，出处身世志趣颇相类似。维藩公孤山构屋的梦想虽然未能实现，但他生前在杭州马家坞预先买好墓地，首先将客死天津的父亲（怡棠出差殉职）迎葬于此，是为章家园，在现今杭州第二制药厂背后。同时又在保俶塔下湖滨建立上善家庵，以供家人春秋祭扫之用。维藩自己也归葬于此，其妾（我们称大老师太）即出家主持此庵，以示永相厮守。世恩公病逝于其堂兄维藩之前，却归葬于太原郊区剪子湾祖坟，与其生父章楠为伴。但世恩之子兆春（我们称五爷爷）仍归葬于章家园。可见荻溪章氏虽然富有"随寓占籍"的移民传统，但世世代代仍然保持落叶归根的深挚情怀。

余生也晚，未能见过维藩公，但客厅中每日可见维藩公长髯拂胸的绣像，我的卧室中也悬挂着维藩公饰关公、而童年学海饰关平持大刀随侍的放大戏装照片。因为他幼年在山西生活多年，又酷爱京剧三国剧目，所以特别尊崇关公。他终身爱骑马，所以公司大门边钉有拴马的铁环。据说经常有人携骏马远道来访，与维藩公品评比较各自的爱骑，可见老人直至晚年仍然保持着大西北征战的气概与风貌。听父辈讲，他最后常骑的是一匹剽悍的高大白马，在主人死后不久也绝食而亡。直至20世纪末，八十多岁的堂叔父学澄还回忆其童年曾在梦中见到维藩公骑着大白马归来。可见维藩公的传奇故事在我们后辈子孙中留下多么深远的影响。

## 附录二
### 故乡情深
### ——章开沅接待家乡芜湖客人侧记

6月27日，章开沅先生在办公室亲切接待了来访的家乡芜湖客人——芜湖市文化委，芜湖市新闻出版（版权）局党委书记、主任、局长张敏和芜湖市博物馆馆长徐蕾一行。华中师范大学原党委书记、中国近代史所所长马敏，华中师范大学副校长彭南生陪同参加。

约定的是上午九点半，但章开沅提前半个小时就到办公室了。他从家里带了很多宝贝要捐赠给家乡客人。见到家乡人，听到乡音，章开沅很高兴，满面笑容。

相互介绍后，张敏拿出手工艺品芜湖铁画——精美的章开沅头像送给章开沅。看到这个礼品，章开沅很自豪地给大家介绍说，芜湖铁画又名铁花，是安徽省芜湖地区的特产，也是中国传统独具风格的工艺品之一，是芜湖市特有的工艺美术品。

宾主入座后，章开沅就直奔主题，把自己带的宝贝逐一介绍并赠送给家乡人。几年前，芜湖市就开始兴建近代工业园区和芜湖市博物馆。章开沅家的老宅和工厂旧址恢复重建项目是其中的重要组成部分。为了支持家乡的文化建设，章开沅把自己珍藏多年的家族宝贝赠送给芜湖市博物馆。

第一件宝贝是章开沅曾祖父章维藩的手书履历原件。这个原件是光绪年间的，距今已有一百多年的历史。章开沅说，在他的记忆中，最难忘的就是挂在安徽芜湖老宅中的家族英雄——曾祖父章维藩的画像。章维藩少年从戎，并以军功授职。后辞职经商，在芜湖开矿建厂，引领地方洋务，也开辟了章氏家族的兴盛时代。章开沅就出生在那里，他的小学生活也是在那里度过的，所以印象深刻，影响深远。

曾祖父章维藩的这个手书履历原件，章开沅珍藏了很长时间。正好家乡政府要恢复重建他家老宅，所以就把它捐赠给芜湖市博物馆。芜湖市博物馆馆长徐蕾把印有统一编号的捐赠证书交给章开沅。据介绍，文物捐赠证书是由芜湖市博物馆统一编制印发的，随时可查捐赠文物的保存情况。

第二件宝贝是一个密码皮包。这个皮包是章开沅20世纪到美国访问时历史学家林霨赠送的，上面有工匠的亲笔签名。章开沅携带这个皮包先后出访了十几个国家。虽然过去几十年了，但皮包珍藏很好，看上去就像新的一样，可见章开沅对这个皮包的珍视。

第三件宝贝是章开沅的两部手稿《给海军工程学院干部培训班上课讲义》和《南京大屠杀的历史见证》。因为芜湖市政府要重修老宅，正在搜集章开沅家族的相关物品，所以章开沅就把自己珍藏几十年的两部手稿拿了出来。第一部手稿是20世纪70年代中后期章开沅在海军工程学院任课的讲义，字迹工整，严谨认真。第二部是章开沅到美国整理金陵大学导师贝德士的日记和相关历史文献的手稿，极为珍贵。

第四件宝贝是一套旧书——世界书局出版的《诸子集成》。这套旧书是章开沅祖父章兆奎购买的，因为年代久远，书页发黄，已成古董。章开沅说，小时候老宅专门建有藏书楼，各种书籍都有。无论大人孩子，都喜欢看书。后来，抗战爆发，举家西迁，很多藏书都遗失了。自己收藏的只是很少一部分，但为了支持家乡文化建设，章开沅还是忍痛割爱，把自己珍藏的这套旧书捐献给家乡。

第五件宝贝是一张四世同堂的老照片。这张老照片是前几年找到的，当时章开沅还没有出生。上面是章开沅家族四世同堂的合影，就是在芜湖老宅拍的，非常珍贵。章开沅一一介绍照片中的人物，个个成就都很大，令人赞叹。在当时的芜湖，章氏家族是一个名门望族。

大家都被章开沅老校长的这种无私精神打动，这种义举值得大力弘扬学习。

另外，章开沅还拿出两件宝贝——《荻溪章氏诗存》和《荻溪章氏家乘》。前者是章氏家族历代的诗歌作品集成，后者是章氏家族的家谱。章开沅笑着说，这两件就不送给芜湖了，我还要收藏，这是传家宝。大家都被章开沅的幽默逗笑了。再说，这两件不是原件，都是复印件，芜湖博物馆都可以影印的。

# 附录　章开沅教授学术活动年表

**1946年10月至1948年11月**

肄业于南京金陵大学历史系。

**1948年12月至1951年7月**

中原大学学员、政治研究室研究生、助教（该校原在开封后迁武汉）。

**1951年**

转入华中师范学院历史系任教，历任教员、讲师、副教授、教授。

**1954年**

开始从事辛亥革命研究。

**1957年**

《中国近代史分期问题的讨论》，刊于《历史研究》1957年第3期。

《关于太平天国土地政策的若干问题》，刊于《华中师范学院学报》1957年第3期。

**1958年**

《有关太平天国革命性质的几个问题》，刊于《理论战线》1958年第2期。

1959年

《"傲霜花艳岭南枝"——评历史故事片"林则徐"》，刊于《人民日报》1959年11月14日。

1960年至1961年

筹备并参加纪念辛亥革命50周年学术讨论会，提交论文《辛亥革命与民族资产阶级的性格》，刊于《新华月报》1961年第11期。

1963年至1964年

全国政协文史资料研究委员会借调，参加北洋史料征集工作，撰写《张謇传稿》。

《论张謇的矛盾性格》，刊于《历史研究》1963年第3期。

1964年

《不要任意美化也不要一笔抹杀》，刊于《光明日报》1964年8月24日。

10月24日，奉命回校接受批判。

1965年

《论张勋复辟的历史机缘和失败的必然性》，刊于《新建设》1965年第3期。

1966年春

全国政协文史资料研究委员会再次借调，协助杨东莼先生参与筹备纪念孙中山100周年诞辰有关工作。

1966年6月至1972年

"文革"期间接受批斗并下放大冶梁子湖农场劳动。

1973年

回校参加教育革命。

1974年至1975年

奉调《历史研究》编辑部，参加复刊工作。

10月，回校任教。

《湖北阳新半壁山太平天国烈士丛葬》,刊于《文物》1975年第12期。

### 1976年至1981年

与林增平等编撰三卷本《辛亥革命史》,由人民出版社出版。

### 1979年

9月至11月,首次应邀赴美,先后访问哈佛、耶鲁等十一所大学,回国途中又应邀访问日本东京、京都两所大学,是为走出国门之始。

是年,建立辛亥革命史研究会,并出版《辛亥革命史研究会通讯》。

### 1980年

9月,《辛亥革命史丛刊》第一辑出版。《解放思想,实事求是,努力研究辛亥革命史》一文,最早刊于此。

### 1981年

10月,筹备并参与纪念辛亥革命70周年学术讨论会,提交《辛亥革命与江浙资产阶级》《辛亥革命研究的三十年》两篇论文,随即又参加在日本东京举办的纪念辛亥革命70周年学术会议。

是年,倡议并协办首届青年辛亥革命研究者学术会议。

### 1982年

4月,参加在美国芝加哥举办的海峡两岸中国学者辛亥革命研讨会,并担任大陆方面的答辩人。

是年,开始招收博士研究生。

### 1983年

《就辛亥革命性质问题答台北学者》,刊于《近代史研究》1983年第1期。

《关于改进研究中国资产阶级方法的若干意见》,刊于《历史研究》1983年第5期。

### 1984年

《民族运动与中国近代史的基本线索》,刊于《历史研究》1984年第

3期。

**1984年至1990年**

任华中师范大学校长，兼历史研究所所长、国务院学位委员会评议组成员、召集人。

**1985年**

1月，《辛亥革命与近代社会》，由天津人民出版社出版。

是年，赴美访问耶鲁、孟菲斯、俄克拉何马等六所大学，并建立校际交流关系。

**1986年**

10月，筹备并参与纪念孙中山诞辰120周年国际学术研讨会（中山市），随即又先后参加澳大利亚、菲律宾、新加坡举办的相关学术会议。

12月，《开拓者的足迹——张謇传稿》，由中华书局出版。

**1987年**

5月，主持召开华中师范大学举办的"对外经济关系与中国现代化"国际研讨会。

8月，赴南京参加张謇研究第一次国际研讨会，提交《对于张謇的再认识》一文，并做大会总结报告。

**1988年**

3月，前往成都四川大学，主持中国教会大学史研究座谈会。

10月，应邀去保加利亚参加国立索菲亚大学百年校庆及学术会议。

12月，《离异与回归——传统文化与近代化关系试析》，由湖南人民出版社出版。

**1989年**

6月，主持召开华中师范大学举办的"教会大学与中西文化交流"国际学术研讨会。

10月，应邀赴布拉格参加世界教育大会，并顺道访问苏联科学院远东研究所齐赫文斯基院士,并与喀山化工学院等校建立校际交流关系。

同月,《张謇传稿》日文版,由东京东方书店出版。

### 1990年

7月,《辛亥前后史事论丛》,由华中师范大学出版社出版。

8月,参加香港中国抗战史研讨会,并提交《贝德士文献的史料价值》一文。

### 1990年8月至1991年6月

美国普林斯顿大学历史系与普林斯顿神学院客座研究员,研究基督教及教会大学史,并与刘子健、林霨合开"五卅前后的中国军事与政治"课程。

### 1991年

6月,前往汉城(今首尔)参加中国近现代史史料学国际研讨会。

11月,前往巴黎做有关孙中山研究的演讲。

### 1991年7月至1992年6月

美国耶鲁大学历史系鲁斯学者,系统检阅研究贝德士文献,研究南京大屠杀,撰写《中国教会大学的历史命运》,并担任耶鲁两岸学会顾问。

### 1992年4月至1993年6月

任美国加州大学圣地亚哥分校历史系客座教授,讲授中国近代史史料学等课程,并继续从事中国教会大学史研究。

1993年5月,美国奥古斯塔纳学院授予荣誉法学博士。

### 1993年

6月至8月,途经日本,寄寓美杉台野泽丰教授寓所,曾先后在熊本、京都、东京等地讲演或参加学术会议。

12月,参加香港"中国教会大学历史文献"国际研讨会,并做总结发言。

**1993年8月至1994年1月**

台湾政治大学历史所客座研究教授，为历史所、三民主义研究所博、硕士生授课。

**1994年**

1月，应《联合报》邀请，为台湾中小企业家演讲两岸关系走向《跨世纪的思考——欲速则不达，夜长而梦多》。

2月，台北"中研院"近代史研究所访问学人，做《中国教会大学的历史命运》报告。

4月，经香港回华中师范大学，创办中国教会大学史研究中心。

**1995年**

1月至7月，香港中文大学崇基学院聘为"黄林秀莲访问学人"，讲学并合作研究。

7月，《南京：1937.11—1938.5》，由香港三联书店出版。

同月，《南京大屠杀的历史见证》，由湖北人民出版社出版。

8月，参加台北纪念抗日战争胜利50周年学术研讨会，做《尊重历史，超越历史》主题演讲。

10月，主持召开华中师范大学举办的"社会转型与文化变迁"国际学术研讨会。

**1996年**

8月，《辛亥前后史事论丛续编》由华中师范大学出版社出版。

**1997年**

12月，参加东京纪念南京大屠杀60周年国际研讨会，做《一个中国学者对南京大屠杀的认识过程》主题演讲。

**1998年**

5月，《实斋笔记》，由上海东方出版中心出版。

9月，《社会转型与教会大学》学术集刊，由湖北教育出版社出版。

12月,参加香港中文大学举办的第四次儒耶对话国际学术研讨会,做《文化危机与人性复苏浅议》报告。

1999年

9月,《天理难容——美国传教士眼中的南京大屠杀(1937—1938)》,由南京大学出版社出版。

12月,参加东京"战争犯罪和战后赔偿国际市民研讨会",并商讨《天理难容——美国传教士眼中的南京大屠杀(1937—1938)》一书日文版问题。

2000年

6月,《章开沅学术论著选》,由华中师范大学出版社出版。

8月,《张謇传》由中华全国工商联合出版社出版,并在北京人民大会堂举行张謇研讨会,做《一代儒商万世师表》主题演讲。

12月,应日本民间团体联合邀请,赴关西地区做有关南京大屠杀的巡回演讲。

2001年

9月,《张謇与近代社会》(与田彤合著),由华中师范大学出版社出版。《参与的史学与史学的参与论纲》,刊于《江汉论坛》2001年第1期。

10月,《辛亥革命大写真》,由湖北美术出版社出版。

同月,主持纪念辛亥革命90周年国际研讨会,提交《张汤交谊与辛亥革命》一文,并做总结发言。

11月,参加香港浸会大学举办的纪念辛亥革命90周年研讨会,做《珍惜辛亥遗产——以世纪意识为例》的主题演讲。

同月,《天理难容——美国传教士眼中的南京大屠杀(1937—1938)》英文版,由美国夏普公司出版。

12月,《走出中国近代史》刊于《近代史学刊》创刊号。

是年,参加台湾中原大学举办的海峡两岸三地教会史研究现况研讨会，做《文明危机与人性复苏》的长篇主题演讲。

2002年

1月，受聘为华中师范大学资深教授。

6月，出席在荷兰莱顿大学举办的"中国基督教的处境化——以现代的视角"学术会议。会后赴巴黎访问，与巴斯蒂教授商讨来华讲学问题。

10月，参加韩国长老会举办的"21世纪东亚的变化与基督教的作用"国际学术大会，做《世界变迁与宗教发展——以教会大学史为视角》的主题演讲。（给韩国新罗大学校长李炳华写了一封致谢信）

11月，参加亚洲基督教高等教育联合董事会下属之亚洲基督教高教研究所在泰国清迈举办的"心灵教育——亚洲高等教育的核心"亚洲基督教研究学者研讨会。

同月，参加澳门利氏学社举办的"宗教与文化"国际学术讨论会。

2003年

是年，担任国家清史编纂委员会委员并参加有关会议。

7月，《鸿爪集》，由上海古籍出版社出版。

9月，《从耶鲁到东京：为南京大屠杀取证》，由广东人民出版社出版。

10月，主持召开在武汉举办的"中国基督教史的编纂：文献与方法"研讨会。

12月，赴香港参加"近代中国留学生国际学术研讨会"，做《落叶归根与落地生根》主题演讲与总结发言。

2004年

8月，受国家清史编纂委员会委托，主持《清史·宗教志·基督宗教篇》项目。

10月，赴香港参加"基督教与东亚文化的相遇与交流"学术研讨会。

11月，在暨南大学"星期一史学沙龙"做《走自己的路——中国史学的前途》演讲，并刊于《暨南学报》2005年第3期。

**2005年**

5月，参加"中日近代企业家的人文关怀与社会贡献——张謇与涩泽荣一比较研究"国际会议，做《我的张謇研究史》主题演讲与总结发言。

同月，《辛亥革命与中国政治发展》(与严昌洪合著)由华中师范大学出版社出版。

7月，《传播与植根——基督教与中西文化交流论集》由广东人民出版社出版。

10月，赴四川参加"中国基督教区域史研究"国际学术研讨会，做开幕演讲。

12月，赴日本参加"中日关系百年回顾与展望——纪念中国同盟会成立100周年"国际学术研讨会。

同月，与日本创价大学创始人池田大作先生展开首次对话，并被创价大学授予荣誉博士学位。

是年，发表《难忘田中正俊》《东南精英与辛亥前后的政局》等文。

**2006年**

2月，赴香港中文大学参加"亚洲基督教高等教育"国际学术研讨会。

6月，参加由关西大学亚洲文化交流研究中心主办的"近代中日关系人物史研究的新境界"国际学术研讨会，做《张謇与日本》主题演讲，并被授予关西大学荣誉博士学位。

8月，在新疆生产建设兵团教育局、新疆师范大学、兰州大学、西北民族大学、西北师范大学等教育部门进行调研、座谈，并举行多场大型专题演讲，主题分别为《走近历史原生态》《中国基督教史研究》《读书与做人》等。

9月底，赴南京国际会议中心参加首届"南京国际和平论坛"，并由侵华日军南京大屠杀遇难同胞纪念馆颁发特别贡献奖章。

11月，赴南通参加第四届张謇国际学术研讨会，做《展望21世纪的张謇研究》主题演讲。

12月，赴上海参加"史华慈与中国"国际学术研讨会，做《感言——纪念史华慈诞辰90周年》主题演讲。

同月，《从耶鲁到东京：为南京大屠杀取证》获第四届中国高校人文社会科学研究优秀成果历史学一等奖。

是年，发表《百年以后看同盟会》《学习张謇的理性爱国主义》《商会档案的原生态与商会史研究的发展》等文。

### 2007年

4月，应日本创价大学、第三文明社以及财团法人涩泽荣一纪念财团的联合邀请，赴日本进行为期一月的访问交流，做题为《我与历史学》《中日关系展望》等学术演讲。

8月，赴英国牛津大学中华基督教研究院做为期一月的访问交流，做《基督教在中国的角色——今天与明天》的学术演讲，并被该院聘为荣誉资深研究顾问。

10月，出席日本关西大学文化交涉学教育研究中心主办的"文化交涉学的可能性：以构筑新的东亚文化像为目标"国际学术研讨会。

11月，与余子侠教授合编的《余家菊与近代中国》由华中师范大学出版社出版。

12月，在华中师范大学为校本科生做演讲，题为《从牛津到金陵：为了忘却的纪念》。

是年，发表《史华慈：真正的学术与真正的学者——兼议当今高校的"项目拜物教"》《从清史编纂看太平天国》《寻梦无痕——西北寻根随笔》等文。

### 2008年

5月，出席华中师范大学历史文化学院主办的首届"开沅杯"文化节，做《纪念"五四"·超越"五四"》主题演讲。

是年，日本《第三文明》杂志连载《人间胜利的世纪——池田大作与章开沅谈历史文化与教育》(共12回)。《离异与回归——传统文化与近代化关系试析》韩文版出版。

## 2009年

4月，赴西安参加"清明·民族感恩：传承民族精神、弘扬民族文化、迎接民族复兴"学术研讨会，做题为《黄帝与辛亥革命》的学术报告。

同月，赴海门参加第五届张謇国际学术研讨会，做题为《以张謇精神研究张謇》的主题报告。

同月，赴台北教育大学参加"两岸高等教育革新与发展——教育哲学与历史学术研讨会"，做题为《高校"跨越"发展平议》的主题演讲。

6月，应邀在安徽师范大学社会学院做题为《治学不为媚时语，独寻真知启后人》的学术演讲。

7月，出席由华中师范大学中国近代史研究所主办的"中国近代史全国研究生暑期学校"，做题为《回顾与前瞻——中国近代史研究的六十年》的主旨演讲。

10月，赴湖州参加"赵紫宸与中西思想交流"学术研讨会，做《读书与做人》主题报告。

12月，《章开沅演讲和访谈录》由华中师范大学出版社出版。

是年，发表《谁在'折腾'中国的大学》《以张謇精神研究张謇》等文。

## 2010年

5月，《离异与回归——传统文化与近代化关系试析》(增订版)由中国人民大学出版社出版。

8月，赴珠海参加第二届珠澳文化论坛暨"韦卓民与中西文化交流"国际学术研讨会。

9月，做客长江网，盘点辛亥百年。

同月，出席武汉市政协主办的"辛亥革命百年论坛"，做《辛亥百年反思》主题演讲。

10月，应邀赴日本访问并出席迎接辛亥革命百周年学术活动，做"理想与现实——孙中山的亚洲梦"主题演讲。

11月，获"荆楚社科名家"荣誉称号。

是年，发表《教改应回归教育本性》《仁心厚泽永留人间》《大学啊，大学！》等文。

## 2011年

1月，《寻梦无痕——史学的远航》由北京师范大学出版社出版。

4月，《贝德士文献研究》由广西师范大学出版社出版。

8月，《张謇》由团结出版社出版。

10月，《辛亥学脉，世代绵延：章开沅自选集》由中国社会科学出版社出版。

是年，赴韩国新罗大学、新加坡国立大学、香港中文大学、香港大学、香港浸会大学、香港建道神学院等相关学术机构出席辛亥革命百年纪念系列活动。

是年，发表《百年锐于千载：辛亥百年反思》《理想与现实——孙中山的亚洲梦》《辛亥百年遐思》《与张舜徽先生共同走过的岁月》等文。

## 2012年

3月，《寻找孙中山》（原题为《不能把孙中山当成抽象的政治符号》，刊于《北京日报》2011年8月22日）一文被著名学者王蒙主编的《2011中国最佳杂文》收录。

6月，到湖州师范学院访问交流。

9月，接受《湖北日报》《长江日报》《楚天金报》等多家媒体杂志的联合采访，谈如何理性爱国。

同月，接受湖北卫视记者专访，谈中日关系及钓鱼岛争端问题。

11月，出席由苏州市档案局（馆）主办的《苏州商会档案丛编》全集首发式。

是年，发表《贝德士文献述略》《重视细节，拒绝"碎片化"》等文。

## 2013年

1月，与余子侠主编的《中国人留学史》由社会科学文献出版社出版。

7月，出席南通市举办的纪念张謇诞辰160周年座谈会暨新版《张謇全集》首发式并讲话。

8月11日，接受《长江日报》专访，谈《长江日报》为纪念武汉空战75周年发起的"寻访苏联空军志愿者烈士后裔及亲属"大型活动与采访报道以及因此成立的苏军寻访报道顾问团。

是年，发表《犹忆京师初识时》等文。

## 2014年

6月，出席湖北省章开沅文化交流基金会成立大会并讲话。

7月，《民族运动与中国近代史的基本线索》（原刊《历史研究》1984年第3期）入选《〈历史研究〉六十年论文选编》。

同月，出席武汉长春观和湖北省演讲协会联袂打造的"长春观道学讲堂"揭牌仪式并做演讲。

9月，《世纪的馈赠——章开沅与池田大作的对话》获第13届年度输出版引进版优秀图书奖。

10月，出席由华中师范大学中国近代史研究所和华中师范大学出版社共同举办的杨东莼诞辰115周年纪念暨《杨东莼文集》《杨东莼大传》出版座谈会。

同月，出席黎元洪研究学术座谈会。

同月，出席石家庄河北师范大学主办的"正定教堂惨案暨宗教在战时的人道主义救助"学术研讨会。

12月，在湖北省图书馆做演讲，题为《对话东瀛：我与池田大作先生的交谊》。

是年，发表《益新面粉公司创办人章维藩事略钩沉》《宗族史与家族史研究：社会生活的绵延画卷》等文。

## 2015年

2月2日，《以百姓心为心》刊于《人民日报》理论版《大家手笔》栏目，后又刊载于《决策探索》（下半月）2015年第2期。

同月，入选"感动江城十大人物"。

3月，赴扬州出席《张謇辞典》开题暨张謇研究高层论坛并讲话。

同月，出席第七届"野泽丰奖学金"暨第二届慈缘佛教奖学金颁奖大会并讲话。

7月，《章开沅文集》（11卷）由华中师范大学出版社出版。

是年，发表《我与抗战——几件文物引发的回忆》《新春絮语：点赞人民》等文。

## 2016年

5月，《离异与回归——传统文化与近代化关系试析》俄文版由俄罗斯东方图书出版社出版。

9月12日，出席在华中师范大学举办的涩泽荣一纪念讲座暨研讨会并讲话。

同月，出席在华中师范大学举办的"陶行知与中外文化教育"国际学术研讨会，并为陶行知国际研究中心揭牌。

11月，受邀作为央视纪录片《孙中山先生》参访嘉宾并接受采访，谈孙中山和黄兴的革命友谊。

12月，系列人物纪录片《荆楚社科名家——章开沅》播出。

是年，发表《春江水暖鸭先知，似曾相识燕归来——两岸民国史研究追忆》等文。

## 2017年

1月,出席香港中文大学举办的第一届"陈克文中国近代史讲座"暨该所成立五十周年(1967—2017)庆祝活动,分别做《理想与现实——孙中山的亚洲梦》及《文化危机与人性复苏》的主题演讲。

6月,出席在华中师范大学中国近代史研究所举办的香港中文大学崇基学院考察团座谈会并讲话。

9月,寄语第33个教师节,谈如何做一名优秀的老师。

11月,接受《红岩》杂志记者专访。

## 2018年

2月,出席在珠海举办的中国留学生博物馆"学术立馆"规划研讨会。

5月,赴安徽芜湖出席"近代工业文化遗产保护与研究"学术研讨会。

12月,荣获第七届吴玉章人文社会科学终身成就奖。

## 2019年

10月,出席"回顾与展望:中国教会大学史研究三十年"国际学术研讨会并致辞。

## 2020年

3月,《走出中国近代史》由北京出版社出版。